Beurteilungsspielräume
im Betriebsverfassungsgesetz

Europäische Hochschulschriften
Publications Universitaires Européennes
European University Studies

Reihe II
Rechtswissenschaft

Série II Series II
Droit
Law

Bd./Vol. 3658

PETER LANG
Frankfurt am Main · Berlin · Bern · Bruxelles · New York · Oxford · Wien

Hubert Wittig

Beurteilungsspielräume im Betriebsverfassungsgesetz

PETER LANG
Europäischer Verlag der Wissenschaften

Bibliografische Information Der Deutschen Bibliothek
Die Deutsche Bibliothek verzeichnet diese Publikation in der Deutschen Nationalbibliografie; detaillierte bibliografische Daten sind im Internet über <http://dnb.ddb.de> abrufbar.

Zugl.: Augsburg, Univ., Diss., 2003

D 384
ISSN 0531-7312
ISBN 3-631-50947-2

www.peterlang.de

Vorwort

Die vorliegende Arbeit wurde im Wintersemester 2002/2003 von der juristischen Fakultät der Universität Augsburg als Dissertation angenommen. Literatur und Rechtsprechung wurden bis Januar 2003 berücksichtigt.

Zunächst möchte ich Herrn Prof. Dr. Wilhelm Dütz dafür danken, dass er die Erstellung dieser Arbeit ermöglicht und unterstützt hat. Mein Dank gilt weiter Herrn Dr. Gerd Sturm, der großes Interesse an der Themenstellung zeigte und mir wertvolle Hinweise gab, sowie Herrn Prof. Dr. Thomas Raab für die rasche Erstellung des Zweitgutachtens.

In juristisch-fachlicher Hinsicht erhielt ich freund(schaft-)liche Hilfe, sei es in Form des juristischen Diskurses, sei es durch Hinweise auf maßgebliche Literatur im Bereich des Öffentlichen Rechts, vor allem von Wolfgang Vogelsang, LL.M., Dr. Michael Hornig und Dr. Annett Schumacher. Dafür sei ihnen mein herzlichster Dank ausgesprochen.

Die Durchsicht des Manuskripts besorgten Veronika Mayerhofer, Hans Selmeier und Gabriele Wittig. Ihnen allen sei sehr herzlich gedankt. Besonderen Dank schulde ich in diesem Zusammenhang Herrn Dr. Wolfgang Schweiger, dessen als Freund, vor allem aber als Kommunikationswissenschaftler gegebene wichtige sprachliche Anregungen weitestgehend Berücksichtigung finden und so die Verständlichkeit dieser Arbeit an mancher Stelle noch fördern konnten.

Den letzten optischen Schliff hat dieser Arbeit Mathias Ihn-Danner kraft seiner Formatierungskünste verliehen. Ihm möchte ich sehr herzlich danken.

Abschließend will ich meinen Eltern herzlichen Dank aussprechen, die sowohl meine juristische Ausbildung als auch diese Dissertation in vielerlei Hinsicht unterstützt haben.

München im Oktober 2003

Hubert Wittig

Inhaltsübersicht

Inhaltsverzeichnis

Abkürzungsverzeichnis

a.	anders, auch
a. A.	anderer Ansicht
a. a. O.	am angegebenen Ort
a. E.	am Ende
a. F.	alte Fassung
a. M.	anderer Meinung
abl.	ablehnend
Abs.	Absatz
Absch.	Abschnitt
AcP	Archiv für die civilistische Praxis
AFG	Arbeitsförderungsgesetz
AGBG	Gesetz zur Regelung des Rechts der allgemeinen Geschäftsbedingungen
ähnl.	ähnlich
AiB	Arbeitsrecht im Betrieb
allg.	allgemein(e)
Alt.	Alternative
Anh.	Anhang
Anm.	Anmerkung
AöR	Archiv des öffentlichen Rechts
AP	Arbeitsrechtliche Praxis
ArbGG	Arbeitsgerichtsgesetz
AR-Blattei	Arbeitsrechts-Blattei
ArbRdGgw	Arbeitsrecht der Gegenwart
ArbuR	Arbeit und Recht
Art.	Artikel
Aufl.	Auflage
ausdrückl.	ausdrücklich
ausführl.	ausführlich
BAG	Bundesarbeitsgericht
BAGE	Amtliche Sammlung der Entscheidungen des Bundesarbeitsgerichts
BArbBl.	Bundesarbeitsblatt
BB	Betriebs-Berater
Bearb.	Bearbeiter
Beschl.	Beschluss
Bespr.	Besprechung
BetrAVG	Gesetz zur Verbesserung der betrieblichen Altersversorgung
BetrVG	Betriebsverfassungsgesetz
bezügl.	bezüglich
BGB	Bürgerliches Gesetzbuch
BGBl.	Bundesgesetzblatt

BGBl. I/II	Bundesgesetzblatt Teil I bzw. II
BGH	Bundesgerichtshof
BGHZ	Amtliche Sammlung der Entscheidungen des Bundesgerichtshofs in Zivilsachen
Bl.	Blatt
BPersVG	Bundespersonalvertretungsgesetz
BR	Bundesrat
BR-Ds.	Bundesrats-Drucksache
BRG	Betriebsrätegesetz
BSG	Bundessozialgericht
BSHG	Bundessozialhilfegesetz
Bsp.	Beispiel
BT	Bundestag
BT-Ds.	Bundestags-Drucksache
Buchbespr.	Buchbesprechung
BUrlG	Bundesurlaubsgesetz
BVerfG	Bundesverfassungsgericht
BVerfGE	Amtliche Sammlung der Entscheidungen des Bundesverfassungsgerichts
BVerwG	Bundesverwaltungsgericht
BVerwGE	Amtliche Sammlung der Entscheidungen des Bundesverwaltungsgerichts
CDU	Christlich-Demokratische Union
CSU	Christlich-Soziale Union
d. h.	das heißt
d. Verf.	des Verfassers
DB	Der Betrieb
DDR	Deutsche Demokratische Republik
ders.	derselbe
DGB	Deutscher Gewerkschaftsbund
dies.	dieselben
DÖV	Die öffentliche Verwaltung
DVBl	Deutsches Verwaltungsblatt
E	Entwurf
EG	Europäische Gemeinschaften
EGBGB	Einführungsgesetz zum Bürgerlichen Gesetzbuch
Einf.	Einführung
Eingangss.	Eingangssatz
Einl.	Einleitung
Entscheidungsanm.	Entscheidungsanmerkung
Entschgrde.	Entscheidungsgründe
Erg.	Ergänzung, Ergebnis
ES	Entscheidungssammlung
etc.	et cetera
EuGH	Gerichtshof der Europäischen Gemeinschaften

EuGRZ	Europäische Grundrechtszeitschrift
EzA	Entscheidungssammlung zum Arbeitsrecht
f.	folgende
FAZ	Frankfurter Allgemeine Zeitung
FDP	Freie Demokratische Partei
ff.	fortfolgende
FG	Festgabe
FGG	Gesetz über die Angelegenheiten der Freiwilligen Gerichtsbarkeit
Fn.	Fußnote
FS	Festschrift
GbR	Gesellschaft bürgerlichen Rechts
gem.	gemäß
GewO	Gewerbeordnung
GG	Grundgesetz
ggf.	gegebenenfalls
ggü.	gegenüber
GmbH	Gesellschaft mit beschränkter Haftung
grdsl.	grundsätzlich
GS	Gedächtnisschrift, Gedenkschrift
GVG	Gerichtsverfassungsgesetz
GWB	Gesetz gegen Wettbewerbsbeschränkungen
h. A.	herrschende Ansicht
h. L.	herrschende Lehre
h. Lit.	herrschende Literaturansicht
h. M.	herrschende Meinung
Habil.	Habilitationsschrift
Halbbd.	Halbband
herausgeg.	herausgegeben
HGB	Handelsgesetzbuch
Hrsg.	Herausgeber
Hs.	Halbsatz
i. d. S.	in diesem Sinne
i. e. S.	im engeren Sinne
i. Erg.	im Ergebnis
i. S. v.	im Sinne von
i. w. S.	im weiteren Sinne
inhaltl.	inhaltlich
insbes.	insbesondere
JA	Juristische Arbeitsblätter
jew.	jeweils
JR	Juristische Rundschau
Jura	Juristische Ausbildung
JuS	Juristische Schulung
krit.	kritisch

KSchG	Kündigungsschutzgesetz
LAG	Landesarbeitsgericht
LAGE	Sammlung landesarbeitsgerichtlicher Entscheidungen
LG	Landgericht
Lit.	Literatur
Ls.	Leitsatz
m. (w.) N.	mit (weiteren) Nachweisen
m. a. W.	mit anderen Worten
m. E.	meines Erachtens
m. w. N.	mit weiteren Nachweisen
MDR	Monatsschrift für Deutsches Recht
MitbestG	Mitbestimmungsgesetz (1976)
N.	Nachweis (e/en)
n. a. v.	nicht amtlich veröffentlicht
n. F.	neue Fassung
n. v.	nicht veröffentlicht
NJW	Neue Juristische Wochenschrift
NJW	Neue Juristische Wochenschrift
NJW-RR	NJW Rechtsprechungs-Report Zivilrecht
Nr.	Nummer
NVwZ	Neue Zeitschrift für Verwaltungsrecht
NZA	Neue Zeitschrift für Arbeitsrecht
o.	oben
o. g.	oben genannt
PersV	Die Personalvertretung
PersVG	Personalvertretungsgesetz
Prot.	Protokoll
r.	rechte/rechter/rechts
R.	Rückseite
RAG	Reichsarbeitsgericht
RdA	Recht der Arbeit
Rdz.	Randziffer
RegEntw.	Regierungsentwurf
RG	Reichsgericht
RGZ	Amtliche Sammlung der Entscheidungen des Reichsgerichts in Zivilsachen
Rn.	Randnummer
Rspr.	Rechtsprechung
RVO	Reichsversicherungsordnung
Rz.	Randziffer
S.	Satz, Seite, siehe
s. a.	siehe auch
s. o.	siehe oben
SAE	Sammlung arbeitsrechtlicher Entscheidungen

sc.	scilicet
SchwbG	Schwerbehindertengesetz
SGB	Sozialgesetzbuch
SGG	Sozialgerichtsgesetz
sog.	sogenannte(r/s)
Sp.	Spalte
SPD	Sozialdemokratische Partei Deutschlands
SprAuG	Sprecherausschussgesetz
StGB	Strafgesetzbuch
str.	streitig
TVG	Tarifvertragsgesetz
u. a.	unter anderem, und andere
u. ä.	und ähnliche(s)
Uf.	Unterfall
unstr.	unstreitig
Urteilsanm.	Urteilsanmerkung
UWG	Gesetz gegen unlauteren Wettbewerb
v.	von, vom
V.	Vorderseite
Verf.	Verfasser
VerwArch	Verwaltungsarchiv
VGH	Verwaltungsgerichtshof
vgl.	vergleiche
VO	Verordnung
Vorb.	Vorbemerkung
VVDstRL	Veröffentlichungen der Vereinigung der Deutschen Staatsrechtslehrer
VwGO	Verwaltungsgerichtsordnung
WEG	Wohnungseigentumsgesetz
WM	Wertpapier-Mitteilungen
z.	zum, zur
z. B.	zum Beispiel
z. T.	zum Teil
ZfA	Zeitschrift für Arbeitsrecht
Ziff.	Ziffer
ZIP	Zeitschrift für Wirtschaftsrecht
ZPO	Zivilprozessordnung
ZRP	Zeitschrift für Rechtspolitik
ZTR	Zeitschrift für Tarifrecht
zugl.	zugleich
zust.	zustimmend
zutr.	zutreffend
Zweitbearb.	Zweitbearbeitung
ZZP	Zeitschrift für Zivilprozess

1. Kapitel: Problemstellung, Anlass, Gegenstand, Ziele und Gang der Untersuchung

A. Einführung in den thematischen Hintergrund und in die Problemstellung der Untersuchung

Der Gesetzgeber bedient sich bei der Schaffung von Normen unbestimmter Rechts- oder Gesetzesbegriffe[1] vor allem mit dem Ziel, eine Interessenlage möglichst umfassend und einzelfallgerecht,[2] gleichzeitig aber auch übersichtlich, verständlich und flexibel zu regeln. Unbestimmte Rechtsbegriffe tauchen daher in allen Gebieten des Rechtes auf, so im Zivilrecht und insbesondere auch im Arbeitsrecht.[3] Beispiele[4] sind Normtexte[5] wie „Treu und Glauben", „Billigkeit", „wichtiger Grund", „angemessen", „erforderlich", „zumutbar" und „häufig".

Allen Rechtsgebieten gemeinsam ist die besondere Schwierigkeit, welche solche Rechtsbegriffe für die Rechtsanwender, z. B. Gerichte oder Behörden, im Bereich der (Rechts-) Erkenntnis,[6] der Begriffs- und damit der Normkonkretisierung[7] mit sich bringen. Während allerdings im Privatrecht, also auch im privaten Arbeitsrecht, zu dem mit wenigen Ausnahmen auch die Normen des BetrVG 1972[8] zählen,[9] unbe-

---

[1] Für eine Benennung als unbestimmter „Gesetzesbegriff" etwa *Wolff/Bachof/Stober*, § 31 Rn. 8; krit. zur Terminologie auch *Maurer*, § 7 Rn. 28, sowie *Ossenbühl*, in: Erichsen, § 10 Rn. 3.

[2] Vgl. *Achterberg*, in: Lexikon des Rechts, Gr. 2/270, A. I.

[3] *Jesch*, AöR 82 (1957), 163, 165; *v. Mutius*, Jura 1987, 93; vgl. auch *Ossenbühl*, in: Erichsen, § 10 Rn. 7; vgl. zum Problem der unbestimmten Rechtsbegriffe bei Tatsachenfeststellung und Subsumtion eingehend *Engisch*, Logische Studien, 95.

[4] Vgl. Beispiele bei *Wolff/Bachof/Stober*, § 31 Rn. 8; *Jesch*, AöR 82 (1957), 165 f.; *Maurer*, § 7 Rn. 28; *Larenz/Canaris*, Kap 2, 98, Kap. 3, 117 sprechen insoweit von „unbestimmten Begriffen" und „ausfüllungsbedürftigen Maßstäben"; weitere Beispiele werden an späterer Stelle zur Frage der Terminologie angeführt werden.

[5] Unter dem Begriff „Normtext" wird hier i. S. des amtlichen Wortlautes einer Norm verstanden; vgl. a. *Müller*, Rn. 15.

[6] *Maurer*, § 7 Rn. 29; *Ossenbühl*, in: Erichsen, § 10 Rn. 27; dies wird dort für die normtheoretisch-methodische Sicht nicht angezweifelt, sondern es soll nur die verwaltungsrechtliche Sonderproblematik der Funktionsteilung zwischen Judikative und Exekutive herausgestellt werden, vgl. *ders.* a.a.O., § 10 Rn. 26, 28; vgl. a. *Rupp*, 213; *Di Fabio*, 268.

[7] *Ossenbühl*, in: Erichsen, § 10 Rn. 3 ff, 25.

[8] Soweit in dieser Arbeit die Bezeichnung BetrVG ohne Zusatz benutzt wird, ist das BetrVG 1972 in seiner aktuellen (Neu-) Fassung durch das Betriebsverfassungs-Reformgesetz (BetrVerf-ReformG) vom 27.7.2001 (BGBl. I/1852) gemeint; letzteres ist im wesentlichen gemäß dessen Art. 14 Abs. 2 am 28.7.2001 in Kraft getreten und wurde neu bekanntgemacht am 25.9.2001 (BGBl. I/2518); zur Genese *Richardi*, BetrVG, Einl. Rn. 37 f.; s. a. die Zusammenstellung der Änderungen durch das BetrVerf-ReformG bei *Löwisch*, BB 2001, 1734 ff. und 1790 ff.

[9] Heute ganz h. M.; s. nur (jew. m. w. N.) BAG, Beschl. v. 15.2.1989 – 7 ABR 9/88 = AP § 19 BetrVG 1972 Nr. 17, Bl. 936/V; *Wiese*, in: GK-BetrVG, Bd. 1, Einl. Rn. 87; *Kraft*, in: GK-BetrVG, Bd. 1, § 1 Rn. 8 ff., 11; *Richardi*, BetrVG, Einl. Rn. 125 ff., 127; *F/K/H/E/S*, BetrVG, § 1 Rn. 262;

stimmte Rechtsbegriffe in erster Linie als methodisches Problem der richterlichen Rechtsanwendung im Bereich insbesondere der Tatsachenermittlung und der Subsumtion angesehen werden,[10] liegt der Schwerpunkt öffentlich-rechtlicher Betrachtungen auf einem anderen Aspekt: Im Verwaltungsrecht sind unbestimmte Rechtsbegriffe mit der Frage nach einem möglichen gerichtlich nur eingeschränkt überprüfbaren Beurteilungsspielraum der rechtsanwendenden Verwaltungsbehörde,[11] also der gerichtlichen „Kontrolldichte"[12] verbunden. Ein Dreh- und Angelpunkt der Diskussion über die verfassungsrechtlichen Grenzen solcher Spielräume ist hier die Rechtsschutzgarantie[13] des Art. 19 Abs. 4 GG.[14]

Nun ist die Rechtsprechung gemäß Art. 20 Abs. 3 GG an sich uneingeschränkt an Gesetz und Recht gebunden. Daher stellt sich grdsl. auch für das Zivil- und das Arbeitsrecht die Frage,[15] unter welchen Voraussetzungen die richterliche Kontrolldichte dadurch verringert werden darf, dass einem Dritten, der das Recht als Normadressat vorgerichtlich anzuwenden hat, im Bereich des BetrVG etwa der Wahlvorstand, der Betriebsrat, der Arbeitgeber oder die Einigungsstelle, ein gerichtlich nur eingeschränkt nachprüfbarer Beurteilungsspielraum eingeräumt wird. Es liegt nahe, dass einer sol-

---

Eisemann, in: ErfKzA, § 1 BetrVG Rn. 2; *v. Hoyningen-Huene,* in: MünchHdbArbR, Bd. 3, § 297 Rn. 78 f.; *Galperin/Löwisch,* BetrVG, Bd. 1, vor § 1 Rn. 8; *Däubler,* in: D/K/K, BetrVG, Einl. Rn. 60; *Martens,* RdA 1988, 206; *Nipperdey,* DB 1977, 1093; grdsl. zust., jedoch krit. zum Aussagegehalt dieser Feststellung *Konzen,* ZfA 1985, 469 ff., 496; *Popp,* BB 1996, 1111 f. (Buchbespr.); so a. die eingehende Untersuchung von *Reichold,* 3, 359 f., 379 ff., 400, 406 ff., 419 ff., 435 ff., 446 f., s. insbes. 451 ff. (zur Errichtung des Betriebsrats), offengelassen bei *H/S/G,* BetrVG, Einl. vor § 1 Rn. 15; als Normen öffentlich-rechtlichen Charakters kommen nur die Straf- und Bußgeldvorschriften der §§ 119 bis 121 BetrVG in Betracht (hierzu etwa *Wiese,* a. a. O., Rn. 55), die für diese Arbeit ohnehin keine Rolle spielen.

[10] Zum methodischen Problem eingehend *Engisch*, Logische Studien zur Gesetzesanwendung, 83 ff., 95 ff., der die unbestimmten Rechtsbegriffe als Problem der Unterscheidbarkeit von Tat- und Rechtsfrage behandelt; *Larenz/Canaris*, Kap. 2, 98 und Kap. 3, 104, 109 ff., 114, 116, diskutiert unbestimmte Rechtsbegriffe als eine der Subsumtion vorausgehende Beurteilung der einzelnen Sachverhaltselemente als Entsprechung zu den im Tatbestand genannten Merkmalen, s. insbes. 98, 104, 110 f. mit dem Beispiel der „erforderlichen Sorgfalt"; *Schmalz*, Rn. 293 ff.

[11] Vgl. grundlegend *Bachof*, JZ 1955, 97 f., 102; *Maurer*, § 7 Rn. 30; *Wolff/Bachof/Stober*, § 31 Rn. 10; *Geis*, Handlungsspielräume, 97 f., 105; *Schmidt-Aßmann,* in: Maunz/Dürig, GG, Art. 19 IV Rn. 191 f.; Beispiele aus der Rspr.: BVerfGE 84, 34, 49 ff. und 84, 59, 80 ff.; BVerwGE 100, 221, 225 f.; 88, 35, 37 ff.

[12] Zum Begriff der Kontrolldichte und den verschiedenen Erscheinungsformen ihrer Reduktion *Hoppe,* FG BVerwG (1978), 296.

[13] Auch Rechtsweg- oder Gerichtsschutzgarantie genannt, vgl. *Schmidt-Aßmann,* in: Maunz/Dürig, Bd. 2, Art. 19 IV GG Rn. 6.

[14] Vgl. *Schenke*, JZ 1988, 317, 322 ff.; *Schmidt-Aßmann*, DVBl. 1997, 281, 282; *Schulze-Fielitz*, JZ 1993, 772, 776, spricht insoweit von einem der archimedischen Punkte der Diskussion; *Seiler,* 139; s. a. BVerfGE 84, 34, 49 ff.; BVerwGE 100, 221, 225 f.

[15] Vgl. *Dütz*, Gerichtsschutz im Privatrecht, 213, 219 ff., 221 ff.; s. a. *Nipperdey*, DB 1977, 1093 ff. *ders*., DB 1980, 1645 f.; inwieweit die verwaltungsrechtliche Diskussion konkret für die Problematik des Beurteilungsspielraums im Privatrecht fruchtbar gemacht werden kann, wird später genauer zu erörtern sein.

chen Auslegung betriebsverfassungsrechtlicher Normen einfachrechtliche und verfassungsrechtliche Grenzen gezogen sein dürften. Insbesondere unter dem Aspekt der Garantie „rechtsstaatlichen Gerichtsschutzes“,[16] einer „allgemeinen staatlichen Justizgewährungspflicht“,[17] muss die Einräumung von Beurteilungsspielräumen problematisch erscheinen, denn der Staat als Inhaber des Gewaltmonopols verweist den Inhaber privater Rechte zu deren Durchsetzung mit Ausnahme einiger weniger Durchbrechungen[18] des Selbsthilfeverbotes an die Gerichte.

B. Konkreter Anlass der Untersuchung

Mit drei Beschlüssen vom 12. Mai und vom 9. Juni 1999 sowie vom 8. März 2000 hat das BAG jüngst seine mittlerweile ständige Rechtsprechung bestätigt, nach der dem Betriebsrat bei der Prüfung, ob ein Sachmittel für die laufende Geschäftsführung i. S. v. § 40 Abs. 2 BetrVG „erforderlich“ ist, ein von den Gerichten zu beachtender „Beurteilungsspielraum“ zusteht.[19] Allerdings ist in ebendiesen Entscheidungen z. T. gleichzeitig davon die Rede, dass der Betriebsrats die Entscheidung über die Erforderlichkeit des Sachmittels nach „pflichtgemäßem Ermessen“ zu treffen habe[20] bzw. dass gerade letzteres der gerichtlichen Überprüfung unterliege.[21] Dies gibt Anlass zu näherer Untersuchung in zweierlei Hinsicht:

C. Terminologische Unklarheit in der Rechtsprechung des BAG

Das BAG ordnet, wie dies der ganz h. M. entspricht, die Wendung „in erforderlichem Umfang“, kurz die „Erforderlichkeit“ i. S. v. § 40 Abs. 2 BetrVG unter methodischem Blickwinkel als unbestimmten Rechtsbegriff ein.[22] Die Begriffe „Beurteilungsspiel-

---

[16] Hierzu für das Privatrecht grundlegend und ausführl. *Dütz*, Gerichtsschutz im Privatrecht, insbes. 56 ff., 67 ff., 82 ff. und 95 ff., zusammenfassend 292 ff.

[17] Die Begriffe „Rechtsweggarantie“, „Rechtsschutzgarantie“ „Gerichtsschutzgarantie“ und „Justizgewährungspflicht“ werden synonym gebraucht, vgl. nur *Schmidt-Aßmann,* in: Maunz/Dürig, Art. 19 IV Rn. 6, 16; *ders.*, in: Isensee/Kirchhof, Handbuch Staatsrecht, Bd. I, § 24 Rn. 70 ff.; *Dütz*, a. a. O., 11. Allgemein zur staatlichen Justizgewährungspflicht: *Schmidt-Aßmann,* in: Maunz/Dürig, GG, Art. 19 IV Rn. 16 ff.; ders. in: Isensee/Kirchhof, Handbuch Staatsrecht, Bd. I, § 24 Rn. 70 ff.; *Leibholz/Rinck/Hesselberger*, GG, Art. 20 Rn. 1201; *Schumann,* in: Stein/Jonas, ZPO, Erster Band, 20. Aufl., Einl. III C Rn. 204 ff.; *Dütz*, Vorbeugender Gerichtsschutz, 6 ff. m. w. N.; *Stürner*, Aufklärungspflicht, 31 ff.; *Habscheid*, ZZP 96 (1983), 307; *Benda*, ZZP 96 (1983), 285, 287, 292; *Schenke*, JZ 1988, 317, 318; BVerfGE 54, 277, 291 f.; BGHZ 37, 113, 120 f.

[18] (Teils ausdrückl.) Durchbrechungen enthalten etwa die §§ 229 – 231, 561 und 859 BGB.

[19] BAG, Beschl. v. 8. März 2000 – 7 ABR 73/98= ZBVR 2001, 122, 123 f.; Beschl. v. 9. Juni 1999 –7 ABR 66/97 = NZA 1999, 1292, 1293; Beschl. v. 12. Mai 1999 - 7 ABR 36/97 = NZA 1999, 1290 (Ls. 2), 1292; im Anschluss an die Beschlüsse v. 11. November 1998 - 7 ABR 57/97 = NZA 1999, 945 f. und v. 11. März 1998 - 7 ABR 59/96 = EzA § 40 BetrVG 1972 Nr. 81, S. 2 f.

[20] BAG, ZBVR 2001, 122, 125; BAG NZA 1999, 1292, 1294.

[21] BAG NZA 1999, 1290, 1292; ebenso BAG NZA 1999, 945, 946.

[22] So ausdrücklich BAG, Beschl. v. 15.11.2000 – 7 ABR 9/99 = ZBVR 2001, 127, 128; NZA 1999, 945, 946; EzA § 40 BetrVG 1972 Nr. 81, S. 2; Beschl. v. 25. Januar 1995 - 7 ABR 37/94 = EzA § 40

raum“ und „Ermessen“ sowie die Ableitung eines solchen Entscheidungsspielraumes des Betriebsrats als Normadressat sind offenkundig dem Verwaltungsrecht entlehnt.[23] Sie sind, wie auch die ihnen zugehörigen Rechtsfiguren, nach der „h. M.“[24] in der verwaltungsrechtlichen Dogmatik zu differenzieren.[25] Besonders deutlich wird die terminologische Unsicherheit im Beschluss des BAG vom 12. Mai 1999: Dort werden der Beurteilungsspielraum ausdrücklich bejaht und die Pflicht des vorentscheidenden LAG zur Beachtung desselben betont; im nachfolgenden Satz schließt sich aber unmittelbar die Aussage an, eine Beanstandung durch das LAG sei erst dann möglich, wenn feststehe, dass die Entscheidung des Betriebsrats nicht „pflichtgemäßem Ermessen“ entspreche.[26] Bereits frühzeitig wurde Kritik an der quasi synonymen Verwendung der genannten Begriffe in der Rechtsprechung des BAG[27] sowie in der Literatur zum BetrVG[28] geübt, und zwar sowohl hinsichtlich des Gebrauchs des Terminus „Beurteilungsspielraum“ an sich[29] als auch bezüglich der bezeichneten Begriffsvermischung.[30] Es soll daher u. a. geklärt werden, mit welchem konkreten Inhalt das BAG und die Literatur den Begriff des Beurteilungsspielraums im Bereich des BetrVG jeweils benutzen.

D. Reduktion gerichtlicher Kontrolldichte durch Einräumung von Beurteilungsspielräumen

Die begriffliche Unschärfe in Rechtsprechung und Literatur allein würde eine umfassende Untersuchung sicher nicht rechtfertigen, da methodische Rechtsbegriffe wie z.B. der des Beurteilungsspielraums, im Gegensatz zu Rechtsnormen per se keine Rechtsfolge zeitigen und in dieser Arbeit keine Begriffsjurisprudenz betrieben werden soll.[31]

BetrVG 1972 Nr. 73, S. 3; Beschl. v. 26. Oktober 1994 - 7 ABR 15/94 = EzA § 40 BetrVG 1972 Nr. 72, S. 2; aus der Lit. s. nur etwa *Joost,* in: MünchHdbArbR, Bd. 3, § 309 Rn. 35; *F/K/H/E/S,* BetrVG, § 40 Rn. 106; *Manske,* AuR 2001, 94; Kraft, Anm. zu BAG SAE 1999, 67 ff., 70.

[23] Vgl. nur etwa für die parallele Rspr. des BAG zur „Erforderlichkeit“ i. S. v. § 37 Abs. 6 S. 1, Abs. 2 (Freistellung) und § 40 Abs. 1 BetrVG (Kostentragung durch den Arbeitgeber) *Esser*, RdA 1976, 229, 230 ff.

[24] S. die zutreffende Kritik bei *Müller,* Rn. 412 ff., zur Funktion der Anführung einer „h. M.“ als Ersatz für eine argumentative Begründung; wie später noch zu zeigen sein wird, ist die Differenzierung zwischen Beurteilungsspielraum und Ermessen alles andere als geklärt.

[25] Hierauf wird an späterer Stelle noch einzugehen sein; Nachweise in Fn. 302.

[26] BAG NZA 1999, 1290 (Ls. 2), 1292; hierauf nimmt bestätigend Bezug BAG ZBVR 2001, 127, 128.

[27] Besonders deutlich BAG NZA 1999, 1290, 1292; s. weiter insbes. BAG ZBVR 2001, 122, 124, 125; NZA 1999, 1292, 1293 f.; NZA 1999, 945, 946; vgl. a. BAG ZBVR 2001, 127, 128; Beschl. v. 12. Oktober 1976 – 1 ABR 1/76 = AP Nr. 1 zu § 8 BetrVG 1972 Bl. 75, 78.

[28] S nur etwa *Kreutz,* in: GK-BetrVG, Bd. 1, § 9 Rn. 9; *Schneider,* in: D/K/K, BetrVG, § 9 Rn. 14.

[29] Z. B. teils inhaltlich, teils nur begrifflich krit. bzw. abl. *Nipperdey*, DB 1977, 1093 ff. *ders*., DB 1980, 1645 f.; *Esser*, RdA 1976, 229, 232.

[30] *Esser*, RdA 1976, 229, 231; *Nipperdey*, DB 1980, 1645 f.; *Vogg,* Anm. zu BAG, Beschl. v. 21.6.1989 – 7 ABR 78/87 = EzA § 40 BetrVG 1972 Nr. 61, S. 19.

[31] Wie *Buchner* in seiner Anmerkung zum Beschl. des BAG v. 9. Oktober 1973 – 1 ABR 29/73 = AP § 38 BetrVG 1972 Nr. 3, Bl. 197/V treffend feststellt, ist allein mit der Verwendung des Begriffes „Be-

Allerdings hebt das BAG in den genannten Beschlüssen z. T. deutlich hervor, dass der Betriebsrat die Voraussetzungen der Kostentragungspflicht zu beurteilen habe.[32] Es sei dessen Sache, über die Erforderlichkeit des Sachmittels zu befinden.[33] Halte sich die dabei von ihm vorzunehmende Interessenabwägung im Rahmen seines „Beurteilungsspielraums", so könnten „die Gerichte die Entscheidung des Betriebsrats nicht durch ihre eigene ersetzen".[34] Die arbeitsgerichtliche Kontrolle der Entscheidung des Betriebsrats über die Erforderlichkeit des verlangten Sachmittels sei darauf beschränkt, ob letzteres aufgrund der konkreten betrieblichen Situation der Erledigung einer gesetzlichen Aufgabe des Betriebsrats dient und ob dieser nicht nur die Interessen der Belegschaft berücksichtigt, sondern auch berechtigten Interessen des Arbeitgebers Rechnung getragen hat.[35] Diese Ausführungen deuten darauf hin, dass das BAG sich hier nicht nur der Begrifflichkeiten des Verwaltungsrechtes bedient, sondern mit diesen tatsächlich eine der „Lehre des Beurteilungsspielraums"[36] entsprechende, nur eingeschränkte Überprüfbarkeit der jeweiligen Entscheidung des Betriebsrats verbindet. Ist das der Fall, so stellt sich hier für das BetrVG als Teilbereich des Privat- und Arbeitsrechts die Frage nach der Legitimierung einer möglichen Reduktion der gerichtlichen Kontrolldichte.

E. Gegenstand, Ziele und Gang der Untersuchung

Gegenstand dieser Untersuchung ist die Frage, ob bei der vorgerichtlichen Rechtsanwendung durch die Beteiligten der Betriebsverfassung, etwa den Wahlvorstand, den Betriebsrat oder den Arbeitgeber, gerichtlich nur eingeschränkt kontrollierbare Freiräume in Form von Beurteilungsspielräumen bestehen.

Dabei werden zweierlei Ziele verfolgt: Erstens soll anhand dreier Beispiele der grundsätzliche Umgang von BAG und Literatur mit der Rechtsfigur des Beurteilungsspielraums im Zusammenhang mit den Vorschriften des BetrVG dargestellt werden. Soweit sich aus diesem Schritt jeweils tatsächlich eine Reduzierung der richterlichen Kon-

---

urteilungsspielraum" nicht viel gewonnen; dieser Begriff musste inhaltlich erst vom BAG durch einen konkreten Prüfungsmaßstab ausgefüllt werden. Begriffe haben dienende Funktion, insbes. die der Eingrenzung von Rechtsfragen, vgl. *Dütz*, ArbR, Rn. 586. Zur Begriffsjurisprudenz vgl. einführend *Christensen*, in: Lexikon des Rechts, Gr. 2/60 A. IV.; *Larenz*, Kap. 2, 20 ff.; zur Begriffsjurisprudenz im Zusammenhang mit dem unbestimmten Rechtsbegriff *Jesch*, AöR 82 (1957), 174 f.

[32] BAG ZBVR 2001, 122, 123; NZA 1999, 1292, 1293; vgl. a. BAG ZBVR 2001, 127, 128; EzA BetrVG 1972 § 40 Nr. 81, S. 2 f.

[33] BAG ZBVR 2001, 122, 123, insbes. 124; NZA 1999, 1292, 1294; vgl. a. BAG NZA 1999, 945, 946.

[34] BAG ZBVR 2001, 122, 124; NZA 1999, 1292, 1293 unter Hinweis auf BAG NZA 1999, 1290 (Ls. 2); vgl. a. BAG NZA 1999, 945, 946.

[35] BAG ZBVR 2001, 122, 124; NZA 1999, 1292, 1293; i. d. S. a. BAG NZA 1999, 1290; NZA 1999, 945 f.; EzA BetrVG 1972 § 40 Nr. 81, S. 2 f.

[36] Grundlegend *Bachof*, JZ 1955, 97 ff.; dieser Begriff soll hier als Sammelbegriff für die unterschiedlichen Ansätze zur Lösung der genannten Problematik verstanden werden, vgl. insoweit a. den Überblick bei *Maurer*, § 7 Rn. 31 ff., bei *Wolff/Bachof/Stober*, § 31 Rn. 14 ff. und insbes. a. bei *v. Mutius*, Jura 1987, 92, 94.

trolldichte ergibt, soll zweitens geklärt werden, innerhalb welcher rechtlicher Grenzen diese zulässig ist. Hieraus ergibt sich für jede betroffene Norm des BetrVG folgende jeweils dreistufige Vorgehensweise:

Soweit im Zusammenhang mit einer Vorschrift des BetrVG in der Literatur oder in der Rechtsprechung des BAG von Beurteilungsspielräumen oder ähnlichem gesprochen wird, ist zunächst zu untersuchen, ob dies jeweils mit der Konsequenz einer Reduktion der gerichtlichen Kontrolldichte verbunden ist. Anschließend wird zu prüfen sein, ob die Annahme eines Beurteilungsspielraums tatsächlich eine Stütze im Gesetz findet. Gegebenenfalls sollen mögliche verfassungsrechtliche Grenzen solcher gerichtskontrollreduzierten Bereiche abgesteckt werden; hier wird ein besonderes Augenmerk der Vereinbarkeit des jeweiligen Beurteilungsspielraums mit dem verfassungsrechtlich garantierten effektiven Rechtsschutz gelten.

F. Eingrenzung der Untersuchungsthematik

Diese Arbeit soll nicht mehr und nicht weniger als einen Beitrag vor allem zur systematischen Erfassung der Rechtsfigur des Beurteilungsspielraums im Rahmen der Normen des BetrVG leisten; letztere kann daher nur an einzelnen Beispielen, nicht aber für das Betriebsverfassungsrecht erschöpfend erörtert werden. Weiter sind Gegenstand der Untersuchung ausschließlich solche möglichen Spielräume, welche sich für die Beteiligten der Betriebsverfassung, etwa den Wahlvorstand, den Betriebsrat, den Arbeitgeber oder die Einigungsstelle, bei der Anwendung von Rechtsnormen des BetrVG ergeben können. Nicht dagegen werden solche Beurteilungsspielräume beleuchtet, welche den Tatsachengerichten bei der Anwendung unbestimmter Rechtsbegriffe gegenüber den Gerichten der höheren Instanzen zustehen,[37] wie dies etwa bei der revisionsrechtlichen Überprüfung der gerichtlichen Anwendung des Begriffes des wichtigen Grundes i. S. v. § 626 Abs. 1 BGB besonders plastisch wird;[38] gleiches gilt für den ganz allgemeinen Wertungsspielraum des Richters als Rechtsanwender.[39] Schließlich ist auch die Frage, inwieweit beim Normvollzug durch den Arbeitgeber

---

[37] Relevant wird diese Frage etwa bei der Begründetheitsprüfung im Rahmen einer Revision (Verletzung einer Rechtsnorm, § 73 Abs. 1 ArbGG, § 550 ZPO) oder einer Rechtsbeschwerde (§ 93 Abs. 1 ArbGG); hierzu etwa *Wieser,* Rn. 413, 699; *Grunsky*, ArbGG, § 73 Rn. 6, § 93 Rn. 4; *ders.*, in: Stein/Jonas, ZPO, Bd. 5/1, §§ 549, 550 Rn. 28; Beispiele aus der Rspr.: BAG BB 1998, 903; BAG, Beschl. v. 11. März 1998 - 7 ABR 59/96 = EzA § 40 BetrVG 1972 Nr. 81, S. 3 m. w. N.; BAG BB 1995, 1196; Beschl. v. 17. Februar 1993 - 7 ABR 19/92 = EzA § 40 BetrVG 1972 Nr. 69, S. 4.; Beschl. v. 22. Juni 1993 – 1 ABR 62/92 = EzA § 23 BetrVG 1972 Nr. 35, S. 11; Beschl. v. 23. September 1975 – 1 ABR 122/73 = AP § 50 BetrVG 1972 Nr. 1, Bl. 625/R.; die Artverwandtheit des Problems der Revisibilität der Anwendung unbestimmter Rechtsbegriffe zeigt sich etwa an den Ausführungen von *Jesch*, AöR 82 (1957), 197 ff., wo er insbes. auf die Rspr. des BAG zu § 626 Abs. 1 BGB (wichtiger Grund) und § 23 Abs. 1 BetrVG (1952; „grobe Pflichtverletzung“) Bezug nimmt, s. 197 (Fn. 133), 199 (Fn. 146); vgl. a. *Dütz,* Gerichtsschutz, 219 m. w. N.

[38] Zur Prüfung unbestimmter Rechtsbegriffe durch das BAG insbesondere auch an diesem Beispiel *Adam,* ZTR 2001, 349 ff.

[39] Hierzu *Voßkuhle,* Rechtsschutz, 60 f.

Mitbestimmung in Form der „Mitbeurteilung“ als Richtigkeitskontrolle möglich ist,[40] nicht Gegenstand dieser Untersuchung.

[40] Hiezu *Söllner,* FS BAG, 605 ff.

2. Kapitel: Terminologie und Grundlagen des „unbestimmten Rechtsbegriffes“ und des „Beurteilungsspielraums“

Seit der Überwindung der Begriffsjurisprudenz wird aus Begriffen in aller Regel nicht mehr allzu viel abgeleitet.[41] Der „unbestimmte Rechtsbegriff“ und der „Beurteilungsspielraum“ sind zunächst vor allem rechtswissenschaftliche Hilfsbegriffe zur Normanalyse;[42] sie bilden jedoch als grundlegende Arbeitsbegriffe die methodische Basis dieser Untersuchung und erfordern schon deswegen eine möglichst klare terminologische[43] Behandlung sowie eine grundsätzliche inhaltliche Erörterung.

A. Unbestimmter Rechtsbegriff

Unbestimmte Rechtsbegriffe in Rechtsnormen sind die Ausgangs- und Anknüpfungspunkte für die Frage nach möglichen Beurteilungsspielräumen.[44] Ihre grundsätzliche Vereinbarkeit mit dem Grundgesetz ist in der Rechtsprechung des BVerfG insbesondere im Hinblick auf das sich aus dem Rechtsstaatsprinzip nach Art. 20 Abs. 3 GG ergebende allgemeine[45] Bestimmtheitsgebot[46] und das aus Art. 3 Abs. 1 GG abgeleitete

---

[41] *V. Hoyningen-Huene*, 114; Heck, 61.

[42] BVerwGE 8, 272, 275.

[43] Begriffliche Klarheit tut gerade bei der Behandlung von Rechtsfiguren, welche sich als unbestimmte Rechtsbegriffe charakterisieren lassen oder doch auf solchen gründen, besonders Not; vgl. für die „Billigkeit“ *v. Hoyningen-Huene*, 114.

[44] *Wolff*, 238, spricht insofern vom „Ausgangspunkt der Problematik“ des Beurteilungsspielraums; vgl. nur aus der Lit.: *Bachof*, JZ 1955, 102; *Püttner*, Rechtslexikon, Bd. 3, 763; *Larenz/Canaris*, 117; *Koch/Rüßmann*, 200 (Fn. 41); *Kopp/Schenke*, VwGO, § 114 Rn. 24; *Busch*, in: Knack, VwVfG, § 40 Anm. 6, 6.2; *Hufen*, § 25 Rn. 45; *Maurer*, § 7 Rn. 6, 26, 28, 31 ff.; *Ossenbühl*, in: Erichsen, § 10 Rn. 31 ff.; *Wolff/Bachof/Stober*, § 31 Rn. 14 f.; *Sieckmann*, DVBl. 1997, 101 f.; *v. Mutius*, Jura 1987, 92 f.; *F/K/H/E/S*, BetrVG, § 37 Rn. 174; *Wiese/Weber*, in: GK-BetrVG, Bd. 1, § 37 Rn. 195; *Huber*, in: v. Mangoldt/Klein/Starck, Bonner GG, Art. 19 IV Rn. 515; aus der Rspr.: zum Beurteilungsspielraum des Betriebsrats bei Einschätzung der „Erforderlichkeit“ s. BAG Beschl. v. 11. 11. 1998 – 7 ABR 57/97 = EzA § 40 BetrVG 1972 Nr. 86, S. 3; Beschl. v. 11.3.1998 – 7 ABR 56/96 = EzA § 40 BetrVG Nr. 81, S. 2; Beschl. v. 25.1.1995 – 7 ABR 37/94 = EzA § 40 BetrVG 1972 Nr. 73, S. 3; zum Beurteilungsspielraum der Tatsachengerichte ggü. der Revisionsinstanz bei der Anwendung des Begriffes des „wichtigen Grundes“ s. BAG NJW 1998, 1171, 1173; zum Beurteilungsspielraum der obersten Arbeitsbehörde bei der Einschätzung der „Geeignetheit“ s. BAG EzA § 37 BetrVG 1972 Nr. 20, S. 72, 79; zum Beurteilungsspielraum des Arbeitgebers bei der Auswahl des zu Kündigenden unter „ausreichender Berücksichtigung sozialer Gesichtspunkte“ im Rahmen der „Sozialwidrigkeit“ s. BAG NJW 1984, 1648; zum Beurteilungsspielraum in Form der prüfungsspezifischen Wertung s. BVerwG NJW 1996, 942, 943; s. a. BVerwGE 99, 74, 76 f. („Bewertungsspielraum“); E 79, 209, 213; E 72, 195, 199 und 300, 315; BVerfG NJW 1984, 33, 35; BVerfGE 84, 34, 49 ff.

[45] Zum spezielleren Bestimmtheitsgebot des Art. 80 Abs. 1 S. 2 GG s. BVerfG Beschl.. v. 23.10.1996 – 1 BvR 70/96, Ziff. II. der Entschgrde, zu dem des Art. 103 Abs. 2 GG s. BVerfG Beschl. v. 26.4.2000 – 1 BvR 1892/99, Ziff. 1. der Entschgrde.

[46] Vgl. BVerfGE 78, 214, 226: Die Gebote der Normenklarheit und der Justiziabilität sind zu beachten.

Gebot der Gleichbehandlung,[47] aber auch hinsichtlich der Problematik der Gewaltenteilung[48] anerkannt.[49] Rechtsvorschriften sind demnach „so genau zu fassen, wie dies nach Eigenart der zu ordnenden Lebenssachverhalte mit Rücksicht auf den Normzweck möglich ist“;[50] der Gebrauch solcher Rechtsbegriffe ist jedoch bei vielschichtigen Regelungsmaterien,[51] wegen der Komplexität und Dynamik bestimmter Lebensbereiche[52] oder aus Gründen der Einzelfallgerechtigkeit[53] unabdingbar.[54] Dem entspricht es, wenn *Barbey* ausführt, es sei „ein gewisses Maß an Unbestimmtheit nicht lediglich hinzunehmen, sondern von einem Gesetz zu fordern“; dieses solle „ein Ordnung stiftendes Prinzip messbar und nachprüfbar setzen, d. h. so normieren, dass es als solches in der Vielfalt der örtlich unterschiedlichen und zeitlich wechselnden Lebensverhältnisse gleichermaßen und beständig wirksam ist“.[55]

Zu klären bleibt nun, was eigentlich unter einem „unbestimmten Rechtsbegriff“ zu verstehen ist. Die Terminologie ist uneinheitlich[56] und umstritten.[57] So ist die Rede von unbestimmten Begriffen,[58] unbestimmten Rechtsbegriffen,[59] unbestimmten Gesetzesbegriffen,[60] Erfahrungsbegriffen,[61] Wertbegriffen,[62] Typenbegriffen,[63] klassifikato-

---

[47] Zur Vereinbarkeit mit dem allgemeinen Bestimmtheitsgebot und mit dem Gleichbehandlungsgrundsatz etwa zur „billigen Entschädigung“ nach § 847 BGB BVerfG Beschl. v. 8.3.2000 – 1 BvR 1127/96, Ziff. II. 1. der Entschgrde.; s. a. BVerfG Beschl. v. 17.11.1992 – 1 BvL 8/87, Ziff. II. 1. und 2. der Entschgrde; weitere Nachweise etwa bei Nachweise bei *Herzog*, in: Maunz/Dürig, GG, Art. 20 II. VII. Rn. 63 in Fn. 2; s. a. die Darstellung bei *Kannengießer*, in: Schmidt-Bleibtreu/Klein, GG, Art. 2 Rn. 18.

[48] BVerfG 8, 274, 326; BVerfG Beschl. v. 30.11.1988 – 1 BVR 900/88, Ziff. II. 2. a) der Entschgr.

[49] BVerfGE 78, 214, 226 m. w. N. zu seiner Rspr.; weitere Nachweise bei *Brockmeyer*, in: Schmidt-Bleibtreu/Klein, GG, Art. 20 Rn. 34.

[50] BVerfG Beschl. v. 8.3.2000 – 1 BvR 1127/96, Ziff. II. 1. der Entschgrde. m. w. N. zur Rspr. des BVerfG.

[51] BVerfGE 81, 70, 88.

[52] BVerfGE 84, 34, 50.

[53] BVerfGE 80, 104, 108.

[54] So *Liebetanz*, in: Obermayer, VwVfG, § 40 Rn. 62 m. entsprechenden Nachw. zur Rspr. des BVerfG; ebenso *Brockmeyer*, in: Schmidt-Bleibtreu/Klein, GG, Art. 20 Rn. 34; vgl. a. BVerfG 3, 225, 243; E 4, 353, 357 f.; E 11, 232, 237 f.; E 13, 153, 164; E 78, 214, 226 m. w. N. zur Rspr. des BVerfG.

[55] *Barbey*, in: Isensee/Kirchhof, Handbuch Staatsrecht, Bd. 3, § 74 Rn. 36.

[56] So für den Bereich der Methodenlehre z. B. *Engisch*, Einführung, 137; *Koch/Rüßmann*, 201.

[57] So für den Bereich des Verwaltungsrechts *v. Mutius*, Jura 1987, 93.

[58] Larenz/Canaris, 98.

[59] Vgl. z. B. *Maurer*, § 7 Rn. 6, 26 ff.

[60] Vgl. z. B. *Wolff/Bachof/Stober*, § 31 Rn. 8.

[61] Vgl. z. B. *Bachof*, JZ 1955, 99.

[62] Vgl. z. B. *Forsthoff*, 87.

[63] Vgl. z. B. *Wolff/Bachof/Stober*, § 31 Rn. 11 ff.

rischen Begriffen,[64] Delegationsbegriffen[65] u. s. w.[66] Folgend soll ein grober Überblick gewährt und wichtige sachliche Übereinstimmungen bei gleichzeitig unterschiedlicher Terminologie als Basis für das Verständnis für vorliegende Untersuchung herausgearbeitet werden.

I. Beispiele für unbestimmte Rechtsbegriffe

Zur Verdeutlichung seien zunächst einige Beispiele[67] für unbestimmte Rechtsbegriffe genannt: Als solche werden u. a. Normtexte wie z. B. „gegen die guten Sitten" (§ 138 Abs. 1 BGB),[68] „Treu und Glauben mit Rücksicht auf die Verkehrssitte" (§ 157 BGB),[69] „im Verkehr erforderliche Sorgfalt" (§ 276 Abs. 1 S. 2 BGB),[70] „nach billigem Ermessen" (§ 315 Abs. 3 BGB),[71] „berechtigtes Interesse" (§ 549 Abs. 2 S. 1 BGB),[72] „allgemein üblich" (§ 541 b Abs. 1 S.3 BGB),[73] „ aus wichtigem Grund" (§ 626 Abs. 1 BGB),[74] „wirtschaftlich unzumutbar" (§ 906 Abs. 2 S. 1 BGB),[75] „mit dem Beruf des Rechtsanwaltes ... nicht vereinbar" (§ 7 Nr. 8 BRAO)[76], „besondere Härte" (§ 227 a Abs. 5 S. 1 BRAO),[77] „Gefahr für die öffentliche Sicherheit und Ordnung" (Generalklausel der Polizeigesetze),[78] „Unzuverlässigkeit" (§ 35 Abs. 1 S. 1 GewO),[79] „dringende betriebliche Erfordernisse" (§ 1 Abs. 2 S. 1 KSchG),[80] „sozial ungerechtfertigt" (§ 1 Abs. 2 KSchG),[81] „Prokura", die „auch im Innenverhältnis zum Arbeitgeber nicht unbedeutend ist" (§ 5 Abs. 3 S. 2 Nr. 2 BetrVG),[82] „im Zweifel" (§ 5

---

[64] Vgl. z. B. *Wolff/Bachof/Stober*, § 31 Rn. 12.

[65] *Weigel*, 173, soweit ein unbestimmter Rechtsbegriff mit einem Beurteilungsspielraum verbunden ist.

[66] Vgl. zum Überblick über die Terminologie für das Verwaltungsrecht *Wolff*, 239.

[67] Weitere Beispiele etwa bei *Maurer*, § 7 Rn. 28, bei *Forsthoff*, 85, bei *Wolff*, 239 f. und bei *v. Mutius*, Jura 1987, 93.

[68] Vgl. *Schmalz*, Rn. 293.

[69] *Schapp*, 112.

[70] *Schapp*, 112.

[71] V. Hoyningen-Huene, 30.

[72] BGHZ 92, 213, 219.

[73] BGHZ 117, 217, 223.

[74] BAG NJW 1998, 554, 555, NJW 1997, 676; *Enneccerus/Nipperdey*, 307.

[75] *Pawlowski*, Rn. 561.

[76] BGHZ 34, 382, 389.

[77] BGHZ 89, 173, 174.

[78] *Liebetanz*, in: Obermayer, VwVfG, § 40 Rn. 61.

[79] *Liebetanz*, in: Obermayer, VwVfG, § 40 Rn. 61.

[80] BAG NJW 1997, 885 und 1252, 1253.

[81] BAG NJW 1993, 154 und 2289, 2291; NJW 1991, 1906; NJW 1990, 2253, 2254; NJW 1984, 826, 1648 und 1917.

[82] BAG Beschl. v. 11.1.1995 – 7 ABR 33/94 = AP § 5 BetrVG 1972 Nr. 55, Bl. 1286/R.

Abs. 4 Eingangss. BetrVG),[83] „Betriebsanlagen" (§ 111 S. 2 Nr. 4 BetrVG)[84] und „erforderlich" (§ 16 Abs. 1 S. 2[85] und § 37 Abs. 6 S.1[86] BetrVG) eingeordnet.

II. Allgemeinbegriffliche Erfassung des unbestimmten Rechtsbegriffes in der Literatur

Vor allem in der methodischen und der materiell-verwaltungsrechtlichen Literatur wird eine allgemeinbegriffliche terminologische Erfassung des unbestimmten Rechtsbegriffes versucht. Folgend sollen wichtige terminologische Unterscheidungen und inhaltliche Parallelen aufgezeigt werden.

1. Bestimmte und unbestimmte Rechtsbegriffe

Gesetzliche Tatbestandsmerkmale sind inhaltlich unterschiedlich präzise. Soweit ihr Inhalt eindeutig ist, wie etwa bei Zahlbegriffen in Legaldefinitionen („Die Nachtzeit beginnt um 22:00 Uhr."), werden sie als bestimmte Begriffe[87] oder Rechtsbegriffe[88] bezeichnet.[89] Andere Tatbestandsmerkmale sind dagegen (in besonderem Maße) konkretisierungsbedürftig,[90] sowohl im Rahmen der abstrakten Auslegung als auch bei der Anwendung auf den konkreten Einzelfall.[91] Solche Begriffe in Normtexten werden als unbestimmte Begriffe,[92] Rechts-[93] oder Gesetzesbegriffe[94] bezeichnet. Dem entspricht der Terminus „vager Begriff".[95] Der Bezeichnung als unbestimmter Rechtsbegriff soll

---

[83] *Raab,* in: GK-BetrVG, Bd. 1, § 5 Rn. 163.

[84] BAG NJW 1983, 2838, 2839.

[85] *Kreutz,* in: GK-BetrVG, Bd. 1, § 16 Rn. 33.

[86] *Wiese/Weber*, in: GK-BetrVG, Bd. 1, § 37 Rn. 195.

[87] *Schmalz*, Rn. 139; *Engisch*, 138; vgl. a. *Jellinek*, 37; *Maurer*, § 7 Rn. 27; *Achterberg*, § 18 Rn. 39.

[88] *Wolff*, 239.

[89] Von der hier beschriebenen Unbestimmtheitsproblematik ist die bloße sprachliche Mehrdeutigkeit zu unterscheiden, wie z. B. „Sache" ein körperlicher Gegenstand vgl. *Engisch,* Einführung, 138 (Fn. 8)

[90] *Ossenbühl,* in: Erichsen, § 10 Rn. 5, 7, 25; *v. Mutius*, Jura 1987, 94; vgl. zur Normkonkretisierung insbes. *Müller*, Rn. 86, 167, 248 ff., 276.

[91] *Maurer*, § 7 Rn. 29; *v. Mutius*, Jura 1987, 94 m. w. N.; Beispiele etwa bei *Maurer*, § 7 Rn. 28.

[92] Die Bezeichnung „unbestimmter Begriff" wird oftmals synonym zu der des „unbestimmten Rechtsbegriffes" verwendet, so z. B. *Forsthoff*, 84 f.; *Ule*, GS Jellinek, 310; 314; *Engisch*, Logische Studien, 95 f. sowie ders., Einführung, 138, s. a. *Larenz*, 277, 297; vergleichbar wird bei *Wolff/Bachof/Stober*, § 31 Rn. 11, 14, der unbestimmte Begriff synonym mit dem des unbestimmten Gesetzesbegriffes gebraucht.

[93] *Achterberg*, § 18 Rn. 39; *Maurer*, § 7 Rn. 28 f.; *Ossenbühl,* in: Erichsen, § 10 Rn. 3 ff., 23, 25; *Wolff*, 238 f.; in diesem Sinne a. *Forsthoff*, 85, wenn er zunächst von unbestimmten Begriffen und deren Grenzen spricht und unmittelbar mit den unbestimmten Rechtsbegriffen anschließt; *Engisch*, Logische Studien, 95; *Enneccerus/Nipperdey*, 307 f.; vgl. a. *Rupp*, 218.

[94] So z. B. *Wolff/Bachof/Stober*, § 31 Rn. 8 ff.;

[95] Vgl. *Koch/Rüßmann*, 194 ff., 200; *v. Mutius*, Jura 1987, 93; *Kramer*, 26, 45 (Fn. 76); s. a. *Bydlinski*, 187.

hier gegenüber derjenigen als „unbestimmter Gesetzesbegriff“ im Dienste der Verständlichkeit aufgrund dessen allgemeiner Verbreitung der Vorzug gegeben werden.[96]

Zur Abstufung des lediglich graduellen,[97] nicht aber prinzipiellen Unterschiedes zwischen bestimmten und unbestimmten Rechtsbegriffen wurde in der Interessenjurisprudenz die Unterscheidung von Begriffskern und Begriffshof herausgebildet.[98] Danach ist die Entscheidung über die Anwendbarkeit eines Begriffes auf im Einzelfall in seinem Kernbereich zweifelsfrei, wogegen sie in seinem Hofbereich nicht zweifelsfrei möglich ist.[99] Unbestimmte Rechtsbegriffe zeichnen sich insoweit durch einen kleinen Bedeutungskern und einen großen Bedeutungshof aus.[100] Begrifflich unterschiedlich, inhaltlich jedoch ähnlich wird von „Sphären der positiven und negativen Gewissheit“ und des „möglichen Zweifels“[101] oder auch von „positiven“, „negativen“ und „neutralen Kandidaten“ gesprochen.[102]

---

[96] So z. B. schon *Bachof*, JZ 1955, 99; *Jesch*, AöR 82 (1957), 167; vgl. a. *Dütz*, Gerichtsschutz, 220; aus der neueren Lit.: *Maurer*, § 7 Rn. 28; *v. Mutius*, Jura 1987, 93; *Schmidt-Salzer*, 13 (Fn. 8); vgl. a. *Hufen*, § 25 Rn. 45; *Ossenbühl*, in: Erichsen, § 10 Rn. 3 ff., 23 ff.; *Wolff*, 238; *Larenz/Canaris*, 117; *Enneccerus/Nipperdey*, 307; BVerfGE 84, 34, 49 f.; BVerwGE 99, 74, 76 f.; BAG Beschl. v. 11.11.1998 – 7 ABR 57/97 = AP Nr. 64 zu § 40 BetrVG 1972, Bl. 1049/V; für eine Benennung als unbestimmter „Gesetzesbegriff“ etwa *Wolff/Bachof/Stober*, § 1 Rn. 8; krit. zur Terminologie a. *Maurer*, § 7 Rn. 28. Zur Kritik wiederum am Terminus des „Gesetzesbegriffes“ *Achterberg*, § 18 Rn. 33, und *Jesch*, AöR 82 (1957), 167; dieser Streit um des Kaisers Bart erinnert stark an denjenigen zur Bezeichnung als „positiver Vertragsverletzung“ oder als „positive Forderungsverletzung“, vgl. dazu *Wiedemann*, in: Soergel, BGB, Bd. 2, Rn. 352 vor § 275.

[97] *Ossenbühl*, in: Erichsen, § 10 Rn. 3 ff., 23, 25; *Achterberg, in:* Lexikon des Rechts, Gr. 2/270, A. III.; *ders.*, § 18 Rn. 39; *Bachof*, JZ 1955, 99; *Enneccerus/Nipperdey*, 309; in diesem Sinne a. *Jesch*, AöR 82 (1957), 167; *v. Mutius*, Jura 1987, 93; *Maurer*, § 7 Rn. 27.

[98] Diese Unterscheidung geht auf *Heck*, zurück, s. die Nachweise bei *Jesch*, AöR 52 (1957), 172 (Fn. 39); *Heck*, Begriffsbildung, 52, 60, spricht zwar zunächst nur von den Begriffen der Rechtswissenschaft, dehnt dies als Regelfall von den auf die im Gesetz aufgenommenen „Alltagsbegriffe“ als Rechtsbegriffe aus, s. a.a.O., 60. Zust. zu *Hecks* Differenzierung *Engisch*, Einführung, 139; *Jesch*, AöR 82 (1957), 171 f., 176; *Wolff/Bachof/Stober*, § 31 Rn. 11 zu den sog. Typengriffen; *Bydlinski*, 118 f.; *Enneccerus/Nipperdey*, 308 f. Krit. dagegen *Christensen*, in: Lexikon des Rechts, Gr. 2/60, B. II. 1.; *Ossenbühl*, DVBl. 1974, 310 f., der den Grad der Unbestimmtheit dort für ein untaugliches Differenzierungsmerkmal hält, wo Gesetze nicht mehr „streng konditional“ programmiert i. S. einer „Wenn-Dann-Relation“ sind; inhaltlich ähnlich, jedoch krit. hinsichtlich der Begrifflichkeiten *Schmalz*, Rn. 236; *Zippelius*, 21, spricht an Statt eines Begriffshofes von einem „Bedeutungsspielraum“.

[99] *Engisch*, Einführung, 139, unter Bezugnahme auf *Heck*, Gesetzesauslegung, 173.

[100] *Jesch*, AöR 82 (1957), 177.

[101] *Jellinek*, 37 f.

[102] Sogenanntes semantisches „Drei-Bereiche-Modell“, vgl. *Koch/Rüßmann*, 195 f.; *Kramer*, 44 f.

2. Deskriptive und normative Begriffe, Generalklauseln

Weiter wird, teils als gesonderte Begriffsklasse mit Überschneidungsbereich,[103] teils innerhalb der unbestimmten Rechtsbegriffe,[104] zwischen deskriptiven und normativen Begriffe unterschieden.[105] Diese vor allem für das Strafrecht entwickelte Differenzierung[106] wird zum Teil auch im Verwaltungsrecht getroffen,[107] zum Teil unter der Bezeichnung „Erfahrungsbegriffe" und „Wertbegriffe".[108] Dem normativen Begriff entsprechen der in der zivilrechtlichen Methodenlehre entwickelte Begriff des wertausfüllungsbedürftigen Maßstabes[109] sowie der teilweise verwendete Terminus „dezisionistischer Rechtsbegriff".[110] Deskriptive Begriffe beschreiben sinnlich wahrnehmbare Ereignisse oder Gegenstände der Wirklichkeit, wie z. B. „ Nachtzeit" oder „Gefahr".[111] Normative Begriffe erschließen sich dem Rechtsanwender erst durch ein Werturteil, wie z.B. „wichtiger Grund" und „Billigkeit".[112] *Larenz* begreift die Generalklauseln, wie z.B. die „guten Sitten" (§ 138 Abs. 1 BGB), „Treu und Glauben" (§ 242 BGB) und die im Verkehr „erforderliche Sorgfalt" (§ 276 Abs. 1 S. 2 BGB), die er auch als ausfüllungsbedürftige Maßstäbe bezeichnet, als Unterfälle der unbestimmten Begriffe.[113] Nach *Engisch* sind sie im Regelfall sowohl unbestimmt und besitzen zugleich normativen (wertenden) Charakter;[114] ihre Eigenart liegt im Gegensatz zur kasuistischen Tatbestandsbildung.[115]

---

[103] So z. B. *Engisch*, Logische Studien, 95 f.; ders., Einführung, 136 f., 140; *Bachof*, JZ 1955, 99; vgl. a. *Kramer*, 45.

[104] So z. B. *Wolff*, 239; *v. Mutius*, Jura 1987, 94.

[105] krit. zu dieser Unterscheidung *Koch/Rüßmann*, 201 ff., der sie letztlich jedoch selbst ganz i. S. v. *Engisch*, Logische Studien, 95 f., begründet, vgl. a. a. O., 203, wo ausgeführt wird, Wertbegriffe (bzw. normative Begriffe) könnten vage (also unbestimmt) sein oder auch nicht. Soweit genannte Unterscheidung nicht eingehalten wird, liegt dies wohl daran, dass von den unbestimmten Rechtsbegriffen wegen der Notwendigkeit einer Wertung i. d. R. nur die normativen, nicht aber die deskriptiven im Zentrum der Aufmerksamkeit stehen, vgl. *Ule*, GS Jellinek, 315; so werden die „wertausfüllungsbedürftigen Begriffe" etwa bei *Larenz/Canaris*, 117, den unbestimmten Rechtsbegriffen ausdrückl. gleichgesetzt; vgl. a. *Kramer*, 50.

[106] *Schapp*, 102; vgl. a. *Koch/Rüßmann*, 201 f.

[107] Vgl. z. B. *Wolff*, 239; *v. Mutius*, Jura 1987, 94.

[108] *Bachof*, JZ 1955, 99, *v. Mutius*, Jura 1987, 94.

[109] *Larenz/Canaris*, 44, 109, 114 ff. zu den „wertausfüllungsbedürftigen Maßstäben"; „Wertausfüllungsbedürftige" Maßstäbe oder Begriffe werden den normativen Begriffen gleichgesetzt, vgl. *Engisch*, Einführung 142; *Schmalz*, Rn. 139; *Kramer*, 50; krit. zu dieser Gleichsetzung *Koch/Rüßmann*, 201 f., 205.

[110] *v. Mutius*, Jura 1987, 95.

[111] *Wolff*, 239; *Engisch*, 140; *v. Mutius*, Jura 1987, 94.

[112] *Engisch*, Einführung, 142; *Wolff*, 239; für die wertausfüllungsbedürftigen Maßstäbe *Larenz/Canaris*, 109; *v. Mutius*, Jura 1987, 94.

[113] *Larenz*, 277, 288; s. a. *Kramer*, 50 f.

[114] *Engisch*, Einführung, 160.

[115] *Engisch*, Einführung, 156.

3. Klassifikatorische (empirische) Begriffe (unbestimmte Rechtsbegriffe i. w. S.) als Gegensatz zu Typen- und Einschätzungsbegriffen (unbestimmte Rechtsbegriffe i. e. S.)

Wolff/Bachof/Stober unterscheiden innerhalb der unbestimmten „Gesetzesbegriffe" die klassifikatorischen, empirischen Begriffe als unbestimmte Gesetzesbegriffe i. w. S. von den sogenannten Typenbegriffen als unbestimmte Gesetzesbegriffe i. e. S.[116] Letzteren sollen verschiedene, aber ähnliche Lebenssituationen als Ausprägungen unterfallen; sie bestimmen nur einen Tatsachen-, Interessen oder Wertbereich, nicht aber dessen Gegenstände.[117] Als Parallele aus der Methodenlehre ist hier *Larenz* anzuführen, der als Beispiele für Typen u. a. den Tierhalter i. S. v. § 833 BGB, den Handelsvertreter sowie den leitenden Angestellten nennt; er beschreibt den Typus als Gegensatz zu den (klassifikatorischen) Begriffen, da die durch den Typus umschriebenen Merkmale im Gegensatz zu denen eines Begriffes für die Anwendung desselben nicht allesamt erfüllt sein müssen, sich ersterer vielmehr einer Definition entzieht.[118]

Die dargestellte Unterscheidung weist aufgrund des Kriteriums der Wertung starke Parallelen zu derjenigen zwischen deskriptiven und normativen Begriffen auf, wie sich z. B. aus der Einordnung des unbestimmten Rechtsbegriffes „wichtiger Grund" als normativer, (Rechts-) Begriff[119], als wertausfüllungsbedürftiger Maßstab[120] und als Typenbegriff[121] ergibt;[122] einen Überschneidungspunkt findet sie etwa im Beispiel des „leitenden Angestellten" als normativer Realtypus.[123]

III. Unbestimmte Rechtsbegriffe in der Rechtsprechung

In der Rechtsprechung[124] herrscht im Gegensatz zu einer allgemeinbegrifflichen Behandlung und Klassifizierung in der Literatur naturgemäß die kasuistische Behandlung vor,[125] weswegen hier von einer näheren Darstellung abgesehen wird. Auch das BAG

---

[116] *Wolff/Bachof/Stober*, § 31 Rn. 5 (Zuordnung der klassifikatorischen Begriffe zum Bereich des ius strictum), 10 f., 14, 18; *Larenz/Canaris*, 44.

[117] *Wolff/Bachof/Stober*, § 31 Rn. 11 mit den Beispielen „wichtiger Grund", „Unzuverlässigkeit" und „öffentliches Interesse".

[118] *Larenz,* 215, 218, 221, 275, 465; *Larenz/Canaris*, 42, 95; 290, 294; krit. zur Gegenüberstellung von (klassifikatorischen) Begriffen und Typus bei Larenz *Müller,* 230 ff. und *Koch-Rüßmann,* 73 ff., 76.

[119] Vgl. etwa *Wolff,* 239.

[120] Larenz/Canaris, 109.

[121] Wolff/Bachof/Stober, § 31 Rn. 11.

[122] Vgl. a. *Larenz/Canaris*, 294

[123] Larenz, 465; Larenz-Canaris, 294.

[124] Vgl. etwa aus der Rspr. des BGH im Zivil- und Strafrecht: BGH NJW 1999, 299, 300; vgl.a. NJW 1999, 226 („normative Bewertung") und NJW 1997, 1452 („normatives Element"); NJW 1997, 1075, NJW 1996, 1593, 1594 und 1482, 1483; NJW 1994, 248, 250 und 3162, NJW-RR 1994, 745, 747 und 1016, 1017; DtZ 1996, 92, 95; BGHSt 42, 79, 84; 35, 101, 104; 30, 320, 324; BGHZ 117, 217, 223; 89, 173, 174.

[125] So für die Verwaltungsrspr. *v. Mutius*, Jura 1987, 96.

differenziert in der Regel nicht in der allgemeinbegrifflichen Art und Weise der Literatur. Meist wird einfach von unbestimmten Rechtsbegriffen gesprochen,[126] eher vereinzelt werden etwa Normtexte als typologische Beschreibungen eingeordnet.[127] Es wird daher für jeden Beurteilungsspielraum gesondert zu prüfen sein, ob ihm ein unbestimmter Rechtsbegriff als Anknüpfungspunkt zugrunde liegt.

IV. Verständnis im Rahmen vorliegender Untersuchung

Um die Verengung der Betrachtung der rechtlichen Problematik durch die zur Beschreibung des unbestimmten Rechtsbegriffes verwendete Terminologie zu vermeiden, sollen hier einige wesentliche Gemeinsamkeiten der Diskussion um den unbestimmten Rechtsbegriff kurz herausgearbeitet und dann für das Verständnis im Rahmen dieser Arbeit vom „kleinsten gemeinsamen Nenner" ausgegangen werden.

1. Semantische Spielräume der Gesetzessprache als gemeinsamer normstruktureller Ausgangspunkt

Semantische Spielräume sprachlichen Ausdruckes, mithin auch jeder Gesetzesnorm, sind ein gemeinsamer tatsächlicher, normstruktureller Ausgangspunkt für die Diskussion um den unbestimmten Rechtsbegriff sowohl für die Methodenlehre[128] als auch für

---

[126] Z. B. „erforderlich" i. S. v. § 40 Abs. 2 BetrVG, BAG, Beschl. v. 11. März 1998 - 7 ABR 59/96 = EzA § 40 BetrVG 1972 Nr. 81, S. 2; Beschl. v. 25. Januar 1995 - 7 ABR 37/94 = EzA § 40 BetrVG 1972 Nr. 73, S. 3; Beschl. v. 26. Oktober 1994 - 7 ABR 15/94 = EzA § 40 BetrVG 1972 Nr. 72, S. 2; „nicht zugemutet werden kann" i. S. v. § 78 a Abs. 4 S. 1 BetrVG, BAG BB 1998, 1366, 1367; „aus wichtigem Grund" i. S. v. § 626 Abs. 1 BGB, BAG NJW 1998, 554, 555; „dringende betriebliche Erfordernisse" i. S. v. § 1 Abs. 2 S. 1 KSchG, BAG NJW 1997, 885 und 1252, 1253; „ausreichende Berücksichtigung" i. S. v. § 1 Abs. 3 S. 1 Hs. 1 KSchG a. F., BAG BB 1999, 1556, 1557; „sozial ungerechtfertigt" i. S. v. § 1 Abs. 2 KSchG, BAG NJW 1993, 154 und 2289, 2291; NJW 1991, 1906; NJW 1990, 2253, 2254; NJW 1984, 826, 1648 und 1917; Eingruppierung, Tätigkeitsmerkmale in Tarifverträgen, "Zusammenstellen von Waren nach schwierigen Ordnungsmerkmalen und/oder zusätzliche Kontrolltätigkeit", BAG NJW 1993, 3091, 3092; besondere „Bedeutung" einer Tätigkeit als Merkmal für Eingruppierung, BAG BB 1999, 1506; „rechtserhebliches Ausmaß" an selbständigen Leistungen als Eingruppierungsmerkmal, BAG BB 1995, 1196 „nicht verzögern" i. S. v. § 67 Abs. 1 S. 1 ArbGG, BAG NJW 1989, 1236, 1237; „Betriebsanlagen" i. S. v. § 111 S. 2 Nr. 4 BetrVG, BAG NJW 1983, 2838, 2839; . „Abwehr einer Betriebsstörung", „eigene Kampfmaßnahme", BAG NJW 1998, 3732, 3733; zur Umschreibung des leitenden Angestellter mittels unbestimmter Rechtsbegriffe in § 5 Abs. 3 S. 2 Nr. 2 BetrVG vgl. BAG Beschl. v. 22.2.1994 – 7 ABR 32 und 33/93 (n. a. v.), jew. unter Ziff. B II 4 a) der Gründe, sowie BAG Beschl. v. 11.1.1995 – 7 ABR 33/94 = AP § 5 BetrVG Nr. 55, Bl. 1286/R m. w. N.; vgl. a. BAG NJW 1996, 2750, 2751; NJW 1987, 674, 677; NJW 1982, 2279.

[127] Vgl. etwa zur Beschreibung des leitenden Angestellten durch § 5 Abs. 3 Nr. 3 BetrVG a. F., BAG Beschl. v. 29.1.1980 – 1 ABR 45/79 = AP § 5 BetrVG 1972 Nr. 22, Bl. 744.

[128] S. *Müller*, Rn. 167; *Zippelius*, 20, 107; vgl. in diesem Sinne a. *Kramer*, 26, 50; *Engisch*, Einführung, 138; *Engisch*, Logische Studien, 95; *Koch-Rüßmann*, 194, 200

die verwaltungsrechtliche Literatur.[129] Die hiermit verbundene Problematik der abstrakten Auslegung unbestimmter Rechtsbegriffe sowie deren Anwendung im Einzelfall,[130] also letztlich der Normkonkretisierung, ist dem Verwaltungsrecht mit Privat- und Strafrecht gemeinsam.[131]

2. Lockerung der Gesetzesbindung als ein gemeinsamer Ausgangspunkt hinsichtlich der rechtlichen Problematik unbestimmter Rechtsbegriffe

Als eine weitere Gemeinsamkeit kann die Zuordnung der unbestimmten Rechtsbegriffe als grundsätzliche Problematik der Lockerung der Gesetzesbindung des Gesetzesanwenders, gesehen werden. Beispielhaft für die Methodenlehre seien die Ausführungen von *Engisch* genannt, welcher die unbestimmten Rechtsbegriffe als eine mögliche Form beschreibt, durch die der Gesetzgeber dem Normanwender, also den Gerichten oder der Verwaltung, Selbständigkeit gegenüber dem Gesetz zusprechen kann. Er stellt dies unter dem Gesichtspunkt der Unterscheidung von ius aequum und ius strictum dar.[132] Ein Parallelbeispiel aus der Verwaltungsrechtslehre ist die Einordnung des unbestimmten Rechtsbegriffes (und eines entsprechenden Beurteilungsspielraums) als Lockerung der Gesetzesbindung bei der Rechtsanwendung durch die Verwaltung bei *Maurer*.[133]

3. Zusammenfassung für das Verständnis im Rahmen der vorliegenden Untersuchung

Aus den erarbeiteten Gemeinsamkeiten ergibt sich, dass als unbestimmter Rechtsbegriff in einem weiteren Sinne jeder Normtext, insbesondere jedes Merkmal des gesetzlichen Tatbestandes verstanden werden kann, welcher wegen seiner semantische Unbestimmtheit ein Problem der Anwendung der jeweiligen Norm auf den Einzelfall darstellt und hierdurch die Frage einer möglichen Lockerung der Gesetzesbindung des Normanwenders aufwirft.

Festzuhalten bleibt an dieser Stelle, dass mit der Verwendung dieses Terminus die Frage, ob insoweit auf einen Beurteilungsspielraum des Rechtsanwenders geschlossen

---

[129] Vgl. *Maurer*, § 7 Rn. 27 f.; *Achterberg*, § 18 Rn. 39; *Ossenbühl*, in: Erichsen, § 10 Rn. 3, 23, 25; *Wolff*, 239; *Busch*, in: Knack, VwVfG, § 40 Rn. 6.1; vgl. a. *Redeker/v. Oertzen*, VwGO, § 114 Rn. 4; 14, 17; *Kopp/Schenke*, VwGO, § 114 Rn. 24 a; *Rennert*, in: Eyermann, VwGO, § 114 Rn. 51.

[130] *Maurer*, § 7 Rn. 30.

[131] *Ossenbühl*, in: Erichsen, § 10 Rn. 7, 25.

[132] *Engisch*, Einführung, 136; in diesem Sinne a. *v. Hoyningen-Huene*, 14, 30, mit der Billigkeit als Beispiel für einen unbestimmten Rechtsbegriff; in diesem Sinne insbes. zum fließenden Übergang zwischen ius strictum und ius aequum *Enneccerus-Nipperdey*, 306; vgl. a. *Koch-Rüßmann*, 23, 69 f., 200.

[133] *Maurer*, § 7 Rn. 6; s. a. *Ossenbühl*, in: Erichsen, § 10 Rn. 2, 5; *Wolff/Bachof/Stober*, § 31 Rn. 1 f.; *Wolff*, 243; *Bachof*, JZ 1955, 99 (V.); *Ule*, GS Jellinek, 309, 328 f.; so wohl a. *Hufen*, § 25 Rn. 45 ff. und *Ule/Laubinger*, § 55 Rn. 2 f.; aus der verfassungsrechtlichen Lit. s. *Herzog*, in: Maunz/Dürig, GG, Art. 20 Rn. 27.

werden kann, noch keine Aussage getroffen ist.[134] Unter welchen Umständen die Verwendung eines unbestimmten Rechtsbegriffes durch den Gesetzgeber tatsächlich einen Beurteilungsspielraum zur Folge hat, ist vielmehr erst im Zusammenhang mit den Begründungsmodellen zum Beurteilungsspielraum zu behandeln.

B. Beurteilungsspielraum

Das Schrifttum zur höchst umstrittenen[135] Rechtsfigur des „Beurteilungsspielraums", je nach Zusammenhang etwa auch als „Tatbestandsermessen", „Beurteilungsermächtigung", „Einschätzungsprärogative", „Prognoseermessen" oder „Subsumtionsermessen"[136] bezeichnet, ist nahezu unübersehbar.[137] Eine umfassende Auseinandersetzung mit den Einzelheiten dieser Problematik würde den Rahmen dieser Arbeit sprengen und ist auch nicht deren Gegenstand. Hier kann vielmehr nur ein grober Überblick über die wichtigsten Positionen in Literatur und Rechtsprechung gegeben werden, um mögliche grundsätzliche Übereinstimmungen in der verwaltungsrechtlichen herrschenden Lehre und der verfassungs- und verwaltungsrechtlichen Rechtsprechung feststellen zu können; nach der letzteren wird sich die Untersuchung gegebenenfalls in ihrem Verständnis der Rechtsfigur des Beurteilungsspielraums richten, insbesondere was deren Begründung, ihren Bezugspunkt im Schema der Rechtsanwendung und ihre Auswirkung auf die Kontrolldichte angeht. Dabei ist auch bei der nachfolgenden, im Dienste der Übersichtlichkeit getrennten Darstellung der „unterschiedlichen" Lösungsansätze vorweg anzumerken, dass sie sich vielfach überschneiden und verschränken.[138]

---

[134] Schon *Bachof*, JZ 1955, 98, kritisierte die Verwendung des Terminus unbestimmter Rechtsbegriff i. S. einer petitio principii insbes. dahingehend, dass die Anwendung eines unbestimmten Rechtsbegriffes voller richterlicher Überprüfung unterliegt. Ob ein Beurteilungsspielraum vorliegt oder nicht, muss für jedes Tatbestandsmerkmal individuell bestimmt werden, wenn a. möglicherweise der Grundsatz der richterlichen Vollkontrolle als Regelfall bestehen mag; hierzu soll später im Zusammenhang mit den rechtlichen Voraussetzungen der Annahme eines Beurteilungsspielraums weiter ausgeführt werden.

[135] S. etwa aus der neueren Literatur *Sieckmann*, DVBl. 1997, 101 ff.; *Hofmann*, NVwZ 1995, 740; *Maurer*, § 7 Rn. 47; *Ossenbühl*, in: Erichsen, § 10 Rn. 31 m. w. N.; so etwa schon *Bachof*, JZ 1955, 97.

[136] Zu diesen oftmals synonym verwendeten Termini vgl. BVerwGE 72, 38, 53; BVerwG 107, 360 ff.; *Hoppe*, FG BVerwG (1978), 296; *Wolff/Bachof/Stober*, § 31 Rn. 19; *Redeker/v. Oertzen*, VwGO, § 114, Rn. 15; *Schmidt-Aßmann*, in: Maunz/Dürig, GG, Art. 19 IV Rn. 191; *Redeker/v. Oertzen*, VwGO, § 114 Rn. 15. Der Begriff der Beurteilungsermächtigung betont im Gegensatz zu dem des Beurteilungsspielraums eher die Grundlage eines Freiraumes des Rechtsanwenders; hier wird der Terminologie bei Maurer, § 7 Rn. 31 ff., gefolgt.

[137] So etwa schon *Bachof*, JZ 1955, 97. Vgl. z.B. die Literatur- und Rechtsprechungsnachweise bei *Maurer*, § 7 Rn. 64 f., bei *Kopp/Schenke*, VwGO, Schrifttumsverzeichnis vor Rn. 1 zu § 114, und bei *Grupp*, 140 f. (in Fn. 4).

[138] *Ossenbühl*, FS Redeker, 59.

I. Beurteilungsspielräume in Lehre und Rechtsprechung

In Lehre und Rechtsprechung ist, wenn auch mit unterschiedlicher Terminologie und Begründung, die Existenz von Beurteilungsspielräumen, welche mit der Reduzierung der Kontrolldichte verbunden sind, heute ganz überwiegend anerkannt.[139] Im Zentrum des Streites steht heute die Frage, wann die Annahme eines solchen Spielraumes gerechtfertigt ist;[140] verständlich wird dies insbesondere, wenn man die außerordentliche Seltenheit ausdrücklicher normativer Zuweisungen von Beurteilungsspielräumen wie etwa in § 70 Abs. 5 S. 2 GWB[141] oder § 2 Abs. 2 S. 2 InvZG 1982[142] bedenkt. Angesichts der Mannigfaltigkeit der Begründungsansätze[143] kann nur eine überblickartige, vereinfachende Darstellung erfolgen.

1. Beurteilungsspielräume in der Lehre

a) Normtheoretisch orientierte Ansätze

Die folgend dargestellten Ansätze leiten mögliche Spielräume des Rechtsanwenders aus der Struktur des Normtextes ab. Hier liegt der Schwerpunkt der Betrachtung auf der Frage nach der Bestimmtheit der Gesetzessprache und nach den notwendigen Wertungen des Beurteilenden. Insoweit gleichen sich diese Lehren der Sache nach trotz teilweise unterschiedlicher Begründung insbesondere hinsichtlich des Ergebnisses zur Reduktion der Kontrolldichte.[144]

aa) Die Lehre vom Beurteilungsspielraum

Grundlegend hat *Bachof*[145] formuliert, dass „die Frage ... , ob die den Sachverhalt bildenden Tatsachen einem Wertbegriff[146] unterfallen, ... eine solche wertender Beurtei-

---

[139] Vgl. *Maurer,* § 7 Rn. 31, 35 ff. mit Nachw. zu Lit. und Rspr.; *Grupp,* 144; s. a. die nachfolgende Darstellung. Generell gegen eine Anerkennung von Beurteilungsspielräumen aus der neueren Lit. etwa *Kopp,* VwVfG, § 40 Rn. 46, aus der älteren Lit. etwa *Rupp,* 212 ff., 221; weitere Nachweise zu ablehnenden Ansichten bei *Maurer,* a. a. O., § 7 Rn. 34 und *Dütz,* Gerichtsschutz, 224 in Fn. 366.

[140] Dies sieht etwa *Schmidt-Aßmann,* in: Maunz/Dürig, GG, Art. 19 IV Rn. 187, als Hauptaufgabe der verwaltungsrechtlichen Dogmatik an, welche auf der Basis der normativen Ermächtigungslehre zu lösen sei.

[141] Von dieser dogmatischen Einordnung des § 70 Abs. 5 S. 2 GWB geht etwa *Ossenbühl,* in: Erichsen, § 10 Rn. 33, aus; so wohl auch *Schmidt-Aßmann/Groß,* NVwZ 1993, 622. A. A. *Herzog,* NJW 1992, 2601, 2602; der Unterscheidung zwischen Beurteilungsspielraum wird für den Regelungsgehalt dieser Vorschrift z. T. jegliche Aussagekraft abgesprochen, s. etwa *Quack,* in: Glassen/v. Hahn/Kersten/Rieger, FK/Kartellrecht, Bd. 4, GWB § 70 Rn. 33 f.

[142] *Gerhardt,* in: Schoch/Schmidt-Aßmann/Pietzner, VwGO, Bd. 2, § 114 Rn. 57 (in Fn. 344); diese Vorschrift ist mittlerweile außer Kraft getreten.

[143] So handelt etwa *Weigel,* 86 ff., nicht weniger als 18 (!) unterschiedliche Argumente zur Begründung eines Beurteilungsspielraums ab; eine übersichtliche Darstellung der älteren Lehre findet sich bei *Bauer,* 128 ff.

[144] Vgl. insoweit insbes. die zusammenfassende Darstellung bei *Maurer,* § 7 Rn. 31.

[145] *Bachof,* JZ 1955, 99 f.

lung (ist, Erg. d. Verf.), die der Gesetzgeber ... der Behörde überantworten kann." Aber auch für Erfahrungsbegriffe[147] bejaht *Bachof* die grundsätzliche Möglichkeit eines Beurteilungsspielraums.[148] Es könne bei der Anwendung unbestimmter Rechtsbegriffe nicht generell davon ausgegangen werden, dass nur „eine richtige" Lösung und Entscheidung dem Willen des Gesetzgebers entspreche und damit möglich,[149] also rechtmäßig sei. Für betroffene Wertbegriffe ergibt sich dies nach *Bachof* aufgrund deren teilweise subjektiven Orientierung,[150] für Erfahrungsbegriffe in Ausnahmefällen daraus, dass eine einzige richtige Lösung zwar theoretisch, aber nicht in der Praxis ermittelbar sei.[151]

Als Konsequenz erkennt *Bachof* (in gewissen Grenzen) einen Spielraum der den unbestimmten Rechtsbegriff anwendenden Behörde dahingehend an, dass das mit der Prüfung befasste (Verwaltungs-) Gericht jede Entscheidung als rechtmäßig gelten zu lassen hat, welche sich innerhalb der Grenzen des Spielraumes hält, bei der also die Behörde bei verständiger Würdigung den Sachverhalt als dem Tatbestandsmerkmal unterfallend ansehen durfte.[152] Hierin liegt die Reduktion der richterlichen Kontrolldichte. Schon *Bachof* sieht den Beurteilungsspielraum als Ausnahme, eine Vermutung spreche gegen ihn, und seine Bejahung bedürfe sorgfältiger Begründung.[153] Als Parallele hierzu aus dem Bereich der Methodenlehre entsteht nach *Larenz* aufgrund des bei Anwendung solcher Typen notwendigen Urteiles, welches je nach Tatbestand als Grundlage entweder eine notwendige Wertung oder soziale Erfahrung haben muss, und das eine Beurteilung des Sachverhaltes erfordert, ein Beurteilungsspielraum des Rechtsanwenders, innerhalb dessen keine Subsumtion mehr erfolgen kann, sondern mehrere Entscheidungen „vertretbar" sein können.[154]

Die Ansicht, ein unbestimmter Rechtsbegriff, sofern er normativen Charakters ist, habe nahezu zwangsläufig einen Beurteilungsspielraum zur Folge, begegnet jedoch vor allem aus zwei Gründen berechtigter Kritik:[155] Zunächst ist die Grenzlinie zwischen bestimmten und unbestimmten Rechtsbegriffen gar nicht trennscharf zu ziehen, der

---

[146] *Bachof*, JZ 1955, 99, folgt der Unterteilung der unbestimmten Rechtsbegriffe in sog. „Erfahrungs-„ und „Wertbegriffe", s. dazu oben, 2. Kap., A. II. 2.

[147] S. o. 2. Kap., A. II. 2.

[148] Insoweit nicht richtig daher m. E. *Würtenberger/Otto*, in: *Engisch*, Einführung, 151 (Fn. 29).

[149] *Bachof*, JZ 1955, 99 f.; vgl. hierzu a. *Larenz/Canaris*, 116, wo die Vorstellung, es gebe idealiter nur eine einzige richtige Lösung, als „regulative Idee" bezeichnet wird.

[150] *Bachof*, JZ 1955, 99.

[151] *Bachof*, JZ 1955, 100.

[152] *Bachof*, JZ 1955, 98, 100 f. Eine Entsprechung findet diese Konzeption in *Engischs* Kriterium der Subjektivität des Ermessens, *ders.* a. a. O., 143, 150, 152 (Fn. 29).

[153] *Bachof*, JZ 1955, 102.

[154] *Larenz*, 217, 221, 293 ff.; *Larenz/Canaris*, 114 ff.

[155] Weitere Kritikpunkte finden sich etwa bei *Achterberg*, § 18 Rn. 43.

Unterschied mithin kein qualitativer, sondern lediglich gradueller Natur;[156] es erscheint schon unter dem allgemeinen Gesichtspunkt der Rechtssicherheit problematisch, die Reduktion gerichtlicher Kontrolldichte von einer kaum zu handhabenden dogmatische Unterscheidung abhängig zu machen.[157] Vor allem aber hat sich in beiden Bereichen mittlerweile die Auffassung durchgesetzt, dass Rechtsbegriffe keineswegs ausnahmsweise, vielmehr zumindest häufig unbestimmt sind.[158] Zum Teil werden „unbestimmte" und „wertausfüllungsbedürftige" Rechtsbegriffe aufgrund der grundsätzlichen Unbestimmtheit von Sprache nicht einmal mehr als Ausnahme, sondern als Regelfall angesehen;[159] noch weitgreifender gehen andere Autoren von der rechtstheoretischen Mehrdeutigkeit aller Gesetzesbegriffe aus.[160] Nach *Müller* etwa determiniert der Normtext niemals eine Lesart aus eigener Kraft, vielmehr ist diese immer unbestimmt und daher mit einer Entscheidungskomponente verknüpft.[161] Das Gesetz ist also „...kein Speicher fertiger Antworten, sondern entfaltet seine Wirkungen in einem arbeitsteiligen Konkretisierungsprozess...".[162] Geht man davon aus, dass jede Abstraktionsstufe der Rechtsgewinnung Wertungen enthält, dass gerade unbestimmte Rechtsbegriffe sehr häufig mit Wertungen verbunden sind,[163] dann fehlt speziell dem Wertbegriff als Unterfall des unbestimmten Rechtsbegriffes die Tauglichkeit zur Begründung eines Beurteilungsspielraums.[164]

Nach den beschriebenen Erkenntnissen eignet dem unbestimmten Rechtsbegriff, auch in seiner Erscheinungsform als Wertbegriff, ganz allgemein keine abschließende Kennzeichnungsfähigkeit bezüglich eines möglichen Beurteilungsspielraums. Die bloße Unbestimmtheit oder auch das Erfordernis einer Wertung allein[165] kann somit jedenfalls nicht hinreichende Bedingung für die Annahme eines solchen Spielraumes sein. Die Einordnung eines Begriffes als „unbestimmter Rechtsbegriff" dient allerdings der Eingrenzung der Bereiche möglicher Beurteilungsspielräume.[166]

---

[156] *Ossenbühl*, in: Erichsen, § 10 Rn. 3 ff., 23, 25; *Achterberg*, in: Lexikon des Rechts, Gr. 2/270, A. III.; *ders.*, § 18 Rn. 39; *Bachof*, JZ 1955, 99; *Enneccerus/Nipperdey*, 309; in diesem Sinne a. *Jesch*, AöR 82 (1957), 167; *v. Mutius*, Jura 1987, 93; *Maurer*, § 7 Rn. 27.

[157] *Dütz*, Gerichtsschutz, 220; *Schmidt-Salzer*, 12 ff; in diesem Sinne a. *Kopp/Schenke*, VwGO, § 114 Rn. 24 b; *Grupp*, 145.

[158] *Zippelius*, 107; *Engisch*, Einführung, 138; *Bydlinski*, 187, der insoweit von der „häufigen Vagheit von Gesetzesbegriffen" spricht; *Redeker/v. Oertzen*, § 114 Rn. 4; *Busch*, in: Knack, VwVfG, § 40 Rn. 6.1; *Ossenbühl*, in: Erichsen, § 10 Rn. 3, 7; *v. Mutius*, Jura 1987, 93; *Engisch*, Einführung, 138, 140.

[159] *Müller*, Rn. 167, 276; vgl. a. *Kopp*, VwVfG, § 40 Rn. 46; *Kopp-Schenke*, VwGO, § 114 Rn. 24 b.

[160] *von Olshausen*, Jus 1973, 218 f.; *Kopp/Schenke*, VwGO, § 114 Rn. 24 b; *Ossenbühl*, in: Erichsen, § 10 Rn. 3.; vgl. a. *Achterberg*, § 18 Rn. 39.

[161] *Müller*, Rn. 166.

[162] *Schmidt-Aßmann*, Ordnungsidee, 175 m. w. N.

[163] BVerwGE 81, 12, 17.

[164] Vgl. etwa eingehend *Haverkate*, 257 ff.; s. a. *Grupp*, 142, 146 f.

[165] S. aber für den Bereich der Leistungsverwaltung nach Arten der Wertung differenzierend *Haverkate*, 257 ff., 260 ff.

[166] Vgl. in diesem Sinne *Sieckmann*, DVBl. 1997, 101 (Fn. 22).

bb) Die Vertretbarkeitslehre

Nach *Ule/Laubinger* sind normative unbestimmte (Rechts-) Begriffe zwingend mit einem ergänzenden Werturteil des Rechtsanwenders verbunden. In Grenzfällen führe ihre Anwendung daher mitunter nicht zu nur einem bestimmten richtigen (i. S. v. rechtmäßigen) Ergebnis, sondern je nach Rechtsanwender kraft Natur der Wertung zu unterschiedlichen, jeweils „vertretbaren" und damit als rechtmäßig anzusehenden Ergebnissen.[167] In diesen Grenzen solle das Gericht „im Zweifel der Auffassung der Behörde folgen".[168] Im Rahmen des Beurteilungsspielraums bleibe nur die gerichtliche Prüfung, ob das entsprechende Werturteil „ohne Verletzung von Denkgesetzen oder allgemeinen Erfahrungssätzen zustande gekommen ist.[169] Einen ähnlichen Gedanken zur Frage des Umfangs der Mitbestimmung des Betriebsrats bei Normvollzug durch den Arbeitgeber im BetrVG 1952, speziell für Um- und Eingruppierungen, hat *Söllner* in der Rechtsprechung des BAG zustimmend analysiert: Danach sei es nicht zutreffend, dass nur eine Rechtsentscheidung absolut und objektivrichtig sei, denn selbst eine gerichtliche Entscheidung könne nur aussprechen, was nach der Überzeugung des Gerichts zutreffe. Daher kann nach *Söllner* die Mitbestimmung des Betriebsrats dort in einer Mitbeurteilung als Richtigkeitskontrolle liegen, wo mitbestimmungspflichtige Tatbestände durch Anwendung von Rechts-, etwa Tarifvertragsnormen entstehen.[170] Allerdings wird dort die volle gerichtliche Kontrolle der Beurteilung durch den Arbeitgeber wie auch der Mitbeurteilung durch den Betriebsrat gefordert; das Gericht treffe dann, anders als bei der Mitbestimmung durch Mitgestaltung im Bereich von Ermessensfragen, keine kassierende, sondern eine ersetzende Entscheidung.[171]

Insbesondere *Ule* greift damit ausdrücklich das überkommene juristische Dogma an, unbestimmte Rechtsbegriffe hätten nur einen bestimmten Sinn, so dass auch in jedem Einzelfall nur eine Entscheidung richtig i. S. v. rechtmäßig sein kann.[172] Ein wesentlicher Unterschied zur Lehre *Bachofs* ist z. B. die Beschränkung der Reduktion der richterlichen Kontrolldichte auf die normativen unbestimmten Rechtsbegriffe; beide Ansätze stehen einander jedoch grdsl. sehr nahe, so insbesondere in der Anknüpfung an normlogische Erwägungen[173] sowie hinsichtlich des Ergebnisses.[174] Da auch *Ule* die „Unterscheidung" zwischen bestimmten und (normativen) unbestimmten (Rechts-)

---

[167] *Ule*, GS Jellinek, 318 ff., 326 f.; *Ule/Laubinger*, § 55 Rn. 3, 8.

[168] *Ule*, GS Jellinek, 326.

[169] *Ule*, GS Jellinek, 327.

[170] *Söllner*, FS BAG, 605, 607 ff., 613 m. w. N.

[171] *Söllner*, FS BAG, 605, 614 ff.

[172] Zu diesem Dogma vgl. etwa *Ossenbühl*, in: Erichsen, § 10 Rn. 27; *Maurer*, § 7 Rn. 29; *Wolff/Bachof/Stober*, § 31 Rn. 6 („Ideal objektiver Richtigkeit"; *Forsthoff*, 89; zur Kritik s. *Ule*, GS Jellinek, 310, 318 f., 323 f., 325 f).

[173] *Maurer*, Rn. 32.

[174] S. *Maurer*, Rn. 32 und *Ossenbühl*, § 10 Rn. 32.

Begriffen zugrunde legt,[175] greifen hier dieselben, bereits dargestellten Einwände durch wie gegenüber der Lehre *Bachofs*.[176] Vor allem aber ist nicht einzusehen, wie i. S. v. „Ja" und „Nein" unterschiedliche „vertretbare" Entscheidungen gleichzeitig als rechtmäßig zu bezeichnen sein können.[177] Das Gericht muss das Vorliegen der sachlichen Voraussetzungen eines Tatbestandsmerkmales bejahen oder verneinen; dass beide Entscheidungen bei demselben Sachverhalt rechtmäßig sein können, was die Auffassung *Ules* letztlich zur Konsequenz hat, scheint schon einem Juristen schwer vermittelbar, wobei zuzugeben ist, dass der verfahrensrechtliche Entscheidungszwang des Gerichtes (jedenfalls logisch) nicht automatisch zur Folge hat, dass nur eine Entscheidung in diesem Sinne richtig sein kann;[178] letzteres entscheidet vielmehr das materielle Recht. Es schließt sich die weitere rechtspolitische Frage an, wie Gerichtsentscheidungen, die auf der Vertretbarkeitslehre beruhen, gesellschaftliche Akzeptanz erlangen sollen; prägnant formuliert *Haverkate*, dass das Prinzip der richterlichen Kontrolle selbst diskreditiere, wer die regulative Idee von der einzig richtigen Entscheidung und damit die Suche nach der letzteren aufgibt.[179] Nach *v. Olshausen* ist der Konflikt zwischen scheinbar gleichwertigen Begründungen anhand einer Vorzugsregel zu lösen.[180] Festzustellen bleibt jedenfalls, dass sich die Vertretbarkeitslehre jedenfalls im Verwaltungsrecht nicht durchgesetzt hat;[181] allerdings finden sich auch in neueren Darstellungen, seien sie verwaltungsrechtlicher[182] oder arbeitsrechtlichen Art, durchaus noch Anklänge an die Vertretbarkeitslehre.[183]

cc) Die Lehre von der Einschätzungsprärogative[184]

Nach *Wolff/Bachof/Stober* existiert hinsichtlich der Inhaltsbestimmung eines Rechtssatzes, insbesondere auch der Subsumtion als Rechtsfrage kein „arbiträres Ermessen".[185] Vielmehr stehen grdsl. alle diese Vorgänge der Rechtsanwendung unter dem

---

[175] S. *Ule/Laubinger,* § 55 Rn. 3, 8; *ders.*, FS Jellinek, 309, 322, 325 ff.

[176] Vgl. etwa *Kopp/Schenke,* VwGO, § 114 Rn. 24 b; zu weiteren Kritikpunkten s. etwa *Achterberg,* § 18 Rn. 43.

[177] S. *Ossenbühl,* DVBl. 1974, 310; ders. in: *Erichsen*, § 10 Rn. 27.

[178] So aber etwa *Ossenbühl,* DVBl. 1974, 310.

[179] Haverkate, 285.

[180] *V. Olshausen,* JuS 1973, 219.

[181] *Ule/Laubinger,* § 55 Rn. 8, Fn. 13 m. w. N.

[182] S. etwa *Wilke,* 138; *Di Fabio,* 286.

[183] Vgl. nur etwa *Kreutz* in: GK-BetrVG, Bd. 1, § 9 Rn. 9; *Schneider* in: D/K/K-BetrVG, § 9 Rn. 14; *Raab,* in: GK-BetrVG, Bd. 1, § 5 Rn. 164; krit. hierzu etwa *Trümner,* in: D/K/K, BetrVG, § 5 Rn. 241.

[184] Die Einschätzungsprärogative wird, sofern nicht bloß terminologisch unterschieden, oftmals als Unterfall des Beurteilungsspielraums angesehen, vgl. nur etwa *Wolff/Bachof/Stober,* § 31 Rn. 19; *Schmidt-Aßmann,* in: Maunz/Dürig, GG, Bd. 2, Art. 19 Abs. 4 Rn. 197; *Maurer,* § 7 Rn. 31.

[185] Unter „arbiträrem Ermessen" ist insoweit eine Form der Entscheidungsfreiheit zu verstehen, vgl. *Wolff/Bachof/Stober,* § 31 Rn. 6.

„Ideal objektiver Richtigkeit".[186] Dies gilt auch für die „unbestimmte Gesetzesbegriffe i. w. S.", nämlich die klassifikatorischen (empirischen) Begriffe, bei welchen die Unbestimmtheit lediglich auf einer örtlichen oder zeitlichen Verschiedenheit von Tatsachen beruht.[187] Anders ist dies nach *Wolff/Bachof/Stober* für die „unbestimmten Gesetzesbegriffe i. e. S.", die „Typenbegriffe" zu beurteilen. Wo ein Sachverhalt unter letztere nicht diskursiv begründbar, sondern nur schätzungsweise subsumierbar ist, oder wo das Gesetz auf ungesicherte außerrechtliche Maßstäbe, insbesondere auf die Abschätzung zukünftiger Entwicklung verweist (Einschätzungsbegriffe), kann das Gericht die Gründe der behördlichen Maßnahme nicht selbständig nachvollziehen, nicht widerlegen und damit insoweit nicht überprüfen;[188] es hat deren Einschätzung innerhalb der durch Auslegung zu ermittelnden Toleranzgrenze hinzunehmen, darf sie folglich nicht durch seine eigene ersetzen.[189] *Wolff/Bachof/Stober* vertreten als Maßstab der Kontrolle von Beurteilungsentscheidungen abweichend von der h. M. eine Fehlertypisierung nach Beurteilungsüberschreitung, -unterschreitung, -ausfall und -missbrauch.[190]

Die Lehre von der Einschätzungsprärogative[191] deckt sich mit derjenigen von *Bachof* und *Ule* hinsichtlich der normlogischen Begründung, die zumindest stillschweigend von mehreren möglichen rechtmäßigen Zuordnungen des Sachverhaltes zum gesetzlichen Tatbestand ausgeht, sie ist im Ergebnis jedoch zurückhaltender.[192] Der sachliche Unterschied liegt im wesentlichen in der Wahl vor allem des Typenbegriffes als Anknüpfungspunkt für den Freiraum des Rechtsanwenders. Diesen definieren *Wolff/Bachof/Stober* jedoch als unbestimmten Rechts- oder Gesetzesbegriff „i. e. S.",[193] also als Unterfall dieser terminologischen Kategorien;[194] das spricht dafür, dass hier eine tatsächliche Gleichsetzung von Typen- und normativen unbestimmten Rechtsbegriffen vorliegt. Daher übertragen sich die bereits zur Lehre *Bachofs* beschriebenen Abgrenzungsprobleme hinsichtlich der unbestimmten und bestimmten Rechtsbegriffe auch auf diese Lehre. Es verbleibt grdsl. nur noch der Unterschied, dass Typenbegriffe im Gegensatz zu klassifikatorischen Begriffen nur einen „Tatsachen-, Interessen- oder Wertbereich, nicht aber die Gegenstände dieses Bereiches festle-

---

[186] Wolff/Bachof/Stober, § 31 Rn. 6.

[187] Wolff/Bachof/Stober, § 31 Rn. 10.

[188] Wolff/Bachof/Stober, § 31 Rn. 18.

[189] *Wolff/Bachof/Stober,* § 31 Rn. 18; zust. etwa *Achterberg,* § 18 Rn. 46 ff.

[190] *Wolff/Bachof/Stober,* § 31 Rn. 25 ff.; zur Ermessensfehlerlehre etwa *Maurer,* § 7 Rn. 19 ff.; zur Parallele zwischen Ermessensfehler- und Beurteilungsfehlertypologie vgl. insbes. Herdegen, JZ 1991, 748, 750 f.

[191] Das BVerwG verwendet die Begriffe Beurteilungsspielraum und Einschätzungsprärogative synonym, s. z. B. BVerwG DVBl. 1991, 49.

[192] *Maurer,* § 7 Rn. 31.

[193] Wolff/Bachof/Stober, § 31 Rn. 11.

[194] Vgl. insbes. die Darstellung bei *Wolff/Bachof/Stober,* § 31 Rn. 14 f. mit Bezugnahme auf *Bachof,* JZ 1955, 97.

gen".[195] Woran jedoch der Charakter als Typenbegriff zuverlässig erkennbar sein soll, dafür bleibt diese Lehre den Maßstab letztlich schuldig.[196] Zudem wird die schroffe Trennung zwischen Begriff und Typus an sich zum Teil für unschlüssig gehalten.[197] Wenigstens in der konkreten Verwendung der Typenbegriffe durch *Wolff/Bachof/Stober* kann daher kaum ein wesentlicher sachlicher Unterschied zur Lehre *Bachofs* erkannt werden.

b) Funktionellrechtlich orientierte Ansätze

Besonders in der jüngeren Lehre steht unter dem Schlagwort der Letztentscheidungskompetenz die funktionellrechtliche Frage nach der Kompetenzaufteilung zwischen Exekutive und Judikative im Zentrum der Betrachtungen.[198] Die größte Schwierigkeit bietet hier die Entwicklung zuverlässiger allgemeingültiger Kriterien, nach welchen die Zuordnung der Letztentscheidungskompetenz vorzunehmen ist; denn allein mit der Einordnung der Problematik des Beurteilungsspielraum als Frage des Rechtes der Letzterkenntnis ist noch kein Kriterium gewonnen, welches die Annahme eines solchen zu begründen vermag.[199]

aa) Eignungsorientierter[200] Ansatz *Ossenbühls*

Nach *Ossenbühl* ist die Zuordnung der Kompetenz zur Letzterkenntnis („Quis judicabit?")[201] danach vorzunehmen, ob ein Organ nach seiner Zusammensetzung, „nach seiner Legitimation, nach dem Verfahren, in dem es seine Entscheidungen trifft, nach seiner Problemverarbeitungskapazität usw. überhaupt geeignet ist, die fragliche Ent-

---

[195] Wolff/Bachof/Stober, § 31 Rn. 11.

[196] Vgl. *Wolff/Bachof/Stober,* § 31 Rn. 11, wo lediglich einige Beispiele und ein wenig eindeutiger Verweis auf die Aufnahme außerrechtlicher Maßstäbe zu finden ist; die Überschneidungen bei der „Differenzierung" zwischen Begriff und Typus zeigen sich etwa bei *Larenz/Canaris,* 37 ff., wo zur Beschreibung des Typus der Terminus „Beurteilungsspielraum" in einem Atemzug mit der „Vertretbarkeit" bemüht wird.

[197] S. etwa *Christensen,* in: Lexikon des Rechts, 2/60 A. VII. 1.

[198] S. etwa *Schmidt-Aßmann,* in: Maunz/Dürig, GG, Art. 19 IV Rn. 180, 184; *Achterberg,* § 18 Rn. 39; *Wahl,* NVwZ 1991, 410 f.; *Ossenbühl,* in: Erichsen, § 10 Rn. 28 f.; *ders.*, DVBl. 1974, 310 m. N. in Fn. 27; vgl. a. *Haverkate,* 275: „Der Beurteilungsspielraum ... ist ... nichts anderes als ein Gewaltenteilungsproblem".

[199] S. *Haverkate,* 278.

[200] *Ossenbühl* (s. *ders.*, in: Erichsen, § 10 Rn. 29 f.) selbst bezeichnet seinen Ansatz dagegen als „funktionellrechtlichen"; da die Ausrichtung auf die Frage nach der Letztentscheidungskompetenz jedoch auch für die normative Ermächtigungslehre gilt (vgl. *Wahl,* NVwZ 1991, 410 f. und *Schmidt-Aßmann,* in: Maunz/Dürig, Art. 19 IV Rn. 180, 187), wird hier wegen der Maßgeblichkeit der Eignung der Verwaltungsbehörde die entsprechende Terminologie verwendet.

[201] *Ossenbühl,* DVBl. 1974, 310; *ders.*, in: Erichsen, § 10 Rn. 26 ff., 29; vgl. BVerfGE 88, 40, 56 f., 61 (Die Verwaltung handelt kraft eigener Kompetenz; die Gerichte haben diese Kompetenzverteilung zu beachten).

scheidung zu treffen".[202] Es geht also um die Kompetenzabgrenzung zur funktionsgerechten Aufgabenverteilung unter den verschiedenen Staatsorganen.[203] Den Zweifelsfall, der diese Zuordnung notwendig macht, sieht *Ossenbühl* gegeben, „wenn und soweit sich richterliche (Nach-) Kontrolle nicht mehr rational durchführen lässt und ins Irrationale verflüchtigt".[204]

Problematisch am Ansatz *Ossenbühls* erscheint, dass auch eine Kompetenzanalyse auf die Untersuchung insbesondere des Wortlautes der entsprechenden Norm angewiesen ist;[205] so kann von einer Überwindung der normtheoretisch orientierten Ansätze wohl nicht die Rede sein.[206] Konkrete und handhabbare Kriterien, welche die Annahme eines Beurteilungsspielraums zu tragen vermögen, bietet auch *Ossenbühl* nicht an.[207]

bb) Normative Ermächtigungslehre

(1) Ermittlung des gesetzgeberischen Willens zu Erteilung einer Letztentscheidungsermächtigung anhand des materiellen Rechts

Im Vergleich zu *Ossenbühls* Ansatz restriktiver nimmt die heute wohl herrschende „normative Ermächtigungslehre" an, dass ein möglicher Beurteilungsspielraum nur dann zu bejahen sei, wenn und soweit die Behörde vom Gesetzgeber durch das jeweilige Gesetz zur abschließenden Beurteilung ermächtigt ist,[208] wobei, und das ist der springende Punkt, das (jeweilige sachspezifische) materielle Recht maßgeblich sein soll.[209] Dieser Position liegt die Annahme zugrunde, dass der Gesetzgeber der Verwal-

---

[202] *Ossenbühl,* in: Erichsen, § 10 Rn. 30.

[203] *Ossenbühl,* FS Redeker, 65.

[204] *Ossenbühl,* in: Erichsen, § 10 Rn. 30, mit Beispielen in Rn. 29.

[205] Vgl. in diesem Sinne *Wahl,* NVwZ 1991, 411, zur insoweit verwandten normativen Ermächtigungslehre.

[206] Vgl. in diesem Sinne a. *Wahl,* NVwZ 1991, 409 f., der monokausale Ableitungen von Spielräumen ebenso wie Generalisierungen ablehnt und sich für eine entsprechend differenzierende Betrachtung ausspricht.

[207] S. die Kritik am eigenen Modell bei *Ossenbühl,* FS Redeker, 63 ff.; vgl. a. *Haverkate,* 278

[208] *Liebetanz,* in: Obermayer, VwVfG, § 40 Rn. 63, 65 (m. w. N. in Fn. 173); *Rennert,* in: Eyermann, VwGO, § 114 Rn. 51, 54; *Kopp/Schenke,* § 114 Rn. 24, 24 b; *Schulze-Fielitz,* JZ 1993, 774, 777 ff. (m. w. N. a. a. O., 774, Fn. 49); *ders.,* in: Dreier, GG, Art. 19 IV Rn. 92; *Busch,* in: Knack, VwVfG, § 40 Anm. 6.4.2; *Redeker/v. Oertzen,* VwGO, § 114 Rn. 6 a. E., 17, 24, 38; *Huber,* in: v. Mangoldt/Klein/Starck, GG, Art. 19 IV Rn. 516; *Herdegen,* JZ 1991, 751; *Seiler,* 140; in diesem Sinne a. *Schenke,* JZ 1988, 324; *Wahl,* NVwZ 1991, 410 ff. (zum Anwendungsfall der exekutivischen Risikoermittlung und -abschätzung); vgl. a. *Sieckmann,* DVBl. 1997, 102 m. w. N. in Fn. 47.

[209] Näher zur Rolle des materiellen Rechts *Hofmann,* NVwZ 1995, 742; s. a. *Schmidt-Aßmann,* in: Maunz/Dürig, GG, Art. 19 IV Rn. 191; *ders.,* Ordnungsidee, 181 f.; *Schmidt-Aßmann/Groß,* NVwZ 1993, 619; *Gerhardt,* in: Schoch/Schmidt-Aßmann/Pietzner, VwGO, Bd. 2, Vorb. 113 Rn. 28 a. E.; *Papier,* in: Isensee/Kirchhof, Handbuch Staatsrecht, Bd. 6, § 154 Rn. 61; *Schmidt-Bleibtreu,* in: Schmidt-Bleibtreu/Klein, GG, Art. 19 Rn. 24 d.; *Grupp,* 152; *Rennert,* in: Eyermann, VwGO, § 114 Rn. 51 m. N. insbes. zur Rspr.; *Krüger,* in: Sachs, GG, Art. 19 Rn. 144; *Schulze-Fielitz,* in: Dreier,

tung auch im Hinblick auf Art. 19 Abs. 4 GG Spielräume zuweisen kann.[210] Ob und inwieweit ein Beurteilungsspielraum zu bejahen ist, richtet sich nach dem jeweiligen Gesetz, seinem Wortlaut und seinem durch Auslegung zu ermittelnden Sinn.[211] Anzuwenden sind hierbei alle auch sonst angewendeten Auslegungsmethoden einschließlich der systematischen, der teleologischen und der verfassungskonformen Auslegung.[212] Soweit eine Norm einen unbestimmten Rechtsbegriff enthält, besteht die Vermutung zugunsten der vollständigen gerichtlichen Kontrolle.[213]

Die normative Ermächtigungslehre wird in ihrem dogmatischen Ansatz aus der Rechtsprechung des BVerfG abgeleitet, wobei der sog. „Sasbach-Beschluss" wohl als Grundlegung gelten darf.[214] In Rechtsprechung und Lehre gehört die These, dass die Verringerung der richterlichen Kontrolldichte und damit auch die Begründung administrativer Freiräume einer Ermächtigung, hier also einer „Beurteilungsermächtigung" der Verwaltung zur Letztentscheidung nach materiellem Recht bedarf, mittlerweile „zum eisernen Bestand der Kontrollproblematik".[215] Der Vorteil dieser Lehre liegt darin, dass ein Konflikt mit der Rechtsschutzgarantie des Art. 19 Abs. 4 GG dogmatisch erklärbar vermieden wird: Dieser setzt eine zu schützende materielle Rechtsposition voraus;[216] leitet man nun den Beurteilungsspielraum aus dem materiellen Recht ab, so

---

GG, Art. 19 IV Rn. 94 (m. w. N. in Fn. 335), Rn. 95 m. w. N.; vgl. a. *Redeker/v. Oertzen,* VwGO, § 114 Rn. 17, 38; *Schenke,* in: BK/GG, Art. 19 IV Rn. 351; *Schlüter,* SAE 1975, 161; die Unterscheidung von materiellem Recht und Verfahrensrecht soll erst dann näher besprochen werden, wenn sich herausstellt, dass die arbeitsrechtlichen Rechtsprechung bzw. Lehre Beurteilungsspielräume entsprechend der normativen Ermächtigungslehre begründen und die Unterscheidung damit konkret für die Prüfung der Verfassungsmäßigkeit relevant wird; klärungsbedürftig ist dann, ob als formelles Recht nur Gerichtsverfahrensrecht oder Verfahrensrecht auch in einem weiteren Sinne zu sehen ist.

210 *Rennert,* in: Eyermann, VwGO, § 114 Rn. 51 m. N. insbes. zur Rspr.; *Wahl,* NVwZ 1991, 410; *Grupp,* 144; *Liebetanz,* in: Obermayer, VwVfG, § 40 Rn. 63; *Geis,* Handlungsspielräume, 105; *Seiler,* 140; vgl.a. *Schmidt-Aßmann,* in: Maunz/Dürig, GG, Art. 19 IV Rn. 191 m. w. N. in Fn. 58; aus der Rspr.: BVerfGE 61, 82, 111, 114; BVerwGE 72, 195, 199; E 81, 12, 17; 94, 307, 309; 100, 221, 225.

211 *Rennert,* in: Eyermann, VwGO, § 114 Rn. 51 m. N. insbes. zur Rspr.; *Wahl,* NVwZ 1991, 411; vgl. a. *Schmidt-Aßmann,* in: Maunz/Dürig, GG, Art. 19 IV Rn. 187; BVerwGE 100, 221, 225.

212 *Schmidt-Aßmann,* Ordnungsidee, 191.

213 *Schmidt-Aßmann,* Ordnungsidee, 190.

214 BVerfGE 61, 82, 111; s. hierzu *Schmidt-Aßmann,* in: Maunz/Dürig, GG, Art. 19 IV Rn. 185 GG; s. a. *ders.,* DVBl. 1997, 283 (mit Bezug auf BVerfGE 49, 89, 133 ff. (Kalkar) und E 61, 82, 111 in Fn. 24); *Hofmann,* NVwZ 1995, 741; auch andere Entscheidungen des BVerfG enthalten Anhaltspunkte für diese Lehre, vgl. z. B. BVerfGE 15, 275, 282; E 64, 261, 279; E 84, 34, 50; E 88, 40, 56, 61; näher *Hofmann,* a. a. O., 741 ff.; aus neuester Zeit s. etwa BVerfG NJW 2001, 1121, 1123; aus der Rspr. des BVerwG s. etwa BVerwGE 31, 149, 153; E 59, 213, 215 ff. (m. w. N. zur Rspr. des BVerwG); NVwZ 1991, 568 f.; E 94, 307, 309 f.; NVwZ 1995, 707 f.; dazu *Liebetanz,* in: Obermayer, VwVfG, § 40 Rn. 63.

215 So krit. *Ossenbühl,* in: Erichsen, § 10 Rn. 33.

216 Ganz h. M., vgl. etwa BVerfGE 15, 275, 281; E 61, 82, 110; E 78, 214, 226; E 83, 182, 194 f.; *Schmidt-Bleibtreu,* in: Schmidt-Bleibtreu/Klein, GG Art. 19 Rn. 23; *Huber,* in: v. Mangoldt/Klein/Starck, GG, Bd. 1, Art. 19 Abs. 4 Rn. 397; *Krebs,* in: v. Münch/Kunig, GG, Art. 19

wird die jeweilige Rechtsposition nur in den Grenzen eines Beurteilungsspielraums gewährt, eine Rechtsschutzbeschränkung ist nicht gegeben.[217]

Ein Kritikpunkt an dieser Lehre ist die wegen der in aller Regel fehlenden Anhaltspunkte im Gesetz mangelnde Handhabbarkeit; die Gefahr, dass qua Auslegung ein angeblicher gesetzgeberischer Wille zur Letztentscheidungsermächtigung ermittelt wird, der in Wirklichkeit nicht existiert, weil dieser die Kontrollfrage „getrost der Wissenschaft und Praxis" überlässt, ist offenkundig.[218] Nicht von der Hand zu weisen ist insbesondere die Möglichkeit, dass über die ungerechtfertigte Interpretation einer materiell-rechtlichen Norm im Sinne einer Beurteilungsermächtigung letztlich doch die Garantie gerichtlichen Rechtsschutzes, etwa aus Art. 19 Abs. 4 GG, umgangen wird; das BVerfG hat – im Zusammenhang mit einer Norm des öffentlichen Rechts, als Grundgedanke jedoch durchaus verallgemeinerbar - betont, dass die Gerichte nicht durch Auslegung des materiellen Rechts eine Aushöhlung der Rechtsschutzgarantie herbeiführen dürfen.[219] Es überrascht daher nicht, wenn *Gerhardt* zur Begründung von Beurteilungsspielräumen auf die Notwendigkeit einer „komplexen Untersuchung" hinweist.[220] Der genannten Problematik aber kann und muss letztlich durch eine sorgfältige Normanalyse qua Auslegung sowie eine die grundsätzliche Zurückhaltung in der Annahme von Beurteilungsermächtigungen begegnet werden. Dagegen kann der Vorwurf, die normative Ermächtigungslehre stelle Art. 19 Abs. 4 GG „de facto unter einen Gesetzesvorbehalt", was sich weder mit seinem Wortlaut noch mit seinem Charakter als „formelles Hauptgrundrecht" vereinbaren lasse,[221] keinen Bestand haben: Art. 19 Abs. 4 S. 1 GG schafft die zu schützende materielle Rechtsposition eben nicht selbst und trifft über deren Ausgestaltung grdsl. keine Aussage. Schließlich gibt *Ossenbühl* als einer der Hauptkritiker der normativen Ermächtigungslehre freiweg zu, bei „ehrlicher kritischer Betrachtung" gehe es dem seinem funktionellrechtlichen Ansatz nicht besser als der normativen Ermächtigungslehre, beide Ansätze seien in ihrer Abstraktheit nicht zur Gewinnung plausibler, normativer Aussagen und Leitlinien geeignet;[222] dieser Kritik ist insbesondere unter dem Gesichtspunkt zuzustimmen, dass auch

---

Rn. 59; *Schmidt-Aßmann,* in Maunz/Dürig, GG, Bd. 2, Art. 19 IV Rn. 119; vgl. aber zur Ausstrahlungswirkung von Art. 19 Abs. 4 GG auf das materielle Recht *Lorenz,* 14 ff.

[217] In diesem Sinne etwa *Schenke,* JZ 1988, 322, 324; *Herdegen,* JZ 1991, 751; *Hofmann,* NVwZ 1995, 742; so wohl grdsl. auch *Schulze-Fielitz,* JZ 1993, 777; *Schmidt-Aßmann,* in: Maunz/Dürig, GG, Art. 19 IV Rn. 184; *Schmidt-Salzer,* 50; *Weigel,* 177 (in Fn. 1); *Di Fabio,* 288 (in Fn. 72); vgl. für den Bereich der allgemeinen Garantie gerichtlichen Rechtsschutzes *Dütz,* Gerichtsschutz, 125 ff., 227; *Hummer* (56 f.).

[218] So krit. *Ossenbühl,* in: Erichsen, § 10 Rn. 33; ähnl. *Dütz,* Gerichtsschutz, 227; vgl. a *Di Fabio,* 274 (in Fn. 30); krit. für den Bereich der Prüfungsentscheidungen *Koenig,* VerwArch 83 (1992), 367. S. aber auch zur Fortentwicklung der normativen Ermächtigungslehre *Rennert,* in: Eyermann, VwGO, § 114 Rn. 54 m. w. N.

[219] BVerfGE 83, 182, 198.

[220] *Gerhardt,* in: Schoch/Schmidt-Aßmann/Pietzner, VwGO, Bd. 2, § 114 Rn. 56 unter Hinweis auf BVerwGE 72, 195, 199.

[221] *Geis,* DÖV 1993, 24; ähnl. *Dütz,* Gerichtsschutz, 227.

[222] *Ossenbühl,* FS Redeker, 63 ff.; vgl. a. die Kritik bei *Haverkate,* 278.

kompetenzscheidenden, in der Regel dem Verfahrensrecht angehörenden Vorschriften regelmäßig eine explizite Aussage zu Beurteilungsspielräumen nicht zu entnehmen sein wird.

(2) Keine richterliche Dispositionsbefugnis hinsichtlich der Frage nach dem Bestehen von Letztentscheidungsermächtigungen

Soweit etwa *Wilke* im diametralen Gegensatz zur Idee der Ermächtigung durch den Gesetzgeber mittels materieller Normen behauptet, eine Zurücknahme der Kontrolldichte finde nahezu ausschließlich durch eine Selbstbegrenzung seitens der Gerichte statt,[223] kann deren möglicher faktischer Wahrheitsgehalt hier nicht näher untersucht werden; diesem Ansatz steht aber jedenfalls entgegen, dass die Gerichte keinerlei Dispositionsbefugnis hinsichtlich der Kontrolldichte besitzen.[224] Das ergibt sich schon aus der Bindung der Rechtsprechung an Gesetz und Recht nach Art. 20 Abs. 3 GG sowie aus der Gesetzesunterworfenheit der Richter nach Art. 97 Abs. 1 Hs. 2 GG:[225] Der Gesetzgeber bestimmt über die Kompetenz zur letztverbindlichen Entscheidung und über die Kontrolldichte, nicht bestimmen die Gerichte selbst.[226] Beurteilungsspielräume sind ein Problem der Grenzen gerichtlicher Kontrollfunktion, nicht eines „judicial self-restraint".[227]

c) Stellungnahme zu den unterschiedlichen Ansätzen der Lehre

Es ist hier nicht der Ort, den verwaltungsrechtlichen Streit hinsichtlich der richtigen Begründungsstruktur für Beurteilungsspielräume erschöpfend zu erörtern; angesichts der dessen Dauer wie auch der Vielzahl der einzelnen Ansätze ist ohnehin fraglich, ob dies überhaupt noch möglich ist. Hier soll schlicht ein Vergleich zur entsprechenden Diskussion im Verwaltungsrecht hinsichtlich möglicher Grenzen der Annahme von vorgerichtlichen Beurteilungsspielräumen für die zu einzelnen Normen des BetrVG ermöglicht werden. Die folgenden grundsätzlichen Überlegungen konzentrieren sich vor allem auf die Ermittlung des richtigen Ansatzpunkts der rechtlichen Prüfung. Eine monokausale Begründung von Beurteilungs- oder ähnlichen Spielräumen wird der Komplexität der Problematik sicherlich nicht gerecht,[228] jeder Ansatz besitzt wichtige hilfreiche Aspekte für einen Lösungsversuch:

---

[223] *Wilke,* 135, 138.

[224] *Schmidt-Aßmann,* Ordnungsidee, 191; *Schmidt-Aßmann/Groß,* NVwZ 1993, 623; s. hierzu auch S. 108; unklar insoweit *Gerhardt,* in: Schoch/Schmidt-Aßmann/Pietzner, VwGO, Vorb. § 113 Rn. 25 ff.

[225] *Schmidt-Aßmann/Groß,* NVwZ 1993, 623.

[226] Auf die Frage, inwieweit richterliche Rechtsfortbildung, die zu Gewohnheitsrecht wird, zur Verschiebung der Letztentscheidungskompetenz führen kann, soll hier nur hingewiesen werden.

[227] Vgl. a. krit. *Schuppert,* DVBl. 1988, 1191, 1197 ff.; *Gerhardt,* in: Schoch/Schmidt-Aßmann/Pietzner, VwGO, Bd. 2, Vorb. § 113 Rn. 25.

[228] *Wahl,* NVwZ 1991, 409, spricht einem solchen Vorgehen die Erfolgsaussichten ab.

aa) Normtheoretische Ansätze und unbestimmter Rechtsbegriff als Ansatzpunkt

Zwar betonen die normtheoretisch orientierten Lehren etwas einseitig die Normstruktur; soweit allerdings vertreten wird, die Verwendung unbestimmter Rechtsbegriffe sei für die Frage, ob ein Beurteilungsspielraum besteht, in keiner Weise aussagekräftig, ist dem zu widersprechen. Mag auch die wenigstens teilweise Unbestimmtheit von Rechtsbegriffen die Regel sein,[229] so stellt sich doch die Frage, worauf sich ein Spielraum denn sonst bestehen soll, wenn nicht hinsichtlich eines möglicherweise nach dem Gesetz nicht völlig eindeutig i. S. v. einer einzigen richtigen Lösung als rechtmäßig einzuordnenden Sachverhaltes? Ebenso verhält es sich mit dem Argument, der lediglich graduelle Charakter des Unterschiedes zwischen Bestimmtheit und Unbestimmtheit zeige die Ungeeignetheit des unbestimmten Rechtsbegriffes als Orientierungspunkt für Beurteilungsspielräume auf. Dem ist lediglich zuzugeben, dass allein die Existenz eines unbestimmten Rechtsbegriffes im Normtext den Schluss auf einen Beurteilungsspielraum nicht zulässt. Die Qualität als Ausgangspunkt ist damit jedoch keineswegs widerlegt, denn die bloße Schwierigkeit und Unschärfe eine Differenzierung macht dieselbe weder überflüssig noch funktionslos, vielmehr können etwa unbestimmte Rechtsbegriffe jedenfalls zur Eingrenzung der Problematik des Beurteilungsspielraums dienen.[230] Solche Spielräume sind zudem jedenfalls ohne unbestimmte Rechtsbegriff nicht denkbar, denn worauf sonst sollten sie sich beziehen. Daher kann diesen Rechtsbegriffen nicht, wie *Schmidt-Aßmann* dies vertritt, jeder dogmatisch stringente Aussagewert aberkannt und lediglich ein heuristischer Wert beigemessen werden.[231] Ein unbestimmter Rechtsbegriff ist vielmehr immerhin notwendige, wenn auch nicht hinreichende Bedingung für die Begründung eines Beurteilungsspielraums.

bb) Auslegung des materiellen Rechts als Ausgangspunkt

Auch die normative Ermächtigungslehre berücksichtigt den unbestimmten Rechtsbegriff als möglichen Ausgangspunkt eines Beurteilungsspielraums, stellt zu Recht den gesetzgeberische Willen gebührend seinem Stellenwert in den Vordergrund,[232] nicht dagegen allein schwierige normtheoretische Erwägungen wie die Frage der Trennbarkeit von Tatsachenbeurteilung und rechtlicher Subsumtion. Will man ergründen, ob der Gesetzgeber tatsächlich den Willen zur Letztentscheidungsermächtigung an die Verwaltung hatte, so scheint es schon nach allgemeinen Auslegungsgrundsätzen nur folgerichtig, die Frage nach der Begründung eines Beurteilungsspielraums zunächst in

---

[229] Vgl. *Engisch,* Einführung, 138, der damit allerdings wohl eher die Mehrdeutigkeit von „Begriffsworten“ (a. a. O., Fn. 8) denn die Unbestimmtheit in dem engeren Sinne meint, welcher hier zur Rede steht.

[230] *Sieckmann,* DVBl. 1997, 101 in Fn. 22; vgl. a. *Wahl,* NVwZ 1991, 409.

[231] Vgl. dazu *Schmidt-Aßmann,* in: Maunz/Dürig, GG, Art. 19 IV Rn. 183 f.; vgl. a. *Achterberg,* § 18 Rn. 39; diese Frage kann aber im Endeffekt offen bleiben, da sämtliche Beurteilungsspielräume im BetrVG an unbestimmte Rechtsbegriffe geknüpft werden, wie jeweils zu zeigen sein wird.

[232] Normative Ermächtigung bedeutet ja gerade die Kompetenzverteilung durch den Gesetzgeber, s. *Schmidt-Aßmann/Groß,* NVwZ 1993, 621.

der (Sach-) Regelung selbst, und zwar ausgehend vom Wortlaut zu suchen;[233] insoweit besitzt die normative Ermächtigungslehre zwar möglicherweise einen banalen und geringen Aussagewert,[234] dennoch stellt sie m. E. die juristische Basis[235] für jede um eine klare Methodik bemühte Untersuchung möglicher Beurteilungsspielräume dar.[236] Die Frage der richtigen Funktionsverteilung etwa i. S. *Ossenbühls* kann dann etwa als Auslegungsmaterial einfließen; es ist aber nicht ersichtlich, wieso die Bestimmung der Verteilung losgelöst von den Normen des materiellen Rechts erfolgen dürfen sollte, sofern diese insoweit eine Aussage treffen: Verfahrensrecht stellt keinen Selbstzweck dar, es dient vielmehr der Effektuierung materiellen Rechts;[237] man kann demnach auch ersterem nicht eine Recht zur vorgerichtlichen Letzterkenntnis entnehmen, ohne das letztere untersucht zu haben. Natürlich ist mit dem Bekenntnis zur normativen Ermächtigungslehre die Frage, wann im konkreten Fall der Verwendung unbestimmter Rechtsbegriffe im Normtext tatsächlich ein Beurteilungsspielraum angenommen werden kann, dies also dem Gesetzgeberwillen entspricht, nicht „gelöst", da die Ermittlung dieses Willens gerade eine Hauptschwierigkeit darstellt; m. E. aber ist der besonders wichtige, erste Ansatzpunkt für die Prüfung eines Beurteilungsspielraum richtig bestimmt.

Festzuhalten bleibt, dass alle Ansätze berücksichtigenswertes Auslegungsmaterial darstellen, während keiner eine Geltung als universale Problemlösung zu beanspruchen vermag;[238] allerdings dürfte die normative Ermächtigungslehre mit der Entscheidung des BVerfG vom 20.2.2001[239] weiter an Raum gewinnen. Wie bereits gesagt, sind unbestimmte Rechtsbegriffe als Ausgangspunkt notwendige, wenn auch nicht hinreichende Bedingung für die Annahme von Beurteilungsspielräumen sind. Ob im konkre-

---

[233] Jede Auslegung hat ihren Ausgangspunkt beim Wortlaut, s. *Larenz/Canaris,* 141 f., 163; *Schmalz,* Rn. 232, 277; *Zippelius,* 45; vgl. a. *Fikentscher,* Methoden, Bd. IV, 361 f.; *Bydlinski,* 437.

[234] So etwa *Ossenbühl,* FS Redeker, 63.

[235] Vgl. etwa zur Risikoabschätzungslehre *Wahl,* NVwZ 1991, 410; *Schmidt-Aßmann,* in: Maunz/Dürig, GG Art. 19 IV Rn. 187.

[236] Vgl. hierzu die Argumentation bei *Darnstädt,* 19. Nicht zu verkennen ist allerdings, dass zwischen der Frage, wo nach methodischen Gesichtspunkten richtiger Weise anzusetzen ist, und der tatsächlichen möglichen Verankerung des Beurteilungsspielraums differenziert werden muss; insoweit soll der Unterschied zwischen dessen Ableitung aus der Kompetenzverteilung bei *Ossenbühl* und derjenigen aus den materiellen einschlägigen Normen i. S. der normativen Ermächtigungslehre nicht geleugnet werden.

[237] Vgl. allgemein zur dienenden Funktion des formellen Rechts gegenüber dem materiellen Recht etwa Badura, in: Erichsen, § 33 Rn. 8; ähnlich *Wolff,* Rn. 7 (Verhaltenspflichten und – rechte); zur dienenden Funktion auch *Hufen,* § 1 Rn. 38 f.; auf die Differenzierung von Verfahrensrecht und materiellem Recht wird – im Zusammenhang mit der Verankerung von der Beurteilungsspielräumen im materiellen Recht – an späterer Stelle noch näher einzugehen sein, s. 3. Kapitel:B.II.6.c)bb)(1)(a).

[238] In diesem Sinne wohl a. *Wahl,* NVwZ 1991, 409.

[239] BVerfG NJW 2001, 1121, 1123; dort heißt es, unter Hinweis auf BVerfGE 88, 40, 56, bezüglich der grdsl. aus Art. 19 Abs. 4 GG folgenden Pflicht der Gerichte zur vollständigen Prüfung exekutivischer Akte in tatsächlicher wie in rechtlicher Hinsicht, diese habe Grenzen und die gerichtliche Überprüfung könne „nicht weiter reichen als die materiell-rechtliche Bindung der Exekutive".

ten Fall der Normtext den Schluss auf einen Beurteilungsspielraum zulässt oder nicht, ist Frage der weiteren Auslegung der betroffenen materiellen gesetzlichen Regelung.

2. Beurteilungsspielräume in der Rechtsprechung des BVerwG und des BVerfG

Die Behandlung der Problematik der Kontrolldichte hinsichtlich der Anwendung unbestimmter Rechtsbegriffe hat in der Rechtsprechung keine lineare, sondern eine wellenartige Entwicklung genommen, bei der sich Verringerung und Erhöhung der gerichtlichen Kontrollintensität abwechseln.[240] Klare Konturen hat der administrative Beurteilungsspielraum auch in seiner Behandlung durch das BVerfG und das BVerwG nicht erlangt.[241] Im Rahmen der Fallgruppenbildung durch die Rechtsprechung tauchen zur Begründung eines Beurteilungsspielraums als „Begründungsmuster" immer wieder die Kriterien[242] z. B. der „Höchstpersönlichkeit", „Unwiederholbarkeit", „Fachwissenschaftlichkeit" und des „Prognosecharakters" auf.[243] Beispielhaft für die Kasuistik der Rechtsprechung soll hier die inhaltliche Entwicklung einer der wichtigsten[244] Fallgruppen, die der Prüfungsentscheidungen,[245] skizziert werden, wobei insgesamt eine starke sachliche Übereinstimmung zwischen normativer Ermächtigungslehre im Schrifttum und der Rechtsprechung zu konstatieren ist.[246]

a) Der Beurteilungsspielraum bei Prüfungsentscheidungen in der Rechtsprechung des BVerwG und des BVerfG

In der früheren Rechtsprechung des BVerwG war dem Prüfer im Rahmen der Bewertung einer Prüfungsleistung ein weiter Beurteilungsspielraum zugestanden worden.[247] Die Prüfungsentscheidung wurde grdsl. nicht inhaltlich, sondern im Rahmen eines reduzierten Kontrollmaßstabes nur auf Verfahrensfehler und weiter dahingehend überprüft, ob ein unzutreffender Sachverhalt zugrunde gelegt, anzuwendendes Recht und allgemeine Bewertungsmaßstäbe verkannt worden waren sowie ob sich der Prüfer von

---

[240] Vgl. *Ossenbühl,* in: Erichsen, § 10 Rn. 31 f.; *Rennert,* in: Eyermann, VwGO, § 114 Rn. 51 ff. mit Nachw. zur Rspr.; vgl. a. *Maurer,* § 7 Rn. 35 ff. mit umfassender, systematisierter Übersicht zur Rspr.

[241] Di Fabio, 286.

[242] Eine Aufstellung von Anhaltspunkten, die i. S. einer normativen Ermächtigung auf einen Beurteilungsspielraum schließen lassen, finden sich etwa bei *Kopp/Schenke,* VwGO, § 114 Rn. 24 a, 25.

[243] Vgl. *Geis,* DÖV 1993, 23; vgl. a. die Aufstellung von Kriterien für die Annahme eines Beurteilungsspielraums bei *Kopp/Schenke,* VwGO, § 114 Rn. 24 a; vgl. a. *Gerhardt,* in: Schoch/Schmidt-Aßmann/Pietzner, VwGO, Bd. 2, § 114 Rn. 57 ff.; s a. die Zusammenstellung bei BVerfGE 88, 40, 57 ff.

[244] *Hufen,* JuS 1999, 925 (Entscheidungsanm.).

[245] Zu dieser Fallgruppe im speziellen ausführl. *Maurer,* § 7 Rn. 43 (m. w. N. zur Rspr.) und *Kopp-Schenke,* VwGO, § 114 Rn. 30. Zu den unterschiedlichen Fallgruppen im allgemeinen vgl. *Liebetanz,* in: Obermayer, VwVfG, § 40 Rn. 67 ff., *Maurer,* § 7 Rn. 37 ff.

[246] Vgl. Seiler, 140 f. (m. N. zur Rspr. des BVerfG und des BVerwG in Fn. 488 ff.).

[247] Vgl. v.a. das Grundsatzurteil BVerwGE 8, 272, 274; s. weiter E 12, 359; 363; E 38, 105, 109 ff. m. w. N. zur Rspr. des BVerwG; E 70, 143, 145 f., 149, 151 f.; NJW 1984, 2650 f.

sachfremden Erwägungen hatte leiten lassen.[248] Hinsichtlich der inhaltlichen, fachlich-wissenschaftlichen Bewertung der Prüfungsleistung sollte eine gerichtliche Überprüfung der Entscheidung mittels eines Sachverständigen ausscheiden; insoweit sollte dem Beurteilungsspielraum des Prüfers lediglich eine Willkürgrenze gezogen sein.[249]

Das BVerfG kritisierte diese Rechtsprechung als nicht mit Art. 12 Abs. 1, 3 Abs. 1 GG sowie insbesondere unter dem Gesichtspunkt eines effektiven Rechtsschutzes mit Art. 19 Abs. 4 GG vereinbar, soweit die Prüfung für den Zugang zum Beruf Bedeutung hat; ein Beurteilungsspielraum mit der Folge der Verschiebung der Letztentscheidungskompetenz auf die Prüfungsbehörde besteht nach dem BVerfG nur hinsichtlich prüfungsspezifischer Wertungen, nicht aber hinsichtlich der fachwissenschaftlichen Richtigkeitskontrolle.[250] Zutreffende Antworten und brauchbare Lösungen dürfen nicht als falsch bewertet werden und zum Nichtbestehen führen, gegebenenfalls müsse sich das Gericht der Hilfe eines Sachverständigen bedienen; in Zweifelsfällen steht dem Prüfling als Gegenstück zum Beurteilungsspielraum des Prüfers ein Antwortspielraum zu.[251] Den Grund des „prüfungsrechtlichen Bewertungsspielraumes" sah das BVerfG in den „schwierigen Bewertungen" gelegt, die „mit Rücksicht auf die Chancengleichheit aller Berufsbewerber (Art. 3 Abs. 1 GG) im Gesamtzusammenhang des Prüfungsverfahrens" getroffen werden müssten und sich „nicht ohne weiteres im nachfolgenden Verwaltungsstreitverfahren einzelner Kandidaten nachvollziehen" ließen;[252] entscheidend sei, dass die Prüfer „bei ihrem wertenden Urteil von Einschätzungen und Erfahrungen ausgehen, die sie im Laufe ihrer Examenspraxis bei vergleichbaren Prüfungen entwickelt haben und allgemein anwenden." Die hierzu bezugslose, isolierte Betrachtung der Prüfungsnoten führe zu einer Verzerrung der Maßstäbe.[253]

Das BVerwG hat diese richtungsändernde Rechtsprechung mittlerweile aufgenommen und inhaltlich präzisiert.[254] Insbesondere seien fachliche Meinungsverschiedenheiten

---

[248] Vgl. etwa BVerwGE 8, 272, 274; E 12, 359, 363; E 38, 105, 110, 111 m. w. N. zur Rspr. des BVerwG; E 70, 143, 149, 152, 155.

[249] Vom Beurteilungsspielraum sollte nur eine Bewertung nicht mehr gedeckt sein, die auf einer derart eklatanten und außerhalb jedes vernünftigen Rahmens liegenden Fehleinschätzung beruhte, dass sich ihr Ergebnis einem unbefangenen Dritten als gänzlich unhaltbar aufdrängen musste, BVerwGE DÖV 1980, 379, 380; NJW 1984, 2650, 2651; NVwZ 1990, 66; vgl. dazu *Liebetanz* in: Obermayer, VwVfG, § 40 Rn. 68; *Maurer,* § 7 Rn. 43.

[250] S. v. a. die beiden Grundsatzentscheidungen BVerfGE 84, 34, 53 ff. und E 84, 59, 77 ff.; bestätigt durch NVwZ 1992, 657 f.; NVwZ 1995, 469f.; zur Begründung s. die Zusammenfassung bei *Liebetanz,* in: Obermayer, VwVfG, § 40 Rn. 69. *Maurer,* § 7 Rn. 43, hält die dort entwickelten Grundsätze für auch auf Prüfungen übertragbar, die nicht an Art. 12 Abs. 1 GG zu messen sind.

[251] BVerfGE 84, 34, 55; E 84, 59, 79.

[252] BVerfGE 84, 34, 50.

[253] BVerfGE 84, 34, 51 f.

[254] S. insbes. BVerwGE 99, 74, 76 ff. (mit Bezugnahme auf BVerfGE 84, 34, 49 f.); E 104, 203, 206 (mit Bezugnahme auf BVerfGE 84, 59, 79); BVerwG, Beschl. v. 12. März 1998 – 6 B 94/97 -; BVerwG, Beschl. v. 13. 3. 1998 – 6 B 28/98, Ziff. 1. a) der Entschgrde.; s. a. Darstellung und weitere Nachweise bei *Maurer,* § 7 Rn. 43 und bei *Liebetanz,* in: Obermayer, VwVfG, § 40 Rn. 70.

zwischen Prüfer und Prüfling nicht mehr der gerichtlichen Kontrolle, z. B. durch das Gutachten eines Sachverständigen, entzogen.[255] Die Prüfungsentscheidung sei hinsichtlich des Beurteilungsspielraums im Rahmen prüfungsspezifischer Wertungen, etwa der Gewichtung der verschiedener Aufgaben zueinander und der Würdigung der Qualität der Darstellung durch den Prüfling, in der bisher üblichen Art und Weise auf die Einhaltung der Grenzen zu überprüfen.[256]

b) Weitere Fallgruppen von Beurteilungsspielräumen[257] (Begründungskriterien)

Als Fallgruppen für mögliche Beurteilungsspielräume sind von der Rechtsprechung u. a.[258] anerkannt prüfungsähnliche Entscheidungen,[259] beamtenrechtliche Beurteilungen,[260] Entscheidungen wertender Art durch weisungsfreie, mit Sachverständigen und/oder Interessenvertretern besetzte Ausschüsse,[261] Sonderfälle von Prognoseentscheidungen[262] und Risikoabschätzungen.[263] Eine teils kritische Zusammenstellung denkbarer sachlicher Gründe für die Annahme eines Beurteilungsspielraums findet sich in der Entscheidung des BVerfG vom 16.12.1992;[264] hier werden erwähnt z. B. die „Bedeutung persönlicher Erfahrungen für die Verwaltungsentscheidung“, die „be-

---

[255] BVerwG BayVBl. 1994, 443; BayVBl. 1995, 86, 88; E 104, 203, 206; BVerwG, Beschl. v. 13. 3. 1998 – 6 B 28/98, Ziff. 1. a) der Entschgrde.

[256] BVerwGE BayVBl. 1994, 443; BayVBl. 1995, 86 f., 88; E 99, 74, 77; BVerwG, Beschl. v. 13. 3. 1998 – 6 B 28/98, Ziff. 1. a) der Entschgrde.; s. die Entscheidungsanmerkung von *Hufen,* JuS 1999, 925 f. Hiervon zu unterscheiden ist der Prüfungsmaßstab, anhand dessen das BVerfG die Entscheidungen der Gerichte misst, s. dazu *Sieckmann,* DVBl. 1997, 105 ff.

[257] S. hierzu die Darstellungen mit Nachw. zur Rspr. etwa bei *Maurer,* § 7 Rn. 37 ff.; *Wolff/Bachof/Stober,* § 31 Rn. 19 ff.; *Liebetanz,* in: Obermayer, VwVfG, § 40 Rn. 67 ff.; *Schmidt-Aßmann,* in: Maunz/Dürig, Art. 19 IV Rn. 191 ff.; Nachweise bei BVerwG DVBl. 1991, 49.

[258] Zu den sogenannten Planungsentscheidungen s. *Maurer,* § 7 Rn. 63; zur Faktorenlehre s. *Schmidt-Aßmann,* in: Maunz/Dürig, Art. 19 IV Rn. 202, zur Abgrenzung von Beurteilungsspielraum und Faktorenlehre s. *Wolff/Bachof/Stober,* § 31 Rn. 20.

[259] Bsp.: „Besonderes pädagogisches Interesse“, Art. 7 Abs. 5 GG, BVerwGE 75, 275 ff.; s. dazu einschränkend BVerfG, Urt. v. 16.12.1992 – 1 BvR 167/87, Ziff. C. III. und IV. der Entschgrde.

[260] Bsp.: „Eignung“/Verfassungstreue, Art. 33 Abs. 5 und 2 GG, BVerwGE 61, 176, 185 f.; E 61, 200, 204 ff., bestätigt durch BVerfG DVBl. 1981, 1053 f.

[261] Bsp.: Feststellung der „sachlichen und persönlichen Voraussetzungen“ des für das Richteramt Vorgeschlagenen durch den Richterwahlausschuss, BVerwGE 99, 371, 377 f.; BVerfG NJW 1998, 2592; vgl. a. BVerwGE 77, 75, 78.

[262] Bsp.: „Beeinträchtigung“ des örtlichen Taxengewerbes, § 13 Abs. 4 1 PersBefG, BVerwGE 82, 295, 299 ff.; vgl. zu Prognoseentscheidungen mit politischem Einschlag BVerwGE 64, 238, 242; E 79, 208, 213.

[263] Bsp.: „erforderliche Schadenvorsorge“, § 7 Abs. 2 Nr. 3 AtomG, BVerwGE 72, 300, 314 ff. („Wyhl“); offen BVerfG E 49, 89, 136 ff.; wohl nicht verallgemeinerungsfähig, aber für diesen „Sonderfall“ (BVerfGE 78, 214, 227) zust. E 61, 82, 114 f.; hierzu *Liebetanz,* in: Obermayer, VwVfG, § 40 Rn. 76.

[264] BVerfGE 88, 40, 57 ff.

sonderen fachlichen Kompetenzen“ einer Behörde, die „Komplexität“ bestimmter schwieriger fachlicher Bewertungen, das Beruhen der behördlichen Entscheidung auf „prognostischen Erkenntnissen“ sowie das Fehlen „bestimmter Vorgaben (Entscheidungsprogramme)“ im materiellen Recht für Entscheidungen, welche Elemente wertender Erkenntnis enthalten.[265]

c) Rolle der Fallgruppen im Rahmen der vorliegenden Untersuchung

Die beschriebenen Fallgruppen werden i. S. der normativen Ermächtigungslehre als Anhaltspunkte für einen Beurteilungsspielraum im Rahmen der Auslegung der einzelnen Normen des BetrVG eingehen.[266] Die h. L. hat die Fallgruppen der Rechtsprechung im wesentlichen aufgenommen und aus ihnen Kriterien für das Vorliegen eines Beurteilungsspielraums i. S. v. „Entscheidungstypen“ abzuleiten versucht, worauf hier nur verwiesen werden kann;[267] die vorliegende Untersuchung richtet sich insoweit nach den durch gefestigte Rechtsprechung anerkannten Fallgruppen.[268] Allerdings dürfen letztere nicht als abschließender Kanon missverstanden werden; sie stellen vielmehr nur eine der weiteren Ausbildung offene Typenreihe dar.[269]

d) Grundregeln und allgemeine Tendenz der Rechtsprechung zum Beurteilungsspielraum

Trotz des naturgemäß kasuistischen Vorgehens der Rechtsprechung[270] sind folgende Grundsätze zu Annahme und gerichtlicher Kontrolle von Beurteilungsspielräumen feststellbar:[271]

aa) Annahme eines Beurteilungsspielraums als Ausnahmefall[272]

Unbestimmte Rechtsbegriffe sind in der Rechtsprechung nach wie vor Ausgangspunkte für die Frage nach einem möglichen Beurteilungsspielraum, wenn auch ihre Exis-

---

[265] *Gerhardt* bezeichnet diese Begründungsmuster plastisch als „legitimatorische Reihe“ in Abgrenzung von der „phänomenologischen Reihe“ der bereits genannten Fallgruppen (*ders.*, in: Schoch/Schmidt-Aßmann/Pietzner, VwGO, Bd. 2, § 114 Rn. 59 f.).

[266] In diesem Sinne etwa *Kopp/Schenke,* VwGO, § 114 Rn. 24, 24 a, 25.

[267] S. etwa *Ossenbühl*, in: Erichsen, § 10 Rn. 34 ff.; *Liebetanz,* in: Obermayer, VwVfG, § 40 Rn. 65 f.; *Huber,* in: v. Mangoldt/Klein/Starck, GG Art. 19 Rn. 516; zur normativen Ermächtigungslehre vgl. die Darstellung bei *Schulze-Fielitz,* JZ 1993, 774 m. N. in Fn. 51 ff.

[268] S. hierzu etwa die Darstellungen mit Nachw. zur Rspr. bei *Wolff/Bachof/Stober,* § 31 Rn. 19 ff.; *Kopp/Schenke,* VwGO, § 114 Rn. 24 a.; *Liebetanz,* in: Obermayer, VwVfG, § 40 Rn. 67 ff.

[269] In diesem Sinne *Gerhardt*, in: Schoch/Schmidt-Aßmann/Pietzner, VwGO, Bd. 2, § 114 Rn. 57; dort (a. a. O., Rn. 57 ff.) auch ausführlich zu einem offenen Topoikatalog zur Einordnung einer Norm als Beurteilungsermächtigung.

[270] *Wolff,* 246.

[271] Krit. hinsichtlich der Verallgemeinerbarkeit allerdings Wolff, 246.

[272] Vgl. *Grupp,* 146.

tenz allein jeweils nicht zu dessen Begründung hinreicht.[273] Art. 19 Abs. 4 S. 1 GG gebietet als Grundsatz die volle gerichtliche Prüfung eines angegriffenen Aktes der öffentlichen Gewalt in rechtlicher wie in tatsächlicher Hinsicht;[274] die Konkretisierung unbestimmter Rechtsbegriffe ist „von Verfassungs wegen grdsl. Sache der Gerichte, die die Rechtsanwendung der Behörden insoweit uneingeschränkt nachzuprüfen haben (BVerfGE 64, 261 [279]; 84, 34 [49 f.])".[275] Es entspricht dieser allgemein sehr zurückhaltenden Tendenz der Rechtsprechung, wenn dort mittlerweile der Grundsatz anerkannt ist, dass ein Beurteilungsspielraum der Verwaltung einer gesetzgeberischen Entscheidung in Form einer gesetzlichen Ermächtigung bedarf.[276] Maßgeblich ist die jeweils einschlägige materielle[277] gesetzliche Regelung.[278] Hieraus ergibt sich das (z. B. durch einzelne Fallgruppen durchbrochene) Prinzip, dass die Reduktion der gerichtlichen Kontrolle durch einen Beurteilungsspielraum der Ausnahmefall ist;[279] die Annahme eines Beurteilungsspielraums bedarf also stets einer Begründung.[280] Wo es an einer eindeutigen Zuweisungen der Letztentscheidungskompetenz an die Verwaltung fehlt,[281] muss der Gehalt der Norm durch Auslegung weiter aufgeklärt werden.[282]

bb) Kontrollintensität innerhalb der Grenzen des Beurteilungsspielraums

Nach ständiger Rechtsprechung des BVerwG ist die gerichtliche Kontrolle einer Beurteilungsentscheidung nicht i. S. eines rechtsfreien Raumes ausgeschlossen, sondern lediglich auf folgende Prüfungsaspekte beschränkt:[283] Die Behörde muss zunächst von

---

[273] Vgl. aus jüngerer Zeit etwa BVerfG NJW 2001, 1121, 1123; s. a. BVerfGE 84, 34, 49 f.; BVerwGE 99, 74, 76 f.; E 94, 307, 308 f.

[274] Vgl. BVerfGE 15, 275, 282; E 18, 203, 212, 215; E 31, 113, 117; E 35, 263, 274; E 51, 304, 312; E 56, 216, 239 f.; E 64, 261, 279; E 73, 339, 373; E 78, 214, 226; E 84, 34, 49; E 88, 40, 56; NJW 2001, 1121, 1123; BVerwG NVwZ 1991, 568 f.; NVwZ 1995, 707 f.; s. die Nachweise bei *Schulze-Fielitz,* in: Dreier, GG, Bd. 1, Art. 19 IV Rn. 87 (in Fn. 302).

[275] BVerfG NJW 2001, 1121, 1123.

[276] Vgl. etwa BVerfGE 61, 82, 111, 114 f., BVerwGE 72, 195, 199; E 81, 12, 17; E 94, 307, 309; E 100, 221, 225.

[277] BVerfG NJW 2001, 1121 ff.; BVerfGE 88, 46, 50; BVerwGE 59, 213, 215; E 72, 195, 199.

[278] *Detterbeck,* in: Lexikon des Rechts, 9/640, C. III.; vgl. etwa BVerfG 84, 34, 50; 88, 40, 56 f.; BVerwGE 100, 221, 225 ff.; 94, 307, 309 f.

[279] Vgl. etwa BVerfGE 64, 261, 279; 88, 40, 56 f.; BVerfG NJW 2001, 1121, 1123; BVerwGE 100, 221, 225; DÖV 1996, 963 f.; E 94, 307, 309; DVBl. 1991, 49; zust. m. w. N. zur Rspr. *Detterbeck,* in: Lexikon des Rechts, 9/640, C. III.; *Kopp/Schenke,* VwGO, § 114 Rn. 24, 24 b; so wohl a. *Rennert,* in: Eyermann, VwGO, § 114 und *Maurer,* § 7 Rn. 37 ff. Krit. dagegen *Wolff/Bachof/Stober,* § 31 Rn. 16.

[280] *Haverkate,* 251 m. w. N.

[281] S. das Beispiel bei *Schmidt-Aßmann,* Ordnungsidee, 191: Zusatz im Normtext etwa „nach Auffassung der Behörde".

[282] *Schmidt-Aßmann,* Ordnungsidee, 191; vgl. die ausführliche Darstellung in BVerwGE 94, 307, 309 ff.; BVerwG NVwZ 1991, 568 ff.; vgl. weiter *Wahl,* NVwZ 1991, 409, 411; *Kopp/Ramsauer,* VwVfG, § 40 Rn. 71 m. w. N.

[283] S. etwa BVerwG 19, 128, 132 f.; E 70, 143, 150 ff.; E 72, 38, 54; E 80, 224, 225 f.; E 99, 74, 77; E 106, 263, 266; BVerwG NVwZ 1999, 74 f.; BVerwG, Beschl. v. 13. 3. 1998 – 6 B 28/98, Ziff. 1. a)

einem vollständig ermittelten, zutreffenden Sachverhalt ausgegangen sein; weiter muss sie die Verfahrensvorschriften eingehalten und darf anzuwendendes Recht nicht verkannt haben. Schließlich muss sie allgemein gültige Bewertungsmaßstäbe beachtet und darf sich nicht von sachfremden Erwägungen leiten lassen haben. Inhaltlich darf die Entscheidung, im Falle einer Prüfung die Bewertung, jedenfalls nicht willkürlich sein.

3. Bezugspunkt des Beurteilungsspielraums im Normtext

Das Wesen des Beurteilungsspielraums erschließt sich letztlich erst anhand der Zuordnung zu den einzelnen Stufen der Normanwendung. Zunächst soll dem Leser daher ein kurzer, auf die Grobstruktur beschränkter Einblick in das nur scheinbar einfache[284] Schema der Rechtsanwendung verschafft werden.

a) Das methodische Schema der Rechtsanwendung

Ganz allgemein steht der Rechtsanwender vor der Frage, welche Rechtsfolge für einen – woher auch immer gegebenen Sachverhalt – gilt.[285] Ob die zu ermittelnden Tatsachen einem bestimmten gesetzlichen Tatbestand unterzuordnen sind, ist (zumindest der Idee nach) durch einen „Syllogismus der Rechtsfolgenbestimmung" zu bestimmen.[286] Der gesetzliche Tatbestand stellt hierbei den Obersatz dar, dessen Gehalt nicht allein aus dem Gesetzestext übernommen werden kann, sondern zunächst durch (abstrakte) Auslegung zu ermitteln ist.[287] Der sich hieran anschließende[288] Vorgang der

---

der Entschgrde.; BVerwG, Urteil v. 5. 11. 1998 – 2 A 3/97 -, Entschgrde; BVerwG, Urteil v. 10.2.2000 – 2 A 10/98 -, Entschgrde; enger, soweit Art. 12 Abs. 1 GG berührt ist BVerfGE 84, 34, 53 ff.; übersichtliche Darstellung nebst weiterer Nachweise z. B. bei *Liebetanz,* in: Obermayer, VwVfG, § 40 Rn. 80, Fn. 235, Rn. 81 ff.; s. a. *Wolff,* 248; s. a. die Entscheidungsanmerkung von *Hufen,* JuS 1999, 924 ff.; inhaltlich gleich bezeichnen *Schmidt-Aßmann/Groß,* NVwZ 1993, 623, die Beurteilungsermächtigung als einen „ inhaltlich eher rahmenhaften Auftrag einer begrenzten Kontrolle"; s. dort auch insgesamt näher zur möglichen Typik der Reduktion je nach Sachbereich und Art der gesetzlichen Ermächtigung.

[284] *Larenz,* 271. Aufgrund der Komplexität der Materie und der Vielzahl an unterschiedlichen Ansichten zum Schema der Rechtsanwendung, insbes. zur Subsumtion, soll hier gar nicht erst der Eindruck erweckt werden, es handele sich hier um eine Darstellung i. S. einer „herrschenden Meinung" innerhalb der Methodenlehre. Ein genaueres Eingehen hierauf würde den Rahmen vorliegender Untersuchung sprengen.

[285] Vgl. *Larenz,* 271.

[286] *Larenz,* 272; *Larenz/Canaris,* 92; bei *Engisch,* Logische Studien, 7, ist dieser Denkansatz Ausgangspunkt seiner Untersuchung, vgl. a. *ders.*, Einführung, 52, 72, 56 ff., 66 (Fn. 31); *Schmalz,* Rn. 16; *Kramer,* 26 (Fn. 4); *Bydlinski,* 43, 118 (Fn. 289), 395 ff.; zum Syllogismus bei der Rechtsanwendung in der Rspr. des BVerfG *Müller,* Rn. 24, der grundsätzliche Kritik an diesem Modell äußert, da der Glaube an eine vor dem Rechtsfall existierende Rechtsnorm einen Irrtum darstelle, vgl. *ders.*, a. a. O., Rn. 274, 282; krit. hierzu wiederum *Larenz,* 133 ff.; krit. zum Syllogismus in Form der Subsumtion a. *Zippelius,* 97 ff.; eingehend *Koch-Rüßmann,* 14 ff.

[287] *Engisch,* Logische Studien, 14, der die Auslegung als „allgemeine Ermittelung der vom Gesetzessinn betroffenen Fälle" beschreibt; *Larenz/Canaris,* 93 f.; *Larenz,* 272 f.; zum Wesen der Auslegung s. *ders.*, a. a. O., 204 ff., zu deren Aufgabe und Kriterien bei der Gesetzesauslegung *ders.*, a. a. O., 313 ff.

Untersuchung, ob der konkrete Sachverhalt als ein „Fall" den Tatbestand einer Norm, dessen Inhalt durch die Auslegung bestimmt wird, i. S. des Untersatzes verwirklicht, wird als Vorgang der „Subsumtion" bezeichnet.[289] Der juristische Begriff[290] der Subsumtion wird z. B. von *Engisch* als die „Würdigung des Sachverhaltes als eines solchen, der die Merkmale des Gesetzes"[291] oder von *Larenz* als die Beurteilung des Sachverhaltes als Lebensvorgang auf das Vorliegen der im Tatbestand des betreffenden Rechtsatzes genannten Merkmale hin beschrieben.[292] Stark vereinfacht formuliert besteht die Auslegung in der Sinn- und Inhaltsermittlung,[293] während die Subsumtion ein Teilvorgang des Vergleichens des Sachverhaltes mit den tatbestandlichen Merkmalen einer Norm unter Berücksichtigung des bereits ermittelten Sinnes und Inhaltes der Norm ist.

Demnach kann sich der Beurteilungsspielraum theoretisch auf die Sachverhaltsermittlung,[294] die Auslegung des Normtextes und die Subsumtion beziehen.

---

[288] Zum Verhältnis von Auslegung und Subsumtion *Engisch,* a. a. O., 26 f., der die Auslegung als „logisches prius" der Subsumtion beschreibt, ebenso *ders.,* Einführung, 65; gegen diese so getroffene Differenzierung etwa *Jesch,* AöR 82 (1957), 186 f.; i. S. v. Engisch a. *Somló,* 371, der die Rechtsdeutung als Voraussetzung der Rechtsanwendung beschreibt; in diesem Sinne a. *Zippelius,* 99 f., 100, der die Auslegung auf die Ermittlung des Gehaltes des rechtlichen Obersatzes, die Subsumtion dagegen auf den Untersatz bezogen ansieht; vgl. zur i. S. v. *Engisch* vorgehenden Rspr. des BVerfG *Müller,* Rn. 24.

[289] *Larenz,* 273; *Larenz/Canaris,* 92; *Kramer,* 26 (Fn. 4); *Engisch,* Logische Studien, 18 ff.; *Engisch,* Einführung, 57, 62 ff.; inhaltlich zust. *Bydlinski,* 395 f., *Schmalz,* Rn. 1 ff.; hinsichtlich des deduktiven Charakters der Subsumtion des Larenz'schen Modelles zust. *Koch-Rüßmann,* 16 ff., 63 ff., von einem wesentlich engeren Anwendungsbereich der Subsumtion als die herkömmliche Methodenlehre geht etwa *Müller,* Rn. 308 ff., aus; letzterer Ansicht steht *Zippelius,* 97 ff., nahe, der die wesentlichen Schwierigkeiten der Normkonkretisierung nicht in der Subsumtion, sondern in der Auslegung verortet; zu den unterschiedlichen Subsumtionsmodellen vgl. etwa *Pawlowski,* Rn. 124 ff.

[290] Zum hiervon zu unterscheidenden Verständnis der Subsumtion in der Logik vgl. etwa *Engisch,* Logische Studien, 22 f.; *Larenz,* 273 m. w. N.

[291] *Engisch,* Logische Studien, 19, 23 ff.; *ders.,* Einführung, 63 f. hat die Subsumtion auch als Subsumieren von „Faktenbegriffe(n) unter Rechtsbegriffe" beschrieben; *ders.,* a. a. O., 62 f. unterscheidet zwischen Subsumtion, der Unterordnung eines einzelnen Falles unter den gesetzlichen Tatbestand, und Subordination, der Unterordnung einer Fallgruppe oder Fallart.

[292] *Larenz,* 274; *Larenz,* a. a. O., 215, 275, 288, spricht allerdings bei der Anwendung von Typen und wertausfüllungsbedürftigen Maßstäben (z. B. den „guten Sitten", §§ 138, 826 BGB 1 UWG, „Treu und Glauben", §§ 157, 242 BGB) nicht mehr von Subsumtion, sondern von (wertender) „Zuordnung".

[293] Vgl. etwa die differenzierte Darstellung bei *Larenz/Canaris,* 133, 25 ff.

[294] Zur teilweisen „Verschlingung" von Tat- und Rechtsfrage, also Tatsachenfeststellung und -selektion aus dem Roh-Sachverhalt grundlegend *Engisch,* Logische Studien, 95 ff., 113; *Larenz/Canaris,* 128 f.; speziell zur Schwierigkeit der Unterscheidung zwischen Sachverhaltsfeststellung und Subsumtion mit Bezug zur normativen Ermächtigungslehre und Beurteilungsspielraum *Schmidt-Aßmann/Groß,* NVwZ 1993, 624.

b) Beurteilungsspielraum hinsichtlich der Sachverhaltsermittlung

Nach ganz h. M. bezieht sich ein möglicher Beurteilungsspielraum nicht auf die Sachverhaltsermittlung, welche der Rechtsanwender durchzuführen hat;[295] diese wird vielmehr auch bei Annahme eines Beurteilungsspielraums gerichtlich voll überprüft.

c) Beurteilungsspielraum hinsichtlich der rechtlichen Einordnung des Sachverhaltes

aa) Beurteilungsspielraum hinsichtlich der rechtlichen Zuordnung eines Sachverhaltes zu den tatbestandlichen Voraussetzungen einer Norm

Der Beurteilungsspielraum bedeutet nach h. M. einen Spielraum des Rechtsanwenders bei der Subsumtion eines Merkmales des gesetzlichen[296] Tatbestandes für den jeweiligen Einzelfall.[297] Dagegen ist die abstrakte Auslegung einer Rechtsvorschrift und damit auch der in ihr enthaltenen unbestimmten Rechtsbegriffe nach ganz h. M. Sache der Gerichte, ein Beurteilungsspielraum besteht insoweit nicht.[298] Dabei soll nicht darüber hinweggetäuscht werden, dass der Begriff der (abstrakten) Auslegung unterschiedlich weit gefasst[299] und damit, folgt man der h. M., auch der mögliche Bereich von Beurteilungsspielräumen beeinflusst wird, worauf im Rahmen vorliegender Untersuchung jedoch nicht weiter eingegangen werden kann.

---

[295] Vgl. aus der Lit. etwa *Schmidt-Aßmann/Groß,* NVwZ 1993, 624; *Sieckmann,* DVBl. 1997, 102; *Schulze-Fielitz,* JZ 1993, 772; *ders.,* in Dreier, GG, Art. 19 IV Rn. 96; *Rennert,* in: Eyermann, VwGO, § 114 Rn. 56; *Redeker/v. Oertzen,* VwGO, § 114 Rn. 25 f.; *Wolff/Bachof/Stober,* § 31 Rn. 9; so wohl auch *Maurer,* § 7 Rn. 30; *Redeker,* DÖV 1971, 762; *Bachof,* JZ 1955, 99, 102; *Ule,* GS Jellinek, 326; so grdsl. auch *Haverkate,* 264; aus der Rspr. vgl. nur etwa BVerfGE 88, 40, 60 (zur tatsächlichen Basis einer Prognose); in BVerfGE 84, 34, 49 ff. wird zunächst die vollständige gerichtliche Prüfungskompetenz in tatsächlicher und rechtlicher Hinsicht festgestellt, danach geht es nur noch um die Überprüfung der Rechtsanwendung; vgl. weiter E 15, 275 ff.; BVerwGE 77, 75, 85.

[296] Ein Beurteilungsspielraum ist theoretisch auch bezügl. der Tatbestandsmerkmale ungeschriebener Rechtsregeln denkbar, vgl. *Achterberg,* § 18 Rn. 33; eine nähere Untersuchung kann insoweit jedoch dahinstehen, da vorliegend nur Beurteilungsspielräume untersucht werden, welche im Bereich der Rechtsnormen des BetrVG von der Rspr. oder der Lit. diskutiert werden.

[297] *Bachof,* JZ 1955, 99; Ule, GS Jellinek, 317; Wolff, 240; Wolff/Bachof/Stober, § 31 Rn. 10, 18; *Rennert,* in: Eyermann, VwGO, § 114 Rn. 56; *Liebetanz,* in: Obermayer, VwVfG, § 40 Rn. 82; so bilanzierend für die Rspr. *Wilke,* 138.

[298] Vgl. nur aus der Lit. etwa *Sieckmann,* DVBl. 1997, 102; *Schulze-Fielitz,* JZ 1993, 772 m. w. N. insbes. zur Rspr. (a. a. O., Fn. 2); *ders.,* in: Dreier, GG, Art. 19 IV Rn. 96; *Papier,* DÖV 1986, 623 f.; *ders.,* FS Ule, 242 f.; *Rennert,* in: Eyermann, VwGO, § 114 Rn. 56; *Redeker/v. Oertzen,* VwGO, § 114 Rn. 25 f.; *Wolff/Bachof/Stober,* § 31 Rn. 9, 26; *Bachof,* JZ 1955, 98 f., 101 f.; *Ossenbühl,* DVBl. 1974, 309; *ders.,* in: Erichsen, § 10 Rn. 28; BVerfGE 15, 275, 282; E 64, 261, 279; E 73, 339, 373; E 84, 34, 50; E 88, 40, 56; BVerwGE 15, 207, 208; E 23, 194, 200 f.; E 24, 60, 63 f.; E 26, 65, 73 ff.; E 31, 149, 152 f.; E 35, 69, 72 ff. A. A. etwa *Grupp,* 145 (m. w. N.); *Schenke,* JZ 1988, 323, der die Dichotomie zwischen Auslegung und Subsumtion als solche in Frage stellt; ähnl. auch *Redeker,* DÖV 1971, 762; *Haverkate,* 257.

[299] Vgl. mit Beispiel *Haverkate,* 256 f.

bb) Beurteilungsspielraum hinsichtlich der Rechtsfolge: Abgrenzung des Beurteilungsspielraums vom Ermessen

In der Regel lassen sich Normen in Tatbestand und Rechtsfolge aufspalten.[300] In diesem Sinne kann weiter differenziert werden, ob ein Beurteilungsspielraum sich auf die Voraussetzungen einer Norm, die Tatbestandsmerkmale, oder deren rechtliche Konsequenz, die Rechtsfolge, bezieht. Unbestimmte Rechtsbegriffe sind dabei typischerweise, aber nicht ausschließlich auf der Tatbestandsseite einer Norm vorzufinden.[301] Nach h. M., welche zwischen Beurteilungsspielraum und Ermessen differenziert,[302] ist die Anwendung eines unbestimmten Rechtsbegriffes und die damit verbundene Frage nach einem möglichen Beurteilungsspielraum ein Problem der Erkenntnis des Vorliegens der Voraussetzungen einer Norm, wogegen die Ermessensausübung die Freiheit des Handelns des Rechtsanwenders betrifft,[303] m. a. W.: Ermessen ist die (relative) Freiheit in der Willensentscheidung zwischen mehreren möglichen Verhaltensweisen, wogegen der Beurteilungsspielraum als „Subsumtionsermessen" einen Spielraum bei

---

300 Konditional programmierte Normen mit „Wenn-Dann" Struktur; vgl. *Schmidt-Aßmann,* in: Maunz/Dürig, GG, Art. 19 Rn. 186; *Weigel,* 27 ff., 31, 61, hält die Trennung von Tatbestand und Rechtsfolge für ein Gebot, welches Ausfluss u. a. des Gewaltenteilungsgrundsatzes (vgl. z.□. Art. 20 Abs. 2 GG) und der Rechtsschutzgarantie des Art. 19 Abs. 4 GG sei.

301 *v. Mutius, Jura* 1987, 93; vgl. auch *Wolff,* 238; *Liebetanz,* in: Obermayer, VwVfG, § 40 Rn. 60. Hiervon zu differenzieren sind die sogenannten „Koppelungsvorschriften", bei denen ein unbestimmter Rechtsbegriff auf der Tatbestandsseite mit einem Ermessensbegriff („darf", „kann" etc.) auf der Rechtsfolgenseite zusammentrifft; hierzu Maurer, § 7 Rn. 47 ff.

302 Aus der Rspr. s. ausdrückl. etwa BVerwG DÖV 1999, 648 f. m. w. N., wobei der Begriff der „Einschätzungsprärogative" synonym mit dem Begriff des „Beurteilungsspielraums" verwendet wird, vgl. hierzu etwa BVerwGE 107, 360, 362; E 99, 74, 76; E 72, 38, 53; so auch BVerfG NJW 2001, 1121, 1123; BVerfGE 84, 34, 49 f.; BAG Urt. v. 18.10.1984 – 2 AZR 543/83 = AP § 1 KSchG 1969 Soziale Auswahl Nr. 6, Bl. 1195/R; aus der arbeitsrechtlichen Lit.: *v. Hoyningen-Huene,* 30; *Nipperdey,* DB 1977, 1094; *ders.,* DB 1980, 1646; *Esser,* RdA 1976, 231, geht von dieser Unterscheidung aus; ebenso *Kort,* Anm. u. a. zu BAG, Beschl. v. 9. 6. 1999 – 7 ABR 66/97, AP § 40 BetrVG 1972 Nr. 66, Bl. 499/V/R; aus der verwaltungs- und verfassungsrechtlichen Lit.: *Bachof,* JZ 1955, 98; *Jesch,* AöR 82 (1957), 234; mit ausführl. Begründung *Maurer,* § 7 Rn. 55 ff; s. weiter *Detterbeck,* Allgemeines Verwaltungsrecht, Rn. 353; *v. Mutius,* Jura 1987, 93; *Hufen,* § 25 Rn. 45; *ders.,* JuS 1999, 925; *Ossenbühl,* in: Erichsen, § 10 Rn. 6, 10, 24; *Kopp,* VwVfG, § 40 Rn. 4, 71; *Kopp/Schenke,* VwGO, § 114, Rn. 3, 33; neuerdings auch *Obermayer,* § 40 Rn. 4, 60; *Busch,* in: Knack, VwVfG, § 40 Anm. 6.4.1; *Achterberg,* § 18 Rn. 33 ff., 37; *Wolff,* 240, 249; *Wolff/Bachof/Stober,* § 31 Rn. 15, 31; *Ule/Laubinger,* § 55 Rn. 2 f.; *Weigel,* 31 f., 60 ff., 85f., 130, mit verfassungsrechtlicher Begründung; *Schmidt-Salzer,* 18, 90; *Rennert,* in: Eyermann, VwGO, § 114 Rn. 55; s. auch *Schlink,* Jura 1999, 169, 170; vgl. auch *Geis,* Handlungsspielräume, 97; aus der lexikalischen und methodischen Lit.: *Kauffmann,* in: Creifels, 394; *Köbler,* 297; *Detterbeck,* in: Lexikon des Rechts, 9/640, B. I., C. II.; von dieser Differenzierung gehen auch *Larenz/Canaris,* 116 f., aus; *Engisch,* Einführung, 144 Fn. 17; vgl. schon Enneccerus-Nipperdey, 308, 310. Differenzierend, aber für konditional programmierte, nach Tatbestand und Rechtsfolge klar gegliederte Normen zust. *Schmidt-Aßmann,* in: Maunz/Dürig, GG, Art. 19 Abs. 4 Rn. 186, wobei zu bemerken ist, dass diese („vollständige") Normart der Regelfall ist, vgl. *Redeker/v. Oertzen,* § 114 Rn. 3 und *Ossenbühl,* in: Erichsen, § 10 Rn. 1; krit., im Ergebnis aber zust. *Forsthoff,* 85 ff., 91.

303 Vgl. statt vieler *Bachof,* JZ 1955, 98; *Maurer,* § 7 Rn. 7, 29; *Liebetanz,* in: Obermayer, VwVfG, § 40 Rn. 3 f. m. w. N.

der erkenntnismäßigen Beurteilung von Handlungsvoraussetzungen beschreibt.[304] Normstrukturell gesehen ist der unbestimmte Rechtsbegriff auf der Tatbestandsseite, das Ermessen dagegen auf der Rechtsfolgenseite einer Norm angesiedelt.[305]

Sowohl die Möglichkeit der Unterscheidung zwischen Beurteilungsspielraum und Ermessen als solcher wie auch die Konsequenz der Bejahung oder Verneinung dieser Frage für die Kontrolldichte sind allerdings nach wie vor umstritten. Die der Problematik angemessene notwendige eingehende Diskussion sprengte den Rahmen dieser Arbeit, weswegen eine kurze Begründung genügen muss, warum hier der h. M. gefolgt wird:

Unleugbar besteht eine starke Annnäherungstendenz zwischen beiden Rechtsfiguren, z. B. in Form einer sich immer ähnlicher entwickelnden Fehlerlehre, die bis hin zur Auflösung der Rechtsfigur des Beurteilungsspielraums geht.[306] Auch mag die genannte Unterscheidung in ihrer Konsequenz für die richterliche Kontrolldichte z. T. geringe Unterschiede zeigen.[307] Diese Punkte zeigen jedoch lediglich eine Strukturähnlichkeit auf, reichen indes nicht zum Nachweis der sachlichen Identität von Beurteilungsspielraum und Ermessen hin.[308] Im übrigen wird die genannte Unterscheidung weder wegen der im Einzelfall möglichen Schwierigkeiten allein noch aufgrund der bloßen Existenz von sogenannten „Koppelungsvorschriften“ [309] unhaltbar; zum einen würde wohl niemand z. B. die gerade im Strafrecht[310] wichtige und sehr problematische Unterscheidung zwischen Handlung und Unterlassung für überflüssig befinden wollen, zum anderen bestätigen Ausnahmen bekanntlich die Regel. Vor allem aber wird der Normaufbau in Form eines gerichtlich voll überprüfbaren Tatbestandes und einer akzessorischen Rechtsfolge als Garant der Rechtssicherheit und des effektiven Rechtsschutzes angesehen;[311] die Unterscheidung zwischen Beurteilungsspielraum und Er-

---

[304] Vgl. statt vieler *Bachof,* JZ 1955, 102.

[305] *Ule/Laubinger,* § 55 Rn. 2; *Achterberg,* § 18 Rn. 37; *Schmidt-Salzer,* 90 f.; aus der Rspr. s. etwa BVerwGE 39, 197, 203 f.; BVerwGE 72, 38, 53; BVerwG DÖV 1999, 648 f.

[306] S. insbes. die Darstellung mit eingehender Gegenargumentation bei *Maurer,* § 7 Rn. 34, 52 ff. m. w. N.; für eine Einbeziehung des Beurteilungsspielraums in die Ermessenslehre etwa *Rupp,* 198, 212 ff.; *Schenke,* JZ 1988, 324; *Herdegen,* JZ 1991, 747 ff.; für einen weiten, auch die Beurteilungsermächtigung einbeziehenden Ermessensbegriff insbes. im Hinblick auf europäische Rechtsvergleichung *Schmidt-Aßmann,* Ordnungsidee, 181 f., 192; für die Beibehaltung der dogmatischer Unterscheidung von unbestimmten Rechtsbegriffen bei Anwendung gleicher Maßstäbe für die Beurteilung der Rechtmäßigkeit *Zippelius,* Methodenlehre, 107, wobei sich dann die Frage nach dem Wert der Differenzierung stellt.

[307] Vgl. *Di Fabio,* 463, der allerdings selbst sehr wohl zwischen Ermessen und Beurteilungsspielraum unterscheidet.

[308] In diesem Sinne *Gerhardt,* in: Schoch/Schmidt-Aßmann/Pietzner, VwGO, Bd. 2, § 114 Rn. 55.

[309] S. zu deren Definition und ihrer rechtlichen Behandlung *Maurer,* § 7 Rn. 48 ff. m. N. aus der Rspr.

[310] Vgl. § 13 StGB.

[311] *Gerhardt,* in: Schoch/Schmidt-Aßmann/Pietzner, VwGO, Bd. 2, vor § 113 Rn. 30 (m. w. N. in Fn. 177).

messen setzt dieses Denken für den Nachvollzug der Rechtsanwendung konsequent fort. Insgesamt ist mit der genannten Unterscheidung trotz einiger „eher theoretischen Abgrenzungsprobleme ... ein Rationalitätsgewinn verbunden".[312] Ihre Aufgabe zugunsten einer umfassenden Entscheidungsfreiheit wäre ein Rückschritt[313] und m. E. letztlich unfruchtbare Nivellierung unterschiedlicher Freiheitsbereiche bezüglich der Rechtsanwendung.

Damit ist aber noch nichts über die Begründbarkeit von Beurteilungsspielräumen gesagt, insbesondere die Möglichkeit und vor allem die Notwendigkeit einer deutlichen Kennzeichnung im Gesetz: Der naheliegendste Ansatzpunkt für die Bestimmung der gerichtlichen Kontrollkompetenz und Kontrolldichte sind die angewandte Norm selbst und das diese umgebende Normgefüge; deren Auslegung kann ergeben, dass der vorgelagerte Rechtsanwender einen gerichtlich nur eingeschränkt überprüfbaren Spielraum haben soll. Ein solcher ist für den Fall des rechtsfolgebezogenen Ermessens etwa durch einen Normtext wie „kann" sprachlich recht einfach zu kennzeichnen, wie man dies auch im Betriebsverfassungsrecht, etwa an § 16 Abs. 1 S. 2 und 4 BetrVG, sehen kann.[314] Will der Gesetzgeber dagegen einen derartigen Spielraum hinsichtlich der Frage eröffnen, ob ein Lebenssachverhalt den tatbestandlichen Voraussetzungen einer Norm überhaupt zugeordnet werden kann, so ist dies kaum durch die sprachliche Formulierung des Tatbestandsmerkmales selbst eindeutig festlegbar. Vielmehr müsste die Reduktion der Kontrolldichte zur vergleichbar eindeutigen Kennzeichnung spezialgesetzlich geregelt werden, etwa durch ausdrückliche Anordnung direkt in der betroffenen Norm selbst, eingefügt in einem gesonderten Satz; dies geschieht natürlich selten, da der Gesetzgeber derartige Feinheiten gerne der Ausformung durch die Rechtsprechung überlässt.

II. Zusammenfassung zur Rechtsfigur des Beurteilungsspielraums

Die Feststellung einer „h. M." i. S. eines in sich stimmigen, vollständigen Lösungsansatzes als verallgemeinerbare Position hinsichtlich der dogmatischen Einordnung, der Begründbarkeit aus dem Normkontext heraus sowie der Auswirkungen auf die gerichtliche Kontrolldichte ist für die umstrittene Rechtsfigur des Beurteilungsspielraums mangels einer einheitlichen Linie in Rechtsprechung und Lehre[315] letztlich nicht möglich.[316] Insbesondere sind zwingende, bereichsübergreifende Kriterien für die Begründung eines Beurteilungsspielraums, soweit diese über die „klassischen Fallgruppen" hinausgehen, bisher weder von der Literatur noch von der Rechtsprechung entwickelt

---

[312] *Gerhardt*, in: Schoch/Schmidt-Aßmann/Pietzner, VwGO, Bd. 2, § 114 Rn. 55.

[313] *Gerhardt*, in: Schoch/Schmidt-Aßmann/Pietzner, VwGO, Bd. 2, § 114 Rn. 55.

[314] Vgl. *Kreutz*, in: GK-BetrVG, Bd. 1, § 16 Rn. 4.

[315] *Denninger*, in: Lisken/Denninger, F Rn. 80; *Grupp*, 140.

[316] Nach Wilke, 138, liegt der exekutivischen Einschätzungsprärogative kein einheitliches Prinzip zugrunde; s. a. *Di Fabio*, 271; nach *Sieckmann*, DVBl. 1997, 102 f., beleuchten die unterschiedlichen Ansätze jeweils richtige Aspekte, sind jedoch jeweils alleine nicht geeignet, eine ausreichende Begründung von Beurteilungsspielräumen zu tragen.

worden;[317] das Andauern des juristischen Streites spricht dafür, dass eine vollständige Systematisierung auch in Zukunft nicht gelingen wird;[318] die Entwicklung einer „geschlossenen Dogmatik", etwa aufgrund der normativen Ermächtigungslehre, steht in absehbarer Zeit nicht zu erwarten.[319]

Als Basis für die vorliegende Untersuchung sollen daher folgend Grundsätze herausgestellt werden, welche vorsichtig als „kleinster gemeinsamer Nenner" der Positionen in Rechtsprechung und Lehre hinsichtlich der Begründung von Beurteilungsspielräumen sowie hinsichtlich ihres Bezugspunktes und ihrer Auswirkungen auf den Kontrollmaßstab in der verwaltungsrechtlichen Diskussion bezeichnet werden können.

1. Begründung von Beurteilungsspielräumen

Letztlich konnten sich weder die generelle Ablehnung der Existenz[320] von Beurteilungsspielräumen noch deren zwingende Verbindung mit einer bestimmten Gruppe unbestimmter Rechtsbegriffe als Extrempositionen durchsetzen. Vielmehr unterliegt die Anwendung unbestimmter Rechtsbegriffe dem Grundsatz nach der vollen gerichtlichen Überprüfung;[321] nachdem Art. 20 Abs. 3 GG von der strikten und uneingeschränkten Bindung der Verwaltung ausgeht und gemäß Art. 19 Abs. 4 GG durch vollständige richterliche Kontrolle ergänzt wird,[322] ist dem zuzustimmen. Unleugbar trägt dieses Regel-Ausnahme-Prinzip allerdings nichts zur Ergründung der Ausnahmen in Form von Beurteilungsspielräumen bei.[323] Ausgangspunkt der Frage nach möglichen Beurteilungsspielräumen ist sowohl für die normstrukturellen als auch für die funktionellrechtlichen Ansätze zunächst immer der Gesetzestext. Allein die Verwendung eines unbestimmten Rechtsbegriffes durch den Gesetzgeber reicht zum Schluss auf einen Beurteilungsspielraum allerdings nicht aus.[324] Vielmehr muss ein Beurteilungs-

---

[317] Dementsprechend bezeichnet *Haverkate,* 280, das Programm der Lehre vom Beurteilungsspielraum als gescheitert.

[318] Vgl. *Liebetanz,* in: Obermayer, VwVfG, § 40 Rn. 65.

[319] Vgl. *Gerhardt,* in: Schoch/Schmidt-Aßmann/Pietzner, VwGO, Bd. 2, Vorb. 113 Rn. 31.

[320] Zu dieser Position krit. *Di Fabio,* 288 f. m. Nachweis; diese Position klingt bei *Rupp,* 216 ff., 220 f. an.

[321] BVerfGE 84, 34, 49; m. umfassenden N. zur Rspr. des BVerfG *Krebs,* in: v. Münch/Kunig, GG, Bd. 1, Art. 19 Rn. 65; *Maurer,* § 7 Rn. 62; *Achterberg,* § 18 Rn. 41 m. N. zur Rspr. in Fn. 55; *ders.,* in: Lexikon des Rechts, 2/270, A. III.; *Liebetanz,* in: Obermayer, VwVfG, § 40 Rn. 62 ff.; *Rennert,* in: Eyermann, VwGO, § 114 Rn. 51; *Schmidt-Aßmann,* in: Maunz/Dürig, GG, Art. 19 IV Rn. 183; *ders.,* Ordnungsidee, 181 f., *Jarass,* in: Jarass/Pieroth, GG, Art. 19 Rn. 35; *Redeker/v. Oertzen,* VwGO, § 114 Rn. 38; Nachweise zur Rspr. z. B. auch bei *Busch,* in: Knack, VwVfG, § 40 Anm. 6.2; *Kopp/Schenke,* § 114 Rn. 24, 24 b; *Schenke,* JZ 1988, 322 m. w. N. in Fn. 33; *Haverkate,* 286. Krit. etwa *Wolff/Bachof/Stober,* § 31 Rn. 16, die im Ergebnis aber wohl selbst von einem „Regel-Ausnahme- Verhältnis" ausgehen.

[322] *Grupp,* 143

[323] *Krebs,* in: v. Münch/Kunig, GG, Bd. 1, Art. 19 Rn. 65.

[324] Dies dürfte inzwischen ganz h. M. sein; s. als Auswahl aus dem unübersehbaren Schrifttum etwa *Schmidt-Aßmann,* in: Kontrolle, 31; *Badura,* D. Rn. 62; *Kopp/Schenke,* VwGO, § 114, Rn. 24 m. N. z.

spielraum „verdient“ werden,[325] er bedarf als Ausnahmeerscheinung generell einer „besonderen Legitimation“ und einer entsprechenden Begründung.[326]

2. Bezugspunkt von Beurteilungsspielräumen

Sofern nach den unterschiedlichen Ansätzen ein solcher Spielraum anzunehmen ist, bezieht er sich grdsl. nur auf die Subsumtion eines konkreten Sachverhaltes unter das Tatbestandsmerkmal der jeweiligen Norm, welches durch einen unbestimmten Rechtsbegriff beschrieben wird; Auslegung und Sachverhaltsermittlung sind dagegen voll überprüfbar.

3. Gerichtliche Kontrolldichte im Bereich eines Beurteilungsspielraums

Im Bereich eines Beurteilungsspielraums ist die gerichtliche Kontrolle zwar nicht i. S. eines rechtsfreien Raumes ausgeschlossen,[327] wohl aber i. S. etwa der bereits zu den Prüfungsentscheidungen dargestellten verwaltungsgerichtlichen Rechtsprechung reduziert.[328]

C. Strukturelle Parallele zur Diskussion von Beurteilungsspielräumen zwischen Verwaltungsrecht und Privatrecht bzw. dem privaten Arbeitsrecht

Im folgenden soll untersucht werden, ob die Diskussion um unbestimmte Rechtsbegriffe und Beurteilungsspielräume im Verwaltungs- und im Privatrecht Gemeinsamkeiten aufweist, welche es rechtfertigen, überhaupt eine Parallele zwischen genannten Rechtsgebieten zu ziehen.[329]

Rspr., Rn. 24 a; unter Bezugnahme auf die Rspr. des BVerfG *Hofmann,* NVwZ 1995, 742, 744; *Olshausen,* JuS 1973, 219 f.; *Ossenbühl,* DVBl. 1974, 311; *Redeker,* DÖV 1971, 761 f.; in diesem Sinne auch *Sieckmann,* DVBl. 1997, 101 (Fn. 22); insoweit zust. *Schenke,* JZ 1988, 324; vgl. jew. auch *Schuppert,* DVBl. 1988, 1198, 1200; *Wahl,* NVwZ 1991, 411; *Schmidt-Aßmann,* in: Maunz/Dürig, GG, Art. 19 Rn. 183 f.; *Maurer,* § 7 Rn. 33; *Ossenbühl,* in: Erichsen, § 10 Rn. 28; *Liebetanz,* in: Obermayer, VwVfG, § 40 Rn. 62 ff.; *Rennert,* in: Eyermann, VwGO, § 114 Rn. 51; zur insgesamt restriktiven, zu voller Kontrolle auch unbestimmter Rechtsbegriffe tendierenden Rspr. des BVerwG und des BVerfG *Maurer,* § 7 Rn. 35 ff. m. N.

[325] *Geis,* Handlungsspielräume, 106 (m. w. N.).

[326] Eingehend *Schmidt-Aßmann/Groß,* NVwZ 1993, 622; s. a. BVerwGE 94, 307, 309.

[327] So vereinheitlichend für Ermessen und Beurteilungsspielraum *Schmidt-Aßmann,* in: Schoch/Schmidt-Aßmann/Pietzner, VwGO, Bd. 1, Einl. Rn. 189/190; *Schmidt-Aßmann/Groß,* NVwZ 1993, 623; vgl. auch die Darstellung der „Lehre vom Beurteilungsspielraum“ bei *Haverkate,* 249, der allerdings in einem weiten Begriff nicht nur die Lehre *Bachofs* meint, sondern Erwägungen zum Beurteilungsspielraum im weitesten Sinne zusammenfasst.

[328] Vgl. *Schmidt-Aßmann/Groß,* NVwZ 1993, 623 f.; dort auch zur möglichen Grundstruktur und den Prüfkriterien des reduzierten Kontrollbereiches; hierzu auch *Gerhardt,* in: Schoch/Schmidt-Aßmann/Pietzner, VwGO, Bd. 2, § 114 Rn. 62 und Rn. 4 ff. (Prinzip einer allgemeine Abwägungskontrolle).

[329] Eingehend zu dieser Problematik *Dütz,* Gerichtsschutz, 221 ff., der eine sinngemäße Geltung der im Verwaltungsrecht geltenden Grundsätze bejaht, *ders.*, SAE 1978, 7; s. in diesem Sinne a. *Nipperdey,*

Von der Übertragbarkeit der rechtlichen Anforderungen insbesondere hinsichtlich der Begründung von Beurteilungsspielräumen vom Bereich des Verwaltungsrechts auf das Privatrecht wird dem Grundsatz nach überwiegend ausgegangen.[330] Diese Annahme stellt allerdings erst die zweite Stufe der Prüfung der notwendigen Parallelen zwischen Beurteilungsspielräumen im öffentlichen Recht und im Privatrecht, hier im privaten Arbeitsrecht dar. Ihr ist dann zuzustimmen, wenn sich die Heranziehung der im öffentlichen Recht entwickelten Kriterien nicht schon aufgrund dessen struktureller Unterschiede zur Privatrechtsordnung verbietet. Zunächst ist deshalb nach strukturellen Parallelen bei der Behandlung des Beurteilungsspielraums in Privat- und Verwaltungsrecht zu suchen.

I. Methodisches Problem der Rechtserkenntnis

Die Frage nach der Anwendbarkeit eines unbestimmten Rechtsbegriffes im konkreten Einzelfall stellt sich für den Anwender jeder Norm, welche solche Tatbestandsmerkmale enthält. Als Teilschritt der „Normkonkretisierung"[331] ist die hier besonders ausgeprägte Schwierigkeit der Subsumtion und die hiermit verbundene Frage nach einem Spielraum des Rechtsanwenders allen Rechtsgebieten, insbesondere auch dem Verwaltungs- und dem Privatrecht gemeinsam.[332] Hierin liegt zunächst eine strukturelle Parallele, die einen Vergleich grdsl. durchaus rechtfertigt. *Dütz* ist daher schon deswegen

---

DB 1977, 1093 f.; *Vogg,* Anm. zu BAG, Beschl. v. 21.6.1989 – 7 ABR 78/87 = EzA § 40 BetrVG 1972 Nr. 61, S. 19 ff. (m. w. N.)

[330] Vgl. aus neuerer Zeit nur etwa *Kort,* Anm. u. a. zu BAG, Beschl. v. 9. 6. 1999 – 7 ABR 66/97, AP § 40 BetrVG 1972 Nr. 66, Bl. 499/V; *Richardi,* Anm. zu BAG, Beschl. V. 11.3.1998 – 7 ABR 59/96 = EzA § 40 BetrVG 1972 Nr. 81, S. 8 f., 12 f.; *Hertel,* 222 ff.; *Preis,* Prinzipien, 337 f., zur Frage nach einem Prognosespielraum des Arbeitgebers bei einer Kündigung; aus der älteren Lit. vgl. nur etwa *Nipperdey,* DB 1977, 1093 ff.; *ders.,* DB 1980, 1645 f.; i. d. S. a. *Vogg,* Anm. zu BAG, Beschl. v. 21.6.1989 – 7 ABR 78/87 = EzA § 40 BetrVG 1972 Nr. 61, S. 19 f.; so wohl auch *Esser,* RdA 1976, 229, 232; so verstehe ich auch *Dütz,* SAE 1978, 4, 7; zurückhaltend allerdings *ders.,* Gerichtsschutz, 221 ff., insbes. 227 f.: „Auf diese Weise werden die engen Grenzen deutlich, die in materiellrechtlicher und prozessualer Hinsicht für eine Übernahme verwaltungsrechtlicher Lehren zur Subsumtion unter unbestimmte Rechtsbegriffe ins Privatrecht bestehen"; allerdings sieht *Dütz* die bereits angesprochene normative Ermächtigungslehre als grdsl. geeignet an, eine Kollision von Beurteilungsspielräumen mit dem rechtsstaatlichen Gebot gerichtlichen Rechtsschutzes zu vermeiden; er weist -zu Recht- einschränkend auf die Gefahr des ungerechtfertigten Hineinlesens von Beurteilungsermächtigungen in Rechtsvorschriften hin. Insgesamt lässt sich diesen Ausführungen m. E. die Tendenz entnehmen, dass die im öffentlichen Recht zur Begründung von Beurteilungsspielräumen entwickelten Kriterien jedenfalls bei Anwendung der normativen Ermächtigungslehre als Auslegungsmaterial und als Orientierungshilfe dienen können, wenn auch ihr Vorliegen wegen der engen Grenzen, die etwa „zwingende Regeln des materiellen Rechts, insbesondere außerprozessuale Wertungen von verfassungsrechtlichem Rang", nach meinem Verständnis etwa Grundrechte, zu ziehen vermögen, nicht per se als hinreichende Bedingung für die Bejahung eines solchen Spielraums gelten.

[331] *Müller,* Rn. 86, 481; *Achterberg,* in: Lexikon des Rechts, 2/270, A. I. und III.

[332] So schon *Enneccerus-Nipperdey,* 308; vgl. weiter etwa *Ossenbühl,* in: Erichsen, § 10 Rn. 25; *Jesch,* AöR 82 (1957), 165 f.; *Ule,* GS Jellinek, 319 ff.; *Maurer,* § 7 Rn. 58; die Unterscheidung bei *Larenz/Canaris,* 116 f. betrifft Beurteilungsspielraum und Ermessen, ansonsten wird auch dort von einer grundsätzlichen Parallele hinsichtlich der unbestimmten Rechtsbegriffe ausgegangen.

darin zuzustimmen, dass im Privatrecht wie im öffentlichen Recht grdsl. vergleichbare Normsituationen existieren, in denen Beurteilungsspielräume in Betracht kommen.[333]

II. Die Frage nach der Letztentscheidungskompetenz: Gemeinsamkeit oder verwaltungsrechtliches Spezifikum

1. „Quis judicabit?“: Delegation von Rechtsanwendungskompetenz und Reduktion der gerichtlichen Kontrolldichte als „verwaltungsrechtliches Spezifikum“[334]

Nach einigen Autoren stellt die Frage nach der Kompetenz zur letztverbindlichen Entscheidung eine verwaltungsrechtliche Besonderheit dar.[335] Durch diese Reduktion auf die funktionellrechtliche Problematik[336] der Kompetenzabgrenzung zwischen Exekutive und Judikative wird der mit der Annahme von Beurteilungsspielräumen verbundene Problemkomplex der Kontrolldichte zumindest auf den ersten Blick dem Privatrecht entzogen. Dieser Standpunkt beruht wohl im wesentlichen auf der Prämisse, dass im Privatrecht ein dem Gericht vorgeschalteter Rechtsanwender, welcher ein geeigneter Träger der Entscheidungskompetenz sein könnte, nicht existiert. Den Zivil- und Strafgerichten wird damit im Gegensatz zu den Verwaltungsgerichten eine uneingeschränkte Rechtsanwendungskompetenz zugeschrieben.[337] Konsequentermaßen stellt sich so schon die Frage nach der Letztentscheidungskompetenz nicht, da diese dann immer dem (Zivil-) Gericht zustehen muss, welches aus dieser Sicht nicht kontrollierend, sondern ausschließlich originär rechtsanwendend[338] tätig wird. Plastisch formuliert etwa *Ossenbühl:* „ Die Zivil- und Strafgerichte entscheiden, die Verfassungs- und Verwaltungsgerichte hingegen kontrollieren.“[339] Eine Übertragung der verwaltungsrechtlichen Grundsätze zum Beurteilungsspielraum auf den Bereich des BetrVG ist aus dieser Sicht schon vom Prinzip her ausgeschlossen.[340]

---

[333] *Dütz,* Gerichtsschutz, 220 ff., insbes. 222.

[334] *Ossenbühl,* in: Erichsen, § 10 Rn. 28.

[335] *Ossenbühl,* in: Erichsen, § 10 Rn. 26, 28; *Schlüter,* SAE 1975, 160 f .; vgl. a. *Schenke,* JZ 1988, 323; in diesem Sinne wohl auch *Grupp,* 146.

[336] Zust. zu genannter Vorgehensweise etwa *Schlüter,* SAE 1975, 160 f. Krit. dazu *Wahl,* NVwZ 1991, 409.

[337] Vgl. etwa *Schenke,* JZ 1988, 323, der von einem (zivil-) „richterlichen Auslegungsmonopol“ spricht; vgl. weiter *Ossenbühl,* in: Erichsen, § 10 Rn. 7 f.; so wohl auch *Ule,* GS Jellinek, 325, wenn er im Streitfalle über die Parteiverpflichtungen nach Treu und Glauben die Entscheidung „in der Hand des Gerichts“ sieht; in diesem Sinne wohl auch *Maurer,* § 7 Rn. 58; *Jesch,* AöR 82 (1957), 235, führt insoweit aus, das Zivilgericht müsse sich unabhängig von der Meinung der Verwaltung zu einer „eigenen Entscheidung durchringen“.

[338] S. nur etwa *Redeker,* DÖV 1971, 762 (Zivilgerichte haben „originär zu subsumieren“); in diesem Sinne auch *Wolff/Bachof/Stober,* § 31 Rn. 15.

[339] *Ossenbühl,* FS Redeker, 56.

[340] In diesem Sinne etwa *Schlüter,* SAE 1975, 160 f.; im Ergebnis auch *Grupp,* 146.

2. Stellungnahme

Mag die genannte Formel auch bestechend einfach und überzeugend klingen, die Frage „Quis judicabit?" ist nur scheinbar eine verwaltungsrechtliche Besonderheit, welche einer vergleichenden Betrachtung entgegensteht.

Zuzugeben ist, dass die Problematik der Kontrolldichte wegen des Gebotes des effektiven Rechtsschutzes nach Art. 19 Abs. 4 GG offener zu Tage tritt, vor allem aber dass die Zweistufigkeit der Rechtsanwendung im Verwaltungsrecht schon durch den Grundsatz der Gewaltenteilung,[341] wie er insbesondere in Art. 20 Abs. 2 (S. 2) GG seinen Ausdruck findet,[342] angelegt ist: Die Verwaltungsgerichte unterliegen dem auf dem Gewaltenteilungsprinzip beruhenden Verbot der Kompetenzüberschreitung gegenüber der Verwaltung insoweit, als sie nicht einfach ihre Entscheidung oder Einschätzung an die Stelle derjenigen der Verwaltung setzen dürfen;[343] sie üben demnach grdsl. eine nachträgliche Entscheidungskontrolltätigkeit aus.[344] Dagegen existiert für die Arbeitsgerichtsbarkeit keine derartige verfassungsrechtlich verankerte, durch prozessuale Vorschriften[345] konkretisierte Vorgabe. Die Gewaltenteilung spielt im Verhältnis zwischen den Arbeitsgerichten und den Organen der Betriebsverfassung naturgemäß keine Rolle; das BetrVG ist nach ganz h. M. Teil der Privatrechtsordnung,[346] schon deshalb sind letztere nicht der Exekutive zuzuordnen. Diesen Gerichten ist im Unterschied zu den Verwaltungsgerichten jedenfalls verfassungsrechtlich kein der

---

[341] Verstanden i. S. nicht einer Teilung der Staatsgewalt selbst, denn diese soll ja nach Art. 20 Abs. 2 S. 1 GG (ungeteilt) „vom Volke ausgehen", sondern der Verteilung deren Ausübung, s. *Stein*, 109; ähnlich *Herzog*, in: Maunz/Dürig, GG, Bd. 3, Art. 20, Abschn. II., V. Rn. 4 f., 30.

[342] *Herzog*, in: Maunz/Dürig, GG, Bd. 3, Art. 20, Abschn. II, V. Rn. 37; BVerfG NVwZ 1998, 1060 f.; BVerfGE 96, 375, 394; BVerfGE 95, 1, 15 ff. und 48, 62. Mitunter wird zusätzlich auf Art. 20 Abs. 3 GG Bezug genommen, s. etwa *Badura*, D. Rn. 47; BVerfG 80, 244, 256; BVerwGE 85, 323, 327.

[343] S. BVerwGE 60, 253, 290; vgl. a. BVerfGE 61, 82, 115; vgl. für den Bereich des Beurteilungsspielraums etwa zum Verstoß gegen das Gewaltenteilungsprinzip durch Ersetzen der behördlichen Einschätzung der Angemessenheit der im Rahmen einer ersten juristischen Staatsprüfung wegen Baulärms zusätzlich gewährten Arbeitszeit durch die gerichtliche Einschätzung BVerwGE 85, 323, 324, 327 ff.; BVerwGE 72, 300, 317 und BVerfGE 61, 82, 114 f. (Wyhl), hierzu *Wilke*, 143; auf dieser Linie liegen auch BVerwGE 78, 177, 180 f. (Brokdorf) und BVerwG DVBl. 1988, 1170, 1175 (Mülheim-Kärlich); vgl. hierzu *Di Fabio*, 283. A. A. hinsichtlich der Ableitbarkeit aus dem Prinzip der Gewaltenteilung etwa *Czermak*, DÖV 1967, 673 f.

[344] *Kopp/Schenke*, VwGO, § 113 Rn. 20 (in Fn. 26), nennt dies den „Funktionsvorbehalt" zugunsten der Exekutive, vgl. a. *ders.*, a. a. O., Rn. 194; näher *Kopp*, Verfassungsrecht und Verwaltungsverfahrensrecht, 235 f.; s. a. *v. Mutius*, FS Menger, 583 f., 586 f., 594; bei *Thierfelder*, DÖV 1967, 300, 301, ist vergleichbar von der „Akzessorietät" der verwaltungsrichterlichen Tätigkeit die Rede; vgl. hierzu allgemein BVerwGE 72, 300, 316 f.; E 78, 177, 180 f.; BVerwG DVBl. 1979, 592, 594 (zum Ermessen, § 114 VwGO); BVerfGE 61, 82, 117 f.; E 60, 253, 290; speziell zum Funktionsvorbehalt zugunsten der Genehmigungsbehörde nach § 7 Abs. 2 Nr. 3 AtomG s. BVerwG 106, 115f., 120 ff.; vgl. insbes. für den Bereich der Beurteilungsermächtigung die Bilanz zur Rspr. bei *Wilke*, 142 – 145.

[345] Vgl. § 113 Abs. 5 S. 2, § 114 VwGO (s. *Kopp/Schenke*, VwGO, § 113 Rn. 193 f.)

[346] S. die N. in Fn. 9.

Verwaltung vergleichbarer Kompetenzträger vorgelagert,[347] der dem Ideal nach nicht nur die Umsetzung der Rechtsvorschriften i. S. verwaltungsrechtlicher Effizienz garantieren, sondern selbst einen gewichtigen Beitrag zur richtigen, also etwa grundrechtskonformen Rechtsumsetzung leisten soll.[348] Die Entscheidungsstruktur der Arbeitsgerichte hat damit in der Regel den Charakter originärer Rechtsanwendung, sie besitzen grdsl. eine „originäre Rechtsanwendungskompetenz".[349] Hier werden nicht Entscheidungen auf korrekte Rechtsanwendung hin kontrolliert, sondern im Regelfall Lebenssachverhalte direkt anhand der Rechtsvorschriften bewertet.

Allerdings werden auch bestimmte privatrechtliche Normen eben nicht ausschließlich von den Gerichten angewendet.[350] Dies zeigt sich insbesondere auch im BetrVG, wo z. B. die Wahlvorstände gemäß § 18 a BetrVG darüber zu befinden haben, ob ein Beschäftigter im Rahmen der Wahl als leitender Angestellter i. S. v. § 5 Abs. 3 S. 2 Nr. 1 bis 4 BetrVG einzuordnen ist. Es stellt sich dann durchaus die Frage, ob, und wenn ja, welche Auswirkungen die Entscheidung der Wahlvorstände etwa in einem Wahlanfechtungsverfahren auf eine arbeitsgerichtliche Entscheidung hat. Auch in der einführend erwähnten[351] Rechtsprechung des BAG zu der Frage, welche Sachmittel dem „erforderlichen Umfang" nach § 40 Abs. 2 BetrVG entsprechen, wird von einer Zweistufigkeit der Rechtsanwendung ausgegangen, wenn davon die Rede ist, dass „nach der gesetzlichen Ausgestaltung des § 40 Abs. 2 BetrVG" der Betriebsrat die Voraussetzungen der Kostentragungspflicht des Arbeitgebers zu beurteilen[352] sowie über die Erforderlichkeit des Sachmittels zu befinden habe[353] und weiter betont wird, dass das befasste Gericht den Beurteilungsspielraum des Betriebsrats beachten müsse,[354] also bei dessen Einhaltung die Entscheidung des Betriebsrats nicht durch seine eigene ersetzen dürfe.[355] Schon diese Beispiele verdeutlichen, dass das Argument, nur im Verwaltungsrecht sei eine zweistufigen Rechtsanwendung angelegt, die pauschale Ablehnung einer strukturellen Parallele nicht trägt, vielmehr ist jene auch im Privatrecht denkbar.[356] Allerdings stellt die originäre Rechtsanwendungskompetenz insbesondere der Zivil- und Arbeitsgerichte – anders als für die Verwaltungsgerichtsbarkeit – sicherlich den Regelfall dar, was jedoch per se nichts an der Vergleichbarkeit der Problema-

---

[347] In diesem Sinne wohl schon *Nipperdey,* DB 1977, 1094.

[348] Vgl. *v. Mutius,* FS Menger, 593, Zusammenfallen von Rechtsverwirklichungs- und Rechtsschutzfunktion des Verwaltungshandelns im Bereich der sog. „gebundenen" Entscheidungen.

[349] Vgl. hierzu *Wolff/Bachof/Stober,* § 31 Rn. 15.

[350] Vgl. a. *Dütz,* Gerichtsschutz, 221 f.

[351] S. hierzu 1. Kapitel:B.

[352] BAG ZBVR 2000, 122, 123; NZA 1999, 1292, 1293; vgl. a. BAG NZA 1999, 1290 ff.

[353] BAG ZBVR 2000, 122, 125; NZA 1999, 1292, 1294; vgl. a. BAG NZA 1999, 1292.

[354] BAG NZA 1999, 1290 (Ls. 2), 1292.

[355] BAG ZBVR 2000, 122, 124; NZA 1999, 1292, 1293 m. w. N. zur Rspr. des Gerichts.

[356] Vgl. die Ausführungen bei *Dütz,* Gerichtsschutz, 222, zur insoweit z. T. „gleichen Normsituation" unter Bezugnahme etwa auf das Beispiel der Eingruppierungsstreitigkeiten.

tik für im privaten Arbeitsrecht vorgesehene Fälle zweistufiger Normanwendung ändert.

Von der Frage nach der grundsätzlichen Existenz von Fällen zweistufiger Rechtsanwendung zu unterscheiden ist die Frage, ob im Bereich des Privat- bzw. des privaten Arbeitsrechts ein den Verwaltungsbehörden als geeigneter Kompetenzträger vergleichbarer, den Gerichten in seiner Beurteilung vorgeschalteter Rechtsanwender tatsächlich von den einschlägigen Gesetzesvorschriften, hier des BetrVG, vorgesehen ist oder nicht; denn gehen Literatur oder BAG schon von daher zu Unrecht von einem Beurteilungsspielraum aus, kann sich dies z. B. als mögliches Problem der mangelnden Gewährung effektiven Rechtschutzes i. S. des allgemeinen Justizgewährungsanspruches darstellen, da das Gericht insoweit seine „originäre Rechtsanwendungskompetenz“,[357] die gleichzeitig eine Pflicht zur Ausübung dieser Kontrolle darstellt, gesetzeswidrig nicht wahrnimmt; dies wird zum jeweiligen Beurteilungsspielraum im einzelnen zu erörtern sein. Zu betonen ist in diesem Zusammenhang aber, dass eine Parallele nicht schon mit dem Hinweis auf ein Fehlen einer Art. 19 Abs. 4 GG entsprechenden Norm für das Privatrecht abgelehnt werden kann, da jedenfalls die Existenz[358] eines allgemeinen Justizgewährungsanspruches als Gegenstück zum Gewaltmonopol des Staates insbesondere in Gestalt des grundsätzlichen Selbsthilfeverbotes heute auch außerhalb des Anwendungsbereiches von Art. 19 Abs. 4 GG anerkannt ist,[359] wenn auch seine Begründung nicht einheitlich beantwortet wird. Natürlich wird gegebenenfalls zu prüfen sein, ob diese allgemeine Rechtschutzgarantie die Problematik unbestimmter Rechtsbegriffe mit Beurteilungsspielraum in der jeweiligen konkreten Konstellation inhaltlich tatsächlich erfasst.

Festzustellen bleibt, dass die Frage nach der Letztentscheidungskompetenz und damit nach der Delegation von Rechtsanwendungskompetenz keine verwaltungsrechtliche Besonderheit, sondern gerade die Parallele hinsichtlich der Prüfung möglicher Beurteilungsspielräume zwischen Verwaltungsrecht und dem BetrVG darstellt:[360] Die Suche nach einem geeigneten Kompetenzträger gehört zur Erforschung von Sinn und Zweck der jeweiligen Norm, aus welcher ein Beurteilungsspielraum abgeleitet werden soll; sie ist demnach Teil der Frage nach der gesetzlichen Legitimation der Annahme eines

---

[357] Vgl. *Wolff/Bachof/Stober*, § 31 Rn. 15.

[358] Auf den bisher wenig konkretisierten Inhalt des Justizgewährungsanspruches muss erst eingegangen werden, wenn feststeht, dass von Lit. oder BAG tatsächlich Beurteilungsspielräume angenommen werden; hier soll nur gezeigt werden, dass eine prinzipielle Parallele auch hinsichtlich der Schranken von Beurteilungsspielräumen besteht.

[359] Zur Ableitung etwa aus dem Rechtsstaatsprinzip *Dütz*, Gerichtsschutz, 95 ff.; 115; s. a. *Schmidt-Aßmann*, in: Maunz/Dürig, GG, Art. 19 IV Rn. 16 m. w. N.; *Brockmeyer*, in: Schmidt-Bleibtreu/Klein, GG, Art. 20 Rn. 21; *Huber*, in: v. Mangoldt/Klein/Starck, GG, Art. 19 Abs. 4 Rn. 363; *Schumann*, in: Stein/Jonas, ZPO, Erster Band, Einl. III. C. Rn. 204 ff.; *Badura*, H. Rn. 23; *Krebs*, in: v. Münch/Kunig, GG, Bd. 1, Art. 19 Rn. 50; so im Ergebnis auch *Nipperdey*, DB 1977, 1093 f.; näher s. S. 160 ff.

[360] Wem diese zusteht, ist vielmehr gerade zu untersuchen, vgl. etwa *Nipperdey*, DB 1977, 1094 f.; *Esser*, RdA 1976, 231 f.

solchen Spielraumes.[361] Allein mit dem Hinweis auf die unbestreitbare Tatsache, dass der Judikative, den Gerichten im Zivil- und Arbeitsrecht, im Regelfall kein der Exekutive vergleichbarer Rechtsanwender gegenübersteht, lässt sich jedoch das Problem privatgesetzlich vorgesehener Fälle zweistufiger Rechtsanwendung nicht einfach für inexistent erklären. Gerade das Argument des fehlenden Eingreifens der Gewaltenteilungsproblematik hat vielmehr lediglich die simple Konsequenz, dass eine von unterschiedlichen, möglichen Legitimationsgrundlagen für die Schaffung von Beurteilungsspielräumen im Bereich des privaten Arbeitsrechts wegfällt. Die grundsätzliche Ablehnung der strukturellen Parallele im Hinblick auf den Gewaltenteilungsgrundsatz beruht mithin auf der mangelnden Differenzierung zwischen der Möglichkeit zweistufiger Rechtsanwendung in den unterschiedlichen Rechtsgebieten und der Legitimierung hieran anschließender Verschiebungen der Letztentscheidungskompetenz auf den jeweiligen vorgerichtlichen Rechtsanwender, womit im Ergebnis Gewaltenteilung fälschlich[362] zur einzig möglichen Legitimationsgrundlage des Beurteilungsspielraums erhoben würde.

III. Ergebnis zur Parallele zwischen Arbeits- und Verwaltungsrecht hinsichtlich der Frage der gerichtlichen Kontrolldichte bei vorgerichtlicher Rechtsanwendung und Konsequenzen für die Anforderungen an eine Begründung von Beurteilungsspielräumen

Insgesamt lässt sich festhalten, dass die aufgezeigte strukturelle Parallele durchaus eine Anlehnung an die Erkenntnisse aus der im öffentlichen Recht zum Beurteilungsspielraum rechtfertigt.[363] Damit können grdsl. auch die für das öffentliche Recht insbesondere zur Begründung eines Beurteilungsspielraums vorgerichtlicher Rechtsanwender entwickelten Kriterien für die jeweils zu prüfende Rechtfertigung solcher Spielräume im BetrVG herangezogen werden.

Jene stellen hierbei schlicht Auslegungsgesichtspunkte dar, sind aber per se automatisch weder hinreichende noch notwendige Bedingung für die Begründung eines Beur-

---

[361] Vgl. *Buchner*, NZA 1989, Beil. 1, 9.

[362] Nach *Herzog* versteht es sich fast von selbst, dass der Gesetzgeber jederzeit auch an der Kontrolldichte „schrauben“ kann , soweit Verfassungsrecht, insbesondere die Grundrechte nicht entgegenstehen, weil ein subjektiv-öffentliches Recht nicht grundgesetzlich vorgegeben ist (*ders.*, NJW 1992, 2601, 2602); in diese Richtung geht es auch, wenn *Gerhardt* für das öffentliche Recht feststellt, dass die Argumentation zur Begrenzung von Beurteilungsspielräumen aufgrund anhand von Grundrechten behutsam vorzunehmen sei, denn es gebe keinen Satz, der es schlicht verböte, die gerichtliche Kontrolle vorgerichtlicher Rechtsanwender zu beschränken, wo Grundrechte betroffen sind (*ders.*, in: Schoch/Schmidt-Aßmann/Pietzner, VwGO, Bd. 1, Einl. Rn. 187 m. w. N.); die Verfassung enthält insoweit nach *Gerhardt* „keine zwingenden Vorgaben für die Ausgestaltung gesetzlicher Steuerung ... . Kontrollansätze und Kontrollmaßstäbe haben sachangemessen und wirksam zu sein, nicht mehr, aber auch nicht weniger“ (*ders.*, a. a. O., Bd. 2, Vorb. § 113 Rn. 32); ob auch der letzten Aussage in ihrer sehr weitgreifenden Tendenz zuzustimmen ist, wird zu den einzelnen Beurteilungsspielräumen zu erörtern sein.

[363] So für die Frage der Reichweite des Rechtsschutzes hinsichtlich des Prognosespielraums des Arbeitgebers bei Kündigungen *Honstetter*, 119 f.

teilungsspielraums; dies kann schon deshalb nicht der Fall sein, weil diese Kriterien nicht im Sinne etwa einer begrifflichen, festen Eingrenzung, sondern vielmehr lediglich als Fallgruppen zur Eingrenzung des möglichen Anwendungsbereiches für Beurteilungsspielräume zu verstehen sind; dies wird besonderes deutlich, wenn *Gerhardt* ausführt, es gebe für die Frage, wann ein Beurteilungsermächtigung vorliegt, nur allgemeine Auslegungskriterien als Topoi sowie Grundmuster für die Art und Weise der (gerichtlichen) Kontrolle.[364] Zudem stellt die Abweichung vom Prinzip der originären Rechtsanwendungskompetenz der Zivil- und Arbeitsgerichte durch einfachgesetzlich vorgesehene Fälle zweistufiger Rechtsanwendung im Privat- wie auch im Arbeitsrecht die Ausnahme dar, wogegen sie im Verwaltungsrecht die Regel ist. Nimmt man hinzu, dass der Gewaltenteilungsgrundsatz als Legitimation eines Beurteilungsspielraums im privaten Arbeitsrecht wie dem BetrVG nicht eingreift, ergibt sich im Vergleich zum öffentlichen Recht ein noch höheres Bedürfnis für besondere Gründe, welche einen solchen zu rechtfertigen vermögen, sowie für eine entsprechende Kennzeichnung im Gesetz.

[364] *Gerhardt,* in: Schoch, Schmidt-Aßmann/Pietzner, VwGO, Bd. 2, Vorb. § 113 Rn. 31; so i. wes. a. *Kopp/Schenke,* VwGO, § 114 Rn. 24, 24 a („Topoi"), 24 b ff.; i. d. S. a. *Detterbeck,* Verwaltungsrecht, Rn. 361: Es kann „in der Regel auf die wenigen anerkannten Fallgruppen behördlicher Beurteilungsspielräume zurückgegriffen werden".

3. Kapitel: Beurteilungsspielräume von Organen der Betriebsverfassung im BetrVG

Im folgenden soll jeweils festgestellt werden, in welchen Bereichen des BetrVG das BAG und die Literatur „Wertungs-" oder „Beurteilungsspielräume" von Organen der Betriebsverfassung bei der Anwendung von Rechtsnormen annehmen und ob sich im Rahmen der Gesetzesauslegung Anhaltspunkte für einen entsprechenden gesetzgeberischen Willen zur Beurteilungsermächtigung an die betrieblichen Rechtsanwender findet. Verfassungsrechtliche Grenzen solcher Ermächtigungen werden gegebenenfalls im Rahmen der verfassungskonformen Auslegung zu umreißen sein.

A. Beurteilungsspielraum der betrieblichen Zuordnungsstellen bezüglich des Vorliegens von Zweifeln i. S. v. § 5 Abs. 4 Eingangss. BetrVG bei der Einordnung eines Beschäftigten als leitender Angestellter

I. Der Typus[365] des „leitenden Angestellten" und seine materiellrechtliche Relevanz

Ob ein Beschäftigter als leitender Angestellter einzuordnen ist, spielt in unterschiedlichen materiellrechtlichen Bereichen eine Rolle, etwa beim Kündigungsschutz,[366] im Recht der Arbeitszeit,[367] bei Aufsichtsratswahlen nach dem MitbestG 1976[368] und dem BetrVG 1952[369] sowie den Beteiligungsrechten des Betriebsrats allgemein insbesondere auch im Bereich der personellen Einzelmaßnahmen.[370] Die Rechtsordnung kennt hierbei keine einheitliche „Definition"[371] des „Begriffes" des leitenden Angestellten,[372] vielmehr beschreiben verschiedene Sonderregelungen diesen für ihren jeweiligen Anwendungsbereich, so z. B. § 14 Abs. 2 S. 1 KSchG, § 16 Abs. 4 Nr. 4 SGG, und für das Betriebsverfassungsrecht § 5 Abs. 3 S. 2 und Abs. 4 BetrVG. Teilweise bedient

---

[365] S. etwa *Hromadka,* BB 1990, 57; vgl. z. B. *Larenz/Canaris*, 294, wonach dem Typus des leitenden Angestellten „von vornherein ein normatives Element innewohnt."; hier wird die teilweise Überschneidung des Typus mit dem normativen (Wert-) Begriff erkennbar; *Wlotzke,* DB 1989, 121; zur typologischen Beschreibung des „leitenden Angestellten" durch § 5 Abs. 3 Nr. 3 BetrVG a. F. vgl. BAG Beschl. v. 29.1.1980 – 1 ABR 45/79 = AP § 5 BetrVG 1972 Nr. 22, Bl. 744/V/R. Heute wird § 5 Abs. 3 S. 2 BetrVG überwiegend als begriffliche Legaldefinition des leitenden Angestellten für den Bereich des BetrVG angesehen, vgl. *Raab,* in: GK-BetrVG, Bd. 1, § 5 Rn. 96 m. w. N.

[366] Vgl. § 14 Abs. 2 KSchG.

[367] Vgl. § 18 Abs. 1 Nr. 1 ArbZG.

[368] Vgl. § 3 Abs. 3 Nr. 2 MitbestG 1976.

[369] Vgl. § 76 Abs. 2 S. 1 BetrVG 1952 i. V. m. § 129 Abs. 2, Abs. 1 S. 1, §§ 7, 5 Abs. 3, 4 BetrVG 1972.

[370] Vgl. §§ 99 ff, 105 BetrVG.

[371] Ordnet man den leitenden Angestellten als Typus ein, so entzieht er sich naturgemäß einer umfassenden begrifflichen Definition, vgl. etwa *Larenz/Canaris,* 294, 37 ff.; *Hromadka,* BB 1990, 57.

[372] Vgl. *Richardi,* in: MünchHdbArbR, Bd. 1, § 25 Rn. 5; *Kaiser,* in: AR-Blattei SD, Leitende Angestellte II A. I. Rn. 5; *Rumler,* Kündigungsschutz, 20.

sich der Gesetzgeber der Verweisungstechnik, um an den in letzterer Vorschrift beschriebenen Typus des leitenden Angestellten anzuknüpfen, so etwa in § 1 Abs. 1 SprAuG und in § 18 Abs. 1 Nr. 1 ArbZG.

II. Ausnahme der leitenden Angestellten vom persönlichen Anwendungsbereich des BetrVG, § 5 Abs. 3 S. 1 BetrVG

Gemäß § 5 Abs. 3 S. 1 BetrVG,[373] der von der Novellierung durch das BetrVerf-ReformG unberührt blieb,[374] finden die Normen des BetrVG auf leitende Angestellte nur kraft ausdrücklicher betriebsverfassungsgesetzlicher Bestimmung[375] Anwendung. So werden die leitenden Angestellten z. B. nicht durch den Betriebsrat, sondern ausschließlich durch den Sprecherausschuss repräsentiert,[376] insbesondere hat ersterer mangels entsprechender gesetzlicher Anordnung kein Anhörungsrecht i. S. v. § 102 Abs. 1 BetrVG bei Kündigungen, die der Arbeitgeber gegenüber leitenden Angestellten ausspricht,[377] und Betriebsvereinbarungen haben diesen gegenüber keine normative Wirkung i. S. v. § 77 Abs. 4 S. 1 BetrVG.[378]

---

[373] Neu gefasst durch Gesetz vom 20.12.1988 (BGBl. I S. 2312).

[374] Vgl. RegE BetrVerf-ReformG, BT-Ds. 14/5741, S. 5, 26 f., 35 (zur Aufhebung des Gruppenprinzips).

[375] Siehe §§ 105, 107 Abs. 1 S.2, Abs. 3 S. 3 Hs. 1 und 108 Abs. 2 S. 2 BetrVG; ob § 75 Abs. 1 BetrVG auch die leitenden Angestellten erfassen soll, ist str., vgl. die Darstellung und die Nachw. bei *Kreutz* in: GK-BetrVG, Bd. 2, § 75 Rn. 13 f.

[376] Vgl. §§ 5 Abs. 3 S. 1, 8, 9 BetrVG, §§ 1, 3, 25 SprAuG; *F/K/H/E/S,* BetrVG, § 5 Rn. 9, 11 f.; *Raab,* in: GK-BetrVG, Bd. 1, § 5 Rn. 8 m. w. N.; *Richardi,* BetrVG, § 5 Rn. 186 m. w. N.; *Trümner,* in: D/K/K, BetrVG, § 5 Rn. 170.

[377] Allg. M., vgl. nur *Kittner,* in: D/K/K, BetrVG, § 102 Rn. 10 m. N. z. Rspr.; *Raab,* in: GK-BetrVG, Bd. 2, § 105 Rn. 2; *Richardi/Thüsing,* in: Richardi, BetrVG, § 102 Rn. 33; *F/K/H/E/S,* BetrVG, § 105 Rn. 1; *Schlochauer,* in: H/S/G, BetrVG, § 105 Rn. 1; vgl. BAG Urt. v. 17.11.1983 – 6 AZR 291/83 (n. a. v.), unter Ziff. 5 a) der Entschgrde. Der Betriebsrat hat jedoch nach § 105 BetrVG ein Recht auf rechtzeitige Mitteilung einer vom Arbeitgeber beabsichtigten Kündigung als „personelle Veränderung“, allg. M., vgl. nur (jew. mit der Bezeichnung „Entlassung“, dazu *Hromadka/Maschmann,* ArbR, Bd. 1, § 10 Rn. 40) *Kittner,* in: D/K/K, BetrVG, § 102 Rn. 10, § 105 Rn. 5; *F/K/H/E/S,* BetrVG, § 105 Rn. 2; *Raab,* in: GK-BetrVG, Bd. 2, § 105 Rn. 7 f.; *Richardi/Thüsing,* in: Richardi, BetrVG, § 102 Rn. 33, § 105 Rn. 5, 7; *Schlochauer,* in: H/S/G, BetrVG, § 105 Rn. 10; das Anhörungsrecht bei Kündigungen des Arbeitgebers ggü. leitenden Angestellten steht dem Sprecherausschuss nach § 31 Abs. 2 S.1 SprAuG zu.

[378] Dieser Punkt ist unstr., vgl. nur aus der Lit.: *Raab,* in: GK-BetrVG, Bd. 1, § 5 Rn. 8; *Kreutz,* in: GK-BetrVG, Bd. 2, § 77 Rn. 174; *Hess,* in: H/S/G, BetrVG, § 77 Rn. 13; *Richardi,* BetrVG, § 77 Rn. 73 m. w. N.; *Trümner,* in: D/K/K, BetrVG, § 5 Rn. 3; *Berg,* in: D/K/K, BetrVG, § 77 Rn. 35; *F/K/H/E/S,* BetrVG, § 77 Rn. 36; *Brune,* in: AR-Blattei SD, Betriebsvereinbarungen, Rn. 365; aus der Rspr.: BAG Urt. v. 31.01.1979 – 5 AZR 454/77 = AP § 112 BetrVG 1972 Nr. 8, Bl. 182/V, 185/R und 186/V (zur alten Fassung des § 5 Abs. 3 BetrVG i. V. m. §§ 112 Abs. 1 S. 3, 4, 77 Abs. 4 S. 1 BetrVG/Sozialplan); BAG NZA 1992, 659, 660; Str. ist dagegen, ob durch Einbeziehung leitender Angestellter in Betriebsvereinbarungen mit unmittelbar verbindlicher schuldrechtlicher Wirkung vermögenswirksame Leistungen zu deren Gunsten festgelegt werden können; vgl. etwa bejahend BAG Urt. v. 31.01.1979 – 5 AZR 454/77 = AP § 112 BetrVG 1972 Nr. 8, Bl. 186/V (Vertrag zu Gunsten Dritter, § 328 BGB); i. Erg. zust. zu BAG a. a. O. *F/K/H/E/S,* BetrVG, § 77 Rn. 50, allerdings insoweit

III. Zuordnung eines Angestellten zur Gruppe der „leitenden Angestellten", § 5 Abs. 3 S. 2 (Nr. 3), Abs. 4 BetrVG

Für den Bereich des BetrVG ist, wie bereits angedeutet, die Regelung des § 5 Abs. 3 und 4 BetrVG maßgeblich. Diese Norm regelt den betriebsverfassungsrechtlichen Status eines Beschäftigten als leitender Angestellter.

Eine Mindermeinung[379] in der Literatur gesteht nun den sogenannten „betrieblichen Zuordnungsstellen" einen „Wertungs-"[380] oder „Beurteilungsspielraum"[381] bei der Frage zu, ob „Zweifel" bezüglich der Zuordnung eines Beschäftigten zur Gruppe der leitenden Angestellten nach § 5 Abs. 3 S. 2 Nr. 3 BetrVG i. S. v. § 5 Abs. 4 Eingangss. BetrVG vorliegen. Als betriebliche Zuordnungsstellen kommen in diesem Zusammenhang alle Beteiligten in Betracht, die mit der Zuordnung nach § 5 Abs. 3 S. 2 Nr. 3 BetrVG befasst und die Adressaten der Zweifelsregelung nach § 5 Abs. 4 BetrVG sind,[382] also die innerbetrieblichen Rechtsanwender, nämlich Betriebsrat, Sprecherausschuss, Arbeitgeber, Wahlvorstand und Vermittler.[383]

Damit stellt sich zunächst die Frage nach denkbaren möglichen Auswirkungen eines solchen Beurteilungsspielraums, insbesondere nach den entsprechenden prozessualen Konstellationen. Anschließend ist zu untersuchen, ob die genannten Literaturstimmen tatsächlich einen Beurteilungsspielraum i. S. eines gerichtskontrollreduzierten Frei-

---

widersprüchlich zu a. a. O. Rn. 36; verneinend etwa *Kreutz,* in: GK-BetrVG, Bd. 2, § 77 Rn. 175; *Richardi,* BetrVG, § 77 Rn. 73. Das Parallelinstrument zur Betriebsvereinbarung ist die Vereinbarung zwischen Arbeitgeber und Sprecherausschuss, § 28 Abs. 1 SprAuG, deren unmittelbare und zwingende Wirkung jedoch im Gegensatz zur Betriebvereinbarung ausdrückl. vereinbart ist, § 28 Abs. 2 S.1 SprAuG.

379 Dagegen die h. M., s. etwa *F/K/H/E/S,* BetrVG, § 5 Rn. 392, 434; *Raab,* in: GK-BetrVG, Bd. 1, § 5 Rn. 163; *Eisemann,* in: ErfKzA, § 5 Rn. 36; *Richardi,* NZA 1990, Beil. 1, 9; *ders.,* in: BetrVG, § 5 Rn. 232 (dort wird auf die oben zit. Rspr. des BAG verwiesen), 251; *Rumler,* Kündigungsschutz, 52; *Engels/Natter,* BB 1989, Beilage 8, 11; *Wlotzke,* DB 1989, 123, der zwar etwas unklar von mindestens „zwei vertretbaren Auslegungsergebnissen" spricht, aber auf die Sicht des Gerichts als maßgeblich abstellt; so erklärt sich auch die insoweit widersprüchliche Zitierung einmal als Fürsprecher eines Beurteilungsspielraums bei F/K/H/E/S, BetrVG, § 5 Rn. 392, und einmal als Gegner eines solchen bei *Raab,* in: GK-BetrVG, Bd. 1, § 5 Rn. 163; i. S. der h. M. auch *Steindorff,* ArbuR 1988, 269; unklar, aber wohl i. S. der h. M. *Hess,* in H/S/G, BetrVG, § 5 Rn. 119 a. E.

380 *Hromadka,* BB 1990, 57, 62; vgl. a. *Buchner,* NZA 1989, Beil. 1, 9.

381 *Röder,* NZA 1989 Beil. 4, 6 („ ... ob ein solcher Beurteilungsspielraum *auch* (Hervorhebung durch den Verf.) den Arbeitsgerichten zuzubilligen ist."); *Martens,* RdA 1989, 86 f.

382 Vgl. *Buchner,* NZA 1989, Beil. 1, 9; Bei *Wlotzke,* DB 1989, 121 werden im Hinblick auf § 18 a BetrVG nur Wahlvorstand und Vermittler als „betriebliche Zuordnungsstellen" bezeichnet. Da kein gesetzlich verwendeter Begriff vorliegt, steht dies in einem gewissen terminologischen Belieben des jeweiligen Autoren.

383 *Trümner,* in: D/K/K, BetrVG, § 5 Rn. 240 m. w. N.; zum Vermittler vgl. § 18 a Abs. 2 BetrVG.

raumes befürworten oder lediglich eine terminologische Ungenauigkeit vorliegt.[384] Nur im ersten Fall muss die Verankerung des Beurteilungsspielraums im Gesetz überprüft werden.

1. Mögliche rechtliche Auswirkungen der Annahme eines Beurteilungsspielraums

a) Regelungstechnik und Grundidee des § 5 Abs. 3 und 4 BetrVG

§ 5 Abs. 3 S. 2 Nr. 1 – 3 BetrVG definiert nach der h. M. und dem BAG den „Begriff" des leitenden Angestellten für den (persönlichen)[385] Geltungsbereich des BetrVG abschließend im Wege der Legaldefinition.[386] § 5 Abs. 4 BetrVG sollte nach Vorstellung des Gesetzgebers die Anwendung von § 5 Abs. 3 S. 2 Nr. 3 BetrVG „in der Praxis" erleichtern, indem er durch die „Auslegungsregeln" der Nr. 1 bis 4 eine „Entscheidungshilfe" für Fälle an die Hand gibt, „in denen die Zuordnung eines Angestellten nach dem funktionalen Grundtatbestand zweifelhaft bleibt".[387] Schon Sinn und Brauchbarkeit[388] dieser Vorschrift, ja sogar deren Verfassungsmäßigkeit[389] wurden verschiedentlich angezweifelt; insbesondere ist die rechtsdogmatische Einordnung des

---

[384] Diese Interpretation deutet sich etwa noch bei *Kraft,* in: GK-BetrVG, Bd. 1, 6. Aufl. 1997, § 5 Rn. 126, an, wenn die Bezeichnung als Wertungs- oder Beurteilungsspielraum als „zumindest ungenau" bezeichnet wird.

[385] Vgl. *Dütz,* ArbR, Rn. 732, 738.

[386] H. M., vgl. aus der Lit.: *Raab,* in: GK-BetrVG, Bd. 1, § 5 Rn. 96 m. w. N.; *F/K/H/E/S,* BetrVG, § 5 Rn. 324, 377, 383; *Trümner,* in: D/K/K, BetrVG, § 5 Rn. 176, 180, 183, 235; *Eisemann,* in: ErfKzA, § 5 Rn. 30, 36; *Richardi,* BetrVG, § 5 Rn. 186 f., 194; *ders.,* in: MünchHdbArbR, Bd. 1, § 26 Rn. 22 f., 47 ff.; *ders.,* NZA 1990, Beil. 1, 3, 10; in diesem Sinne wohl auch *Hess,* in: H/S/G, BetrVG, § 5 Rn. 35 f., 117; *Wlotzke,* DB 1989, 111, 118; *Buchner,* NZA 1989, Beil. 1, 2, 6; *Engels/Natter,* BB 1989, Beilage 8, 7; *Röder,* NZA 1989, Beilage 4, 5; vgl. aus der Rspr. des BAG: für die alte Gesetzesfassung des § 5 Abs. 3 Nr. 3 BetrVG etwa BAG Beschl. v. 29.1.1980 – 1 ABR 45/79 = EzA § 5 BetrVG 1972 Nr. 35, 328, wo die Notwendigkeit eines „Oberbegriffes" des leitenden Angestellten aufgegeben wird, da die Abgrenzungsmerkmale hinreichend klar im Wortlaut des § 5 Abs. 3 Nr. 3 BetrVG zum Ausdruck kommen, vgl. dazu dort auch die Anm. von *Kraft,* 341 f.; zur neuen Fassung des § 5 Abs. 3 S. 2 Nr. 3 BetrVG durch Gesetz vom 20.12.1988 (BGBl. I S. 2312) vgl. BAG Beschl. v. 22.2.1994 – 7 ABR 32/93 und 33/93, jew. unter Ziff. B III 4 a) der Gründe (beide Beschl. n. a. v.).

[387] BT-Ds. vom 16. 6. 1988, 11/2503, S. 25 und 30.

[388] Vgl. etwa *Steindorff,* ArbuR 1988, 269, der prognostiziert, dass § 5 Abs. 4 BetrVG ein „toter Buchstabe" bleiben; *Richardi,* NZA 1990, Beil. 1, 9, geht davon aus, dass die Vorschrift bei Orientierung an der Konzeption des Gesetzgebers „praktisch funktionslos" bleiben; vgl. a. *ders.,* BetrVG, § 5 Rn. 228 und *Trümner,* in: D/K/K, BetrVG, § 5 Rn. 231 ff., jew. m. w. N. zur teilweise herben Kritik. Lustig formuliert *Raab,* in: GK-BetrVG, Bd. 1, § 5 Rn. 162 a. E., dass „Zweifel" (wohl im natürlichen Sinne gemeint) bestehen, ob § 5 Abs. 4 BetrVG tatsächlich eine leichtere Handhabung der Abgrenzung in der Praxis bringen wird.

[389] Hierzu etwa *Trümner,* in: D/K/K, BetrVG, § 5 Rn. 246 m. w. N.; a. A. etwa *Raab,* in: GK-BetrVG, Bd. 1, § 5 Rn. 181 m. w. N.; dieser Streit wird jedoch nur dann im Rahmen der verfassungskonformen Auslegung von § 5 Abs. 4 BetrVG Gegenstand dieser Arbeit, wenn sich tatsächlich Anhaltspunkte für einen Beurteilungsspielraum ergeben sollten.

§ 5 Abs. 4 BetrVG, eine „gesetzliche Novität“,[390] und damit auch zugleich die Art des Zusammenspieles dieser Zweifelsregelung mit § 5 Abs. 3 S. 2 Nr. 3 BetrVG sehr umstritten, worauf im Rahmen der Auslegung zurückzukommen sein wird.

b) Prozessuale Konstellationen, in welchen die Zuordnung nach § 5 Abs. 4 BetrVG Relevanz erlangen kann

Die Frage nach dem betriebsverfassungsrechtlichen „Status“ eines Beschäftigten als leitender Angestellter, genauer der korrekten Zuordnung i. S. v. § 5 Abs. 3 und 4 BetrVG, kann sich in unterschiedlichen prozessualen Konstellationen[391] stellen; es kommen vor allem drei Varianten in Betracht:[392] Die Statusklärung als Vorfrage im Rahmen eines allgemeinen Statusverfahrens bzw. bei der Überprüfung der ordnungsgemäßen Anhörung des Betriebsrats nach § 102 Abs. 1 BetrVG anlässlich eines Kündigungsschutzprozesses oder als Hauptfrage einer Wahlanfechtung nach §§ 19, 18 a Abs. 5 BetrVG.

aa) Mögliche Auswirkung eines Beurteilungsspielraums der betrieblichen Zuordnungsstellen im Statusverfahren und im Kündigungsschutzprozess

(1) Statusverfahren

Ein Streit bezüglich des betriebsverfassungsrechtlichen Status eines Beschäftigten, also der Zuordnung nach § 5 Abs. 3 und 4 BetrVG, kann unabhängig von der Frage, ob Wahlen zum Betriebsrat und zum Sprecherausschuss stattfinden, jederzeit, also auch während laufender Wahlen, in einem mitunter als „Statusverfahren“ bezeichneten[393] Beschlussverfahren gerichtlich mittels eines (positiven oder negativen) Feststellungsantrages geklärt werden.[394] Bestätigt wird dies durch § 18 a Abs. 5 S. 1 BetrVG,

---

[390] So *Martens*, RdA 1989, 76; vgl. a. *Röder*, NZA 1989; *Engels/Natter*, BB 1989 Beil. 8, 10; wie *Martens*, a. a. O. 81, treffend prognostiziert hat, kommt § 5 Abs. 4 BetrVG tatsächlich ein „besonderer Ehrenplatz in der Rätselecke des Arbeitsrechts“ zu, vgl. nur die Darstellung zur dogmatischen Einordnung dieser Zweifelsregelung bei *Raab*, GK-BetrVG, Bd. 1, § 5 Rn. 155 ff.

[391] Zu den verschiedenen Konstellationen vgl. z. B. *Buchner*, NZA 1989, Beil. 1, 11 f.

[392] Vgl. *Richardi*, NZA 1990, Beil. 1, 10; *ders.*, BetrVG, § 5 Rn. 248 ff.; *Buchner*, NZA 1989, Beil. 1, 11 f.; *F/K/H/E/S*, BetrVG, § 5 Rn. 312, 430, 435, § 18 a Rn. 61 ff.

[393] Vgl. etwa *Kreutz*, in: GK-BetrVG, Bd. 1, § 18 a Rn. 105; *F/K/H/E/S*, BetrVG, § 18 a Rn. 64; *Richardi*, BetrVG, § 5 Rn. 251; *Eisemann*, in: ErfKzA, § 18 a Rn. 6; *Martens*, RdA 1989, 87. Vgl. a. *Trümner*, in:: D/K/K-BetrVG, § 5 Rn. 251 („Status-Beschlussverfahren“); *Engels/Natter*, BB 1989, Beil. 8, 14 („Statusprozess“).

[394] Unstr., vgl. nur *Kreutz*, in: GK-BetrVG, Bd. 1, § 18 a Rn. 105 f.; *Richardi*, BetrVG, § 5 Rn. 300 f., § 18 a Rn. 48; *Trümner*, in: D/K/K-BetrVG, § 5 Rn. 250 ff., § 18 a Rn. 74 f.; *Eisemann*, in: ErfKzA, § 5 Rn. 42, § 18 a Rn. 6; *F/K/H/E/S*, BetrVG, § 18 a Rn. 64 f.; *Schlochauer*, in: H/S/G, BetrVG, § 18 a Rn. 27; *Martens*, RdA 1989, 87; *Buchner*, NZA 1989, Beil. 1, 11; *Engels/Natter*, BB 1989, Beil. 8, 14; vgl. aus der Rspr. grundlegend BAG Beschl. v. 5.3.1974 – 1 ABR 19/73 = AP § 5 BetrVG 1972 Nr. 1, Bl. 143/R; vgl. weiter BAG Beschl. v. 23.1.1986 – 6 ABR 22/82 = AP § 5 BetrVG 1972 Nr. 30, Bl. 749 /R; Beschl. v. 23.1.1986 – 6 ABR 47/82 = AP § 5 BetrVG 1972 Nr. 31, Bl. 937/V; Beschl. v. 23.1.1986 – 6 ABR 51/81 = AP § 5 BetrVG 1972 Nr. 32, Bl. 753/R.

welcher klarstellt,[395] dass der Rechtsweg durch die Zuordnung (im Rahmen des Wahlverfahrens) nicht ausgeschlossen wird. Ein solches Verfahren hat nicht spezifische Fragen der aktiven oder passiven Wahlberechtigung eines Beschäftigten zum Gegenstand, vielmehr geht es um den generellen materiellrechtlichen Status des jeweiligen Beschäftigten als leitender Angestellter.[396] Antragsberechtigt sind für ein solches Beschlussverfahren jedenfalls etwa der betroffene Arbeitnehmer, der Arbeitgeber, der Betriebsrat und der Sprecherausschuss.[397]

(2) Kündigungsschutzverfahren

Die Frage, ob ein Beschäftigter leitender Angestellter i. S. v. § 5 Abs. 3 S. 2 Nr. 3 BetrVG ist, kann sich auch als Vorfrage in einem Rechtsstreit aus dem Arbeitsverhältnis stellen, so z. B. wenn geltend gemacht wird, eine durch den Arbeitgeber ausgesprochene Kündigung sei mangels Anhörung des Betriebsrats gemäß § 102 Abs. 1 S. 3 BetrVG unwirksam,[398] was gemäß § 2 Abs. 1 Nr. 3 b), Abs. 5, §§ 46 ff. ArbGG im Urteilsverfahren zu klären ist.

(3) Wirkung einer Zuordnung nach § 18 a Abs. 1 und 2 BetrVG nur für die jeweilige Wahl

Die Zuordnung durch die Wahlvorstände oder den Vermittler nach § 18 a Abs. 1 und 2 BetrVG im Rahmen des Wahlverfahrens hat grdsl. nur Bedeutung für die jeweilige Wahl, sie spielt jedoch keine Rolle für die Zuordnung im Rahmen der gerichtlichen Klärung des materiellen betriebsverfassungsrechtlichen Status eines Beschäftigten.[399]

---

[395] So ausdrückl. die Gesetzesmaterialien, BT-Ds. v. 16.6.1988, 11/2503, 32.

[396] Vgl. *Martens,* RdA 1989, 88.

[397] Unstr., vgl. etwa *Kreutz,* in: GK-BetrVG, Bd. 1, § 18 a Rn. 105; m. N. z. Rspr.; *Richardi,* BetrVG, § 5 Rn. 302; *Trümner,* in: D/K/K-BetrVG, § 5 Rn. 251; *Eisemann,* in: ErfKzA, § 18 a Rn. 6; *F/K/H/E/S,* BetrVG, § 18 a Rn. 64 m. w. N.; *Schlochauer,* in: H/S/G, BetrVG, § 18 a Rn. 27; *Buchner,* NZA 1989, Beil. 1, 11; *Martens,* RdA 1989, 88 m. w. N. z. Rspr.; vgl. aus der Rspr. grundlegend BAG Beschl. v. 5.3.1974 – 1 ABR 19/73 = AP § 5 BetrVG 1972 Nr. 1, Bl. 143/R; vgl. weiter BAG Beschl. v. 23.1.1986 – 6 ABR 22/82 = AP § 5 BetrVG 1972 Nr. 30, Bl. 749 /R; Beschl. v. 23.1.1986 – 6 ABR 47/82 = AP § 5 BetrVG 1972 Nr. 31, Bl. 937/V; Beschl. v. 23.1.1986 – 6 ABR 51/81 = AP § 5 BetrVG 1972 Nr. 32, Bl. 753/R.. Eine Antragsberechtigung der Wahlvorstände außerhalb der Dauer der Wahlverfahren ist mangels deren Existenz ohnehin nicht denkbar, *Kreutz,* in: GK-BetrVG, Bd. 1, § 18 a BetrVG Rn. 105.

[398] Vgl. insbes. § 2 Abs. 1 Nr. 3 b), Abs. 5, §§ 46 ff. ArbGG für den Fall des Kündigungsschutzprozesses, in dem die Zuordnung eines Beschäftigten nach § 5 Abs. 3 S. 2 und Abs. 4 BetrVG als Vorfrage über die Anwendbarkeit von § 102 Abs. 1 BetrVG und damit über die ordnungsgemäßen Anhörung des Betriebsrats als Erfordernis der Wirksamkeit der Kündigung nach § 102 Abs. 1 S. 3 BetrVG zu prüfen ist, z. B. BAG Urt. v. 19.81975 – 1 AZR 565/74 = EZA § 102 BetrVG 1972 Nr. 16, 81, 84, Urt. v. 23.3.1976 – 1 AZR 314/75 = EZA § 5 BetrVG 1972 Nr. 25, 229; *Raab,* in: GK-BetrVG, Bd. 1, § 5 Rn. 204; *Richardi,* NZA 1990, Beil. 1, 10; *Weth,* Beschlussverfahren, 362 f.

[399] Unstr. vgl. nur *Kreutz,* in: GK-BetrVG, Bd. 1, § 18 a Rn. 4, 105 f.; *F/K/H/E/S,* BetrVG, § 5 Rn. 398 und § 18 a Rn. 63; *Schlochauer,* in: H/S/G, BetrVG, § 18 a Rn. 26 f.; *Trümner,* in: D/K/K-BetrVG, § 5 Rn. 250, § 18 a Rn. 69, 73 f.; *Richardi/Thüsing,* in: Richardi, BetrVG, § 18 a Rn. 55; *Martens,* RdA

Dies ergibt sich insbesondere aus der Klarstellung bezüglich des Offenstehens des Rechtsweges in § 18 a Abs. 5 S. 1 BetrVG sowie aus der Begrenzung des Bezugs nach § 18 a Abs. 5 S. 2 und 3 BetrVG auf die Wahlanfechtung nach § 19 BetrVG. Damit kann in den genannten prozessualen Situationen ein etwaiger Beurteilungsspielraum der betrieblichen Zuordnungsstellen, hier eines Wahlvorstandes bzw. des Vermittlers, grdsl. keine Rolle spielen. Diese können daher für die vorliegende Untersuchung außer Betracht bleiben.

bb) Mögliche Auswirkung eines Beurteilungsspielraums der betrieblichen Zuordnungsstellen im Wahlanfechtungsverfahren

(1) Überblick über das Zuordnungsverfahren nach § 18 a BetrVG

Über die Zuordnung eines Beschäftigten muss im Rahmen sowohl der Betriebsrats- als auch der Sprecherausschusswahlen entschieden werden, da die leitenden Angestellten für die Betriebsratswahl weder aktiv noch passiv wahlberechtigt sind,[400] sondern vielmehr durch den Sprecherausschuss repräsentiert werden. Das entsprechende Verfahren im Rahmen der Wahlen ist in § 18 a BetrVG geregelt.

Zuständig für die Zuordnung sind die jeweiligen Wahlvorstände im Rahmen der Erstellung der Wählerlisten.[401] Im Rahmen der Wahlverfahren kann es nun z. B. geschehen, dass beide Wahlvorstände einen Beschäftigten für ihre jeweilige Wählerliste in Anspruch nehmen.[402] Nach § 18 a Abs. 2 S. 1, 3 BetrVG ist in einem solchen Streitfalle bei gleichzeitig[403] stattfindenden Betriebsrats- und Sprecherausschusswahlen zusätzlich ein Vermittler mit der Zuordnung zu befassen, welcher bei nicht zu beseitigender Uneinigkeit zwischen den Wahlvorständen schließlich alleinverantwortlich über die Zuordnung zu entscheiden hat. Demnach könnte innerhalb der Wahlverfahren nach BetrVG und nach SprAuG grdsl. drei Entscheidungsträgern ein Beurteilungsspielraum hinsichtlich der Frage, ob Zweifel i. S. v. § 5 Abs. 4 BetrVG vorliegen, eingeräumt werden: den beiden Wahlvorständen gemeinsam, soweit sie sich über die Zuordnung einigen nach § 18 a Abs. 1 und Abs. 2 S. 1 BetrVG, oder bei fehlender Einigung dem Vermittler, der dann verbindlich nach § 18 a Abs. 2 S. 3 entscheidet.

1989, 87 f.; *Engels/Natter,* BB 1989, Beil. 8, 13 f. Zwar bestanden gegen diese gesetzliche Konzeption schon vor Inkrafttreten des § 18 a BetrVG Bedenken, vgl. z. B. *Martens,* RdA 1988, 206, der Gesetzgeber zog hieraus jedoch keine entsprechenden Konsequenzen.

[400] Vgl. § 5 Abs. 3 S. 1, §§ 7, 8 BetrVG, § 3 Abs. 1 SprAuG; *Raab,* in: GK-BetrVG, Bd. 1, § 5 Rn. 93.

[401] § 2 Abs. 1 S. 1 der jeweiligen WO zum BetrVG und zum SprAuG.

[402] Vgl. Buchner, NZA 1989, Beil. 1, 11.

[403] Das Gesetz sieht gleichzeitig stattfindende Wahlen als Regelfall an, vgl. § 18 a Abs. 1 S. 1 Hs. 1 i. V. m. § 13 Abs. 1 BetrVG. Deshalb wird hier nur diese Konstellation behandelt. Der Fall getrennt stattfindender Wahlen ist in § 18 a Abs. 4 BetrVG geregelt; zu den dort weiter zu differenzierenden beiden Fallkonstellationen vgl. etwa *Kreutz,* in: GK-BetrVG, Bd. 1, § 18 a Rn. 12, 14, 27; *Richardi/Thüsing,* in: Richardi, BetrVG, § 18 a Rn. 4, 5 ff., 26 ff.

(2) Relevanz des Beurteilungsspielraums

Im Hinblick auf die Zuordnung für die Wahl von Betriebsrat und Sprecherausschuss wird die Frage nach der korrekten Zuordnung nach § 5 Abs. 3 und 4 BetrVG und damit nach einem möglichen Beurteilungsspielraum genannter betrieblicher Zuordnungsstellen in zwei Varianten relevant: Entweder schon im Laufe des Wahlverfahrens im Rahmen eines sogenannten „vorgeschalteten Kontrollverfahrens“[404] oder, im Sinne der vorliegenden Arbeit maßgeblich, nach dessen Abschluss durch eine Wahlanfechtung nach § 19 BetrVG. Auch in letzterem Fall entscheidet das Arbeitsgericht im Beschlussverfahren nach § 2 a Abs. 1 Nr. 1 und 2, Abs. 2, 80 ff. ArbGG.

Dabei ist noch die Regelung in § 18 a Abs. 5 S. 2 und 3 BetrVG als lex specialis zu § 19 Abs. 1 BetrVG zu berücksichtigen: Hiernach hat eine fehlerhafte Zuordnung im Rahmen des Wahlverfahrens nach § 18 a Abs. 1 – 4 BetrVG die Anfechtbarkeit der Wahlen nur zur Folge, soweit die Zuordnung „offensichtlich fehlerhaft“ ist. Dass eine Überschreitung des möglichen Beurteilungsspielraums eines Wahlvorstandes oder des Vermittlers diese Anforderung erfüllt, kommt beispielsweise dann in Betracht, wenn etwa der Wahlvorstand unberechtigtermaßen auf die Zweifelsregelung des § 5 Abs. 4 (Nr. 1 – 4) BetrVG zurückgreift, obwohl offenkundig der funktionale Grundtatbestand nach § 5 Abs. 3 S. 2 Nr. 3 BetrVG anzuwenden gewesen wäre.

---

[404] Die Terminologie ist insoweit uneinheitlich. Teilweise werden alle Beschlussverfahren, welche auf die Klärung des betriebsverfassungsrechtlichen Status eines Beschäftigten abzielen, als „Statusverfahren“ bezeichnet, vgl. etwa für solche Verfahren, welche die Frage der Zuordnung nach § 5 Abs. 3 und 4 BetrVG während laufender Wahlverfahren zum Streitgegenstand haben, *Eisemann,* ErfKzA, § 18 a BetrVG Rn. 6; so wohl auch *F/K/H/E/S,* BetrVG, § 18 a Rn. 64 f., 67. Hier wird dagegen der Terminologie von *Kreutz,* in: GK-BetrVG, Bd. 1, § 18 a Rn. 105, 108 ff. gefolgt: *Kreutz,* a. a. O., differenziert danach, ob ein Feststellungsantrag hinsichtlich des Status eines Beschäftigten als leitender Angestellter gestellt wird (dann Statusverfahren mit positivem oder negativem Feststellungsantrag), oder ob eine konkrete Zuordnungsentscheidung der Wahlvorstände oder des Vermittlers angegriffen wird (dann vorgeschaltetes Kontrollverfahren, regelmäßig mit Leistungsantrag, etwa auf Berichtigung der Wählerliste). Der Streit wirkt sich hinsichtlich der Antragsart, vor allem aber auf die Frage der Antragsberechtigung z. B. dahingehend aus, dass *Kreutz,* a. a. O. Rn. 110, die Antragsberechtigung für die Wahlvorstände in diesem Kontrollverfahren im Dienste einer schnellen, einfachen und kostengünstigen Entscheidung über die Zuordnung nach § 18 a BetrVG nur für den Fall bejaht, dass ein Wahlvorstand die Vermittlerentscheidung für offensichtlich fehlerhaft i. S. v. § 18 a Abs. 5 S. 3 BetrVG hält, wogegen z. B. *F/K/H/E/S,* BetrVG, § 18 a Rn. 65 ff., die Antragsberechtigung für die beteiligten Wahlvorstände auch bei nur einfacher vermuteter Rechtsfehlerhaftigkeit grdsl. bejahen, da § 18 a Abs. 5 S. 2 BetrVG nur die Anfechtbarkeit einer bereits durchgeführten Wahl verhindern, nicht jedoch deren möglichst rechtmäßige Durchführung durch die Wahlvorstände im Weg stehen solle; letztere Argumentation wird jedenfalls durch den Wortlaut von § 18 a Abs. 5 S. 1 BetrVG gestützt. Es ist hier allerdings nicht der Ort, diesen Detailstreit zu entscheiden. Unstr. sind während des laufenden Wahlverfahrens für einen Feststellungs- oder Leistungsantrag zu Überprüfung einer konkreten Zuordnungsentscheidung antragsberechtigt jedenfalls der betroffene Angestellte, der Arbeitgeber, der Betriebsrat und der Sprecherausschuss, vgl. etwa *Kreutz*, a. a. O., Rn. 110; *F/K/H/E/S,* BetrVG, § 18 a Rn. 64 ff.; *Schlochauer,* in: H/S/G, BetrVG, § 18 a Rn. 27; *Eisemann,* in: ErfKzA, § 18 Rn. 9 f., § 18 a BetrVG Rn. 6; *Trümner,* in: D/K/K-BetrVG, § 18 a Rn. 74; *Richardi/Thüsing,* in: Richardi, BetrVG und *Richardi,* § 18 Rn. 19 f., § 18 a Rn. 48, § 5 Rn. 271 ff.; *Wlotzke,* DB 1989, 126.

2. Beurteilungsspielraum mit Reduktion der gerichtlichen Kontrolldichte

Eine Reduktion der Kontrolldichte liegt nur unter folgenden Voraussetzungen vor: Es darf erstens bei der Frage nach dem Vorliegen rechtlich erheblicher Zweifel nicht ausschließlich auf die Sicht des Gerichtes ankommen und zweitens die Entscheidung der betrieblichen Zuordnungsstellen nicht vollständig überprüfbar sein. Damit sind zwei Hauptprobleme der Anwendung von § 5 Abs. 4 BetrVG angesprochen, wessen Zweifel maßgeblich und wann solche anzunehmen sind.[405]

a) Maßgeblicher Standpunkt für die Frage des Vorliegens von Zweifeln

Röder[406] ist der Ansicht, dass „vor allem den betrieblichen Zuordnungsstellen der Rückgriff auf Absatz 4 zuzubilligen ist". Ein solcher Beurteilungsspielraum sei allerdings den Arbeitsgerichten nicht zuzugestehen, hiergegen sprächen der Zweck des § 5 Abs. 3 BetrVG, der in der Praxis mit der Einordnung befassten Stelle den Rückgriff auf leicht handhabbare formale Kriterien zu bieten, sowie dessen Formulierung. Die Gerichte müssten vielmehr, soweit sie die Zuordnung eines Angestellten zu prüfen hätten, den „Beurteilungsspielraum der Zuordnungsstelle berücksichtigen", was allerdings nicht im Rahmen eines individualarbeitsrechtlichen Streites gelte.[407] Inhaltlich ähnlich geht *Buchner*[408] für die Frage, „auf wessen Zweifel abzustellen ist" davon aus, es bestehe ein anzuerkennender „Bewertungsspielraum", innerhalb dessen die Zuordnung nach den formalen Kriterien des § 5 Abs. 4 BetrVG vorzunehmen sei. Das im Streitfall zur Entscheidung berufene Gericht müsse den Beteiligten, etwa den Wahlvorständen, dem Betriebsrat und dem Arbeitgeber, zubilligen, dass sie über die Zuordnung im Zweifel sein konnten, wenn die Rechtslage nicht eindeutig, also für die Beteiligten kalkulierbar sei. Diese Lösung verhindere ein Leerlaufen von § 15 Absatz 4 BetrVG dadurch, dass „die entscheidende Instanz selbst Zweifel nicht empfindet oder zugibt". Wo *Buchner* allerdings den Unterschied zwischen dem von ihm abgelehnten Beurteilungsspielraum und dem von ihm angenommenen Wertungsspielraum sieht, bleibt unklar, weswegen er hier der Sache nach als Befürworter eines Beurteilungsspielraums angesehen wird.[409]

Nach diesen beiden Autoren richtet sich die Zweifelsregelung ausschließlich an die betrieblichen Zuordnungsstellen; danach wäre letztendlich nicht allein die Sicht des

---

[405] *Buchner,* NZA 1989, Beil. 1, 9; vgl. a. *Röder,* NZA 1989, Beil. 4, 6; *Raab,* in: GK-BetrVG, Bd. 1, § 5 Rn. 163 ff.; F/K/H/E/S, BetrVG, § 5 Rn. 389 f.

[406] NZA 1989, Beil. 4, 6.

[407] Z. B. im Rahmen der Überprüfung einer Kündigung im Kündigungsschutzprozess hinsichtlich der ordnungsgemäßen Anhörung des Betriebsrats gemäß § 102 Abs. 1 BetrVG.

[408] *Buchner,* NZA 1989, Beil. 1, 9; dort werden die Begriffe „Bewertungs-" und „Beurteilungsspielraum" synonym verwendet.

[409] Daher rührt wohl auch die vorsichtige Formulierung mit Zitat bei *Kraft,* in: GK-BetrVG, Bd. 1, 6. Aufl. 1997, § 5 Rn. 126, es sei „ ... zumindest ungenau ... , von einem Wertungs- oder gar einem Beurteilungsspielraum der betrieblichen Stellen zu sprechen (so *Buchner,* NZA 1989, Beilage 1, S. 9)".

befassten Arbeitsgerichtes, sondern auch die der betrieblichen Beteiligten maßgeblich.[410]

Nach *Hromadka*[411] gilt § 5 Abs. 4 BetrVG dagegen für die „betriebsverfassungsrechtlichen Institutionen ebenso wie für die Gerichte". Letztere hätten jedoch insbesondere auch bei gemeinsamen Zweifeln der betrieblichen Zuordnungsstellen eine Tatsachenvermutung zu beachten, welche je nach Entscheidung für das Vorliegen oder Nichtvorliegen der Tatbestandsvoraussetzungen des § 5 Abs. 3 S. 2 BetrVG spreche. Dies laufe auf einen „gewissen Wertungsspielraum der betrieblichen Zuordnungsstellen" hinaus. Auch *Hromadka* stellt somit nicht ausschließlich auf die Sicht des befassten Arbeitsgerichtes ab.

Festzuhalten ist, dass es für die Einschätzung des Vorliegens von Zweifeln nach genannten Autoren in Übereinstimmung mit der wohl h. L.[412] nicht allein auf die Sicht des mit der Prüfung der Zuordnung befassten Arbeitsgerichtes ankommt, sondern zumindest auch auf die der betrieblichen Zuordnungsstellen.

b) Prüfungsmaßstab hinsichtlich des Vorliegens von Zweifeln

Letztlich ist entscheidend, nach welchem Prüfungsmaßstab das Arbeitsgericht gemäß Ansicht der genannten Autoren die Zuordnungsentscheidung der betrieblichen Zuordnungsstellen hinsichtlich des Vorliegens von Zweifeln i. S. v. § 5 Abs. 4 BetrVG überprüfen soll.

Röder[413] führt hierzu lediglich aus, dass die Zuordnungsstellen zunächst die funktionellen Kriterien von § 5 Abs. 3 S. 2 Nr. 3 BetrVG vollständig zu überprüfen hätten. Nur dann, wenn dieses Vorgehen keine klaren Ergebnisse erlaube und zwei Auslegungsergebnisse vertretbar erschienen, sei ihnen der Rückgriff auf Absatz 4 zuzubilligen. Auch *Buchner*[414] geht vom Prüfungsvorrang von § 5 Abs. 3 S. 2 BetrVG aus und stellt insoweit darauf ab, dass das Rekurrieren der Beteiligten auf § 5 Abs. 4 BetrVG vom Gericht bei nicht eindeutiger, nicht kalkulierbarer Rechtslage zu akzeptieren sei,

---

[410] *Rumler,* 51 f., sieht schon in der Ausnahme der Gerichte vom Rückgriff auf § 5 Abs. 4 BetrVG den Grund für einen Bewertungsspielraum nach genannten Ansichten; dem kann so nicht gefolgt werden, da es entscheidend auf den Maßstab ankommt, anhand dessen die Zuordnungsentscheidung der betrieblichen Zuordnungsstellen gerichtlich überprüft wird, vgl. *Esser,* RdA 1976, 230 f.

[411] BB 1990, 62, 59.

[412] S. etwa *Raab,* in: GK-BetrVG, Bd. 1, § 5 Rn. 163 f.; so auch *Eisemann,* in: ErfKzA, § 5 Rn. 36; s. a. *Hess,* in: H/S/G, BetrVG, § 5 Rn. 118 f.; *Engels/Natter,* BB 1990, Beil. 8, 10 f.; *Wlotzke,* DB 1989, 122 f.; unklar: *F/K/H/E/S,* BetrVG, § 5 Rn. 389 ff.; *Trümner,* in: D/K/K, BetrVG, § 5 Rn. 240 f. A. A. wohl *Richardi,* BetrVG, § 5 Rn. 232 f. Str. ist, inwieweit den Gerichten selbst der Rückgriff auf § 5 Abs. 4 BetrVG gestattet ist, vgl. etwa *Rumler,* 51 f.; *Trümner,* a. a. O., Rn. 240; *Hromadka,* BB 1990, 62.

[413] NZA 1989, Beil. 4, 6.

[414] *Buchner,* NZA 1989, Beil. 1, 9; dort werden die Begriffe „Bewertungs-" und „Beurteilungsspielraum" synonym verwendet.

da diese dann im Zweifel sein konnten. Die Ausführungen dieser beiden Autoren bleiben hinsichtlich des Prüfungsmaßstabes unklar: Der Inhalt des von ihnen angedeuteten Wertungs- oder Beurteilungsspielraums wird nicht konkretisiert, vielmehr werden lediglich seine Voraussetzungen dargelegt. Hinsichtlich der Formulierung bei *Röder* ist anzumerken, dass ein Beurteilungsspielraum nach h. M. gerade nicht die Auslegung, sondern die Subsumtion betrifft.[415] Es bleibt damit letztlich unsicher[416], ob hier ein Beurteilungsspielraum i. S. d. verwaltungsrechtlichen Lehre angenommen wird.

Eine Konkretisierung des „Wertungsspielraumes" findet sich dagegen bei *Hromadka*:[417] Die oben beschriebene Tatsachenvermutung sei widerlegt, wenn „Tatsachen offensichtlich nicht berücksichtigt und/oder Rechtsbegriffe offensichtlich falsch ausgelegt" worden seien. Offensichtlichkeit sei „erforderlich, weil der Richter sonst die gemeinsamen Feststellungen der Beteiligten sonst jederzeit unterlaufen könnte". Die Beschreibung dieses gerichtlichen Prüfungsmaßstabes deckt sich bis auf das den Spielraum erweiternde Kriterium der Offensichtlichkeit inhaltlich im wesentlichen mit demjenigen, welchen die Verwaltungsgerichte etwa hinsichtlich der Überprüfung prüfungsspezifischer Beurteilungen anzuwenden pflegen;[418] jedenfalls aber liegt eine Beschränkung der gerichtlichen Kontrolldichte zugunsten der mit der Zuordnung befassten betrieblichen Beteiligten vor.

Im Ergebnis spricht bei *Buchner* und *Röder* zumindest die Terminologie, bei *Hromadka* auch der Prüfungsmaßstab dafür, dass diese Autoren jeweils einen mit der Reduktion der gerichtlichen Kontrolldichte verbundenen Beurteilungsspielraum i. S. des verwaltungsrechtlichen Verständnisses annehmen.

3. Verankerung eines Beurteilungsspielraums im Gesetz: Auslegung der Regelung

Im Wege der Gesetzesauslegung[419] ist nun zu prüfen, ob sich im Gesetz tatsächlich eine Stütze für die Annahme eines Beurteilungsspielraums findet. Die Kernfrage lautet, ob sich hierbei Hinweise dafür ergeben, dass einem betrieblichen Rechtsanwender, hier insbesondere dem für die Betriebsratswahl zuständigen Wahlvorstand, als „geeig-

---

[415] S. Fn. 298.

[416] Vgl. die vorsichtige Formulierung in der Kommentierung der Ansichten *Buchners* und *Röders* bei *Kraft*, in: GK-BetrVG, Bd. 1, 6. Aufl. 1997, § 5 Rn. 126, es sei „zumindest ungenau", hier von einem Wertungs- oder gar einem Beurteilungsspielraum zu sprechen.

[417] BB 1990, 59, 62.

[418] S. Fn. 248,256.

[419] Auf die Differenzierung zwischen Konkretisierung und Auslegung von Normen kann im Rahmen vorliegender Arbeit nur hingewiesen werden, vgl. dazu etwa *Fikentscher*, Methoden, Bd. IV, 371 ff.; *Müller*, Rn. 248 ff. Es werden für beide Stufen der Rechtsanwendung nahezu identische Kriteriencanones verwendet, vgl. *Fikentscher*, a. a. O., und *Müller*, Rn. 351 ff., weswegen hier auf genannte Unterscheidung nicht weiter eingegangen wird.

neter Kompetenzträger“ eine gerichtlich nur eingeschränkt überprüfbare Entscheidungskompetenz eingeräumt wird.[420]

a) Grundsätzliches zur Auslegung von Gesetzesvorschriften

Vorweg werden kurz einige Prinzipien der Gesetzesauslegung erläutert, deren Kriterien dann im Zusammenhang mit der Auslegung von § 5 Abs. 4 Eingangss. BetrVG darzustellen sind; ganz allgemein ist der Ausgangspunkt jeder Gesetzesauslegung der Wortlaut[421] oder Normtext.[422]

aa) Ziel der Auslegung: „Subjektive“ oder „objektive“ Auslegung als Alternativen?

Der Normtext als „Träger“ des durch ihn dokumentierten Sinnes ist Gegenstand der Gesetzesauslegung.[423] Deren Ziel liegt nach der „subjektiven Theorie“ in der Ermittelung des historisch-psychologischen Willens des Gesetzgebers; gemäß der „objektiven Theorie“ geht es, zugespitzt formuliert, um die Erschließung des „Willens des Gesetzes“, besser des dem Gesetz immanenten Sinnes.[424] Dabei hat erstere in der Regel den Zeitpunkt der Entstehung der Norm zum Bezugspunkt, sie erforscht demnach den Willen des historischen Gesetzgebers anhand der damaligen Gegebenheiten und i. S. des entsprechenden Verständnisses, während letztere als gegenwartsbezogen oder geltungszeitliche Auslegung konzipiert ist.[425] Die praktische Relevanz dieses Streites zeigt sich bei der Frage, inwieweit im Rahmen der Auslegung insbesondere aus historischen Erkenntnisquellen Schlüsse gezogen werden dürfen.[426]

In der neueren, wohl herrschenden Literatur zur Methodenlehre hat sich eine mitunter als „Vereinigungstheorie“[427] bezeichnete methodische Kombination beider Standpunkte verfestigt. Danach stellen sich die Auslegungsziele der subjektiven und der objektiven Theorie nicht als Alternativen i. S. einander ausschließender Gegensätze dar, vielmehr ist die Erforschung beider zum vollen Verständnis des Gesetzes notwen-

---

[420] S. die treffende Formulierung bei *Buchner,* NZA 1989, Beil. 1, 9; vgl. a. *Hromadka,* BB 1990, 57, 62.

[421] *Larenz/Canaris,* 141 f., 163; *Schmalz,* Rn. 232, 277; *Zippelius,* 45; vgl. a. *Fikentscher,* Methoden, Bd. IV, 361 f.; *Bydlinski,* 437.

[422] Zur Unterscheidung des Normtextes als bloße sprachliche Aussage und der Rechtsnorm als geltende Regel s. etwa *Müller,* Rn. 162, 251.

[423] Vgl. etwa *Larenz/Canaris,* 134.

[424] S. die Darstellungen bei *Larenz/Canaris,* 137 ff.; *Zippelius,* 21 ff.; *Bydlinski,* 428 ff.; *Koch/Rüßmann,* 177 ff.

[425] *Bydlinski,* 428; es existieren aber auch andere Konzeptionen, etwa die einer subjektiv geltungszeitlichen Position, vgl. die Nachweise bei *Bydlinski,* a. a. O.

[426] Bydlinski, 429 f.

[427] Koch/Rüßmann, 178.

dig.[428] Der Vereinigungstheorie wird hier gefolgt, denn nur eine Berücksichtigung sowohl der grundsätzlichen Wertentscheidungen als auch des normativen Eigengehaltes einer Regelung kann die mögliche Schere zwischen ursprünglich verfolgtem Zweck und geänderten Umständen durch Anpassung oder Ergänzung schließen;[429] zudem geht es vorliegend, was dem Regelfall entspricht,[430] letztlich um die Ermittelung des Sinngehaltes von § 5 Abs. 4 BetrVG, wie er zur Zeit der Frage nach der Anwendung der jeweiligen Norm maßgeblich ist. Innerhalb der h. M. ist dabei eine deutliche Tendenz zur Annahme eines Vorranges des „objektiven", dem Gesetz immanenten Willens vor dem „subjektiven" Willen des Gesetzgebers festzustellen,[431] was sich nicht zuletzt in folgender, in diesem Zusammenhang mitunter zitierter[432] Formulierung des BVerfG[433] widerspiegelt, maßgeblich für die Interpretation eines Gesetzes sei der „ in ihm zum Ausdruck kommende objektivierte Wille des Gesetzgebers".

bb) Kanon der Auslegungskriterien

Hier wird dem einschlägigen klassischen Kriterienkanon[434] gefolgt, wie er näher sogleich anhand der Auslegung von § 5 Abs. 4 Eingangss. BetrVG darzustellen sein wird. Zwischen den einzelnen Kriterien soll nach nicht unumstrittener, aber wohl herrschender Ansicht kein festes Rangverhältnis i. S. einer von vornherein jeweils feststehenden Gewichtung bestehen,[435] vielmehr kommt es innerhalb deren Zusammenspieles

---

[428] *Larenz/Canaris,* 137 ff.; *Fikentscher,* Methoden, Bd. IV, 358; *Schmalz,* Rn. 248; *Koch/Rüßmann,* 178 ff., *Bydlinski,* 430 ff., der in diesem Zusammenhang mit dem hässlichen Problem einer gegenseitigen Paralysierung der Argumente für und wider subjektive oder objektive Theorie zu kämpfen hat; im Ergebnis wohl auch *Zippelius,* der zwar die subjektive Theorie für die repräsentative Demokratie ablehnt (a. a. O., 23 f.), die objektive Auslegung jedoch an die Entscheidung des Gesetzgebers für einen bestimmten Gesetzeszweck gebunden sieht, welche er dann im Rahmen der historisch orientierten Auslegung zu ermitteln sucht, a. a. O., 50 f.

[429] Vgl. (jew. mit weiteren Argumenten) *Larenz/Canaris,* 137 ff., insbes. 138, 149; *Bydlinski,* 429 ff.; *Koch/Rüßmann,* 177 ff. A. A. etwa *Fikentscher,* Methoden, Bd. IV, 360 f.

[430] Vgl. allgemein Bydlinski, 436 m. w. N.; Larenz/Canaris, 139.

[431] *Larenz/Canaris,* 138 ff., 164 f., 166; *Koch/Rüßmann,* 177, 182, 184; *Bydlinski,* 436; *Schmalz,* Rn. 248 m. N. zur Rspr.; im Ergebnis wohl auch *Zippelius,* der zwar die subjektive Theorie für die repräsentative Demokratie ablehnt (a. a. O., 23 f.), die objektive Auslegung jedoch an die Entscheidung des Gesetzgebers für einen bestimmten Gesetzeszweck gebunden sieht, welche er dann im Rahmen der historisch orientierten Auslegung zu ermitteln sucht, a. a. O., 50 f. A. A. etwa *Fikentscher,* Methoden, Bd. IV, 358 ff.; *Müller,* Rn. 442 m. w. N. zur h. M. in Fn. 642.

[432] *Schmalz,* Rn. 248.

[433] BVerfG E 79, 106, 121.

[434] Hierzu etwa *Fikentscher,* Methoden, Bd. IV, 361 ff.; *Zippelius,* 42 ff.; *Schmalz,* Rn. 232 ff.; *Larenz/Canaris,* 141 ff.; *Bydlinski,* 436 ff. Es handelt sich nicht um unterschiedliche Methoden, sondern methodologische Elemente, ineinander verwobene Kriterien unterschiedlichen Gewichtes, welche im Zusammenspiel die Erforschung der Norm als Regelung ermöglichen, vgl. etwa *Larenz/Canaris,* 149, 163; *Müller,* Rn. 359, 362; *Zippelius,* 62 f. Die Kriterien stellen eine Erweiterung der Auslegungslehre *Savignys* dar, *Larenz/Canaris,* 163.

[435] *Larenz/Canaris,* 166; *Schmalz,* Rn. 277; *Bydlinski,* 555, 558; *Zippelius,* 63; eingehend *Müller,* Rn. 439 ff. A. A. etwa *Koch/Rüßmann,* 176 ff.; die Diskussion dieser Problematik wäre nur im Fall eines

insbesondere darauf an, inwieweit sie für die Auslegung jeweils ergiebig sind.[436] Ein möglicher Widerstreit der einzelnen Elemente verlangt also nach seiner Auflösung durch die Entscheidung für die möglichst gerechte Problemlösung,[437] wobei insbesondere dem Kriterium des Sinnes und Zweckes einer Regelung im Rahmen der objektiv-teleologischen Auslegung besondere Bedeutung zukommt.[438] Dieser Streit braucht hier solange nicht entschieden zu werden, wie nicht einer der eher seltenen Sonderfälle vorliegt, in welchen er Relevanz gewinnt, so wenn die unterschiedlichen Auslegungskriterien einander eindeutig widersprechende Bedeutungsvarianten ergeben.[439] Die hier angewandte Reihung spiegelt also keine Rangfolge der Kriterien wider, sie besitzt vielmehr nur eine Ordnungsfunktion.

b) Auslegung von § 5 Abs. 4 Eingangss. BetrVG

aa) Normtext als Auslegungskriterium (grammatisch orientierte Auslegung)[440]

(1) Allgemeine Grundsätze der grammatisch orientierten Auslegung

Auf dieser ersten Stufe der Interpretation ist der mögliche Wortsinn grdsl. vorrangig anhand des besonderen juristischen Sprachgebrauches, insbesondere möglicher (Legal-) Definitionen, hilfsweise mittels der allgemeinen Sprachkonventionen zu erforschen, flankiert von der Betrachtung der syntaktischen Zusammenhänge, in die einzelnen Wörter des Normtextes zueinander stehen.[441] Der Wortsinn hat hierbei eine Doppelfunktion als Ausgangspunkt und Grenze der Auslegung zugleich.[442] In dieser Phase besteht die Gefahr, dass gerade bei Diskussionen, die wie diejenige um den Beurteilungsspielraum unter einem teils schwindelerregenden Abstraktionsgrad leiden, der Normtext durch Einordnung etwa als unbestimmter Rechtsbegriff über Gebühr mit

---

auftretenden Widerspruches der Ergebnisse der einzelnen Interpretationsphasen von Relevanz; sie würde jedenfalls den Rahmen dieser Arbeit sprengen.

436 *Larenz/Canaris,* 166; diese Sicht entspricht letztlich auch dem Charakter der Auslegungskriterien als methodisch Elemente der Rechtsfindung, als Werkzeuge. S. hierzu auch *Schmalz,* Rn. 277.

437 *Zippelius*, 62 f.

438 Vgl. *Larenz/Canaris*, 165; *Zippelius*, 63, 59 ff.; *Bydlinski*, 565.

439 *Bydlinski,* 556; ein erläutertes Beispiel findet sich etwa bei *Larenz/Canaris,* 233 f. Im übrigen drängt sich bei Betrachtung der ausgefeilten Bestimmung des Verhältnisses der Kriterien etwa bei *Larenz/Canaris*, 163 ff. als Vertreter dieser h. M. der Verdacht auf, dass es sich hier um einen Scheingefecht mit wenig unterschiedlichen rechtlichen Auswirkungen handelt, s. hierzu als Bestätigung *Koch/Rüßmann,* 169, zum Vorrang der teleologischen Kriterien.

440 Vgl. hierzu *Fikentscher*, Methoden, Bd. IV, 361 f.; *Bydlinski*, 437 f.; *Larenz/Canaris,* 141 ff.; *Zippelius*, 42 f.; *Schmalz,* Rn. 232; der Verfasser wählt hier die Bezeichnung als „orientierte Auslegung", da nicht die Argumentation selbst im Rahmen der Auslegung „grammatisch" ist, sondern eine selektive Ausrichtung hin zur sprachlichen Fassung des Normtextes erfolgt.

441 *Fikentscher,* Methoden, Bd. IV, 359 ff.; *Bydlinski*, 437 ff.; *Larenz/Canaris,* 141 ff., 164; *Zippelius*, 43, 45 ff.; *Schmalz,* Rn. 233 ff.

442 *Larenz/Canaris*, 143 m. w. N. in Fn. 19, 145, ; *Schmalz,* Rn. 234 m. w. N.; *Zippelius,* 47, 62; vgl. a. *Bydlinski,* 441; BVerfGE 71, 108, 114 ff.; BVerfG NJW 1996, 1336; BVerfG, Beschl. v. 22.3.2000 – 2 BvR 426/00 -, allerdings für die Auslegung im Bereich des Art. 103 Abs. 2 GG.

dogmatischer Bedeutung und entsprechenden rechtlichen Folgen aufgeladen wird.[443] Demgemäß ist Zurückhaltung hinsichtlich der Bewertung der Aussagekraft des Gesetzeswortlautes geboten.[444] Regelmäßig erscheinen auch bei festgelegtem Sprachgebrauch des Gesetzes noch verschiedene Auslegungsergebnisse möglich; in diesem Fall geben dann die übrigen Auslegungskriterien den Ausschlag.[445]

(2) Grammatisch orientierte Auslegung von § 5 Abs. 4 Eingangss. BetrVG

(a) Legaldefinition oder spezieller juristischer Sprachgebrauch

Für den Ausdruck „im Zweifel“ existiert keine für den Gebrauch im BetrVG maßgebliche Legaldefinition. Allerdings ist diese Formulierung in vielen Vorschriften BGB aufzufinden, etwa im Zusammenhang mit dem Dissens[446] und mit der Leistung vor Fälligkeit.[447] Besonders häufig verwendet der Gesetzgeber des BGB sie in den Bereichen des allgemeinen Schuldrechts[448] und des Erbrechts, hier insbesondere im Zusammenhang mit der Auslegung von Testamenten.[449] Der Normtext „im Zweifel“ hat in den genannten Bereichen des BGB oftmals die Funktion einer (materialen)[450] „Auslegungsregel“.[451] Diese bezeichnen ein bestimmtes Auslegungsergebnis als im Zweifel zutreffend und ordnen eine für den Richter insoweit bindende Sinngebung an; sie stellen zugleich eine Beweislastregelung dar.[452] In der Gesetzesentwurfsbegründung werden § 5 Abs. 4 Nr. 1 bis 4 BetrVG zwar als Auslegungsregeln bezeichnet,[453] dennoch

---

[443] Vgl. die Kritik von *Schmidt-Aßmann,* in: Maunz/Dürig, GG, Art. 19 IV, Rn. 183, welcher der Differenzierung zwischen bestimmtem und unbestimmtem Rechtsbegriff jeglichen dogmatischen Aussagewert, insbes. im Hinblick auf die Begründung eines Beurteilungsspielraums, aberkennt.

[444] S. a. *Ossenbühl,* in: Erichsen, § 10 Rn. 33.

[445] *Larenz/Canaris,* 164; vgl. a. *Bydlinski,* 442.

[446] S. § 154 Abs. 1 und 2 BGB.

[447] S. § 271 Abs. 2 BGB.

[448] S. etwa §§ 311 c, 329, 331 Abs. 1 und 364 Abs. 2 BGB.

[449] S. etwa §§ 2066 S. 2, 2067 S. 1, 2068 bis 2072, 2074 bis 2076, 2084, 2173, 2182 Abs. 3; 2269 Abs. 1 und 2 BGB; eine Aufzählung findet sich bei *Edenhofer,* in: Palandt, BGB, 2084 Rn. 1.

[450] Nach *Larenz/Wolf,* BGB AT, § 28 Rn. 99 f., beschreiben „formale“ Auslegungsregeln wie etwa §§ 133 und 157 BGB dagegen die Methode der Auslegung von Willenserklärungen (bzw. von Verträgen) im ganzen; zust. zu dieser Differenzierung etwa *Mayer-Maly,* in: MüKo, BGB, Bd. 1, § 133 Rn. 51 f.; inhaltlich ähnlich *Hefermehl,* in: Soergel, BGB, Bd. 1, § 133 Rn. 29 f.

[451] Vgl. *Heinrichs,* in: Palandt, BGB, § 133 Rn. 22; ders., a. a. O., § 154 Rn. 2; § 329, Rn. 5; § 331 Rn. 1; *ders.,* in: Ergänzungsbd. zu Palandt, BGB, 61. Aufl., § 311 c, Rn. 1; *Edenhofer,* in: Palandt, BGB, vor § 2064, Rn. 2 zur Differenzierung zwischen Auslegungs- und Ergänzungsregel; *ders.,* a. a. O. und § 2066, Rn. 2; als Auslegungsregel ordnet die Formulierung „im Zweifel“ etwa ein *ders.,* a. a. O., § 2067 S. 1 (Rn. 1); § 2068 (Rn. 1); § 2069 (Rn. 1); § 2070 (Rn. 1); vgl. insgesamt *ders.,* a. a. O., § 2084 Rn. 1 a. E.; aus der Rspr. des BGH s. etwa BGH NJW 2000, 354, 356; (zu § 154 Abs. 1 S. 1 BGB); NJW 1997, 1434, 1435 (zu § 742 BGB); NJW 1993, 2232 (zu § 314 BGB); NJW 1991, 1822 (zu § 415 Abs. 3 BGB).

[452] *Larenz/Wolf,* BGB AT, § 28 Rn. 99 f.

[453] BT-Ds. vom 16.6.1988, 11/2503, 1, 25, 30.

kann jedenfalls keine Parallele zu ihrer Bedeutung im BGB gezogen werden: Die beschriebenen Regeln haben im BGB in der Regel die Auslegung von Willenserklärungen bzw. von Verträgen zum Gegenstand,[454] wogegen die genannte Formulierung bei § 5 Abs. 4 Eingangss. BetrVG die Anwendung einer Rechtsvorschrift betrifft, deren Bedeutungsgehalt sich stets schon mit Hilfe der allgemeinen Auslegungskriterien ermitteln lässt.[455] Vor allem aber geben die Kriterien des § 5 Abs. 4 Nr. 1 bis 4 BetrVG für eine inhaltliche Bestimmung des Tatbestandes von § 5 Abs. 3 S. 2 Nr. 3 BetrVG nichts her; so sagt z. B. weder eine positive Zuordnung im Rahmen der Wahlen (§ 5 Abs. 4 Nr. 1 BetrVG) noch die Gehaltshöhe (§ 5 Abs. 4 Nr. 3 BetrVG) etwas darüber aus, ob ein Angestellter tatsächlich „sonstige" Aufgaben i. S. v. § 5 Abs. 3 S. 2 Nr. 3 BetrVG wahrnimmt.[456] § 5 Abs. 4 BetrVG kann deshalb trotz der ausdrücklichen Verweisung im Gesetzestext gerade nicht der Auslegung von § 5 Abs. 3 S. Nr. 3 BetrVG dienen, auch wenn dies nach der Entwurfsbegründung Ziel der Schaffung der ersteren Norm war,[457] und stellt somit jedenfalls keine Auslegungsregel i. S. der Verwendung der Formulierung im Zweifel in den beschriebenen Vorschriften des BGB dar.[458] Wollte man im übrigen § 5 Abs. 4 Nr. 1 bis 4 BetrVG dennoch als Auslegungsregel in diesem engeren Sinne qualifizieren, spräche dies gegen die Annahme eines Beurteilungsspielraums, da die abstrakte Auslegung nach der h. M. im Verwaltungsrecht von diesem gerade nicht erfasst wird.[459] Dieses Problem würde sich nicht stellen, wenn man, wie etwa *Borgwardt* als Lösung andeutet, die Zweifelsvorschrift als neuartige „Subsumtionshilfe" ansähe;[460] aber auch diese Einordnung scheitert jedenfalls an der mangelnden inhaltlichen Vergleichbarkeit von § 5 Abs. 3 S. 2 Nr. 3 und Abs. 4 Nr. 1 bis 4 BetrVG.

Auch § 9 Abs. 2 AGBG a. F. (bzw. der durch die Schuldrechtsmodernisierung neu gefasste, inhaltsgleiche § 307 Abs. 2 BGB n. F.)[461] taugt nicht als Parallele,[462] da des-

---

[454] Vgl. etwa §§ 314, 329, 364 Abs. 2, 2066 S. 2, 2067 S. 1, 2068 bis 2072, 2074 bis 2076, 2084, 2173, 2182 Abs. 3; 2269 Abs. 1 und 2 BGB.

[455] Näher zu dieser Argumentation *Raab,* in: GK-BetrVG, Bd. 1, § 5 Rn. 158, m. w. N.; ebenso *Müller,* DB 1988, 1699; in diesem Sinne a. *Steindorff,* ArbuR 1988, 268 f.; *Wlotzke,* DB 1989, 121 f. Krit., aber letztlich offen etwa *Borgwardt,* in: Borgwardt/Fischer/Janert, SprAuG, Teil Rn. 22 f., 27; a. A. *Engels/Natter,* BB 1989, Beil. 8, 10.

[456] Vgl. nur etwa *Raab,* in: GK-BetrVG, Bd. 1, § 5 Rn. 158; *Trümner,* in: D/K/K, BetrVG, § 5 Rn. 238.

[457] BT-Ds. vom 16.6.1988, 11/2503, 1, 25, 30.

[458] So *Raab,* in: GK-BetrVG, Bd. 1, § 5 Rn. 158; s. a. *Richardi,* BetrVG, § 5 Rn. 230; *Eisemann,* in: ErfKzA, § 5 Rn. 36; im Ergebnis auch *F/K/H/E/S,* BetrVG, § 5 Rn. 386; auch *Wlotzke,* BetrVG, § 5 II. 4., zieht jedenfalls keine Parallele zu den Auslegungsregeln des BGB, sondern sieht § 5 Abs. 4 BetrVG ebenso als Neuschöpfung, vgl. ausf. *ders.,* DB 1989, 121 f. A. A. etwa *Engels/Natter,* BB 1989, Beil. 8, S. 10, wobei auch hier die Schaffung von Auslegungsregeln zur Gesetzesanwendung als Neuschöpfung bezeichnet wird; *Hess,* in: H/S/G, BetrVG, § 5 Rn. 117.

[459] S. o. 2. Kap., A. II. 3. a).

[460] *Borgwardt,* in: Borgwardt/Fischer/Janert, SprAuG, Teil Rn. 83.

[461] In der Fassung durch das Gesetz zur Modernisierung des Schuldrechts vom 26.11.2001, BGBl. I/3138, in Kraft getreten am 1.1.2002.

sen Nr. 1 und 2 nach der wohl im Vordringen begriffenen, jedoch nicht unbestrittenen Lehre als (gesetzliche) Regelbeispiele qualifiziert werden,[463] die Worte „im Zweifel" also wie „in der Regel" zu lesen sind;[464] die Formulierung in § 9 Abs. 2 Eingangss. AGBG a. F. bzw. § 307 Abs. 2 BGB n. F. ist demnach zumindest missverständlich, eher aber sogar falsch gewählt und kann damit auch keinen prägenden juristischen Sprachgebrauch etablieren, der auf § 5 Abs. 4 BetrVG übertragbar wäre. Die teilweise Einordnung des Tatbestandsmerkmales „im Zweifel" als unbestimmter Rechtsbegriff[465] stützt den Befund *Steindorffs*, dass Abs. 4, anstatt Zweifelsfragen zu lösen, die „neue, unlösbare Zweifelsfrage" nach der Voraussetzung des Zweifelstatbestandes selbst begründet.[466]

Aus der Verwendung des Ausdruckes im Rahmen des strafprozessualen Grundsatzes[467] „Im Zweifel für den Angeklagten" lässt sich keine weitere Erkenntnis gewinnen: Zwar ist diese Formulierung „in Voraussetzung (Zweifel) und Wirkungsweise (Entscheidung zugunsten des Angeklagten)" zerlegbar, damit ist der Konsens hinsichtlich ihrer Anwendbarkeit „aber auch schon fast erschöpft".[468] Zudem richtet er sich unmittelbar an die Strafgerichte,[469] nicht an diesen vorgelagerte Rechtsanwender, weswegen für vorliegende Untersuchung keine Parallele gezogen werden kann.

Festzuhalten bleibt, dass es nicht möglich ist, sich hinsichtlich des Bezugspunktes und des maßgeblichen Betrachters für das Vorliegen von Zweifeln auf einen festgelegten rechtsspezifischen Sprachgebrauch zu stützen; dieses Ergebnis kann nicht überraschen, denn andernfalls wäre wohl auch die Rechtsnatur der Zweifelsregelung nicht derart umstritten, und letztere würde in der Literatur nicht als dogmatisch schwer einzuordnendes Novum angesehen.[470]

---

[462] *Wlotzke*, DB 1989, 122; zust. etwa *Engels/Natter*, BB 1989, Beil. 8, 10; *Borgwardt*, in: Borgwardt/Fischer/Janert, SprAuG, Teil 2 Rn. 26.

[463] Eingehend *Becker*, 47 ff., 195; *v. Hoyningen-Huene*, Inhaltskontrolle, Rn. 120 f., 132; *Brandner*, in: Ulmer/Brandner/Hensen, AGBG, § 9 Rn. 129; *Schlünder*, § 9 Rn. 35; zust. *Wlotzke*, DB 1989, 122, der sie gar als h. M. bezeichnet, s. *ders.*, a. a. O., m. w. N. in Fn. 99; s. a. *Heinrichs*, in: Palandt, BGB, § 9 AGBG Rn. 18; *ders.* in: Ergänzungsbd. zu Palandt, BGB, 61. Aufl., § 307 Rn. 25. S. die ablehnende Darstellung zu dieser Meinung bei *Coester*, in: Staudinger, BGB/AGBG, § 9 AGBG Rn. 163, 165.

[464] *Becker*, 50; normalerweise werden Regelbeispiele mit der Formulierung „in der Regel" gekennzeichnet, s. z. B. §§ 94 Abs. 2 S. 2, 113 Abs. 2 S. 2, 243 Abs. 1 S. 2, 263 Abs. 3 S. 2 StGB; vgl. etwa *Raab*, in: GK-BetrVG, Bd. 1, § 5 Rn. 157; *Martens*, RdA 1989, 83.

[465] So etwa *Raab*, in: GK-BetrVG, Bd. 1, § 5 Rn. 163.

[466] *Steindorff*, ArbuR 1988, 269.

[467] *Zopfs*, 378.

[468] *Zopfs*, 14 f.

[469] Vgl. *Zopfs*, 65, 93, insbes. 94, 378 f.

[470] S. *Martens*, RdA 1989, 76, 81 ff.; vgl. nur die Darstellung bei *Raab*, in: GK-BetrVG, Bd. 1, § 5 Rn. 155 ff.; s. a. *F/K/H/E/S*, BetrVG, § 5 Rn. 382 ff.; *Trümner*, in: D/K/K, BetrVG, § 5 Rn. 231 ff.; *Richardi*, NZA 1990, Beil. 1, 3, 9; *Engels/Natter*, BB 1989, Beil. 8, 10; *Röder*, NZA 1989, Beil. 4, 6; *Wlotzke*, DB 1989, 122.

(b) Allgemeiner Sprachgebrauch

Im allgemeinen Sprachgebrauch bedeutet „Zweifel" „Bedenken, schwankende Ungewissheit, ob ... ein Vorgehen, eine Handlung richtig und gut ist o. Ä."; „im Zweifel sein" heißt „etwas noch nicht wissen" oder „sich noch nicht entschieden haben (etwas zu tun)".[471] Damit ist aber weder gesagt, ob sich etwa der Zweifel auf Tatsachen oder auf deren rechtliche Bewertung bezieht, noch ist eindeutig festgelegt, wessen Zweifel maßgeblich sein soll. Auch der direkte Bezug auf § 5 Abs. 3 (S. 2) Nr. 3 BetrVG birgt insoweit keinen Anhaltspunkt, denn er bedeutet nur, dass sich die Unsicherheit auf die Frage bezieht, ob jemand nach dieser Vorschrift als leitender Angestellter einzuordnen ist, konkretisiert jedoch weder den Bezugspunkt noch den maßgeblichen Betrachter.

Die grammatisch orientierte Auslegung ergibt somit keinen Hinweis auf einen Beurteilungsspielraum für die betrieblichen Zuordnungsstellen. Dieses Zwischenergebnis überrascht wiederum nicht, da die sprachliche Formulierung „im Zweifel" selbst ohne weitere Festlegung wie z B. den Zusatz „der betrieblichen Zuordnungsstellen" außerstande ist, den maßgeblichen Betrachter festzulegen. Weiter spiegelt dieser Ausdruck keinerlei Reduktion der Kontrolldichte wider; die Feststellung *Ossenbühls*[472] für das Verwaltungsrecht, es fehle durchgängig an expliziten Vorgaben für die Kontrollintensität, gilt, wie sich zeigt, mit der soweit ersichtlich einzigen Ausnahme von § 18 Abs. 5 S. 2 und 3 BetrVG auch im Betriebsverfassungsgesetz. Als Gegenbeispiel aus dem Kündigungsrecht gibt etwa § 1 Abs. 3 S. 1 Hs. 1 KSchG, wo ausdrücklich die der betriebsbedingten Kündigung zugrundeliegende Abwägung und Auswahlentscheidung des Arbeitgebers auf die „ausreichende Berücksichtigung" sozialer Gesichtspunkte zur Überprüfung gestellt wird, bezüglich derer dem Arbeitgeber vom BAG wenigstens bis zur Einführung des § 1 Abs. 4 KSchG ein Beurteilungsspielraum zugestanden wurde.[473]

bb) Regelungs- und Bedeutungszusammenhang (Kontext) des § 5 Abs. 4 BetrVG als Auslegungskriterien (systematisch-logisch orientierte Auslegung)[474]

(1) Allgemeine Grundsätze der systematisch-logisch orientierten Auslegung

Im Brennpunkt steht hier der juristische Kontext, der systematische Zusammenhang, in welchem die zu untersuchende Vorschrift steht,[475] ohne welchen das Verständnis der

---

[471] Duden, Bd. 10, 4708.

[472] *Ders.*, in: Erichsen, § 10 Rn. 33.

[473] S. BAG, Urt. v. 15.6.1989 – 2 AZR 580/88 = EzA § 1 KSchG Soziale Auswahl Nr. 27, S. 7; zur Rechtslage nach der Einführung von § 1 Abs. 4 KSchG etwa *Kittner*, in: Kittner/Däubler/Zwanziger, KSchG, § 1 KSchG Rn. 487; gegen einen über den in § 1 Abs. 4 KSchG angelegten („grobe Fehlerhaftigkeit") hinausgehenden Beurteilungsspielraum auch *Backmeister*, in: Backmeister/Trittin, KSchG, § 1 KSchG Rn. 312, 337.

[474] Vgl. hierzu *Fikentscher*, Methoden, Bd. IV, 362 ff.; *Bydlinski*, 442 ff.; *Larenz/Canaris*, 145 ff.; *Zippelius*, 52 f.; *Schmalz*, Rn. 239.

spezifischen Bedeutung eines Wortes, Ausdruckes oder Satzes gerade im jeweiligen Textzusammenhang in der Regel nicht möglich ist.[476] Der Grundsatz der Einheit der Rechtsordnung kann in diesem Rahmen, etwa bei der Suche nach einer einheitlichen Gesetzesterminologie, eine gewisse Orientierung bieten.[477] Im Zweifel sind daher Normen, die Teile einer Gesamtregelung darstellen, in sachlicher Übereinstimmung zueinander auszulegen.[478] Systematische Argumente basieren jedoch auf der Prämisse, dass der Gesetzgeber die betreffende Regelung in eine äußere Systematik, etwa durch Fassung unter eine Überschrift im Gesetz, oder in ein begriffliches System eingegliedert hat; sie dürfen, da solche Strukturen im Gesetz oftmals durchbrochen werden, nicht überschätzt werden.[479]

(2) Systematisch-logisch orientierte Auslegung von § 5 Abs. 4 Eingangss. BetrVG

(a) Funktion im Verhältnis zu § 5 Abs. 3 S. 2 Nr. 3 BetrVG

§ 5 Abs. 4 Eingangss. BetrVG bezieht sich unmittelbar auf § 5 Abs. 3 S. 2 Nr. 3 BetrVG, welcher den Ausgangspunkt für die Zuordnung eines Beschäftigten zur Gruppe der leitenden Angestellten für das BetrVG darstellt. Es besteht in Literatur und Rechtsprechung weitgehend Einigkeit, dass § 5 Abs. 4 BetrVG nur eine Hilfsfunktion besitzt, die Zuordnung durch Anwendung von § 5 Abs. 3 S. 2 Nr. 3 BetrVG also grdsl. vorgeht.[480] Mit Rücksicht auf die bloße Hilfsfunktion des § 5 Abs. 4 BetrVG liegt es

---

[475] *Fikentscher,* Methoden, Bd. IV, 362 f.; *Bydlinski,* 442 f.; *Larenz/Canaris,* 145 f., 164; *Zippelius,* 52 f.; *Schmalz,* Rn. 239.

[476] *Larenz/Canaris,* 145 f., 148, 164; vgl. a. *Zippelius,* 43, 52.

[477] In diesem Sinne etwa *Zippelius,* 52; *Schmalz,* Rn. 239; dies darf allerdings den Blick darauf nicht verstellen, dass der Gesetzgeber wegen der unterschiedlichen Zweckausrichtung der einzelnen Normen oftmals gerade auch bei gleicher Wortwahl ein durchaus verschiedenes Sinnverständnis voraussetzt, *Zippelius,* a. a. O.

[478] *Larenz/Canaris,* 146 f., 164; *Zippelius,* 52 ff.; *Schmalz,* Rn. 239 ff.

[479] Vgl. *Larenz/Canaris,* 147 (mit Beispiel), 164.

[480] Vgl. aus der Lit.: *F/K/H/E/S,* BetrVG, § 5 Rn. 324, 383; *Richardi,* BetrVG, § 5 Rn. 187, 233; *ders.,* in: MünchHdbArbR, Bd. 1, § 26 Rn. 22 f., 48 f.; *ders.,* NZA 1990, Beil. 1, 8; *Raab,* in: GK-BetrVG, Bd. 1, § 5 Rn. 159; *Trümner,* in: D/K/K, BetrVG, § 5 Rn. 176, 180, insbes. 183, 237; *Hess,* in: H/S/G, BetrVG, § 5 Rn. 117; *Eisemann,* in: ErfKzA, § 5 Rn. 36; *Buchner,* NZA 1989, Beil. 1, 9; *Röder,* NZA 1989, Beilage 4, 6; *Dänzer-Vanotti,* NZA 1989, Beil. 1, 33, 36; *Wlotzke,* DB 1989, 121, 123; *Rumler,* Kündigungsschutz, 51; *Steindorff,* ArbuR 1988, 267; diese Auffassung entspricht der gesetzgeberischen Intention, § 5 Abs. 4 BetrVG dem § 5 Abs. 3 S. 2 Nr. 3 BetrVG als „funktionellen Grundtatbestand" lediglich für Zweifelsfälle zur Seite zu stellen, vgl. BT-Ds. vom 16. 6. 1988, 11/2503, S. 25, 30; vgl. aus der Rspr.: BAG Beschl. v. 22.2.1994 – 7 ABR 32/93 und 33/93, jew. unter Ziff. B III 4 a) der Gründe (beide Beschl. n. a. v.), wo ausgeführt wird, dass die „materiellen Kriterien des funktionalen Grundtatbestandes ausschließlich dem § 5 Abs. 3 S. 2 Nr. 3 BetrVG zu entnehmen" sind, und § 5 Abs. 4 BetrVG (nur) eine Entscheidungshilfe für den Fall gibt, dass die festgestellten Tatsachen eine Einordnung sowohl als Arbeitnehmer i. S. v. § 5 Abs. 1 BetrVG als auch als leitender Angestellter i. S. v. § 5 Abs. 3 S. 2 Nr. 3 BetrVG „vertretbar erscheinen lassen"; gegen eine bloße Hilfsfunktion etwa *Martens,* RdA 1989, 83 f., der beide Vorschriften als „gleichberechtigt" betrachtet, allerdings selbst

systematisch gesehen näher, den Grundtatbestand in seinem Anwendungsbereich zu respektieren, als diesen durch Anerkennung eines Beurteilungsspielraums indirekt zu erweitern, indem die nur eingeschränkte Überprüfbarkeit hinsichtlich des Vorliegens von Zweifeln den betrieblichen Zuordnungsstellen den Rückgriff auf § 5 Abs. 4 BetrVG erleichtert. Der h. M. ist demnach insoweit in ihrer ablehnenden Haltung zuzustimmen, als ein solcher Spielraum tatsächlich die Gefahr birgt, dass die betrieblichen Stellen § 5 Abs. 4 BetrVG zum Regeltatbestand umfunktionieren könnten.[481]

Auch hat das BAG nur den Tatsacheninstanzgerichten, nicht aber den betrieblichen Zuordnungsstellen einen Beurteilungsspielraum hinsichtlich der in hohem Maße unbestimmten tatbestandlichen Merkmale des leitenden Angestellten nach dem funktionellen Grundtatbestand nach § 5 Abs. 3 S. 2 Nr. 3 BetrVG zugestanden.[482] Gegenteiliges wurde, soweit ersichtlich, in neuerer Zeit auch in der Lehre nicht vertreten. Sieht man § 5 Abs. 3 S. 2 BetrVG als Grundnorm an, so ergibt diese Rechtsprechung eher eine Tendenz gegen einen Beurteilungsspielraum für die Hilfsnorm des § 5 Abs. 4 Eingangss. BetrVG.

(b) Vergleich mit § 18 Abs. 5 BetrVG

Schließlich ist zu bedenken, dass § 5 Abs. 4 Eingangss. BetrVG gleichzeitig mit § 18 a Abs. 5 S. 2 und 3 BetrVG neu geschaffen und im Rahmen derselben Gesetzesnovelle in das BetrVG eingeführt wurde.[483] Letztere Vorschrift führt nach ihrem eindeutigen Wortlaut zu einer Reduktion der gerichtlichen Kontrolldichte hinsichtlich der Zuordnungsentscheidung etwa der Wahlvorstände nach § 18 a Abs. 1 S. 3 BetrVG, da eine Anfechtung der Betriebsratswahl oder der Wahl nach dem SprAuG nur auf die „offensichtliche Fehlerhaftigkeit" dieser Entscheidung gestützt werden kann und auch nur insoweit vom Arbeitsgericht zu überprüfen ist. Beide Vorschriften stehen in einem engen systematischen Zusammenhang: Die wahlrechtliche Zuordnung soll zwar dem Grundsatz nach nur im Rahmen der jeweiligen Wahlen verbindlich sein, wie dies das Offenstehen des Rechtsweges gemäß § 18 a Abs. 5 S. 1 BetrVG nach h. M. bestä-

---

einräumt, diese Konzeption entspreche „jedenfalls nicht der Gesetzesbegründung"; krit. zu dieser Vorgehensweise etwa *Rumler*, a. a. O., 51, Fn. 150.

[481] S. etwa *Raab*, in: GK-BetrVG, Bd. 1, § 5 Rn. 163 m. w. N.; vgl. a. *F/K/H/E/S*, BetrVG, § 5 Rn. 381, 390 ff., zust. Wohl auch *Eisemann*, in: ErfKzA, § 5 Rn. 36; *Engels/Natter*, BB 1989, Beilage 8, 11; vgl. die parallele Argumentation zu „Zweifeln" in § 5 Abs. 4 Nr. 4 BetrVG bei *Richardi*, NZA 1990, 8.

[482] Der Beurteilungsspielraum der Tatsachengerichte besteht nach BAG darin, dass „in der Revisions- oder Beschwerdeinstanz (...) nur noch nachzuprüfen (ist, Erg. d. Verf.), ob der Sachverhalt fehlerfrei festgestellt wurde, die Bewertungsmaßstäbe nicht verkannt sind und die Gesamtwürdigung aller maßgeblichen Gesichtspunkte vertretbar erscheint", so zur alten Rechtslage BAG, Beschl. v. 29.1.1980 – 1 ABR 45/79 = EZA § 5 BetrVG 1972 Nr. 35, S. 326, und zur neuen Rechtslage BAG Beschl. v. 22.2.1994 – 7 ABR 32/93 und 33/93, jew. unter Ziff. B III der Gründe (beide Beschl. n. a. v.).

[483] Gesetz zur Änderung des Betriebsverfassungsgesetzes, über Sprecherausschüsse der leitenden Angestellten und zur Sicherung der Montan-Mitbestimmung vom 20.12.1988, BGBl. 1988, Teil I, 2312 ff., s. hier Art. 1 Punkt 1. b) und Punkt 6; das Gesetz trat gemäß seinem Art. 7 am 1.1.1989 in Kraft; näher zur Genese *Engels/Natter*, BB 1989, Beil. 8, 3 ff.; *Wlotzke*, DB 1989, 111 ff.

tigt,[484] mittelbar kann sie sich allerdings über § 5 Abs. 4 Nr. 1 BetrVG im Falle einer positiven Entscheidung doch auf den materiellen Status eines Beschäftigten auswirken.[485] Es scheint nun nicht plausibel, warum der Gesetzgeber trotz dieses Normzusammenspiels nur bei § 18 a Abs. 5 S. 2 und 3 BetrVG eine klare Kennzeichnung der Einschränkung der Kontrollintensität vorgenommen haben sollte, wenn anderes gewollte war. Die Gesetzessystematik spricht somit im Ergebnis eher gegen einen Beurteilungsspielraum.

cc) Regelungsabsicht, Zwecke und Normvorstellungen des historischen Gesetzgebers als Auslegungskriterien (historisch orientierte Auslegung)[486]

(1) Materialien zur Erforschung von Regelungsabsicht, Zwecken und Normvorstellungen des historischen Gesetzgebers

Soweit möglicher Wortsinn und Gesetzessystematik unterschiedliche Bedeutungsvarianten ergeben, ist „diejenige Auslegung vorzuziehen, die der Regelungsabsicht des Gesetzgebers und dem Zweck der betreffenden Norm am ehesten gerecht wird“.[487] Aus der Entstehungsgeschichte können sich Hinweise ergeben, welchen Inhalt der Gesetzgeber der zu untersuchenden Vorschrift geben wollte.[488] Heranzuziehen sind hierfür bestimmte „Gesetzesmaterialien“, namentlich die dem Gesetzesentwurf beigefügte Begründung, sowie die in Protokollen festgehaltenen Diskussionen in den Fachausschüssen und im Parlament.[489] Für die Interpretation von Formulierungen ist dabei das Sprachverständnis zur Zeit der Schaffung der Norm zugrunde zu legen.[490]

---

[484] S. etwa *Kreutz,* in: GK-BetrVG, Bd. 1, § 18 a Rn. 4, 96, 98, 106 m. w. N.; *F/K/H/E/S,* BetrVG, § 18 a Rn. 61 ff. m. w. N.; *Richardi/Thüsing,* in: Richardi, BetrVG, § 18 a Rn. 55 f.; *Trümner,* in: D/K/K, BetrVG, § 18 a Rn. 69, 74; *Schlochauer,* in: H/S/G, BetrVG, § 18 a Rn. 26 ff.

[485] So etwa *Martens,* RdA 1989, 85 f.; *F/K/H/E/S,* BetrVG, § 18 a Rn. 63, § 5 Rn. 395 ff.; *Trümner,* in: D/K/K, BetrVG, § 18 a Rn. 72; *Kreutz,* in: GK-BetrVG, Bd. 1, § 18 a Rn. 97; eingehend zur Wirkung von § 5 Abs. 4 Nr. 1 BetrVG und zur Abgrenzung von der Rechtskraft *Raab,* in: GK-BetrVG, Bd. 1, § 5 Rn. 167 ff.

[486] Vgl. hierzu *Bydlinski,* 449 ff.; *Larenz/Canaris,* 149 ff.; *Zippelius,* 44, 50 ff.; *Schmalz,* Rn. 247 ff. Die unterschiedliche Zusammenstellung der einzelnen Auslegungskriterien ist bei den einzelnen Autoren oftmals zufällig (*Fikentscher,* Methoden, Bd. IV, 356) und nicht zwingend, *Schmalz,* Rn. 276 f.; hier wurde die historisch orientierte Auslegung um der besseren Übersichtlichkeit Willen nicht als jew. bei Grammatik, Systematik und Zweck zu prüfender Unterpunkt (so etwa *Fikentscher,* a. a. O., 364, 366, 370), sondern entsprechend etwa der Darstellung bei *Schmalz Bydlinski,* und *Larenz/Canaris,* jew.. a. a. O., als eigenständiges Kriterium dargestellt. Auf die Differenzierung von genetischer und historischer Auslegung kann hier nur hingewiesen werden, vgl. etwa *Müller,* Rn. 360 ff.

[487] Sogenannte „historisch-teleologische“ Auslegung, s. *Larenz/Canaris,* 149, 151 ff., 164; *Bydlinski,* 449, 451; ähnlich *Zippelius,* 51; zurückhaltender wohl *Schmalz,* Rn. 247 f., 277, 280.

[488] Schmalz, Rn. 248; Larenz/Canaris, 150; Bydlinski, 449; Zippelius, 51.

[489] Schmalz, Rn. 249; Larenz/Canaris, 150 f.; Bydlinski, 449; Zippelius, 51.

[490] *Larenz/Canaris,* 151; *Fikentscher,* Methoden, Bd. IV, 360; vgl. a. *Bydlinski,* 450.

(2) Historisch orientierte Auslegung von § 5 Abs. 4 Eingangss. BetrVG

Nach den Gesetzesmaterialien liegt der Zweck der Neufassung des § 5 Abs. 3 BetrVG in der Präzisierung des Begriffes des leitenden Angestellten.[491] Beabsichtigt war, auf diese Weise die Auslegungsschwierigkeiten, welche nach Ansicht der Fraktionen der CDU/CSU und der FDP auch durch die als allzu restriktiv kritisierte Rechtsprechung des BAG[492] nicht gelöst worden waren, auszuräumen.[493] § 5 Abs. 3 S. 2 Nr. 3 BetrVG wird in der Begründung zum Gesetzesentwurf als „funktionaler Grundtatbestand" bezeichnet, der neben den formalen Merkmalen von § 5 Abs. 3 S. 2 Nr. 1 und 2 BetrVG den „ganz überwiegenden Teil der leitenden Angestellten erfassen" sollte.[494] Ergänzend wurde § 5 Abs. 4 BetrVG als „Entscheidungshilfe" für Fälle eingeführt, in denen die Zuordnung eines Beschäftigten nach § 5 Abs. 3 S. 2 Nr. 3 BetrVG zweifelhaft sein würde: Die Nr. 1 bis 4 des § 5 Abs. 4 BetrVG sollten als „Auslegungsregeln"[495] durch die Anknüpfung an formale, schnell feststellbare Merkmale die Anwendung des Grundtatbestandes erleichtern. Sinn und Zweck dieser Regelung war letztlich, die Abgrenzung für die Praxis besser handhabbar zu gestalten und ihr so eine sicherere Beantwortung der Frage, welche Beschäftigten zum Kreis der leitenden Angestellten gehören, zu ermöglichen.[496]

Der Streit um die dogmatische Einordnung von § 5 Abs. 4 BetrVG[497] muss hier nicht im einzelnen entschieden werden, da er grdsl. keinen weiteren Aufschluss darüber bietet, ob hinsichtlich des Vorliegens von Zweifeln ein Beurteilungsspielraum der betrieblichen Rechtsanwender besteht; von Interesse kann insoweit nur sein, ob sich die Zweifel ausschließlich auf das Vorliegen von Tatsachen beziehen, denn dann käme nach vorherrschender Dogmatik kein Beurteilungsspielraum i. S. des Verwaltungsrechts in Betracht. Eine solche Interpretation von § 5 Abs. 4 BetrVG widerspricht aber klar der Zwecksetzung des Gesetzgebers, eine Entscheidungshilfe für die Praxis zu

---

[491] Text und Begründung zum „Entwurf eines Gesetzes zur Änderung des Betriebsverfassungsgesetzes, über Sprecherausschüsse der leitenden Angestellten und zur Sicherung der Montan-Mitbestimmung", BT-Ds. vom 16.6.1988, 11/2503, 1, 22, 24, 30; Bericht des federführenden Ausschusses für Arbeit und Sozialordnung zum Gesetzentwurf, BT-Ds. vom 1.12.1988, 11/3618, 2, 7, 17; Plenarprotokoll vom 23.6.1988, 11/87, 5973, 5989 f.

[492] Vgl. die Darstellung bei *Borgwardt,* in: *Borgwardt/Fischer/Janert,* SprAuG, 31 ff.

[493] BT-Ds. vom 1.12.1988, 11/3618, 7 unter Hinweis auf die Rspr. des BAG zum „Titularprokuristen", s. BAG, Beschl. v. 27.4.1988 – 7 ABR 5/87 = AP Nr. 1 zu § 5 BetrVG 1972, Bl. 1155/V (Ls. 1.), 1157/V ff.; Plenarprotokoll vom 23.6.1988, 11/87, 5979, 5983.

[494] BT-Ds. vom 16.6.1988, 11/2503, 25, 30.

[495] Dieser Einordnung folgt insbes. das BAG (Beschl. v. 22.2.1994 – 7 ABR 32/93, n. a. v., Ziff. B. II. 4. a) der Entschgrde.); zust. aus der Lit. etwa *Engels/Natter,* BB 1989, Beil. 8, 10.

[496] BT-Ds. vom 16.6.1988, 11/2503, 24, 30; BT-Ds. vom 1.12.1988, 11/3618, 3, 8.

[497] Zu den verschiedenen Möglichkeiten der Einordnung etwa als Auslegungsregeln, Regelbeispiele, Vermutungstatbestände oder Konkretisierungstatbestände vgl. etwa *Martens,* RdA 1989, 81 ff.; *Engels/Natter,* BB 1989, Beil. 8, 10; *Wlotzke,* DB 1989, 121 f.; *Raab,* in: GK-BetrVG, Bd. 1, § 5 Rn. 155 ff.; *F/K/H/E/S,* BetrVG, § 5 Rn. 382 ff.; *Hess,* in: H/S/G, BetrVG, § 5 Rn. 115 ff.; *Richardi,* BetrVG, § 5 Rn. 228 ff.; *Trümner,* in: D/K/K, BetrVG, § 5 Rn. 231 ff., 236.

schaffen und sie ist damit nach wohl h. M. abzulehnen: Kernproblem der betrieblichen wie der gerichtlichen Praxis war nicht die Sachverhaltsermittlung, sondern vielmehr die rechtliche Zuordnung der Tatsachen zu den entsprechenden Tatbestandsmerkmalen, also die Subsumtion.[498]

In den Gesetzesmaterialien findet sich kein ausdrücklicher Hinweis darauf, dass der Gesetzgeber die gerichtliche Kontrolldichte durch Schaffung eines Beurteilungsspielraums zugunsten der betrieblichen Rechtsanwender einschränken wollte. Auch die sich aus der Kritik der Koalitionsparteien ergebende gesetzgeberische Absicht, mit der Zweifelsregelung die restriktive Tendenz in der Rechtsprechung des BAG einzudämmen[499] und diese damit sozusagen „auf Kurs zu bringen", birgt keinen weiteren Anhaltspunkt. Sie deutet lediglich darauf hin, dass nicht nur die betrieblichen Rechtsanwender, sondern auch die Arbeitsgerichte auf § 5 Abs. 4 BetrVG zurückgreifen dürfen oder sogar müssen,[500] sofern Zweifel bestehen, wenn dies auch praktisch selten der Fall sein wird. Dagegen lässt die Kritik an der früheren Rechtsprechung keinen Schluss dahingehend zu, dass die Rechtsprechung ausgerechnet an die Einschätzung der betrieblichen Rechtsanwender gebunden sein soll.

Im Ergebnis spricht die historische orientierte Auslegung gegen die Annahme eines Beurteilungsspielraums.

dd) Sinn und Zweck („telos") der gesetzlichen Regelung als Auslegungskriterien (objektiv-teleologisch orientierte Auslegung)[501]

(1) Allgemeine Grundsätze der objektiv-teleologisch orientierten Auslegung

Soweit anhand der bisher genannten Kriterien ein eindeutiges Ergebnis nicht ermittelt werden konnte,[502] ist die betreffende Norm hinsichtlich der objektiven Zwecksetzun-

---

[498] Zur wohl h. L. s. *Raab,* in: GK-BetrVG, Bd. 1, § 5 Rn. 161; *Buchner,* NZA 1989, Beil. 1, 9; *F/K/H/E/S,* BetrVG, § 5 Rn. 387; *Trümner,* in: D/K/K, BetrVG, §5 Rn. 241; *Engels/Natter,* BB 1989, Beil. 8, 10; *Wlotzke,* DB 1989, 122; *Steindorff,* ArbuR 1988, 268; insoweit i. S. der h. L. a. *Müller,* DB 1988, 1699; wie die h. L. auch das BAG, Beschl. v. 22.2.1994 – 7 ABR 32/93, n. a. v., Ziff. B. II. 4. b). A. A. etwa *Richardi,* NZA 1990, Beil. 1, 9; wohl auch *Martens,* RdA 1989, 82.

[499] BT-Ds. vom 16.6.1988, 11/2503, 24; BT-Ds. vom 1.12.1988, 11/3618, 7 unter Hinweis auf die Rspr. des BAG zum „Titularprokuristen", s. BAG, Beschl. v. 27.4.1988 – 7 ABR 5/87 = AP Nr. 1 zu § 5 BetrVG 1972, Bl. 1155/V (Ls. 1.), 1157/V ff.; Plenarprotokoll vom 23.6.1988, 11/87, 5979, 5983.

[499] BT-Ds. vom 16.6.1988, 11/2503, 25, 30.

[500] Str., so etwa *Hromadka,* BB 1990, 62; a. A. etwa *Raab,* in: GK-BetrVG, Bd. 1, § 5 Rn. 164 f.

[501] Vgl. hierzu mit teilweise erheblichen terminologischen Abweichungen *Fikentscher,* Methoden, Bd. IV, 362 ff.; *Bydlinski,* 453 ff.; *Larenz/Canaris,* 153 ff.; *Zippelius,* 54 f.; *Schmalz,* Rn. 251 ff.

[502] *Larenz/Canaris,* 153 f.,165, wodurch letztlich dem Willen des historischen Gesetzgebers doch ein gewisser Vorrang eingeräumt wird; in diesem Sinne auch *Zippelius,* 51 f., 62, der die Grenze der Auslegung bei klarem Widerspruch zu einer „eindeutig erkennbaren Ziel- und Zweckmäßigkeitsentscheidung des Gesetzgebers" als erreicht ansieht; in anderem Zusammenhang, aber mit letztlich gleichem Ergebnis *Fikentscher,* Methoden, Bd. IV, 360; offener für den sogenannten „Funktionswandel" dage-

gen, derer sich der Gesetzgeber nicht notwendig bewusst gewesen sein muss,[503] zu erforschen. Die „ratio legis" als wichtigstes Auslegungskriterium[504] wird anhand folgender „objektiv-teleologischer Kriterien" ermittelt:[505] Die Strukturen des geregelten Sachbereiches oder die „Natur der Sache"[506] fließen in Form der Annahme ein, der Gesetzgeber habe eine sachgemäße, zweckmäßige Regelung schaffen wollen.[507] Weiter sind die der Rechtsordnung immanenten Rechtsprinzipien, etwa der Gerechtigkeit und der Rechtssicherheit, zu beachten, wobei dem Postulat der Gleichbehandlung des Gleichartigen im Dienste der Vermeidung von Wertungswidersprüchen eine herausragende Stellung zukommt.[508] Dass diese Interpretationsphase in höchstem Maße durch das Vorverständnis des Auslegenden geprägt und in Teilbereichen der Gefahr von Zirkelschlüssen ausgesetzt ist, kann hier nur erwähnt werden;[509] entscheidend ist, dass man sich stets der Problematik der Verwechselung oder gar des Ersatzes des tatsächlich Geregelten durch das wünschenswerter Weise Geregelte bewusst bleibt.

(2) Objektiv-teleologisch orientierte Auslegung von § 5 Abs. 4 Eingangss. BetrVG

Keines der bisher geprüften Auslegungskriterien ergibt einen Hinweis auf einen Beurteilungsspielraum der betrieblichen Rechtsanwender. Andererseits enthält aber insbesondere die Entwurfsbegründung keine eindeutige Aussage dahingehend, dass ein Beurteilungsspielraum schlechthin ausgeschlossen sein soll. Mithin ist auch die Möglichkeit der Auslegung nach dem objektiven Sinn und Zweck von § 5 Abs. 4 BetrVG eröffnet. Die Frage ist, ob dem Gesetz ein über die Funktion als Entscheidungshilfe hinausgehender Sinn und Zweck zu Grunde liegt, der es rechtfertigt, z. B. dem Wahlvorstand als „geeignetem Kompetenzträger" einen von den (Arbeits-) Gerichten zu respektierenden Beurteilungsspielraum zuzugestehen.[510]

---

gen *Bydlinski*, 453 f., 577 ff.; eher i. S. einer Ergänzung der unterschiedlichen Kriterien *Schmalz*, Rn. 277.

[503] *Larenz/Canaris*, 153 f.; *Schmalz*, Rn. 251 ff.; *Bydlinski*, 453 f.; vgl. a. *Fikentscher*, Methoden, Bd. IV, 366 und *Zippelius*, 50.

[504] So etwa *Fikentscher*, Methoden, Bd. IV, 364; krit. etwa *Müller*, Rn. 364.

[505] *Larenz/Canaris*, 165; *Bydlinski*, 453 f.; mit anderer Terminologie, aber inhaltlich deckungsgleich *Schmalz*, Rn. 251; *Zippelius*, 54;

[506] Hierzu *Bydlinski*, 459 ff.

[507] *Larenz/Canaris*, 153 ff.; *Bydlinski*, 454; in diesem Sinne auch *Schmalz*, Rn. 260, der auch offen legt, wie sehr diese Sicht bereits in den problematischen Bereich der Folgenbetrachtung hineinspielt, worauf hier nur hingewiesen werden kann, s. *ders.*, a. a. O., Rn. 260, 262 ff.

[508] *Larenz/Canaris*, 155, 165; *Bydlinski*, 455; *Zippelius*, 54 f.; in diesem Sinne auch *Schmalz*, Rn. 260.

[509] Vgl. etwa krit. etwa *Koch/Rüßmann*, 166, 169 f.; *Müller*, Rn. 363 f.

[510] S. die treffende Formulierung bei *Buchner*, NZA 1989, Beil. 1, 9; vgl. a. *Hromadka*, BB 1990, 57, 62.

(a) Rechtssicherheit als Rechtfertigung eines Beurteilungsspielraums

§ 5 Abs. 4 BetrVG steht durch seine Bezugnahme auf § 5 Abs. 3 S. 2 BetrVG wie letzterer[511] im Dienste der Rechtssicherheit. Allerdings fördert es die inhaltliche Berechenbarkeit gerichtlicher Entscheidungen nicht, wenn die Arbeitsgerichte schon gar nicht voll überprüfen können, ob überhaupt ein Zweifelsfall vorliegt; denn damit werden die rechtlich problematischen „Grenzfälle", in denen „mehr als ein Auslegungsergebnis rechtlich vertretbar" erscheint,[512] im Grunde der gerichtlichen Kontrolle entzogen und die Herausbildung einer einheitlichen Linie durch Gerichtsentscheidungen gerade in diesem sensiblen Bereich verhindert. Die Gefahr, dass die Arbeitsgerichte die berechtigten Zweifel der betrieblichen Zuordnungsstellen gesetzeswidrig[513] überspielen, indem sie von ihrer eigenen Warte aus deren Überwindbarkeit annehmen, lässt sich, wie etwa der Vorschlag von *Kraft* zeigt, auch anders als durch einen Beurteilungsspielraum bannen: Die Arbeitsgerichte können etwa anhand eines objektivierten Maßstabes prüfen, „ob die Normanwender im Betrieb verständiger Weise davon ausgehen durften, dass der Grundtatbestand des Abs. 3 Satz 2 Nr. 3 zu keinem eindeutigen Ergebnis führt".[514]

(b) Analogie zu § 18 a Abs. 5 S. 2 und 3 BetrVG

H.-P. Müller zieht zur Charakterisierung von § 5 Abs. 4 BetrVG als Vermutungstatbestand, der nur bei offensichtlicher Nichtzugehörigkeit eines Beschäftigten zu den leitenden Angestellten widerlegt sein soll, eine Analogie zu § 18 a Abs. 5 S. 2 und 3 BetrVG.[515] Diese Vorgehensweise verbietet sich aber mangels der erforderlichen Gesetzeslücke,[516] denn die Reduktion der Kontrolldichte wird durch die Bestätigung des Offenstehens des Rechtsweges in § 18 a Abs. 5 S. 1 BetrVG und nach dem eindeutigen Wortlaut von § 18 a Abs. 5 S. 2 BetrVG auf die Anfechtung der Betriebsratswahlen begrenzt. Es fehlt damit schon jeglicher Anhaltspunkt für eine „planwidrige Unvollständigkeit"[517] des Gesetzes. Insbesondere zeigt auch die Einführung von § 5 Abs. 4 Nr. 1 BetrVG, dass der Gesetzgeber durchaus an die Auswirkung der Zuordnung im Rahmen der Wahlen auch außerhalb des Wahlverfahrens gedacht hat und insoweit ei-

---

[511] Hierzu Plenarprotokoll vom 23.6.1988, 11/87, 5979

[512] So die Formulierung bei *Wlotzke*, DB 1989, 122 f.; vgl. auch *Raab*, in: GK-BetrVG, Bd. 1, § 5 Rn. 164; in dieser Formulierung klingt insbes. die bereits beschriebene Vertretbarkeitslehre von *Ule* an; krit. hierzu etwa *Trümner*, in: D/K/K, BetrVG, § 5 Rn. 241. M. E. kann es hier von vornherein nicht um Auslegung, sondern nur um Tatsachenbeurteilung bzw. Subsumtion gehen, da die Ermittlung des abstrakten Normzwecks unstr. Sache der Gerichte ist; hier liegt wohl eine terminologische Ungenauigkeit vor, die auf die Sicht von § 5 Abs. 4 Nr. 1 bis 4 BetrVG als Auslegungsregeln zurückzuführen ist.

[513] Vgl. *Hromadka*, BB 1990, 62. A. A. etwa *Richardi*, BetrVG, § 5 Rn. 233.

[514] *Raab*, in: GK-BetrVG, Bd. 1, § 5 Rn. 163.

[515] *Müller*, DB 1988, 1700 f.; ähnlich *Hromadka*, BB 1990, 57, 52.

[516] Vgl. hierzu *Larenz/Canaris*, 194, 198.

[517] *Larenz/Canaris*, 194 m. w. N. in Fn. 17.

ne abschließende Regelung schaffen wollte. Ähnlich argumentieren etwa *Engels/Natter*, die eine Analogie wegen des Ausnahmecharakters genannter Vorschrift ablehnen.[518] Dem ist jedenfalls im Ergebnis zuzustimmen, denn die objektive Zwecksetzung des § 18 a Abs. 5 S. 2 BetrVG, ob man sie nun lediglich in der Absicherung der Effektivität des Verfahrens nach § 18 a BetrVG[519] oder weitergehend in der Verhinderung der Anfechtung gleich mehrerer Wahlen mit der eventuellen Notwendigkeit von Neuwahlen sieht,[520] ist bei § 5 Abs. 4 BetrVG gerade nicht gegeben, denn hier kann immer nur ein einzelner Beschäftigter betroffen sein. Da der Regelungsbereich der genannten Vorschriften also nicht vergleichbare[521] Sachverhalte und Interessenlagen betrifft, mangelt es am Bedürfnis der Erweiterung des Anwendungsbereiches von § 18 a Abs. 5 S. 2 und 3 BetrVG durch analoge Anwendung auf die gerichtliche Kontrollintensität hinsichtlich des Vorliegens von Zweifeln i. S.v. § 5 Abs. 4 Eingangss. BetrVG. Eine Analogie widerspräche darüber hinaus dem gesetzgeberischen Willen, wonach das Zuordnungsverfahren nach § 18 a BetrVG (nur) der schnellen und einfachen Klärung der Zugehörigkeit von Beschäftigten zur Gruppe der leitenden Angestellten im Vorfeld der Wahlen dient.[522]

(c) Parallele zu Fallgruppen des Beurteilungsspielraums im Verwaltungsrecht: Betriebliche Zuordnungsstellen als geeignetere Entscheidungskompetenzträger im Vergleich zu den Gerichten

Zumindest denkbar ist, dass § 5 Abs. 4 BetrVG den in den Gesetzesmaterialien nicht dokumentierten weitergehenden Sinn hat, den Bestand von Zuordnungsentscheidungen der betrieblichen Rechtsanwender als die „besten Kenner interner Pläne, Strukturen und Abläufe“ wegen deren größerer Sachnähe[523] durch einen Beurteilungsspielraum gegenüber den Gerichten abzusichern. Diese Tendenz zeigt sich etwa bei *Hromadka,* der zumindest bei übereinstimmender Zuordnung etwa durch die Wahlvorstände anlässlich der Wahlen oder sonst durch Betriebsrat, Sprecherausschuss und Arbeitgeber nach § 5 Abs. 4 BetrVG eine tatsächliche Vermutung für die Richtigkeit der Entscheidung annimmt, was auf einen „gewissen Wertungsspielraum“ der betrieblichen Zuordnungsstellen hinauslaufe.[524]

Buchner weist demgegenüber ganz zu Recht darauf hin, dass es gerade an einem zur Ausschöpfung eines Beurteilungsspielraums geeigneten Kompetenzträgers fehlt. In Betracht komme allenfalls der Wahlvorstand.[525] Die begrenzten Auswirkungen seiner

---

[518] *Engels/Natter,* BB 1989, Beil. 8, 11.

[519] So *Kreutz,* in: GK-BetrVG, Bd. 1, § 18 a Rn. 99.

[520] So etwa *F/K/H/E/S,* § 18 a Rn. 62 m. w. N.

[521] Vgl. *Larenz/Canaris,* 195, 202.

[522] BT-Ds. 11/2503, 25.

[523] Vgl. *Hromadka,* BB 1990, 57.

[524] *Hromadka,* BB 1990, 57, 62 unter Bezug auf *Wlotzke,* DB 1989, 123.

[525] *Buchner,* NZA 1989, Beil. 1, 9.

Zuordnungen sind jedoch, wie bereits aufgezeigt, in § 5 Abs. 4 Nr. 1 und § 18 a Abs. 5 BetrVG bereits abschließend geregelt. Entscheidend ist, dass die betrieblichen Zuordnungsstellen zwar möglicherweise genauere Kenntnisse der tatsächlichen Gegebenheiten in Unternehmen und Betrieb haben; diese Tatsachen können aber im jeweiligen Verfahren im Rahmen der Beweiserhebung auch dem Gericht zugänglich gemacht werden. Anders liegt es, was die in Grenzfällen problematische Rechtsfrage der Subsumtion angeht, ob ein Beschäftigter nach festzustellender Sachlage im Einzelfall gemäß § 5 Abs. 3 S. 2 Nr. 3 BetrVG etwa „Entscheidungen im wesentlichen frei von Weisungen trifft": Diesbezüglich ist nicht ersichtlich, warum die betrieblichen Rechtsanwender in der Frage der Rechtsanwendung höhere Fähigkeiten besitzen sollten als die Gerichte.

Zieht man in diesem Zusammenhang abschließend die Parallele zum öffentlichen Recht, zeigt sich, dass die Zweifelsregelung nach § 5 Abs. 4 BetrVG auch nicht in die verwaltungsrechtlich anerkannten Fallgruppen des Beurteilungsspielraums eingeordnet werden kann: Im Prüfungsrecht wird z. B. mit dem speziellen fachlich-wissenschaftlichen Hintergrund der Bewertung und mit der meist fehlenden Wiederholbarkeit der Prüfungssituation und der darauf beruhenden mangelnden Vergleichbarkeit der Prüfungsleistungen argumentiert;[526] an beidem fehlt es hier. Auch die Fallgruppe der Entscheidungen unabhängiger, fachlich und / oder pluralistisch zusammengesetzter Gremien[527] ist hier nicht einschlägig: Im BetrVG ist nicht ein speziell hierfür geschaffenes Gremium allein mit der Zuordnungsentscheidung befasst, sondern je nach Kontext der Arbeitgeber, der Betriebsrat, die Wahlvorstände oder der Vermittler. Insbesondere wird man den Wahlvorstand schwerlich als mit besonderer Sachnähe oder Sonderwissen ausgestattetes Gremium bezeichnen können, dessen Einschätzungen eine vergleichsweise höhere Richtigkeitsgewähr mit sich bringen.

ee) Verfassungsorientierte Interpretation in Form der verfassungskonformen Auslegung

Nachdem keines der Auslegungskriterien einen Hinweis auf einen Beurteilungsspielraum ergeben hat, besteht hier kein Bedürfnis für die Frage nach dessen Vereinbarkeit mit der Verfassung. Die Erläuterung der Grundsätze der verfassungskonformen Auslegung bleibt daher späteren Ausführungen vorbehalten.

IV. Ergebnis zum Beurteilungsspielraum des Wahlvorstandes hinsichtlich des Vorliegens von Zweifeln i. S. v. § 5 Abs. 4 Eingangss. BetrVG

Die Auslegung ergibt keinen Hinweis auf einen Beurteilungsspielraum der betrieblichen Rechtsanwender hinsichtlich des Vorliegens von Zweifeln i. S. v. § 5 Abs. 4 Eingangss. BetrVG; ein solcher ist daher abzulehnen.

---

[526] Vgl. *Ossenbühl,* in: Erichsen, § 10 Rn. 35 m. w. N.; *Maurer,* § 7 Rn. 43 m. w. N.

[527] Vgl. *Ossenbühl,* in: Erichsen, § 10 Rn. 37 m. w. N.; *Liebetanz,* in: Obermayer, VwVfG, § 40 Rn. 72.

B. Beurteilungsspielraum des Wahlvorstandes bei Feststellung der dem Betrieb „in der Regel“ angehörenden Arbeitnehmer (Belegschaftsregelstärke), § 9 S. 1 BetrVG

§ 9 BetrVG bestimmt als Grundregel[528] die Zahl der zu wählenden Betriebsratsmitglieder nach der Anzahl der Arbeitnehmer,[529] die dem Betrieb „in der Regel“ angehören. Zuständig für die Feststellung der Zahl der Arbeitnehmer im Betrieb[530] ist der Wahlvorstand;[531] maßgeblicher Zeitpunkt oder „Stichtag“ ist insoweit der Tag des Erlasses des Wahlausschreibens[532] gemäß § 3 Abs. 1 S. 1 WOBetrVG. Mitzuzählen sind nach ganz h. M. nur betriebsangehörige[533] Arbeitnehmer; diese müssen je nach Abstufung innerhalb von § 9 S. 1 BetrVG ganz oder zum Teil auch wahlberechtigt nach § 7 BetrVG sein.[534]

I. Beurteilungsspielraum des Wahlvorstandes nach der h. M. in BAG und Literatur

Die Feststellung des Regelstandes an Arbeitnehmern zum Stichtag birgt für den Wahlvorstand erhebliche Probleme, was teils in der Auslegung des Tatbestandsmerkmales „in der Regel“, teils auch in der Natur des Vorgangs begründet liegt: Im Rahmen von § 9 S. 1 BetrVG bedarf es nach dem BAG eines Rückblickes auf die bisherige personelle Stärke des Betriebes, aber auch einer Einschätzung der künftigen personellen

---

[528] § 11 BetrVG ist insoweit eine Ausnahmeregelung, *F/K/H/E/S*, BetrVG, § 11 Rn. 1; weitere Sonderregelungen finden sich etwa in den §§ 47 und 55 BetrVG für den Gesamt- und den Konzernbetriebsrat; vgl. *Kreutz,* in: GK-BetrVG, Bd. 1, § 9 Rn. 3.

[529] S. § 5 BetrVG.

[530] Für die Einordnung selbständiger Betriebsteile als Betrieb i. S. v. § 9 S. 1 BetrVG gilt § 4 BetrVG.

[531] S. § 18 Abs. 1 S. 1 BetrVG i. V. m. §§ 1 Abs. 1, 3 Abs. 2 Ziff. 4 WOBetrVG; allg. Meinung, s. etwa *Kreutz,* in: GK-BetrVG, Bd. 1, § 9 Rn. 7; *F/K/H/E/S*, § 9 Rn. 9; *Schneider,* in: D/K/K, BetrVG, § 9 Rn. 1; vgl. a. *Richardi/Thüsing,* in: Richardi, BetrVG, § 9 Rn. 10.

[532] Allg. Meinung, s. *Kreutz,* in: GK-BetrVG, Bd. 1, § 9 Rn 8 m. w. N.; *Richardi/Thüsing,* in: Richardi, BetrVG, § 9 Rn. 13; *F/K/H/E/S*, § 9 Rn. 33; BAG, Beschl. v. 12.10.1976 – 1 ABR 1/76 = SAE 1978, 1, 4 mit Anm. *Dütz*; welche Rolle der Stichtag genau spielt, wird an späterer Stelle im Zusammenhang mit dem Verständnis der Wendung „in der Regel“ erläutert.

[533] BAG, Beschl. v. 18.1.1989 - / ABR 21/88 = EZA § 9 BetrVG 1972 Nr. 4, 7; Beschl. v. 25.11.1992 – 7 ABR 7/92 = EZA § 9 BetrVG 1972 Nr. 5, 2; zum Begriff vgl. etwa BAG, BB 2000, 2098 ff.; *Kreutz,* in: GK-BetrVG, Bd. 1, § 9 Rn. 6, § 7 Rn. 16 ff.; *F/K/H/E/S*, § 9 Rn. 14; *Richardi/Thüsing,* in: Richardi, BetrVG, § 9 Rn. 7; *Eisemann,* in: ErfKzA, § 9 Rn. 2; *Wlotzke,* BetrVG, § 9 Rn. 1; *Stege/Weinspach,* BetrVG, § 9 Rn. 2 a; *Schlochauer,* in: H/S/G, BetrVG, § 9 Rn. 8; es ist jedoch str., inwieweit der „Betriebszu“- bzw. „-angehörigkeit“ über § 8 BetrVG hinaus Bedeutung zukommt, und welchen Inhalt dieser Begriff im einzelnen hat, s. ausführl. zum Streitstand *Kreutz,* a. a. O., § 7 Rn. 11, 16 ff., § 8 Rn. 23.

[534] Ganz h. M., s. *Kreutz,* in: GK-BetrVG, Bd. 1, § 9 Rn. 5; *F/K/H/E/S*, § 9 Rn. 9; *Stege/Weinspach,* BetrVG, § 9 Rn. 2; *Richardi/Thüsing,* in: Richardi, BetrVG, § 9 Rn. 3; *Schlochauer,* in: H/S/G, BetrVG, § 9 Rn. 7; *Wlotzke,* BetrVG, § 9 Rn. 1; *Schneider,* in: D/K/K, BetrVG, § 9 Rn. 2; BAG, Beschl. v. 18.1.1989 – 7 ABR 21/88 = EZA § 9 BetrVG 1972 Nr. 4, 8 f.

Entwicklung.[535] Diese Auslegung findet der Sache die Zustimmung der ganz h. L.;[536] damit bekommt die Feststellung des Wahlvorstandes teilweise prognostischen Charakter.[537] Die präzise Bestimmung von Regelbelegschaftsstärke und Wahlberechtigung könne insbesondere wegen der Betriebsgröße, der regelmäßigen Beschäftigung von Aushilfskräften, aber auch in Phasen der Expansion oder des Personalabbaus schwierig oder gar nahezu unmöglich werden; eine Feststellung, ob der Regelstand der im Betrieb regelmäßig Beschäftigten nun 1000 oder 1001 Arbeitnehmer beträgt, sei in einem solchen Grenzfall kaum mit völliger Sicherheit zu treffen.[538]

1. Der Standpunkt von BAG und Literatur zum möglichen Beurteilungsspielraum des Wahlvorstandes

Aufgrund der genannten Schwierigkeiten, denen sich der Wahlvorstand bei der Anwendung von § 9 S.1 BetrVG ausgesetzt sieht, muss dem Wahlvorstand nach Ansicht des BAG „in den Grenzfällen des § 9 BetrVG ein gewisser Beurteilungsspielraum im Rahmen seines pflichtgemäßen Ermessens eingeräumt werden“.[539] Diese Rechtsprechung hat in der Literatur wenigstens der Sache ganz überwiegend Zustimmung gefunden;[540] teilweise wird die Terminologie des BAG kritiklos vollständig übernom-

---

[535] BAG, Beschl. v. 12.10.1976 – 1 ABR 1/76 = SAE 1978, 1, 4; so auch zum hinsichtlich „in der Regel“ wortgleichen § 16 Abs. 1 S. 1 BPersVG BAG NZA 1992, 182 f.; s. a. das obiter dictum in BAG, Beschl. v. 25.11.1992 – 7 ABR 7/92 = EZA § 9 BetrVG 1972 Nr. 5, 7.

[536] Vgl. z. B. *Kreutz,* in: GK-BetrVG, Bd. 1, § 9 Rn. 9 ff.; *F/K/H/E/S,* § 9 Rn. 12, *Schneider,* in: D/K/K, BetrVG, § 9 Rn. 6 ff.; *Schlochauer,* in: H/S/G, BetrVG, § 9 Rn. 8; *Wlotzke,* BetrVG, § 9 Rn. 1, § 1 Rn. 2. b); *Stege/Weinspach,* BetrVG, § 9 Rn. 2; *Eisemann,* in: ErfKzA, § 9 Rn. 1; unklar unter Berufung auf die Rspr. des RAG *Richardi/Thüsing,* in: Richardi, BetrVG, § 9 Rn. 10, § 1 Rn. 114.

[537] Vgl. nur etwa *Kreutz,* in: GK-BetrVG, Bd. 1, § 9 Rn. 9; *Joost,* in: MünchHdbArbR, Bd. 3, § 304 Rn. 109; *Honstetter,* 100 f.; auf den Begriff der Prognose wird später noch näher einzugehen sein.

[538] *Kreutz,* in: GK-BetrVG, Bd. 1, § 9 Rn. 9; vgl. a. BAG, Beschl. v. 12.10.1976 – 1 ABR 1/76 = SAE 1978, 1, 4 mit insoweit zust. Anm. *Dütz,* a. a. O., 7; zust. hinsichtlich der fehlenden Möglichkeit der exakten Feststellung a. *Nipperdey,* DB 1977, 1095.

[539] BAG, Beschl. v. 12.10.1976 – 1 ABR 1/76 = SAE 1978, 1, 4, mit Anm. *Dütz;* vgl. a. BAG, Beschl. v. 29.5.1991 – 7 ABR 27/90 = NZA 1992, 183 (zu § 16 Abs. 1 S. 1 BPersVG), mit der gleichen Formulierung und unter Bezug auf die genannte Entscheidung; in diesem Sinne auch etwa LAG Frankfurt, ZBVR 2002, 2 f. und LAG Köln, ZBVR 2002, 4, 6.

[540] Zust. aus der Lit. etwa *Kreutz,* in: GK-BetrVG, Bd. 1, § 9 Rn. 9 m. w. N.; *F/K/H/E/S,* § 9 Rn. 11; *Schneider,* in: D/K/K, BetrVG, § 9 Rn. 14; *Schlochauer,* in: H/S/G, BetrVG, § 9 Rn. 11; *Richardi/Thüsing,* in: Richardi, BetrVG, § 9 Rn. 10; *Wlotzke,* BetrVG, § 9 Rn. 1; *Eisemann,* in: ErfKzA, § 9 Rn. 1; *Stege/Weinspach,* BetrVG, § 9 Rn. 2; *Joost,* in: MünchHdbArbR, Bd. 3, § 304 Rn. 109; krit. insbes. bezügl. der Terminologie, zust. jedoch hinsichtlich der Notwendigkeit eines Einschätzungsfreiraumes des Wahlvorstandes in Form eines Beurteilungsspielraums *Dütz,* SAE 1978, 7 (Beschlussanmerkung); vgl. in diesem Sinne a. *Ilbertz,* Anm. zu LAG Frankfurt, Beschl. v. 10.2.2000 – 12 TaBV 148/98 = ZBVR 2002, 2 ff., S. 4. A. A. *Nipperdey,* DB 1977, 1094 f. ; *ders.,* DB 1980, 1646 f.

men,[541] teils ist in den eigenen Anmerkungen der Autoren nur vom Beurteilungsspielraum,[542] teils nur vom (pflichtgemäßen) Ermessen die Rede.[543]

2. Kritik hinsichtlich der terminologischen Unschärfe in der Rechtsprechung des BAG zum Begriff „in der Regel" i. S. v. § 9 S. 1 BetrVG

Die sachliche Rechtfertigung eines Beurteilungsspielraums wird noch zu prüfen sein; jedenfalls ist die Formulierung des BAG im Hinblick auf die Unterscheidung zwischen Beurteilungsspielraum und Ermessen, den Bezugspunkt eines möglichen Freiraumes des Wahlvorstandes und bezüglich dessen Konsequenz für die gerichtliche Kontrollintensität unklar und zumindest missverständlich.[544] Hier liegt auch der Grund für die Schwierigkeit der Bestimmung, welche Art von Spielraum das BAG letztlich der Sache nach annimmt:[545]

a) Mangelnde Differenzierung zwischen Beurteilungsspielraum und Ermessen

Das BAG kombiniert durch seine Formulierung zumindest begrifflich in problematischer Art und Weise Beurteilungsspielraum und Ermessen. Der Wendung „Beurteilungsspielraum im Rahmen des pflichtgemäßen Ermessens" nach zu schließen scheint das BAG den Beurteilungsspielraum als Teilbereich des Ermessens anzusehen, was zumindest der im Verwaltungsrecht herrschenden Dogmatik nicht entspricht. Auch lässt sich keine Parallele zu den sogenannten „Koppelungsvorschriften"[546] ziehen, da „in der Regel" ausschließlich als Tatbestandsmerkmal fungiert und § 9 S.1 BetrVG daher keinen Mischtatbestand darstellt, der neben einem unbestimmten Rechtsbegriff auf der Tatbestandsseite zusätzlich eine Ermessensermächtigung auf der Rechtsfolgenseite enthält. Ob das Gericht diesbezüglich überhaupt differenziert, ist aus der zitierten Formulierung kaum zu ersehen. Fraglich ist daher auch, ob das BAG der Sache nach nun jeweils einen Beurteilungs- oder einen Ermessensspielraum annimmt; dies soll im folgenden untersucht werden.

---

[541] So etwa *Schlochauer,* in: H/S/G, BetrVG, § 9 Rn. 11; *Wlotzke,* BetrVG, § 9 Rn. 1; *Eisemann,* in: ErfKzA, § 9 Rn. 1; *Joost,* in: MünchHdbArbR, Bd. 3, § 304 Rn. 109.

[542] So etwa *Kreutz,* in: GK-BetrVG, Bd. 1, § 9 Rn. 9 („Erkenntnisrecht"), 10; *Richardi/Thüsing,* in: Richardi, BetrVG, § 9 Rn. 10; *Stege/Weinspach,* BetrVG, § 9 Rn. 2; unklar *Schneider,* in: D/K/K, BetrVG, § 9 Rn. 14, 17.

[543] So etwa *F/K/H/E/S,* § 9 Rn. 11.

[544] S. *Dütz,* Anm. zu BAG Beschl. v. 12.10.1976 – 1 ABR 1/76 = SAE 1978, 1, 4, 7; s. a. die Kritik bei *Nipperdey,* DB 1980, 1646.

[545] Diese zeigen sich darin, dass etwa *Dütz,* SAE 1978, 7, davon ausgeht, das BAG beschriebe in seinem Beschl. v. 12.10.1976 – 1 ABR 1/76 = SAE 1978, 1, 4, eine Ermessensermächtigung, wogegen *Nipperdey,* DB 1977, 1093 ff. und DB 1980, 1645 f., dem BAG die Annahme eines Beurteilungsspielraums unterstellt.

[546] Vgl. hierzu etwa *Maurer,* § 7 Rn. 48.

b) Erkenntnisgewinn anhand der vom BAG verwendeten Begrifflichkeiten

Ausgangsentscheidung zu dieser Problematik ist der Beschluss des ersten Senates vom 12.10.1976; bei dessen genauerer Betrachtung ergibt sich folgendes Bild: Zunächst spricht das Gericht in Leitsatz Nr. 3 von einem „gewissen Beurteilungsspielraum" des Wahlvorstandes hinsichtlich der Zahl der zu wählenden Betriebsratsmitglieder, der „im Rahmen seines pflichtgemäßen Ermessens" bestehen soll; diese Formulierung wird in den Entscheidungsgründen zunächst wiederholt.[547] Unmittelbar anschließend ist zuerst von einem „Ermessensspielraum", dann von einer „Beurteilung" der regelmäßigen Arbeitnehmerzahl und zu guter Letzt noch vom „pflichtgemäßen Ermessen" die Rede.[548] Die aufgezeigte begriffliche Verwirrung setzt sich in den späteren Entscheidungen, die sich mit einem Spielraum des Wahlvorstandes bei der Einschätzung der Regelarbeitnehmerzahl auseinandersetzen, fort: Der siebte Senat des BAG nimmt in einem Beschluss vom 29.5.1991 auf denjenigen vom 12.10.1976 Bezug; er verwendet dabei zunächst die kritisierte Formulierung abermals, spricht dann aber nur noch vom Beurteilungsspielraum.[549] In einem obiter dictum vom 25.11.1992 verweist der siebte Senat ohne Einschränkung auf die Entscheidung vom 29.5.1991; das Ermessen taucht als Begriff gar nicht mehr auf, es ist ausschließlich von einem „gewissen Beurteilungsspielraum" die Rede.[550]

Bei einer derart unklaren Begriffsverwendung wie in genannter Entscheidung verstellen die verwendeten Rechtsbegriffe eher die Sicht auf das, was das BAG rechtstechnisch gesehen wirklich meint; letzteres ist aber ausschlaggebend. Zwar ist *Dütz* zuzugeben, dass in der Entscheidung vom 12.10.1976 im Anschluss an die zitierte Formulierung überwiegend vom Ermessen die Rede ist, was in der Tat dafür spricht, dass das Gericht von einer Ermessensermächtigung ausgeht;[551] dies gilt aber lediglich in begrifflicher Hinsicht, nicht dagegen für die Frage, was das Gericht eigentlich der Sache nach unter einem Ermessensspielraum versteht, und ob es damit überhaupt für diesen plädiert. Eine endgültige begriffliche Klärung zugunsten des Beurteilungsspielraums liegt auch nicht in der Entscheidung des siebten Senates vom 25.11.1992, da es sich hierbei lediglich um ein nicht überzubewertendes obiter dictum handelt und dort konsequenterweise eine vertiefte Auseinandersetzung mit der vorliegenden Problematik nicht erfolgt; insoweit ist allerdings eine gewisse Tendenz zur eindeutigeren Begriffsverwendung erkennbar, und man kann darauf spekulieren, dass diese jüngere, klarere Formulierung in Zukunft als Orientierung für weitere Entscheidungen dienen wird.

---

[547] BAG Beschl. v. 12.10.1976 – 1 ABR 1/76 = SAE 1978, 1, 4.

[548] BAG Beschl. v. 12.10.1976 – 1 ABR 1/76 = SAE 1978, 4.

[549] BAG, Beschl. v. 29.5.1991 – 7 ABR 27/90 = NZA 1992, 183 f. (zu § 16 Abs. 1 S. 1 BPersVG).

[550] BAG, Beschl. v. 25.11.1992 – 7 ABR 7/92 = EZA § 9 BetrVG 1972 Nr. 5, 7.

[551] S. *Dütz*, Anm. zu BAG Beschl. v. 12.10.1976 – 1 ABR 1/76 = SAE 1978, 1, 4, 7.

c) Erkenntnisgewinn durch nähere Bestimmung des Bezugspunktes des möglichen Freiraumes des Wahlvorstandes

Ob das BAG nun tatsächlich einen Beurteilungsspielraum oder Ermessen des Wahlvorstandes meint, lässt sich am ehesten durch die Frage nach dessen Bezugspunkt herausfinden.

Die Ausführungen in den bereits genannten Entscheidungen des BAG beziehen sich auf die Einschätzung des Wahlvorstandes, wie viele Arbeitnehmer dem Betrieb i. S. des § 9 S. 1 BetrVG angehören,[552] und damit auf dessen tatbestandliche Voraussetzungen zur Bestimmung der Anzahl der zu wählenden Betriebsratsmitglieder. Dies spricht dafür, dass das BAG der Sache nach einen Beurteilungsspielraum meint: Zwar darf einerseits von der Tatsache, dass bezüglich des Tatbestandsmerkmales rechtstechnisch nur ein Beurteilungsspielraum, nicht aber ein Ermessen in Betracht kommt,[553] kein Rückschluss darauf gezogen werden, ob das BAG konsequenterweise einen Beurteilungsspielraum annimmt, will man nicht das gewünschte mit dem tatsächlichen rechtlichen Vorgehen verwechseln. Andererseits kann nur maßgeblich sein, was das BAG nach rechtlicher Einordnung tatsächlich tut, nicht dagegen die Begrifflichkeit, mit welcher es sein Vorgehen belegt. Beispielhaft für die mangelnde Genauigkeit mancher Formulierungen des BAG ist die Aussage im Beschluss vom 12.10.1976, es bestehe ein Beurteilungsspielraum im Rahmen des pflichtgemäßen Ermessens „hinsichtlich der Zahl der zu wählenden Betriebsratsmitglieder".[554] Dies ist irreführend, denn diese wird ohne Zweifel durch § 9 BetrVG gesetzlich bestimmt; ein möglicher Beurteilungsspielraum kann sich, wie *Dütz* anmerkt, nur auf die Feststellung der tatbestandlichen Voraussetzungen der jeweiligen Mitgliederzahl beziehen.[555]

d) Erkenntnisgewinn anhand der Begründung des möglichen Beurteilungsspielraums durch das BAG

Das BAG begründet die Notwendigkeit des „gewissen Beurteilungsspielraums" in Grenzfällen des § 9 S. 1 BetrVG damit, dass eine genaue Bestimmung der regelmäßigen Beschäftigtenzahl in größeren Betrieben und in Betrieben, die regelmäßig mit Aushilfskräften arbeiten, kaum möglich sei; deren Feststellung lasse sich nicht durch einfaches Abzählen der zufälligen Zahl am Tag des Erlasses des Wahlausschreibens bewerkstelligen, vielmehr bedürfe es eines Rückblickes auf die bisherige personelle Stärke und „einer Einschätzung der zukünftigen Entwicklung".[556] Mit dieser Formulie-

---

[552] BAG, Beschl. v. 12.10.1976 – 1 ABR 1/76 = SAE 1978, 1, Ls. 3, 4; vgl. zum hinsichtlich „in der Regel" wortgleichen § 16 Abs. 1 BPersVG BAG, Beschl. v. 29.5.1991 – 7 ABR 27/90 = NZA 1992, 183; BAG, Beschl. v. 25.11.1992 – 7 ABR 7/92 = EZA § 9 BetrVG 1972 Nr. 5, 7.

[553] So *Dütz,* Anm. zu BAG Beschl. v. 12.10.1976 – 1 ABR 1/76 = SAE 1978, 1, 4, 7.

[554] BAG, Beschl. v. 12.10.1976 – 1 ABR 1/76 = SAE 1978, 1, Ls. 3.

[555] S. *Dütz,* Anm. zu BAG Beschl. v. 12.10.1976 – 1 ABR 1/76 = SAE 1978, 1, 4, 7.

[556] BAG, Beschl. v. 12.10.1976 – 1 ABR 1/76 = SAE 1978, 4; vgl. zum hinsichtlich „in der Regel" wortgleichen § 16 Abs. 1 BPersVG BAG, Beschl. v. 29.5.1991 – 7 ABR 27/90 = NZA 1992, 183;

rung klingt ersichtlich die Problematik der „Prognose“[557] und ihrer gerichtlichen Überprüfung an.

Mit der Notwendigkeit einer Prognose, die eine Entscheidung, etwa den Erlass eines Verwaltungsaktes,[558] vorbereitet, verbindet sich regelmäßig die Frage nach einem gerichtlich nur eingeschränkt überprüfbaren Spielraum des Prognostizierenden[559] in Gestalt eines Beurteilungsspielraums[560] bzw. einer Einschätzungsprärogative[561] oder eines Prognosespielraumes.[562] Deswegen kann die vom BAG verwendete Begründung auch als Indiz dafür dienen, dass tatsächlich ein Beurteilungsspielraum, nicht dagegen ein Ermessen gemeint ist. Zur Verdeutlichung sollen einige Beispiele prognostischer Entscheidungsstrukturen gegeben werden und ihre mögliche Verbindung mit Beurteilungsspielräumen dargestellt werden; abschließend ist der Begriff der Prognose näher zu beschreiben.

aa) Beispiele von Prognosen in den unterschiedlichen Rechtsgebieten, Verbindung mit der Frage nach einem Beurteilungsspielraum

Prognostische Erkenntnisstrukturen anderer Rechtsanwender als der Gerichte selbst[563] sind keine Besonderheit des Verfassungs- oder Verwaltungsrechts, sie existieren in

---

BAG, Beschl. v. 25.11.1992 – 7 ABR 7/92 = EZA § 9 BetrVG 1972 Nr. 5, 7; vgl. a. ohne Aussage zum Beurteilungsspielraum, aber zum Begriff „in der Regel“ nach § 111 S. 1 BetrVG BAG, Urt. v. 22.2.1983 – 1 AZR 260/81 = BB 1984, 61, Ls. 2. b), 62 und das Urt. v. 19.7.1983 – 1 AZR 26/82 = BB 1983, 2118 f., jew. unter Bezugnahme auf den bezeichneten Beschluss vom 12.10.1976.

[557] Vgl. *Kreutz*, in: GK-BetrVG, Bd. 1, § 9 Rn. 9 f. (Prognose hinsichtlich der wirtschaftlichen Entwicklung des Betriebes); *Joost*, in: MünchHdbArbR, Bd. 3, § 304 Rn. 109.

[558] Vgl. z. B. BVerwG E 82, 295, 301, „ ... den Verwaltungsentscheidungen zugrundeliegenden Prognosen ... “, hier die Versagung der Genehmigung der Beförderung von Personen mit Taxen gemäß §§ 1 Abs. 1 S. 1, 2 Abs. 1 S. 1 Nr. 4, 46 Abs. 1, Abs. 2 Nr. 1, 47, 13 Abs. 4 PBefG.

[559] Vgl. *Tettinger*, DVBl. 1982, 421; *Nell*, 219, sieht die Problematik der Prognosekontrolle als Grund für die Renaissance des Beurteilungsspielraums; s. a. *Darnstädt*, 8.

[560] Vgl. *Darnstädt*, 8.

[561] Die Begriffe „Beurteilungsspielraum“ und „Einschätzungsprärogative“ werden auch hier gleichbedeutend verwendet, s. etwa ausdrückl. *Ossenbühl*, FS Menger, 742.

[562] Diese Begrifflichkeiten werden zumeist nicht scharf unterschieden, vgl. etwa *Wolff/Bachof/Stober*, § 31 Rn. 19 f., *Starck*, in: Isensee/Kirchhof, Handbuch Staatsrecht, Bd. VII, § 164 Rn. 41 f. (zur Einschätzungsprärogative des Gesetzgebers), und BVerfG NZA 1999, 435, 437; krit. hierzu *Nell*, 221; genauer unterscheidet etwa BVerwGE 72, 38, 52 ff., vgl. aber wiederum BVerwGE 82, 295, 299, 301, wo einerseits auf BVerwGE 79, 209, 213 Bezug genommen wird („Beurteilungsspielraum“), aber dann vom Prognosespielraum die Rede ist.

[563] Als Beispiel für eine prognostische Bewertung durch ein Gericht sei die sog. „Kriminalprognose“ des Strafvollstreckungsrichters erwähnt, die dieser bei der Frage der Verantwortbarkeit der Aussetzung einer Vollstreckung einer lebenslangen Freiheitsstrafe gemäß § 57 Abs. 1 S. 1 Nr. 2, S. 2 i. V. m. § 57 a Abs. 1 S. 1 Nr. 3 StGB vorzunehmen hat; hierzu s. insbes. BVerfG NStZ 1998, 373 ff.

unterschiedlichen Rechtsgebieten.[564] Auf die sogenannten Legislativprognosen des Gesetzgebers[565] wird hier nicht näher eingegangen, da die Feststellung der Beschäftigtenzahl nach § 9 S. 1 BetrVG durch den Wahlvorstand eine konkret-individuelle Entscheidung ist, diese daher eher der Gruppe der Administrativprognosen nahe steht und die beiden genannten Rechtsfiguren insbesondere hinsichtlich der gerichtlichen Kontrolldichte unterschiedlich behandelt werden.[566]

Im Normtext lassen sich Prognosen unmittelbar an Begriffe wie „Gefahr", „Besorgnis", „Befürchtung", „Zuverlässigkeit" anknüpfen;[567] wie am Beispiel der krankheitsbedingten Kündigung sogleich zu zeigen sein wird, kann sich die Notwendigkeit der Einschätzung zukünftiger Ereignisse aber auch erst anhand der Auslegung von insoweit nicht derart eindeutigen Begriffe ergeben.

Für den Bereich des Individualarbeitsrechts zeigt sich die Prognoseproblematik besonders deutlich im Kündigungsrecht. Nach *Preis* sind die eine arbeitsrechtliche Kündigung rechtfertigenden Gründe ihrer Natur nach zukunftsbezogen und enthalten damit ein prognostisches Element;[568] dieses sogenannte „Prognoseprinzip" ist hinsichtlich seiner dogmatischen Bedeutung und seiner Definition sehr umstritten,[569] was hier aber nicht weiter zu erörtern ist. Normtextliche Anhaltspunkte finden sich für die Notwendigkeit einer (Negativ-) Prognose etwa in § 1 Abs. 2 S. 1 KSchG („ ... die einer Weiterbeschäftigung ... entgegenstehen ... ")[570] oder in § 626 Abs. 1 BGB („ ... wenn Tatsachen vorliegen, auf Grund derer dem Kündigenden ... die Fortsetzung des Dienstverhältnisses ... nicht zugemutet werden kann ...").[571] Vor allem im Bereich der krankheitsbedingten Kündigung als Unterfall der personenbedingten Kündigung[572] findet

---

[564] So insbesondere *Honstetter,* 100, mit Darstellung von Prognoseentscheidungen im Vergleich (a. a. O., 100 ff.); vgl. weiter nur etwa *Preis,* Prinzipien, 323 ff.; s. a. die Beispiele bei *Nell,* 181; *Darnstädt,* 15 f.

[565] Gerade im Bereich der Gesetzgebung sind Prognosen eine Alltäglichkeit; vgl. zu Gestaltungsspielraum, Beurteilungsspielraum, Prognosespielraum und Einschätzungsprärogative des Gesetzgebers *Badura,* in: Isensee/Kirchhof, Handbuch Staatsrecht, Bd. VII, § 163 Rn. 25 ff.; s. dort auch *Starck,* § 164, Rn. 41 f.; *Herzog,* in: Maunz/Dürig, GG, Art. 20 Rn. 53; *Nell,* 164 f., 219 f.; BVerfG DVBl. 2000, 1596, 1597 f.; BVerfG DVBl. 1999, 1647 f.; BVerfG NZA 1999, 435, 437; BVerfGE 50, 290, 332 f.; E 88, 87, 97.

[566] Vgl. etwa *Ossenbühl,* FS Menger, 734 m. w. N.; *Hoppe,* FG BVerwG, 300; *Nierhaus,* DVBl. 1977, 21; *Tettinger,* DVBl. 1982, 421, 424; *Schmidt-Aßmann,* in: Maunz/Dürig, GG, Bd. 2, Art. 19 IV Rn. 200 und *Herzog,* in: Maunz/Dürig, GG, Bd. 3, Art. 20, II. Abschn., VII Rn. 53.

[567] Vgl. die Beispiele bei *Nell,* 15, 164 ff. und *Darnstädt,* 15 f.

[568] Näher s. *Preis,* Prinzipien, 322 m. w. N.; s. a. *Boewer,* NZA 1999, 1123; *Dörner,* in. GK-KSchG, § 1 KSchG Rn. 73 m. w. N.; *Berkowsky,* in: MünchHdbArbR, Bd. 2, § 134 Rn. 69.

[569] *Berkowsky,* in: MünchHdbArbR, Bd. 2, § 134 Rn. 66 m. N. zur Kritik.

[570] BAG NZA 1989, 633, 634 f.; *Preis,* Prinzipien, 332; *Boewer,* NZA 1999, 1123.

[571] *Boewer,* NZA 1999, 1123; *Däubler,* in: K/D/Z, KSchR, § 626 BGB Rn. 33; s. etwa BAG DB 2000, 93; BAG Urt. v. 9.7.1998 – 2 AZR 201/98 = EZA § 626 BGB Krankheit Nr. 1, S. 5, 7 f.; BAG BB 1997, 1101 f.

[572] § 1 Abs. 2 S. 1 Fall 2 KSchG.

das Prognoseprinzip schon längere Zeit Beachtung;[573] hier ist im Rahmen der sozialen Rechtfertigung der Kündigung gemäß § 1 Abs. 1, Abs. 2 S. 1 KSchG für das Vorliegen eines personenbedingten Grundes als erste mehrerer Prüfungsstufen[574] eine „negative Gesundheitsprognose" hinsichtlich des weiteren Gesundheitszustandes des Arbeitnehmers erforderlich; insoweit müssen z. B. bei einer Kündigung wegen häufiger Kurzzeiterkrankungen zum Zeitpunkt des Zugangs[575] der Kündigung objektive Tatsachen vorliegen, welche die Besorgnis weiterer Erkrankungen im bisherigen Umfang rechtfertigen.[576] Hier wird dem Arbeitgeber nach allgemeiner Ansicht kein Beurteilungsspielraum in Form eines Prognosespielraumes zugestanden, der dann im Rahmen der Überprüfung der Rechtmäßigkeit der Kündigung nur eingeschränkt gerichtlich überprüfbar wäre.[577]

Weiter haben etwa die Strafvollstreckungsbehörden bei der Prüfung der Voraussetzungen von Vollzugslockerungen gemäß § 11 Abs. 2 StVollzG zu prüfen, ob befürchtet werden muss, dass sich der Gefangene dem Strafvollzug entziehen oder die Lockerung zu Straftaten missbrauchen wird; bei Anwendung der unbestimmten Rechtsbegriffe der Flucht- oder Missbrauchsbefürchtung ist eine Prognose nötig, hinsichtlich

---

[573] S. etwa *Berkowsky,* in: MünchHdbArbR, Bd. 2, § 134 Rn. 70; *Preis,* Prinzipien, 322 f., 326 ff.; das BAG erwähnt die Zukunftsprognose ausdrückl. zuerst in einer Entscheidung vom 22.2.1980 - 7 AZR 295/78 = BB 1980, 938 f.; aus neuerer Zeit s. etwa BAG BB 2000, 1301 f.

[574] Zu den verschiedenen Stufen der Prüfung der Rechtswirksamkeit einer krankheitsbedingten Kündigung bezügl. ihrer sozialen Rechtfertigung allgemein etwa *Preis,* ArbR, 670 f.; *Dörner,* in: GK-KSchG, § 1 KSchG Rn. 138; *Berkowsky,* in: MünchHdbArbR, Bd. 2, § 136 Rn. 15; BAG NZA 1990, 434 f.; NZA 1994, 67 f. und 309 f.

[575] Zum maßgeblichen Zeitpunkt s. *Dörner,* in: GK-KSchG, § 1 KSchG Rn. 70, 140; *Preis,* ArbR, 672; BAG NZA 1990, 434 f.

[576] BAG NZA 1994, 67 f.; BAG Urt. v. 20.1.2000 – 2 AZR 378/99 = AP § 1 KSchG 1969 Nr. 38, Bl. 1225/R; s. a. *Preis,* ArbR, 672; vgl. a. *Dörner,* in: GK-KSchG, § 1 KSchG Rn. 140 f.; *Berkowsky,* in: MünchHdbArbR, Bd. 2, § 136 Rn. 17.

[577] *Preis,* Prinzipien, 323, 337 f.; ein Beurteilungsspielraum wurde insbes. auch für den öffentlichen Arbeitgeber hinsichtlich der Negativprognose bei einer verhaltensbedingten Kündigung verneint, BAG Urt. v. 6.6.1984 – 7 AZR 456/82 = AP § 1 KSchG 1969 Nr. 11, Bl. 273/R; ebenso zur Kündigung nach dem Einigungsvertrag BAG NZA 1994, 753, 755; vgl. a. BAG DB 1980, 981, 983, wo zur Kontrolle des sachlichen Grundes einer Befristung i. S. v. § 620 Abs. 1 BGB ausgeführt wird, dass allein die Notwendigkeit eines prognostischen Urteiles über die Arbeitsmarktentwicklung und die damit verbundene Unsicherheit der „Beurteilung" des Arbeitgebers „ ... nicht ausreichen (kann, Erg. d. Verf.), dem Arbeitgeber einen der gerichtlichen Kontrolle nicht zugänglichen Ermessensspielraum (!, Hinweis d. Verf.) zu eröffnen"; soweit ersichtlich, wird jedenfalls hinsichtlich der hier erörterten Zukunftsprognose ein Beurteilungs- bzw. ein Prognosespielraum nicht vertreten. Dies widerspräche wohl auch dem nach h. M. anerkannten Prinzip, dass eine ausgesprochene Kündigung anhand eines objektiven Maßstabes (grdsl. voll) zu prüfen ist, vgl. *Preis,* Prinzipien, 323, 337 f.; s. zum objektiven Maßstab mit Bezug auf die Prognose *ders.,* ArbR, 630; näher *Kittner,* in: Kittner/Däubler/Zwanziger, KSchG, § 1 KSchG Rn. 48, 57, 75; *Dörner,* in: GK-KSchG, § 1 KSchG Rn. 69; krit. etwa *Berkowsky,* in: MünchHdbArbR, Bd. 2, § 134 Rn. 11. S. in Abgrenzung hierzu BAG Urt. v. 20.1.2000 – 2 AZR 378/99 = AP § 1 KSchG 1969 Nr. 38, Bl. 1225/R (zum Beurteilungsspielraum der Tatsachengerichte hinsichtlich der Anwendung des unbestimmten Rechtsbegriffes des personenbedingten Grundes als soziale Rechtfertigung).

derer der Behörde von der Rechtsprechung Beurteilungsspielraum zugestanden wird.[578]
Schließlich ist etwa die erforderliche[579] Genehmigung zur Personenbeförderung nach § 13 Abs. 4 S. 1 PBefG zu versagen, wenn eine Beeinträchtigung der öffentlichen Verkehrsinteressen dadurch erfolgt, dass „... durch die Ausübung des beantragten Verkehrs das örtliche Taxengewerbe in seiner Funktionsfähigkeit bedroht wird ... “. Die zuständige Behörde hat insoweit eine (Kapazitäts-) Prognose dahingehend abzugeben, wie viele neue Taxen das örtliche Taxengewerbe „verträgt“; hierbei wird ihr ein Beurteilungsspielraum zugestanden.[580]

bb) Begriff und Wesen der Prognose

Der Begriff der Prognose ist im einzelnen umstritten.[581] Eine allgemeingültige Beschreibung seiner Merkmale und der rechtlichen Konsequenzen seiner Aufnahme in Normtexte existiert nicht;[582] zu Recht bezeichnete *Ossenbühl* das Gesamtbild als ähnlich verwirrend wie beim Beurteilungsspielraum und eine Systematisierung von Rechtsprechungsmaterial wie auch der Literaturmeinungen als unmöglich.[583] Allerdings besteht in der Literatur und in der Rechtsprechung eine breite Übereinstimmung hinsichtlich der Natur prognostischer Erkenntnisstrukturen: Besonderes Kennzeichen einer Prognose ist, dass der Rechtsanwender zur Schaffung einer Grundlage für den jeweils nötigen Schluss,[584] etwa im Rahmen einer komplexen Verwaltungsentscheidung,[585] eine Einschätzung zukünftiger Ereignisse vornimmt;[586] die Prognose ist[587]

---

[578] BVerfG NStZ 1998, 373, 375; BGHSt 30, 320, 324 ff.; zust. *Calliess/Müller-Dietz,* StVollzG, § 11 Rn. 15.

[579] S. zu deren Erforderlichkeit §§ 1 Abs. 1 S. 1, 2 Abs. 1 S. 1 Nr. 4, 46 Abs. 1, Abs. 2 Nr. 1, 47 PBefG.

[580] BVerwGE 79, 209, 213 ff.; BVerwGE 82, 295, 297, 299, 301; s. a. *Wolff/Bachof/Stober,* §31 Rn. 20; *Maurer,* § 7 Rn. 41; vgl. zum ähnlich gelagerten Fall der Aufnahme einer Klinik in den Krankenhausbedarfsplan nach § 8 Abs. 1 KHG (1981) BVerwGE 72, 38, 48 f., 52 ff.

[581] S. beispielhaft den Streit um die Bestimmung des Begriffes und des Grades der Wahrscheinlichkeit, dargestellt etwa bei *Hoffmann-Riem,* FS Wacke (1972), 339; *Nell,* 19 ff., 61 ff. und *Darnstädt,* 35 ff; wo schon unsicher ist, was „Wahrscheinlichkeit“ im juristischen Sinne ist, da kann zwangsläufig der Begriff der Prognose nicht eindeutig bestimmt werden, denn diese ist ein Wahrscheinlichkeitsurteil.

[582] *Koch/Rüßmann,* 206; vgl. a. *Schmidt-Aßmann,* in: Maunz/Dürig, Art. 19 IV GG Rn. 198.

[583] So schon *Ossenbühl,* FS Menger, 739 f.

[584] Die Prognose wird in der Regel nur ein Entscheidungselement neben anderen darstellen, *Tettinger,* DVBl. 1982, 425; vgl. a. *Nell,* 221 f.

[585] *Ossenbühl,* FS Menger, 734, m. w. N.; *Hoppe,* FG BVerwG, 295 ff.

[586] Vgl. etwa *Preis,* Prinzipien, 322 f. mit Bezug auf die Kündigungsgründe; *Nierhaus,* DVBl. 1977, 22; *Haverkate,* 264; *Schmidt-Aßmann,* in: Maunz/Dürig, Art. 19 IV GG Rn. 198; *Gusy,* Rn. 111; vgl. a. *Ossenbühl,* in: Erichsen, § 10 Rn. 38; BVerwGE 72, 38, 49; wenigstens für die Prognosen im „strengen Sinne“ zust. *Darnstädt,* 9 f.

[587] So *Nell,* 15, 221 m. w. N.; *Schmidt-Aßmann,* in: Maunz/Dürig, Art. 19 IV GG Rn. 198; *Ossenbühl,* in: Erichsen, § 10 Rn. 38; vgl. a. *Haverkate,* 266.

oder enthält daher ein Wahrscheinlichkeitsurteil.[588] Ihr Zustandekommen lässt sich beschreiben als (Prognose-) „Schluss von den vorhandenen und bekannten Tatsachen (Prognosebasis) mittels anerkannter Erfahrungssätze auf den (wahrscheinlichen) Eintritt eines künftigen Sachverhaltes".[589]

cc) Prinzipien der gerichtlichen Überprüfbarkeit von Prognoseentscheidungen

(1) Maßgeblicher zeitlicher Bezugspunkt für die gerichtliche Überprüfung

Hinsichtlich des für die (gerichtliche) Überprüfung einer Prognose maßgeblichen Zeitpunktes ist anerkannt, dass es für die gerichtliche Überprüfung prinzipiell auf eine ex-ante-Betrachtung ankommt.[590] Infolgedessen kann zwar der Prognoseschluss oder auch das „Ergebnis" der Prognose durch die nachfolgende tatsächliche Entwicklung widerlegt werden; damit ist aber nicht zugleich festgestellt, dass die Prognose in ihrer Entstehung nicht den jeweiligen rechtlichen Anforderungen entspricht, daher nicht gesetzesgemäß erstellt wurde und folglich die auf ihr basierende Entscheidung rechtswidrig wäre.[591] So berührt das z. B. unvorhergesehene Entstehen einer Weiterbeschäftigungsmöglichkeit zwischen Kündigungsausspruch und Ablauf der Kündigungsfrist grdsl. nicht die Rechtswirksamkeit etwa einer betriebsbedingten Kündigung, jedoch kann diese veränderte Tatsachenlage zu einem Wiedereinstellungsanspruch des rechtswirksam gekündigten Arbeitnehmers führen.[592]

---

[588] *Preis,* Prinzipien, 322 f.; *Hoppe,* FG BVerwG (1978), 309; vgl. a. *Denninger,* in: Lisken/Denninger, E Rn. 36; BAG DB 1980, 981, 983; BVerfG DB 1979, 593, 595; BVerwG NVwZ 1999, 407, 410.

[589] *Ossenbühl,* in: Erichsen, § 10 Rn. 38; näher zur Struktur der Prognose *Hoppe,* FG BVerwG (1978), 308 f. und *Koch-Rüßmann,* 208.

[590] S. z.B. für die Überprüfung der Prognose bei Kündigungen *Preis,* Prinzipien, 328, 332, 339 ff.; vgl. a. BAG NZA 1999, 1328 ff., 1331; für die Frage der Überprüfung hinsichtlich des Vorliegens einer Gefahr im Polizeirecht *Denninger,* in: Lisken/Denninger, E Rn. 37 und allgemein zur Gefahrenabwehr *Poscher,* 115 ff.; s. a. BVerwGE 56, 110, 121; BVerwG DÖV 1984, 557, 559 und VGH München, BayVBl. 1993, 429, 431; allgemein auch *Schmidt-Aßmann,* in: Maunz/Dürig, Art. 19 IV GG Rn. 201; *Wolff,* 245; nach *Nell* (223) stellt eine gerichtliche Kontrolle i. S. einer ex-post-Betrachtung schon ihrer Natur nach keine Prognosekontrolle dar.

[591] S. für das Verwaltungsrecht nur etwa *Ossenbühl,* FS Menger, 733; *Kopp/Schenke,* VwGO, § 114 Rn. 37 a, c; *Rennert,* in: Eyermann, VwGO, § 114 Rn. 83; *Schmidt-Aßmann,* in: Maunz/Dürig, Art. 19 IV GG Rn. 201; in diesem Sinne auch *Hoppe,* FG BVerwG (1978), 311, der das Prognoseergebnis für nicht kontrollierbar ansieht; BVerwGE 56, 110, 121 f.; vgl. speziell zur polizeilichen Gefahrenprognose *Friauf,* in: Schmidt-Aßmann, 2. Abschn. Rn. 53; *Gusy,* Rn. 111; zur Negativprognose bei der Kündigung etwa *Preis,* Prinzipien, 349 f. und *ders.,* ArbR, 630 f., sowie *Kittner,* in: Kittner/Däubler/Zwanziger, KSchG, § 1 KSchG Rn. 56; *Dörner,* in: GK-KSchG, § 1 KSchG Rn. 70, 78 und dort auch *Kiel,* Rn. 786.

[592] BAG Urt. v. 27.2.1997 – 2 AZR 160/96 = AP § 1 KSchG 1969 Nr. 1, Bl. 1088/V, 1089/R, 1090/V; BAG NZA 2000, 1097, 1099 f. (mit sehr umfangreichen Nachw. zur grundsätzlichen Akzeptanz und der dogmatischen Begründung des Wiedereinstellungsanspruches auch in der Literatur); der Wiedereinstellungsanspruch ist „notwendiges Korrektiv" zur ex-ante-Betrachtung und der entsprechend „eingeengten" Prognosekontrolle ausgehend vom Zeitpunkt des Kündigungsausspruches im Interesse der Rechtssicherheit, vgl. BAG AP § 1 KSchG 1969 Nr. 1, Bl. 1090/R.; s. a. *Preis,* ArbR, 630 f.; *Kittner,*

(2) Mögliche Reduktion der Kontrolldichte

Hiervon zu unterscheiden ist die Frage, wann ein Normtext, der für den Rechtsanwender eine Prognose notwendig macht, mit einem Beurteilungsspielraum verbunden ist; genauer soll dies erst bei der Auslegung von § 9 S. 1 BetrVG erörtert werden.[593] Ganz überwiegend wird von dem Prinzip ausgegangen, dass jedenfalls der prognostische Charakter einer Erkenntnisstruktur allein nicht hinreichende Bedingung für einen Beurteilungsspielraums ist.[594] *Haverkate* bringt es mit der Formulierung auf den Punkt, die Ungewissheit bei der Aussage über künftige Sachverhalte präge unvermeidlich sowohl die Verwaltungsentscheidung als auch die gerichtliche Entscheidung; die Entscheidung werde nicht sicherer, wenn man sie allein der Verwaltung überlasse.[595] Noch einfacher und zugleich gewichtiger erscheint es, dass eine im Gesetz angelegte Unsicherheit in keiner Weise impliziert, wessen Einschätzung letztlich die maßgebliche sein soll. Unter anderem aus diesem Grund wird daher bisweilen m. E. zu Recht bezweifelt, dass Prognosen überhaupt eine eigenständige Kategorie zur Rechtfertigung von administrativen Entscheidungsspielräumen darstellen.[596]

Die gerichtliche Kontrolle prognostischer Entscheidungen erstreckt sich insbesondere auf die Grundlagen des Wahrscheinlichkeitsurteils;[597] die Prognosebasis, also die Fak-

---

in: Kittner/Däubler/Zwanziger, KSchG, § 1 KSchG Rn. 56; *Dörner,* in: GK-KSchG, § 1 KSchG Rn. 70, 78 und dort auch *Kiel,* Rn. 786 ff.

593 Vgl. die zusammenfassende Darstellung zu den in der Rspr. gängigen Begründungsstrukturen *Ossenbühl,* FS Menger, 743.

594 Aus der Rspr. S. nur etwa BVerfG NJW 2001, 1121 ff. m. w. N.; BVerfGE 88, 40, 57 ff.; BVerwGE 39, 197, 203 f., Prognose durch pluralistisch zusammengesetztes Kollegium; *Schmidt-Aßmann,* in: Kontrolle, 31; im wesentlichen greifen hier die selben Argumente wie hinsichtlich der Begründung eines Beurteilungsspielraums allein aus der Unbestimmtheit eines Rechtsbegriffes heraus, vgl. *Schmidt-Aßmann,* in: Maunz/Dürig, Art. 19 IV GG Rn. 198 (m. w. N.); *ders.,* Ordnungsidee, 189 f.; zust. *Liebetanz* in: Obermayer, VwVfG, § 40 Rn. 75; *Kopp/Ramsauer,* VwVfG, § 40 Rn. 18; *Kopp/Schenke,* VwGO, § 114 Rn. 24 a, 37; *Rennert,* in: Eyermann, VwGO, § 114 Rn. 64; *Grupp,* 142, 153; so wohl grdsl. a. *Ossenbühl,* FS Menger, 733, 735 f., 738 f., mit einer Bilanz zum damaligen Stand der Rspr. (742 f.); so wohl auch *Redeker/v. Oertzen,* VwGO, § 114, Rn. 17, 19, 22 (mit umfangreichen Nachw. zur Verneinung bzw. Bejahung einer Beurteilungsermächtigung durch einen Prognosebegriff in der Verfassungs- und Verwaltungsrspr.); *Nierhaus,* DVBl. 1977, 19, 21, 23; *Haverkate,* 268 f.; *Tettinger,* DVBl. 1982, 425; so wohl a. *Nell,* 219 f., 223, 228; *Rachor,* in: Lisken/Denninger, F Rn. 80, 82; *Hoppe,* FG BVerwG (1978), 310; *Badura,* in: Isensee/Kirchhof, Handbuch Staatsrecht, Bd. VII, § 163 Rn. 26; vgl. auch BAG DB 1980, 981, 983.

595 Haverkate, 268.

596 So etwa *Kopp/Ramsauer,* VwVfG, § 40 Rn. 18 mit dem Hinweis, der größte Teil der verwaltungsrechtlichen Ermächtigungsgrundlagen enthielte prognostische Elemente; zudem seien alle Fälle, in denen ein Entscheidungsspielraum der Verwaltung angenommen worden sei, entweder Beurteilungsentscheidungen oder Planungsentscheidungen gewesen; für letztere werden dort zum Beleg u. a. die Entscheidungen BVerwGE 90, 208, 211; 82, 295, 297, 299 f.; 75, 214, 233 f.; 69, 256, 272; 64, 238, 242; 56, 110, 121 angeführt; in diesem Sinne wohl auch *Haverkate,* 268 f.; vgl. a. *Ossenbühl,* FS Menger, 734.

597 Vgl. etwa BAG NZA 1997, 313, 315; BVerfG DB 1979, 593, 595 (zur Einschätzungsprärogative des Gesetzgebers).

ten, Daten und Erfahrungssätze, auf denen die Prognose beruht, unterliegen grdsl. voller gerichtlicher Überprüfung.[598] Damit kann sich eine Reduktion der Kontrolldichte grdsl. nur für den Prognoseschluss ergeben.[599] Anhand welchen Maßstabes eine Prognose hinsichtlich ihrer Richtigkeit im juristischen Sinne der Rechtmäßigkeit, also der an den Rechtsanwender zu stellenden Anforderungen, zu messen ist, kann nur aus dem Kontext der jeweiligen Regelungsmaterie beantwortet werden;[600] eine nähere Bestimmung bleibt daher der Auslegung von § 9 S. 1 BetrVG vorbehalten.

Klarzustellen bleibt noch, dass der Begriff des Prognosespielraumes hier in einem weiteren Sinne, als Unterfall des Beurteilungsspielraums bzw. der Einschätzungsprärogative, verstanden wird;[601] mit dieser Begrifflichkeit ist noch nichts über dessen Begründbarkeit für § 9 S. 1 BetrVG ausgesagt.

(3) Konsequenzen für die Frage nach dem Begriffsverständnis des BAG

Die Bezugnahme auf eine erforderliche Prognose spricht eher dafür, dass das BAG auch in den Entscheidungen vom 12.10.1976 und vom 29.5.1991[602] der Sache nach von einem Beurteilungsspielraum ausgeht.

---

598 Vgl. nur *Hoppe,* FG BVerwG, 309 ff.; *Ossenbühl,* FS Menger, 744 m. w. N. zur Rspr. des BVerwG.

599 Vgl. *Hoppe,* FG BVerwG, 310 f.; so meint es wohl auch *Ossenbühl,* FS Menger, 744 f., wenn er vom „Prognoseverfahren" spricht, s. dort auch die Ausführungen zu Ausnahmen im Rahmen der hier nicht relevanten Faktorenlehre.

600 Vgl. BVerwG NVwZ 1999, 407, 410; BVerwGE 56, 110 f., 121; E69, 256, 272; BVerfG DB 1979, 593, 595 m. w. N. zu seiner Rspr.; schon innerhalb des Kündigungsrechts stellt sich die Prognosefrage bei jedem Kündigungsgrund anders, *Dörner,* in: GK-KSchG, § 1 KSchG Rn. 73.

601 Vgl. nur die Darstellung bei *Maurer,* § 7 Rn. 41; für diese Sicht spricht vor allem die Ähnlichkeit der Begründungsstrukturen, wie sie gleichermaßen hinsichtlich eines möglichen Beurteilungs- wie auch eines Prognosespielraumes verwendet werden, vgl. *Ossenbühl,* FS Menger, 738 f.; *Tettinger,* DVBl. 1982, 425 ff.; *Nierhaus,* DVBl. 1977, 23 f. *Kopp/Schenke,* VwGO, § 114 Rn. 24, 37, sind z. B. der Ansicht, es sei unerheblich, ob man den Prognosespielraum dem Ermessen oder dem Beurteilungsspielraum zuordnet; dem wird, in Konsequenz der grundsätzlichen Unterscheidung von Beurteilungsspielraum und Ermessen, vorliegend nicht gefolgt. *Nell,* 223 ff., unterscheidet zwischen zwei Arten von Prognosespielräumen: Die eine soll sich allein aufgrund eines niedrigen erforderlichen Wahrscheinlichkeitsgrades selbst ergeben und aus dem materiellen Recht abzuleiten sein. Die andere dagegen beziehe sich auf die Frage, für wie wahrscheinlich der Prognostizierende das jeweilige Ereignis halten durfte; hier handele es sich um die Problematik der Einschätzungsprärogative (und damit eines Beurteilungsspielraums, vgl. *Wolff/Bachof/Stober,* § 31 Rn. 19 f.; *Ossenbühl,* FS Menger, 742), und diese könne nur funktionell-rechtlich begründet werden. Da *Nell* selbst (a. a. O., 224) zugibt, diese beiden Ebenen seien „...kaum jemals wirklich trennbar...", und der materiell-rechtlichen Begründung von Prognosespielräumen den Vorzug gibt (*ders.,* a. a. O., 226), bleibt diese Differenzierung im folgenden unberücksichtigt; im übrigen bezieht sich die Diskussion um einen Beurteilungsspielraum gerade nicht auf die Frage des gesetzlich vorgegebenen Wahrscheinlichkeitsgrades, *Ossenbühl,* FS Menger, 739.

602 SAE 1978, 4; NZA 1992, 184.

e) Erkenntnisgewinn durch nähere Bestimmung des vom BAG angewendeten Kontrollmaßstabes

Im Beschluss vom 12.10.1976 wird ausgeführt, dass der Wahlvorstand seine Prüfung hinsichtlich der Regelbeschäftigtenzahl „nach pflichtgemäßem Ermessen" durchzuführen hat, was zunächst daraufhin deutet, dass das BAG dessen Entscheidung nicht wie einen Beurteilungsspielraum überprüfen würde.[603] Jedoch wird der Maßstab der gerichtlichen Überprüfung in der Entscheidung nicht weiter i. S. einer für das Ermessen typischen Art und Weise[604] konkretisiert. Etwas greifbarer wird der Kontrollmaßstab dagegen im Beschluss vom 29.5.1991: Hier heißt es, die Annahme des vorinstanzlich befassten Landesarbeitsgerichtes, der Wahlvorstand habe seinen Beurteilungsspielraum überschritten, sei aus Rechtsgründen nicht zu beanstanden, da dieser bezüglich bestimmter Arbeitsverhältnisse „keine Beurteilung vorgenommen" habe;[605] dies deutet eher in Richtung eines Beurteilungsspielraums. Unbestimmt bleibt letztlich, was ein „gewisser" Beurteilungsspielraum sein soll; hiermit könnte eine Verschärfung der Kontrollintensität gegenüber „normalen" Spielräumen gemeint sein, näheres ist den Entscheidungen des BAG jedoch nicht zu entnehmen.

f) Zwischenergebnis zur Frage der Annahme eines Beurteilungsspielraums seitens des BAG

Der Sache nach spricht einiges dafür, dass das BAG hier letztlich die Rechtsfigur des Beurteilungsspielraums angewendet sehen will; wegen der widersprüchlichen Begrifflichkeiten ist dies jedoch letztlich nicht eindeutig feststellbar.[606] Da aber nach der herrschenden Dogmatik allenfalls ein solcher in Betracht kommt,[607] wird dies für die weitere Prüfung schlicht unterstellt.

II. Gesetzliche Verankerung des Beurteilungsspielraums des Wahlvorstandes

Da der Sache nach nur ein Beurteilungsspielraum, kein Ermessen des Wahlvorstandes in Betracht kommt und wenigstens ein Teil der Literatur sowie, wie hier wenigstens unterstellt wird, auch das BAG von einem Beurteilungsspielraum des Wahlvorstandes

---

603 BAG, Beschl. v. 12.10.1976 – 1 ABR 1/76 = SAE 1978, 4.

604 S. insbes. § 114 VwGO; s. hierzu etwa *Ossenbühl,* § 10 Rn. 15 ff.; *Maurer,* § 7 Rn. 19 ff.; umfassendes Schrifttumsverzeichnis bei *Kopp/Schenke,* VwGO, § 114 vor Rn. 1.

605 BAG, Beschl. v. 29.5.1991 – 7 ABR 27/90 = NZA 1992, 184 (zu § 16 Abs. 1 S. 1 BPersVG).

606 In einem Urteil vom 18.10.1984 - 2 AZR 543/83 = EZA § 1 KSchG Betriebsbedingte Kündigung Nr. 34, 263 f.) stellte das BAG dagegen klar heraus, dass hinsichtlich der sozialen Auswahl nach § 1 Abs. 2, 3 KSchG ein Ermessensspielraum des Arbeitgebers „schon normlogisch nicht in Betracht" kommt, da es nicht um Rechtsfolgefragen gehe, sondern um Tatbestandsmerkmale.

607 So schon *Dütz,* Anm. zu BAG Beschl. v. 12.10.1976 – 1 ABR 1/76 = SAE 1978, 1, 4, 7; s. a. *Nipperdey,* DB 1980, 1646; *Vogg,* Anm. zu BAG, Beschl. v. 21.6.1989 – 7 ABR 78/87 = EzA § 40 BetrVG 1972 Nr. 61, S. 19; aus der neueren Literatur statt vieler eindeutig *Kreutz,* in: GK-BetrVG, Bd. 1, § 9 Rn. 9 („Erkenntnisrecht", „vertretbar"), 10, 24; *Richardi/Thüsing,* in: Richardi, BetrVG, § 9 Rn. 10; *Stege/Weinspach,* BetrVG, § 9 Rn. 2.

hinsichtlich des Regelstandes der Beschäftigten i. S. v. § 9 S. 1 BetrVG ausgehen, soll nun im Wege der Auslegung dessen Verankerung im Gesetz durch Auslegung bestimmt werden.

Wie bereits dargestellt, kann allein die Einordnung der Wendung „in der Regel" als unbestimmter Rechtsbegriff nach h. M. keinen Beurteilungsspielraum des jeweiligen Rechtsanwenders begründen.[608] Ebenso wenig stellt die Notwendigkeit einer Prognose für sich genommen eine entsprechende hinreichende Bedingung dar,[609] vielmehr müssen weitere Kriterien hinzutreten.[610] Im folgenden wird daher untersucht, welche Argumente von der h. M. zur Begründung des Beurteilungsspielraums vorgebracht werden; diese werden, dem entsprechenden Auslegungskriterium zugeordnet. Gegebenenfalls ist eine Parallele zu den gängigen verwaltungsrechtlichen Begründungskriterien zu ziehen.

1. Der Normtext des § 9 S. 1 BetrVG als Auslegungskriterium (grammatisch orientierte Auslegung)

a) Das juristische Sprachverständnis der Wendung „in der Regel" für § 9 S. 1 BetrVG: Abgrenzung vom zufälligen Stand der Beschäftigtenzahl am Stichtag

Der Normtext „in der Regel" findet sich als Tatbestandsmerkmal in vielen Vorschriften des BetrVG.[611] In § 9 S. 1 BetrVG dient er dabei der Konkretisierung der Zahl an Arbeitnehmern, von der die Betriebsratsstärke abhängig ist; vor allem ist mit dieser Formulierung ganz offensichtlich die Abkoppelung der hier maßgeblichen Belegschaftsstärke und damit der Anzahl der zu wählenden Betriebsratsmitglieder von zufälligen oder nur vorübergehenden Schwankungen beabsichtigt.[612] „In der Regel" wird

---

608 Vgl. nur etwa *Kopp/Schenke,* VwGO, § 114 Rn. 24 bis 24 b; *Schmidt-Aßmann,* in: Maunz/Dürig, GG, Bd. 2, Art. 19 IV Rn. 182 ff.; *Liebetanz* in: Obermayer, VwVfG, 63; s. näher S. 19 ff.

609 Deutlich etwa *Gerhardt,* in: Schoch/Schmidt-Aßmann/Pietzner, VwGO, Bd. 2, § 114 Rn. 58 (m. w. N.), wonach prognostische Entscheidungselemente für sich genommen unerheblich sind.

610 S. Fn. 594; s. die Zusammenstellung der weiteren Kriterien in der Rspr. bei BVerwG NVwZ 1991, 568 ff.; allgemein zu den weiteren Kriterien s. etwa *Schmidt-Aßmann,* in: Maunz/Dürig, Art. 19 IV GG Rn. 199, 197; *Liebetanz* in: Obermayer, VwVfG, § 40 Rn. 75; *Kopp/Ramsauer,* VwVfG, § 40 Rn. 18, 72 ff.; *Kopp/Schenke,* VwGO, § 114 Rn. 24 a; *Rennert,* in: Eyermann, VwGO, § 114 Rn. 64 f.; *Ossenbühl,* FS Menger, 742 f.; *Redeker/v. Oertzen,* VwGO, § 114, Rn. 17, 22; *Nierhaus,* DVBl. 1977, 22 f.; *Tettinger,* DVBl. 1982, 425 ff.; *Nell,* 225; *Rachor,* in: Lisken/Denninger, F Rn. 82.

611 S. §§ 1, 9 S. 1, 14 Abs. 6 S. 1 Hs. 2, 16 Abs. 2 S. 3, 30 S. 1, 38 Abs. 1 S 1, 60 Abs. 1, 62 Abs. 1, 69 S. 1, 99 Abs. 1 S 1 Hs. 1, 106 Abs. 1 S. 1, 110 Abs. 1 u. Abs. 2 S. 1, 111 Abs. 1 S. 1, 112 Abs. 5 Nr. 1, 112 a Abs. 1 S. 1 Nr. 1 – 4, 114 Abs. 4, 115 Abs. 1 S. 1 u. Abs. 2 Nr. 3, 116 Abs. 2 Nr. 2 a u. 3.

612 Vgl. etwa BAG vom 12.110.1976 – 1 ABR 1/76 = SAE 1978, 1, 4; *Stege/Weinspach,* BetrVG, § 1 Rn. 11, § 9 Rn. 2 ff.; *Kraft* in: GK-BetrVG, Bd. 1 § 1 Rn. 66 und *Kreutz,* in: GK-BetrVG, Bd. 1, § 9 Rn. 9 ff.; *F/K/H/E/S,* BetrVG, § 1 Rn. 271 ff., § 9 Rn. 4; *Trümner,* in: D/K/K, BetrVG, § 1 Rn. 183 f., § 9 Rn. 6 f.; *Eisemann,* in: ErfKzA, § 1 Rn. 14, § 9 Rn. 1; *Richardi,* BetrVG, § 1 Rn. 114 und *Richardi/Thüsing,* in: Richardi, § 9 Rn. 10.

daher im Zusammenhang mit § 9 S. 1 BetrVG[613] nach ganz h. M. i. S. einer Abgrenzung zur bloßen tatsächlichen Anzahl der Arbeitnehmer am Stichtag verstanden: Zu ermitteln ist vielmehr deren „Regel-" oder „Normalstand";[614] der Tag des Erlasses des Wahlausschreibens hat dabei m. E. nur die Funktion der Festlegung einer grundsätzlichen zeitlichen Grenze des Wissenshorizontes insbesondere hinsichtlich der zu berücksichtigenden Tatsachen und hierauf basierenden Prognose der möglichen zukünftigen Entwicklungen, nicht dagegen ist etwa der Normalstand nur in Bezug auf den Stichtag selbst zu ermitteln.[615] Der Normtext „in der Regel" ist offensichtlich ein unbestimmter Rechtsbegriff.[616]

---

[613] Inwieweit dieses Verständnis für andere Normen des BetrVG, aber auch für sonstige Vorschriften des Arbeitsrechts verallgemeinerbar ist (hierzu etwa *Tschöpe*, BB 1983, 1417), kann dahinstehen, da jedenfalls ein für § 9 S. 1 BetrVG überwiegend anerkanntes, im wesentlichen übereinstimmendes spezielles juristisches Sprachverständnis besteht. Tatsächlich wird die Wendung „in der Regel" z. B. auch für § 17 Abs. 1 S. 1 Nr. 1 u. 2 KSchG vom BAG in diesem Sinne ausgelegt, vgl. BAG DB 2000, 2175 re. Sp. oben.

[614] *Kreutz*, in: GK-BetrVG, Bd. 1, § 9 Rn. 9, 11; vgl. auch, jew. im Ergebnis sehr ähnlich, etwa *F/K/H/E/S*, § 9 Rn. 11, § 1 Rn. 272 f.; *Schneider*, in: D/K/K, BetrVG, § 9 Rn. 6 f.; *Schlochauer*, in: H/S/G, BetrVG, § 9 Rn. 8; *Richardi/Thüsing*, in: Richardi, BetrVG, § 9 Rn. 10, 13 und *Richardi*, § 1 Rn. 114, „normales Maß"; ähnlich *Wlotzke*, BetrVG, § 9 Rn. 1, § 1 Rn. 2. b); *Stege/Weinspach*, BetrVG, § 9 Rn. 2, § 1 Rn. 11; *Eisemann*, in: ErfKzA, § 1 Rn. 14 und § 9 Rn. 1; s. a. BAG, Beschluss vom 12.10.1976 – 1 ABR 1/76 = SAE 1978, 1, 4; BAG, Beschl. v. 25.11.1992 – 7 ABR 7/92 = EZA § 9 BetrVG 1972 Nr. 5, 7: „normalerweise" Beschäftigte; vgl. a. zum Begriff „in der Regel" nach § 111 S. 1 BetrVG BAG, Urt. v. 22.2.1983 – 1 AZR 260/81 = BB 1984, 61, Ls. 2. b), 62 und BAG, Urt. v. 19.7.1983 – 1 AZR 26/82 = BB 1983, 2118 f., jew. unter Bezugnahme auf den Beschluss des ersten Senates vom 12.10.1976 – 1 ABR 1/76 = SAE 1978, 1, 4; die Frage, was der Begriff „Normalstand" konkret bedeutet, also etwa welche Zeitspanne zu Grunde zu legen ist, welche Anhaltspunkte für zukünftige Entwicklungen vorliegen müssen etc., braucht hier nicht behandelt zu werden.

[615] Hierüber besteht wohl auch kein Streit, vielmehr fehlt es lediglich an entsprechend präzisen Formulierungen; deutlich aber etwa *Joost*, in: MünchHdbArbR, Bd. 3, § 304 Rn. 103, 108; so wohl auch *Schneider*, in: D/K/K, § 9 Rn. 7, 14; *Kreutz*, in: GK-BetrVG, Bd. 1, § 9 Rn. 9 ff.; *Eisemann*, in: ErfK-zA, § 1 Rn. 14 und § 9 Rn. 1; zumindest missverständlich allerdings *Richardi/Thüsing*, in: Richardi, BetrVG, § 9 Rn. 10, 13; *F/K/H/E/S*, BetrVG, § 9 Rn. 11, 35; *Stege/Weinspach*, BetrVG, § 9 Rn. 2. Gegen ein solches auf den Stichtag verengtes Verständnis spricht insbes. die Formulierung im obiter dictum der Entscheidung des BAG vom 25.11.1992 – 7 ABR 7/92 = EZA § 9 BetrVG 1972 Nr. 5, 7 („...in der Regel beschäftigt sind indessen Personen, die während des größten Teiles eines Jahres in einem Betrieb normalerweise beschäftigt werden.") und in der dort in Bezug genommenen Entscheidung des BAG vom 29.5.1991 – 7 ABR 27/90 = NZA 1992, 182 f. (es komme nicht „...auf die Zahlenverhältnisse nur am Tag des Wahlausschreibens..." an); auch die von *Richardi/Thüsing*, a. a. O. Rn. 13 in Bezug genommene Entscheidung des BAG vom 12.110.1976 – 1 ABR 1/76 = SAE 1978, 1, 4, stünde dieser Sicht entgegen, denn dort heißt es, eine genaue Bestimmung der regelmäßigen Beschäftigtenzahl sei kaum möglich, da sie „...nicht durch einfaches Abzählen der zufälligen Beschäftigtenzahl am Tag des Erlasses Wahlausschreibens ermittelt werden kann...".

[616] S. etwa *Dütz*, SAE 1978, 7; *Nipperdey*, DB 1977, 1093 ff.; *ders.*, DB 1980, 1645.

b) Fehlende Möglichkeit der Feststellung der Belegschaftsregelstärke auf den Arbeitnehmer genau

In Anknüpfung an das skizzierte Verständnis des Begriffes „in der Regel" besteht durchweg Einigkeit darüber, dass unter bestimmten Voraussetzungen eine Feststellung des Regelstandes der Beschäftigten auf den Arbeitnehmer nahezu unmöglich ist, was sich gerade in Grenzfällen auswirkt, also bei der Frage nach dem Erreichen der Schwellenwerte nach § 9 BetrVG. Hieraus wird, wie sogleich zu zeigen sein wird, meist unmittelbar auf das Bestehen eines Beurteilungsspielraums des Wahlvorstandes als Normadressat[617] geschlossen.

aa) Die Rechtsprechung des BAG

Im Beschluss des BAG vom 12.10.1976 wird der Spielraum des Wahlvorstandes damit begründet, dass insbesondere in größeren bzw. in solchen Betrieben, in denen regelmäßig mit Aushilfskräften gearbeitet wird, eine Bestimmung der regelmäßigen Beschäftigtenzahl kaum möglich sei, denn letztere könne nicht durch einfaches Abzählen der zufälligen Beschäftigtenzahl am Tag des Erlasses des Wahlausschreibens ermittelt werden, vielmehr bedürfe es eines Rückblickes auf die bisherige personelle Stärke des Betriebes und einer Einschätzung der zukünftigen Entwicklung. Es sei z. B. kaum mit völliger Sicherheit zu sagen, ob der regelmäßige Beschäftigtenstand eines Betriebes 1000 oder 1001 Arbeitnehmer betrage.[618] Auf genau diese Begründung wird in den Beschlüssen des BAG vom 29.5.1991[619] und vom 25.11.1992[620] Bezug genommen.

bb) Zustimmung durch die Literatur

In der Literatur wird dieser Argumentation der Sache nach fast durchweg zugestimmt:[621]

Nach *Richardi* kann die Bestimmung des regelmäßigen Standes der Belegschaft nur eine Rahmenfeststellung sein; dies folge schon aus der Wendung „in der Regel". Damit werde für die Feststellung der Arbeitnehmerzahl ein letztlich „kaum erfüllbares Erfordernis" aufgestellt. Da der Rückgriff auf den Regelstand eine Beurteilung erfordere, sei eine genaue Feststellung des Regelstandes bis auf den Schwellenwert genau

---

[617] S. Fn. 531.

[618] BAG SAE 1978, 4.

[619] BAG NZA 1992, 183.

[620] BAG EzA § 9 BetrVG 1972 Nr. 5, 7.

[621] S. etwa *Kreutz,* in: GK-BetrVG, Bd. 1, § 9 Rn. 9 m. w. N.; *Richardi/Thüsing,* in: Richardi, BetrVG, § 9 Rn. 10; *Schneider,* in: D/K/K, BetrVG, § 9 Rn. 14; *F/K/H/E/S,* § 9 Rn. 11, § 1 Rn. 271; *Joost,* in: MünchHdbArbR, Bd. 3, § 304 Rn. 109; *Eisemann,* in: ErfKzA, § 9 Rn. 1; *Stege/Weinspach,* BetrVG, § 9 Rn. 2; *Schlochauer,* in: H/S/G, BetrVG, § 9 Rn. 11; *Wlotzke,* BetrVG, § 9 Rn. 1; krit. insbes. bezügl. der Terminologie, jedoch hinsichtlich der Notwendigkeit eines Einschätzungsfreiraumes des Wahlvorstandes, möglicherweise in Form eines Beurteilungsspielraums, zust. *Dütz,* SAE 1978, 7 (Beschlussanmerkung).

nicht möglich, weshalb dem Wahlvorstand ein Beurteilungsspielraum zustehe.[622] Dem stehen insbesondere die Auffassungen von *Dütz,*[623] *Joost*[624] und *Eisemann*[625] nahe, die den Grund für den Beurteilungsspielraum anscheinend schon in der einer Prognose stets anhaftenden Unsicherheit an sich gelegt sehen.

Kreutz führt ergänzend zur Rechtsprechung des BAG als weiteren Faktor für die fehlende absolute Genauigkeit der Feststellung der Beschäftigtenregelzahl die hohe Arbeitnehmerfluktuation bei Expansion oder Schrumpfen eines Betriebes an, die zusätzlich eine Prognose über die wirtschaftliche Entwicklung des Betriebes erforderlich mache.[626] Unter anderem deswegen verneint *Kreutz* in Grenzfällen die Existenz nur einer einzigen richtigen Lösung und sieht hierdurch ein gerichtlich nicht voll überprüfbares Erkenntnisrecht des Wahlvorstandes begründet; es reiche daher aus, wenn die vom Wahlvorstand getroffene Feststellung „vertretbar" sei.[627]

cc) Stellungnahme

(1) Fehlende Möglichkeit einer genauen Feststellung des Beschäftigtenregelstandes

Den vorstehenden Ausführungen des BAG und der Literatur ist jedenfalls insoweit zuzustimmen, als in den genannten Konstellationen die Möglichkeit einer Feststellung der Beschäftigtenregelzahl auf den Arbeitnehmer genau bezweifelt wird. Man bedenke nur die Schwierigkeit der Einschätzung der zukünftigen wirtschaftlichen Entwicklung und der hierauf entsprechenden abzustimmenden „regelmäßigen" Personalplanung; die wirtschaftliche Expansion muss ja nicht notwendig mit einer Steigerung der Beschäftigtenzahl einhergehen, erst recht besteht wohl kein linearer Zusammenhang zwischen beiden. Auch *Nipperdey,* der einen Beurteilungsspielraum letztlich ablehnt, erkennt die Unmöglichkeit der Bestimmung der Beschäftigtenzahl für die bezeichneten Konstellationen an.[628]

---

622 *Richardi/Thüsing,* in: Richardi, BetrVG, § 9 Rn. 10.

623 *Dütz,* SAE 1978, 7.

624 *Joost,* in: MünchHdbArbR, Bd. 3, § 304 Rn. 109.

625 *Eisemann,* in: ErfKzA, § 9 BetrVG Rn. 1.

626 *Kreutz,* in: GK-BetrVG, Bd. 1, § 9 Rn. 9.

627 *Kreutz,* in: GK-BetrVG, Bd. 1, § 9 Rn. 9; zust. *Schneider* in: D/K/K, BetrVG, § 9 Rn. 14, 17; bemerkenswert scheint hierbei die Anlehnung an die Vertretbarkeitslehre *Ules* (vgl. *Ule/Laubinger,* § 55 Rn. 8; s. a. S. 22); vgl. a. *F/K/H/E/S,* BetrVG, § 9 Rn. 11; *Schlochauer,* in: H/S/G, § 9 Rn. 11.

628 *Nipperdey,* DB 1977, 1095; *ders.,* DB 1980, 1646.

(2) Direkter Schluss auf einen Beurteilungsspielraum des Wahlvorstandes als Normadressat

(a) Die Kritik Nipperdeys

Nipperdey machte bereits zur zitierten Entscheidung des BAG vom 12.10.1976[629] unter Hinweis auf die Parallele zwischen Verwaltungsrecht und Arbeitsrecht mit Recht darauf aufmerksam, dass weder aus dem Erfordernis einer Prognose noch aus der Unmöglichkeit einer genauen Festlegung der Regelbeschäftigtenzahl ohne weiteres der Schluss gezogen werden darf, dass das Recht zur Letzterkenntnis dem für die Feststellung zuständigen Wahlvorstand als Normadressaten, hier also dem Wahlvorstand als der Gerichten vorgelagerte Rechtsanwender, zustehen soll.[630] Hierin liegt im Grunde nur die konsequente Fortführung der grundsätzlichen Kritik *Rupps* insbesondere an den Lehren von *Bachof* und *Ules*.[631] Dem ist m. E zuzustimmen; anderenfalls bestünde die Gefahr, dass auch die gesetzgeberisch unbeabsichtigte mangelnde Bestimmtheit und damit die Unvollkommenheit der Fassung einer tatbestandlichen Voraussetzungen einer Norm zur Begründung eines Beurteilungsspielraums instrumentalisiert werden könnte; gerade die Handhabung missglückter Normen aber sollte den Gerichten überantwortet bleiben.[632]

Anlässlich dieser Überlegung zeigt sich jedenfalls, dass es im Rahmen der arbeitsrechtlichen Diskussion, anders als im Verwaltungsrecht, bisweilen bereits an der logisch zwingend notwendigen, klaren Zweiteilung der Begründung, deren es für die Bejahung eines Beurteilungsspielraums bedarf, fehlt: Besteht ein ausfüllungsbedürftiger Spielraum im Rahmen der Rechtsanwendung, welcher der Art nach einen Beurteilungsspielraum darstellen kann? Wenn ja, warum hat diesen nicht das Gericht, sondern der ihm vorgelagerte Rechtsanwender (als Beurteilungsspielraum) auszufüllen?

(b) Erfordernis besonderer Kriterien zur Annahme eines Beurteilungsspielraums im Bereich des BetrVG als Teil des privaten Arbeitsrecht

Die genannten kritischen Ausführungen *Nipperdeys* decken sich inhaltlich mit dem im Verwaltungsrecht herrschenden Grundsatz, dass die Regelung oder die Materie, welche von ihr erfasst wird, zur Begründung eines Beurteilungsspielraums weitere Kriterien erfüllen muss.[633] Die strukturelle Parallele zwischen Verwaltungs- und privatem Arbeitsrecht sowie das grdsl. gegenüber dem öffentlichen Recht hier sogar erhöhte Begründungs- und Kennzeichnungsbedürfnis wurden bereits erörtert und bestätigt.[634]

---

[629] SAE 1978, 1 ff.

[630] *Nipperdey*, DB 1977, 1093 ff.; *ders.*, DB 1980, 1646.

[631] *Rupp*, 213 f., 216 f.; zur Kritik an diesen Lehren s. S. 19 und S. 22.

[632] Vgl. Art. Art. 92 Abs. 1 Hs. 1 GG.

[633] S. insbes. hinsichtlich der Prognosebegriffe Fn. 610; allgemein s. Fn. 608; *Schmidt-Aßmann*, Ordnungsidee, 189 f.; vgl. a. BVerwG DVBl. 1991, 49.

[634] S. hierzu 2. Kapitel:C.

Auch für den Bereich des BetrVG ist daher nicht ersichtlich, wieso allein der prognostische Charakter eines unbestimmten Rechtsbegriffs einen Beurteilungsspielraum des vorgerichtlichen Rechtsanwenders begründen soll, gerade wenn man zusätzlich die Häufigkeit von unbestimmten Rechtsbegriffen und der mit ihnen oftmals verbundenen Notwendigkeit einer Wertung oder einer Prognose[635] bedenkt.

(c) Konsequenz für die Kennzeichnungskraft des prognostischen Charakters des unbestimmten Rechtsbegriffes „in der Regel"

Besieht man etwa *Richardis* Ausführungen stellvertretend für den unmittelbaren Schluss auf den Beurteilungsspielraum, so weist dieser zunächst überzeugend auf den Widerspruch der gesetzlichen Regel in sich hin: Die Schwellenwerte in § 9 BetrVG sind auf den Arbeitnehmer genau zu bestimmen; dies ist jedoch gerade für den maßgeblichen Regelstand in den genannten Grenzfällen nicht möglich,[636] was nicht zuletzt auch auf dem prognostischen Charakter der Wendung „in der Regel" beruht. Damit ist aber, wie *Nipperdey* treffend formuliert, noch nichts darüber ausgesagt, warum der Wahlvorstand und nicht das Gericht den „Gordischen Knoten" durchschlagen soll. *Schmidt-Aßmann* formuliert treffend, nicht der Spielraum, sondern die Ermächtigung führe zur Letztentscheidungskompetenz.[637]

(d) Überschreitung der „Funktionsgrenze" der Rechtsprechung durch gerichtliche Vollkontrolle als eigene Fallgruppe der Beurteilungsermächtigung

Das BVerfG hat in einem Beschluss vom 17.4.1991 die Möglichkeit angedeutet, dass unbestimmte Rechtsbegriffe „wegen hoher Komplexität oder besonderer Dynamik der geregelten Materie so vage und ihre Konkretisierung im Nachvollzug der Verwaltungsentscheidung so schwierig" sein können, dass „die gerichtliche Kontrolle an die Funktionsgrenzen der Rechtsprechung stößt" und der rechtsanwendenden Behörde ein „begrenzter Entscheidungsspielraum" zusteht.[638] Besieht man die dort in Bezug genommenen Entscheidungen des Verfassungsgerichtes genauer, so hat das BVerfG mit dem Begriff der „Funktionsgrenze" keine neue Fallgruppe der Beurteilungsermächtigung geschaffen, sondern lediglich sehr unterschiedliche Konstellationen in ihrer Auswirkung auf die gerichtliche Kontrolldichte unter einem Stichwort zusammengefasst. So ist im Beschluss des Gerichts vom 27.11.1990 der Beurteilungsspielraum der Bundesprüfstelle hinsichtlich der Prüfung der tatbestandlichen Voraussetzungen insbesondere von § 6 Nr. 3 GjS[639] behandelt, welcher in der Literatur mitunter als Fallgruppe der Entscheidungen wertender Art durch fachkundige, weisungsfreie Gremien abs-

---

[635] S. nur etwa *Grupp,* 142.

[636] *Richardi/Thüsing,* in: Richardi, BetrVG, § 9 Rn. 10.

[637] *Schmidt-Aßmann,* in: Maunz/Dürig, GG, Bd. 2, Art. 19 IV Rn. 184.

[638] BVerfGE 84, 34, 46, 50, zum Beurteilungsspielraum bei Prüfungsentscheidungen. Dagegen etwa *Grupp,* 145.

[639] Offensichtliche Eignung einer Schrift zur sittlich schweren Gefährdung, BVerfGE 83, 130, 148.

trahiert wird.[640] Dagegen hat der Beschluss vom 8.7.1982 den Beurteilungsspielraum der Genehmigungsbehörde hinsichtlich der erforderlichen Schadensvorsorge gemäß § 7 Abs. 2 Nr. 3 AtomG zum Gegenstand,[641] welche der Kategorie der Risikoabschätzungen zugeordnet wird und damit auch den Prognoseentscheidungen nahe steht.[642] Der Beschluss des BVerfG vom 17.4.1991 kann daher mangels Formulierung eines eigenständigen Kriteriums nicht als Anhaltspunkt für die Begründung eines Beurteilungsspielraums dienen. Ebenso verhält es sich mit einer Entscheidung des BVerwG vom 19.3.1998; auch dort wird die „Funktionsgrenze" nur als Oberbegriff i. S. eines Symptoms gebraucht, der Beurteilungsspielraum aber mit dem hier nicht einschlägigen, wohlbekannten Begründungsmuster der persönlichkeitsabhängigen Bewertung bei dienstlichen Beurteilungen legitimiert.[643]

c) Ergebnis zur grammatisch orientierten Auslegung

Insgesamt gibt die Auslegung der Formulierung „in der Regel" allein keinen Aufschluss darüber, ob nun der Wahlvorstand oder das befasste Gericht die Letztentscheidungskompetenz haben soll. Fest steht allerdings schon jetzt, dass dieser Wendung wegen der erforderlichen Prognose insbesondere der wirtschaftlichen Entwicklung eines Betriebes und der daraus zu schließenden „normalen" Belegschaftsstärke eine Unsicherheit anhaftet, der sich grdsl. auch das Gericht ausgesetzt sieht.

2. Regelungs- und Bedeutungszusammenhang (Kontext) des § 9 S. 1 BetrVG als Auslegungskriterien (systematisch-logisch orientierte Auslegung)

Die Frage nach dem Beurteilungsspielraum lässt sich auf die Überlegung zuspitzen, ob dem Wahlvorstand im Rahmen des Betriebsratswahlverfahrens eine gewisse autonome Stellung in der Betriebsverfassung zukommt, welche auch die Arbeitsgerichte zu respektieren haben. Anhaltspunkte hierfür können sich in Parallele zur verwaltungsrechtlichen Fallgruppe der Entscheidungen wertender Art durch fachkundige, weisungsfreie Gremien[644] aus einer besonderen Sachkunde und einer besonderen Zusammensetzung dieses Organes ergeben. Maßgeblich ist insbesondere der verfahrensrechtliche Regelungskontext, in welchem § 9 BetrVG steht, also das Wahlverfahren, innerhalb dessen die Feststellung der Belegschaftsregelstärke gemäß § 18 Abs. 1 S. 1 BetrVG i. V. m. §§ 1 Abs. 1, 3 Abs. 1 S. 1, Abs. 2 Ziff. 4 WOBetrVG durch den Wahlvorstand zu treffen ist.[645]

---

640 *Maurer,* § 7 Rn. 40; *Di Fabio,* 272; krit. *Schmidt-Aßmann,* in: Maunz/Dürig, GG, Bd. 2, Art. 19 IV Rn. 196; s. BVerwGE 12, 20; BVerwGE 91, 211, 215 f.; vgl. a. BVerwGE 99, 371, 377 f.

641 BVerfGE 61, 82, 114 (Sasbach).

642 S. *Maurer,* § 7 Rn. 41; zur Unterscheidung s. insbes. *Di Fabio,* 67 ff., 76, 85 f., 278.

643 BVerwGE 106, 263 ff.

644 S. Fn. 640.

645 S. Fn. 531; vgl. a *Kreutz,* in: GK-BetrVG, Bd. 1, § 16 Rn. 77: „Die Aufgaben, Rechte und Pflichten des Wahlvorstandes ergeben sich aus §§ 18 Abs. 1 und 3, 29 Abs. 1 und der WO...".

a) Fallgruppe der „Entscheidungen wertender Art durch fachkundige, weisungsfreie Gremien“[646]

Bei der Bildung des Wahlvorstandes wird gesetzlich weder eine besondere Sachkunde der Mitglieder noch eine besondere Zusammensetzung verlangt; vielmehr werden gemäß § 16 Abs. 1 S. 1 BetrVG grdsl. schlicht drei betriebsangehörige nach § 7 BetrVG wahlberechtigte Arbeitnehmer vom Betriebsrat bestellt.[647] Damit kann jeder Arbeitnehmer im Betrieb, der das 18. Lebensjahr vollendet hat, prinzipiell dem Wahlvorstand angehören; der Betriebsrat ist in der Auswahl völlig frei.[648] Es ist damit zwar durch eine sorgfältige Auswahl der in Betracht kommenden Kandidaten möglich, aber in keiner Weise von vornherein garantiert, dass die Mitglieder des Wahlvorstandes besondere Sach- oder Fachkenntnisse mitbringen. Ein derart zusammengesetztes „Gremium“ hat sicherlich hinsichtlich der erforderlichen wirtschaftlichen Prognose und der Feststellung der Belegschaftsregelstärke keinerlei Vorsprung in der Sachkunde,[649] im Gegenteil wird der Wahlvorstand in der Regel dringend auf Information insbesondere durch den Arbeitgeber angewiesen sein, der wohl noch am besten zu den entsprechenden Einschätzungen befähigt sein dürfte. Dieses Informationsgefälle spiegelt sich gerade in der Schaffung des allgemeinen Informationsrechts nach § 2 Abs. 2 S. 1 WOBetrVG wider.[650] Selbst wenn tatsächlich ein besonders sachkenntnisreicher Wahlvorstand zustandekäme, was weitgehend dem Zufall anheim gegeben sein dürfte, ist immer noch folgendes zu bedenken: Erstens können die Arbeitsgerichte Sachverständige hinzuziehen; damit ist der Wahlvorstand weder gesetzlich im Vergleich zu den Gerichten als sachkompetenteres oder –näheres Organ konzipiert noch auch nur im Einzelfall den letzteren gegenüber hinsichtlich der Erkenntnismethoden überlegen. Insbesondere können die Gerichte den denkbaren Vorsprung der Mitglieder des Wahlvorstandes durch entsprechende Beweiserhebung zumindest egalisieren. Zweitens fehlt es aufgrund der möglichen „gewerkschaftsspezifischen Implikationen“ an einer Gewährleistung der Neutralität des Wahlvorstandes bei der Beachtung der Arbeitgeber- und Arbeitnehmerinteressen.[651] Damit sprechen der Mangel an gesetzlich vorgesehener besonderer Fachkunde der Wahlvorstandsmitglieder sowie das Fehlen einer besonderen Richtigkeitsgewähr der Einschätzung des Wahlvorstandes gegen einen Beurteilungsspielraum.[652]

---

646 S. Fn. 640.

647 Vgl. die abweichenden Regelungen insbes. in § 16 Abs. 2, § 17 Abs. 1, Abs. 3 BetrVG.

648 *Kreutz,* in: GK-BetrVG, Bd. 1, § 16 Rn. 29.

649 Eine größere Sachnähe nimmt dagegen - vergleichbar zur Einordnung von Arbeitnehmern als betriebszugehörig im Hinblick auf § 4 BetrVG - *Franzen,* ZfA 2000, 312 f. an, der allerdings einen Beurteilungsspielraum aufgrund der mangelnden Gewährleistung dessen Neutralität ablehnt.

650 Vgl. a. *Kreutz,* in: GK-BetrVG, Bd. 1, § 18 Rn. 15 und § 2 WOBetrVG Rn. 9.

651 So vergleichbar zur Einordnung von Arbeitnehmern als betriebszugehörig im Hinblick auf § 4 BetrVG *Franzen,* ZfA 2000, 312 f. m. N. in Fn. 138.

652 Vgl. die Argumentation von *Honstetter,* 121 f., zum Prognosespielraum des Arbeitgebers bei Kündigungen.

b) Fehlende Einschränkung der Anfechtbarkeit der Wahl

Die Anfechtbarkeit einer Wahl wegen Verstoßes gegen § 9 BetrVG ist in keiner Hinsicht besonders eingeschränkt. Der Gesetzgeber hätte die Bestimmung der Beschäftigtenregelzahl durch den Wahlvorstand insbesondere für den Fall der Wahlanfechtung nur eingeschränkt gerichtlich überprüfbar gestalten können, wie ein Blick auf den zugegebenermaßen erst mit der Gesetzesnovelle vom 20.12.1988[653] eingefügten § 18 a Abs. 5 S. 2 und 3 BetrVG zeigt.

c) Ergebnis zur systematisch-logisch orientierten Auslegung

Insgesamt spricht die systematisch-logischen Auslegung gegen einen Beurteilungsspielraum des Wahlvorstandes.

3. Regelungsabsicht, Zwecke und Normvorstellungen des historischen Gesetzgebers als Auslegungskriterien (historisch orientierte Auslegung)

Die Gesetzesmaterialien ergeben keine Hinweise auf Kriterien, welche die Annahme eines Beurteilungsspielraums rechtfertigen. So wurden im Gesetzgebungsverfahren insbesondere weder die Wendung „in der Regel" noch die Festlegung der Schwellenwerte auf den Arbeitnehmer genau problematisiert.[654] Gewichtiger noch erscheint das Fehlen von Anhaltspunkten in den Materialien dafür, dass dem Wahlvorstand über seine schlichte Funktion der Wahldurchführung hinaus eine besondere Kompetenz hinsichtlich der Einschätzung der Beschäftigtenregelzahl zugemessen wurde:[655] Gesetzgeberisches Ziel der Fassung des § 9 BetrVG 1972 war insbesondere auch die genaue Festlegung der Zahl der Betriebsratsmitglieder, gestaffelt nach der Betriebsgröße.[656] Nach § 9 Abs. 1 BetrVG 1952 waren ab einer Belegschaftsregelstärke von 1001 Arbeitnehmern für jede Staffelung jeweils nur noch Rahmenzahlen angegeben, die Arbeitnehmer konnten nach Abs. 2 durch ein Vorabstimmungsverfahren eine Erhöhung der Mitgliederzahl beschließen.[657] Den entsprechenden Verfahrensantrag zu stellen stand nur den Arbeitnehmern, dem Betriebsrat oder einer im Betrieb vertretenen Gewerkschaft zu, nicht aber dem Wahlvorstand. Mit der Beseitigung dieses, wenn man so will, „betrieblichen Spielraumes" durch die neue Fassung in der Form des § 9 BetrVG 1972 zeigte der Gesetzgeber deutlich, dass er die Festlegung der Mitglieder-

---

[653] Bundesgesetzblatt I/2312, 2313 f.

[654] Vgl. insbes. den Entwurf der Bundesregierung, BT-Ds. VI/1786, 4, 37; Entwurf der CDU/CSU-Fraktion, BT-Ds. VI/1806, 11, 41; schriftlicher Bericht des federführenden Ausschusses für Arbeits- und Sozialordnung, BT-Ds. VI/2729, 12 f., 20; BT-Prot. Bd. 75, 5803 ff. und Bd. 77, 8586 ff., 8588.

[655] Vgl. insbes. den Entwurf der Bundesregierung, BT-Ds. VI/1786, 34, 38; Entwurf der CDU/CSU-Fraktion, BT-Ds. VI/1806, 12, 42; schriftlicher Bericht des federführenden Ausschusses für Arbeits- und Sozialordnung, BT-Ds. VI/2729, 20 f.; BT-Prot. Bd. 75, 5803 ff. und Bd. 77, 8586 ff., 8588.

[656] S. insbes. den Entwurf der Bundesregierung, BT-Ds. VI/1786, 37; Entwurf der CDU/CSU Fraktion, BT-Ds. VI/1806, 11; insoweit weicht der schriftliche Bericht des federführenden Ausschusses für Arbeits- und Sozialordnung, BT-Ds. VI/2729, 12 f., 20 f., auch nicht ab.

[657] S. § 9 BetrVG 1952, BGBl. I/682.

zahl des Betriebsrats in keiner Hinsicht letztverbindlich einem Organ der Betriebsverfassung überlassen, sondern diese vielmehr möglichst genau selbst regeln wollte. Zusammen mit der fehlenden Einschränkung der Anfechtbarkeit der Wahl ergibt sich, dass die Kompetenz zur Letztentscheidung eher beim Gericht als beim Wahlvorstand liegen sollte.

Auch die historisch orientierte Auslegung ergibt keinen Anhaltspunkt für einen Beurteilungsspielraum des Wahlvorstandes.

4. Sinn und Zweck („telos“) der gesetzlichen Regelung als Auslegungskriterien (objektiv-teleologisch orientierte Auslegung)

a) Verringerung des Kostenrisikos des Arbeitgebers und der Gefahr der „Wiederholung“ der Wahl

Die genaue Festlegung der Betriebsratsmitgliederzahl in Abhängigkeit von der Beschäftigtenregelzahl in § 9 BetrVG stellt eine Facette des Versuches dar, die Bildung eines Betriebsrats in einem Verfahren zu ermöglichen, das möglichst einfach, kurz und transparent sein soll.

Vor diesem Hintergrund ist das vor allem ökonomisch orientierte Argument zu sehen, welches *Kreutz* zur Begründung eines Beurteilungsspielraums anführt: Die Gefahr einer „Wiederholung“[658] der Betriebsratswahl und der damit verbundenen erneuten Entstehung von Kosten könne durch die Annahme eines Beurteilungsspielraums gesenkt werden.[659] Der genannte Gesichtspunkt erscheint gerade im Hinblick auf die Belastung des Arbeitgebers gewichtig, denn ihn treffen gemäß § 20 Abs. 3 S. 1 BetrVG grdsl. sowohl die sächlichen und persönlichen Kosten[660] der erneuten Wahl als auch der nach S. 2 ausgleichslose Ausfall der Arbeitskraft der nochmals freizustellenden Arbeitnehmer und die hiermit gegebenenfalls verbundene Verringerung der Produktivität.

Dieses Argument überzeugt allerdings nur in den Fällen der Wahlanfechtung durch die nach Maßgabe des § 19 Abs. 2 S. 1 BetrVG hierzu berechtigten Arbeitnehmer oder die im Betrieb vertretenen Gewerkschaften: Entscheidet sich dagegen der Arbeitgeber

---

[658] Es handelt sich im Grunde um eine Neuwahl, der Begriff der Wiederholung ist irreführend, s. *Kreutz,* in: GK-BetrVG, Bd. 1, § 19 Rn. 126.

[659] *Kreutz,* in: GK-BetrVG, Bd. 1, § 9 Rn. 9; dieses Argument basiert auch darauf, dass nach der bisherigen Rspr. des BAG und nach wohl noch h. M. nicht nur bei einer Mehrheits-, sondern auch bei einer Verhältniswahl die bloße Berichtigung des Wahlergebnisses bei zu kleiner oder zu großer Zahl zu wählender Betriebsratsmitglieder nicht möglich ist, s. etwa BAG SAE 1978, 2, 3; BAG NZA 1992, 36 ff.; *Schlochauer* in: H/S/G, BetrVG, § 9 Rn. 19; *Stege/Weinspach,* BetrVG, § 9 Rn. 5; *Wlotzke,* BetrVG, § 9 Ziff. 3; *Eisemann,* in: ErfKzA, § 9 Rn. 4; *Joost,* in: MünchHdbArbR, Bd. 3, § 304 Rn. 109; *Schneider,* in: D/K/K, BetrVG, § 9 Rn. 17 f.; dagegen mit guten Gründen differenzierend *Richardi/Thüsing,* in: Richardi, BetrVG, § 9 Rn. 19 f; ebenso *Kreutz,* in: GK-BetrVG, Bd. 1, § 9 Rn. 25; *F/K/H/E/S,* BetrVG, § 9 Rn. 48 f.

[660] Zu dieser Unterscheidung *Kreutz,* in: GK-BetrVG, Bd. 1, § 20 Rn. 50, 52.

selbst zur Anfechtung, weil z. B. der Wahlvorstand in einem Grenzfall von der Überschreitung des jeweiligen Schwellenwertes und damit von der höheren Anzahl zu wählender Betriebsratsmitglieder ausgegangen ist, so trifft ihn selbst das Risiko, dass das Gericht sich aufgrund der nur eingeschränkten Überprüfbarkeit der Feststellung des Wahlvorstandes dessen Einschätzung anschließt. Dann entstehen zwar nicht die erwähnten wirtschaftlichen Nachteile durch die erneute Wahl; auf den Arbeitgeber kommen aber Mehrkosten und höherer Sachaufwand nach § 40 Abs. 1 und 2 BetrVG durch die größere Mitgliederzahl im Betriebsrat zu. Gleichzeitig er sieht sich u. a. entsprechend erhöhten Verpflichtungen zur Befreiung von der Arbeitsverpflichtung ohne Minderung des Entgeltes gemäß § 37 Abs. 2, 6 und 7 BetrVG und der entsprechenden Produktivitätsverringerung ausgesetzt. Wiegen diese Nachteile wirtschaftlich schwerer als die einer erneuten Wahl, bedeutet das für den Arbeitgeber Steine statt Brot. Zwar hat es der Arbeitgeber vordergründig in der Hand, ob er von seiner Anfechtungsberechtigung Gebrauch machen will oder nicht; im Grunde aber wird er hier doch empfindlich in der Anfechtung eingeschränkt. Daher verliert die - an sich überzeugende - Argumentation von *Kreutz* erheblich an Kraft. Eine differenzierte Annahme eines Beurteilungsspielraums je nach prozessualer Konstellation im Beschlussverfahren käme im übrigen schon aus Gründen der Rechtsklarheit nicht in Betracht, denn die Verlagerung der Letztentscheidungskompetenz kann nicht davon abhängen, ob sich der Arbeitgeber zur Wahlanfechtung entscheidet oder nicht.

b) Argument der Widersprüchlichkeit des Gesetzes

Insbesondere die bereits beschriebene Argumentation *Richardis*, die Bestimmung des regelmäßigen Standes der Belegschaft könne schon begrifflich nur eine Rahmenfeststellung sein, und es werde für die Feststellung der Arbeitnehmerzahl ein letztlich „kaum erfüllbares Erfordernis“ aufgestellt,[661] zielt auf den inneren Widerspruch der gesetzlichen Regelung in § 9 BetrVG ab. Das Bestreben, die Bestimmung der Mitgliederzahl des Betriebsrats auch u. a. zu Gunsten einer einfachen Handhabung durch den Wahlvorstand möglichst genau gesetzlich festzuschreiben, kollidiert in den hier interessierenden Grenzfällen letztlich wohl unauflösbar mit dem Erfordernis, diese Zahl von zufälligen Schwankungen der Belegschaftsstärke abzukoppeln.

Geht man mit der allgemeinen Meinung davon aus, dass die Feststellung der Beschäftigtenregelzahl für das Gericht auch unter Rückgriff auf einen Sachverständigen[662] unmöglich ist, dann erscheint es in der Tat unsinnig, den Wahlvorstand auch in Grenzfällen eine Feststellung der Belegschaftsregelstärke treffen zu lassen, nur um dann im Rahmen ihrer gerichtlichen Überprüfung - etwa im Rahmen eines Wahlanfechtungsverfahrens - die Einschätzung des Wahlvorstandes durch die nicht weniger unsichere des Gerichtes zu ersetzen. In den beschriebenen Grenzfällen würde damit das gesamte

---

[661] *Richardi/Thüsing*, in: Richardi, BetrVG, § 9 Rn. 10; hierzu näher S. 95 f.

[662] Wäre die genaue Bestimmung mit Hilfe eines Sachverständigen dagegen möglich, schlösse dies - in Parallele zur verwaltungsrechtlichen Diskussion - den Beurteilungsspielraum aus, vgl. hierzu für den Bereich der administrativen Risikoeinschätzung BVerwGE 81, 12, 17; *Di Fabio*, 277.

Wahlverfahren quasi „pro forma“ durchgeführt, die Handhabung von § 9 BetrVG für den Wahlvorstand in Frage gestellt.

Allerdings ist bisher noch nicht überzeugend dargelegt worden, warum die genauere Feststellung der Beschäftigtenregelzahl für das Gericht nicht wenigstens eher möglich sein soll als für den Wahlvorstand. Insbesondere hat das Gericht ja die Möglichkeit, sich eines Sachverständigen zu bedienen. Zudem werden solche Grenzfälle eher Ausnahmefälle darstellen; es scheint nicht unproblematisch, aus einer Norm nur für bestimmte Ausnahmefälle einen Beurteilungsspielraum herzuleiten: Entweder ist dieser grdsl. im materiellen Recht angelegt oder gar nicht. Schließlich und endlich kann das Argument *Richardis* nicht die Zweifel an der besonderen Kompetenz des Wahlvorstandes zur Beurteilung der Beschäftigtenregelzahl beseitigen. Das Argument von der Unmöglichkeit der genauen Feststellung der Belegschaftsregezahl ist letztendlich nicht geeignet, einen Beurteilungsspielraum zu begründen. Der Ausgleich von Widersprüchlichkeiten in Normen ist originäre Aufgabe der Gerichte selbst, nicht vorgerichtlicher Rechtsanwender.

c) Förderung der betrieblichen Autonomie

Zur Legitimation eines Beurteilungsspielraums könnte man die Förderung der betrieblichen Autonomie durch Stärkung der Eigenverantwortung und autonomen Konfliktlösung des Arbeitgebers und der Arbeitnehmer als Beteiligte des BetrVG in Betracht ziehen. Jedoch ist die regelmäßige Belegschaftsmitgliederzahl gerade gesetzlich vorgegeben und nicht, wie etwa Angelegenheiten i. S. v. § 87 Abs. 1 BetrVG, für die Betriebsbeteiligten verhandelbar. Es erscheint von daher inkonsequent, dem Wahlvorstand gerade insoweit einen Beurteilungsspielraum zuzugestehen.

d) Ergebnis zur teleologisch orientierten Auslegung

Die Dämpfung des Kostenrisikos des Arbeitgebers, die Effektivität des Wahlverfahrens und die Widersprüchlichkeit der Fassung der Tatbestandsvoraussetzungen des § 9 BetrVG sprechen als objektiv-teleologische Anhaltspunkte nur bedingt für einen Beurteilungsspielraum des Wahlvorstandes, die inhaltliche Konsequentheit der Regelung sogar dagegen.

5. Zwischenergebnis zur grammatisch, systematisch-logisch, historisch und objektiv-teleologisch orientierten Auslegung

Der Wortlaut, der Regelungskontext und die Gesetzesmaterialien ergeben keinen Hinweis auf einen Beurteilungsspielraum des Wahlvorstandes. Lediglich die objektiv-teleologischen Argumente der Dämpfung des Kostenrisikos und der Wahlverfahrenseffektivität sprechen, und das nur bedingt, für eine Reduktion der gerichtlichen Kontrolldichte. Dies wirft die Frage nach der Gewichtung der Auslegungskriterien auf.

Selbst wenn man vor dem Hintergrund des Grundsatzes der Gewaltenteilung von einer Rangfolge der Auslegungskriterien in der Ausprägung ausgehen will, dass der (historisch) gesetzgeberischen Zwecksetzung Vorrang vor der objektiv-teleologisch orientierten Auslegung zukommt,[663] folgt hieraus jedenfalls kein Verbot der Annahme eines Beurteilungsspielraums: Da der Sinn der Fassung von § 9 BetrVG auch in der Vereinfachung des Wahlverfahrens lag, besteht jedenfalls kein ausdrücklicher Widerspruch zwischen objektivem und gesetzgeberischem Normzweck. § 9 BetrVG ist insoweit weder dem Wortlaut noch dem Sinn nach „eindeutig": Es wird der „normative Gehalt der ... auszulegenden Norm ... nicht grundlegend neu bestimmt, das gesetzgeberische Ziel nicht in einem wesentlichen Punkt verfehlt".[664]

Die Überzeugungskraft der Argumente der h. M., insbesondere derjenigen von *Kreutz* und *Richardi*, liegen sicherlich in ihrer Praxisnähe. Die Annahme eines Beurteilungsspielraums ist jedenfalls ein mit dem Wortlaut und dem Gesetzeszweck von § 9 BetrVG zu vereinbarendes Auslegungsergebnis. Man wird aber schwerlich sagen können, die Annahme eines Beurteilungsspielraums sei als Auslegungsergebnis zwingend oder gar einzig möglich; das wäre schon im Hinblick auf die fehlende besondere Kompetenz des Wahlvorstandes nicht angemessen. Nimmt man vielmehr, wie hier vertreten, den Grundsatz ernst, dass ein Beurteilungsspielraum durch besondere Merkmale der materiellen Regelung gekennzeichnet sein muss, dann ist ein Beurteilungsspielraum hier abzulehnen. Insbesondere sollte allein die Schwierigkeit der Anwendung der tatbestandlichen Merkmale einer Norm nicht zum tragenden Grund eines Beurteilungsspielraums aufgewertet werden. Es besteht der Verdacht, dass sich insbesondere das BAG hier eher vom „horror facti" denn von der Frage nach einer sinnvollen Kompetenzverteilung hat leiten lassen.

Es zeigt sich letztlich, dass die Auslegung selbst durch die Ausrichtung des Betrachters bestimmt wird; mit den Worten von *Larenz* verbleibt eben auch dem Auslegenden „in Grenzfällen ... de facto mitunter ein gewisser Beurteilungsspielraum".[665] Die weitere Prüfung widmet sich den verfassungsrechtlicher Bedenken hinsichtlich Annahme eines Beurteilungsspielraums.

---

[663] So etwa *Koch/Rüßmann,* 181 ff.; a. A. etwa *Larenz/Canaris,* 165 f. (m. w. N. zu den Literaturmeinungen in Fn. 70); *Zippelius,* 62 f.; in diesem Sinne auch *Thum,* 82 (in Fn. 238); allgemein zur Rangtheorie der juristischen Rechtsfindungsmethoden etwa *Bydlinski,* 558 ff.

[664] S. zu den Grenzen der Auslegung BVerfGE 54, 277, 299 f. m. w. N. zu seiner einschlägigen Rspr.

[665] Larenz/Canaris, 177.

6. Verfassungsorientierte Interpretation in Form der „verfassungskonformen Auslegung“[666]

a) Grundsätze der verfassungskonformen Auslegung

Nach Art. 20 Abs. 3 GG ist die Rechtsprechung an Gesetz und Recht, nach Art. 1 Abs. 3 GG unmittelbar an die Grundrechte gebunden. Insbesondere das vom BVerfG eingeführte Verständnis der Grundrechte nicht nur als subjektive Abwehrrechte,[667] sondern auch als objektive Wertordnung,[668] sowie die auf dieser Basis entwickelten dogmatischen Figuren der indirekten Grundrechtsbindung zwischen Privaten durch die sogenannte („mittelbare“) „Drittwirkung“ der Grundrechte[669] mittels der Vorschriften des einfachen Rechts[670] und der „grundrechtlichen Schutzpflicht“[671] haben zu einer

---

[666] Zu Terminologie und Differenzierung s. *Voßkuhle,* AöR 125 (2000), 180; *Dreier,* in: Dreier, GG, Bd. 1, Art. 1 III Rn. 61 (in Fn. 144); *Stern,* Staatsrecht, Bd. 1, § 4 III 8 d); wie hier begreift etwa auch *Sachs* (in: Sachs, GG, Einführung Rn. 52) die verfassungskonforme Auslegung als Unterfall der verfassungsorientierten Auslegung; teilweise wird sie als Unterfall der systematisch orientierten Auslegung angesehen, vgl. etwa *Bydlinski,* 455; *Schmalz,* Rn. 244; krit. hierzu etwa *Müller,* Rn. 100; weitere Nachweise bei *Voßkuhle,* AöR 125 (2000), 181, Fn. 17; der besseren Übersicht halber und wegen der im Rahmen vorliegender Arbeit besonders naheliegenden Frage der Verfassungsmäßigkeit einer Auslegungsvariante, die einen Beurteilungsspielraum bejaht, wird sie hier, wie etwa bei *Larenz/Canaris,* 159 f., als eigenständiges Kriterium dargestellt.

[667] Sog. „status negativus“, s. *Isensee,* in: Isensee/Kirchhof, Handbuch Staatsrecht, Bd. V, § 111 Rn. 2.

[668] Ständige Rspr. des BVerfG; grundlegend das Lüth-Urteil, BVerfGE 7, 198, 205 ff.; s. etwa auch BVerfGE 89, 214, 229; aus neuester Zeit s. etwa BVerfG, Beschl. vom 21.2.2000 - 1 BvR 1937/97 -, Ziff. II. 1. der Gründe; s. die Darstellung bei *Classen,* AöR 122 (1997), 98. Diese Konstruktion wird wegen des Wortlautes von Art. 1 Abs. 3 GG teilweise für unnötig gehalten, s. etwa *Koch/Rüßmann,* 263 ff.

[669] S. dazu BVerfGE 7, 198, 205 ff.; vgl. a. *Voßkuhle,* AöR 125 (2000), 180 m. w. N. in Fn. 9; ausführl. Darstellung bei *Rüfner,* in: Isensee/Kirchhof, Handbuch Staatsrecht, Bd. VII, § 117 Rn. 54 ff.; vgl. a. *Voßkuhle,* AöR 125 (2000), 180 m. w. N. in Fn. 9; eingehend zur Entwicklung in der Rspr. des BVerfG, des BGH und des BAG *Classen,* AöR 122 (1997), 65 ff., insbes. mit einer umfassenden Ausstellung mit Nachw. zur Rspr. des BVerfG zu den einzelnen Grundrechten im Zusammenhang mit der Drittwirkung, s. *ders.,* a. a. O., 89 ff.; krit. zur Rspr. des BAG in diesem Zusammenhang *Oeter,* AöR 119 (1994), 542 ff. Die direkte Einwirkung eines Grundrechtes ist nur in Art. 9 Abs. 3 S. 2 GG ausdrückl. angeordnet; dass in Art 1 Abs. 3 GG eine unmittelbare Grundrechtsbindung nur der Legislative, der Exekutive und der Judikative angeordnet ist, gibt einen gewissen Anhalt dafür, dass Private untereinander grdsl. nicht an Grundrechte gebunden sind, s. *Classen,* a. a. O., 66, 69.

[670] Zur Konkretisierung der Grundrechte durch die einfachrechtlichen Normen genauer *Classen,* AöR 122 (1997), 70 m. N. z. Rspr. des BVerfG in Fn. 28.

[671] Dies betrifft den „status positivus“ der Grundrechte, *Isensee,* in: Isensee/Kirchhof, Handbuch Staatsrecht, Bd. V, § 111 Rn. 3. Zur Schutzpflicht s. etwa BVerfGE 81, 242, 254 ff.; eingehende Darstellung der Ableitung der Schutzpflichten aus der Verfassung, insbes. aus der klassischen Staatsaufgabe „Sicherheit“, bei *Isensee,* a. a. O., § 111 Rn. 12 ff., 83 ff.; vgl. a. *Classen,* AöR 122 (1997), 69 m. N. z. Rspr. in Fn. 21, 73 ff. m. w. N.; zur Unterscheidung zwischen Eingriffsabwehr und Schutzpflicht *Oeter,* AöR 119 (1994), 535 ff.; zum Verhältnis zwischen Schutzpflicht und Drittwirkung *Isensee,* a. a. O., § 111 Rn. 134.

„weitgehenden verfassungsrechtlichen Durchwirkung und Konstitutionalisierung der einfachgesetzlichen Rechtsordnung geführt".[672]

Als Ausprägung dieser Entwicklung ist die „verfassungskonforme Auslegung" anzusehen,[673] zu welcher laut BVerfG jeder Richter in gleicher Weise verpflichtet ist.[674] Es spricht als Legitimation dieser Interpretationsart „nicht nur eine Vermutung dafür ... , dass ein Gesetz mit dem Grundgesetz vereinbar ist, sondern das in dieser Vermutung zum Ausdruck kommende Prinzip verlangt auch im Zweifel eine verfassungskonforme Auslegung des Gesetzes."[675] Weiter formuliert das Gericht: „Die verfassungskonforme Auslegung einer Norm ist dann geboten, wenn unter Berücksichtigung von Wortlaut, Entstehungsgeschichte, Gesamtzusammenhang und Zweck mehrere Deutungen möglich sind, von denen jedenfalls eine zu einem verfassungsgemäßem Ergebnis führt".[676] Das bedeutet, dass von mehreren anhand der herkömmlichen Auslegungskriterien gewonnenen Auslegungsergebnissen dasjenige vorzuziehen ist, welches mit dem Grundgesetz vereinbar ist.[677] Allerdings kommt die verfassungskonforme Auslegung in Form dieser „Vorzugsregel" erst dann zum Zug, wenn die Auslegung des einfachen Rechtes anhand genannter üblicher Kriterien verschiedene Bedeutungsvarianten überhaupt hervorgebracht hat.[678] Weiter gebietet es der „Respekt vor der gesetzgebenden Gewalt (Art. 20 Abs. 2 GG) ... , in den Grenzen der Verfassung das Maximum dessen aufrechtzuerhalten, was der Gesetzgeber gewollt hat."[679] Der verfassungskonformen Auslegung werden nach BVerfG durch den Wortlaut, den Gesetzeszweck und den klar erkennbaren Willen des Gesetzgebers Grenzen gezogen.[680]

b) Position der Literatur zur verfassungskonformen Auslegung in der Rechtsprechung des BVerfG

Diese ständige Rechtsprechung des BVerfG erfuhr im Grundsatz, weniger allerdings in ihrer zeitweise tendenziell zu großzügigen Handhabung durch das Gericht selbst,[681]

---

672 *Voßkuhle,* AöR 125 (2000), 180 m. w. N.

673 *Voßkuhle,* AöR 125 (2000), 180 m. w. N.

674 Vgl. BVerfGE 22, 373, 377; 86, 71, 77; ständige Rspr., s. die Nachweise bei *Voßkuhle,* AöR 125 (2000), 180, Fn. 4.

675 BVerfGE 2, 266, 282; näher hierzu *Voßkuhle,* AöR 125 (2000), 182.

676 BVerfGE 95, 64, 93 m. w. N. zu seiner Rspr.

677 Vgl. BVerfGE E 95, 64, 93; E 88, 145, 166; E 86, 288, 320 f.; E 32, 373, 383 f.; so wird diese Rspr. in der Lit. gedeutet, s. etwa *Larenz/Canaris,* 160; *Voßkuhle,* AöR 125 (2000), 181, m. w. N. zur Rspr. in Fn. 15.

678 Vgl. BVerfGE 88, 145, 166; E 93, 37, 81; E 95, 64, 93; *Voßkuhle,* AöR 125 (2000), 181, Fn. 20; *Müller,* Rn. 100; *Neuner,* 130; *Larenz/Canaris,* 160.

679 BVerfGE 86, 288, 320 m. w. N. zu seiner Rspr.

680 BVerfGE 86, 288, 320 und E 95, 64, 93, jew. m. w. N. zu seiner Rspr.; zust. aus der Lit. etwa *Stein,* 158; *Larenz/Canaris,* 161; *Klein/Schmidt-Bleibtreu,* in: Schmidt-Bleibtreu/Klein, GG, Einl. Rn. 58, Vorb. vor Art. 70, Rn. 2; *Jarass,* in: Jarass/Pieroth, GG, Art. 20 Rn. 34 m. N. zur Rspr. des BVerfG.

681 *Voßkuhle,* AöR 125 (2000), 185 f. m. w. N.

seitens der Literatur überwiegend Zustimmung;[682] sie ist mittlerweile fester Bestandteil der Auslegungslehre.[683] Die h. M. ist indes vor dem Hintergrund des Art. 100 Abs. 1 GG, der das Verwerfungsmonopol eindeutig dem BVerfG zuweist,[684] wohl zu Recht nicht unangefochten geblieben,[685] denn hier wird „Normtextauslegung mit Normenkontrolle“[686] verbunden, was faktisch zu einer Kompetenz der Fachgerichte zur Gesetzeskorrektur durch teilweise Nichtigkeitserklärung führt.[687] Auf diese Problematik kann im Rahmen der vorliegenden Untersuchung allerdings nur hingewiesen werden. Jedenfalls besteht in dieser Interpretationsphase die Gefahr, dass Auslegung zur Rechtssetzung wird, wenn „das verfassungsrechtlich Zulässige vom Gericht zum wirklich Gewollten erklärt wird“.[688] Es gilt daher, die verfassungskonforme Auslegung restriktiv zu handhaben.[689] Speziell zur Frage der Auslegung von Normen auf dort möglicherweise enthaltene Beurteilungsspielräume hin führt *Schmidt-Aßmann* in diesem Zusammenhang aus: „Die Gerichte haben weder hier noch anderswo autonom über ihre Kontrollkompetenzen zu disponieren. Sie können weder eine fehlende normative Ermächtigung selbst schaffen, noch umgekehrt der Verwaltung eine erteilte Ermächtigung aberkennen. Gelangt eine Gericht zu dem Ergebnis, dass eine im Gesetz erteilte Ermächtigung nach Verfassungsrecht nicht hätte erteilt werden dürfen, so darf es jenseits der Grenzen verfassungskonformer Interpretation nicht von sich aus zum Grundsatz vollständiger Kontrolle übergehen, sondern hat nach Art. 100 GG zu verfahren“.[690]

---

[682] S. etwa *Larenz/Canaris,* 159 ff.; *Schmalz,* Rn. 244, 308 ff.; *Zippelius,* 41, 53 ff.; Maunz/Zippelius, 48 f.; *Bydlinski,* 455; *Pawlowski,* Rn. 432, 434 f.; *Stein,* 158; *Sommermann,* in: v. Mangoldt/Klein/Starck, GG, Bd. 2, Art. 20 Rn. 250; *Sachs,* in: *ders.,* GG, Einf. Rn. 52 ff.; *v. Münch,* in: v. Münch/Kunig, GG, Vorb. Art. 1-19 GG, Rn. 66; *Klein/Schmidt-Bleibtreu,* in: *Schmidt-Bleibtreu/Klein,* GG, Einl. Rn. 58; *Starck,* in: *Isensee/Kirchhof,* Handbuch Staatsrecht, Bd. VII, § 164 Rn. 31 ff.; *Stern,* Staatsrecht, Bd. 1, § 4 III 8 d); *Oeter,* AöR 119 (1994), 558; *Schulze-Fielitz,* in: Dreier, GG, Art. 20 (Rechtsstaat) Rn. 78; grdsl. zust. *Müller,* Rn. 100 f.; grdsl. im Ergebnis zust., jedoch mit anderer dogmatischer Begründung und restriktiv hinsichtlich der Grenzen der verfassungskonformen Interpretation zur Rechtsfortbildung *Koch/Rüßmann,* 266 ff.

[683] S. *Göldner,* 200, wo auch der problematischere Bereich verfassungskonformer Rechtsfortbildung behandelt wird, *ders.,* a. a. O., 200 ff.

[684] Vgl. a. § 78 BVerfGG.

[685] So mit dem Vorschlag einer Neubestimmung der vom Grundgesetz vorgeschriebenen Arbeitsteilung zwischen den Fachgerichten und dem BVerfG *Voßkuhle,* AöR 125 (2000), 180, 184, 194 ff.; siehe dort auch weitere Nachweise a. a. O., 184, Fn. 35; grdsl. krit. etwa *Simon,* in: Benda/Maihofer/Vogel, Handbuch des Verfassungsrechts, § 34 Rn. 53.

[686] *Müller,* Rn. 100.

[687] *Voßkuhle,* AöR 125 (2000), 181 f. m. w. N. zu dieser Kritik in Fn. 21.

[688] *Voßkuhle,* AöR 125 (2000), 183.

[689] So auch *Sachs,* in: *ders.,* GG, Einf. Rn. 55, unter der m. E. zweifelhaften Berufung auf BVerfGE 86, 288, 320; im Ergebnis, aber wesentlich differenzierter auch *Voßkuhle,* AöR 125 (2000), 194 ff.

[690] *Schmidt-Aßmann,* Ordnungsidee, 191; vgl. zur fehlenden Dispositionsbefugnis mit Bezug auf Art. 19 Abs. 4 GG BVerfGE 49, 228, 242.

c) Allgemeines zur verfassungskonformen Auslegung des Normtextes „in der Regel" in § 9 S. 1 BetrVG und der Verfassungsmäßigkeit dieser Norm

Wie soeben aufgezeigt, kommt nach den bisherigen Kriterien als Auslegungsergebnis sowohl die Bejahung als auch die Verneinung eines Beurteilungsspielraums in Betracht. Der Weg zur verfassungskonformen Auslegung ist eröffnet.

Im folgenden wird zu prüfen sein, ob die Annahme eines Beurteilungsspielraums unter Zugrundelegung des Begründungsmusters der h. M. mit dem Verfassungsrecht vereinbar ist, oder, anders ausgedrückt, ob § 9 BetrVG in der Auslegungsvariante, die nach h. M. einen Beurteilungsspielraum des Wahlvorstandes bejaht, verfassungsgemäß ist. Sollte dies nicht der Fall sein, käme die Nichtigkeit von § 9 BetrVG, welche dem Vorrang der Verfassung gemäß Art. 20 Abs. 3 Hs. 1 GG als Grundsatz entspricht,[691] nur dann in Betracht, wenn die genannte Vorschrift nicht im Wege der verfassungskonformen Auslegung als wirksam zu erhalten wäre.[692] Letzteres scheidet hier allerdings von vornherein aus, da ja auch eine Auslegungsvariante ohne Beurteilungsspielraum existiert und, entsprechend der Themenstellung, nur die Verfassungsmäßigkeit der Einräumung des Beurteilungsspielraums an sich Gegenstand der verfassungsrechtlichen Beurteilung Prüfungsgegenstand ist.

aa) Grundsätzliche Verfassungsmäßigkeit des § 9 BetrVG wie des BetrVG insgesamt

Es ist weder Ziel noch Aufgabe dieser Arbeit, § 9 BetrVG generell oder gar das BetrVG in seiner Gesamtheit auf seine Verfassungsmäßigkeit hin zu überprüfen. Vielmehr sind hier nur die zentralen spezifischen verfassungsrechtlichen Probleme von Interesse, die mit der Auslegungsvariante der h. M. und mit der Annahme eines Beurteilungsspielraums verbunden sind. Daher sollen die generelle Verfassungsmäßigkeit von § 9 BetrVG und des BetrVG als Ganzes im folgenden nur kurz erörtert werden.

---

691 H. M., s. nur etwa BVerfGE 84, 9, 20 f. (unter Hinweis auf § 82 Abs. 1 i. V. m. § 78 S. 1 BVerfGG); *Schulze-Fielitz,* in: Dreier, GG, Bd. 2, Art. 20 (Rechtsstaat) Rn. 74, 77 (m. w. N. in Fn. 329); *Jarass,* in: Jarass/Pieroth, GG, Art. 20 Rn. 23, 23 a; *Sommermann,* in: v. Mangoldt/Klein/Starck, GG, Bd. 2, Art 20 Abs. 3 Rn. 243, 246; *Sachs,* in: Sachs, GG, Art. 20 Rn. 95; *Herzog,* in: Maunz/Dürig, GG, Bd. 3, Art. 20 VI. Rn. 12; als Beispiele zur Unvereinbarkeit von Normen unter Verfassungsrang mit Verfassungsrecht und der Nichtigkeit als Folge s. nur etwa BVerfGE 93, 373, 376; E 93, 1, 25; E 92, 26, 27; E 91, 1, 26 f., 44 ff.

692 Zur verfassungskonformen Auslegung als Ausnahme vom Nichtigkeitsdogma als Folge des Vorranges der Verfassung *Jarass,* in: Jarass/Pieroth, GG, Art. 20 Rn. 23 b; *Sommermann,* in: v. Mangoldt/Klein/Starck, GG, Bd. 2, Art 20 Abs. 3 Rn. 250; in diesem Sinne a. *Schulze-Fielitz,* in: Dreier, GG, Bd. 2, Art. 20 (Rechtsstaat) Rn. 78.

(1) Zeitraum von der Schaffung des BetrVG 1972 bis zur Reform im Jahre 2001[693]

Das BVerfG ist, soweit es in seinen Entscheidungen mit dem BetrVG befasst war, jedenfalls bisher stets von der grundsätzlichen Vereinbarkeit der jeweils entscheidungserheblichen oder der unmittelbar als verfassungsgemäß zu überprüfenden Normen mit dem GG ausgegangen.[694] Auch hat sich der Streit in der Literatur um die allgemeine Verfassungsmäßigkeit des BetrVG, wie er vor allem zur Zeit seiner Schaffung aufgeflammt war,[695] gelegt. Soweit ersichtlich, war § 9 BetrVG hinsichtlich der Festlegung der Belegschaftsregelstärke im speziellen auch nicht von der verfassungsrechtlichen Diskussion betroffen. Die generelle Verfassungsmäßigkeit des BetrVG wurde, soweit in der zum BetrVG 1972 in seiner Fassung vor der Reform aktuellen, neueren Literatur überhaupt noch angesprochen, absolut überwiegend bejaht.[696] Es zeigten sich allenfalls

---

[693] Neufassung des BetrVG 1972 durch das BetrVerf-Reformgesetz vom 27.7.2001 (BGBl. I/1852), im wesentlichen gemäß dessen Art. 14 Abs. 2 am 28.7.2001 in Kraft getreten; BetrVG neu bekanntgemacht am 25.9.2001 (BGBl. I/2518); zur Genese *Richardi*, BetrVG, Einl. Rn. 37 f.; *Konzen*, RdA 2001, 77 f.; s. a. die Zusammenstellung der Änderungen durch das BetrVerf-ReformG bei *Löwisch*, BB 2001, 1734 ff. und 1790 ff.

[694] S. etwa BVerfG AfP 2000, 84 f. unter Bezug auf BVerfGE 46, 73, 95 (zu § 118 Abs. 1 S. 1 BetrVG); BVerfGE 100, 214, 222 (zu § 20 Abs. 2 BetrVG); BVerfG, Beschl. v. 18.10.1986 – 1 BvR 1426/83 = AP § 87 BetrVG 1972 Auszahlung Nr. 7 (zu § 40 Abs. 1 BetrVG und zum Verfahren vor der Einigungsstelle, insbes. § 76 Abs. 5 S. 3 BetrVG); BVerfG DB 1986, 647 (zu § 40 Abs. 2 BetrVG); BVerfG DB 1986, 486 f. (zu § 87 Abs. 1 Nr. 2 und § 76 Abs. 5 S. 3 BetrVG; s. hierzu wegen der Ausblendung von Art. 14 Abs. 1 GG als Prüfungsmaßstab krit. *Scholz*, NJW 1986, 1587 ff.; von *Suhr*, ArbuR 1988, 65 ff.; *Weingart*, 134); BVerfG AP Nr. 3 zu § 2 BetrVG 1972, Bl. 451/V a. E. (zu § 2 Abs. 2 BetrVG); BVerfGE 59, 104, 114 ff. (zu § 5 Abs. 3 BetrVG in der Fassung v. 15. Januar 1972 (BGBl. I S. 13)); BVerfGE 42, 133, 140 f. (zu § 74 Abs. 2 BetrVG); ein Überblick nebst Auswertung der bisherigen Rspr. des BVerfG findet sich bei *Fahrtmann/Coen*, in: Benda/Maihofer/Vogel, Handbuch Verfassungsrecht, § 19 Rn. 173 ff.

[695] Krit. insbes. *Krüger*, Regierungsentwurf, 13, 54 ff., 66 zur Vereinbarkeit mit Art. 14 Abs. 1 und 2 GG (Recht am eingerichteten und ausgeübten Gewerbebetrieb); krit. auch *Obermayer*, DB 1971, 1715 ff., 1724; s. aber zum Zwangsschlichtungsverfahren *Dütz*, DB 1972, 383, 389 ff. (m. w. N. zur damaligen verfassungsrechtlichen Diskussion in Fn. 89); die Verfassungsmäßigkeit des BetrVG 1972 uneingeschränkt bejahend etwa *Reuter/Streckel*, 66 ff., 108.

[696] Dezidiert vor allem *Richardi*, BetrVG, 7. Aufl., Einl. Rn. 45 ff.; *Wiese*, in: GK-BetrVG, Bd. 1, 6. Aufl. 1997, Einl. Rn. 25 m. w. N.; s. weiter *v. Hoyningen-Huene*, in: MünchHdbArbR, Bd. 3, § 297 Rn. 88 (m. w. N. in Fn. 93); *Thiele*, in: GK/BetrVG, Bd. 1, 4. Aufl., Einl. Rn. 24 ff.; *Fahrtmann/Coen*, in: Benda/Maihofer/Vogel, Handbuch Verfassungsrecht, § 19 Rn. 183; *Papier*, NJW 1987, 988, 991; *Scholz*, NJW 1986, 1588; *Löwisch*, in: Galperin/Löwisch, BetrVG, Bd. 1, vor § 1 Rn. 4; *v. Hoyningen-Huene*, Betriebsverfassungsrecht, § 2 II. 1.; *Müller*, 59 f. (m. w. N. in Fn. 222); *Zöllner/Loritz*, § 7 IV 3; *Dütz*, Arbeitsrecht, Rn. 731; *Rumpff/Boewer*, B. Rn. 15 (m. w. N. in Fn. 7); *F/K/H/E*, BetrVG, 20. Aufl., § 76 Rn. 2 (insbes. zu Zuständigkeit und Entscheidungskompetenz der Einigungsstelle); *Riedel*, 132 f.; so letztlich wohl auch *H/S/G*, BetrVG, vor § 1 Rn. 40; vgl. a. *Sterzel*, 190 (bezüglich der Wahrung des Untermaßverbotes), 195 f., 294, der das BetrVG sogar als Positivierung eines verfassungsrechtlich gebotenen Minimums an Grundrechtsschutz hinsichtlich der Berufsfreiheit der Arbeitnehmer nach Art. 12 Abs. 1 GG ansieht; von der generellen Verfassungsmäßigkeit geht grdsl. auch *Weingart*, 123 f., aus, jedenfalls hinsichtlich der Frage, ob das BetrVG „als Form der betrieblichen Mitbestimmung mit seinem Konfliktlösungsmodell der Zwangsschlichtung abstrakt-generell als verfassungswid-

noch einschränkende Tendenzen hinsichtlich einzelner Mitbestimmungsbereiche und Bedenken bezüglich bestimmter Normen; beispielhaft seien genannt der Streit um die durch Art. 14 Abs. 1, 12 Abs. 1 bzw. 2 Abs. 1 GG geschützte unternehmerische Entscheidungsfreiheit als mögliche Schranke der Mitbestimmung in sozialen Angelegenheiten insbesondere gemäß § 87 BetrVG[697] sowie die verfassungsrechtlichen Zweifel am durch die Novellierung vom 20.12.1988[698] eingeführten § 5 Abs. 4 BetrVG.[699] Insgesamt geht es in der jüngeren verfassungsrechtlichen Diskussion um das BetrVG in neuerer Zeit allenfalls am Rande um dessen Verfassungsmäßigkeit als mögliche Einschränkung grundgesetzlicher Normen im status quo; vielmehr richtete sich das Interesse bereits vor der Reform vor allem auf die Frage, inwieweit das Grundgesetz einen Mindeststandard an (betrieblicher) Mitbestimmung garantiert und somit die Regelungsmacht des Gesetzgebers beschränkt.[700]

(2) Verfassungsrechtliche Diskussion zur Reform des BetrVG 1972 durch das Betriebsverfassungs-Reformgesetz[701]

Zu jeder Reform scheint die Begleitung durch ein verfassungsrechtliches Pfeifkonzert zu gehören.[702] Dies gilt natürlich ganz besonders für eine Reform der Betriebsverfas-

---

rig" einzustufen ist; *Weingart* will allerdings die angebliche Nichtigkeit des BetrVG 1972 in bestimmten Mitbestimmungskonstellationen (so etwa hinsichtlich der Lage der Arbeitszeit, § 87 Abs. 1 Nr. 2 BetrVG, s. *ders.*, a. a. O., 138 ff.) wegen Verstoßes gegen Art. 14 Abs. 1, 12 Abs. 1 und 9 Abs. 1 GG mittels der verfassungskonformen Auslegung durch die Arbeitsgerichte verhindern (*ders., a. a. O.*, 157 ff.).

[697] Dafür etwa *Glaubitz,* in: H/SG, BetrVG, § 87 Rn. 64, der die unternehmerische Entscheidungsfreiheit im Wege der verfassungskonformen Auslegung zur Geltung gelangen lassen will; ähnlich *Stege/Weinspach,* BetrVG, § 87 Rn. 21 a ff. A. A. die wohl h. M., s. etwa *F/K/H/E/S,* BetrVG, § 87 Rn. 22 f.; *Klebe,* in: D/K/K, BetrVG, § 87 Rn. 17; *Matthes,* in: MünchHdbArbR, Bd. 3, §327 Rn. 45 ff.; wohl auch *Richardi,* BetrVG, 7. (und ebenso 8.) Aufl., § 87 Rn. 42; BAG, Beschl. v. 31.8.1982 – 1 ABR 27/80, = AP Nr. 8 zu § 87 BetrVG 1972 Arbeitszeit, Bl. 1011/V (Ls. 1), Bl. 1012/R ff. (s. dazu BVerfG DB 1986, 486 f.); BAG BB 1986, 1641 f.; vermittelnd wohl *Wiese,* in: GK-BetrVG, Bd. 2, 6. Aufl. 1997, § 87 Rn. 141 ff., 145.

[698] BGBl. I/2312.

[699] Für verfassungswidrig hält § 5 Abs. 4 BetrVG aus der neueren Literatur etwa *Trümner,* in: D/K/K, BetrVG, § 5 Rn. 246 ff.; a. A. z. B. *Kraft,* in: GK-BetrVG, Bd. 1, 6. Aufl. 1997, § 5 Rn. 144 m. w. N. Das BVerfG hat bisher lediglich den Grundtatbestand § 5 Abs. 3 Nr. 3 BetrVG in seiner ursprünglichen Fassung des BetrVG vom 15.1.1972 (BGBl. I/13) für verfassungsgemäß erklärt, BVerfGE 59, 104, 114 ff. (insbes. zur Vereinbarkeit mit dem Rechtsstaatsprinzip in seinen Ausprägungen durch das Bestimmtheitsgebot und der Bindung der Rspr. an Recht und Gesetz, Art. 20 Abs. 3 GG).

[700] S. hierzu etwa *Trümner,* in: D/K/K, BetrVG, § 1 Rn. 4 ff. m. w. N.; *Richardi,* BetrVG, Einl. Rn. 39 ff.; *H/S/G,* BetrVG, vor § 1 Rn. 40; *v. Hoyningen-Huene,* in: MünchHdbArbR, Bd. 3, § 297 Rn. 3 (m. w. N. in Fn. 2); näher mit Nachweisen hier 3. Kapitel:B.II.6.l)dd)(1) ff.

[701] Neufassung des BetrVG 1972 durch das BetrVerf-Reformgesetz vom 27.7.2001 (BGBl. I/1852), im wesentlichen gemäß dessen Art. 14 Abs. 2 am 28.7.2001 in Kraft getreten; neu bekanntgemacht am 25.9.2001 (BGBl. I/2518); zur Genese *Richardi,* BetrVG, Einl. Rn. 37 f.; s. a. die Zusammenstellung der Änderungen durch das BetrVerf-ReformG bei *Löwisch,* BB 2001, 1734 ff. und 1790 ff.

[702] *Fischer,* NZA 2000, 174.

sung, welche (ursprünglich) nicht unerhebliche Erweiterungen der Mitbestimmungsrechte zum Ziel hatte.[703] Verfassungsrechtlicher Stein des Anstoßes war etwa die Erweiterung der Mitbestimmungsrechte des Betriebsrats insbesondere etwa in Form des Reformvorschlages des DGB[704] zur Ersetzung der Einzelaufzählungen der Mitbestimmungstatbestände nach §§ 87 BetrVG 1972 a. F. durch einen neuen § 87 Abs. 1 BetrVG, eine Art mitbestimmungsrechtlicher Generalklausel, nach welcher der Betriebsrat ein Mitbestimmungsrecht in allen sozialen, personellen und wirtschaftlichen Angelegenheiten haben sollte, soweit keine gesetzliche oder tarifliche Regelung besteht.[705] Diese Ausdehnung betrieblicher Mitbestimmung wurde etwa von *Richardi* als Zerstörung der betriebsverfassungsrechtlichen Beteiligungsordnung und als verfassungswidriger Eingriff in die Eigentumsfreiheit des Arbeitgebers nach Art. 14 Abs. 1 GG sowie in dessen Berufsfreiheit nach Art. 12 Abs. 1 GG gesehen, da die „unternehmerische Entscheidungsautonomie in der Gestaltung der Arbeitgeber – Arbeitnehmer – Beziehung beseitigt" werde.[706] Zugleich sei die Berufsfreiheit der Arbeitnehmer verletzt, da er „in seinen Angelegenheiten der Bestimmung eines Dritten unterworfen wird, auf den er nur durch die Beteiligung an der Betriebsratswahl Einfluss nehmen kann". Die Beseitigung der Privatautonomie in der Arbeitsverfassung könne aber nicht Aufgabe der Betriebsverfassung sein.[707] Hinsichtlich der Unternehmerfreiheit kam z. B. *Link* zum selben Ergebnis, wobei er allerdings von einer Verletzung allein der Berufsfreiheit ausging.[708] Letztlich wurde der Vorschlag des DGB jedoch nicht Gesetz,[709] und es erfolgte lediglich eine eher moderate[710] Erweiterung der betrieblichen Mitbestimmung in sozialen Angelegenheiten, etwa durch die Einführung der die Grundsätze der Durchführung von Gruppenarbeit betreffenden Nr. 13 in § 87 Abs. 1 BetrVerf-ReformG.[711] Auch die mögliche Verletzung der Koalitionsfreiheit durch § 3 BetrVG in der Neufassung des BetrVerf-ReformG wegen mangelnder Legitimation der Tarifvertragsparteien hinsichtlich der Schaffung betriebsverfassungsrechtlicher Organisationsnormen, welche gezielt auch gewerkschaftlich nicht oder anders organisierte Arbeitnehmer erfassen, wird erörtert.[712]

---

[703] *Blanke/Rose,* AiB 2000, 493 f. (m. N. zu den kritischen Stimmen in Fn. 12).

[704] Der DGB-Entwurf erntete in arbeitsrechtlichen Abhandlungen überwiegend Kritik, s. nur die Nachw. bei *Konzen,* RdA 2001, 78 in Fn. 37.

[705] Vgl. hierzu die Kritik bei *Richardi,* NZA 2000, 161 (m. N. in Fn. 3), 165 f.; *Link,* AuA 1999, 407 ff., s. insbes. die Übersicht aus S. 408; *Konzen,* RdA 2001, 76, 91 m. w. N. zu krit. Stimmen in Fn. 226; *Fischer,* NZA 2000, 167 ff., 172, 173 f.

[706] *Richardi,* NZA 2000, 165; zust. wohl *Konzen,* RdA 2001, 76, 91 m. w. N. zur Kritik in der Lit.

[707] *Richardi,* NZA 2000, 165.

[708] *Link* (AuA 1999, 407 ff.) steht damit in der Tradition des BVerfG und Reicholds; s. hierzu S. 206; dagegen kann *Fischer,* NZA 2000, 173, keine Verfassungswidrigkeit feststellen.

[709] Vgl. *Konzen,* RdA 2001, 76, 91 zum RegE, der den entsprechenden Vorschlag nach dem DAG-E nicht aufgenommen hatte.

[710] Vgl. *Konzen,* RdA 2001, 78 f., zum Regierungsentwurf nach damaligem Stand.

[711] Hierzu und zu anderen Erweiterungen der Mitbestimmung in sozialen Angelegenheiten *Löwisch,* BB 2001, 1791 ff.

[712] Hierzu etwa *Richardi,* BetrVG, Einl. Rn. 53 und § 3 Rn. 5 f. m. w. N.

§ 9 BetrVG wurde mit seiner Neufassung durch das BetrVerf-ReformG hinsichtlich der Größe der Betriebsräte geändert mit dem Ziel, dem heute allgemein erhöhten Arbeitsaufwand und den immer komplexer werdenden Aufgabenstellungen durch die Ermöglichung besserer Arbeitsteilung und damit einer Steigerung der Effektivität der Betriebsratsarbeit zu begegnen.[713] Diese Änderung betrifft aber nicht die hier maßgebliche Wendung „in der Regel". Gleiches gilt für die Einführung des vereinfachten Wahlverfahrens in Kleinbetrieben einer Größe von „in der Regel fünf bis fünfzig wahlberechtigten Arbeitnehmern" nach § 14 a BetrVerf-ReformG,[714] denn die hier zu diskutierenden Grenzfälle treten ohnehin lediglich in mittleren bis größeren Betrieben auf; überdies verbleibt es bei der Verwendung dieses unbestimmten Rechtsbegriffs. Auch die maßgeblichen Vorschriften der Wahlordnung, insbesondere §§ 1 Abs. 1, 2 Abs. 2, und 3 Abs. 1 WO BetrVG wurden hinsichtlich des hier zu untersuchenden Beurteilungsspielraums nicht relevant geändert.[715] Verfassungsrechtliche Bedenken wurden, in Abgrenzung zur Kritik seitens der Wirtschaft wegen möglicher Kostensteigerungen,[716] soweit ersichtlich speziell im Hinblick auf § 9 BetrVerf-ReformG nicht geäußert.[717]

Auch nach der Reform wird die generelle Verfassungsmäßigkeit des BetrVG ganz überwiegend nicht angezweifelt.[718] Insgesamt kann für die weitere Prüfung von der grundsätzlichen Verfassungsmäßigkeit des § 9 BetrVG wie grdsl. auch des BetrVG, jeweils in der Fassung des BetrVerf-ReformG, ausgegangen werden.

bb) Präzisierung der verfassungsrechtlichen Fragestellung

Gegenstand der Prüfung ist die Frage, inwieweit die Ableitung eines Beurteilungsspielraums des Wahlvorstandes aus § 9 S. 1 BetrVG und dessen Regelungszusammenhang so, wie ihn die h. M. im Gesetz „verankert", verfassungsrechtlich problematisch ist.

---

[713] RegE BetrVerf-ReformG, BT-Ds. 14/5741, S. 8, 28, 36; vgl. a. *Löwisch,* BB 2001, 1737 f.

[714] Hierzu *Löwisch,* BB 2001, 1738 f.

[715] S. die entsprechenden Vorschriften der WO 2001 vom 11.12.2001, BGBl. I/3494; zu den Änderungen der Wahlvorschriften und deren praktischer Umsetzung *Ratayczak/Schneider,* AiB2002, 10 ff.

[716] Vgl. *Konzen,* RdA 2001, 84 m. N. in Fn. 129.

[717] Vgl. zum Änderungsvorschlag durch den Regierungsentwurf *Konzen,* RdA 2001, 83; die verfassungsrechtlichen Bedenken richteten sich vielmehr gegen andere organisationstechnische Änderungen, so etwa gegen die völlige Abschaffung der Verpflichtung auf die Verhältniswahl wegen Verstoßes gegen Art. 9 Abs. 3 GG *Löwisch,* BB 2001, 726 ff.; vgl. a die grundsätzlichen ordnungspolitischen Bedenken bei *Rieble,* ZIP 2001, 133, 137 ff.; vgl. a. *Konzen,* a. a. O., 76, 84.

[718] S. nur etwa *Richardi,* BetrVG, Einl. Rn. 47 ff.; so letztlich auch *Wiese,* GK-BetrVG, Einl. Rn. 49, 51 ff; hiervon gehen wohl auch aus etwa *Trümner,* in: D/K/K, BetrVG, § 1 Rn. 4 ff.; *Kustode/Däubler,* ebenda, Einl. Rn. 39, 71; vgl. a. *Dieterich,* ErfKArbR, Nr. 10 (GG) Art. 12 Rn. 39 f., 43; vgl. weiter die Untersuchung verfassungsrechtlicher Bedenken bei *Blanke/Rose,* AiB 2000, 493 ff.; vgl. a. *F/K/H/E/S,* BetrVG, § 87 Rn. 116; *Konzen,* RdA 2001, 76, 92 a. E., stellt im RegE „technische und sachliche Fehler", jedoch keine Verfassungsverstöße fest; vgl. a. *ders.,* a. a. O., 91.

(1) Materiell-rechtliches Begründungsmuster der h. M. als Ausgangspunkt

Hierbei ist zu beachten, dass, wie sogleich näher darzulegen sein wird, die h. M. die Grundlegung für diesen Beurteilungsspielraum im materiellen Recht vornimmt,[719] nämlich vor allem in der Auslegung des Begriffes „in der Regel" selbst, nicht im formellen Recht, wie etwa in den verfahrensrechtlichen Vorschriften des arbeitsgerichtlichen Beschlussverfahrens nach §§ 2 a Abs. 1 Nr. 1, Abs. 2, 80 ff. ArbGG. Dies festzuhalten ist aus zwei Gründen wichtig: Erstens wird hiermit der Anknüpfungspunkt für die verfassungsrechtliche Prüfung präzisiert. Zweites kann, wie bereits im Rahmen der Darstellung der normativen Ermächtigungslehre aufgezeigt,[720] die Verortung der Reduktion gerichtlicher Kontrolldichte im materiellen anstatt im formellen Recht bzw. im Verfahrensrecht auch Auswirkungen i. S. einer Weichenstellung auf die verfassungsmäßige Rechtfertigung eines Beurteilungsspielraum zur Folge haben.

(a) Unterscheidung zwischen materiellem Recht und formellem Recht bzw. Verfahrens- oder Prozessrecht

(aa) Unterscheidung i. S. der normativen Ermächtigungslehre

In der Diskussion um die normative Ermächtigungslehre wird der Begriff des materiellen Rechts trotz seiner zentralen Bedeutung für die Auswahl der als Beurteilungsermächtigung in Frage kommenden Normen zumeist nicht näher beschrieben, geschweige denn definiert.[721] Er scheint daher überwiegend als nicht problematisch angesehen zu werden. Insbesondere das Fehlen einer expliziten, abstrakten Bestimmung eines Gegenpoles zu diesem Begriff ist erstaunlich, denn es bestehen wenigstens zwei Deutungsmöglichkeiten:

Man kann einerseits zwischen materiellem und formellem Recht in einem sehr weitgreifenden Sinne unterscheiden; letzterem sind dann Vorschriften zuzuordnen, welche den Rechtsgang vor Gericht ordnen. Den Normen des formellen Rechts wird dabei bezüglich des materiellen Rechts eine dienende Funktion zugeschrieben, wobei letzteres selbst den „Status, die Rechte und Pflichten und das Verhalten der Rechtsgenossen im Rechtsverkehr" zum Gegenstand hat.[722] *Badura* formuliert zusammenfassend: „Unter dem Blickwinkel des Prozesses regelt das formelle Recht die Voraussetzungen der Rechtspflegeentscheidung und die Verfahrenshandlungen des Gerichts und der Beteiligten, während das materielle Recht die sachlichen Maßstäbe des Entscheidens und

---

[719] Zur Abgrenzung zwischen materiellem Recht und Verfahrensrecht s. etwa *Costede,* 17 ff.

[720] S. S. 27.

[721] S. nur etwa die Darstellung bei *Schmidt-Aßmann/Groß,* NVwZ 1993, 619 ff.; *Gerhardt*, in: Schoch/Schmidt-Aßmann/Pietzner, VwGO, Bd. 2, vor § 113 Rn. 31 ff.; *Schulze-Fielitz,* JZ 1993, 777 ff.; *ders.,* in: Dreier, GG, Bd. 1, Art. 19 IV Rn. 92, 94; *Hofmann,* NVwZ 1995, 741 ff.; *Wahl,* NVwZ 1991, 410 ff.; *Huber,* in: v. Mangoldt/Klein/Starck, GG, Bd. 1, Art. 19 Abs. 4 Rn. 514 ff.

[722] So etwa Badura, in: Erichsen, § 33 Rn. 8; ähnlich *Wolff,* Rn. 7 (Verhaltenspflichten und – rechte); zur dienenden Funktion auch *Hufen,* § 1 Rn. 38 f.

damit den Inhalt der Entscheidung bestimmt".[723] Das Verhältnis zwischen formellem und materiellem Recht ist betroffen, wenn das BVerfG betont, dass der Rechtsschutz einer effektiven Verwirklichung von Grundrechten dienen muss.[724]

Andererseits lässt sich der Begriff des materiellen (Verwaltungs-) Rechts in einem engeren Sinne auch als Gegenpol zum Bereich des (formellen) Verwaltungsverfahrensrechts[725] verstehen. Letzteres kann man als „die Rechtssätze und Grundsätze, welche die Art und Weise des Verwaltungshandelns durch die Festlegung seiner formellen Voraussetzungen und Wirkungen regeln",[726] kurz gesagt dessen „Wie",[727] beschreiben. Diese Unterscheidung ist allerdings weit weniger scharf zu treffen[728] und dementsprechend umstritten.[729]

Einige Autoren äußern sich mit Bezug auf die normative Ermächtigungslehre etwas genauer zum Begriff des materiellen Rechts: *Grupp* etwa versteht hierunter ausdrücklich nur „Vorschriften, die die Rechtsstellung des einzelnen – einschließlich des jeweils durchzuführenden Verwaltungsverfahrens – regeln".[730] In diese Richtung geht es auch, wenn *Gerhardt* als positiven Hinweis für eine Beurteilungsermächtigung u. a. „besondere Verfahrensvorschriften zur Rechtswahrung und/oder Berücksichtigung von Belangen, insbesondere bei Zuständigkeit oder Beteiligung repräsentativ besetzter Ausschüsse" anführt.[731] *Schulze-Fielitz* meint, Beurteilungsspielräume könnten sich

---

[723] Badura, in: Erichsen, § 33 Rn. 8 (m. w. N.).

[724] Vgl. BVerfGE 63, 131, 143; E 49, 252, 257; E 37, 132, 148; vgl. in diesem Zusammenhang die krit. Anm. in einer Entscheidung des ArbG Hamburg, DB 1998, 1523 f. zur Rspr. des BAG hinsichtlich tarifvertraglicher Ausschlussfristen m. N.

[725] Das Verwaltungsverfahrensrecht ist nach ganz h. M. nicht Teil des Prozessrechts, s. nur etwa *Bader,* 15 (m. w. N.); Badura, in: Erichsen, § 33 Rn. 9 (m. w. N.); *Ule/Laubinger,* § 2 Rn. 1, näher *Clausen,* in: Knack, VwVfG, vor § 9 Rn. 5.

[726] Badura, in: Erichsen, § 33 Rn. 9; *Kopp/Ramsauer,* VwVfG, Vorbem. § 1 Rn. 8; ähnlich heben *Ule/Laubinger,* § 2 Rn. 2, 7, für das materielle Verwaltungsrecht auf die inhaltliche Gestaltung der Rechtsbeziehungen zwischen Verwaltung und Bürger ab und setzen diesem das formelle Verwaltungsrecht, bestehend aus Verfahrens- und Organisationsrecht, gegenüber; dem Kriterium der „Art und Weise" nur als allgemein Regel und grobe Orientierung zust. *Clausen,* in: Knack, VwVfG, vor § 9 Rn. 4.

[727] BVerfGE 55, 274, 320, wo konkretisierend insbesondere auf die Art und Weise der Ausführung eines Gesetzes und den Ablauf der behördlichen Willensbildung und der Entscheidung abgestellt wird; ähnlich *Wolff,* Rn. 7.

[728] Badura, in: Erichsen, § 33 Rn. 9; *Clausen,* in: Knack, VwVfG, vor § 9 Rn. 4 (unter Hinweis auf die sog. „konnexen Materien" des Verwaltungsrechts); vgl. a. BVerfGE 55, 274, 320, wo bezüglich Art. 84 Abs. 1 GG festgestellt wird, dass sich diese Zuordnungsproblematik nicht abschließend anhand der in Rechtsprechung und Literatur entwickelten Grundsätze klären lasse, sondern dem zeitlichen und inhaltlichen Wandel insbesondere hinsichtlich der Veränderung der Staatsaufgaben unterworfen sei.

[729] *Clausen,* in: Knack, VwVfG, vor § 9 Rn. 4.

[730] *Grupp,* FS Blümel, 152.

[731] *Gerhardt,* in: Schoch/Schmidt-Aßmann/Pietzner, VwGO, Bd. 2, § 114 Rn. 58.

nur aus dem „je spezifischen materiellen Recht" ergeben;[732] er betont damit die konkrete inhaltliche Ausgestaltung des Sachbereiches, in dessen Rahmen der Spielraum existieren soll. Die von *Schulze-Fielitz* in Bezug genommene Entscheidung des BVerwG vom 13.12.1979 deutet allerdings auf eine Abgrenzung zwischen materiellem Recht und dem Verfahrensrecht in dem oben beschriebenen engeren Sinne hin, der vor allem auf das Ausscheiden des Verwaltungsverfahrensrechts abzielt: Verfahrensrecht verhalte sich gegenüber der Frage nach einer Beurteilungsermächtigung neutral.[733]

Von Klarheit hinsichtlich der Charakterisierung von Normen, welche insoweit als materiell-rechtlicher Natur zu bezeichnen sind und somit als Beurteilungsermächtigung überhaupt in Betracht kommen, kann demnach wohl nicht gesprochen werden. Die normative Ermächtigungslehre gründet sich jedoch im wesentlichen auf die Rechtsprechung des BVerfG;[734] der Schlüssel zur Klärung des Begriffes des materiellen Rechts, wie diese Lehre ihn zugrundelegt, liegt demnach in der Analyse einiger maßgeblicher Gerichtsentscheidungen. Dabei ist die für diesen Ansatz grundlegende Idee einer Art. 19 Abs. 4 S. 1 GG „vorgelagerten", materiellen Rechtsebene im Auge zu behalten.[735]

Erster Ansatzpunkt für die Handhabung der genannten Unterscheidung stellt der Sasbach-Beschluss des BVerfG dar,[736] denn auf diesen beruft sich die normative Ermächtigungslehre in ihrer Grundlegung.[737] Dort ging es um die mögliche Reduktion gerichtlicher Kontrolldichte durch den Einwendungsausschluss nach § 3 Abs. 1 AtAnlV; das BVerfG bestätigte die Sicht des BVerwG, dass diese atomrechtliche Verwaltungsverfahrensvorschrift die materiellen Rechte betroffener Dritter beeinflussen könne, und stellte weiter fest, eine „derartige Ausgestaltung der Stellung im Verwaltungsverfahren oder der subjektiven materiellen Rechte" sei mit Art. 19 Abs. 4 S. 1 GG vereinbar, da dieser die zu schützende Rechtsstellung voraussetze.[738] Zwar bezeichnet das Gericht § 3 Abs. 1 AtAnlV nicht ausdrücklich als „materiell- oder formell-rechtlich"; allerdings wird betont, diese Norm regele nicht das gerichtliche Verfahren: Die Anordnung

---

[732] *Schulze-Fielitz,* in: Dreier, GG, Bd. 1, Art. 19 IV Rn. 94.

[733] BVerwGE 59, 213, 215 f.; deutlich wird diese Sicht durch den Hinweis, mit der Verankerung der Beurteilungsermächtigung im materiellen Recht entfalle die Grundlage der früheren Rechtsprechung, die unberechtigte Annahme eines Beurteilungsspielraums sei als Verstoß auch gegen Verfahrensrecht i. S. v. § 137 Abs. 1 Nr. 2 VwGO revisibel; *Papier,* in: Isensee/Kirchhof, Handbuch Staatsrecht, Bd. 6, § 154 Rn. 61, ordnet diese Entscheidung entgegen der hier vertretenen Ansicht i. S. einer Unterscheidung zwischen materiellem öffentlichem Recht in einem weiteren Sinne und dem einfachen Prozessrecht ein.

[734] S. die Nachw. in Fn. 214.

[735] S. *Schmidt-Aßmann,* in: Maunz/Dürig, GG, Bd. 2, Art. 19 Abs. IV Rn. 191 a. E. (m. w. N. in Fn. 58).

[736] BVerfGE 61, 82, 109 ff.

[737] S. hierzu die Nachw. in Fn. 214.

[738] BVerfGE 61, 82, 109 f.

des Entfallens einer subjektiven materiellen oder verfahrensmäßigen Rechtsstellung als Rechtsfolge eines Verhaltens im Verwaltungsverfahren selbst wird als ihrem Ursprung nach durch eine „Sachnorm" eingeordnet.[739] Hier zeichnet sich als Grenzlinie ab, dass die normative Ermächtigung, soll eine Kollision mit der Gewährleistung effektiven Rechtsschutzes gemäß Art. 19 Abs. 4 S. 1 GG ausgeschlossen sein,[740] jedenfalls nicht nur das Gerichtsverfahren betreffen darf, sondern zumindest auch die materielle, zu schützende Rechtslage mitzuregeln gedacht sein muss.

Ein Blick auf neuere Entscheidungen des BVerfG bestätigt diesen Befund. In einem den unbestimmten Rechtsbegriff „Gefahr im Verzuge" nach Art. 13 Abs. 2 GG betreffenden Urteil vom 20.2.2001 wird formuliert: „Die gerichtliche Überprüfung kann nicht weiter reichen als die materiell-rechtliche Bindung der Exekutive (BVerfGE 88, 40 [56]); die geschützten Rechtspositionen ergeben sich nicht aus Art. 19 IV GG, sondern werden darin vorausgesetzt (BVerfG 84, 34 [49]). Gerichtliche Kontrolle endet also dort, wo das materielle Recht der Exekutive in verfassungsrechtlich unbedenklicher Weise Entscheidungen abverlangt, ohne dafür hinreichend bestimmte Entscheidungsprogramme vorzugeben (BVerfGE 88, 40 [61]). Normativ eröffneten Gestaltungs-, Ermessens- und Beurteilungsspielräumen steht Art. 19 IV GG daher nicht von vornherein entgegen (BVerfGE 61, 82 [111]; 88, 40 [56])."[741] Der letzte Verweis nimmt auf eine Entscheidung vom 16.12.1992 Bezug; dort wurde ein (eng begrenzter) Beurteilungsspielraum der Unterrichtsverwaltung hinsichtlich des Begriffes „besonderes pädagogisches Interesse" aus Art. 7 Abs. 5 GG abgeleitet.[742] Diese Vorschrift konkretisiert das Verwaltungsverfahren zur Genehmigung der Errichtung privater Schulen nach Art. 7 Abs. 4 S. 2 und 3 GG für den Bereich privater Volksschulen und den materiellen Gehalt des Grundrechtes selbst.[743] Der eben genannte Beschluss verweist hinsichtlich der normativen Eröffnung insbesondere auch von Beurteilungsspielräumen auf BVerfGE 84, 34, 50; hier wiederum wird der Hinweis auf die in Art. 19 Abs. 4 S. 1 GG logisch vorausgesetzte Rechtsposition vorweggestellt und zudem festgestellt, die Ausgestaltung des Rechtsweges und die gerichtliche Kontrolle müssten der Durchsetzung des materiellen Rechts wirkungsvoll dienen.[744] Auch hier tritt die Unterscheidung zwischen materiellem Recht als möglicher Beurteilungsermächtigung einerseits und dem auf wirkungsvolle Durchsetzung gerichtlichen Verfahrensrechts andererseits deutlich hervor.

Es kann daher jedenfalls davon ausgegangen werden, dass auch im Rahmen der normativen Ermächtigungslehre, wie sie in der Literatur vertreten wird, mit dem Begriff

---

[739] BVerfGE 61, 82, 109 f.

[740] Hierzu BVerfGE 61, 82, 110 ff.

[741] BVerfG NJW 2001, 1121, 1123.

[742] BVerfGE 88, 40, 56 ff.

[743] Vgl. BVerfGE 88, 40, 45 – 47, 50 f.

[744] BVerfGE 84, 34, 49, mit Verweis insbes. auf BVerfGE 83, 182, 194 f., wo die logische Trennung zwischen der durch das materielle Recht gekennzeichneten Rechtsposition und der formellen Rechtsschutzfunktion von Art. 19 Abs. 4 S. 1 GG besonders deutlich hervortritt.

des materiellen Rechts ein Normbereich vor allem i. S. einer Abgrenzung zum gegenüber der Sachregelung grdsl. neutralen Gerichtsverfahrensrecht beschrieben wird.[745] Dem entspricht die Formulierung *Papiers,* das Maß der Gesetzesbindung der öffentlichen Gewalt und damit die verwaltungsgerichtliche Kontrolldichte werde „im Grundsatz nicht durch Art. 19 Abs. 4 GG und nicht durch das (einfache) Prozessrecht, sondern durch das materielle öffentliche Recht bestimmt".[746] Dagegen scheiden verwaltungsverfahrensrechtliche Regelungen als Grundlage einer Beurteilungsermächtigung nicht von vorneherein aus, soweit sie nur gleichzeitig einen für die jeweilige Rechtsmaterie spezifischen sachlichen Regelungsgehalt[747] aufweisen.

(bb) Unterscheidung im Allgemeinen und i. S. des Zivilprozessrechts

Um die Basis der Parallele zwischen verwaltungsrechtlicher und privatrechtlicher Diskussion um den Beurteilungsspielraum zu stärken,[748] soll die Übertragbarkeit des vorstehenden Gedankens auf den zivilprozessualen Bereich geklärt werden; in der dortigen Diskussion[749] steht die Abgrenzung zwischen materiellem Recht und Prozessrecht im Vordergrund.

Nach *Henckel* gehört eine Norm dem Prozessrecht an, „wenn sie ein Verhalten von und vor Rechtspflegeorganen regelt, das auf ein bestimmtes Rechtspflegeziel ausgerichtet ist"; dagegen ist sie dem materiellen Recht zuzuordnen, wenn sie „ein Verhalten in Lebensbereichen regelt, in denen sich Rechtssubjekte unmittelbar begegnen ohne Vermittlung eines zu einem Rechtspflegeakt angerufenen Rechtspflegeorgans".[750] *Henckel* selbst weist auf die Möglichkeit hin, dass ein Normtatbestand materielle und prozessuale Merkmale kombinieren könne,[751] und dass eine solche Abgrenzung keine weitergehende normative Aussage treffe, als dass „Prozessrechtsnormen dem Lebensbereich des Prozesses angemessen sein müssen".[752] *Henckel* betont damit die mögliche

[745] Hierfür spricht etwa die Gegenüberstellung der „Normierung subjektiver Rechte" und der „Ausgestaltung des Rechtswegs" bei *Schmidt-Aßmann/Groß,* NVwZ 1993, 619; vgl. a. *Schulze-Fielitz,* JZ 1993, 778, wo als Möglichkeit materiell-rechtlicher Ausgestaltung subjektiver Rechte auch die „Zulässigkeit der Nachholung der Begründung" (wohl einer Verwaltungsentscheidung) aufgeführt wird; vgl. weiter *Wahl,* NVwZ 1991, 411, wo als maßgebliche Anhaltspunkte für einen Beurteilungsspielraum „besondere Regelungen über Organisation und Verfahren der Standardsetzung" im Gesetz genannt werden.

[746] *Papier,* in: Isensee/Kirchhof, Handbuch Staatsrecht, Bd. 6, § 154 Rn. 61 (allerdings unter m. E. ungerechtfertigter Bezugnahme auf BVerwGE 59, 213, 215 f., s. dazu Fn. 733).

[747] Das BVerfG (E 55, 274, 321) spricht von häufig anzutreffender Doppelgesichtigkeit von Normen, welche gleichzeitig materiell- und verfahrensrechtlichen Inhalt aufwiesen.

[748] Zur strukturellen Parallele s. allgemein schon S. 44.

[749] S. die umfangreichen Nachw. bei *Zöllner,* AcP 190 (1990), 475 (in Fn. 17).

[750] Henckel, 21.

[751] Henckel, 9 f.

[752] Henckel, 23.

Wechselwirkung zwischen materiellem Recht und Prozessrecht;[753] er legt zugleich die Gefahr einer künstlichen Isolierung i. S. zweier unterschiedlicher „Rechtsmaterien" und einer hiermit verbundenen ungerechtfertigten Wertungsspaltung offen.[754] *Costede* legt seiner Definition vor allem den Gedanken der „logischen Priorität des materiellen Rechts vor dem Verfahrensrecht" zugrunde[755] und gelangt so zu der Aussage, dass das materielle Recht den von Rechts wegen gebotenen Zustand regele, während das Verfahrensrecht besage, was geschieht oder geschehen kann, wenn diese Ordnung gestört erscheint;[756] diese definitorische Erfassung der Aufgabenstellung des Prozessrechts sieht er als „Grundlage jeglichen Verfahrensrechts" an.[757] *Häsemeyer* sieht das materielle Recht als im Gegensatz zum „ergebnisoffenen" Prozessrecht „auf Rechtsgewissheit angelegt", da es streitunabhängige Geltungskraft beanspruche.[758]

In diesen nur beispielhaft aufgezählten Definitionsversuchen klingen die Schwierigkeiten einer genauen Bestimmung der hier zu ziehenden Grenze an. Hier genügt allerdings die Feststellung, dass sich die gesuchte Grenzlinie mit derjenigen der normativen Ermächtigungslehre insoweit deckt, als mit materiellem Recht offenbar jedenfalls nicht solche Vorschriften gemeint sind, welche letztlich dem sachlich-rechtlichen Inhalt der gerichtlichen Entscheidung gegenüber neutral[759] sind, also vor allem nicht reine Prozessrechtsvorschriften. Insoweit bestehen also keine Bedenken gegen eine Übertragung der Grundgedanken der normativen Ermächtigungslehre auf die Problematik von Beurteilungsspielräumen im BetrVG.

(b) Materiellrechtliche Verankerung des Beurteilungsspielraums nach h. M.

Der Kern der Begründung des Beurteilungsspielraums nach der h. M. liegt, wie bereits ausgeführt,[760] im unbestimmten Rechtsbegriff „in der Regel" selbst, mithin unmittelbar in § 9 S. 1 BetrVG. Diese Vorschrift bestimmt die für die Betriebsratsstärke maßgebliche Arbeitnehmerzahl, regelt also den Soll-Zustand, ohne dass dessen prozedurale Umsetzung beschrieben würde; sie gehört demnach eindeutig dem materiellen, nicht dem (Gerichts-) Verfahrensrecht an, denn sie beschreibt mit den Worten *Costedes* „die von Rechts wegen gebotene Ordnung, also den Zustand, der Rechtens ist", nicht dasjenige, was „geschehen kann, wenn der gegebene Zustand vom gebotenen ab-

---

[753] S. *Henckel,* 26; s. auch *Berti,* 41.

[754] *Henckel,* 25; zust. *Costede,* 28.

[755] *Costede,* 20; zum prius als Grundidee bei *Windscheid* s. *Zöllner,* AcP 190 (1990), 473.

[756] *Costede,* 21, 354.

[757] *Costede,* 21, der allerdings die Aussagekraft dieser allgemeinen Formel nicht über eine allgemeine Weichenstellung hinaus eingeschätzt wissen will (a. a. O., Fn. 14).

[758] *Häsemeyer,* AcP 188 (1988), 145 ff.; auch er sieht hierin einen verallgemeinerungsfähigen Ansatz, s. a. a. O., 148 f.

[759] Diese Neutralität meint *Häsemeyer,* 147 ff., wenn er von Ergebnisoffenheit spricht.

[760] S. S. 95.

weicht".[761] Der Zuständigkeitsregelung in § 18 BetrVG i. V. m. §§ 1, 3 Abs. 2 Ziff. 4 WOBetrVG zugunsten des Wahlvorstandes kommt insoweit keine inhaltliche, sondern lediglich organisationsrechtliche Funktion zu; ohnehin betrifft sie nicht unmittelbar das gerichtliche Verfahren und besitzt daher keinen prozessrechtlichen Charakter. Damit entspricht die von der h. M. verwendete Begründungsstruktur jedenfalls dogmatisch derjenigen der normativen Ermächtigungslehre im Verwaltungsrecht.[762]

Diese materiell-rechtliche Verankerung soll im Rahmen der verfassungsrechtlichen Überprüfung als Argument allerdings erst dann eingesetzt werden, wenn der Regelungsbereich der jeweiligen Verfassungsnorm überhaupt berührt sein kann. Dies dient der Schaffung einer breiteren Basis für das entsprechende Ergebnis der verfassungsrechtlichen Prüfung, denn erstens ist ein Begründungsversuch unter Bezugnahme auf Verfahrensrecht ebenso denkbar und zweitens ist, wie bereits beschrieben,[763] auch die normative Ermächtigungslehre nicht unangreifbar.

(2) Ermittlung insbesondere der grundrechtlichen Grenzen für die Schaffung einer Beurteilungsermächtigung für den Gesetzgeber oder für die Anwendung von § 9 BetrVG durch die Gerichte als Ziel der Prüfung

Die Grundfrage geht dahin, ob § 9 BetrVG selbst als materielle Regelung, soweit aus ihm - in der Auslegungsvariante der h. M. - ein Beurteilungsspielraum abgeleitet werden kann, materiell verfassungskonform ist.

Nun hat die Auslegung keinen eindeutigen gesetzgeberischen Willen zur Einräumung eines Beurteilungsspielraums ergeben; vielmehr waren es nicht historische, sondern teleologische Gesichtspunkte, welche für einen solchen Spielraum des Wahlvorstandes sprechen.[764] Der gesetzgeberische Beitrag beschränkt sich daher im Grunde darauf, mit der Wendung „in der Regel" einen unbestimmten Rechtsbegriff in den Normtext aufgenommen zu haben, aus welchem dann im Wege der Auslegung ein Beurteilungsspielraum herausdestilliert wird. Damit aber stellt sich die weitere Frage, ob hinsichtlich möglicherweise zu prüfender Grundrechte die volle verfassungsgerichtliche Kontrolldichte, wie sie gewöhnlich bei der Überprüfung von Rechtsnormen greift, zur Anwendung kommt, oder ob nicht Gegenstand der Prüfung die fach-, hier die arbeitsgerichtliche Auslegung und Anwendung des einfachen Rechts, also des § 9 BetrVG und insbesondere des unbestimmten Rechtsbegriffs „in der Regel", sein muss.[765] Rele-

---

[761] Costede, 18; die möglichen gerichtlichen Folgen einer Abweichung des Ist- vom Sollzustand regelt dagegen etwa § 19 BetrVG hinsichtlich der Wahlanfechtung.

[762] S. S. 26.

[763] Zu diesen Bedenken s. S. 28 und S. 31.

[764] S. 3. Kapitel:B.II.1.c); 3. Kapitel:B.II.2.c); 3. Kapitel:B.II.3; 3. Kapitel:B.II.4.d); 3. Kapitel:B.II.5.

[765] Zur arbeitsgerichtlichen Entscheidung als möglicher Gegenstand einer Verfassungsbeschwerde und damit zur verfassungsprozessualen Einkleidung ist zu sagen, dass staatliche Gerichte regelmäßig „öffentliche Gewalt" i. S. v. Art. 93 Nr. 4 a GG, §§ 13 Nr. 8 a., 90 a Abs. 1 BVerfGG ausüben; grdsl. ist daher jede gerichtliche Entscheidung, mithin auch ein Beschluss, tauglicher Gegenstand einer (Indivi-

vanz besitzt diese Frage hier wegen der zurückgenommenen[766] Kontrolldichte[767] im Hinblick gerade auf die Grundrechte, welche das BVerfG bei der Prüfung gerichtlicher Entscheidungen im Gegensatz zu Legislativakten in Form der Gesetzgebung anwendet: In ständiger Rechtsprechung überprüft das Gericht die jeweilige Entscheidung unter Hinweis darauf, dass es nicht die Funktion einer Superrevisionsinstanz innehabe,[768] nur eingeschränkt, nämlich auf die Verletzung „spezifischen Verfassungsrechts".[769] Mit letzterem sind dabei das Verfassungsrecht bzw. die Grundrechte in Abgrenzung zum einfachen Gesetzesrecht gemeint.[770] Der bundesverfassungsgerichtlichen Überprüfung unterliegt damit nicht, ob ein Urteil nach einfachem Recht richtig ist; eine Kontrolle findet, nach einer der unterschiedlichen Formulierungen des BVerfG, vielmehr (nur) daraufhin statt, ob etwa „Auslegungsfehler sichtbar werden, die auf einer grdsl. unrichtigen Anschauung von der Bedeutung eines Grundrechts, insbesondere vom Umfang seines Schutzbereichs beruhen und auch in ihrer materiellen Bedeutung für den konkreten Rechtsfall von einigem Gewicht sind".[771] Sehr plastisch und ausführlich formuliert das BVerfG in einem Nichtannahmebeschluss vom

---

dual-) Verfassungsbeschwerde, vgl. *Lechner/Zuck*, BVerfGG, § 90 Rn. 81, 99, 103 f. (Strafverfahren), 105 (u. a. Zwangsvollstreckungsverfahren); *Gusy*, Rn. 37, 39; vgl. a. *Sturm*, in: Sachs, GG, Art. 93 Rn. 76; vgl. insbes. BVerfG DB 1986, 647; allerdings bedarf es wegen des Erfordernisses der Rechtswegerschöpfung nach § 90 Abs. 2 S. 1 BVerfGG in der Regel einer letztinstanzlichen Entscheidung, *Benda/Klein*, Rn. 507, hier also ein letztinstanzlicher Beschluss (vgl. §§ 84, 87 Abs. 1, 92 Abs. 1, 92 a Abs. 1, 96 Abs. 1, 96 a Abs. 1 ArbGG, vgl. insbes. zur Statthaftigkeit der Rechtsmittel *Wieser*, Arbeitsgerichtsverfahren, Rn. 683.

766 Vgl. nur etwa *Schlaich/Korioth*, Rn. 272, 277 ff.; *Benda/Klein*, Rn. 661.

767 Bei unterschiedlicher Terminologie (Kontrolldichte/Prüfungsumfang) ist der Sache nach dennoch die Problematik der Kontrolldichte gemeint, *Schlaich/Korioth*, Rn. 272.

768 Hierzu eingehend *Schlaich/Korioth*, Rn. 274 ff. m. N. zur Rspr. des BVerfG; vgl. a. *Benda/Klein*, Rn. 654; vgl. nur etwa BVerfGE 21, 209, 216; Gründe hierfür sind insbesondere in der Funktion der Verfassungsbeschwerde als außerordentlicher, nicht als zusätzlicher Rechtsbehelf sowie darin zu sehen, dass, nicht zuletzt um die Funktionsfähigkeit des BVerfG zu wahren, eine sinnvolle Aufgaben(ver)teilung zwischen letzterem und den Fachgerichten gefunden werden muss, Schlaich/Korioth, Rn. 274, 276.

769 *Schlaich/Korioth*, Rn. 272 ff., 283 m. umfangr. N. zur Lit. bezüglich dieser Problematik in Fn. 633 sowie zur Rspr. des BVerfG; s. insbes. BVerfGE 18, 85, 92 f.; aus neuester Zeit mit dieser Terminologie etwa BVerfG GRUR 2001, 48, 50 m. w. N. zu seiner Rspr.; vgl. a. *Sturm*, in: Sachs, GG, Art. 93 Rn. 17 m. w. N. zur Rspr. des BVerfG; *Benda/Klein*, Rn. 651 ff., insbes. 654 ff.; *Pieroth/Schlink*, Grundrechte, Rn. 1175 ff.; krit. zur Formel Verletzung spezifischen Verfassungsrechts *Voßkuhle*, in: v. Mangoldt/Klein/Starck, GG, Bd. 3, Art. 93 Rn. 55 m. w. N. zur Kritik in der Lit. insbes. in Fn. 273 f. und zur Rspr. des BVerfG in Fn. 275; zu beachten ist, dass eine Beschränkung der Kontrolldichte hinsichtlich der der Entscheidung zugrundegelegten Rechtsnormen nicht stattfindet, *Schlaich/Korioth*, Rn. 315; *Benda/Klein*, Rn. 653; zur „verdeckten Rechtssatzbeschwerde" s. etwa *Stürner*, JZ 1986, 526, 529.

770 *Schlaich/Korioth*, Rn. 273 m. w. N. zur Rspr. des BVerfG; vgl. insbes. Sondervotum *Simon*, BVerfGE 63, 266, 268.

771 BVerfGE 18, 85, 93; „*Heck*sche Formel", *Schlaich/Korioth*, Rn. 272 m. w. N. auch zur neueren Rspr. des BVerfG; vgl. a. die ähnlichen Formulierungen aus neuester Zeit bei BVerfG GRUR 2001, 48, 50 m. w. N. zu seiner Rspr.; vgl. a. *Sturm*, in: Sachs, GG, Art. 93 Rn. 17 m. w. N. zur Rspr. des BVerfG.

4.9.2000: „Ob die Zivilgerichte bei der Gestaltung des Verfahrens, bei Feststellung des den Entscheidungen zu Grunde liegenden Sachverhalts und der darauf beruhenden Rechtsanwendung fehlerfrei vorgegangen und die Verfahrensvorschriften und Verfahrensgrundsätze richtig gesehen, ausgelegt und angewendet haben, ist zunächst eine Frage der Handhabung einfachen Rechts. Dies im Einzelfall zu kontrollieren, obliegt dem Bundesverfassungsgericht nicht (vgl. BVerfGE 28, 151 [160]). Es würde dem Sinn der Verfassungsbeschwerde und der besonderen Aufgabe des Bundesverfassungsgerichts nicht gerecht werden, wollte es ähnlich wie eine Revisionsinstanz eine unbeschränkte rechtliche Nachprüfung deshalb für sich in Anspruch nehmen, weil eine gerichtliche Entscheidung oder das ihr zu Grunde liegende Verfahren möglicherweise Grundrechte des Beschwerdeführers berührt (vgl. BVerfGE 18, 85 [92 f.]; 22, 93 [97 f.]; 30, 173 [196 f.]; 49, 304 [314]). Das Bundesverfassungsgericht kann auf eine Verfassungsbeschwerde hin nur eingreifen, wenn das Fachgericht spezifisches Verfassungsrecht verletzt hat, wenn es also bei seiner Entscheidung von einer unrichtigen Anschauung über die Bedeutung und den Umfang des Schutzbereichs eines Grundrechts ausgegangen ist oder wenn eine fehlerhafte Rechtsauslegung und Rechtsanwendung bei verständiger Würdigung der das Grundgesetz beherrschenden Gedanken nicht mehr verständlich ist und sich daher der Schluss aufdrängt, dass sie auf sachfremden Erwägungen beruht (vgl. BVerfGE 42, 64 [74]; 52, 131 [157 f.])“.[772]

Es ist nicht zu verkennen, dass diese Reduktion der verfassungsgerichtlichen Kontrolldichte jedenfalls nicht ausschließlich ein verfassungsprozessuales Problem des funktionellen Verhältnisses zwischen dem BVerfG und der übrigen Gerichtsbarkeit darstellt. Sie wird vielmehr gerade auch von der materiellen Frage nach Reichweite und Ausstrahlungswirkung des Verfassungsrechts in das einfache Recht hinein bestimmt.[773] Allerdings besteht das Ziel vorliegender Untersuchung nicht darin, die Problematik eines Beurteilungsspielraums des Wahlvorstandes speziell im Hinblick auf eine mögliche prozessuale Einkleidung der Geltendmachung eines Verfassungsverstoßes, etwa im Rahmen der Begründetheit einer Individualverfassungsbeschwerde gegen einen arbeitsgerichtlichen Beschluss,[774] zu untersuchen. Vielmehr sollen ganz grdsl. die materiell-verfassungsrechtlichen Kollisionspunkte eines Beurteilungsspielraums aufgezeigt werden. Hierfür eignet sich der umfassende Prüfungsmaßstab, wie er bei der Prüfung von Rechtsnormen anzuwenden ist, deutlich besser als die eingeschränkte Kontrolldichte, wie sie zur Überprüfung gerichtlicher Entscheidungen insbesondere hinsichtlich Auslegung und Anwendung derselben vom BVerfG praktiziert wird. Im übrigen ergibt sich ohnehin eine gewisse Parallelisierung der Kontrolldichte bezüglich Le-

[772] BVerfG GRUR 2001, 48, 50.

[773] *Schlaich/Korioth*, Rn. 272; vgl. a. *Benda/Klein*, Rn. 653, 655, 661; *Jarass* weist auf die teilweise Verbindung insbesondere der Frage der Beachtung der Drittwirkung bzw. der Ausstrahlungswirkung der Grundrechte mit der Begrenzung der Überprüfung fachgerichtlicher Entscheidungen in der Rspr. des BVerfG hin, so etwa in BVerfGE 66, 116, 131.

[774] S. hierzu Fn. 765.

gislativakten und Gerichtsentscheidungen aus der zwar nicht unumstrittenen,[775] jedoch insbesondere in der Rechtsprechungspraxis des BVerfG zur Konkretisierung „spezifischen Verfassungsrechts“ als Kriterium oftmals verwandten[776] sogenannten „Schumann'schen Formel“, nach der eine Verletzung spezifischen Verfassungsrechts durch eine gerichtliche Entscheidung dann vorliegt, „wenn der angefochtene Richterspruch eine Rechtsfolge annimmt, die der einfache Gesetzgeber nicht als Norm erlassen dürfte“.[777]

Aus zwei weiteren Gründen soll hier schlicht § 9 BetrVG in der Auslegungsvariante mit Beurteilungsspielraum im Sinne der h. M. unmittelbar an den verfassungsrechtlichen Vorgaben, also auch an den Grundrechten überprüft werden, wie sie den Gesetzgeber nach Art. 1 Abs. 3, 20 Abs. 3 GG binden: Erstens wird durch die Anwendung dieser höheren verfassungsrechtlichen Kontrolldichte Klarheit über die verfassungsrechtlichen Grenzen eines Beurteilungsspielraums für den Fall geschaffen, dass man – entgegen der hier vertretenen Ansicht - von einer auf dem gesetzgeberischen Willen beruhenden Verankerung des Spielraums ausgeht. Zweitens ist, wenn ein Beurteilungsspielraum diesem strengeren Prüfungsmaßstab genügen sollte, damit gleichzeitig grdsl. auch gesagt, dass eine Auslegungsvariante mit Spielraum keine Verletzung der vergleichsweise geringeren Kontrolldichte in Form des Prüfungsmaßstabes des spezifischen Verfassungsrechts darstellen wird, zumindest solange, wie hier der Fall,[778] weder eine Überdehnung des Wortlauts noch ein eindeutig entgegenstehender Wille des Gesetzgebers erkennbar sind. Anders gewendet bedeutet dies: Nur wenn die Prüfung anhand des strengeren Maßstabes eine Verletzung von Verfassungsrecht, insbesondere von Grundrechten ergeben sollte, dabei aber gleichzeitig noch keine Verletzung spezifischen Verfassungsrechts feststellbar wäre, würde die Auseinandersetzung mit der Frage notwendig, welcher Maßstab der letztlich ausschlaggebende sein muss.

Für die folgende verfassungs- und insbesondere grundrechtliche Prüfung lautet die entscheidende Frage damit letztlich, welchen verfassungsrechtlichen Grenzen der Gesetzgeber bei der Verlagerung der Letztentscheidungskompetenz unterliegt, wenn er dem Wahlvorstand einen Beurteilungsspielraum mit dem Begründungsmuster der h. M. zum Begriff „in der Regel“ i. S. v. § 9 S. 1 BetrVG zugestehen will.

---

[775] Abl. etwa *Benda/Klein*, 661; Nachweis zur Kritik sowie zu ähnlichen Ansätzen bei *Schlaich/Korioth*, Rn. 310 (in Fn. 754).

[776] Vgl. *Voßkuhle*, in: v. Mangoldt/Klein/Starck, GG, Bd. 3, Art. 93 Rn. 61; vgl. nur etwa BVerfGE 82, 6, 12, 15 f.; E 81, 29, 31 f.; E 69, 315, 372.

[777] *Schumann*, Verfassungs- und Menschenrechtsbeschwerde, 207; vgl. a. *Pieroth/Schlink*, Grundrechte, Rn. 1179; *Schlaich/Korioth*, Rn. 310; *Dieterich*, in: ErfKArbR, Nr. 10 (GG) Einl. Rn. 87; ein Beispiel gibt die Prüfung der Bedeutung von Art. 12 Abs. 1 GG, der Berufsfreiheit des Arbeitgebers, für die Frage der arbeitsgerichtlichen Anwendung von § 1 Abs. 2 S. 1 KSchG („dringende betriebliche Erfordernisse“) bei *Müller*, Berufsfreiheit, 144 ff, insbes. 145: „Überdies darf der Arbeitsrichter der Norm durch die Auslegung nicht einen grundrechtswidrigen Inhalt verleihen“).

[778] S. 3. Kapitel:B.II.5.

d) Bestimmtheitsgebot als Ausprägung des Rechtsstaatsprinzips

Soweit ein Beurteilungsspielraum mit einem unbestimmten Rechtsbegriff als Grundlage verbunden ist, stellt sich ganz allgemein die Frage[779] nach der Vereinbarkeit mit dem Bestimmtheitsgebot bzw. dem Gebot der Normklarheit[780] als Ausprägung des Rechtsstaatsprinzips (vgl. insbesondere Art. 20 Abs. 3, Art. 1 Abs. 3 und 28 Abs. 1 S. 1 GG).[781]

Allerdings wird die Existenz eines unbestimmten Rechtsbegriffes im Tatbestand einer Norm für sich genommen nach ganz h. M. nicht mehr als hinreichende Bedingung für einen Beurteilungsspielraum und somit nicht als ausreichende Begründung desselben angesehen.[782] Die hier interessierende spezifische Problematik liegt gerade nicht in der Unbestimmtheit der Tatbestandsmerkmale, sondern in der Verschiebung der grdsl. bei den Arbeitsgerichten liegenden Letztentscheidungskompetenz auf z. B. den Wahlvorstand als diesen vorgelagerten Rechtsanwender („Quis judicabit?").[783] An dieser Stelle wird die Aussage verständlich, der unbestimmte Rechtsbegriff besitze für die Frage nach einem Beurteilungsspielraum lediglich noch heuristischen Wert.[784] Die Unbestimmtheit von Rechtsbegriffen hat mithin nicht zwangsläufig kompetenzscheidende Wirkung.[785] Es ist jedoch nicht Aufgabe dieser Arbeit, die Verfassungsmäßigkeit von § 9 BetrVG allgemein zu prüfen, insbesondere auch nicht die Zulässigkeit der Verwendung des Normtextes „in der Regel" als unbestimmter Rechtsbegriff auf dessen verfassungsrechtliche Zulässigkeit hin.[786] Vielmehr sollen letztlich die erst auf einer weiteren gedanklichen Stufe angesiedelten Voraussetzungen einer gesetzgeberischen Verschiebung der Letztentscheidungskompetenz zu Lasten der Gerichte für den Bereich des BetrVG geklärt werden. Diese Frage ist vom Problem der Bestimmtheit als erste Stufe streng zu unterscheiden, da ein unbestimmter Rechtsbegriff ja nicht zwangsläufig mit einem Beurteilungsspielraum verbunden ist.

---

[779] S. hierzu etwa *Schmidt-Aßmann/Groß*, NVwZ 1993, 620; *Hofmann*, NVwZ 1995, 745.

[780] Zum Bestimmtheitsgrundsatz bzw. zur Normenklarheit s. etwa *Stein*, § 20 II 4; *Brockmeyer*, in: Schmidt-Bleibtreu/Klein, GG, Art. 20 Rn. 34; *Herzog*, in: Maunz/Dürig, GG, Bd. 3, Art. 20 Absch. II, VII. Rn. 63; *Sommermann*, in: v. Mangoldt/Klein/Starck, GG, Bd. 2, Art. 20 Rn. 279; BVerfGE 83, 130, 145; E 84, 133, 149 ff.; 87, 234, 263 f.

[781] Vgl. zur Ableitung des Rechtsstaatsprinzips aus dem Normgefüge der Verfassung und als deren Grundkonzeption etwa *Herzog*, in: Maunz/Dürig, GG, Bd. 3, Art. 20 Absch. II, VII. Rn. 30 ff.; *Sommermann*, in: v. Mangoldt/Klein/Starck, GG, Bd. 2, Art. 20 Rn. 216 bis 218; *Jarass*, in: Jarass/Pieroth, GG, Art. 20 Rn. 20 f.; vgl. BVerfGE 2, 380, 403; E 45, 187, 246 m. w. N.

[782] S. zur Begründung S. 19 ff. und die Nachweise insbes. in Fn. 156, 157, 164, 231, 273, 321, 324.

[783] S. hierzu S. 25 ff.

[784] *Schmidt-Aßmann*, in: Maunz/Dürig, GG, Art. 19 IV Rn. 184; vgl. a. *Achterberg*, § 18 Rn. 39; *Sieckmann*, DVBl. 1997, 101 (Fn. 22).

[785] Krit. zu dieser Linie in der Rspr. des BVerfG und letztlich a. A. *Gassner*, DÖV 1996, 23 ff.

[786] Vgl. zu dieser Vorgehensweise auch *Dütz*, Gerichtsschutz, 223.

Gemessen hieran erscheint es schon systematisch nicht überzeugend, wenn z. T. die bereits angesprochene Entscheidung des BVerfG zu den „Funktionsgrenzen der Rechtsprechung“[787] im Zusammenhang gerade mit dem Bestimmtheitsgebot erörtert wird.[788] Das BVerfG verliert dort nicht ohne Grund mit kein Wort zum Bestimmtheitsgrundsatz und konzentriert seine Prüfung vielmehr auf Art. 19 Abs. 4 GG im Zusammenspiel mit Art. 12 Abs. 1 und Art. 3 Abs. 1 GG.[789] Die Problematik des Beurteilungsspielraums liegt nicht in der Frage, ob der Tatbestand unbestimmt gefasst ist,[790] sondern in der Frage nach dem Kompetenzträger, der die Konkretisierung der insoweit unbestimmten Norm letztverbindlich vorzunehmen hat.

Aus diesem Grund mag folgender Gedanke zur Unbestimmtheit der Wendung „in der Regel“ genügen: Grdsl. ist es verfassungsrechtlich nicht zu beanstanden, dass sich der Gesetzgeber unbestimmter Rechtsbegriffe bedient;[791] der Rechtsstaat verlangt nicht nach einem Höchstmaß an Gesetzesbestimmtheit.[792] Vielmehr sind unbestimmte Rechtsbegriffe oftmals notwendig, um der Vielgestaltigkeit der Lebenssachverhalte unter Ermöglichung weitgehender Einzelfallgerechtigkeit Herr zu werden;[793] hier zeigt sich dies an dem gesetzgeberischen Versuch, die Betriebsratsmitgliederzahl von zufälligen Belegschaftsstärkenschwankungen abzukoppeln. Zudem besteht die Möglichkeit, dass sich der Begriff „in der Regel“ durch die Rechtsprechung des BAG und die entsprechende richterrechtliche Konkretisierung zum bestimmten Rechtsbegriff fortentwickelt: Es wird deutlich, dass Rechtsprechung auch Rechtsschöpfung sein, richterliche Normkonkretisierung auch die Funktion ergänzender Gesetzgebung gewinnen kann. Abschließend bleibt festzustellen, dass die Verfassungsmäßigkeit der Wendung „in der Regel“ als unbestimmter Rechtsbegriff, soweit ersichtlich, nirgends als solche angezweifelt wird; sie kann daher auch unterstellt werden.

e) Gewaltenteilungsprinzip, Art. 20 Abs. 2 S. 2 GG

Im Verwaltungsrecht spielt auch das Gewaltenteilungsprinzip in seiner Ausprägung insbesondere zwischen den Verwaltungsgerichten als Teil der Judikative und der Exekutive eine wichtige Rolle im Streit um die Zulässigkeit von Beurteilungsspielräu-

---

[787] BVerfGE 84, 34, 50.

[788] So etwa bei *Sommermann,* in: v. Mangoldt/Klein/Starck, GG, Bd. 2, Art. 20 Rn. 279.

[789] BVerfGE 84, 34, 42 f., 45 f., 49 ff., 53, 54 f., 58.

[790] Vgl. etwa *Hofmann,* NVwZ 1995, 741, wo im Zusammenhang mit der normativen Ermächtigungslehre auf das Bestimmtheitserfordernis und die Wesentlichkeitslehre als allgemeine Grenzen der gesetzgeberischen Ausgestaltungsbefugnis hingewiesen wird; s. insbes. *Schmidt-Aßmann,* in: Maunz/Dürig, GG, Bd. 2, Art. 19 Abs. IV Rn. 184.

[791] S. hierzu S. 9 m. N.; umfangreiche Nachweise zur Rspr. des BVerfG bei *Brockmeyer*, in: Schmidt-Bleibtreu/Klein, GG, Art. 20 Rn. 34.

[792] BVerfGE 78, 214, 226; *Schmidt-Aßmann/Groß,* NVwZ 1993, 620.

[793] Vgl. etwa *Brockmeyer*, in: Schmidt-Bleibtreu/Klein, GG, Art. 20 Rn. 34; BVerfGE 4, 352, 358; E 11, 234, 237.

men.[794] Das Betriebsverfassungsgesetz ist aber mit Ausnahme weniger Normen nach heute ganz h. M. Teil des Privatrechts,[795] nicht des öffentlichen Rechts, mag es auch einzelne öffentlich-rechtliche Strukturelemente enthalten.[796] Entsprechend übt etwa der Betriebsrat jedenfalls kein öffentliches[797] Amt[798] aus, und nichts anderes gilt für den Wahlvorstand;[799] schon deswegen ist dieser natürlich kein „besonderes Organ der vollziehenden Gewalt" i. S. v. Art. 20 Abs. 2 S. 2 GG, also Teil der Exekutive. Damit kann das Gewaltenteilungsprinzip hier nicht durch die Einräumung eines Beurteilungsspielraums verletzt werden, da den Arbeitsgerichten kein der Administrative vergleichbarer Staatsgewalt ausübender Kompetenzträger gegenübersteht.[800] Der Beurteilungsspielraum des Wahlvorstandes stellt also keine Verschiebung gerichtlicher Kompetenzen zugunsten eines anderen staatlichen Organes, sondern allenfalls eine Kompetenzbeschneidung dar, welche allerdings den Regelungsbereich des Art. 92 Hs. 1 GG berühren könnte.

f) Rechtsprechungsmonopol der Richter, Art. 92 Hs. 1 GG

Art. 92 Hs. 1 GG lautet: „Die rechtsprechende Gewalt ist den Richtern anvertraut". Er enthält nach dem eindeutigen Wortlaut und nach ganz h. M. ein Rechtsprechungsmonopol ausschließlich zugunsten der Richter.[801] „Der Gesetzgeber ... darf ... eine Ange-

---

[794] Vgl. etwa *Haverkate,* 275; *Schulze-Fielitz,* JZ 1993, 779; s. hierzu auch *Schmidt-Aßmann,* in: Maunz/Dürig, GG, Bd. 2, Art. 19 IV Rn. 180 a. E. (m. w. N. in Fn. 38); *ders.,* DVBl. 1997, 283; ablehnend zu einer Begründung von Beurteilungsspielräumen etwa *Jesch,* AöR 82 (1957), 236 f.

[795] S. Fn. 9.

[796] Vgl. zu diesen etwa *Richardi,* BetrVG, Einl. Rn. 129; *Kraft,* in: GK-BetrVG, Bd. 1, § 1 Rn. 9 ff.; *Konzen,* ZfA 1985, 471.

[797] Vgl. die Darstellung zum „privaten Amt" bei *Richardi,* BetrVG, Einleitung Rn. 100 ff. m. w. N.; *Joost,* in: MünchHdbArbR, Bd. 3, § 308 Rn. 1; vgl. a. *F/K/H/E/S,* BetrVG, § 1 Rn. 195; *Eisemann,* in: ErfKzA, § 1 BetrVG Rn. 2; so jedenfalls hinsichtlich der fehlenden öffentlich-rechtlichen Qualität der Tätigkeit des Betriebsrats auch *Löwisch,* in: Galperin/Löwisch, BetrVG, Bd. 1, vor § 1 Rn. 20; *Kraft,* in: GK-BetrVG, Bd. 1, § 1 Rn. 10 f., 52 f.; *H/S/G,* BetrVG, vor § 1 Rn. 20; wohl auch *Schneider,* in: BetrVG, Einl. Rn. 60, 112 ff.

[798] Erwähnung findet das Amt insbes. in §§ 21, 37 Abs. 1 BetrVG.

[799] Vgl. etwa *Galperin/Löwisch,* BetrVG, Bd. 1, vor § 1 Rn. 8.

[800] S. hierzu schon 2. Kapitel:C.II.2.

[801] Vgl. aus neuerer Zeit BVerfGE 103, 111, 136, 139; s. a. BVerfGE 22, 49, 73 („ausschließlich den Richtern vorbehalten"; vgl. a E 26, 186, 194 f.; E 32, 199, 213; E 42, 206, 208; s. a. BAGE 50, 9, 21 f.; aus der Lit. vgl. etwa *Heyde,* Handbuch Verfassungsrecht, § 33 Rn. 12, („niemand sonst" außer den Richtern darf Aufgaben der Rspr. wahrnehmen); *Bettermann,* in: Isensee/Kirchhof, Handbuch Staatsrecht, Bd. 3, § 73 Rn. 4, 5; *Stern,* Staatsrecht, Bd. 2, § 43 I 4 e) □□ *Schmidt-Bleibtreu,* in: Schmidt-Bleibtreu/Klein, GG, Art. 92 Rn. 1, vgl. etwa auch *Schulze-Fielitz,* in: Dreier, GG, Bd. 3, Art. 92 Rn. 16; *Jarass,* in: Jarass/Pieroth, GG, Art. 92 Rn. 1, 8; *Degenhart,* in: Sachs, GG, Art. 92 Rn. 1, 16, 18; *Wassermann,* in: Wassermann, GG, Bd. 2, Art. 92 Rn. 33, 39; *Kissel*, GVG, Einl. Rn. 145.

legenheit, die Rechtsprechung i. S. v. Art. 92 erster Halbsatz GG ist, nicht anderen Stellen als Gerichten zuweisen ... ."[802]

Unter zwei Aspekten stellt sich nun die Frage der Kollision eines Beurteilungsspielraums des Wahlvorstandes mit dem Rechtsprechungsmonopol: Übt der Wahlvorstand mit der durch den Beurteilungsspielraum entstehenden, zumindest faktischen Bindung der Arbeitsgerichte und damit auch deren Richter etwa selbst entgegen Art. 92 Hs. 1 GG „rechtsprechende Gewalt" aus? Ist weiter die Beschränkung der gerichtlichen Kontrolldichte als solche mit Art. 92 Hs. 1 GG vereinbar? Beide Male geht es um die Frage, inwiefern die materiell-rechtliche Verankerung eines Beurteilungsspielraums des Wahlvorstandes in § 9 S. 1 BetrVG einen möglicherweise durch Art. 92 Hs. 1 GG garantierten richterliche Tätigkeitsbereich verfassungswidrig einschränken kann.

Zunächst stellt sich die Frage, was unter dem Schlüsselbegriff „rechtsprechender Gewalt" i. S. v. Art. 92 Hs. 1 GG zu verstehen ist. Dabei kann hier angesichts der „heute fast unüberschaubaren Menge an Veröffentlichungen"[803] zu diesem Begriff keine vollständige Darstellung aller Einzelpositionen erfolgen, vielmehr muss es bei einer auf die wesentlichen Grundpositionen reduzierten Erläuterung sein Bewenden haben;[804] dies gilt umso mehr, als der Begriff der rechtsprechenden Gewalt weder in der Rechtsprechung des BVerfG noch in der Lehre abschließend geklärt ist.[805]

aa) Formeller oder materieller Begriff rechtsprechender Gewalt?

Man kann in einem formellen, äußerlichen Sinne als rechtsprechende Gewalt alle Tätigkeiten ansehen, welche den Gerichten und den Richtern durch Verfassung und Gesetz zugewiesen sind;[806] Rechtsprechung wäre dann schlicht alles, was der Richter

---

[802] BVerfGE 103, 111, 136 unter Bezug auf *Heyde,* Handbuch Verfassungsrecht, § 33 Rn. 12, und *Bettermann,* in: Isensee/Kirchhof, Handbuch Staatsrecht, Bd. 3, § 73 Rn. 4.

[803] *Voßkuhle,* Rechtsschutz, 69.

[804] Zu dieser Vorgehensweise vgl. jüngst *Aschmann,* 44 f., 50 (mit sehr übersichtlicher Darstellung, a. a. O., 44 ff.); ich folge hier im wesentlichen der vorzüglichen Darstellung bei *Voßkuhle,* Rechtsschutz, 69 ff.; s. a. die sehr tiefgehende argumentative Auseinandersetzung bei *Achterberg,* in: BK/GG, Bd. 8, Art. 92 (Zweitbearb., April 1981) Rn. 60 ff.

[805] So für die Verfassungsrechtsprechung ausdrückl. BVerfGE 103, 111, 136; für die Entwicklung in der Lit. stellt dies zum damaligen Stand BVerfGE 22, 49, 75, fest; bei der Vielzahl von unterschiedlichen Meinungen gilt dies heute erst recht; vgl. auch *Herzog,* in: Maunz/Dürig, GG, Bd. 5, Art. 92 Rn. 44.

[806] So aus der älteren Lit. etwa *Gossrau,* NJW 1958, 929 - 931; weitere Nachw. aus der älteren Literatur bei *Voßkuhle,* Rechtsschutz, 70 (in Fn. 29); hier ist die Ansicht *Herzogs* einzuordnen; dieser geht zwar von einer materiellen Auslegung des Begriffes der rechtsprechenden Gewalt aus (*ders.,* in: Maunz/Dürig, GG, Bd. 5, Art. 92 Rn. 42, 43 (in Fn. 1)), steckt den Inhalt dieses materiellen Begriffes jedoch deutlich enger als insbes. das BVerfG (s. *ders.,* a. a. O., Rn. 42 ff.), indem er darauf hinweist, dass Art. 92 GG die einfach-rechtlichen wie auch die grundgesetzlichen Rechtsweggarantien und Richtervorbehalte lediglich „brennglasartig zusammenfasst"; im Ergebnis ähnlich wie letzterer *Lorenz,* 191 ff., der angeblich einen „formell-inhaltlichen" Begriff rechtsprechender Gewalt in Abgrenzung zu einem „formell-organisatorischen" vertritt (*ders.,* a. a. O., 191, 193), dann aber den Begriff der Recht-

tut.[807] Unter Zugrundelegung dieses Begriffes rechtsprechender Gewalt wäre ein Konflikt des Beurteilungsspielraums des Wahlvorstandes mit dem Rechtsprechungsmonopol ausgeschlossen; § 9 S. 1 BetrVG wäre in dieser Auslegungsvariante allenfalls als schlichte Ausgestaltung der gerichtlichen Kontrolldichte anzusehen.

Der formelle Ansatz hat zwar die einfache Handhabung für sich; soweit jedoch nicht die grundgesetzlichen Zuweisungsnormen wie etwa Art. 13 Abs. 2, 14 Abs. 3 S. 4, 19 Abs. 4, 21 Abs. 2 S. 2, 34 S. 3, 93 und Art. 100 GG betroffen sind, sondern Zuweisungen durch einfaches Gesetz, stellt diese Sicht den Garantiegehalt des Art. 92 Hs. 1 GG unter einfachen Gesetzesvorbehalt: Was Rechtsprechung ist und was nicht, dies zu bestimmen hätte der Gesetzgeber insoweit im Rahmen seiner Ausgestaltungsbefugnis vollständig in der Hand.[808] Eine solche Sicht wird jedoch dem besonderen Ziel des GG, die Rechtsprechung als eigenständige und unabhängige Gewalt zu konstituieren, nicht gerecht[809] und gäbe Art. 92 GG einen tautologischen Inhalt.[810] Konsequenterweise liegt nach BVerfG und der heute wenigstens insoweit herrschenden Lehre Art. 92 Hs. 1 GG ein inhaltlicher oder materieller Begriff rechtsprechender Gewalt jedenfalls insofern zugrunde, als nicht bereits andere Grundgesetznormen den Richtern Aufgaben zuweisen.[811] Es wird damit der Versuch deren Definition dem Wesen nach unternommen.

---

sprechung als „in seinem Bestand von der die richterlichen Kompetenz jeweils begründenden Norm abhängig" bezeichnet (*ders.*, a. a. O., 197); s. zur Kritik *Voßkuhle,* a. a. O., 70 (Fn. 29); wohl eher einer formellen Definition zuneigend auch *Schmidt-Bleibtreu,* in. Schmidt-Bleibtreu/Klein, GG, Art. 92 Rn. 2.

[807] So bringt es *Achterberg* in seiner krit. Darstellung in BK/GG, Bd. 8, Art. 92 Rn. 66, auf den Punkt.

[808] So die Kritik seitens der insoweit h. M., vgl. nur etwa BVerfG E 22, 49, 74 f.; *Voßkuhle,* Rechtsschutz, 70 f.; *Schulze-Fielitz,* in: Dreier, GG, Bd. 3, Art. 92 Rn. 24 (m. w. N. in Fn. 104); *Wassermann,* in: Wassermann, GG, Bd. 2, Art. 92 Rn. 27; *Leibholz/Rinck/Hesselberger,* GG, Bd. 2, Art. 92 Rn. 3; *Badura,* H Rn. 2; *Bettermann,* in: Isensee/Kirchhof, Handbuch Staatsrecht, Bd. 3, § 73 Rn. 18; *Heyde,* in: Handbuch Verfassungsrecht, § 33 Rn. 13.

[809] BVerfGE 22, 49, 74 f.; dieser Argumentation ausdrückl. zust. etwa *Leibholz/Rinck/Hesselberger,* GG, Bd. 2, Art. 92 Rn. 3; *Heyde,* in: Handbuch Verfassungsrecht, § 33 Rn. 13; s. a. die Nachw. bei *Aschmann,* 45 (in Fn. 118); das gibt auch *Schmidt-Bleibtreu,* in: Schmidt-Bleibtreu/Klein, GG, Art. 92 Rn. 2, zu.

[810] Dieser wäre dann wie folgt zu lesen: „Alle Aufgaben, die den Richten durch die Gesetze zugewiesen werden, sind den Richtern anvertraut"; so die Kritik von *Bachof,* ZZP 65 (1952), 4; zust. etwa *Achterberg,* in: BK/GG, Bd. 8, Art. 92 (Zweitbearb., April 1981) Rn. 66 (m. w. N.); *Stern,* Staatsrecht, Bd. 1, § 20 V 5 d) □, 844 f.; Voßkuhle, Rechtsschutz, 70 (m. w. N. in Fn. 31).

[811] BVerfGE 103, 111, 137 f.; BVerfG E 22, 49, 73 ff., insbes. 76 ff.; aus der Lit. vgl. nur etwa *Kissel,* GVG, Einl. Rn. 145; *Bettermann,* in: Isensee/Kirchhof, Handbuch Staatsrecht, Bd. 3, § 73 Rn. 18; *Stern,* Staatsrecht, Bd. 1, § 20 V 5 d) □, 844; *Badura,* H Rn. 2; *Heyde,* in: Handbuch Verfassungsrecht, § 33 Rn. 13; *Schulze-Fielitz,* in: Dreier, GG, Bd. 3, Art. 92 Rn. 24; *Degenhart,* in: Sachs, GG, Art. 92 Rn. 9 (s. insbes. dort Fn. 15); *Leibholz/Rinck/Hesselberger,* GG, Bd. 2, Art. 92 Rn. 1; *Wassermann,* in: Wassermann, GG, Bd. 2, Art. 92 Rn. 27; *Jarass,* in: Jarass/Pieroth, GG, Art. 92 Rn. 2; *Voßkuhle,* Rechtsschutz, 71, 85, 94 ff.; *Achterberg,* in: BK/GG, Bd. 8, Art. 92 (Zweitbearb., April 1981) Rn. 66 f., 106 ff. („formell-materieller" Begriff).

bb) Elemente eines materiellen Begriffes rechtsprechender Gewalt

Auch innerhalb des Bereiches derjenigen Ansichten, welche den Versuch einer inhaltlichen oder materiellen Definition rechtsprechender Gewalt vornehmen, hat sich bislang keine als dominierend durchsetzen können.[812] So stellt etwa *Heyde* fest, es sei weder der Rechtsprechung noch dem Schrifttum gelungen, allgemein anerkannte materielle Kriterien für Aufgaben zu entwickeln, welche ihrem Wesen nach der Rechtsprechung zuzuordnen sind.[813]

Angesichts der Diversität von unterschiedlichen Ansätzen[814] muss es hier sein Bewenden bei einem Überblick zu den wichtigsten, für „rechtsprechende Gewalt" als wesentlich angesehenen Elemente haben, zu denen der Beurteilungsspielraum des Wahlvorstandes dann gegebenenfalls jeweils in Bezug gesetzt werden soll. Zu beachten ist jeweils, dass die einzelnen Kriterien nicht als abschließende Einzeldefinitionen zu sehen sind, sondern insbesondere vor dem Hintergrund des Grundsatzes der Gewaltenteilung nach Art. 20 Abs. 2 S. 2 GG, welchen Art. 92 Hs. 1 GG für die Rechtsprechung konkretisiert,[815] meist im Dienste einer Abgrenzung entweder zur Legislative oder zur Exekutive entwickelt wurden; sie können dementsprechend nur als grobe Abgrenzungslinien dienen.[816]

(1) Qualifizierung nach dem Bezugspunkt des richterlichen Handelns[817]

(a) Vorliegen eines zu entscheidenden Streitfalles

Ein gängiger Anknüpfungspunkt für die Einordnung einer Tätigkeit als rechtsprechende Gewalt ist die Entscheidung eines (Rechts-) Streites durch einen unbeteiligten Dritten;[818] hier soll sich das Augenmerk auf das Merkmal des Streites allein richten. So bezeichnet etwa neuestens das BVerfG in seiner Entscheidung vom 8.2.2001 zum hessischen Wahlprüfungsverfahren neben anderen Kriterien auch die Klärung der Rechts-

---

[812] *Schulze-Fielitz,* in: Dreier, GG, Bd. 3, Art. 92 Rn. 24; *Schmidt-Bleibtreu,* in: Schmidt-Bleibtreu/Klein, GG, Art. 92 Rn. 2 konstatiert „große Schwierigkeiten" beim Versuch einer materiellen Definition.

[813] *Heyde,* in: Benda/Maihofer/Vogel, Handbuch Verfassungsrecht, § 33 Rn. 15.

[814] S. etwa *Voßkuhle,* Rechtsschutz, 69 (mit weiterführenden Nachw. in Fn. 15); vgl. auch den Überblick bei *Aschmann,* 44 ff.

[815] BVerfGE 22, 49, 76; s. aus der Lit. etwa *Schulze-Fielitz,* in: Dreier, GG, Bd. 3, Art. 92 Rn. 16 (m. w. N. in Fn. 57.

[816] Vgl. in diesem Sinne *Schulze-Fielitz,* in: Dreier, GG, Bd. 3, Art. 92 Rn. 26; vgl. a. *Detterbeck,* in: Sachs, GG, Art. 92 Rn. 21 (Definitionsvorschläge bieten nur erste Orientierungshilfen).

[817] Zur Systematisierung der Grundpositionen vgl. jeweils *Voßkuhle,* Rechtsschutz, 69 ff.

[818] Aus der Literatur vgl. z. B. *Badura,* H Rn. 2; *Bettermann,* in: Isensee/Kirchhof, Handbuch Staatsrecht, Bd. 3, § 73 Rn. 43 ff., der einen weiten Begriff des Rechtsstreites vertritt (*ders.,* a. a. O., Rn. 46); *Friesenhahn,* FS Thoma, 26 ff., 30 ff., 36; s. weitere Nachweise bei *Schulze-Fielitz,* in: Dreier, GG, Bd. 3, Art. 92 Rn. 25 (in Fn. 107) und bei *Voßkuhle,* Rechtsschutz, 72 (in Fn. 40); krit. hierzu BVerfGE 22, 49, 76.

lage in einem Streitfall als typisch für rechtsprechende Tätigkeit.[819] Dann muss jedoch der Begriff des Streites näher beschrieben werden; er wird z. T. recht eng als die Geltendmachung von Rechten und gegen den Widerspruch eines anderen bzw. als Gegensätzlichkeit von Rechtsbehauptungen zweier Parteien verstanden.[820]

Selbst bei Unterstellung eines weiten Streitverständnisses gerät man jedoch mit der Annahme eines Beurteilungsspielraums nicht in Konflikt mit einem so umgrenzten Begriff rechtsprechender Gewalt; der Wahlvorstand entscheidet nicht im Rahmen eines irgendwie gearteten Streites in Form einer Auseinandersetzung mit unterschiedlichen Positionen, geschweige denn eines Rechtsstreites: Es ist im BetrVG nicht als Baustein des Wahlverfahrens vorgesehen, dass etwa der Arbeitgeber oder der alte Betriebsrat mit ihren unterschiedlichen Einschätzungen der Belegschaftsregelstärke an den Wahlvorstand herantreten. Letzterer bestimmt diese als hierzu nach § 18 Abs. 1 S. 1 BetrVG i. V. m. §§ 1 Abs. 1, 3 Abs. 2 Ziff. 4 WOBetrVG ausschließlich zuständiges Organ vielmehr völlig eigenverantwortlich und im Wege des Erstzugriffes. Insbesondere hat der Arbeitgeber hier lediglich eine unterstützende Funktion, wie an seiner Informationspflicht nach § 2 Abs. 2 S. 1 WOBetrVG zu erkennen ist. Eine der Streitentscheidung vergleichbare Situation kann erst mit einer erfolgten Wahlanfechtung nach § 19 BetrVG entstehen. Folglich übt der Wahlvorstand auch bei Anerkennung eines Beurteilungsspielraums nicht unmittelbar rechtsprechende Gewalt aus. Gleiches gilt für ein mittelbar rechtsprechendes Wirken: Die streitentscheidende[821] Funktion der Arbeitsrichter als solche bleibt unangetastet, denn an deren Zuständigkeit zur Entscheidung über die Anfechtung im Beschlussverfahren ändert sich nichts. Eine weitere Auseinandersetzung mit dieser Definition rechtsprechender Gewalt erübrigt sich daher.[822]

(b) Treffen einer Einzelfallentscheidung

Gerade in der älteren Lehre wurde als Rechtsprechung im materiellen Sinne der verselbständigte Ausspruch dessen verstanden, was in Anwendung des geltenden Rechts im Einzelfall rechtens ist, durch eine staatliche Autorität.[823] Diese Ansicht ist jedoch in

---

[819] BVerfG v. 8.2.2001 - 2 BvF 1/00 = BGBl. 2001 I/341.

[820] *Friesenhahn,* FS Thoma, 27, 36; *Achterberg,* JZ 1969, 354, 356; ein weiteres Verständnis von „Streit" zeigt dagegen etwa *Bettermann,* in: Isensee/Kirchhof, Handbuch Staatsrecht, Bd. 3, § 73 Rn. 43 – 46: Hiernach fällt etwa auch die abstrakte Normenkontrolle nach Art. 93 Abs. 1 Nr. 2 GG unter den Begriff der Rechtsprechung; näher *Voßkuhle,* Rechtsschutz, 73 (in Fn. 47 mit weiterführenden Nachw.); vgl. a. *Stein,* § 17 I., der ausdrücklich die Notwendig kontradiktorischer Ausgestaltung ablehnt.

[821] Vgl. hierzu BVerfGE 7, 183, 188, wo als wesentliches Begriffsmerkmal von Rechtsprechung „auf jeden Fall das Element der Entscheidung gehört, die Feststellung und der Ausspruch dessen, was Rechtens ist"; s. hierzu *Voßkuhle,* Rechtsschutz, 72 (in Fn. 40).

[822] Zur Kritik an diesem Begriff der rechtsprechenden Gewalt zusammenfassend *Voßkuhle,* Rechtsschutz, 72 ff. (m. w. N.), und *Aschmann,* 47 f. (m. w. N.).

[823] S. etwa *Thoma,* in: Anschütz/Thoma, Handbuch Staatsrecht, Bd. 2, S. 129; zust. etwa *Messerer,* DRiZ 54, 210; weitere Nachw. bei *Voßkuhle,* Rechtsschutz, 75 (in Fn. 58).

ihrem umfassenden Geltungsanspruch als Definition insbesondere deshalb abzulehnen, weil auch die Exekutive Rechtsanwendung im Einzelfall vornimmt[824] und sie deshalb eine Abgrenzung jedenfalls zwischen zweiter und dritter Gewalt nicht zu leisten vermag.[825] Im übrigen steht hier die verselbständigte Kundgabe dessen, was im konkreten Fall Rechtens ist, ohnehin nach wie vor den Arbeitsrichtern im Rahmen des Beschlußverfahrens zu, nicht etwa dem Wahlvorstand.

(2) Qualifizierung nach der Funktion des Gesetzes als Handlungsmaßstab

Man kann mit Blick auf die rechtsetzende Funktion der Legislative rechtsprechende Gewalt als Gesetzesvollzug oder –anwendung beschreiben; dieses Kriterium taugt aber nur für eine Abgrenzung zwischen Gesetzgebung und Rechtsprechung, denn es ist eine Hauptfunktion gerade auch der Exekutive, geltendes Recht umsetzen;[826] problematisch bleibt auch dann noch der Bereich richterlicher Rechtsfortbildung als mögliche Rechtssetzung.[827]

Um eine Differenzierung innerhalb des Bereiches der Rechtsanwendung zu erreichen, wird deshalb z. T. inhaltlich an die unterschiedliche Funktion des gesetzten Rechts als Handlungsmaßstab angeknüpft: Die Legislative schaffe Gesetze und damit den Maßstab für zweite und dritte Gewalt; das materielle Recht diene allerdings der Exekutive wie dem Bürger als Verhaltensnormen, der Judikative dagegen als reine Beurteilungsnorm.[828] Solchen Kriterien fehlt jedoch im Verhältnis zur Exekutive die „zuständig-

---

[824] Dies ist, wie die Legaldefinition des Verwaltungsaktes in § 35 S. 1 VwVfG zeigt, sogar ein Hauptfall exekutivischer Tätigkeit: „Verwaltungsakt ist jede ... hoheitliche Maßnahme, die eine Behörde zur Regelung eines Einzelfalles ... trifft ...".

[825] Vgl. sinngemäß BVerfG E 22, 49, 75 f.; aus der Lit. s. etwa *Dütz,* Gerichtsschutz, 90; *Achterberg,* in: BK/GG, Bd. 8, Art. 92 (Zweitbearb., April 1981) Rn. 107; *Stern,* Staatsrecht, Bd. 2, § 43 I 4 a), 894; *Wolff/Bachof/Stober,* § 20 Rn. 40; *Voßkuhle,* Rechtsschutz, 75. Für die Abgrenzung zur legislativen Tätigkeit verwendet sie etwa *Detterbeck,* in: Sachs, GG, Art. 92 Rn. 20; dagegen steht allerdings die anerkannte Rechtserzeugungsfunktion auch der Rechtsprechung, vgl. *Voßkuhle,* Rechtsschutz, 75 mit Bezug auf *Stern,* Staatsrecht, Bd. 2, § 43 I 4 a), 894 f.

[826] *Herzog,* in: Maunz/Dürig, GG, Bd. 5, Art. 92 Rn. 23, 27, gebraucht diese Kriterien dementsprechend eingeschränkt nur für die Abgrenzung zwischen Legislative und Judikative; so im Ergebnis auch *Stern,* Staatsrecht, Bd. 2, § 43 I 4 a), b), 894 f., der neben der Rechtsanwendung zusätzliche Abgrenzungsmerkmale für erforderlich ansieht.

[827] Zu diesem und weiteren Problempunkten *Voßkuhle,* a. a. O., 76 (m. w. N.); krit. a. *Stern,* Staatsrecht, Bd. 2, § 43 I 4 a), 894 f.; beispielhaft für die Schwierigkeiten bei der Abgrenzung von Rechtsanwendung und Rechtssetzung sei auf die Ausführungen von *Bettermann,* in: Isensee/Kirchhof, Handbuch Staatsrecht, Bd. 3, § 73 Rn. 27 f., wo die richterliche Rechtsfortbildung anhand der mangelnden Verbindlichkeit ihres Produktes, des Gewohnheitsrechts, von der Rechtssetzung unterschieden wird; *Herzog,* in: Maunz/Dürig, GG, Bd. 5, Art. 92 Rn. 26, erreicht das gleiche Ergebnis mit der Idee eines der Judikative von der Legislative vorgegebenen Rahmens, in welchem sich die Rechtsschöpfung dann wiederum als Rechtsanwendung darstellt.

[828] Aus der Lit. etwa *Bettermann,* GS Jellinek, 365, 368 f., 372; *ders.,* in: Isensee/Kirchhof, Handbuch Staatsrecht, § 73 Rn. 27, 30 ff.; ähnlich *Forsthoff,* 5 f., der den Richter als nur über den Tatbestand

keitsabgrenzende Kraft“:[829] Die Art der Funktion einer Rechtsnorm als Handlungsmaßstab kann nichts darüber aussagen, inwieweit und mit welcher Intensität Rechtsprechung stattzufinden hat; sie sagt nur aus, wie die Rechtsprechung nach der bestehenden Funktionsordnung sich durch die betroffene Norm leiten zu lassen hat.[830] Die mangelnde Differenzierungskraft zeigt sich auch bei der Umsetzung auf die hier zu prüfende Konstellation: Hinsichtlich der Einschätzung der Belegschaftsregelstärke stellt § 9 S. 1 BetrVG für den Wahlvorstand zunächst eine reine Beurteilungsnorm dar; andererseits muss er sein Verhalten in der Weise auszurichten haben, dass er insbesondere das Wahlausschreiben entsprechend anpasst. Soll § 9 S. 1 BetrVG deshalb eine „Verhaltensnorm sein“? Dem Wahlvorstand geht es im Rahmen seiner Aufgabe der Wahleinleitung und –durchführung eben genauso um „Rechtsverwirklichung“ im weitesten Sinne[831] wie den mit einer möglichen Wahlanfechtung befassten Arbeitsrichtern. Zur näheren Bestimmung der gesetzgeberischen Grenzen, die für die inhaltliche Gestaltung der Aufgaben der Rechtsprechung, insbesondere der Prüfungsintensität, gelten, lässt sich aus dieser Abgrenzung nichts gewinnen.[832]

(3) Qualifizierung nach der Handlungswirkung in Form der Letztverbindlichkeit

Teilweise wird auf die (rechtliche) Auswirkung richterlicher Tätigkeit abgestellt, um sie inhaltlich zu kennzeichnen; insbesondere das Merkmal der Letztverbindlichkeit steht hierbei im Vordergrund. Die Nähe zwischen der Problematik des Beurteilungsspielraums und dem Rechtsprechungsmonopol wird besonders deutlich, wenn man sich in Erinnerung ruft, dass die Frage nach der Verteilung des Rechtes der Letzterkenntnis („Quis judicabit?“) ein Hauptanknüpfungspunkt der öffentlich-rechtlichen Diskussion um ersteren ist.[833] Hier geht es speziell um die Wirkung der Entscheidung des Gerichtes, die neben der Befugnis zur umfassenden Sach- und Rechtsprüfung eine der hier maßgeblichen Komponenten darstellt.

---

entscheidend, die Verwaltung dagegen auf ihre Initiative im Rahmen ihrer Aufgabe zur Sozialgestaltung gestellt sieht; näher *Voßkuhle,* Rechtsschutz, 75 f. (m. w. N. in Fn. 61).

[829] *Herzog,* in: Maunz/Dürig, GG, Bd. 5, Art. 92 Rn. 28; zust. *Voßkuhle,* Rechtsschutz, 77.

[830] Vgl. in diesem Sinne *Herzog,* in: Maunz/Dürig, GG, Bd. 5, Art. 92 Rn. 28; *Voßkuhle,* Rechtsschutz, 77; in diese Richtung argumentierte zum damaligen Meinungsstand ganz allgemein schon *Dütz,* Gerichtsschutz, 91; ablehnend im Ergebnis auch a. *Stern,* Staatsrecht, Bd. 2, § 43 I 4 a), 895, der meint, das Kriterium der Rechtsanwendung allein könne „immerhin“ Aufschluss geben über die (Einzel-) Tätigkeiten, die „im Rahmen der Rechtsprechungsfunktion“ geleistet werden müssten, und weiter feststellt, dass es sowohl der zweiten als auch der dritten Gewalt letztlich um Rechtsverwirklichung gehe (*ders.,* a. a. O., § 43 I 4 b) □, 896 (m. w. N. in Fn. 46)).

[831] Zu diesem Argument gegen die Differenzierung Verhaltens- / Beurteilungsnorm s. *Stern,* Staatsrecht, Bd. 2, § 43 I 4 b) □, 896 (m. w. N. in Fn. 46)).

[832] Vgl. a. die - allerdings auf andere Ansätze gemünzte - Kritik in BVerfGE 22, 49, 75 f.

[833] S. bereits S. 25 ff.

(a) Letztverbindlichkeit als Kriterium in der Literatur

In der Lehre hält man gerade die „potentielle Letztverbindlichkeit“[834] rechtsprechender Tätigkeit für ausschlaggebend,[835] womit insbesondere die (materielle) Rechtskraft angesprochen ist,[836] und zwar in Abgrenzung zur bloßen Bestandskraft von Verwaltungsakten.[837]

(b) Letztverbindlichkeit als Kriterium in der Rechtsprechung des BVerfG

Auch das BVerfG greift die Letztverbindlichkeit immer wieder als Merkmal rechtsprechender Gewalt auf,[838] so erst neuestens in seiner Entscheidung vom 8.2.2001 im Verfahren der abstrakten Normenkontrolle betreffend Regelungen der Wahlprüfungsregelungen des Bundeslandes Hessen.[839] Die maßgeblichen Passagen der ausführlichen und instruktiven Begründung lauten:

„Der Begriff der rechtsprechenden Gewalt ist durch die Verfassungsrechtsprechung nicht abschließend geklärt. Ob die Wahrnehmung einer Aufgabe als Rechtsprechung i. S. v. Art. 92 GG anzusehen ist, hängt wesentlich von verfassungsrechtlichen Vorgaben sowie von traditionellen oder durch den Gesetzgeber vorgenommenen Qualifizierungen ab (vgl. BVerfGE 22, 49, 76 ff.; 64, 175, 179; 76, 100, 106).“ Maßgeblich sei im Rahmen einer materiellen Bestimmung des Begriffes der rechtsprechenden Gewalt die „konkrete sachliche Tätigkeit“. Weiter heißt es: „Um Rechtsprechung in einem materiellen Sinn handelt es sich, wenn bestimmte hoheitsrechtliche Befugnisse bereits durch die Verfassung Richtern zugewiesen sind oder es sich von der Sache her um einen traditionellen Kernbereich der Rechtsprechung handelt (vgl. BVerfGE 22, 49, 76 f.). Daneben ist rechtsprechende Gewalt i. S. des Art. 92 GG auch dann gegeben, wenn der Gesetzgeber für einen Sachbereich, der nicht schon materiell dem Rechtsprechungsbegriff unterfällt, eine Ausgestaltung wählt, die bei funktioneller Betrachtung nur der rechtsprechenden Gewalt zukommen kann. In funktioneller Hinsicht handelt es sich - ungeachtet des jeweiligen sachlichen Gegenstandes - um Rechtsprechung, wenn der Gesetzgeber ein gerichtsförmiges Verfahren hoheitlicher Streitbeilegung vorsieht und den dort zu treffenden Entscheidungen eine Rechtswirkung verleiht,

---

[834] So fasst diese Auffassung zustimmend zusammen *Stern,* Staatsrecht, Bd. 2, § 43 I 4 d), 897.

[835] S. aus der älteren Lit. etwa *Arndt,* FG Schmid, 15 („rechtskraftwirkende Entscheidung“), im Anschluss an *Goldschmidt,* 151; *Dütz,* Gerichtsschutz, 114 („verbindliche Wirkung“, abänderbar nur im gesetzlichen Instanzenzug); aus der neueren Lit. vgl. etwa *Bettermann,* in: Isensee/Kirchhof, Handbuch Staatsrecht, Bd. 3, § 73 Rn. 38 (v. a. Fn. 94; höhere Bestandskraft in Form der Rechtskraft als „Gerichtskraft“); *Wolff/Bachof/Stober,* § 20 Rn. 43 f. („latente Rechtskraft“); näher m. w. N. *Voßkuhle,* Rechtsschutz, 77 (Fn. 70).

[836] Vgl. *Stern,* Staatsrecht, Bd. 2, § 43 I 4 d), 897; für den Bereich des Zivilprozesses s. zur Rechtskraft als Teilbegriff der „Verbindlichkeit *Costede,* 157, 160 ff.

[837] Deutlich etwa *Bettermann,* in: Isensee/Kirchhof, Handbuch Staatsrecht, Bd. 3, § 73 Rn. 38; *Stern,* Staatsrecht, Bd. 2, § 43 I 4 b) □), 895 f.; *Wolff/Bachof/Stober,* § 20 Rn. 43 f.

[838] Vgl. z. B. BVerfGE 4, 358, 363; E 7, 183, 188 f.; E 31, 43, 46; E 60, 253, 269 f.

[839] BVerfGE 103, 111, 136 ff.

die nur unabhängige Gerichte herbeiführen können. Zu den wesentlichen Begriffsmerkmalen der Rechtsprechung in diesem Sinne gehört das Element der Entscheidung, der letztverbindlichen, der Rechtskraft fähigen Feststellung und des Ausspruches dessen, was im konkreten Fall rechtens ist (vgl. BVerfG 7, 183, 188 f.; 3, 43, 46; 60, 253, 269 f.). Nach Art. 92 GG ist es Aufgabe der Gerichte, Rechtssachen mit verbindlicher Wirkung zu entscheiden, und zwar in Verfahren, in denen durch Gesetz die erforderlichen prozessualen Sicherungen gewährleistet sind und der verfassungsrechtlich geschützte Anspruch auf rechtliches Gehör besteht (vgl. BVerfGE 4, 358, 363). Kennzeichen rechtsprechender Tätigkeit ist daher typischerweise die letztverbindliche Klärung der Rechtslage in einem Streitfall im Rahmen besonders geregelter Verfahren."

In Anwendung dieser Prinzipien wird dann folgendermaßen formuliert: „In § 17 WahlPrüfG ist ... die Ausübung rechtsprechender Gewalt geregelt. Dort ist bestimmt, dass das Urteil des Wahlprüfungsgerichts „mit seiner Verkündung rechtskräftig" wird. Damit wird der Entscheidung des Wahlprüfungsgremiums eine Rechtswirkung zugemessen, die nur von unabhängigen Gerichten i. S. des IX. Abschnitts des Grundgesetzes herbeigeführt werden kann, nämlich eine letztverbindliche Entscheidung darüber zu treffen, was im konkreten Fall rechtens ist. Rechtskraft ist ... ein Institut, das allein gerichtlichen Entscheidungen vorbehalten ist. Es macht erkennbar, dass jede weitere gerichtlich Kontrolle mit Ausnahme außerordentlicher Rechtsbehelfe ... unstatthaft ist (formelle Rechtskraft) und in persönlicher, sachlicher sowie zeitlicher Hinsicht eine Bindungswirkung hinsichtlich der festgestellten Rechtsfolge besteht (materielle Rechtskraft ...). Gerade die Verbindung der Begriffe „Urteil" und „rechtskräftig" erlaubt ... nicht, den Begriff der Rechtskraft i. S. verwaltungsrechtlicher Bestandskraft zu deuten. Die Anordnung der gerichtlich nicht weiter überprüfbaren Rechtswirksamkeit einer Entscheidung, die streitige Rechtsverhältnisse regelt, ist von Verfassungs wegen nur als Teil rechtsprechender Gewalt i. S. v. Art. 92 GG zulässig".

(c) Allgemeine Kritik zum Abgrenzungsmerkmal der Letztverbindlichkeit

Als allgemeiner Kritikpunkt, der auch die übrigen hier bereits erwähnten „deskriptiv-systematischen"[840] Ansätze betrifft, wird gegen die Kennzeichnung rechtsprechender Gewalt anhand der Letztverbindlichkeit vorgebracht, sie führe dazu, dass letztlich doch wieder der Gesetzgeber über den Funktionsbereich der Rechtsprechung entscheide:[841] Art. 92 GG verbiete unter Zugrundelegung dieses Begriffes rechtsprechender Gewalt zwar eine vollständige Erstreckung des Institutes der Rechtskraft auf ein Verfahren vor den Verwaltungsbehörden,[842] die Norm schweige dann aber dazu, inwieweit bestimmte Fragen überhaupt mit Rechtskraftwirkung zu entscheiden seien.[843] Speziell im Hinblick auf die Hervorhebung der Rechtskraftfähigkeit richterlicher Ent-

[840] So *Herzog,* in: Maunz/Dürig, GG, Bd. 5, Art. 92 Rn. 33.

[841] In diesem Sinne krit. *Herzog,* in: Maunz/Dürig, GG, Bd. 5, Art. 92 Rn. 33; *Menger/Erichsen,* VerwArch 59 (1968), 71; *Bernhard,* DRiZ 81, 366; zust. *Voßkuhle,* Rechtsschutz, 77; *Aschmann,* 49.

[842] *Herzog,* in: Maunz/Dürig, GG, Bd. 5, Art. 92 Rn. 30; zust. *Voßkuhle,* Rechtsschutz, 77.

[843] So *Voßkuhle,* Rechtsschutz, 77, unter Bezugnahme auf BVerfGE 22, 49, 75.

scheidungen als Form der „potentiellen Letztverbindlichkeit“ sehen *Herzog* und *Achterberg* den Unterschied zur Bestandskraft von Verwaltungsakten letztlich als lediglich graduellen, nicht aber als kategoriellen an: Auch Verwaltungsakte könnten Rechtsverhältnisse feststellen[844] bzw. unter Umständen „bindungskräftig“, also nicht mehr aufhebbar werden; auf „Etikettierung als Rechtskraft könne es für die Kennzeichnungskraft hinsichtlich des Begriffes rechtsprechender Gewalt nicht ankommen.[845]

Tatsächlich scheint eine Definition, welche an einer lediglich graduellen Steigerung der Letztverbindlichkeit von der Bestandskraft zur Rechtskraft abhängt, problematisch; eine eingehende Diskussion wäre aber nur notwendig, wenn der Beurteilungsspielraum des Wahlvorstandes mit einem so verstandenen Begriff rechtsprechender Gewalt überhaupt konfligieren kann, was folgend darzustellen ist.

(d) Letztverbindliche Wirkung des Beurteilungsspielraums des Wahlvorstandes in Form von Rechtskraft

Auch wenn man mit der h. M. § 9 S. 1 BetrVG so auslegt, dass dem Wahlvorstand in Grenzfällen ein Beurteilungsspielraum hinsichtlich der Einschätzung der Regelbelegschaftsstärke zusteht, kann letztere allenfalls mittelbar eine „potentielle Letztverbindlichkeit“ im oben geschilderten Sinne erlangen: Konsequenz dieser Auslegungsvariante wäre jedenfalls nach herrschender Dogmatik, dass die befassten Arbeitsrichter im Rahmen eines auf die fehlerhafte Bestimmung der Belegschaftsregelstärke und damit der zu wählenden Betriebsratsmitglieder bezogenen Beschlussverfahrens[846] die Subsumtion hinsichtlich des Begriffes „in der Regel“ im Bereich dieses Spielraumes lediglich reduziert überprüfen. Selbst wenn aber die Rechtsanwendung seitens des Wahlvorstandes so in den Beschluss mit aufgenommen wird, können die Feststellung der

---

[844] *Herzog,* in: Maunz/Dürig, GG, Bd. 5, Art. 92 Rn. 30.

[845] *Achterberg,* in: BK/GG, Bd. 8, Art. 92 (Zweitbearb., April 1981) Rn. 108; zust. *Voßkuhle,* Rechtsschutz, 78 (Fn. 78); *Wolf,* ZZP 99 (1986), 369; vgl. hierzu insbes. die Einschränkung bzw. den Ausschluss der Rücknahme rechtswidrigen und des Widerrufes rechtmäßiger Verwaltungsakte gemäß § 48 Abs. 2 S. 1, 2, Abs. 4 S. 1 VwVfG bzw. nach § 49 Abs. 1 bis 3 VwVfG, näher Voßkuhle, a. a. O., Fn. 77.

[846] Dies kann z. B. entsprechend der Konstellation in BAG SAE 1978, 1 ff. ein Wahlanfechtungsverfahren sein, § 19 BetrVG, §§ 2 a) Abs. 1 Nr. 1, Abs. 2, 80 ff. ArbGG, vgl. *Kreutz,* in: GK-BetrVG, Bd. 1, § 9 Rn. 24. Möglich ist jedoch auch ein gesonderter Angriff der (angeblich falschen) Feststellung der zu wählenden Betriebsratsmitglieder in der Manifestation durch das Wahlausschreiben schon vor Abschluss der Wahl, etwa in Form eines Leistungsantrages auf erneute Einleitung der Wahl durch ein neues, hinsichtlich der Zahl der zu wählenden Betriebsratsmitglieder berichtigtes Wahlausschreiben, vgl. *Kreutz,* in: GK-BetrVG, Bd. 1, § 9 Rn. 23 und § 18 Rn. 64 f., 67: Denn die Maßnahmen und Entscheidungen des Wahlvorstandes könne auch schon vor Abschluss der Wahl im Beschlussverfahren angegriffen werden, unstr., vgl. nur BAG SAE 1975, 37 f. (mit zust. Anm. von *Dütz*); BAGE 27, 163, 166; s. nur etwa *Kreutz,* a. a. O., § 18 Rn. 64 (m. w. N.); *F/K/H/E/S,* BetrVG, § 18 Rn. 33; *Thüsing,* in: Richardi, BetrVG, § 16 Rn. 66 und § 18 Rn. 19 ff.; *Joost,* MünchHdbArbR, Bd. 3, § 304 Rn. 210 (m. w. N. zur Möglichkeit einer einstweiligen Verfügung; näher hierzu *Kreutz,* a. a. O., § 18 Rn. 74 ff.).

Belegschaftsregelstärke bzw. der hierauf beruhende Erlass des Wahlausschreibens[847] an der - wie bezeichnet verstandenen - Letztverbindlichkeit des entsprechenden gerichtlichen Beschlusses allenfalls mittelbar partizipieren. Möglicher Träger der formellen wie der materiellen Rechtskraft[848] bleibt auch hier nach wie vor die gerichtliche Entscheidung selbst. Der Wahlvorstand bzw. dessen Mitglieder in Ausübung ihres Amtes können diese Wirkung für ihre Entscheidung nicht willentlich herbeiführen. Allein der entsprechende arbeitsgerichtliche Beschluss,[849] nicht die Feststellung des Wahlvorstandes, ist rechtskraftfähig. Es kann deswegen dahinstehen, in welcher prozessualen Konstellation die Feststellung der Belegschaftsregelstärke in ihrer Manifestation durch den Erlass des Wahlausschreibens überhaupt Teil an der Rechtskraft erlangen könnte.[850]

Definiert man mit den dargestellten Positionen der Lehre und des BVerfG rechtsprechende Gewalt u. a. über die potentielle Letztverbindlichkeit in der speziellen Ausprägung als Rechtskraft, so kann der hier untersuchte Beurteilungsspielraum des Wahlvorstandes letzterem nicht unterfallen und nicht mit dem Rechtsprechungsmonopol kollidieren. Weder übt danach der Wahlvorstand entgegen Art. 92 Hs. 1 GG rechtsprechende Gewalt aus, noch werden die (Arbeits-) Richter entgegen ihrem Rechtsprechungsmonopol in ihrer Rechtsprechungstätigkeit beschnitten. Eine weitere Auseinandersetzung mit der Kennzeichnungskraft des genannten Kriteriums ist daher nicht erforderlich.

---

[847] In diesem ist die Zahl der zu wählenden Betriebsratsmitglieder anzugeben, § 3 Abs. 2 Nr. 4 WO-BetrVG.

[848] Formelle Rechtskraft bedeutet die Unangreifbarkeit einer Entscheidung mit ordentlichen Rechtsmitteln oder -behelfen, vgl. § 705 ZPO; vgl. weiter *Stöber,* in: Zöller, ZPO, § 705 Rn. 1; BGH NJW 1992, 2296; speziell zur formellen Rechtskraft von arbeitsgerichtlichen Beschlüssen *Weth,* 359 f.; *Wieser,* Rn. 620; *Leineman/Senne,* in: GK-ArbGG, Bd. 2, § 84 Rn. 19; BAGE 21, 139, 143. Materielle Rechtskraft soll ganz allgemein verhindern, dass Gerichte in einem neuen Verfahren abweichend von der rechtskräftigen Entscheidung des Vorprozesses entscheiden; vgl. *Vollkommer,* in: Zöller, ZPO, vor § 322 Rn. 14, 19 (m. w. N. zur der heute h. M. entsprechenden prozessualen Rechtskrafttheorie), 21 (erneute Rechtshängigmachung desselben Streitgegenstandes zwischen den Parteien des Vorprozesses bzw. Begehren des Ausspruches des kontradiktorischen Gegenteils), 22 (Präjudizialität); speziell zur materiellen Rechtskraft von arbeitsgerichtlichen Beschlüssen *Weth,* 360 ff.; *Wieser,* Rn. 621 ff.; *Leineman/Senne,* in: GK-ArbGG, Bd. 2, § 84 Rn. 20 ff.; BAGE 21, 139, 143 ff.; E 53, 347, 354.

[849] Zur materiellen Rechtskraftfähigkeit von arbeitsgerichtlichen Beschlüssen im Beschlussverfahren s. BAGE 53, 347, 354; ausführl. E 21, 143 ff.; s. a. *Wieser,* 621; *Weth,* 360.

[850] Zu bedenken wäre hier, dass die Entscheidungsgründe selbst als solche nicht in materieller Rechtskraft erwachsen, BAGE 65, 276; *Wieser,* 621; *Leineman/Senne,* in: GK-ArbGG, Bd. 2, § 84 Rn. 21, wenn sie auch zur Ermittlung des Streitgegenstandes und damit letztlich des Umfanges der Rechtskraft heranzuziehen sind, s. *Vollkommer,* in: Zöller, ZPO, vor § 322 Rn. 30 f. und mit Bezug speziell auf arbeitsgerichtliche Beschlüsse *Weth,* 367; damit käme weniger eine lediglich auf die falsche Bestimmung der Belegschaftsregelstärke und damit der zu wählenden Betriebsratsmitglieder gestützte Wahlanfechtung in Betracht, als vielmehr ein gesonderter Angriff der (angeblich falschen) Feststellung der zu wählenden Betriebsratsmitglieder in der Manifestation durch das Wahlausschreiben schon vor Abschluss der Wahl, s. dazu bereits Fn. 846.

(4) Qualifizierung nach der verfahrensmäßigen Neutralität

Voßkuhle knüpft in einer verfahrensrechtlichen Orientierung an die Neutralität als Wesensmerkmal des richterlichen Arbeitsprozesses an;[851] in der Tat ist diese wohl als Grundvorstellung von Richter und Gericht[852] und damit von Rechtsprechung überhaupt anzusehen.[853] Allerdings ist eine Beeinflussung der Stellung der Arbeitsrichter als „unbeteiligte Dritte"[854] durch den hier untersuchten Beurteilungsspielraum nicht ersichtlich.[855]

(5) Beurteilungsspielraum des Wahlvorstandes als Problem des effektiven Rechtsschutzes

Die vorstehenden Ausführungen haben keine Kollision des Beurteilungsspielraums des Wahlvorstandes mit dem Rechtsprechungsmonopol ergeben, insbesondere auch nicht unter dem Wesensmerkmal „Letztverbindlichkeit". Zudem sind die Schwierigkeiten in der inhaltlichen Bestimmung des Begriffes rechtsprechender Gewalt deutlich zu Tage getreten; teilweise werden die formell wie auch die materiell orientierten Theorien überhaupt für untauglich gehalten, letzterem tatsächlich einen festumrissenen Inhalt zu geben.[856] Zur Absicherung des bisherigen Ergebnisses soll daher versucht werden, durch weitere Präzisierung der Grundproblematik des Beurteilungsspielraums die Konturen des Begriffes rechtsprechender Gewalt dadurch noch deutlicher hervortreten zu lassen, dass das Verhältnis von Art. 92 Hs. 1 GG zu anderen Normen des Grundgesetzes angesprochen wird.

---

851 *Voßkuhle,* Rechtsschutz, 94 f., 99 ff.

852 Die Neutralität kennzeichnet auch viele der im weiteren Sinne materiellen Rechtsprechungsbegriffe, *Voßkuhle,* Rechtsschutz, 86, 101; s. etwa BVerfGE 4, 331, 346 f.; E 21, 139, 146; E 60, 175, 214; E 103, 111, 137, insbes. 140; *Friesenhahn,* FS Thoma, 26 f.; *Böckenförde,* 87 ff.; s. a. die Nachw. bei *Schulze-Fielitz,* in: Dreier, GG, Bd. 3, Art. 92 Rn. 25 (in Fn. 107).

853 *Bettermann,* in: Isensee/Kirchhof, Handbuch Staatsrecht, Band 3, § 73 Rn. 34 (m. zahlreichen Nachw. aus der Rspr. des BVerfG in Fn. 84).

854 „Un- oder nichtbeteiligte Dritte" lauten die immer wiederkehrenden Bezeichnungen in der st. Rspr. des BVerfG und in der Lit., *Voßkuhle,* Rechtsschutz, 79 (Fn. 83), 105 (Fn. 249); s. etwa BVerfGE 103, 111, 140 m. w. N.; Stern, Staatsrecht, Bd. 2, § 43 II 4 c), 897; Achterberg, in: BK/GG, Bd. 8, Art. 92 (Zweitbearb., April 1981) Rn. 110; *Wolff/Bachof/Stober,* § 20 Rn. 42; *Lorenz,* 202; zur unterschiedlichen Betonung dieses Kriteriums bei den einzelnen Autoren *Voßkuhle,* a. a. O., 79 (Fn. 83).

855 Zur inhaltlichen Konkretisierung des Begriffes der Neutralität und des Dritten eingehend *Voßkuhle,* Rechtsschutz, 102 ff., 105 ff.

856 So bezeichnet *Herzog* bezeichnet die Herangehensweise der „allgemeinen Auffassungen" als deskriptiv-systematischer Natur, da sie lediglich eine Bestandsaufnahme sämtlicher Gerichtszuständigkeiten nach gegenwärtig geltendem Verfassungs- und (einfachem) Gesetzesrecht zum Ziel hätten, *ders.,* in: Maunz/Dürig, GG, Bd. 5, Art. 92 Rn. 33, 44; zust. *Aschmann,* 55 f.

(a) Einordnung des Beurteilungsspielraums als Problem insbesondere des effektiven Rechtsschutzes

Neben der bereits behandelten letztverbindlichen Entscheidungswirkung selbst stellt die Befugnis zur umfassenden Sach- und Rechtsprüfung eine maßgebliche Komponente der gerichtlichen Letzterkenntniskompetenz dar: Sie bestimmt letztlich die Grundlage der Gerichtsentscheidung mit, die dann der Rechtskraft fähig ist. Jedenfalls nach herrschender Dogmatik ist mit einem Beurteilungsspielraum eine Reduktion der gerichtlichen Überprüfung hinsichtlich der Rechtsanwendung durch einen vorgelagerten Rechtsanwender verbunden.[857] Die Frage der (erstinstanzlichen) gerichtlichen Kompetenz zur umfassenden Prüfung in tatsächlicher und rechtlicher Hinsicht wird ganz allgemein als ein Problem der verfassungsrechtlichen Garantie effektiven Rechtsschutzes angesehen; sie wird im Rahmen der öffentlich-rechtlichen Diskussion unter dem Stichwort „Kontrolldichte“ im Zusammenhang mit der Rechtsweggarantie nach Art. 19 Abs. 4 GG,[858] in der privatrechtlichen im Zusammenhang mit dem sogenannten „Justizgewährungsanspruch“ nach heute ganz h. M. vor allem unter Bezug auf das Rechtsstaatsprinzip[859] i. S. v. Art. 20 Abs. 3 GG diskutiert.

---

[857] S. hierzu S. 19 ff.; vgl. etwa *Schulze-Fielitz,* JZ 1993, 772; *Sieckmann,* DVBl. 1997, 101 ff., insbes. 103, 104 f. (zur Kontrollintensität); *Schmidt-Aßmann,* DVBl. 1997, 283; *v. Mutius,* Jura 1987, 93, 95 f.; s. insbes. Hofmann, NVwZ 1995, 740, 742 speziell mit Bezug auf die normative Ermächtigungslehre; zur Kontrollintensität s. insbes. die Rspr. des BVerwG zu Prüfungsentscheidungen s. bereits S. 36.

[858] Vgl. BVerfGE 35, 263, 274; E 51, 268, 284; E 64, 261, 279; E 73, 339, 373; E 78, 214, 226; E 84, 34, 49 f.; E 88, 40, 56, 61f.; E 101, 106, 122 ff. m. w. N.; BVerwGE 94, 64, 68; 94, 307, 309; aus der Lit. s. nur etwa *Schmidt-Aßmann,* DVBl. 1997, 283; *Schulze-Fielitz,* in: Dreier, GG, Bd. 1, Art. 19 IV Rn. 87 f.; *Krebs,* in: v. Münch/Kunig, Art. 19 Rn. 65; *Leibholz/Rinck/Hesselberger,* GG. Bd. 1, Art. 19 Rn. 446, 466; *Huber,* in: v. Mangoldt/Klein/Starck, GG, Bd. 1, Art. 19 Abs. 4 Rn. 471, 508 ff., 514; *Krüger,* in: Sachs, GG, Art. 19 Rn. 143 bis 145; *Jarass,* in: Jarass/Pieroth, GG, Art. 19 Rn. 42 f.; *Gerhardt,* in: Schoch/Schmidt-Aßmann/Pietzner, VwGO, Bd. 2, Vorb. § 113 Rn. 17, 22 ff., 32; *Papier,* in: Isensee/Kirchhof, Handbuch Staatsrecht, Bd. VI, § 154 Rn. 2, 4 ff., 59 ff., 63 ff., 75; *Heyde,* in: Benda/Maihofer/Vogel, Handbuch Verfassungsrecht, § 33 Rn. 49; *Schenke,* JZ 1988, 322 ff.

[859] S. etwa BVerfGE 54, 277, 291; E 80, 103, 107; E 84, 366, 369; E 85, 337, 345 (Rechtsstaatsprinzip als vorrangiger Maßstab); vgl. a. die Verweisung in E 88, 118, 123; s. insbes. auch BVerfG NJW 1997, 311 f., 726 u. 2811f.; NJW 1999, 349; BVerfG DVBl. 2000, 556 f.; eingehend etwa *Dütz,* Gerichtsschutz, 99, 104 ff., 113, 115, 118 ff.; aus der neueren Lit. s. nur etwa *Bethge,* NJW 1991, 2393 f.; *Detterbeck,* AcP 192 (1992), 328 (m. zahlr. N. in Fn. 18); *Sobota,* 189, 200; *Papier,* in: Isensee/Kirchhof, Handbuch Staatsrecht, Bd. 6, § 153 Rn. 1, 7, 16; *Badura,* H Rn. 23; *Heyde,* in: Benda/Maihofer/Vogel, Handbuch Verfassungsrecht, § 33 Rn. 49; *Sommermann,* in: v. Mangoldt/Klein/Starck, GG, Bd. 2, Art. 20 Abs. 3 Rn. 311 f.; *Schulze-Fielitz,* in: Dreier, GG, Bd. 2, Art. 20 (Rechtsstaat) Rn. 197 f. und a. a. O., Bd. 1, Art. 19 IV Rn. 61; *Brockmeyer,* in: Schmidt-Bleibtreu/Klein, GG, Art. 20 Rn. 21; *Sachs,* in: Sachs, GG, Art. 20 Rn. 162, 164; *Jarass.* in: Jarass/Pieroth, GG, Art. 20 Rn. 64; *Voßkuhle,* NJW 1995, 1381 (in Fn. 56); *Vollkommer,* in: Zöller, ZPO, Einl. Rn. 51; *Musielak,* ZPO, Einl. Rn. 6; *Rosenberg/Schwab/Gottwald,* § 3 I.; *Kissel,* GVG, Einl. Rn. 200 f.; *Schilken,* Rn. 87 ff., 102 f.; so ist m. E. auch *Schumann,* in: Stein/Jonas, ZPO, Bd. 1 (20. Aufl.), Einl. III C Rn. 207 („umfassender Rechtsschutz“) zu verstehen; zur Wahrheitsprüfung (und damit der Sachprüfung) *Stürner,* Aufklärungspflicht, 35, 39 f., 42 f; Echterhölter, BArbBl. 11/1992, 9 f.; so wohl auch *Schenke,* in: BK/GG, Bd. 3, Art. 19 Abs. 4 Rn. 77, 172; insoweit zust. anscheinend auch *Huber,* in: v. Mangoldt/Klein/Starck, GG, Bd. 1, Art. 19 Abs. 4 Rn. 365, offen

(b) Eigenständige Garantie effektiven Rechtschutzes durch Art. 92 Hs. 1 GG

Fraglich ist nun, ob das Rechtsprechungsmonopol eine eigenständige Garantie effektiven Rechtsschutzes in Form der umfassenden Sach- und Rechtsprüfung enthält, die der Einräumung eines Beurteilungsspielraums entgegenstehen könnte.

(aa) Die Position des BVerfG

In einer grundlegenden Entscheidung vom 6.6.1967 zu Art. 92 GG hat der zweite Senat des BVerfG festgestellt, dass „der Verfassunggeber die traditionellen Kernbereiche der Rechtsprechung – bürgerliche Rechtspflege und Strafgerichtsbarkeit – der rechtsprechenden Gewalt zugerechnet hat, auch wenn sie im Grundgesetz nicht besonders aufgeführt sind".[860] In der Tat hat das Verfassungsgericht mit dieser materiellen Deutung Art. 92 GG einer Rechtsweggarantie[861] zumindest stark angenähert, indem es die Beziehung zwischen materiellem Strafrecht und dem Umfang rechtsprechender Gewalt wie folgt beschreibt: Der Gesetzgeber könne „in gewissem Umfang den Bereich der materiellen Rechtsprechung dadurch verändern, dass er beispielsweise die Materie Strafrecht reduziert oder in einer rechtspolitisch anderen Wertung des Unrechtsgehalts bisherige Straftatbestände ersetzt durch die Qualifizierung einer Verhaltensweise als bloße Ordnungswidrigkeit".[862] *Herzog* hält diese Rechtsprechung für eine Fehlentwicklung und entnimmt der Entscheidung sogar die seiner Ansicht nach falsche Interpretation von Art. 92 GG als Richtervorbehalt.[863] Allerdings fiel in der besagten Entscheidung kein Wort zur Effektivität des Rechtsschutzes, und Art. 19 Abs. 4 GG wird unter dem Aspekt des Rechtswegausschlusses immerhin noch gesondert behandelt; sie erlangt daher für vorliegende Arbeit keine weitere Bedeutung.

Noch näher in Richtung der Deutung von Art. 92 GG als eigenständige Garantie effektiven Rechtsschutzes rückt die erste Kammer des zweiten Senates des BVerfG auf den ersten Blick in einem Beschluss vom 18.9.1998, wo zur Begründung des Justizgewäh-

---

Stern, Staatsrecht, Bd. 3 Tb. 1, § 75 II 1, 1438; vgl. a. *Honstetter,* 120 f., zum Prognosespielraum des Arbeitgebers bei Kündigungen.

[860] BVerfGE 22, 49, 77 f.

[861] Eine Rechtsweggarantie verlangt die Beiziehung eines Richters zur Entscheidung eines bestimmten Vorganges in irgendeiner Phase des Verfahrens; praktisch kommt den Gerichten in solchen Fällen das letzte Wort zu; vgl. *Aschmann,* 27; *Herzog,* in: Maunz/Dürig, GG, Bd. 5, Art. 92 Rn. 36 – 38; *Achterberg,* in: BK/GG, Bd. 8, Art. 92 (Zweitbearb., April 1981) Rn. 93; *Schulze-Fielitz,* in: Dreier, GG, Bd. 3, Art. 92 Rn. 28; *Detterbeck,* in: Sachs, GG, Art. 92 Rn. 6; ausdrückliche verfassungsrechtliche Normierungen von Rechtsweggarantien finden sich etwa Art. 13 Abs. 4 S. 2, 14 Abs. 3 S. 4, 15 S. 2, 19 Abs. 4 S. 1 u. 2, 34 S. 3 GG.

[862] BVerfGE 22, 49, 78.

[863] *Herzog,* in: Maunz/Dürig, GG, Bd. 5, Art. 92 Rn. 43 ff., 47, 49 ff.; zust. *Aschmann,* 56. Ein Richtervorbehalt sichert den Gerichten als wesensgleiches Plus zur Rechtsweggarantie nicht nur das erste, sondern auch das letzte Wort, vgl. *Herzog,* a. a. O., Rn. 39 f.; *Achterberg,* a. a. O., Rn. 95 f.; *Schulze-Fielitz,* a. a. O., Rn. 29; *Detterbeck,* a. a. O., Rn. 7; krit. *Aschmann,* 28 f.; entsprechende ausdrückliche grundgesetzliche Normierungen finden sich in Art. 13 Abs. 2 und 3, Abs. 4 S. 1, 18 S. 2, 21 Abs. 2 S. 2, 61, 84 Abs. 4 S. 2, 100 Abs. 1 (hinsichtlich der Normverwerfung).

rungsanspruches im Hinblick auf die umfassende gerichtliche Prüfung in tatsächlicher und rechtlicher Hinsicht auf „Art. 2 I GG in Verbindung mit dem Rechtsstaatsprinzip (Art. 20 III, Art. 28 I 1 GG) sowie Art. 92 GG“ zurückgegriffen wird.[864] Allerdings bleibt diese Entscheidung jegliche Begründung schuldig, ganz zu schweigen von einer tieferen Auseinandersetzung mit der Begründungsproblematik. Formulierungen und Wörter wie „i. V. m.“ sowie „und“ lassen immerhin darauf schließen, dass Art. 92 GG hier nur eine die Begründung abstützende Funktion, nicht aber die einer eigenständigen Garantie effektiven Rechtsschutzes zukommt. Dem entspricht der Verweis auf BVerfGE 85, 377, 345, wo ausdrücklich „vorrangig“ auf das Rechtsstaatsprinzip abgestellt wird. Insgesamt widerspricht die Bezugnahme auf das Rechtsprechungsmonopol der ganz überwiegenden Tendenz in der Verfassungsrechtsprechung: Besieht man nur die ohne relativierenden Zusatz zitierten früheren verfassungsgerichtlichen Entscheidungen, deren Bezug auf die Begründung des Justizgewährungsanspruchs allerdings unklar bleibt, so fällt auf, dass nicht eine derselben auch nur zusätzlich auf Art. 92 GG zur Begründung der staatlichen Verpflichtung, auch in privatrechtlichen Streitigkeiten Rechtsschutz durch umfassende Tatsachen- und Rechtsprüfung zu gewähren, zurückgreift.[865] Gleiches gilt nicht nur für andere, frühere[866] Sprüche des BVerfG, sondern auch für einen Beschluss der 1. Kammer des 2. Senates vom 28.12.1999.[867] Deshalb lässt sich aus der genannten Entscheidung jedenfalls keine nachvollziehbare Ableitung einer eigenständigen Garantie effektiven Rechtsschutzes aus Art. 92 Hs. 1 GG durch die 1. Kammer des 2. Senates des BVerfG insoweit entnehmen, als die Intensität der gerichtlichen Tatsachen- und Rechtsprüfung betroffen ist.

(bb) Herrschende Position in der Lehre

Nach *Dütz* wird mit der Diskussion um die (materiellen) Qualität „rechtsprechender Gewalt“ nichts für die Frage des Umfanges einer verfassungsrechtlichen Garantie gerichtlichen Rechtsschutzes gewonnen. Der Versuch ihrer wesensmäßigen Beschreibung könne keine Aussage über die staatliche Pflicht aussagen, Rechtsschutz durch Rechtsprechung zu gewähren.[868] Konsequent sieht *Dütz* in Art. 92 GG jedenfalls keine eigenständige Garantie gerichtlichen Rechtsschutzes;[869] Art. 92 GG besitzt danach im Verhältnis zu der aus dem Rechtsstaatsprinzip abzuleitenden staatlichen Pflicht zur Gewährung gerichtlichen Rechtsschutzes die lediglich ergänzende Funktion der Monopolisierung der Rechtsschutztätigkeit in der Gerichte.[870] Zum selben Ergebnis ge-

---

[864] BVerfG NJW 1999, 349 f.

[865] S. BVerfGE 54, 277, 291 (Rückgriff nur auf das Rechtsstaatsprinzip); E 80, 103, 107 und E 84, 366, 369 (jew. Art. 2 Abs. 1 GG i. V. m. dem Rechtsstaatsprinzip); E 85, 337, 345 (nur Rechtsstaatsprinzip).

[866] BVerfGE 88, 118, 123 und E 91, 176, 180 ff. (jew. Art. 2 Abs. 1 GG i. V. m. dem Rechtsstaatsprinzip).

[867] BVerfGE DVBl. 2000, 556 f. (nur Rechtsstaatsprinzip).

[868] *Dütz,* Gerichtsschutz, 91 f.

[869] *Dütz,* Gerichtsschutz, 92, 94.

[870] Vgl. *Dütz,* Gerichtsschutz, 87, 114.

langt *Herzog;* nach seiner Auffassung ist der Begriff „rechtsprechende Gewalt“ zwar materiell auszulegen, fasst jedoch die in anderen verfassungs- und einfachrechtlichen Vorschriften eingerichteten Rechtsweggarantien und Richtervorbehalte lediglich „brennglasartig“ zusammen und unterstellt sie „dem Regime der verfassungsrechtlichen Vorschriften über den Richter“.[871] *Schulze-Fielitz* betont in diesem Sinne, die „Strukturentscheidung“ des Art. 92 GG setze die Pflicht zur staatlichen Justizgewährleistung nach Art 19 Abs. 4, 20 Abs. 3 GG voraus.[872] Bezüglich richterlicher Zuständigkeiten, insbesondere soweit diese durch verfassungsrechtliche Rechtsweggarantien und Richtervorbehalte geschaffen worden sind, als Teil der Rechtsprechung im materiellen Sinne sei Art. 92 GG von deklaratorischer Bedeutung.[873] Diese Position stellt die heute h. L. dar.[874] Insbesondere wird gerade der hier interessierende Effektivitätsaspekt des gerichtlichen Rechtsschutzes in Form der umfassenden Tatsachen- und Rechtsprüfung nach ganz h. M. nicht anhand von Art. 92 Hs. 1 GG, sondern an Art. 19 Abs. 4 GG bzw. am Rechtsstaatsprinzip entwickelt.[875]

(cc) Stellungnahme

Den genannten Positionen ist jedenfalls insoweit zuzustimmen, als Art. 92 Hs. 1 GG sicherlich nichts über den konkreten Umfang der gerichtlichen Tatsachen- und Rechtsprüfung aussagt. In diesem Punkt scheint weitgehend Einigkeit zu bestehen. Art. 92 Hs. 1 GG stellt letztlich eine spezielle Ausformung des Gewaltenteilungsgrundsatzes nach Art. 20 Abs. 2 S. 2 GG dar.[876] Sicherlich erschöpft sich der Gehalt dieser Norm entsprechend der h. M., die einen wesensmäßigen inhaltlichen Begriff rechtsprechender Gewalt vertritt,[877] nicht in einer bloßen Organisationsfunktion, und Art. 92 Hs. 1 GG sagt nicht nur aus, dass dann, wenn Rechtsprechung stattfindet, diese nur von Richtern wahrgenommen werden darf; vielmehr ist in Art. 92 GG auch eine konstitutive Zuweisung bestimmter Aufgaben an die Gerichte zu sehen.[878] Auf die Frage, mit welcher Intensität rechtsprechende Gewalt auszuüben ist, kann diese Norm indes keine

---

[871] *Herzog,* in: Maunz/Dürig, GG, Bd. 5, Art. 92 Rn. 42 ff., 46.

[872] *Schulze-Fielitz,* in: Dreier, GG, Bd. 3, Art. 92 Rn. 62.

[873] *Schulze-Fielitz,* in: Dreier, GG, Bd. 3, Art. 92 Rn. 28 – 30.

[874] Vgl. insbes. etwa *Achterberg,* in: BK/GG, Bd. 8, Art. 92 (Zweitbearb., April 1981) Rn. 94; *Degenhart,* in: Sachs, GG, Art. 92, 5 f., 9; *Meyer,* in: v. Münch/Kunig, GG, Bd. 3, Art. 92 Rn. 9; *Aschmann,* 56. A. A. wohl *Willms,* FS Dreher, 138, 142 ff; *Hummer,* 86, 92 ff.

[875] S. dazu die Nachweise in Fn. 859.

[876] Vgl. BVerfGE 22, 49, 76; *Schulze-Fielitz,* in: Dreier, GG, Bd. 3, Art. 97 Rn. 16 (m. w. N. in Fn. 57); *Detterbeck,* in: Sachs, GG, Art. 92 Rn. 1.

[877] S. die Darstellung mit Nachw. auf S. 127 ff. und vgl. nur etwa BVerfGE 103, 111, 136 ff., insbes. 137, 140; BVerfGE 22, 49, 73 ff; *Heyde,* in: Benda/Maihofer/Vogel, Handbuch Verfassungsrecht, § 33 Rn. 13 ff.; *Stern,* Staatsrecht, Bd. 1, § 20 IV 5 d) □, 844; *Leibholz/Rinck/Hesselberger,* GG, Bd. 2, Art. 92 Rn. 1 ff.; *Detterbeck,* in: Sachs, GG, Art. 92 Rn. 9 ff; *Schulze-Fielitz,* in: Dreier, GG, Bd. 3, Art. 92 Rn. 24 ff.; *Badura,* H Rn. 2.

[878] Vgl. nur etwa BVerfGE 22, 49, 76 ff.; *Detterbeck,* in: Sachs, GG, Art. 92 Rn. 9; *Schulze-Fielitz,* in: Dreier, GG, Bd. 3, Art. 92 Rn. 31.

Antwort geben. Jede andere Lösung bedeutet eine mit dem Text von Art. 92 Hs. 1 GG kaum vereinbare Aufladung des Begriffes „rechtsprechende Gewalt“ mit einer bis ins Detail des Weges der Rechtsfindung ausgeformten Rechtsweggarantie. Überdies wird insoweit eine Abgrenzung zwischen dem Regelungsgehalt von Art. 92 Hs. 1 GG und demjenigen des Art. 19 Abs. 4 GG und dem Rechtsstaatsprinzip unmöglich, indem die Fragen, für welche Sachgebiete wann und in welchem Umfang durch welchen Spruchkörper Rechtsschutz zu gewähren ist, untrennbar vermengt werden.

cc) Ergebnis zu Art. 92 Hs. 1 GG

Das Rechtsprechungsmonopol aus Art. 92 Hs. 1 GG wird durch einen Beurteilungsspielraum des Wahlvorstandes weder in Form einer Übertragung von Letzterkenntniskompetenz auf letzteren noch durch die bloße Reduktion der gerichtlichen Rechtsprüfung berührt. Zu diesem Ergebnis gelangt man auch ohne Berücksichtigung der Auswirkung, die der Verortung des Spielraumes im materiellen Recht zukommen kann.[879]

g) (Sachliche) Richterliche Unabhängigkeit, Art. 97 Abs. 1 GG

Nach Art. 97 Abs. 1 GG sind die Richter „unabhängig und nur dem Gesetze unterworfen“. Diese Garantie der sachlichen richterlichen Unabhängigkeit bedeutet insbesondere die Unabhängigkeit von Weisungen[880] von Trägern nichtrichterlicher Gewalt.[881]

aa) Feststellung der Belegschaftsregelstärke durch den Wahlvorstand als „Weisung“

In der Einschätzung der Belegschaftsregelstärke gemäß § 9 S. 1 BetrVG durch den Wahlvorstand liegt aber keine Weisung des Wahlvorstandes als „Unbefugter“[882] an das Gericht, die mit einer solchen etwa der Exekutive verglichen werden könnte;[883] dieser wendet vielmehr lediglich im Wahlverfahren und damit außerhalb des gerichtlichen Wahlanfechtungsverfahrens die Rechtsvorschrift des § 9 S. 1 BetrVG an. Der mögliche Einfluss dieser Einschätzung auf eine spätere Entscheidung des Arbeitsgerichtes im Rahmen einer etwaigen Wahlanfechtung durch die gerichtliche Respektierung des entsprechenden Beurteilungsspielraums stellt, sieht man mit der h. M. die Grundlage des Beurteilungsspielraums für Grenzfälle in der materiell-rechtlichen Regelung des § 9 S. 1 BetrVG begründet, die Konsequenz schlichter Gesetzesanwendung

---

879 S. dazu die bereits auf S. 139 zitierte Passage aus BVerfGE 22, 49, 78.

880 So das BVerfG in st. Rspr., s. E 3, 213, 224; E 14, 56, 69; E 26, 186, 198; E 27, 312, 322; E 31, 137, 140; E 36, 185; E 87, 68, 85; aus der Lit. vgl. *Detterbeck,* in: Sachs, GG, Art. 97 Rn. 11; *Schulze-Fielitz,* in: Dreier, GG, Bd. 3, Art. 97 Rn. 19; *Barbey,* in: Isensee/Kirchhof, Handbuch Staatsrecht, Bd. 3, § 74 Rn. 76; *Heyde,* in: Benda/Maihofer/Vogel, Handbuch Verfassungsrecht, § 33 Rn. 79.

881 BVerfGE 12, 67, 71; E 31, 137, 140.

882 Vgl. BVerfGE 4, 412, 416.

883 Zur Unabhängigkeit von der Exekutive vgl. etwa BVerfGE 26, 79, 92 ff.; E 55, 372, 389; aus der Lit. vgl. *Detterbeck,* in: Sachs, GG, Art. 97 Rn. 13; *Schulze-Fielitz,* in: Dreier, GG, Bd. 3, Art. 97 Rn. 25 ff.

durch Wahlvorstand und Arbeitsgericht dar; die richterliche Zuständigkeit zur Entscheidung ändert sich verfahrensrechtlich nicht.

bb) Rolle der Gesetzesbindung der Rechtsprechung bezüglich der sachlichen Unabhängigkeit

Vorliegend geht es um die Grenzen, die Art. 97 Abs. 1 GG dem Gesetzgeber bei der Einräumung eines Beurteilungsspielraums mit dem Erfordernis der sachlichen Unabhängigkeit der Richter für den Gesetzgeber zieht. Letztere wird aber im Verhältnis zum Gesetzgeber durch die Bindung der Rechtsprechung an Gesetz und Recht nach Art. 20 Abs. 3 GG sowie des Richters nach Art. 97 Abs. 1 Hs. 2 GG überlagert:[884] Zwar darf auch die Legislative, wie es z. T. präzisiert wird, nicht unmittelbaren Einfluss auf die Entscheidung konkreter Fälle in laufenden Verfahren nehmen;[885] ein solcher Eingriff steht hier allerdings auch gar nicht im Raum. Es ist dem Gesetzgeber als Konsequenz der richterlichen Gesetzesbindung jedoch gerade nicht verwehrt, im Rahmen ihrer Ausgestaltungsbefugnis eine abstrakt-generelle Regelung wie § 9 S. 1 BetrVG einen Raum reduzierter gerichtlicher Kontrolldichte zu schaffen.[886] Dies entspricht dem eindeutigen Wortlaut des Art. 97 Abs. 1 GG, der auch die richterliche Gesetzesbindung hervorhebt, wie sie ihre Anlage schon in Art. 20 Abs. 3 GG findet. Eine andere Sicht würde Art. 97 Abs. 1 GG entgegen seinem eindeutigen Wortlaut die Funktion einer Rechtsweggarantie unterschieben.

Die sachliche Unabhängigkeit der „gesetzlichen" (Arbeits-) Richter im Rahmen des Zusammenspiels von Art. 101 Abs. 1 S. 2 GG und Art. 97 Abs. 1 GG wird also durch einen Beurteilungsspielraum des Wahlvorstandes nicht berührt.

---

[884] Das BVerfG (E 36, 174, 185) formuliert diesbezüglich, die Gesetzesbindung lasse die sachliche Unabhängigkeit des Richters „unberührt"; vgl. a. BVerfGE 12, 67, 71; vgl. in diesem Sinne aus der Lit. etwa *Leibholz/Rinck/Hesselberger,* GG, Bd. 2, Art. 97 Rn. 46; *Wassermann,* in: Wassermann, GG, Bd. 2, Art. 97 Rn. 41, 43; *Detterbeck,* in: Sachs, GG, Art. 97 Rn. 12; *Schulze-Fielitz,* in: Dreier, GG, Bd. 3, Art. 97 Rn. 21ff.; *Pieroth,* in: Jarass/Pieroth, GG, Art. 97 Rn. 1; *Schmidt-Bleibtreu,* in: Schmidt-Bleibtreu/Klein, GG, Art. 97 Rn. 2 a. E.; *Barbey,* in: Isensee/Kirchhof, Handbuch Staatsrecht, Bd. 3, § 74 Rn. 32 f.; *Heyde,* in: Benda/Maihofer/Vogel, Handbuch Verfassungsrecht, § 33 Rn. 79, 92; *Badura,* H Rn. 11; zwar konstatiert *Herzog,* in: Maunz/Dürig, GG, Bd. 5, Art. 97 Rn. 13 ff., 17 a. E., hier ein „fast unlösbares Spannungsverhältnis", spricht jedoch entsprechend der wohl allgemeinen Sicht von einer „Überordnung des Gesetzgebers über die dritte Gewalt in Form der Gesetzesbindung" (*ders.,* a. a. O., Rn. 22).

[885] *Detterbeck,* in: Sachs, GG, Art. 97 Rn. 12; *Schulze-Fielitz,* in: Dreier, GG, Bd. 3, Art. 97 Rn. 23; *Herzog,* in: Maunz/Dürig, GG, Bd. 5, Art. 97 Rn. 22; *Heyde,* in: Benda/Maihofer/Vogel, Handbuch Verfassungsrecht, § 33 Rn. 79; vgl. zum Schutz der richterlichen Unabhängigkeit auch ggü. Eingriffen der Legislative BVerfGE 12, 67, 71; E 38, 1, 21.

[886] Vgl. zur Ausgestaltung der sachlichen Unabhängigkeit durch den Gesetzgeber BVerfGE 36, 174, 185; hierin liegt dann eben keine Weisung, sondern eine „Willenserklärung" des Gesetzgebers mit Gesetzesqualität, welche der Richter im Rahmen seiner Gesetzesbindung zu beachten hat; *Wassermann,* in: Wassermann, GG, Bd. 2, Art. 97 Rn. 41; vgl. auch *Schulze-Fielitz,* in: Dreier, GG, Bd. 3, Art. 97 Rn. 22; *Leibholz/Rinck/Hesselberger,* GG, Bd. 2, Art. 97 Rn. 46.

h) Garantie des gesetzlichen Richters gemäß Art. 101 Abs. 1 S. 2 GG

Nach Art. 101 Abs. 1 S. 2 GG darf niemand seinem „gesetzlichen Richter entzogen werden".

aa) Normzweck und Normgehalt (Wirkungsweisen)

Der Art. 101 Abs. 1 S. 2 GG zugrunde liegende zentrale Zweck ist es, sachfremde Einflüsse auf die Justiz durch Manipulation der rechtsprechenden Organe zu verhindern; die Möglichkeit der Beeinflussung des Entscheidungsergebnisses durch eine einzelfallbezogene Auswahl der zur Entscheidung berufenen Richter, gleich von welcher Seite kommend, soll vermieden werden.[887] Zurückführen lassen sich diese Einzelzwecke auf das Ziel, das Vertrauen der Öffentlichkeit in die Unparteilichkeit und Sachlichkeit der Gerichte zu schützen.[888] Kurz gefasst sichert Art. 101 Abs. 1 S. 2 GG die rechtsstaatlich gebotene Objektivität und Neutralität der Rechtsprechung.[889] Art. 101 Abs. 1 S. 2 GG enthält sowohl objektives Verfassungsrecht[890] als auch ein nach Art. 93 Abs. 1 Nr. 4a Hs. 2 GG mit der Verfassungsbeschwerde rügbares grundrechtsähnliches[891] (subjektives) Recht. Inhaltlich lassen sich die rechtlichen Auswirkungen der Garantie des gesetzlichen Richters in eine verfahrensrechtliche und eine materiellrechtliche Dimension aufspalten.[892]

bb) Verfahrensrechtliche Dimension der abstrakt-generellen Bestimmung im voraus

Nach Art. 101 Abs. 1 S. 2 GG darf niemand seinem „gesetzlichen Richter" entzogen werden; hierunter ist dabei „nicht nur das Gericht als organisatorische Einheit oder das erkennende Gericht als Spruchkörper, vor dem verhandelt und von dem entschieden wird, sondern sind auch die zur Entscheidung im Einzelfall berufenen Richter" zu verstehen.[893] Durch das Tatbestandsmerkmal „gesetzlich" wird klar, dass diese Garantie

---

[887] S. den Plenumsbeschl. des BVerfG vom 8.4.1997 – PBvU 1/95 = BVerfGE 95, 322, 327 (m. w. N.); BVerfG NZA 1998, 445; aus der Lit. vgl. etwa *Degenhart,* in: Sachs, GG, Art. 101 Rn. 5; *Schulze-Fielitz,* in: Dreier, GG, Bd. 3, Art. 101 Rn. 14; vgl. a. *Maurer,* FS 50 J. BVerfG, Bd. 2, 494 f.

[888] Vgl. BVerfGE 4, 412, 416, 418; NJW 1992, 2075; E 95, 322, 327; aus der Lit. vgl. etwa *Schulze-Fielitz,* in: Dreier, GG, Bd. 3, Art. 101 Rn. 14.

[889] BVerfGE 82, 159, 194; *Maurer,* FS 50 J. BVerfG, Bd. 2, 495.

[890] BVerfGE 40, 356, 361; aus der Lit. vgl. nur etwa *Jarass,* in: Jarass/Pieroth, GG, Art. 101 Rn. 1; *Schmidt-Bleibtreu,* in: Schmidt-Bleibtreu/Klein, GG, Art. 101 Rn. 3.

[891] S. aus neuerer Zeit bei gleichzeitiger Bezeichnung als „grundrechtsgleiches" Recht etwa BVerfG NVwZ 1998, 387 f.; zu terminologischen Differenzen m. entspr. Nachw. *Schulze-Fielitz,* in: Dreier, GG, Bd. 3, Art. 101 Rn. 17; *Degenhart,* in: Sachs, GG, Art. 101 Rn. 3 (in Fn. 3).

[892] S. etwa *Schulze-Fielitz,* in: Dreier, GG, Bd. 3, Art. 101 Rn. 15; *Degenhart,* in: Sachs, GG, Art. 101 Rn. 5.

[893] BVerfG 17, 294, 299; BVerfG NJ 1992, 457; aus der Lit. vgl. etwa *Bleckmann,* § 40 Rn. 4; näher *Schulze-Fielitz,* in: Dreier, GG, Bd. 3, Art. 101 Rn. 27 ff.

die gesetzgeberische Ausgestaltung der richterlichen Zuständigkeit[894] und damit auch ihre Schaffung logisch voraussetzt.[895] Allerdings ist die Regelungsmacht des Gesetzgebers nach h. M. im Hinblick auf die verfahrensrechtliche Bestimmbarkeit des zur Entscheidung zuständigen Richters dahingehend zu konkretisieren, dass letzterer durch abstrakt-generelle Regelung im voraus möglichst eindeutig festzulegen ist.[896]

Die mit einem etwaigen Beurteilungsspielraum des Wahlvorstandes verbundene Reduktion der gerichtlichen Kontrolldichte berührt aber nicht die Frage, welcher Richter entscheidet, also die richterliche verfahrensrechtliche Zuständigkeit an sich. Sie betrifft vielmehr inhaltlich den Weg der Entscheidungsfindung durch den oder die nach der Gesamtheit der Verfahrensregeln unverändert zuständigen (Arbeits-) Richter. Die verfahrensrechtliche Dimension der Garantie des gesetzlichen Richters ist daher nicht berührt.

cc) Materiellrechtliche Dimension der Grundgesetzkonformität des Spruchkörpers

Art. 101 Abs. 1 S. 2 GG setzt die Existenz eines „gesetzlichen" Richters bzw. Gerichtes voraus; in extensiver Auslegung des Begriffes „gesetzlich" ist nach h. M. über das genannte Erfordernis der abstrakt-generellen Vorherbestimmung hinaus[897] ungesetzlich in diesem Sinne auch ein insoweit ausreichend bestimmtes „Gericht, das nicht den Anforderungen des Grundgesetzes entspricht sowie der Richter, dessen Unabhängigkeit und Unparteilichkeit nicht gewährleistet erscheint".[898] Die entsprechenden Anforderungen sind hierbei insbesondere Art. 92 und Art. 97 GG zu entnehmen.[899] Damit ist auch für Verletzungen dieser beiden Grundgesetznormen über die Rüge des Entzuges des gesetzlichen Richters mittelbar die Möglichkeit der Verfassungsbeschwerde eröff-

---

[894] Vgl. *Pieroth/Schlink,* Grundrechte, Rn. 1057; *Pieroth,* in: Jarass/Pieroth, GG, Art. 101 Rn. 1, 12; *Ipsen,* Rn. 857.

[895] Vgl. BVerfGE 27, 34; E 21, 145.

[896] S. den Plenumsbeschl. des BVerfG vom 8.4.1997 – PBvU 1/95 = E 95, 322, 328 ff. (m. w. N. zu seiner Rspr. hinsichtlich der einzelnen Erfordernisse); aus der Lit. vgl. etwa *Degenhart,* in: Sachs, GG, Art. 101 Rn. 5; *Schulze-Fielitz,* in: Dreier, GG, Bd. 3, Art. 101 Rn. 18; *Bleckmann,* § 40 Rn. 7; *Pieroth/Schlink,* Grundrechte, Rn. 1058; *Maunz/Zippelius,* Staatsrecht, § 40 II 1; *Kissel,* GVG, §16 Rn. 22 ff.

[897] Art. 101 Abs. 1 S. 2 GG erschöpft sich nicht in diesem Regelungsgehalt, BVerfGE 82, 286, 298.

[898] BVerfGE 82, 286, 298; vgl. a. BVerfG NJ 1992, 457; E 14, 156, 161 ff.; E 10, 200, 213; aus der Lit. vgl. *Degenhart,* in: Sachs, GG, Art. 101 Rn. 8; *Schmidt-Bleibtreu,* in: Schmidt-Bleibtreu/Klein, GG, Art. 101 Rn. 8 b.; *Schulze-Fielitz,* in: Dreier, GG, Bd. 3, Art. 101 Rn. 15, 27; *Degenhart,* in: Isensee/Kirchhof, Handbuch Staatsrecht, Bd. 3, § 75 Rn. 26; *Pieroth/Schlink,* Grundrechte, Rn. 1062; *Schilken,* Rn. 280, 309; zust. wohl auch *Maurer,* FS 50 J. BVerfG, Bd. 2, 496. Krit. dagegen *Wassermann,* in: Wassermann, GG, Bd. 2, Art. 101 Rn. 9; die Bedenken, welche insbes. *Bettermann* (AöR 94 (1969), 263 f., 267, 270 ff.) anmeldete, konnten sich letztlich nicht durchsetzen.

[899] Vgl. BVerfG NZA 1998, 445 f.; BVerfGE 60, 175, 214; E 42, 206, 209; E 31, 181, 183; E 26, 186, 192; E 23, 321, 325; E 14, 156, 162 f.; E 10, 200, 213 f.; aus der Lit. vgl. *Degenhart,* in: Sachs, GG, Art. 101 Rn. 8; *Schulze-Fielitz,* in: Dreier, GG, Bd. 3, Art. 101 Rn. 27.

net worden. Jedoch ist weder das Rechtsprechungsmonopol noch die sachliche Unabhängigkeit im jeweiligen Regelungsbereich berührt;[900] gleiches gilt damit insoweit für Art. 101 Abs. 1 S. 2 GG.

dd) Ergebnis zu Art. 101 Abs. 1 S. 2 GG

Mit einer gesetzgeberischen Beurteilungsermächtigung zugunsten des Wahlvorstandes, wie sie die h. M. zum Begriff „in der Regel" bei § 9 S. 1 BetrVG im Ergebnis annimmt, ist weder der objektiv-rechtliche Gehalt von Art. 101 Abs. 1 S. 2 GG berührt, noch dessen Schutzbereich als grundrechtsähnliches Recht betroffen. Diesem Ergebnis entspricht es, wenn die h. M. die Frage nach der Intensität der gerichtlichen Tatsachen- und Rechtsprüfung als Problem des effektiven Rechtsschutzes ansieht und diese Problematik vor allem an Art. 19 Abs. 4 S. 1 GG bzw. am Rechtsstaatsprinzip entfaltet,[901] nicht aber an Art. 101 Abs. 1 S. 2 GG. Insbesondere bei Art. 19 Abs. 4 GG und Art. 101 Abs. 1 S. 2 GG tritt die Unterscheidung zwischen der Eröffnung des Rechtsweges sowie dem Weg der Entscheidungsfindung, deren Einzelaspekt die Kontrolldichte ist, auf der einen Seite und der Frage der richterlichen Zuständigkeit zur Entscheidung sowie der grundsätzlichen Beschaffenheit des rechtsprechenden Organes auf der anderen Seite deutlich zu Tage. Eine andere Sicht liefe darauf hinaus, in Art. 101 Abs. 1 S. 2 GG zu Unrecht eine Rechtsweggarantie hinein zu interpretieren,[902] obwohl dies schon vom Wortlaut her äußerst problematisch erscheint.

i) Anspruch auf rechtliches Gehör gemäß Art. 103 Abs. 1 GG

Art. 103 Abs. 1 GG lautet: „Vor Gericht hat jedermann Anspruch auf rechtliches Gehör." Der Grundsatz des rechtlichen Gehörs wird von der heute ganz h. M. als Ausprägung des Rechtsstaatsprinzips und der Menschenwürde gesehen.[903]

---

[900] Zu Art. 92 Hs. 1 GG s. S. 126, zu Art. 97 Abs. 1 GG s. S. 142.

[901] Hierzu s. S. 138.

[902] Art. 101 Abs. 1 S. 2 GG enthält nach h. M. selbst keine Rechtsweggarantie, vgl. *Schulze-Fielitz,* in: Dreier, GG, Bd. 3, Art. 101 Rn. 38 (zur Ausgestaltungsbefugnis des Gesetzgebers, m. w. N.), 65; *Degenhart,* in: Sachs, GG, Art. 101 Rn. 2; *Dütz,* Gerichtsschutz, 73 f.; *Bettermann,* in: Bettermann/Nipperdey/Scheuner, Grundrechte, Bd. 3, Halbbd. 2, 559; *Papier,* in: Isensee/Kirchhof, Handbuch Staatsrecht, Bd. VI, § 153 Rn. 2; so wohl auch *Kissel,* GVG, § 16 Rn. 1. Zwar leitet *Arndt,* JZ 1956, 633, aus Art. 101 Abs. 1 S. 2 GG das institutionelle Erfordernis eines Rechtsweges ab, meint damit aber wohl eher eine grdsl. Einrichtungspflicht des Gesetzgebers und sagt insbes. nichts über dessen Inhalt hinsichtlich der gerichtlichen Kontrolldichte; ohnehin ist die Ansicht *Arndts* im Hinblick auf den klaren Wortlaut von Art. 101 Abs. 1 S. 2 GG abzulehnen; wie sollte die Garantie des gesetzlichen Richters sonst auch von der Rechtsweggarantie des Art. 19 Abs. 4 GG abzugrenzen sein? In die Richtung *Arndts* geht auch *Hummer,* 86 f., 92 ff., 97, der aus dem Zusammenspiel zwischen Art. 101 Abs. 1 S. 2 GG und Art. 92 GG eine Justizgewährungsgarantie entnimmt.

[903] S. nur etwa BVerfGE 9, 89, 95; E 39, 156, 168; E 55, 1, 5 f. (Menschenwürde); E 63, 332, 337; E 84, 188, 190 (unter Bezugnahme auf E 55, 1, 6); BGHZ 48, 327, 333; 118, 312, 321; *Schmidt-Aßmann,* in: Maunz/Dürig, GG, Bd. 5, Art. 103 Abs. 1 Rn. 2; *Knemeyer,* in: Isensee/Kirchhof, Handbuch Staatsrecht, Bd. 6, § 155 Rn. 16 (m. w. N. in Fn. 51); *Pieroth,* in: Jarass/Pieroth, GG, Art. 103 Rn. 1; *Schulze-Fielitz,* in: Dreier, GG, Bd. 3, Art. 103 I Rn. 12 f.; *Degenhart,* in: Sachs, GG, Art. 103

aa) Allgemeines zum Regelungs- und Schutzbereich

(1) Funktionsweisen

Art. 103 Abs. 1 formuliert zunächst ein nach Art. 93 Abs. 1 Nr. 4 a GG verfassungsbeschwerdefähiges subjektives Recht; dieses wird teils als Grundrecht[904] bzw. als Prozessgrundrecht,[905] teils als grundrechtsgleiches[906] oder grundrechtsähnliches[907] Recht angesehen. Das BVerfGE hat den Anspruch auf rechtliches Gehör aufgrund seiner herausragenden Bedeutung mitunter als „prozessuales Urrecht des Menschen" bezeichnet.[908] Neben dieser subjektiven Komponente stellt Art. 103 Abs. 1 GG aber auch ein grdsl. unabdingbares objektivrechtliches Verfahrensprinzip dar, welches für ein gerichtliches Verfahren konstitutiv ist[909] oder, anders ausgedrückt, „objektiv elementare rechtsstaatliche Standards für gerichtliche Verfahren i. S. des Grundgesetzes" sichert.[910]

(2) Allgemeine inhaltliche Kurzformel des BVerfG

Art. 103 Abs. 1 gibt dem Beteiligten eines gerichtlichen Verfahrens nach der Kurzformel des BVerfG ein Recht darauf, „dass er Gelegenheit erhält, im Verfahren zu Wort zu kommen, namentlich sich zu dem einer gerichtlichen Entscheidung zugrundeliegenden Sachverhalt und zur Rechtslage vor Erlass der Entscheidung zu äußern (BVerfGE 60, 175, [210]), Anträge zu stellen und Ausführungen zu machen (BVerfGE 6, 19, [20]; 15, 303, [307]; 36, 85, [87]). Dem entspricht die grundsätzliche Pflicht der

---

Rn. 2; *Wassermann,* in: Wassermann, GG, Bd. 2, Art. 103 Rn. 7, 11; *Schmidt-Bleibtreu* in: Schmidt-Bleibtreu/Klein, GG, Art. 103 Rn. 1; *Rüping* in: BK/GG, Bd. 8, Art. 103 Abs. 1 Rn. 6 ff., 11 f.; *Leibholz/Rinck/Hesselberger,* GG, Bd. 2, Art. 103 Rn. 1; *Heyde,* in: Benda/Maihofer/Vogel, Handbuch Verfassungsrecht, § 33 Rn. 59; *Sobota,* 194.

904 S. etwa BVerfGE 36, 92, 97; E 54, 117, 123; E 74, 1, 4 f.; *Wassermann,* in: Wassermann, GG, Bd. 2, Art. 103 Rn. 8 (m. w. N. in Fn. 4); *Badura,* Staatsrecht, H Rn. 26; *Knemeyer,* in: Isensee/Kirchhof, Handbuch Staatsrecht, Bd. 6, § 155 Rn. 14 (formelles, „echtes" Grundrecht).

905 BVerfGE 53, 219, 222; E 60, 247, 249; E 65, 305, 307; *Schmidt-Aßmann,* in: Maunz/Dürig, GG, Bd. 5, Art. 103 Abs. 1 Rn. 4; *Rüping,* in: BK/GG, Bd. 8, Art. 103 Abs. 1 Rn. 23 (Zweitbearb. März 1980).

906 S. etwa *Degenhart,* in: Sachs, GG, Art. 103 Rn. 2; *Pieroth,* in: Jarass/Pieroth, GG, Art. 103 Rn. 1.

907 S. etwa BVerfGE 61, 82, 104; E 75, 192, 200; NVwZ 1998, 387.

908 BVerfGE 55, 1, 6; vgl. a. E 70, 180, 188.

909 BVerfGE 55, 1, 6; E 70, 180, 188.

910 *Schulze-Fielitz,* in: Dreier, GG, Bd. 3, Art. 103 I Rn. 13; vgl. insbes. *Schmidt-Aßmann,* in: Maunz/Dürig, GG, Bd. 5, Art. 103 Abs. 1 Rn. 2 f., 7 (Gewährleistung einer besonderen Rechtsstellung der Beteiligten und einer besonderen Qualität der richterlichen Entscheidung innerhalb des Verfahrens als allgemeiner Rechtsschutzstandard); *Pieroth,* in: Jarass/Pieroth, GG Art. 103 Rn. 1; *Degenhart,* in: Sachs, GG, Art. 103 Rn. 2.

Gerichts, die Ausführungen der Prozessbeteiligten zur Kenntnis zu nehmen und in Erwägung zu ziehen (BVerfGE 42, 364, [367]; 60, 250, [252]; st. Rspr.)".[911]

(3) Verwirklichungsphasen des Schutzbereiches[912]

Der Anspruch auf rechtliches Gehör lässt sich auf drei Phasen aufteilen: Als Voraussetzung effektiver Wahrnehmung rechtlichen Gehörs besteht das Recht auf ausreichende vorherige Information über den Sach- und Streitstand.[913] Weiter haben die Verfahrensbeteiligten und Betroffenen ein Recht auf Gelegenheit, sich gegenüber dem Gericht zum Verfahrensstoff vollständig zu äußern.[914] Schließlich haben die Beteiligten ein Recht auf Berücksichtigung ihrer entsprechenden Äußerungen dergestalt, dass das Gericht diese angemessen zur Kenntnis nehmen und in seine Erwägungen einbeziehen muss.[915]

bb) Konflikt eines Beurteilungsspielraums des Wahlvorstandes mit der gerichtlichen Berücksichtigungspflicht in Form der Erwägung

Eine Beeinflussung des Informations- oder Äußerungsrechtes der möglichen Beteiligten, etwa des Arbeitgebers oder anderer nach § 19 Abs. 2 S. 1 BetrVG zur Einleitung eines Wahlanfechtungsverfahrens Berechtigter, durch den Beurteilungsspielraum des Wahlvorstandes ist nicht ersichtlich. Denkbar ist allenfalls eine Kollision mit der gerichtlichen Berücksichtigungspflicht; hier wiederum kann nicht der Aspekt der Kenntnisnahme, sondern allenfalls derjenige der Erwägung der Äußerungen betroffen sein.

---

[911] BVerfGE 64, 135, 143 f.; vgl. a. E 66, 260, 263; E 69, 145, 148 und 248, 253; E 81, 123, 126; E 84, 188, 190; E 86, 133, 144 ff.; s. die umfangr. Nachw. bei *Leibholz/Rinck/Hesselberger*, GG, Bd. 2, Art. 103 Rn. 91.

[912] Vgl. etwa die Darstellung bei *Schulze-Fielitz*, in: Dreier, GG, Bd. 3, Art. 103 I Rn. 19 ff.

[913] Vgl. BVerfGE 84, 188, 190 f.; E 86, 133, 144; E 89, 28, 35 f.; *Schulze-Fielitz*, in: Dreier, GG, Bd. 3, Art. 103 I Rn. 19, 32; vgl. a. *Degenhart*, in: Sachs, GG, Art. 103 Rn. 8f., 15; *Schmidt-Aßmann*, in: Maunz/Dürig, GG, Bd. 5, Art. 103 Abs. I Rn. 69 f.; *Rüping*, in: BK/GG, Bd. 8, Art. 103 Abs. 1 (Zweitbearb. März 1980) Rn. 24 f.; *Knemeyer*, in: Isensee/Kirchhof, Handbuch Staatsrecht, Bd. 6, § 155 Rn. 28 f.; *Waldner*, Rn. 28, benennt das Informationsrecht als Recht auf „Orientierung".

[914] Vgl. BVerfGE 60, 175, 210; E 64, 135, 143 f.; E 65, 227, 233 ff.; E 84, 188, 190; E 86, 133, 144 f.; *Schulze-Fielitz*, in: Dreier, GG, Bd. 3, Art. 103 I Rn. 19, 46; vgl. a. *Degenhart*, in: Sachs, GG, Art. 103 Rn. 8f., 21 f., 27; *Schmidt-Aßmann*, in: Maunz/Dürig, GG, Bd. 5, Art. 103 Abs. I Rn. 69, 80 f., 85; *Rüping*, in: BK/GG, Bd. 8, Art. 103 Abs. 1 (Zweitbearb. März 1980) Rn. 24, 30 ff.; *Knemeyer*, in: Isensee/Kirchhof, Handbuch Staatsrecht, Bd. 6, § 155 Rn. 28, 30 f. (Recht auf Stellungnahme); *Waldner*, Rn. 53ff., 59 ff.

[915] Vgl. BVerfGE 11, 218, 220; E 34, 344, 347; E 59, 330, 333; E 64, 135, 143 f.; E 70, 215, 218; E 86, 133, 145 f.; E 98, 218, 263; EuGRZ 1998. 466; NJW 2000, 1480, 1483; *Schulze-Fielitz*, in: Dreier, GG, Bd. 3, Art. 103 I Rn. 19,58, 61; vgl. a. *Degenhart*, in: Sachs, GG, Art. 103 Rn. 8, 10, 29; *Schmidt-Aßmann*, in: Maunz/Dürig, GG, Bd. 5, Art. 103 Abs. I Rn. 69, 94, 97 („Beachtenspflicht"); *Rüping*, in: BK/GG, Bd. 8, Art. 103 Abs. 1 (Zweitbearb. März 1980) Rn. 24, 52, 30 ff.; *Knemeyer*, in: Isensee/Kirchhof, Handbuch Staatsrecht, Bd. 6, § 155 Rn. 28, 32; *Waldner*, Rn. 166 ff.

(1) Inhalt der Erwägungspflicht

Die Pflicht des Gerichts zur Berücksichtigung der Äußerungen der Beteiligten durch Erwägung lässt sich abstrahierend dahingehend beschreiben, dass deren gesamtes erhebliches Vorbringen in tatsächlicher und rechtlicher Hinsicht auf seine Richtigkeit zu überprüfen ist.[916] Nach der ständigen Rechtsprechung des BVerfG ist „Art. 103 Abs. 1 GG ... jedenfalls dann verletzt, wenn besondere Umstände deutlich machen, dass das Vorbringen nicht zur Kenntnis genommen oder doch bei der Entscheidung nicht erwogen worden ist (st. Rspr., vgl. etwa BVerfGE 70, 288 [293]; 79, 51 [61]; 86, 133 [145 f.])“.[917]

(2) Allenfalls inhaltliche Konkretisierung der Erwägungspflicht

Die Pflicht des Gerichts, die Äußerungen der Beteiligten zu berücksichtigen, wird vorliegend nicht i. S. einer Schmälerung des Anspruches des rechtlichen Gehörs berührt. Im Hinblick auf den Sachvortrag ergibt sich dies schon daraus, dass ein Beurteilungsspielraum sich grdsl. nicht auf die Ebene der Tatsachenermittlung bezieht, sondern nach herrschender Dogmatik die Frage der Subsumtion betrifft.[918] Gleiches gilt jedoch auch hinsichtlich der Berücksichtigung von Rechtsausführungen, welche nach heute ganz h. M. ebenfalls dem Grundsatz des rechtlichen Gehörs unterfallen:[919] Trägt ein Arbeitgeber im Rahmen eines Wahlanfechtungsverfahrens vor, der Wahlvorstand hätte in einem Grenzfall zwischen sechster und siebter Stufe nach § 9 S. 1 BetrVG aus bestimmten rechtlichen Gründen nicht eine Belegschaftsregelstärke von 1001, sondern nur von 1000 Arbeitnehmern annehmen dürfen, so bedeutet ein entsprechender Beurteilungsspielraum nicht, dass das befasste Gericht die dieser Rechtsansicht zugrunde liegenden rechtlichen Erwägungen nicht zu berücksichtigen hätte. Vielmehr muss es letztere in die Prüfung einbeziehen, ob der Wahlvorstand sich in den Grenzen seiner Beurteilungsmacht bewegt hat.[920] Damit wird die Berücksichtigungspflicht in keiner Weise verengt oder beschnitten, sondern allenfalls inhaltlich konkretisiert. Es wird

---

[916] *Schulze-Fielitz*, in: Dreier, GG, Bd. 3, Art. 103 I Rn. 61; *Pieroth*, in: Jarass/Pieroth, GG, Art. 103 Rn. 21; vgl. a. *Schmidt-Aßmann*, in: Maunz/Dürig, GG, Bd. 5, Art. 103 Abs. I Rn 97.

[917] BVerfG EuGRZ 1998, 466, 468.

[918] S. S. 39 f.

[919] Vgl. hierzu die neueren Entscheidungen des BVerfG zur Berücksichtigungspflicht, sofern die Rechtsausführungen einen Kernpunkt des Parteivorbringens darstellen, etwa BVerfG NJW 1980, 80, 2698; vgl. insbes. BVerfG NJW-RR 1993, 383, wo das Gericht eine Verletzung des rechtlichen Gehörs feststellte; aus der Lit. s. ausdrücklich zu Äußerungsrecht und der entsprechenden Berücksichtigungspflicht hinsichtlich der Subsumtion *Waldner*, Rn. 63, 168, 204 f.; vgl. weiter nur etwa *Knemeyer*, in: Isensee/Kirchhof, Handbuch Staatsrecht, Bd. 6, § 155 Rn. 52; *Wassermann*, in: Wassermann, GG, Bd. 2, Art. 103 Rn. 32 f.; *Schulze-Fielitz*, in: Dreier, GG, Bd. 3, Art. 103 I Rn. 36, 58; *Schmidt-Aßmann*, in: Maunz/Dürig, GG, Bd. 5, Art. 103 Abs. I Rn. 85, 94, 99; *Rosenberg/Schwab/Gottwald*, § 85 III 2.; *Greger*, in: Zöller, ZPO, vor § 128 Rn. 6 b; *Wolf*, Gerichtsverfassungsrecht, § 28 I. 2 b); *Schilken*, GVG, Rn. 140.

[920] Zu den Kriterien der Überprüfung eines Beurteilungsspielraums s. beispielhaft für die Fallgruppe der Prüfungsentscheidungen S. 36.

demnach auch keine Rechtsausführung außer Acht gelassen, sondern der Beurteilungsspielraum gibt die Art und Weise ihrer Einbeziehung in den gerichtlichen Rechtsfindungsprozess vor, wie im folgenden dargelegt wird:

(a) Schlüsselbegriff der „Erheblichkeit"

Der Schlüssel zu diesem Ergebnis liegt im Begriff der Erheblichkeit.[921] Nach ganz h. M. bezieht sich die gerichtliche Berücksichtigungspflicht nicht auf jeden Beteiligtenvortrag, sondern nur auf solchen, welcher für die Entscheidung erheblich ist,[922] der also die Entscheidung inhaltlich zu beeinflussen vermag. Die Erheblichkeit von Ausführungen wird durch das materielle und formelle einfache Recht bestimmt;[923] dort also liegt die Steuerungsmacht des Gesetzgebers. Zu bedenken ist, dass vorliegend die Grenzen der gesetzgeberischen Regelungsbefugnis untersucht werden, nicht dagegen eine mögliche Verletzung des Anspruches auf rechtliches Gehör durch die Gerichte.[924]

(b) Unterschiedliche Rechtsebenen bei Verankerung des Beurteilungsspielraums im materiellen Recht

Verankert man mit der hier vorrangig auf dem Prüfstand stehenden h. M. zum Begriff „in der Regel" den Beurteilungsspielraum des Wahlvorstandes bei der Einschätzung der Belegschaftsregelstärke im materiellen Recht,[925] kann sich ein Konflikt mit der Erwägungspflicht nach Art. 103 Abs. 1 GG nicht ergeben. Die Voraussetzungen für die Feststellung der Belegschaftsregelstärke regelt § 9 S. 1 BetrVG. Wenn mit dieser Vorschrift tatsächlich ein Beurteilungsspielraum des Wahlvorstandes eingerichtet werden sollte, dann wird so materiell-rechtlich dem Verfahren vorgelagert die Erheblichkeit des späteren gerichtlichen Verfahrens gesteuert. Eine Regelungs- oder Schutz-

---

[921] Zur entscheidenden Rolle der Erheblichkeit vgl. *Schmidt-Aßmann*, in: Maunz/Dürig, GG, Bd. 5, Art. 103 Abs. 1 Rn. 97.

[922] S. BVerfG NJW 1997, 122 f.; WuM 1995, 474 f.; NJW 1990, 3191, 3192; vgl. a. BVerfG NJW 1996, 2785 und 2785 f.; BVerfGE 47, 182, 187 f., 189; E 58, 353, 357; E 60, 250, 252; aus der Lit. s. nur etwa *Schulze-Fielitz*, in: Dreier, GG, Bd. 3, Art. 103 I Rn. 61; *Degenhart*, in: Sachs, GG, Art. 103 Rn. 30; vgl. a. *Knemeyer*, in: Isensee/Kirchhof, Handbuch Staatsrecht, Bd. 6, § 155 Rn. 32 (Auseinandersetzung mit den die Entscheidung tragenden Erwägungen); *Rüping*, NVwZ 1985, 306;) z. T. wird dieser Punkt als „potentielle Erheblichkeit" bezeichnet, s. etwa *Waldner*, Rn. 60, und *Schmidt-Aßmann*, in: Maunz/Dürig, GG, Bd. 5, Art. 103 Abs. 1 Rn. 15, 86, 97; inhaltlich ähnlich Leipold, in: Stein/Jonas, ZPO, Bd. 2, vor § 128 Rn. 40.

[923] So ausdrückl. *Schulze-Fielitz*, in: Dreier, GG, Bd. 3, Art. 103 I Rn. 61; vgl. a. *Schmidt-Aßmann*, in: Maunz/Dürig, GG, Bd. 5, Art. 103 Abs. 1 Rn. 86, 97; A. A. wohl *Pieroth*, in: Jarass/Pieroth, GG, Art. 103 Rn. 27, der nur das materielle Recht als maßgeblich ansieht.

[924] Zur Notwendigkeit dieser Unterscheidung gerade im Hinblick auf die sogenannte Lehre von der Minimalgarantie s. *Waldner*, Rn. 531.

[925] S. S. 114.

bereichsbeeinträchtigung scheidet dann aus, weil es sich um zwei unterschiedliche Rechtsebenen handelt.[926]

(c) Art. 103 Abs. 1 GG als normgeprägtes Recht

Der Anspruch auf rechtliches Gehör ist stark normgeprägt.[927] Nach ganz h. M. schützt Art. 103 Abs. 1 GG nicht davor, dass ein Sachvortrag aus Gründen, die im materiellen oder im formellen Recht begründet liegen, außer Acht gelassen wird.[928]

Der fehlende Konflikt bei materieller Verankerung des Beurteilungsspielraums wurde soeben dargelegt. Aber selbst wenn man den Spielraum als verfahrensrechtlich begründet ansehen wollte,[929] indem man § 9 S. 1 BetrVG und die Vorschriften der WO-BetrVG dem formellen Recht zuordnet, scheidet eine Verletzung des Grundsatzes des rechtlichen Gehörs aus: Nach der Rechtsprechung des BVerfG bestimmt sich der Inhalt des letzteren zunächst nach Maßgabe des einfachgesetzlichen Verfahrensrechts;[930] er wird also durch dieses gesetzgeberisch konkretisiert.[931] Ein Verstoß gegen Art. 103 Abs. 1 GG kann dann darin liegen, dass letzteres hinter dieser Garantie zurückbleibt.[932] Das BVerfG hat den verfassungsrechtlichen Grundsatz des rechtlichen Gehörs als Garantie eines Minimums bezeichnet;[933] dieser Formulierung wird in der Literatur unter-

---

926 Vgl. allgemein zu dieser Argumentation bezüglich der verfassungsmäßigen Gewährleistung gerichtlichen Rechtsschutzes *Dütz,* Gerichtsschutz, 125 f., 127 und 227 (zur normativen Ermächtigungslehre); vgl. a. *Hummer,* 56 f.; speziell zu Art. 103 Abs. 1 GG vgl. *Schmidt-Aßmann,* in: Maunz/Dürig, GG, Bd. 5, Art. 103 Abs. 1 Rn. 97.

927 *Schulze-Fielitz,* in: Dreier, GG, Bd. 3, Art. 103 I Rn. 26; *Pieroth,* in: Jarass/Pieroth, GG, Art. 103 Rn. 9; so auch *Schmidt-Aßmann,* in: Maunz/Dürig, GG, Bd. 5, Art. 103 Abs. 1 Rn. 15, speziell mit Bezug auf die Erheblichkeit als maßgeblicher Faktor dieser Normgeprägtheit.

928 St. Rspr. des BVerfG, s. nur etwa BVerfGE 21, 191, 194; E 70, 288, 294; E 82, 209, 235; E 84, 34, 58; E 96, 205, 216; NJW 2000, 1327; aus der Lit. s. nur etwa *Waldner,* Rn. 184; *Pieroth,* in: Jarass/Pieroth, GG, Art. 103 Rn. 27; *Degenhart,* in: Sachs, GG, Art. 103 Rn. 30 f.; *Schmidt-Aßmann,* in: Maunz/Dürig, GG, Bd. 5, Art. 103 Abs. I Rn. 98; so inhaltl. auch *Schulze-Fielitz,* in: Dreier, GG, Bd. 3, Art. 103 I Rn. 61.

929 Hierzu s. S. 114.

930 Vgl. BVerfGE 9, 89, 95 f.; E 18, 399, 405; E 74, 1, 5; E 89, 28, 35 f.; E 89, 381, 391; E 101, 106, 129.

931 S. *Schulze-Fielitz,* in: Dreier, GG, Bd. 3, Art. 103 I Rn. 26; vgl. a. BVerfGE 9, 89, 95; in diesem Sinne auch *Schmidt-Aßmann,* in: Maunz/Dürig, GG, Bd. 5, Art. 103 Abs. 1 Rn. 15, 21 f.; *Degenhart,* in: Sachs, GG, Art. 103 GG Rn. 12 (besondere Gesetzesabhängigkeit des Prozessgrundrechtes); *Pieroth,* in: Jarass/Pieroth, GG, Art. 103 Rn. 9; *Badura,* H Rn. 27; *Waldner,* Rn. 531; *Schilken,* GVG, Rn. 136; *Kissel,* GVG, Einl. Rn. 215.

932 Vgl. BVerfGE 55, 72, 93 ff.; E 101, 106, 129.

933 Vgl. BVerfGE 7, 53 (Ls. 1), 57; E 21, 132, 137; E 60, 7, 14; zust. *Schmidt-Bleibtreu,* in: Schmidt-Bleibtreu/Klein, GG Art. 103 Rn. 2; *Rüping,* in: BK/GG, Bd. 8, Art. 103 Abs. 1 (Zweitbearb. März 1980) Rn. 8, 18; so wohl auch *Knemeyer,* in: Isensee/Kirchhof, Handbuch Staatsrecht, Bd. 6, § 155 Rn. 12 f.; krit. *Schmidt-Aßmann,* in: Maunz/Dürig, GG, Bd. 5, Art. 103 Abs. 1 Rn. 21 („Basisgarantie").

schiedliche Bedeutung zugemessen.[934] Jedenfalls soll der Anspruch auf rechtliches Gehör nach dem BVerfG etwa aufgrund einer Abwägung zwischen verschiedenen Interessen und bei hinreichender Rechtfertigung durch sachliche Gründe eingeschränkt werden können.[935] Der Umfang der Garantie muss hier indes nicht näher umrissen werden, denn auch ein verfahrensrechtlich verankerter Beurteilungsspielraum berührt den Grundsatz des rechtlichen Gehörs nicht einschränkend; vielmehr liegt allenfalls eine indirekte Konkretisierung des Inhaltes der Gehörsgewährung, keine Verengung derselben vor: Die Beteiligten werden in keiner Weise an Sach- oder Rechtsausführungen gehindert; durch den Beurteilungsspielraum ist im Grunde nur die Rechtsanwendung durch das Gericht an sich betroffen. Wollte man dies anders sehen, wäre gerade im Hinblick auf die Intensität der dann denkbaren Einschränkung des rechtlichen Gehörs zu bedenken, dass der Beurteilungsspielraum auf die bereits dargestellten Grenzfälle des Erreichens der Schwellenwerte im Bereich der höheren Belegschaftsregelstärken von § 9 S. 1 GG und damit auf in der Phase der Rechtsanwendung besonders problematische Einzelfälle beschränkt ist.

cc) Verhältnis zu den Rechtsweggarantien aus Art. 19 Abs. 4 GG und dem Justizgewährungsanspruch

Der Übersichtlichkeit halber soll hier vorweg noch kurz das Verhältnis des Grundsatzes des rechtlichen Gehörs zu den noch zu prüfenden grundgesetzlichen Rechtsweggarantien erläutert werden. Notwendig ist dies, weil Art. 103 Abs. 1 GG insbesondere in Bezug auf die umfassende tatsächliche und rechtliche Prüfung des Streitgegenstandes lex specialis zu letzteren sein könnte.[936] Nach dem schlichten Wortlaut des Art. 103 Abs. 1 GG scheint die Abgrenzung zu Art. 19 Abs. 4 S. 1 GG oder der allgemeinen Garantie gerichtlichen Rechtsschutzes eindeutig: Letztere eröffnen den Zugang zum Gericht, während rechtliches Gehör diesen voraussetzt; schließlich lautet Art. 103 Abs. 1 GG nicht etwa: „Jedermann hat Anspruch auf rechtliches Gehör vor Gericht".[937] In diesem Sinne führt z. B. *Waldner* aus, es gehe solange um Justizgewährung, als das Verfahren noch nicht bei Gericht anhängig ist; dagegen stellten alle Vorgänge nach Einreichung der Klage eine Frage des rechtlichen Gehörs dar.[938]

---

[934] Hierzu *Waldner,* Rn. 525 ff., der im Ergebnis von der Verwendung dieser missverständlichen Formulierung abrät.

[935] BVerfGE 101, 106, 129 unter Hinweis auf BVerfGE 89, 381, 392 und auf E 81, 123, 129 f.; deutlich in diesem Sinne, wenn m. E auch nicht unbedenklich auf die zumindest dem Wortlaut nach schrankenlose Gewährleistung des Art. 103 Abs. 1 GG *Waldner,* Rn. 531.

[936] Diese Ansicht vertreten ausdrücklich etwa *Pieroth,* in: Jarass/Pieroth, GG Art. 103 Rn. 2; *Schulze-Fielitz,* in: Dreier, GG, Bd. 3, Art. 103 Abs. 1 Rn. 81; allgemeiner vgl. auch *Degenhart,* in: Sachs, GG, Art. 103 Rn. 3; *Schmidt-Aßmann,* in: Maunz/Dürig, GG, Bd. 5, Art. 103 Abs. 1 Rn. 6 f.

[937] Vgl. *Papier,* in: Isensee/Kirchhof, Handbuch Staatsrecht, Bd. 6, § 153 Rn. 3.

[938] *Waldner,* Rn. 16; ähnlich, aber etwas zurückhaltender *Schmidt-Aßmann,* in: Maunz/Dürig, GG, Bd. 5, Art. 103 Abs. 1 Rn. 7 (m. w. N).

Die Verfahrenseröffnung als formales Abgrenzungskriterium ist gerade hinsichtlich der bestechenden Einfachheit problematisch, denn sie verdeckt im Grunde nur die vorhandenen Abgrenzungsschwierigkeiten:[939] Der Frage, welcher Art das eröffnete Verfahren sein muss, um den genannten Rechtsweggarantien zu genügen, kann so nicht ausgewichen werden. So stellt es keine Eröffnung der Möglichkeit wirksamen gerichtlichen Rechtsschutzes dar, wenn zwar formal der Weg zu den Gerichten durch ein Verfahren, dann aber nur eine bereits erstinstanzlich stark eingeschränkte gerichtliche Sach- und Rechtsprüfung angeboten würde. Hierin liegt quasi eine Vorstufe zum Grundsatz des rechtlichen Gehörs. Es scheint auch nicht einleuchtend, dass die verfassungsrechtliche Problematik einer Norm, die durch die Reduktion gerichtlicher Kontrolldichte den Zugang zu Gericht inhaltlich verengt, mit Verfahrenseröffnung plötzlich ihren Charakter ändern und ausschließlich zum Problem des rechtlichen Gehörs werden sollte; vielmehr sind hier zwei unterschiedliche Aspekte des effektiven Rechtsschutzes berührt. Dies ist wohl letztlich auch der Grund dafür, dass die ganz h. M. die Frage nach der (erst-) gerichtlichen Kompetenz zur umfassenden Sach- und Rechtsprüfung unter dem zusammenfassenden Gesichtspunkt der Effektivität gerichtlichen Rechtsschutzes bei der Rechtsweggarantie des Art. 19 Abs. 4 S. 1 GG[940] und der vor allem im Rechtsstaatsprinzip verankerten allgemeinen Garantie gerichtlichen Rechtsschutzes bzw. des Justizgewährungsanspruches verortet,[941] nicht dagegen bei Art. 103 Abs. 1 GG.[942] Insbesondere ist dies z. T. gerade auch bei denselben Autoren zu beobachten, welche die oben genannte Art der Abgrenzung vertreten.[943] Hier wird sichtbar, dass die Eröffnung des Verfahrens als Tatsache allenfalls einer ersten Orientierung dienen, aber alleine kein abschließendes Abgrenzungskriterium darstellen kann. Die genannten Rechtsweggarantien sind daher auch zur weiteren Prüfung eröffnet.

dd) Ergebnis zu Art. 103 Abs. 1 GG

Der Grundsatz des rechtlichen Gehörs wird durch einen Beurteilungsspielraum des Wahlvorstandes nicht berührt.

---

[939] Zu den Abgrenzungsschwierigkeiten s. etwa *Schmidt-Aßmann,* in: Maunz/Dürig, GG, Bd. 5, Art. 103 Abs. 1 Rn. 6; *Degenhart,* in: Sachs, GG, Art. 103 Rn. 3; zur Möglichkeit von Überschneidungen *Papier,* in: Isensee/Kirchhof, Handbuch Staatsrecht, Bd. 6, § 153 Rn. 4; *Pieroth,* in: Jarass/Pieroth, GG, Art. 103 Rn. 2.

[940] S. die Nachw. in Fn. 858.

[941] S. die Nachw. in Fn. 859.

[942] Dagegen leitete etwa *Baur,* AcP 153 (1954), 393, 396 ff., den Justizgewährungsanspruch aus Art. 103 Abs. 1 GG ab; gegen ihn mit starken Worten *Waldner,* Rn. 15 (m. w. N. zu den *Baur* in neuerer Zeit folgenden Autoren in Fn. 2); eingehend *Dütz,* Gerichtsschutz, 75 ff.; letztlich konnte sich *Baurs* Ansatz nicht durchsetzen, *Papier,* in. Isensee/Kirchhof, Handbuch Staatsrecht, Bd. 6, § 153 Rn. 3.

[943] Vgl. z. B. *Schmidt-Aßmann,* DVBl. 1997, 283 (zu Art. 19 Abs. 4 GG) und wohl auch *ders.,* in: Maunz/Dürig, GG, Bd. 2, Art. 19 Abs. 4 Rn. 17 („umfassender Prüfungsauftrag" aus allgemeiner Justizgewährungspflicht); *Schulze-Fielitz,* in: Dreier, GG, Bd. 1, Art. 19 IV Rn. 61, 87 f. und Bd. 2, Art. 20 (Rechtsstaat) Rn. 197 f. Immerhin im selben Kommentar, allerdings in der Bearbeitung verschiedener Autoren ist dies der Fall etwa bei *Jarass,* in: Jarass/Pieroth, GG, Art. 19 Rn. 42, Art. 20 Rn. 64; *Krüger,* in: Sachs, GG, Art. 19 Rn. 143, 145, und *Sachs,* ebenda, Art. 20 Rn. 162, 164.

j) Rechtsschutzgarantie[944] (Art. 19 Abs. 4 S. 1 GG)

Im Rahmen der verwaltungsrechtlichen Diskussion um den Beurteilungsspielraum stellt die Rechtsschutzgarantie nach Art. 19 Abs. 4 S. 1 GG einen „archimedischen Punkt“ dar.[945] Sie wird mitunter als „formelles Hauptgrundrecht“[946] bezeichnet und erfordert insbesondere nach der ständigen Rechtsprechung des BVerfG[947] speziell im Hinblick auf die Kontrolldichte grdsl. die vollständige Nachprüfung des angegriffenen Verhaltens der öffentlichen Gewalt in tatsächlicher und rechtlicher Hinsicht, allerdings nach dem Sasbach-Beschluss und der hieraus entwickelten normativen Ermächtigungslehre „...unbeschadet normativ eröffneter Gestaltungs-, Ermessen- und Beurteilungsspielräume...“.[948] Unter letzterem Gesichtspunkt wäre die Auslegungsvariante mit Beurteilungsspielraum i. S. der h. M. zum Begriff „in der Regel“ wohl nicht problematisch, da die Begründung i. S. der normativen Ermächtigungslehre in § 9 S. 1 BetrVG, also im materiellen Recht verankert wird, Art. 19 Abs. 4 S. 1 GG das zu schützende subjektive Recht nach dem BVerfG und der h. L. voraussetzt, nicht aber selbst schafft.[949]

Jedoch ist bereits die Anwendbarkeit von Art. 19 Abs. 4 S. 1 GG fraglich: Erforderlich wäre als Anknüpfungspunkt die Möglichkeit einer Rechtsverletzung „durch die öffentliche Gewalt“. Letzteres soll daher geklärt werden, bevor die entsprechenden gegebenenfalls verletzten verfassungs- oder einfachrechtlichen subjektiven Rechtspositionen, etwa auf Seiten des Arbeitgebers oder der Arbeitnehmer, ermittelt werden.

---

[944] Zur Terminologie vgl. Fn. 13.

[945] So *Schulze-Fielitz*, JZ 1993, 776; *Hofmann*, NVwZ 1995, 740; vgl. auch *Achterberg*, § 18 Rn. 40; *v. Mutius*, Jura 1987, 93 *Schenke*, JZ 1988, 317, 322 ff.; *Schmidt-Aßmann*, DVBl. 1997, 283; *ders.*, in: Maunz/Dürig, GG, Bd. 2, Art. 19 IV Rn. 180 ff.; *Maurer*, § 7 Rn. 56 ff.; *Wolff/Bachof/Stober*, § 31 Rn. 16, 24; *Wolff*, 242 ff.; *Grupp*, 143, 151 ff.; *Haverkate*, 249; *Jesch*, AöR 82 (1957), 236; *Geis*, Handlungsspielräume, 100, 105 f.; BVerfGE 84, 34, 49 ff.; BVerwGE 100, 221, 225 f.

[946] Vgl. *Herzog*, in: Maunz/Dürig, GG, Bd. 2, Vorb. zu Art. 19 Rn. 5; krit. zu dieser Terminologie *Krebs*, in: v. Münch/Kunig, GG, Art. 19 Rn. 1. Der objektiv-rechtliche Gehalt von Art. 19 Abs. 4 GG als institutionelle Garantie kann durch die Gewährung vereinzelter Beurteilungsspielräume nicht berührt sein; vgl. hierzu etwa *Schmidt-Aßmann*, in Maunz/Dürig, GG, Bd. 2, Art. 19 IV Rn. 14; ; *Huber*, in: v. Mangoldt/Klein/Starck, GG, Bd. 1, Art. 19 Abs. 4 Rn. 392 m. w. N.

[947] S. die Nachw. in Fn. 274.

[948] BVerfGE 61, 82, 111; dazu *Schmidt-Aßmann*, in: Maunz/Dürig, GG, Bd. 2, Art. 19 IV Rn. 185; aus neuester Zeit s. etwa BVerfG NJW 2001, 1121, 1123; s. zur normativen Ermächtigungslehre S. 26 f.

[949] Ganz h. M., vgl. nur etwa BVerfGE 15, 275, 281; E 61, 82, 110; E 78, 214, 226; E 83, 182, 194 f.; E 84, 34, 49; BVerfG NJW 2001, 1121, 1123; *Schmidt-Bleibtreu*, in: Schmidt-Bleibtreu/Klein, GG Art. 19 Rn. 23; *Huber*, in: v. Mangoldt/Klein/Starck, GG, Bd. 1, Art. 19 Abs. 4 Rn. 397; *Krebs*, in: v. Münch/Kunig, GG, Art. 19 Rn. 59; *Schmidt-Aßmann*, in Maunz/Dürig, GG, Bd. 2, Art. 19 IV Rn. 119; *Schulze-Fielitz*, in: Dreier, GG, Bd. 1, Art. 19 IV Rn. 32, 43 f.; *Jarass*, in: Jarass/Pieroth, GG, Art. 19 Rn. 21 f.; vgl. aber zur Ausstrahlungswirkung von Art. 19 Abs. 4 GG auf das materielle Recht *Lorenz*, 14 ff.

aa) Beschluss eines Arbeitsgerichtes im Rahmen eines Wahlanfechtungsverfahrens als Akt der öffentlichen Gewalt

Als Akt der öffentlichen Gewalt i. S. v. Art. 19 Abs. 4 S 1 GG kommt z. B. der Beschluss eines Arbeitsgerichtes im Rahmen eines Wahlanfechtungsverfahrens,[950] gewonnen unter Anwendung der Auslegungsvariante mit Beurteilungsspielraum i. S. der h. M. im Arbeitsrecht, in Betracht.

Die richterliche Gewalt unterfällt nach ständiger Rechtsprechung des BVerfG[951] und der (noch) h. L.[952] grdsl. nicht dem Tatbestandsmerkmal „öffentliche Gewalt". Diese Exemtion betrifft solche Akte, die „von Richtern in dieser ihrer spezifischen Eigenschaft erlassen werden, die also im Rechtsweg ergehen, was dann der Fall ist, wenn der Richter in richterlicher Unabhängigkeit entscheidet oder amtiert".[953] Dies trifft für den arbeitsgerichtlichen Beschluss im Hinblick insbesondere auf §§ 1, 2 a Abs. 1 Nr. 1, Abs. 2, 80 Abs. 2, 48 Abs. 1, 84 S. 1 ArbGG und Art. 97 Abs. 1 GG sicherlich zu. Die entsprechende „zum Schlagwort erstarrte Behauptung",[954] Art. 19 Abs. 1 S. 1 GG gewähre Rechtsschutz durch, nicht gegen den Richter,[955] wird ergänzt durch die weitere Behauptung, Art. 19 Abs. 4 GG gewähre keinen Instanzenzug.[956] Hinter diesen Dogmen der h. M. steht wohl insgesamt „die Angst vor einem Rechtsschutz ad infinitum".[957] Insbesondere in der neueren Literatur werden sie mit beachtlichen Argumen-

---

[950] Vgl. § 19 BetrVG i. V. m. §§ 2 a Abs. 1 Nr. 1, Abs. 2, 80 ff., 84 ArbGG.

[951] BVerfGE 11, 263, 265; E 15, 275, 280; E 49, 329, 340 ff.; E 73, 339, 372; E 76, 93, 98; weitere Nachweise bei *Krebs,* in: v. Münch/Kunig, GG, Art. 19 Rn. 57.

[952] Zust. etwa *Jarass,* in: Jarass/Pieroth, GG, Art. 19 Rn. 26; *Schmidt-Bleibtreu,* in: Schmidt-Bleibtreu/Klein, GG, Art. 19 Rn. 25; *Schmidt-Aßmann,* in Maunz/Dürig, GG, Bd. 2, Art. 19 IV Rn. 96; *Leibholz/Rinck/Hesselberger,* GG, Bd. 1, Art. 19 Rn. 266; *Badura,* H 28; *Papier,* in: Isensee/Kirchhof, Handbuch Staatsrecht, Bd. 6, § 154 Rn. 37; *Heyde,* in: Benda/Maihofer/Vogel, Handbuch Verfassungsrecht, § 33 Rn. 47; insoweit konsequent lehnt etwa *Detterbeck,* AcP 192 (1992), 329 f., die Möglichkeit der Verletzung von Art. 19 Abs. 4 S. 1 GG auch für die Konstellation, dass die (Zivil-) Gerichte ihre Tätigkeit bereits aufgenommen haben, ab (s. dort auch zur Abgrenzung zum Justizgewährungsanspruch).

[953] *Bettermann,* AÖR 96 (1971), 537; *Schmidt-Aßmann,* in Maunz/Dürig, GG, Bd. 2, Art. 19 IV Rn. 99.

[954] *Lorenz,* 241.

[955] S. etwa BVerfGE 11, 263, 265; E 15, 275, 280; E 49, 329, 340; zur Genese und zur Verwendung dieser Formel *Voßkuhle,* Rechtsschutz, 3 (m. w. N. in Fn. 3).

[956] Vgl. BVerfGE 73, 339, 373 f.; E 78, 88, 99; E 83, 24, 31; weitere Nachw. bei *Voßkuhle,* Rechtsschutz, 159 (in Fn. 69); so etwa auch *Schmidt-Aßmann,* in Maunz/Dürig, GG, Bd. 2, Art. 19 IV Rn. 179; *Schmidt-Bleibtreu,* in: Schmidt-Bleibtreu/Klein, GG, Art. 19 Rn. 19; *Jarass,* in: Jarass/Pieroth, GG, Art. 19 Rn. 32; *Leibholz/Rinck/Hesselberger,* GG, Bd. 1, Art. 19 Rn. 516; *Heyde,* in: Benda/Maihofer/Vogel, Handbuch Verfassungsrecht, § 33 Rn. 49.

[957] So die Analyse von *Voßkuhle,* Rechtsschutz, 159; vgl. insbes. BVerfGE 78, 7, 18; BVerwGE 86, 48, 51; weitere Nachw. zu diesem Argument in Rspr. und Literatur bei *Krebs,* in: v. Münch/Kunig, GG, Art. 19 Rn. 57 und *Voßkuhle,* a. a. O., 167 (in Fn. 100).

ten angegriffen;[958] das m. E. gewichtigste hierunter ist die Notwendigkeit einer Kontrolle auch des Richters.[959]

Es ist hier jedoch nicht der Ort, danach zu fragen, welche Konsequenz es für die verfassungsrechtliche Anfechtbarkeit einer gerichtlichen Entscheidung hat, wenn ein Richter eine Auslegungsvariante wählt, die nicht mit dem Grundgesetz vereinbar ist; diese Problematik einer gerichtlichen Rechtsverweigerung stellt ja nur eine Auswirkung der Feststellung dar, dass eine Norm in verfassungskonformer Auslegung keinen Beurteilungsspielraum beinhaltet. Hier soll aber die Wurzel des Problems angegangen werden, welche in der Frage liegt, ob die materielle Regelung selbst, soweit aus ihr ein solcher Spielraum destillierbar ist, materiell verfassungskonform ist. Die Frage nach der Auswirkung der Wahl einer nicht verfassungskonformen Auslegungsvariante auf die Angreifbarkeit der entsprechenden richterliche Entscheidung[960] kann hier deshalb ebenso dahinstehen wie der bezeichnete Streit.

bb) Gesetzgeberischer Akt des Erlasses von § 9 BetrVG als Akt der öffentlichen Gewalt

Nach der Rechtsprechung des BVerfG sind Akte der parlamentarischen Gesetzgebung keine Akte der „öffentlichen Gewalt" i. S. v. Art. 19 Abs. 1 S. 1 GG.[961] Verwiesen wird dabei u. a. auf die insoweit angeblich abschließenden Sonderregelungen zur (prinzipalen) Normenkontrolle in Art. 93 Abs. 1 Nr. 2 und Art. 100 Abs. 1 GG.[962] Gerade in der neueren Literatur wird diese Position angegriffen; gegen das BVerfG sprechen z. B. die fehlende Differenzierung im Wortlaut von Art. 19 Abs. 4 S. 1 GG sowie dessen enge systematische Verbindung zu Art. 1 Abs. 3 GG.[963] Allerdings geht es hier

---

[958] Vgl. die Argumente zum Wortlaut des Art. 19 Abs. 4 S. 1 GG und zur Systematik bei *Huber,* in v. Mangoldt/Klein/Starck, GG, Bd. 1, Art. 19 Abs. 4 Rn. 447 f.; *Krebs,* in: v. Münch/Kunig, GG, Art. 19 Rn. 57; *Schulze-Fielitz,* in: Dreier, GG, Bd. 1, Art. 19 IV Rn. 35; s. insbes. *Voßkuhle,* Rechtsschutz, 340 ff.

[959] S. vor allem *Voßkuhle,* Rechtsschutz, 255 ff., 274 ff.; dort auch zur Vermeidung einer unendlichen Rechtsschutzspirale, *ders.,* a. a. O., 156 ff., 309 ff.; zust. etwa *Schulze-Fielitz,* in: Dreier, GG, Bd. 1, Art. 19 IV Rn. 35.

[960] Vgl. etwa zur Verletzung der Garantie gerichtlichen Rechtsschutzes aufgrund Art. 20 Abs. 3 GG i. V. m. Art. 2 Abs. 1 GG durch ein landgerichtliches Urteil in einer Mietsache BVerfGE 84, 366, 369 ff.

[961] BVerfGE 24, 33, 49; E 24, 367, 401; E 25, 352, 365; E 45, 297, 334; vgl. a. E 75, 108, 165; BAG NJW 1990, 2405, 2407.

[962] BVerfGE 24, 33, 49 f.; auf diese Entscheidung wird verwiesen in E 24, 367, 401 und E 25, 352, 365; erneute Begründung in E 45, 297, 334; zust. etwa *Jarass,* in: Jarass/Pieroth, GG, Art. 19 Rn. 25; *Schmidt-Bleibtreu,* in: Schmidt-Bleibtreu/Klein, GG, Art. 19 Rn. 26.

[963] S. insbes. *Schenke,* Rechtsschutz, 28 ff., 32 f., 35 f.; *ders.,* in: BK/GG, Bd. 3, Art. 19 Abs. 4 Rn. 249 ff., 251, 253; *Schulze-Fielitz,* in: Dreier, GG, Bd. 1, Art. 19 IV Rn. 36; sehr weitgehend *Huber,* in v. Mangoldt/Klein/Starck, GG, Bd. 1, Art. 19 Abs. 4 Rn. 440 ff.; *Krebs,* in: v. Münch/Kunig, GG, Art. 19 Rn. 56; zurückhaltender *Schmidt-Aßmann,* in Maunz/Dürig, GG, Bd. 2, Art. 19 IV Rn. 93 ff.; krit. hinsichtlich der systematischen Stellung des Art. 19 Abs. 4 GG dagegen *Dütz,* Gerichtsschutz, 110.

nicht um die Frage des „Ob und Wie“ der Rechtswegeröffnung gegen die gesetzgeberische Maßnahme selbst, sondern um die Klärung der materiellen verfassungsrechtlichen Voraussetzungen der Beschränkung der Kontrolldichte durch Gesetz. Daher kann der vorstehende Streit offen bleiben.

cc) Feststellung der Belegschaftsregelstärke durch den Wahlvorstand als Akt der öffentlichen Gewalt

Mit der Einräumung eines Beurteilungsspielraums würde der Gesetzgeber die Feststellung der Belegschaftsregelstärke durch den Wahlvorstand gegenüber allen im Rahmen des § 19 Abs. 2 S. 1 BetrVG zur Wahlanfechtung Berechtigten ein Stück weit der gerichtlichen Kontrolle entziehen. Dieser gemeinsame Akt der Mitglieder des Wahlvorstandes, der gemäß § 19 Abs. 1 Fall 3 BetrVG im Falle der falschen Anwendung von § 9 BetrVG als Verstoß gegen eine „wesentliche Vorschrift über das Wahlverfahren“[964] in seiner Auswirkung im Wahlergebnis die Wahl[965] grdsl. insgesamt anfechtbar macht,[966] ist daher der richtige Anknüpfungspunkt für Frage nach der Anwendbarkeit von Art. 19 Abs. 4 S. 1 GG.

Es fragt sich, ob die Mitglieder des Wahlvorstandes bei der Feststellung der Belegschaftsregelstärke als Teilakt der Einleitung der Wahl[967] „öffentliche Gewalt“ i. S. v. Art. 19 Abs. 4 S. 1 ausüben:

(1) Allgemeines zum Begriff der öffentlichen Gewalt

Der Begriff der öffentlichen Gewalt besitzt als Tatbestandsmerkmal die Funktion eines Vorfilters für die Gewährung von Rechtsschutz gemäß Art. 19 Abs. 4 GG.[968] Z. T. wird hier gefordert, dass, dem Schutzzweck von Art. 19 Abs. 4 GG entsprechend, sich der einzelne zur Staatsgewalt in einem Verhältnis der „typischen Abhängigkeit und Unterordnung“, also einer spezifischen Subordination befinde.[969] Zunächst einmal aber müssten der Wahlvorstand bzw. dessen Mitglieder überhaupt Träger von „öffentlicher“ Gewalt sein.

---

[964] Zur Einordnung in diese Fallgruppe vgl. etwa BAG SAE 1978, 3; explizit z. B. *Kreutz,* in: GK-BetrVG, Bd. 1, § 19 Rn. 25 f., 29; *F/K/H/E/S,* BetrVG, § 19 Rn. 19; *Schneider,* in: D/K/K, BetrVG, § 19 Rn. 9, 15; *Schlochauer,* in: H/S/G, BetrVG, § 19 Rn. 40, 23; *Eisemann,* in: ErfKzA, § 19 Rn. 5.

[965] Vgl. zum Gegenstand der Wahlanfechtung näher *Kreutz,* in: GK-BetrVG, Bd. 1, § 19 Rn. 11.

[966] Dies gilt nach der bisherigen Rspr. des BAG und nach wohl noch h. M. nicht nur bei einer Mehrheits-, sondern auch bei einer Verhältniswahl; hierzu s. Fn. 659.

[967] Vgl. § 18 Abs. 1 S. 1 BetrVG i. V. m. § 1 Abs. 1, § 3 Abs. 1 S. 1 und 2, Abs. 2 Nr. 4 WOBetrVG.

[968] *Schmidt-Aßmann,* in Maunz/Dürig, GG, Bd. 2, Art. 19 IV Rn. 45; insoweit zust. *Voßkuhle,* Rechtsschutz, 147.

[969] *Schmidt-Aßmann,* in Maunz/Dürig, GG, Bd. 2, Art. 19 IV Rn. 45; insoweit zust. *Voßkuhle,* Rechtsschutz, 147; *Schmidt-Bleibtreu,* in: Schmidt-Bleibtreu/Klein, GG, Art. 19 Rn. 20 m. w. N.; ähnlich (mit eingehender Analyse des Begriffes der öffentlichen Gewalt *Lorenz,* 83 ff., („Herrschaftsbeziehung“); dieses Verständnis findet in der Formulierung „Gewalt“ tatsächlich einen gewissen Anhalt. A. A. etwa *Krebs,* in: v. Münch/Kunig, Art. 19 Rn. 52.

(2) Wahlvorstand als Träger öffentlicher Gewalt

Schon die Möglichkeit der Bestellung eines Wahlvorstandes, letztlich also die Schaffung seiner Organstellung, ruht mit § 16 BetrVG auf einer privatrechtlichen Grundlage.[970] Er hat, wie auch der Betriebsrat, nach ganz h. M. allenfalls ein privates, keinesfalls aber ein „öffentliches" Amt[971] inne.[972] Gleiches gilt für die Ausübung seines Amtes: Die Pflichten gemäß § 18 Abs. 1 S. 1 BetrVG, insbesondere auch die Einleitung der Wahl, erfüllt der Wahlvorstand vor allem in Anwendung von Normen des BetrVG, hier § 9 BetrVG, und der Wahlvorschriften z. B. der WOBetrVG; er unterliegt damit im wesentlichen Regelungen, welche nach ganz h. M. dem („Sozial-")[973] Privatrecht zugehörig sind.[974] Die Mitglieder des Wahlvorstandes nehmen die durch mit dem BetrVG geschaffenen Aufgaben und Befugnisse wahr; hier handelt weder unmittelbar noch mittelbar die Staatsgewalt, sondern ein Organ der Betriebsverfassung, und zwar in Ausfüllung der betrieblichen Autonomie,[975] welche im wesentlichen privatrechtlich geregelt ist.

Es kann dabei offen bleiben, ob der Wahlvorstand selbst Rechtssubjektsqualität besitzt oder nur seine Mitglieder als natürliche Personen; jedenfalls sind sowohl ersterer als auch letztere nicht der Sphäre des öffentlichen Rechts, sondern des Privatrechts zuzuordnen und schon der Funktion nach nicht Träger „öffentlicher Gewalt" i. S. v. Art. 19 Abs. 4 S. 1 GG.[976] Allein die Schaffung einer gewissen faktischen Rechtsmacht des

---

[970] Zur Zuordnung der meisten Vorschriften des BetrVG zum Privatrecht s. Fn. 9. In diesem Zusammenhang soll nur der Vollständigkeit halber auf die ausführliche krit. Auseinandersetzung mit den unterschiedlichen Ansätzen und Kriterien zur Unterscheidung zwischen öffentlichem Recht und Privatrecht nach „Interessentheorie", „Subordinationstheorie" und der neueren „Subjekts-" oder „Sonderrechtstheorie(n)" bei *Reichold,* 419 ff. und bei *Wiese,* GK-BetrVG, Bd. 1, Einl. Rn. 91 ff. hingewiesen werden (vgl. dazu im einzelnen *Wolff/Bachof/Stober,* § 22 Rn. 13 ff.); hier erübrigt sich allerdings die weitere Diskussion, da erstens die privatrechtliche Einordnung der meisten Vorschriften des BetrVG der ganz h. M. entspricht, und zweitens auch die Parteienstellung der Antragsgegner im Wahlanfechtungsverfahren (vgl. § 19 Abs. 2 S. 1BetrVG) nicht auf eine öffentlich-rechtliche, sondern eine privatrechtliche Streitigkeit hindeutet; zu letzterem vgl. *Detterbeck,* AcP 192 (1992), 329 (m. w. N. in Fn. 20) und *Bethge,* NJW 1991, 2394.

[971] „Ehrenamt", vgl. *Kreutz,* in: GK-BetrVG, Bd. 1, § 16 Rn. 80 ff.

[972] S. hierzu S. 126 und die Nachweise in Fn. 797.

[973] So insbes. auch in Bezug gerade auf die Vorschriften über die Errichtung des Betriebsrats *Reichold,* 451 ff.

[974] Zur Privatrechtsqualität der Normen des BetrVG s. S. 126 und Fn. 9; auch die Wahlvorschriften, an sich für das öffentliche Recht typische Strukturelemente, sind als Privatrecht zu deuten, *Wiese,* GK-BetrVG, Bd. 1, Einl. Rn. 98.

[975] Die Betriebsverfassung beschreibt *Reichold* trefflich als „Organisation der Freiheit auf Gegenseitigkeit", vgl. *ders.,* 433 ff.

[976] Natürliche und juristische Personen des Privatrechts sind grdsl. keine Träger öffentlicher Gewalt, es sei denn, ihnen wäre eine solche besonders zugeordnet, etwa durch Beleihung, vgl. *Schmidt-Aßmann,* in Maunz/Dürig, GG, Bd. 2, Art. 19 IV Rn. 55; *Schenke,* in: BK/GG, Bd. 3, Art. 19 Abs. 4 Rn. 172 f.; zu beachten ist allerdings das gerade im Verhältnis zum eher engen Verständnis des Begriffes der „öf-

Wahlvorstandes bzw. seiner Mitglieder durch die im BetrVG festgelegten Befugnisse vermag auch keine für die Ausübung öffentlicher Gewalt spezifische Subordination zu schaffen.

Das Handeln der Mitglieder des Wahlvorstandes ist nach alledem nicht staatliches, sondern privatrechtliches Handeln. Die Feststellung der Belegschaftsregelstärke durch den Wahlvorstand stellt daher keinen Akt der „öffentlichen Gewalt" dar und unterfällt nicht der Rechtsweggarantie nach Art. 19 Abs. 4 S. 1 GG; deren Anwendungsbereich ist nicht eröffnet. Welche subjektiven Rechtspositionen als verletzt in Betracht kämen, ist deswegen nicht zu untersuchen.

k) Garantie gerichtlichen Rechtsschutzes als Ausprägung insbesondere des Rechtsstaatsprinzips

Bildet Art. 19 Abs. 4 S. 1 GG das verfassungsrechtliche Zentrum der öffentlich-rechtlichen Diskussion um die Reduktion der Kontrolldichte durch den Beurteilungsspielraum,[977] so stellt, soweit diese Problematik im Zusammenhang mit § 9 BetrVG als Teil des Privatrechts überhaupt diskutiert wird, hier die mögliche Verletzung der rechtsstaatlichen Garantie gerichtlichen Rechtsschutzes, also Gerichtsschutzes,[978] als spezifische Auswirkung den parallelen verfassungsrechtlichen Ansatzpunkt dar.[979]

---

fentlichen" Gewalt sehr weite Verständnis des Begriffes der „vollziehenden Gewalt", hierzu etwa *Schulze-Fielitz,* in: Dreier, GG, Bd. 1, Art. 19 IV Rn. 37.

977 S. die Nachweise in Fn. 945.

978 Zur Terminologie *Dütz,* Gerichtsschutz, 9; *Schmidt-Aßmann,* in: Schoch/Schmidt-Aßmann/Pietzner, VwGO, Bd. 1, Einl. Rn. 51. Es entspricht deutscher Tradition, das Rechtswesen vor allem als Gerichtswesen zu sehen, *Sobota,* 188; s. a. *Stern,* Staatsrecht, Bd. 1, § 20 IV 5, 838 ff.; eine Synopse insbes. von Art. 19 Abs. 4, 10 Abs. 2 S. 2 und Art. 92 Hs. 1 GG spiegelt das Verständnis von Rechtsschutz als Gerichtsschutz als Grundlage auch des Grundgesetzes wider; die sachlichen Gründe dafür liegen m. E. vor allem in der Unabhängigkeit der Richter, Art. 97 Abs. 1 GG, und in deren Neutralität (hierzu etwa BVerfGE 26, 186, 198), welche durch die gemäß Art. 79 Abs. 3 GG unabänderliche Verselbständigung der Judikative ggü. Legislative und Exekutive nach Art. 20 Abs. 2 S. 2 GG erst ermöglicht wird; vgl. zum Rechtsschutz als Gerichtsschutz die Darstellung bei *Dütz,* a. a. O., 99 ff., 104 ff., insbes. 109 ff.; s. a. *Vollkommer,* GS Bruns, 202 f.; *Papier,* in: Isensee/Kirchhof, Handbuch Staatsrecht, Bd. VI, § 153 Rn. 7 f.; aus neuester Zeit *Distler,* 82; zum Rechtsweg gemäß Art. 19 Abs. 4 S. 1 GG als Weg zu den Gerichten vgl. etwa BVerfG E 11, 232, 233; 49, 329, 340; parallel zum „Justizgewährleistungsanspruch" BVerfGE 85, 337, 345 m. w. N.; *Papier,* in: Isensee/Kirchhof, Handbuch Staatsrecht, Bd. 6, § 153 Rn. 8; *Schenke,* in: BK/GG, Bd. 3, Art. 19 Abs. 4 Rn. 77, 172.

979 Vgl. allgemein für den Bereich des Privatrechts *Dütz,* Gerichtsschutz, 219 ff., 223 ff., 227 f.; speziell zu § 9 BetrVG *Nipperdey,* DB 1977, 1093, 1095; *ders.,* DB 1980, 1645.

aa) Allgemeines zur grundgesetzlichen[980] Gewährleistung wirkungsvollen gerichtlichen Rechtsschutzes unter dem Aspekt der gerichtlichen Kontrolldichte

Auch für privatrechtliche Streitigkeiten im materiellen Sinne, zu denen auch der Streit um die Rechtmäßigkeit der Feststellung der Belegschaftsregelstärke durch den Wahlvorstand im Rahmen eines Wahlanfechtungsverfahrens vor den Arbeitsgerichten gehört,[981] ist mittlerweile eine allgemeine Garantie wirkungsvollen gerichtlichen Rechtsschutzes anerkannt.[982]

---

[980] Die Europäische Menschenrechtskonvention nimmt nach ganz h. M. im Normgefüge des innerstaatlichen Rechtes der BRD nur den Rang einfachen Bundesrechtes ein (BVerfGE 74, 358, 370; BVerfG NJW 1997, 2811 f.; BVerwGE 52, 313, 334; aus der Lit. s. nur etwa *Frowein,* in: Frowein/Peukert, EMRK, Einführg. Rn. 6; *Schweitzer,* Rn. 709; *Oppermann,* Rn. 69; wohl auch *Doehring,* Rn. 723; *Dreier,* in: Dreier, GG, Bd. 1, Art. 1 II Rn. 15 (m. w. N. in Fn. 55); *Jarass,* in: Jarass/Pieroth, GG, Art. 25 Rn. 8 (m. w. N.); *Herdegen,* in: Maunz/Dürig, GG, Bd. 3, Art. 25 Rn. 22; *Kannengießer,* in: Schmidt-Bleibtreu/Klein, GG, Vorb. v. Art. 1 Rn. 24 b. (m. w. N.); *v. Münch,* in: v. Münch/Kunig, GG, Bd. 1, Vorb. Art. 1 – 19 Rn. 76; *Kunig,* in: v. Münch/Kunig, GG, Bd. 1, Art. 1 Rn. 47; *Huber,* in: v. Mangoldt/Klein Starck, GG, Bd. 1, Art. 19 Abs. 4 Rn. 544; *Stern,* Staatsrecht, Bd. III/1, § 62 III 6. b) α); *Badura,* C. Rn. 11; *Schilken,* Rn. 109; offengelassen bei *Dütz,* Gerichtsschutz, 62 f. A. A. und für den Verfassungsrang argumentiert *Bleckmann,* Völkerrecht, Rn. 932 ff.). Diese Arbeit hat aber nur die verfassungsrechtliche Problematik von Beurteilungsspielräumen zum Gegenstand. Daher ist hier nicht weiter auf die Frage einzugehen, ob Art. 6 Abs. 1 S. 1 EMRK eine allgemeine Gerichtsschutzgarantie enthält; hierzu *Tonne,* 147 ff., insbes. 151 ff., 170 f. (zur gerichtlichen Kontrolldichte u. a. bei Beurteilungsspielräumen); s. einerseits ablehnend z. B. *Dütz,* Gerichtsschutz, 63 ff.; *Papier,* in: Isensee/Kirchhof, Handbuch des Staatsrechts, Bd. 6, § 153, Rn. 9; s. andererseits die Rspr. des GH bilanzierend und wohl bejahend etwa *Peukert,* in: Frowein/Peukert, EMRK, Art. 6 Rn. 53 f.; so wohl auch *Miehsler/Vogler,* in: Golsong/Karl/Miehsler u. a., IntKommEMRK, Ordner 1, Art. 6 EMRK Rn. 266 ff.; *Schumann,* in: Stein/Jonas, ZPO, Bd. 1, 20. Aufl., Einl. III C, Rn. 206; *Rosenberg/Gottwald/Schwab,* § 3 I.; vgl. a. *Hartmann,* in: Baumbach/Lauterbach/Albers/Hartmann, ZPO, Grundz. § 253 Rn. 2; offengelassen in BVerfGE 14, 1, 8. M. E. trägt der sehr allgemein gehaltene Wortlaut („ ... everyone is entitled to a fair and public hearing within a reasonable time by an independent and impartial tribunal established by law ... “) eine Auslegung i. S. eines generellen Verbotes von Beurteilungsspielräumen wohl ohnehin nicht; es überrascht daher nicht, dass nach der Analyse bei *Tonne,* 171 (m. w. N. in Fn. 135) eine vollständige Kontrolle von Beurteilungsspielräumen jedenfalls gegenwärtig von der Rechtsprechung und den Konventionsorganen nicht gefordert wird.

Mangels gemeinschaftsrechtlichen Bezuges kann auch die Frage nach einer Gewährleistung effektiven Rechtsschutzes durch staatliche Gerichte aufgrund des Europäischen Gemeinschaftsrechts offenbleiben; hierzu ausführlich *Tonne,* insbes. 191 ff.

[981] S. hierzu S. 158 und Fn. 970; zur Zuweisung an die Arbeitsgerichtsbarkeit im Beschlussverfahren s. §§ 1, 2 a Abs. 1 Nr. 1, Abs. 2, 80 Abs. 1 und 3, 48 Abs. 1 ArbGG und BAGE 41, 275, 278; BAG, Beschl. v. 13.3.1991 – 7 ABR 5/90 = AP § 19 BetrVG 1972 Nr. 20; *Wieser,* Rn. 47; *Leinemann,* in: GK-BetrVG, Bd. 1, § 2 a Rn. 34.

[982] Vgl. nur aus neuerer Zeit *Maurer,* FS 50 J. BVerfG, Bd. 2, 492; *Redeker,* NJW 2000, 1796; *Scholz,* GS Grabitz, 725, 727; zur Grundlegung *Dütz,* Gerichtsschutz, 56 ff, 133 f., 292; s. dort insbes. 118 ff. zur Garantie umfassender tatsächlicher und rechtlicher gerichtlicher Prüfung; s. a. die nun folgenden Nachweise zu den Einzelheiten.

(1) Die Rechtsprechung des BVerfG

Das BVerfG leitet in erster Linie aus dem Rechtsstaatsprinzip[983] für privatrechtliche, mit anderen Worten bürgerlich-rechtliche Streitigkeiten im materiellen Sinne, die Gewährleistung eines wirkungsvollen Rechtsschutzes ab.[984] Teils bezeichnet es diese als (staatliche) „Justizgewährungspflicht",[985] teils ist, hiermit korrespondierend, insbesondere in der neueren Rechtsprechung von einem grundrechtlich durch Art. 2 Abs. 1 GG in Verbindung mit dem Rechtsstaatsprinzip verbürgten „Justizgewährungsanspruch" die Rede.[986] Die Garantie effektiven Rechtsschutzes stellt die Kehrseite des staatlichen Gewaltmonopols und des grundsätzlichen Verbotes der Selbsthilfe dar.[987]

In dieser Arbeit geht es um die Kontrolldichte als Teilaspekt der Garantie gerichtlichen Rechtsschutzes. Nach der ständigen Rechtsprechung des BVerfG umfasst die genannte Garantie effektiven Rechtsschutzes eine grdsl. umfassende tatsächliche und rechtliche Prüfung des Streitgegenstandes sowie eine verbindliche Entscheidung durch den Richter.[988] Speziell für das arbeitsgerichtliche Verfahren hat das BVerfG eine Verletzung des verfassungsrechtlichen Anspruchs auf effektiven Rechtsschutz aus Art. 2 Abs. 1 i. V. m. Art. 20 Abs. 3 GG etwa darin gesehen, dass ein Gericht allein in seiner Sphäre liegende Risiken der Benutzung eines Faxgerätes zur Einsendung eines fristwahrenden Schriftsatzes auf den rechtssuchenden Bürger abwälzt.[989]

(2) Die Position der Lehre

Hinsichtlich des hier maßgeblichen inhaltlichen Aspektes der grdsl. vollumfänglichen tatsächlichen und rechtlichen gerichtlichen Überprüfung des jeweiligen Streitgegenstandes als Teil einer grundgesetzlich verankerten Garantie wirkungsvollen gerichtlichen Rechtsschutzes stimmt die ganz h. L. mit dieser Rechtsprechung überein.[990] Die-

---

[983] Zur Verankerung des Rechtsstaatsprinzips im Grundgesetz s. Fn. 781.

[984] BVerfGE 54, 277, 291; E 84, 366, 369; E 85, 337, 345; E 88, 118 (Ls.), 123; E 93, 99, 107; NJW 1997, 2811f.; unter Rückgriff zusätzlich insbes. auf Art. 92 GG BVerfG NJW 1999, 349; s. a. BVerfG NVersZ 2000, 132 f.; ständige Rspr.; zum Einfluss der materiellen Grundrechte auf zivilprozessuale Fragen in den Entscheidungen des BVerfG, dokumentiert anhand von BVerfG 1 bis 60, *Schumann*, Bundesverfassungsgericht, insbes. S. 86 ff (tabellarische Zusammenstellung).

[985] BVerfGE 85, 337 (Ls. 1), 345.

[986] BVerfG EuGRZ 2000, 491 f.; NJW-RR 2000, 946 f.; NJW 1999, 349; BVerfGE 85, 337, 345; E 80, 103, 107; vgl. a. E 88, 118 (Ls.), 123 („Anspruch" / „Grundrecht" auf Gewährung wirkungsvollen Rechtsschutzes); s. zu dieser Analyse auch *Maurer*, FS 50 J. BVerfG, Bd. 2, 491 m. N. in Fn. 133.

[987] S. nur BVerfGE 54, 277, 291 ff.

[988] BVerfGE 54, 277, 291; E 80, 103, 107; E 84, 366, 369; E 85, 337, 345; vgl. a. die Verweisung in E 88, 118, 123; s. insbes. auch BVerfG NJW 1997, 311 f. u. 2811f.; NJW 1999, 349; BVerfG NVersZ 2000, 132 f.

[989] BVerfG NZA 1996, 1173; weitere Beispiele aus der Rspr. des BVerfG bei *Höfling/Rixen*, AöR 125 (2000), 613, 625 m. entsprechenden N.

[990] S. nur etwa *Dütz*, Gerichtsschutz, 104 ff., 115, 118 ff.; *Detterbeck*, AcP 192 (1992), 328; *Sobota*, 200; *Scholz*, GS Grabitz, 731; *Papier*, in: Isensee/Kirchhof, Handbuch Staatsrecht, Bd. 6, § 153 Rn.

se einheitliche Sicht des Grades der gerichtlichen Kontrolldichte entspricht der ganz überwiegenden befürworteten Tendenz einer weitgehenden inhaltlichen Parallelität der allgemeinen Justizgewährungspflicht und der Rechtsschutzgarantie des Art. 19 Abs. 4 S. 1 GG.[991] Man kann daher bezüglich der an der Effektivität gerichtlichen Rechtsschutzes ausgerichteten Kontrolldichte mit *Schmidt-Aßmann* von einer Komponente des „allgemeinen Rechtsschutzstandards" sprechen.[992] Divergenzen ergeben sich allerdings in der Terminologie, in der verfassungsrechtlichen Grundlegung sowie hinsichtlich der Frage der Qualifizierung der Garantie gerichtlichen Rechtsschutzes als subjektiv-öffentliches Recht, wie sogleich zu zeigen sein wird.

(a) Terminologie, objektiv- und subjektiv-rechtlicher Aspekt

Ein großer Teil der Lehre spricht einheitlich vom (allgemeinen) „Justizgewähr(leist)(ungs)anspruch".[993] Demgegenüber scheint es vorzugswürdig, zwischen der „allgemeinen Justizgewährungspflicht" als objektiv-rechtlicher Komponente und ei-

---

16; *Badura,* H Rn. 23; *Heyde,* in: Benda/Maihofer/Vogel, Handbuch Verfassungsrecht, § 33 Rn. 49; *Sommermann,* in: v. Mangoldt/Klein/Starck, GG, Bd. 2, Art. 20 Abs. 3 Rn. 311; *Schulze-Fielitz,* in: Dreier, GG, Bd. 2, Art. 20 (Rechtsstaat) Rn. 197; *Schmidt-Bleibtreu,* in: Schmidt-Bleibtreu/Klein, GG, Art. 20 Rn. 21; *Jarass.* in: Jarass/Pieroth, GG, Art. 20 Rn. 66; *Bethge,* NJW 1991, 2393; *Voßkuhle,* NJW 1995, 1381 (in Fn. 56); *Vollkommer,* in: Zöller, ZPO, Einl. Rn. 51; *Musielak,* ZPO, Einl. Rn. 6; *Rosenberg/Schwab/Gottwald,* § 3 I.; *Kissel,* GVG, Einl. Rn. 200 f.; *Schilken,* Rn. 87 ff., 94, 100, 102 f.; i. d. S. a. *Coen,* DB 1984, 2459, 2461 m. w. N. in Fn. 19; so ist m. E. auch *Schumann,* in: Stein/Jonas, ZPO, Bd. 1 (20. Aufl.), Einl. III C Rn. 207 („umfassender Rechtsschutz") zu verstehen; zur Wahrheitsprüfung (und damit der Sachprüfung) *Stürner,* Aufklärungspflicht, 35, 38, 43; *Echterhölter*, BArbBl. 11/1992, 9 f.; insoweit zust. anscheinend auch *Huber,* in: v. Mangoldt/Klein/Starck, GG, Bd. 1, Art. 19 Abs. 4 Rn. 365.

991 BVerfGE 88, 118, 123; *Coen,* DB 1984, 2461 m. w. N. in Fn. 19; *Schmidt-Aßmann,* in: Maunz/Dürig, GG, Bd. 2, Art. 19 IV Rn. 17; *ders.,* in: Schoch/Schmidt-Aßmann/Pietzner, VwGO, Bd. 1, Einl. Rn. 51; *Sobota,* 189; vgl. a. *Schulze-Fielitz,* in: Dreier, GG, Bd. 1, Art. 19 IV Rn. 28 und Bd. 2, Art. 20 (Rechtsstaat) Rn. 198; Echterhölter, BArbBl. 11/1992, 9 f.; *Maurer,* FS 50 J. BVerfG, Bd. 2, 493 m. N. in Fn. 143, 133. Krit. unter Hinweis auf die fehlende dogmatische Begründbarkeit, jedoch gerade im Hinblick auf die Kontrolldichte mit der h. M. anscheinend übereinstimmend *Huber,* in: v. Mangoldt/Klein/Starck, GG, Bd. 1, Art. 19 Abs. 4 Rn. 363, 365 f.

992 *Schmidt-Aßmann,* in: Maunz/Dürig, GG, Bd. 2, Art. 19 IV Rn. 17 f., 19 a. E.; zust. bezüglich der Garantie gerichtlichen Rechtsschutzes *Detterbeck,* AcP 192 (1992), 330 (in Fn. 26); in diesem Sinne auch *Papier,* in: Isensee/Kirchhof, Handbuch Staatsrecht, Bd. 6, § 153 Rn. 5 und § 154 Rn. 12; vgl. a. *Voßkuhle,* NJW 1995, 1381 (in Fn. 56).

993 S. etwa *Scholz,* GS Grabitz, 725, 727 bis 730, bei dem wegen der eindeutigen sachlichen Differenzierung die fehlende terminologische Unterscheidung zwischen (objektiv-rechtlicher) Justizgewährungspflicht und (subjektiv-rechtlichem) Justizgewährungsanspruch sehr deutlich zu Tage tritt; vgl. a. *Papier,* in: Isensee/Kirchhof, Handbuch Staatsrecht, Bd. 6, § 153, Rn. 1, 7, 16, 24; *Detterbeck,* AcP 192 (1992), 325, 327 ff., *Scholz,* GS Grabitz, 725, 727 ff.; *Schulze-Fielitz,* in: Dreier, GG, Bd. 1, Art. 19 IV Rn. 26 und a. a. O., Bd. 2, Art 20 (Rechtsstaat) Rn. 197 f.; *Sommermann,* in: v. Mangoldt/Klein/Starck, GG, Bd. 2, Art. 20 Rn. 210 (Fn. 157), Rn. 312; *Jarass,* in: Jarass/Pieroth, GG, Art. 19 Rn. 19 und Art. 20 Rn. 64 ff.; *Bethge,* NJW 1991, 2393; *Rosenberg/Schwab/Gottwald,* § 3 I.; *Schumann,* in: Stein/Jonas, ZPO, Bd. 1, 20. Aufl., Einl. III C, Rn. 207 ff.; *Vollkommer,* in: Zöller, ZPO, Einl. Rn. 48; *Musielak,* ZPO, Einl. Rn. 6; *Hartmann,* in: Baumbach/Lauterbach/Albers/Hartmann, ZPO, Grundz. § 253 Rn. 2.

nem hiermit korrespondierenden „allgemeinen Justizgewährungsanspruch“ als subjektiv-rechtlicher Komponente zu unterscheiden.[994] Gedanklich zu trennen ist hiervon die Diskussion um den sogenannten „Rechtsschutzanspruch“; dieser beschreibt den Anspruch einer der Parteien eines Zivilprozesses auf eine der materiellen und prozessualen Rechtslage entsprechende gerichtliche, ihr günstige gerichtliche (Sach-) Entscheidung, betrifft also damit deren Inhalt.[995] Dagegen postuliert der Justizgewährungsanspruch bestimmte Anforderungen an den Weg der Entscheidungsfindung durch das Gericht.[996]

(b) Grundgesetzliche Verankerung

Was die verfassungsrechtliche Verankerung der allgemeinen Justizgewährungspflicht anbelangt, so entspricht deren Verankerung vor allem im Rechtsstaatsprinzip[997] sowie ergänzend in den einzelnen Grundrechten und dem ihnen innewohnenden Prinzips effektiven Rechtsschutzes[998] der heute ganz h. L. Bezüglich des Inhaltes der allgemeinen Justizgewährungspflicht besteht hinsichtlich der hier allein interessierenden gerichtli-

---

[994] *Huber,* in: v. Mangoldt/Klein/Starck, GG, Bd. 1, Art. 19 Abs. 4 Rn. 363, 365 f.; *Schmidt-Aßmann,* in: Maunz/Dürig, GG, Bd. 2, Art. 19 IV Rn. 16; *ders.,* in: Schoch/Schmidt-Aßmann/Pietzner, VwGO, Bd. 1, Einl. Rn. 51; vgl. a. *Sobota,* 188 f., 200.

[995] Vgl. *Schumann,* in: Stein/Jonas, ZPO, Bd. 1 (20. Aufl.), Einl. III C Rn. 212, 214; *Vollkommer,* GS Bruns, 198 f.; aus dem neueren Schrifttum *Detterbeck,* AcP 192 (1992), 333, 337.

[996] Vgl. *Schumann,* in: Stein/Jonas, ZPO, Bd. 1 (20. Aufl.), Einl. III C Rn. 212; *Vollkommer,* GS Bruns, 197; *Detterbeck,* AcP 192 (1992), 337.

[997] Zur grundgesetzlichen Verankerung der Gerichtsschutzgararantie im Privatrecht ausführl. *Dütz,* Gerichtsschutz, 67 ff., insbes. 82 ff., 87 (Art. 92 GG) und 95 ff., 104, 109 ff., 113 (Ausgestaltung des Rechtsstaatsprinzips; Synopse insbes. der Art. 1 Abs. 3, 19 Abs. 4, 20 Abs. 2 u. 3, 28 u. 92 GG); *Musielak,* ZPO, Einl. Rn. 6; *Gottwald/Schwab,* 32; *Schumann,* in: Stein/Jonas, ZPO, Bd. 1 (20. Aufl.), Einl. III C Rn. 207; *Rosenberg/Schwab/Gottwald,* § 3 I; *Schenke,* in: BK/GG, Bd. 3, Art. 19 Abs. 4 Rn. 172; *Brockmeyer,* in: Schmidt-Bleibtreu/Klein, GG, Art. 20 Rn. 21; *Jarass,* in. Jarass/Pieroth, GG, Art. 20 Rn. 66; *Kissel,* GVG, Einl. Rn. 200 f.; *Schulze-Fielitz,* in: Dreier, GG, Bd. 1, Art. 19 IV Rn. 28; *ders.,* a. a. O., Bd. 2, Art. 20 (Rechtsstaat) Rn. 197; *Heyde,* in: Benda/Maihofer/Vogel, Handbuch Verfassungsrecht, § 33 Rn. 49; *Huber,* in: v. Mangoldt/Klein/Starck, GG; Bd. 1, Art. 19 Abs. 4 Rn. 363, 366; *Sommermann,* in: v. Mangoldt/Klein/Starck, GG, Bd. 2, Art. 20 Rn. 312; *Papier,* in: Isensee/Kirchhof, Handbuch Staatsrecht, Bd. 6, § 153 Rn. 1, 7 f., 24; *Sobota,* 189, 193; *Distler,* 82 f.; offengelassen bei *Vollkommer,* in: Zöller, ZPO, Einl. Rn. 48, 51. Nicht notwendig eine Gerichtsschutzgarantie nimmt dagegen etwa *Haag,* 73 ff., 77 f., an.

[998] So etwa *Benda/Weber,* ZZP 96 (1983), 292 f.; *Bethge,* NJW 1991, 2393; *Detterbeck,* AcP 192 (1992), 328 f. (mit umfangr. Nachw. in Fn. 18); *Schmidt-Aßmann,* in: Maunz/Dürig, GG, Art. 19 Abs. IV Rn. 16; *Scholz,* GS Grabitz, 728 f.; *Stürner,* 34, 39 f.; *ders.,* JZ 1986, 527; Echterhölter, BArbBl. 11/1992, 9; vorrangig auf die verfahrensrechtliche Dimension der Grundrechte abstellend *Krebs,* in: v. Münch/Kunig, GG, Art. 19 Rn. 50. A. A. etwa *Habscheid,* ZZP 96 (1983), 307 (m. w. N. zu anderen Ansätzen): Art. 103 Abs. 1 GG; gegen den Ansatz über Art. 103 Abs.1 in neuester Zeit *Distler,* 82.

chen Kontrolldichte Übereinstimmung zwischen der ganz h. L. und dem BVerfG.[999] Daher ist auf die entsprechende Diskussion hier nicht weiter einzugehen.[1000]
Die Existenz eines Justizgewährungsanspruches als „subjektiv-öffentliches Recht“[1001] ist heute in der Lehre ganz überwiegend anerkannt;[1002] der entsprechende Streit kann ebenso wie die Frage, ob es zur Subjektivierung der allgemeinen Justizgewährungspflicht als objektiv-rechtliche Komponente der allgemeinen Justizgewährungsgarantie eines Rückbezuges auf Grundrechte bedarf,[1003] offengelassen werden, denn die Möglichkeit des Einzelnen, eine Verletzung der staatlichen, allgemeinen Justizgewährungspflicht (gerichtlich) geltend zu machen, berührt nicht die Problematik der (materiell-rechtlichen) Begründbarkeit eines Beurteilungsspielraums.[1004]

bb) Möglicher Konflikt mit einem Beurteilungsspielraum des Wahlvorstandes

Sowohl der Schutzbereich eines eventuell sogar als Grundrecht garantierten Justizgewährungsanspruches als auch der Regelungsbereich einer allgemeinen Justizgewäh-

---

[999] S. die Nachw. in Fn. 988 und 990.

[1000] Insoweit ist dieser Streit tatsächlich rein theoretischer Natur, so generalisierend *Musielak*, Grundkurs ZPO, Rn. 11.

[1001] Dies bedeutet die „einem Rechtssubjekt in öffentlich-rechtlichen Vorschriften eingeräumte Rechtsmacht, mit Hilfe der Rechtsordnung eigene Interessen zu verfolgen“, *Erichsen*, in: Erichsen, § 11 Rn. 30.

[1002] Ausdrückl. Bezeichnung als subjektiv-öffentliches Recht bei *Bethge*, NJW 1991, 2393; *Detterbeck*, AcP 192 (1992), 327; Stürner, Aufklärungspflicht, 31; *Vollkommer*, GS Bruns, 197; so auch *Papier*, in: Isensee/Kirchhof, Handbuch Staatsrecht, Bd. 6, § 153 Rn. 5, 23 f., der lediglich die spezielle Subjektivierungsform als Grundrecht bestreitet; der Sache nach auch *Schmidt-Aßmann*, in: Isensee/Kirchhof, Handbuch Staatsrecht, Bd. 1, § 24 Rn. 71; *Jarass*, in: Jarass/Pieroth, GG Art. 20 Rn. 65 (Leistungsanspruch des Bürgers); *Schulze-Fielitz*, in: Dreier, GG, Bd. 1, Art. 19 IV Rn. 26; *Heyde*, in: Benda/Maihofer/Vogel, Handbuch Verfassungsrecht, § 33 Rn. 49; *Benda/Weber*, ZZP 96 (1983), 292; *Habscheid*, ZZP 96 (1983), 307; aus der älteren Literatur vgl. bejahend etwa *Blomeyer*, FS Bötticher, 62 ff.; 75. A. A. ausdrückl. *Scholz*, GS Grabitz, 7, der allerdings nicht die Möglichkeit einer anderen Subjektivierungsform als die einer grundrechtlichen in Betracht zieht.

[1003] So etwa *Huber*, in: v. Mangoldt/Klein/Starck, GG, Bd. 1, Art. 19 Abs. 4 Rn. 363, 366; *Scholz*, GS Grabitz, 729 f. (dort auch zur dogmatischen Verortung der Position des BVerfG).

[1004] Auf die Bedenken von *Huber*, in: v. Mangoldt/Klein/Starck, GG, Bd. 1, Art. 19 Abs. 4 Rn. 363, 365, 366, welcher der h. M. mangelnde dogmatische Stringenz vorwirft, weil sie aus der grdsl. objektiv-rechtlichen Grundlegung der allgemeinen Justizgewährungspflicht im Rechtsstaatsprinzip keine Konsequenzen hinsichtlich des Inhaltes des angeblich nur über die Grundrechte zu gewinnenden Justizgewährungsanspruches zieht, soll hier nur hingewiesen werden, denn *Huber* scheint im hier interessierenden Punkt der Kontrolldichte mit der h. M. übereinzustimmen. Im übrigen ist seiner Kritik grdsl. entgegenzuhalten, dass subjektive verfassungsrechtliche Positionen gerade nicht nur in Grundrechtsform denkbar sind, wie bereits ein Blick auf Art. 93 Abs. 1 Nr. 4 a 2. Hs. GG zeigt; die These der Subjektivierbarkeit nur über die Grundrechtsanbindung lässt sich daher m. E. nicht halten. Dass dieser Streit maßgeblich die Diskussion um die Möglichkeit einer der Erhebung einer Verfassungsbeschwerde beeinflusst, zeigen die Ausführungen bei *Scholz*, GS Grabitz, 729.

rungspflicht ist mit der Ableitung eines Beurteilungsspielraums i. S. einer reduzierten arbeitsgerichtlichen Überprüfung der Feststellung der Belegschaftsregelstärke in rechtlicher Hinsicht grdsl. berührt. Gerade hier ist nun aber zu beachten, dass dieser Spielraum nach der ganz h. M. mit der Verankerung im Tatbestandsmerkmal „in der Regel" mit § 9 S. 1 BetrVG in einer materiell-rechtlichen Norm begründet liegt:[1005]

(1) Konsequenzen der Verankerung des Beurteilungsspielraums im materiellen Recht gemäß der h. M.

Legt man diesen Ausgangspunkt zugrunde, so entfällt ein Konflikt des Beurteilungsspielraums mit der Garantie gerichtlichen Rechtsschutzes:

Die Rechtsschutzgarantie gegen Akte der öffentlichen Gewalt nach Art. 19 Abs. 4 S. 1 GG setzt eine materielle, subjektive zu schützende bzw. durchzusetzende Rechtsposition voraus, schafft diese nicht selbst.[1006] Nichts anderes kann insbesondere eingedenk der generell als weitgehend parallel angesehenen Inhalte[1007] für die Garantie gerichtlichen Rechtsschutzes im Privatrecht gelten: Über den Umfang der materiellen, zu schützenden Rechtsposition trifft die insoweit als formell zu bezeichnende allgemeine Garantie gerichtlichen Rechtsschutzes keine Aussage.[1008] Folgt man nun der hier auf dem Prüfstand stehenden h. M. hinsichtlich der materiell-rechtlichen Verankerung des Beurteilungsspielraums des Wahlvorstandes, was der Struktur nach der Dogmatik der normativen Ermächtigungslehre im öffentlichen Recht entspricht, dann kann sich bei Annahme eines Beurteilungsspielraums mit dessen Begründung aus der materiellen Regelung heraus ebensowenig ein Konflikt mit der allgemeinen Gerichtsschutzgarantie ergeben, wie dies im Verwaltungsrecht hinsichtlich der Rechtsschutzgarantie gemäß Art. 19 Abs. 4 S. 1 GG der Fall ist:[1009] Die Beurteilungsermächtigung ist in dieser Auslegungsvariante im materiellen Recht des BetrVG, nämlich in § 9 BetrVG selbst angelegt. Wenn diese Vorschrift die materielle Rechtslage und damit auch eine mögli-

---

[1005] S. hierzu S. 114 f.

[1006] S. die Nachw. in Fn. 949.

[1007] S. hierzu die Nachw. in Fn. 991.

[1008] So klar etwa *Bethge*, NJW 1991, 2393; *Detterbeck*, AcP 192 (1992), 327; vgl. *Benda/Weber*, ZZP 96 (1983), 287 (Ziel des Justizgewährungsanspruchs ist die „Feststellung und Durchsetzung" eigener privater subjektiver Rechte); ebenso *Konzen/Rupp*, DB 1984, 2695, 2699; vgl. (in Abgrenzung zum umstrittenen sog. „Rechtsschutzanspruch") a. *Schumann*, in: Stein/Jonas, ZPO, Bd. 1, 20. Aufl., Einl. III C Rn. 212; so im Ergebnis auch *Echterhölter*, BArbBl. 1992, 10 a. E.; anderes wird, soweit ersichtlich, nicht vertreten; dass insbes. auch das BVerfG hiervon ausgeht, wird daran klar, dass dieses zur Grenze der Ausgestaltungsmacht des Gesetzgebers formuliert, der gerichtlichen Durchsetzung (!) eines materiellen Anspruches dürften keine unangemessen hohen Verfahrenshindernisse in den Weg gesetzt werden (E 54, 115, 128); vgl. in diesem Sinne auch BVerfGE 54, 277, 293; E 84, 366, 369 f.

[1009] Vgl. zu diesem Gedanken der normativen Ermächtigungslehre bezüglich Art. 19 Abs. 4 S. 1 GG die Nachw. in Fn. 217; speziell für die allgemeine Garantie gerichtlichen Rechtsschutzes *Dütz*, Gerichtsschutz, 125 ff., 227; zustimmend *Hummer*, 56 f.: „Die gesetzgeberische Gestaltung des materiellen Rechts berührt die Problematik der Justizverweigerung ... nicht, sondern eine völlig andere Ebene des Rechtsgefüges".

che Rechtsposition des Arbeitgebers oder der Arbeitnehmer jedenfalls hinsichtlich der Kontrolldichte ausgestaltet, also insoweit inhaltlich definiert, und eine Rechtsschutzgarantie nicht weiter geht als die von ihr vorausgesetzte materielle Rechtsposition, kann auch die allgemeine Gerichtsschutzgarantie nicht verletzt sein.

Auch für die allgemeine rechtsstaatliche Garantie gerichtlichen Rechtsschutzes gilt jedoch, was bereits an früherer Stelle für Art. 19 Abs. 4 S. 1 GG festgestellt wurde:[1010] Mit der Möglichkeit eines am gesetzgeberischen Willen gemessen ungerechtfertigten Hineinlesens von Beurteilungsermächtigungen in materiell-rechtliche Normen ist die Gefahr einer Umgehung der grundgesetzlichen Rechtsschutzgarantien verbunden.[1011] So kann der im Grunde richtige Ansatz der normativen Ermächtigungslehre zum Taschenspielertrick degenerieren. Dem muss durch äußerst gründliche Auswahl wie auch Prüfung des Vorliegens der entsprechenden Auslegungskriterien begegnet werden. Ob dies von der hier auf dem Prüfstand stehenden h. M. hinsichtlich des Tatbestandsmerkmals „in der Regel" in § 9 BetrVG beherzigt wird, erscheint mehr als fraglich. Dementsprechend ist, wie bereits dargestellt, m. E. die Auslegung dieser Vorschrift i. S. einer (materiell verankerten) Beurteilungsermächtigung abzulehnen.[1012] Wenn man allerdings der h. M. folgt, wird die Problematik der gerichtlichen Kontrolldichte jedenfalls aus dem Bereich der allgemeinen rechtsstaatlichen Gerichtsschutzgarantie herausgelöst.

Der Klarstellung halber sei angemerkt, dass natürlich auch der materiell-rechtliche Ansatz der normativen Ermächtigungslehre den Gesetzgeber nicht von grundgesetzlichen Bindungen und den entsprechenden Grenzen seiner Ausgestaltungsbefugnis befreien soll und kann. Vielmehr sind, soweit materielle subjektive Rechtspositionen durch den Beurteilungsspielraum z. B. in ihrer Durchsetzbarkeit betroffen werden, insbesondere die materiellen Grundrechte gemäß Art. 1 Abs. 3 GG eine mögliche zu beachtende Schranke;[1013] es findet also lediglich eine Verlagerung der Problematik

---

[1010] S. S. 28, 31.

[1011] S. insbes. für den allgemeinen Justizgewährungsanspruch *Dütz,* Gerichtsschutz, 227.

[1012] S. S. 104.

[1013] Vgl. BVerfGE 83, 130, 145 – 148, wo allerdings ausdrücklich darauf hingewiesen wird, dass nicht über die generelle Möglichkeit der Einräumung eines administrativen Beurteilungsspielraums entschieden worden sei; E 84, 34, 45 ff, 50 ff., 54; E 84, 59, 77, 79; E 85, 36, 56 ff., 60; E 88, 40, 45, 56 ff., 63, 67 ff.; die Rspr. des BVerfG bilanzierend und zust. *Sieckmann,* DVBl. 97, 105 f. (s. dort insbes. die Nachw. in Fn. 87); ebenso *Schulze-Fielitz,* JZ 1993, 775 ff.; *Hofmann,* NVwZ 1995, 742 ff.; vgl. ganz allgemein zur Grundrechtsrelevanz und der Eingriffsintensität von Beurteilungsspielräumen *Geis,* DÖV 1993, 24 f.; ähnl. insoweit auch *Herdegen,* JZ 1991, 751, der allerdings Ermessen und Beurteilungsspielraum als strukturgleiche Unterfälle administrativer Gestaltungsfreiheit nahezu gleichstellt; ablehnend ggü. der Tendenz, alle Fragen der Kontrolldichte mit Hilfe der Grundrechtsrelevanz und der Eingriffsintensität zu beantworten *Schmidt-Aßmann/Groß,* NVwZ 1993, 618, wo dann aber letztlich doch den Grundrechten „wichtige beschränkende Funktionen" bezüglich der normativen Letztentscheidungsermächtigung zugestanden werden, s. *dies.,* a. a. O., 621; s. a. *Schmidt-Aßmann,* DVBl. 1997, 282 ff.; krit. a. *Redeker,* NVwZ 1992, 309; *Brohm,* JZ 1995, 371 ff.; weitere Nachw. zur Kritik an der einschlägigen Rspr. des BVerfG bei *Sieckmann,* DVBl. 1997, 103 (in Fn. 59, 60); inteinsbesondere des effektiven Rechtsschutzes auf die materiellen Grundrechte statt; dieser Aspekt wird zum jeweiligen Grundrecht zu erörtern sein.

(2) Grenzen einer (hypothetischen) verfahrensrechtlichen Verankerung

Grdsl. ist es auch denkbar, den Beurteilungsspielraum des Wahlvorstandes als nicht materiell-, sondern verfahrensrechtlich begründet zu sehen, indem etwa der Schwerpunkt der Grundlegung in das Verfahren zur Feststellung der Belegschaftsregelstärke nach der WOBetrVG verlegt und den Vorschriften der §§ 9 S. 1, 18 Abs. 1 BetrVG, vor allem aber der §§ 1 Abs. 1, 3 Abs. 1 S. 1, Abs. 2 Nr. 4 WO BetrVG, nach denen der Wahlvorstand hierfür insbesondere in Vorbereitung des Erlasses des Wahlausschreibens zuständig ist, eine unmittelbare Vorwirkung auf das entsprechende arbeitsgerichtliche Beschlussverfahren zugeschrieben wird. Diese Konstruktion mutet allerdings gekünstelt an. Vor allem aber entspricht dieses Vorgehen ohnehin nicht dem Standpunkt der hier auf dem Prüfstand stehenden h. M. zum Verständnis des Begriffes „in der Regel". Es soll hier daher mit einem Hinweis auf die Rechtsprechung des BVerfG zu den Grenzen der gesetzgeberischen Ausgestaltungsbefugnis bezüglich des Verfahrensrechts sein Bewenden haben; nach dieser darf insbesondere im Hinblick auf das rechtsstaatliche Erfordernis eines wirkungsvollen Rechtsschutzes der „Rechtsweg ... nicht in unzumutbarer, durch Sachgründe nicht mehr zu rechtfertigender Weise erschwert werden".[1014] Welche Anforderungen sich aus dem konkretisierungsbedürftigen Begriff der Unzumutbarkeit ergeben, ist hier nicht weiter zu verfolgen.

cc) Vorrang speziellerer verfassungsrechtlicher Garantien

Es entspricht der ganz h. L., in der allgemeinen Justizgewährungspflicht einen rechtsstaatlichen Grundsatz zu sehen, der im GG verschiedene spezielle Ausprägungen gefunden hat.[1015] Hierzu zählen insbesondere Art. 19 Abs. 4 GG hinsichtlich der Rechts-

---

ressant ist dabei, dass die normative Ermächtigungslehre diese Geister wohl selbst gerufen hat, denn die dogmatisch und logisch konsequente Fortentwicklung eines Begründungsansatzes für Beurteilungsspielräume im materiellen Recht ist nun einmal jedenfalls auch die mögliche Beschneidung der betroffenen materiellen Rechtspositionen zumindest in ihrer gerichtlichen Durchsetzbarkeit, was den Blick eben auf die materiellen Grundrechte lenkt; grdsl. zuzugeben ist dieser Kritik, dass jedenfalls bei einer zu starken einzelgrundrechtlich orientierten Betrachtung eine unübersehbare Zerfaserung der allgemeinen Rechtsschutzstandards droht; m. E. lässt sich diese Problematik nur durch eine eindeutig verfahrensrechtliche Verankerung auflösen.

1014 BVerfGE 93, 99, 108; s. a. E 88, 118, 123 ff.; E 77, 275, 284; E 52, 203, 207; in diesem Sinne auch E 85, 337, 345 ff.; diese Rechtsprechung steht mit dem Großteil des Schrifttums in inhaltlichem Einklang, s. nur etwa *Benda/Weber*, ZZP 96 (1983), 293; *Detterbeck*, AcP 192 (1992), 330 (s. dort Fn. 26); *Scholz*, GS Grabitz, 732 f.; *Kissel*, GVG, Einl. Rn. 204; *Schulze-Fielitz*, in: Dreier, GG, Bd. 2, Art. 20 (Rechtsstaat) Rn. 198; *Jarass*, in: Jarass/Pieroth, GG, Art. 20 Rn. 65.

1015 Vgl. etwa *Schulze-Fielitz*, in: Dreier, GG, Bd. 1, Art. 19 IV Rn. 26 ff. und Bd. 2, Art. 20 (Rechtsstaat), Rn. 197; *Schmidt-Aßmann*, in: Maunz/Dürig, GG, Bd. 2, Art. 19 Abs. IV Rn. 16 ff.; *ders.*, in: Isensee/Kirchhof, Handbuch Staatsrecht, Bd. 1, § 24 Rn. 71 ff.; *Sobota*, 188 f.; *Benda/Weber*, ZZP 96, 292; *Scholz*, GS Grabitz, 727 f. *Stern*, Staatsrecht, Bd. III/1, § 75 II 2 e); *Heyde*, in: Benda/Maihofer/Vogel, Handbuch Verfassungsrecht, § 33 Rn. 49; *Huber*, in: v. Mangoldt/Klein/Starck, GG, Bd. 1, Art. 19 Abs. 4 Rn. 363; *Jarass*, in: Jarass/Pieroth, GG, Art. 19 Rn. 19 f., Art. 20 Rn. 64, 66; *Krebs*, in: v. Münch/Kunig, GG Bd. 1, Art. 19 Rn. 50; *Brockmeyer*, in: Schmidt-Bleibtreu/Klein, verletzung durch die öffentliche Gewalt, sowie Art. 14 Abs. 3 S. 4, 34 S. 3, 101 Abs. 1 S. 2 und 103 Abs. 1 GG.[1016] Da allerdings, wie vorstehend aufgezeigt, ein Beurteilungsspielraum des Wahlvorstandes aufgrund seiner materiell-rechtlichen Verankerung mit der Garantie gerichtlichen Rechtsschutzes nicht kollidiert, kann dieser Punkt offen bleiben.

l) Materielle Grundrechte

Die Gesetzgebung ist gemäß Art. 1 Abs. 3 GG durch die Grundrechte als unmittelbar geltendes Recht gebunden. Auf der Arbeitnehmerseite kommen als mit dem BetrVG und damit auch durch den Beurteilungsspielraum im Rahmen von § 9 S. 1 BetrVG berührte (materielle) Grundrechte vor allem die Berufsfreiheit i. S. v. Art. 12 Abs. 1 GG und die allgemeine Handlungsfreiheit gemäß Art. 2 Abs. 1 GG, auf der Arbeitgeberseite[1017] zusätzlich die Gewährleistung des Eigentums nach Art. 14 Abs. 1 und 2 GG in Betracht.

Dagegen kann insbesondere die Koalitionsfreiheit nach Art. 9 Abs. 3 S. 1 GG – unabhängig von der Wirkung der §§ 2 Abs. 3, 77 Abs. 3, 87 Abs. 1 Eingangss. BetrVG - als verfassungsrechtlicher Prüfungsmaßstab schon vorweg ausgeschieden werden,[1018] da es bereits an einer möglichen Berührung ihres Schutzbereiches fehlt: § 9 S. 1 BetrVG bestimmt in keiner Weise den sachlichen Umfang des Bereiches betrieblicher Mitbestimmung, wie dies etwa bei § 87 Abs. 1 Nr. 2 BetrVG der Fall ist,[1019] sondern mit der Anzahl der Mitglieder des Betriebsrats lediglich eine Modalität derselben. Daher spielt auch die mögliche Verletzung der Koalitionsfreiheit durch § 3 BetrVG in der Neufassung des BetrVerf-ReformG wegen mangelnder Legitimation der Tarifvertragsparteien

---

GG, Art. 20 Rn. 21; *Dütz,* Gerichtsschutz, 111 ff. im Hinblick gerade auf Art. 19 Abs. 4 GG; *Stürner,* 34.

[1016] Zur allgemeinen Abgrenzung zwischen Art. 103 Abs. 1 GG und der Garantie gerichtlichen Rechtsschutzes s. S. 152.

[1017] Für das Spannungsfeld zwischen Unternehmerfreiheit und betrieblicher Mitbestimmung stellen Art. 12 Abs. 1 und Art. 14 Abs. 1 GG die verfassungsrechtliche Kernproblematik dar, s. *Weingart,* 132 (m. w. N. in Fn. 50); s. a. BVerfGE 50, 290, 339 ff.; anders hinsichtlich Art. 14 Abs. 1 GG BVerfG DB 1986, 486; krit. zu dieser Entscheidung insoweit *Scholz,* NJW 1986, 1587 ff.

[1018] Vgl. a. die Überlegungen zum Ausschluss dieser Norm als Prüfungsmaßstab bei *Weingart,* 125 f. (m. w. N. in Fn. 20) und bei *Scholz,* NJW 1986, 1588; vom Fehlen einer „Verletzung" von Art. 9 Abs. 3 GG wegen des Vorranges des Tarifvertrages nach §§ 77 Abs. 3, 87 Abs. 1 Eingangss. BetrVG gehen dagegen aus BVerfG NZA 1988, 25 f.; BVerfG DB 1986, 486 f.; BVerfG DB 1986, 646 f., was aber zu keinem anderen Ergebnis führt; vgl. in diesem Sinne a. *Richardi,* BetrVG, Einl. Rn. 52; *Link,* AuA 1999, 407 ff.; dem entspricht es übrigens im Sinne eines Gegenstücks, wenn *Sterzel,* 205 f., 294 f., Art. 9 Abs. 3 GG als unmittelbare Legitimationsgrundlage hinsichtlich der betrieblichen Mitbestimmung ausscheidet; vgl. schließlich BVerfGE 50, 290, 372 f.

[1019] S. hierzu BVerfG DB 1986, 486 f. (keine Verletzung von Art. 9 Abs. 3 GG durch § 87 Abs. 1 Nr. 2 BetrVG und § 76 Abs. 5 S. 3 BetrVG); vgl. a. BVerfGE 100, 214, 222 (keine Verletzung der Koalitionsfreiheit einer Gewerkschaft durch die gesetzgeberische Schaffung von § 20 Abs. 2 BetrVG); BVerfGE NZA 1988, 25 f. (kein Verstoß der Regelung zum Verfahren vor der Einigungsstelle gegen Art. 9 Abs. 3 GG).

hinsichtlich der Schaffung betriebsverfassungsrechtlicher Organisationsnormen, welche gezielt auch gewerkschaftlich nicht oder anders organisierte Arbeitnehmer erfassen,[1020] insoweit keine Rolle. Auch die allgemeine Vereinigungsfreiheit des Arbeitgebers nach Art. 9 Abs. 1 GG wird durch den Beurteilungsspielraum des Wahlvorstandes nicht berührt.[1021]

aa) Allgemeines zu materiellen Grundrechten als Prüfungsmaßstab der Kontrolldichteproblematik

(1) Ermittlung der grundrechtliche Grenzen der Schaffung eines Beurteilungsspielraums anhand des für den Gesetzgeber geltenden Maßstabs als Ziel der Prüfung

Aus den bereits erläuterten Gründen ist das Ziel der Prüfung die Ermittlung der grundrechtlichen Grenzen für die Schaffung eines Beurteilungsspielraums in der Kontrolldichte, wie das BVerfG sie gegenüber Legislativakten, nicht aber gegenüber Gerichtsentscheidungen anwendet.[1022]

(2) Art und Grad der Bindung des Privatrechtsgesetzgebers an die Grundrechte

Das BetrVG wird im Bereich der für diese Arbeit relevanten Vorschriften nach ganz h. M. dem Privatrecht zugeordnet.[1023] Es stellt sich die Frage, ob sich für Art und Grad der Bindung des Privatgesetzgebers an die Grundrechte Besonderheiten ergeben können.

Art. 1 Abs. 3 GG lautet: „Die nachfolgenden Grundrechte binden Gesetzgebung, vollziehende Gewalt und Rechtsprechung als unmittelbar geltendes Recht". Dieser Normtext stellt die uneingeschränkte Bindung gerade auch des Gesetzgebers ohne jegliche Differenzierung nach dem Regelungsbereich heraus; es steht dem insoweit glasklaren Wortlaut nach außer Frage, dass der Erlass jedenfalls zwingender Normen durch die erste Gewalt ohne Einschränkung an den Grundrechten zu messen ist, seien diese Teil des öffentlichen Rechts, des Strafrechts oder des Privatrechts.[1024] Das BVerfG hat als

---

[1020] Hierzu *Richardi,* BetrVG, Einl. Rn. 53 und § 3 Rn. 5 f. m. w. N.

[1021] Soweit *Weingart* (143, 152 ff., 183) zu einem Verstoß gegen Art. 9 Abs. 1 GG kommt, ist dies hier nicht relevant, da er dies auf die „potentiell möglichen ... konkreten Auswirkungen der betrieblichen Mitbestimmung" im Rahmen der § 87 Abs. 1 Nr. 1 – 3, 5, 6, 8 – 11, § 91 S. 2, § 94 Abs. I, II, § 95 I, II, § 98 I, III, IV, §§ 112 IV, 112 a BetrVG stützt, um die es hier aber gerade nicht geht, da § 9 BetrVG nur die Betriebsratsgröße, nicht den Inhalt der Mitbestimmungsrechte steuert; vgl. zu BetrVG und Art. 91 I GG a. *Reuter/Streckel,* 95 ff.

[1022] S. hierzu 3. Kapitel:B.II.6.c)bb)(2).

[1023] S. Fn. 9.

[1024] Zu diesem und weiteren Argumenten s. jüngst *Canaris,* Grundrechte und Privatrecht, 11 ff., 16 ff., 91 f.; eingehend mit umfangr. N. *Ruffert,* 88 ff., insbes. 90 m. w. N. in Fn. 9, 10), 91 ff.

Konsequenz eine Reihe von Privatrechtsnormen am Maßstab der grundrechtlichen Abwehrfunktion gemessen.[1025]

(a) Art der Bindung

Dementsprechend ist der Gesetzgeber nach heute ganz h. M. auch bei Erlass jedenfalls zwingender[1026] privatrechtlicher Normen unmittelbar an die (Freiheits-) Grundrechte gebunden,[1027] gerade auch soweit deren Abwehrfunktion betroffen ist.[1028] Da vorliegend nicht die Auswirkungen von Grundrechten auf Rechtsbeziehungen zwischen Privaten, mithin keine „reine Bürger-Bürger-Relation",[1029] sondern mögliche grundrechtlich-inhaltliche Grenzlinien für den staatlichen Rechtssetzungsakt untersucht werden, spielt die Problematik der Dritt- bzw. Horizontalwirkung[1030] im eigentlichen Sinne

---

[1025] *Ruffert,* 90, m. umfangr. N. zur Rspr. des BVerfG in Fn. 11.

[1026] § 9 BetrVG enthält als Teil der organisationsrechtlichen Vorschriften des BetrVG für den Regelfall grdsl. zwingendes Recht, s. nur etwa *Wiese,* in: GK-BetrVG, Bd. 1, Einl. Rn. 102 und *Kreutz,* ebenda, § 9 Rn. 2; *v. Hoyningen-Huene,* in: MünchHdbArbR, Bd. 3, § 297 Rn. 89 (m. w. N. in Fn. 94); *Richardi,* BetrVG, Einl. Rn. 132 ff. m. w. N.

[1027] Vgl. nur etwa BVerfGE 92, 158, 176 ff.; E 84, 168, 178 ff.; E 84, 9, 17 ff.; E 82, 126, 145 ff.; E 81, 242, 252 ff., 256; E 81, 1, 8 ff.; E 79, 256, 266 ff.; E 77, 263, 270 ff.; E 68, 361, 368 ff.; E 63, 181, 195; E 62, 256, 274; E 60, 329, 338 ff.; E 57, 361, 378 ff., 380; E 50, 290, 337 ff.; E 31, 58, 72 f.; zu dieser Position in der Lit. s. insbes. aus neuester Zeit eingehend *Canaris,* Grundrechte und Privatrecht, 11 ff., 21 f. (m. umfangr. N. in Fn. 39), 91 f.; *ders.,* RdA 1997, 271 f. (m. w. N. in Fn. 26 ff.); s. weiter nur etwa *Jarass,* in: Jarass/Pieroth, GG, Art. 1 Rn. 15, 23; *Dreier,* in: Dreier, GG, Bd. 1, Vorb. Rn. 58 (m. w. N. in Fn. 244); *Starck,* in: v. Mangoldt/Klein/Starck, GG, Bd. 1, Art. 1 Abs. 3 Rn. 192; *Kunig,* in: v. Münch/Kunig, GG, Bd. 1, Art. 1 Rn. 50, 58 f.; *Höfling,* in: Sachs, GG, Art. 1 Rn. 77, 83 f.; *Leibholz/Rinck/Hesselberger,* GG, Bd. 1, vor Art. 1 – 19 Rn. 29, 36, Art. 1 Rn. 73; *Stern,* Staatsrecht, Bd. III, Teilbd. 1, § 76 IV 3, S. 1565 f. (m. w. N. in Fn. 292 – 295); *Rüfner,* in: Isensee/Kirchhof, Handbuch Staatsrecht, Bd. V, § 117 Rn. 13 ff.; *Badura,* C Rn. 23; *Pieroth/Schlink,* Grundrechte, Rn. 164, 178; *Hager,* JZ 1994, 374 ff.; mit Bezug speziell zum Arbeitsrecht *Richardi,* in: MünchHdbArbr, Bd. 1, § 10 Rn. 6, 19 (m. w. N. in Fn. 55 und 57); *Müller,* Berufsfreiheit, 73 f. (m. w. N. zur Lit. in Fn. 263); *Gamillscheg,* Grundrechte, 21; *Junker,* § 1 Rn. 45; *Boehmke/Gründel,* ZfA 2001, 248, 250; *Hanau,* RdA 1996, 159 f.; wie hier jedenfalls bezüglich der Eingriffe in die rechtsgeschäftliche Handlungsfreiheit durch zwingendes gesatztes Privatrecht *Loritz,* ZfA 1989, 18 f.; so grdsl. auch *Morgenthaler,* 217 f., der allerdings eine differenzierte Vorstellung der grundrechtlichen Abwehrwirkung gegenüber dem Gesetzgeber in Abgrenzung zu den anderen beiden Gewalten insbesondere für den Bereich anmahnt, in dem „die Freiheitsausübung erst aufgrund einer gesetzlichen der Verfassung ... möglich ist". A. A. *Diederichsen,* AcP 198 (1998), 227 ff., 231; so wohl auch *Zöllner,* RDV 1985, 6 f., der dort (a. a. O., S. 6 (in Fn. 18)) seine Position m. E. zu Unrecht als h. M. bezeichnet, und *Zöllner/Loritz,* Arbeitsrecht, § 7, S. 90; dogmatisch anders angesetzt, bezüglich der möglichen Abmilderung der grundrechtlichen Bindung im Endeffekt jedoch *Diederichsens* Ansatz ähnlich *Medicus,* AcP 192 (1992), 45 f., 59 ff.; zu diesen abl. *Canaris,* a. a. O., 19 f.

[1028] Eingehend mit umfangr. N. *Ruffert,* 88 ff., insbes. 90 m. w. N. in Fn. 9, 10), 91 ff.

[1029] *Stern,* Staatsrecht, Bd. III, Teilbd. 1, § 76 IV 3, S. 1565.

[1030] Zu diesen Begriffen s. *Dreier,* in: Dreier, GG, Bd. 1, Vorb. Rn. 59 (m. N. in Fn. 246 und 247); eine solche Konstellation lag der Sache nach etwa in BVerfG 89, 214, 229 ff. vor.

nach h. M. hier keine Rolle.[1031] Insbesondere geht es hier nicht um die Wirkung von Normen, die von privatautonomen Normgebern kraft Legitimierung durch den Gesetzgeber erlassen werden, wie dies gemäß § 77 Abs. 4 S. 1 BetrVG etwa bei Betriebsvereinbarungen der Fall ist.[1032]

(b) Grad der Bindung

In dieser Arbeit werden einzelne Vorschriften des BetrVG auf ihre verfassungsrechtliche Rechtfertigung als mögliche staatliche Eingriffe in Grundrechtspositionen vor allem des Arbeitgebers untersucht. Gegenstand der Überlegungen ist damit schwerpunktmäßig die subjektiv-rechtliche Abwehrfunktion[1033] der Grundrechte; parallel können aber auch die objektiv-rechtlichen, staatlichen Schutzpflichten[1034] als eine wei-

---

[1031] S. insbes. neuestens *Canaris,* Grundrechte und Privatrecht, 11. ff., 16 ff., 21; mit Bezug speziell zum Arbeitsrecht *Müller,* Berufsfreiheit, 74 f.; *Sandmann,* 87 f.; vgl. in diesem Sinne a. *Junker,* § 1 Rn. 45, 47; *Boehmke/Gründel,* ZfA 2001, 248, 250; *Dörrwächter,* 161 (s. insbes. Fn. 90); so wohl auch *Hromadka/Maschmann,* ArbR, Bd. 1, § 2 Rn. 37; vgl. a. *Zöllner/Loritz,* Arbeitsrecht, § 7, S. 91; aus neuester Zeit vgl. etwa *Ruffert,* 91 f.; vgl. weiter nur etwa *Stern,* Staatsrecht, Bd. III, Teilbd. 1, § 76 IV 2, S. 1563 f., und a. a. O., § 76 IV 3, S. 1565 f., und 4, 1570; *Stein,* § 26 V, S. 217; *Jarass,* FS 50 Jahre BVerfG, Bd. 2, 41 zur „Ausstrahlungswirkung"; *Hesse,* in: Benda/Maihofer/Vogel, Handbuch Verfassungsrecht, § 5 Rn. 56 f.; *Dreier,* in: Dreier, GG, Bd. 1, Vorb. Rn. 58 f.; *Starck,* in: v. Mangoldt/Klein/Starck, GG, Bd. 1, Art. 1 Abs. 3 Rn. 262 ff., 271; *v. Münch,* in: v. Münch/Kunig, GG, Bd. 1, Vorb. Art. 1 – 19 Rn. 28; *Kannengießer,* in: Schmidt-Bleibtreu/Klein, GG, Vorb. vor Art. 1 Rn. 6 ff.; *Jarass,* in: Jarass/Pieroth, GG, Art. 1 Rn. 21 f.; *Pieroth/Schlink,* Grundrechte, Rn. 173, 177 f.; *Erichsen,* JURA 1996, 528; *Classen,* AöR 122 (1997), 102; *Hillgruber,* AcP 191 (1991), 71 f.; ein Beispiel für die Drittwirkungsproblematik im Arbeitsrecht stellt die Frage nach der Art der Bindung der Tarifvertragsparteien an die Grundrechte dar, s. hierzu *Hanau,* RdA 1996, 159 m. w. N.

[1032] Zum Übergang der Rspr. des BAG von unmittelbarer zur mittelbaren Grundrechtswirkung in Form der Ausstrahlungswirkung bei der Prüfung von Betriebsvereinbarungen s. *Müller,* Berufsfreiheit, 168 ff. m. entspr. N.; s. a. *ders.,* a. a. O., 172 f., mit einer Analyse zur unmittelbaren (!) Anwendung der Grundrechte bei der Prüfung eines zwingenden Spruchs der Einigungsstelle in BAGE 54, 46, 52, sowie a. a. O., 215 ff. zu den entsprechenden Positionen in der Lit.

[1033] Zur Abwehrfunktion der Grundrechte s. etwa BVerfGE 68, 193, 205; E 61, 82, 101; E 50, 290, 337 ff.; E 7, 198, 204 f.; *Dreier,* in: Dreier, GG, Bd. 1, Vorb. Rn. 44 ff. (m. w. N. zur Rspr. des BVerfG in Fn. 178); *Stern,* Staatsrecht, Bd. III, Teilbd. 1, § 65 IV 2 , S. 558 ff., § 66 I, S. 620 ff.; zu deren Wirkung speziell auch in der verfassungsrechtlichen Überprüfung privatrechtlicher Normen *Canaris,* Grundrechte und Privatrecht, 19 f.; *ders.,* RdA 1997, 272; *Stern,* a. a. O., § 76 IV 3 a) ∝), S. 1567; s. a. *Isensee,* in: Isensee/Kirchhof, Handbuch Staatsrecht, Bd. V, § 111 Rn. 48 f. und *Lerche,* ebenda, 121 Rn. 52; speziell für das Arbeitsrecht *Richardi,* in: MünchHdbArbr, Bd. 1, § 10 Rn. 7. Es geht vorliegend also nicht um die sogenannte „Ausstrahlungswirkung", s. die Verdeutlichung der Rolle der Überprüfungsperspektive anhand eines Vergleichs zwischen einer Klage des Arbeitnehmers auf mehr Kündigungsschutz (objektiver Grundrechtsgehalt und Schutzfunktion) und des Arbeitgebers gegen das Kündigungsschutzgesetz als Eingriff in die Berufsfreiheit (Abwehrfunktion) bei *Jarass,* FS 50 Jahre BVerfG, Bd. 2, 42.

[1034] Zur grundrechtlich verankerten Lehre über die Schutzpflichten vgl. etwa BVerfGE 88, 203 ff., 251 ff.; E 84, 212, 227; E 84, 133, 147; E 81, 242, 256; E 79, 174, 201 f.; E 77, 381, 402 f.; E 77, 170, 214; *Dreier,* in: Dreier, GG, Bd. 1, Vorb. Rn. 62 ff. (m. w. N. zur Rspr. des BVerfG in Fn. 267 und zur Lit. in Fn. 268); *Stern,* Handbuch Staatsrecht, Bd. III, Teilbd. 1, § 69 IV 1., S. 931 f., und 4, S. 937 ff.; §

tere Dimension eine Rolle spielen,[1035] insbesondere soweit es um die verfassungsrechtliche Legitimationsgrundlage der betrieblichen Mitbestimmung in Form des BetrVG zu Gunsten des Arbeitnehmers geht.[1036] Jedenfalls für den Bereich der erstgenannten und hier vorwiegend relevanten Funktion entspricht es der heute h. M., zwingende Normen auch des Privatrechts, soweit sie Eingriffe in Grundrechte darstellen, am Grundsatz der Verhältnismäßigkeit zu messen.[1037] Allerdings steht dem Privatrechtsgesetzgeber nach ganz überwiegender Ansicht aufgrund der besonderen Abwägungssituation ein relativ weiter Spielraum zu.[1038]

Verstärkt diskutiert wird allerdings, ob sich aus der (teilweisen bis vollständigen) Normgeprägtheit der im Privatrecht und damit auch im privaten Arbeitsrecht wie dem BetrVG vorherrschenden Grundrechte wie der Berufsfreiheit gemäß Art. 12 Abs. 1 S. 2 GG, der Eigentumsgarantie nach Art. 14 Abs. 1 S. 2 GG oder der allgemeinen Handlungsfreiheit nach Art. 2 Abs. 1 GG in ihrer Ausprägung etwa der Vertragsfreiheit,

---

76 IV 3 b), S. 1570; *Richardi*, in: MünchHdbArbr, Bd. 1, § 10 Rn. 13 ff.; speziell für das Arbeitsrecht s. etwa *Aussem*, 13 ff.

[1035] Zum Einfluss der Schutzgebotsfunktion in Form einer „Untergrenze" (Untermaßverbot) s. v. a. *Canaris*, Grundrechte und Privatrecht, 20 ff. (parallele Anwendbarkeit von Übermaß- und Untermaßverbot), 43 ff., 94 ff.; vgl. a. *Jarass*, in: Jarass/Pieroth, GG, Art. 1 Rn. 24; *Aussem*, 5, 57 ff.

[1036] S. hierzu die kritische Analyse zur Anwendung der Schutzpflichtenlehre bei der verfassungsrechtlichen Legitimierung des BetrVG bei *Bremeier*, 94 ff. (m. umf. N. insbes. in Fn. 73 – 75); zur objektiv-rechtlichen Komponente s. insbes. *Sterzel*, 170 ff., 178 ff. (speziell zu Art. 12 Abs. 1 GG), 293 f.

[1037] Vgl. nur etwa BVerfGE 92, 158, 181 ff.; E 85, 219, 224; E 81, 242, 261 ff.; E 80, 286, 294 ff.; E 79, 256, 270 ff.; E 77, 308, 332 ff.; E 79, 256, 266, 268 ff., insbes. 270 ff.; E 68, 361, 368 ff., 373; E 63, 88, 108 f., 115; E 57, 361, 378, 380, 388; E 50, 290, 337 ff., insbes. 341 ff., 365 ff.; aus der Lit. s. insbes. jüngst *Canaris*, Grundrechte im Privatrecht, 19 ff.; *ders.*, RdA 1997, 273; (m. w. N. zur Rspr. des BVerfG in Fn. 43); vgl. weiter nur etwa *Sandmann*, 87 (m. w. N. zur Rspr. des BVerfG und aus der Lit.); so trotz einiger Bedenken grdsl. a. *Ruffert*, 99 ff., 101 f.; *Aussem*, 63 ff.; speziell zum BetrVG vgl. *Weingart*, 138 ff.; s. a. *Müller*, 73 f.; vgl. für die Grundrechte im Arbeitsrecht *Gamillscheg*, Grundrechte, 37 ff.; vgl. a. *Stern*, Staatsrecht, Bd. III, Teilbd. 1, § 76 IV 6 b), S. 1580 (sogar für die Schutzgebotsfunktion); *Classen*, AöR 122 (1997), 98, der insoweit die fehlende einheitliche Linie der Rspr. des BVerfG beklagt (a. a. O., 100 f., m. umfangr. Nachw. in Fn. 250).

[1038] Vgl. nur etwa BVerfGE 81, 242, 254 f.; zum gesetzgeberischen Ausgleichsproblem der „praktischen Konkordanz" von grundrechtlich geschützten Rechtspositionen im Privatrechtsverkehr vgl. allgemein BVerfGE 89, 214, 232; E 97, 169, 176 f., u. a. durch die parallele Anwendung von Abwehr- und Schutzgebotsfunktion kommen zu diesem Ergebnis etwa *Canaris*, Grundrechte und Privatrecht, 19 f., 22 f., wobei dies nichts an der Notwendigkeit ändert, sachlich zwischen der am Übermaßverbot orientierten Prüfung für den Bereich der Berufsfreiheit des Arbeitgebers und derjenigen ggfs. anhand des Untermaßverbotes vorzunehmenden für die Arbeitnehmerseite zu trennend; im Sinne von *Canaris* auch *Jarass*, in: Jarass/Pieroth, GG, Art. 1 Rn. 14, 32 m. w. N.; jedenfalls im Ergebnis zust. *Sandmann*, 87 f. (in Fn. 290); vgl. auch *Starck*, in: v. Mangoldt/Klein/Starck, GG, Bd. 1 Art. 1 Abs. 3 Rn. 192, vgl. weiter *Aussem*, 63 ff.; *Schlaich/Korioth*, Rn. 321 (geringere Regelungsdichte der Grundrechte im Privatrecht); vgl. mit Bezug vor allem zur praktischen Konkordanz im Bereich der Schutzpflichtlehre *Urban*, 53 ff. m. umfangr. N. zur Rspr. des BVerfG und der Lit.; ebenso *Oetker*, AuR 1997, 50; speziell zu Art. 12 Abs. 1 GG *Oetker*, Bestandsschutz, 32 m. N. zur Rspr. des BVerfG in Fn. 122; A. A. z. B. *Müller*, 74, der m. E. allerdings die besondere Abwägungssituation nicht ausreichend berücksichtigt; in letztere Richtung deuten auch die Ausführungen bei *Richardi*, in: MünchHdbArbr, Bd. 1, § 10 Rn. 20.

nicht Modifikationen für die Anwendung des Verhältnismäßigkeitsgrundsatzes ergeben.[1039] Problematisch ist dies deswegen, weil dann z. T. nicht von vordefinierten, sämtlichem staatlichen Handeln vorgelagerten grundrechtliche Schutzbereichen ausgegangen werden kann, sondern der Legislative vielmehr die Aufgabe zukommt, durch Ausgestaltung des einfachen Rechts die Ausübung der betroffenen Grundrechte überhaupt erst zu ermöglichen.[1040] Die Auferlegung von Schranken für den ausgestaltenden Gesetzgeber aber führt, so etwa *Ruffert,* „schnell zu einer zirkulären Argumentation", da die Ermöglichung der Grundrechtsausübung dann erst die Grenzen gesetzgeberischen Handelns entstehen lässt.[1041] Zwei gewissermaßen vorgeschaltete Problemlösungen bestehen dabei darin, entweder jegliches gesetzgeberische Handeln als grundrechtsausgestaltend anzusehen oder aber jede Grundrechtsausgestaltung als Eingriff anzusehen, wobei letzterer Ansatz dem Verhältnismäßigkeitsgrundsatz dann auch bei normgeprägten Grundrechten zu voller Geltung verhilft.[1042]

Diese Problematik, ihrem Stellenwert angemessen, auch nur einigermaßen vertieft zu diskutieren sprengte den Rahmen der vorliegenden Arbeit. Sie kann aber ohnehin jedenfalls dann unentschieden bleiben, wenn sich bei einer klassischen Eingriffsprüfung, auf die ich mich hier schlicht zur Schaffung einer wenigstens annähernd gesicherten verfassungsdogmatischen Grundlage zur Überprüfung der Beurteilungsspielräume im BetrVG im wesentlichen beschränken werde, ein Verstoß gegen den Verhältnismäßigkeitsgrundsatz in seiner vollen Ausprägung nicht ergibt.

bb) Präzisierung der spezifischen Probleme des Beurteilungsspielraums im Hinblick auf die materiellen Grundrechte

Zur Klarstellung sei hier zunächst nochmals darauf hingewiesen, dass es nicht Gegenstand der vorliegenden Arbeit ist, die generelle Verfassungsmäßigkeit von § 9 BetrVG zu überprüfen; vielmehr geht es um die für den Beurteilungsspielraum spezifische Frage, ob der Gesetzgeber einen Schritt im Bereich der Gesetzesanwendung im Einzelfall an den Wahlvorstand delegieren darf, den ansonsten die Arbeitsgerichtsbarkeit wahrzunehmen hätte. Auch für den Bereich der materiellen Grundrechte wird deshalb von der grundsätzlichen Verfassungskonformität der genannten Vorschrift ausgegangen.[1043]

[1039] Hierzu eingehend *Ruffert,* 102, 104 ff., insbes. zu den unterschiedlichen Vorschlägen 107 ff. m. umfangr. N.

[1040] Hierzu eingehend *Ruffert,* 102, 104 ff. m. umfangr. N.

[1041] Vgl. *Ruffert,* 105 m. w. N. in Fn. 102 – 105.

[1042] S. die eingehende, vorzügliche (krit.) Darstellung bei *Ruffert,* 106 f. m. umfangr. N., der letztlich jedenfalls die Differenzierung zwischen Ausgestaltung und Eingriff befürwortet und den Verhältnismäßigkeitsgrundsatz als „Leitgrundsatz" ansieht, wobei dessen Anwendung „grundrechtsspezifisch" differenziert werden soll, *ders.,* a. a. O., 117 f. m. w. N. in Fn. 184.

[1043] S. hierzu S. 109.

(1) Auswirkung des Beurteilungsspielraums auf zwei Ebenen innerhalb des Bereichs materieller Grundrechte

Auswirkungen eines Beurteilungsspielraums sind grdsl. auf zwei Ebenen denkbar, welche jedoch beide dem Schutzbereich materieller Grundrechte zuzuordnen sind: Die Beeinträchtigung des effektiven Rechtsschutzes sowie eine klassisch materielle Eingriffswirkung durch Schmälerung der materiell grundrechtlich garantierten Freiheit.

(a) Problematik des effektiven Rechtsschutzes auf der Ebene der materiellen Grundrechte

Wie bereits festgestellt, ist ein Spezifikum des Beurteilungsspielraums wegen der damit verbundenen Reduktion der gerichtlichen Kontrolldichte die Problematik des effektiven Rechtsschutzes.[1044] Daran ändert sich auch durch die Verankerung des Beurteilungsspielraums im materiellen Recht grdsl. nichts: Zwar sind der Rechtsinhalt einer möglichen materiellen Rechtsstellung wie etwa die Unternehmerfreiheit des Arbeitgebers und die Ebene der gerichtlichen Rechtseffektuierung dogmatisch zu unterscheiden, will man einen Rückfall in aktionenrechtliches Denken vermeiden;[1045] die materiellrechtliche Begründung der Verschiebung der Letztentscheidungskompetenz verhindert jedoch der Sache nach nicht die Reduktion der gerichtlichen Kontrolldichte. Es findet so lediglich eine Verlagerung der Frage nach der verfassungsrechtlichen Garantie effektiven Rechtsschutzes auf den Bereich der (materiellen) Grundrechte statt.[1046] Dementsprechend wird im folgenden besonderes Augenmerk der Frage gelten, inwieweit auch die einschlägigen materiellen Grundrechte selbst eine solche Garantie enthalten, und ob diese durch die gesetzgeberische Schaffung eines Spielraumes des Wahlvorstandes verletzt sein kann.

(b) Zuteilung der Letztentscheidungskompetenz an der Wahlvorstand trotz mangelnder Beurteilungskompetenz

Die Verlagerung der Letztentscheidungskompetenz vom Gericht auf den Wahlvorstand hat noch zwei weitere Komponenten: Zum einen teilt der Gesetzgeber, unterstellt man ihm den Willen zur Schaffung eines Beurteilungsspielraums, dem Wahlvorstand mit der Kompetenz zur Entscheidung über das Erreichen des Schwellenwertes hinsichtlich des Regelstandes der Betriebsangehörigen nach § 9 BetrVG letztlich zumindest faktisch ein Bestimmungsrecht darüber zu, ob die entsprechende niedrigere oder höhere Anzahl an Mitgliedern des Betriebsrats für dessen Wahl zur Anwendung kommen soll. Damit stellt sich natürlich die Frage, ob die Auswahl des hierfür nicht mit

---

[1044] S. S. 138.

[1045] Vor dieser Gefahr warnt speziell zur Problematik der Kontrolldichte im öffentlichen Recht *Schmidt-Aßmann,* DVBl. 1997, 282, im Anschluss an die in anderem Zusammenhang seitens des BVerfG formulierte Sorge, mit dem Rückgriff auf Einzelgrundrechte könnte die Auflösung der allgemeinen gerichtlichen Verfahrensordnungen in ein „aktionenrechtliches Verfahrensgeflecht“ verbunden sein, s. BVerfGE 60, 253, 297; mit Blick auf die allgemeinen Garantie gerichtlichen Rechtsschutzes s. hierzu *Dütz,* Gerichtsschutz, 125 ff.

[1046] S. hierzu S. 166.

besonderer Kompetenz ausgestatteten Wahlorganes[1047] den Grundrechten insbesondere des Arbeitgebers gerecht wird. Mit anderen Worten muss der Beurteilungsspielraum schlicht dem Grundsatz der Verhältnismäßigkeit genügen.[1048] Zum anderen gibt der Gesetzgeber die genaue Bestimmung der Belegschaftsmitgliederregelzahl für den Einzelfall aus der Hand; in dieser scheinbaren „Nichtregelung" liegt möglicherweise ein Problem des Parlamentsvorbehaltes und damit der Wesentlichkeitstheorie.[1049]

(2) Unterschiedliche Prüfungsmaßstäbe aus demselben Grundrecht

Es ergeben sich aufgrund der genannten Zweiteilung zwei Problemkreise: Zum einen ist fraglich, ob die Einrichtung einer Letztentscheidungskompetenz des Wahlvorstandes überhaupt eine den allgemeinen grundrechtlichen Anforderungen des Verhältnismäßigkeitsgrundsatzes entsprechender Eingriff darstellt. Zum anderen aber liegt in der Verschiebung der Letztentscheidungskompetenz auf einen vorgerichtlichen Rechtsanwender möglicherweise eine Verkürzung des effektiven gerichtlichen Rechtsschutzes, der mit dem jeweiligen materiellen Grundrecht nicht vereinbar ist.

Zu klären ist daher, welche verfassungsrechtlichen Anforderungen für die grundrechtliche Prüfung maßgeblich sind: Der allgemeine, anhand des jeweiligen Grundrechts zu konkretisierende Verhältnismäßigkeitsmaßstab oder die speziellen, insbesondere vom BVerfG aus dem jeweiligen Grundrecht zum effektiven Rechtsschutz entwickelten Erfordernisse. Dieser Problematik wiederum vorgelagert ist die Frage, inwieweit materielle Grundrechte überhaupt dazu geeignet sind, verfassungsrechtliche Anforderungen für einen effektiven Rechtsschutz zu schaffen. Dies soll an der Rechtsprechung des BVerfG zum effektiven Rechtsschutz aufgrund der Eigentumsgarantie nach Art. 14 Abs. 1 und 2 GG kurz verdeutlicht werden:

(a) Probleme der Ableitung verfassungsrechtlicher Vorgaben für den effektiven Rechtsschutz aus materiellen Grundrechten

Es ist wohl nicht übertrieben, wenn *Höfling/Rixen* im Zusammenhang mit der Rechtsschutzeffektivierungs-Judikatur der Kammern des BVerfG von einer Allpräsenz der Grundrechte sprechen.[1050] Beispielhaft sei im folgenden die Linie des Gerichts zur Eigentumsgarantie aufgezeigt.

(aa) Die Rechtsprechung des BVerfG zum effektiven Rechtsschutz auf der Basis der Eigentumsgarantie gemäß Art. 14 Abs. 1 und 2 GG

Das BVerfG hat u. a. in mehreren Entscheidungen zur Zwangsvollstreckung und Zwangsversteigerung sowie zu Mieterhöhungsstreitigkeiten der Eigentumsfreiheit eine

---

[1047] S. hierzu S. 100.

[1048] S. nur etwa *Hertel,* 222 m. w. N. in Fn. 1049.

[1049] Vgl. etwa *Hertel,* 222 f.

[1050] *Höfling/Rixen,* AöR 125 (2000), 614, 633.

Schutzdimension effektiven Rechtsschutzes beigemessen.[1051] Besonderes Augenmerk verdient hier wegen der Parallele hinsichtlich des eingeschränkten gerichtlichen Prüfungsumfanges der Beschluss des BVerfG zur Begründung eines Mieterhöhungsverlangens gemäß dem damals geltenden Wohnraumkündigungsschutzgesetz (WKschG):[1052] Nach § 3 Abs. 1 S. 1 WKschG hatte der Vermieter grdsl. einen Anspruch auf Zustimmung des Mieters zur Erhöhung des Mietzinses, wenn letzterer ein Jahr unverändert geblieben war und der angestrebte Mietzins das Entgelt für vergleichbare Mietobjekte nicht überstieg. Zur Geltendmachung des Erhöhungsverlangens i. S. v. § 3 Abs. 2 WKschG hatte der Vermieter die entsprechenden rechtfertigenden Gründe schriftlich anzugeben. Nach § 3 Abs. 3 WKschG konnte er in Ermangelung der Zustimmung des Mieters innerhalb von sechs Wochen auf Erteilung der Zustimmung klagen. Das BVerfG sah die Handhabung von § 3 Abs. 2 WKschG durch die damals herrschende Rechtsprechung als Verstoß gegen den sich unmittelbar aus der Eigentumsgarantie ergebenden, verfassungskräftigen Anspruch des vermietenden Eigentümers auf effektiven Rechtsschutz:[1053] Nach der damals herrschenden Gerichtspraxis waren Leistungsklagen auf Zustimmung ohne Sachprüfung abgewiesen worden, wenn der Vermieter im Rahmen seiner Begründungsobliegenheit nach § 3 Abs. 2 WKschG nicht detaillierte Angaben zur Feststellung der ortsüblichen Vergleichsmiete gemacht hatte, auch wenn die verlangte Mieterhöhung nach der materiellen Rechtslage an sich gerechtfertigt gewesen war.[1054] Da nun aber dem Vermieter entsprechende Quellen in der Regel nicht zur Verfügung stünden und er zur Darlegung der erforderlichen Daten nur mit freiwilliger Hilfe anderer in der Lage sei, werde es selbst dem sich gewissenhaft bemühenden vermietenden Eigentümer entgegen den allein in § 3 Abs. 1 S. 1 WKschG festgelegten materiellen Voraussetzungen durch die formale, nicht an der materiellen Regelung orientierten Handhabung der „Verfahrensvorschrift des § 3 Abs. 2“ WKschG verwehrt, die gesetzlich zulässige Miete gerichtlich durchzusetzen.[1055]

(bb) Kritikpunkte

Im Ergebnis findet diese materiell-grundrechtliche Verankerung effektiven Rechtsschutzes durch das BVerfG, ungeachtet einiger dogmatischer Differenzen, in der Lite-

---

[1051] Zu Zwangsvollstreckung und Zwangsversteigerung BVerfGE 51, 150, 156 ff.; E 46, 325, 333 ff.; näher hierzu *Vollkommer,* Rpfleger 1982, 5 f.; zur Mieterhöhung BVerfGE 37, 132, 141 (unter Hinweis auf E 35, 348, 361), bestätigt durch E 49, 244, 248 ff.; E 53, 352, 357 ff.; w. N. zur Ableitung von Ansprüchen auf gerichtlichen Rechtsschutz unmittelbar aus Art. 14 GG in der Rspr. des BVerfG bei *Huber,* in: v. Mangoldt/Klein/Starck, GG, Bd. 1, Art. 19 Abs. 4 Rn. 373 in Fn. 83.

[1052] Gesetz über den Kündigungsschutz für Mietverhältnisse über Wohnraum vom 25. November 1971, BGBl. I/1839; zur neuen Rechtslage zur Erhöhung „bis zur ortsüblichen Vergleichsmiete“ s. §§ 558, 558 a, 558 b Abs. 2 BGB n. F.; dazu *Schildt/Möller,* JURA 2001, 722 f.

[1053] BVerfGE 37, 132, 141, 148.

[1054] BVerfGE 37, 132, 144 f.

[1055] BVerfGE 37, 132, 145 ff., insbes. 147 f.

ratur überwiegend positiven Widerhall.[1056] Allerdings bringt diese Vorgehensweise auch einige Schwierigkeiten mit sich,[1057] insbesondere ein Abgrenzungsproblem hinsichtlich der verfassungsrechtlichen Grundlegung und des Inhaltes des Anspruches auf effektiven Rechtsschutz. *Bethge* spricht in diesem Zusammenhang nicht zu Unrecht von einer aktionenrechtlichen Sicht der materiellen Grundrechte, die vom BVerfG aus der Taufe gehoben worden sei.[1058] Es stellt sich also vor allem die Frage, wie Anwendungsbereich sowie Wirkungsinhalt des effektiven Rechtsschutzes, sei es aufgrund von Art. 19 Abs. 4 GG oder des allgemeinen Justizgewährleistungsanspruchs, auf der einen Seite von demjenigen aufgrund materieller Grundrechte auf der anderen Seite abgegrenzt werden sollen, denn aus beiden verfassungsrechtlichen Rechtsschutzgarantien ergibt sich nach h. M. jeweils ein Anspruch auf effektiven Rechtschutz.[1059] Sowohl im Hinblick auf Art. 19 Abs. 4 GG als auch auf den Justizgewährleistungsanspruch wird daher die Deutung materieller Grundrechte im Sinne einer verfahrensspezifischen Gewährleistungsfunktion oftmals kritisch gesehen[1060] oder eine Spezialität von Art. 19 Abs. 4 GG bzw. des allgemeinen Justizgewährungsanspruches befürwortet.[1061] Hier zeigen sich die Folgen der „beunruhigenden Zahl unterschiedlicher Konstruktionen“[1062] eines verfassungsrechtlich garantierten Anspruches auf effektiven

---

1056 Vgl. nur etwa *Coen,* DB 1984, 2459 m. w. N.; *Goerlich,* 123 ff.; *Bethge,* NJW 1982, 6 ff.; *Jarass,* in: Jarass/Pieroth, GG, Art. 14 Rn. 20; 34; *Papier,* in: Maunz/Dürig, GG, Bd. 2, Art. 14 Rn. 43 ff.; *Wieland,* in: Dreier, GG, Bd. 1, Art. 14 Rn. 146; *Depenheuer,* in: Sachs, GG, Art. 14 Rn. 93 f.; *Bryde,* in: v. Münch/Kunig, GG, Art. 14 Rn. 37 m. w. N.; *Heyde,* in: Benda/Maihofer/Vogel, HdbVerfR, § 33 Rn. 53 f.; *Pieroth/Schlink,* Grundrechte, Rn. 917; wohl auch *Germelmann/Matthes/Prütting,* ArbGG, Einl. Rn. 196; *Vollkommer,* Rpfleger 1982, 5; *Stürner,* Aufklärungspflicht, 40, 43 (s. insbes. die Bezugnahme auf BVerfGE 37, 132, 148 in Fn. 56); grundlegend zur Ableitung des Anspruches auf effektiven Rechtsschutz aus materiellen Grundrechten *Lorenz,* Rechtsschutz, 625 ff., 638 ff.

1057 S. die Analyse bei *Haag,* 82; *Bethge,* NJW 1982, 6 f. Krit. insbes. im Hinblick auf die Qualität von Art. 2 Abs. 1 GG als Freiheitsrecht *Maurer,* FS 50 J. BVerfG, Bd. 2, 492.

1058 *Bethge,* NJW 1982, 6, wobei er in der Verankerung des Anspruches auf effektiven Rechtschutz schon in den materiellen Grundrechten den möglichen Schlusspunkt eines „glanzvollen Avancements der Grundrechte“ sieht.

1059 S. speziell zum Justizgewährungsanspruch S. 160 f. m. N.; zu Art. 19 Abs. 4 GG s. nur etwa *Schulze-Fielitz,* in: Dreier, GG, Bd. 1, Art. 19 IV Rn. 61, 82 ff.; *Krüger,* in: Sachs, GG, Art. 19 Rn. 145; *Huber,* in: v. Mangoldt/Klein/Starck, GG, Bd. 1, Art. 19 Abs. 4 Rn. 391, 462 ff., alle jew. m. N. auch zur Rspr. des BVerfG.

1060 Für Art. 19 Abs. 4 GG s. nur etwa *Papier,* in: Isensee/Kirchhof, HdbStR, Bd. 6, § 154 Rn. 14 ff., der aber eine solche verfahrensrechtliche Dimension materieller Grundrechte neben Art. 19 Abs. 4 GG z. B. dann für möglich hält, soweit es um die Durchsetzung grundrechtlich geschützter Positionen - wie der des Eigentums – zwischen Privaten geht, s. speziell zu Art. 14 Abs. 1 GG auch *ders.,* in: Maunz/Dürig, GG, Bd. 2, Art. 14 Rn. 45 f.; *Haag,* 79 ff., 91 ff., 100 ff., 110 ff., 118, lehnt die Anwendung eines aus materiellen Grundrechten abgeleiteten Anspruches auf effektiven Rechtsschutz gerade im Bereich des Zivilprozesses und Zivilrecht durchweg ab.

1061 S. für beide Bereiche etwa *Jarass,* in: Jarass/Pieroth, GG, Art. 14 Rn. 20; für Art. 19 Abs. 4 GG etwa *Huber,* in: v. Mangoldt/klein/Starck, GG, Bd. 1, Art. 19 Abs. 4 Rn. 375; *Bethge,* NJW 1982, 7.

1062 *Bethge,* NJW 1982, 7; es verwundert unter diesem Gesichtpunkt nicht, wenn z. B. in den Kammerentscheidungen des BVerfG zur Rechtsschutzeffektuierung insbesondere in Mietsachen zugunsten des

Rechtsschutz seitens des BVerfG. Man könnte diese Abgrenzungsproblematik sogar mit der Frage auf die Spitze treiben, inwieweit die materielle (grundrechtliche) Rechtsposition und der (grundrechtliche) Anspruch auf effektiven Rechtsschutz im vorliegenden Fall überhaupt noch unterscheidbar sind. Angemerkt sei aber, dass das Argument, es bedürfe eines Rückgriffes auf materielle Grundrechte im gesamten Bereich des Zivilprozess- und Privatrechts nicht, da das BVerfG den Justizgewährleistungsanspruch schließlich selbst aus dem Rechtsstaatsprinzip ableite,[1063] hier schon deshalb nicht durchgreift, weil der Beurteilungsspielraum des Wahlvorstandes eben nicht im reinen Verfahrensrecht, etwa dem ArbGG, sondern in § 9 BetrVG als materielles Recht verortet[1064] und der Justizgewährleistungsanspruch daher nicht berührt ist.[1065]

Ein weiteres Problem liegt in der Torpedierung der systematischen Entwicklung einheitlicher Rechtsschutzstandards. Für den Bereich der öffentlich-rechtlichen Diskussion hat etwa *Schmidt-Aßmann* angesichts der Tendenz in der neueren Rechtsprechung des BVerfG zu einer „spezifisch einzelgrundrechtlichen Interpretation"[1066] davor gewarnt, die materiellen Grundrechte zu undifferenziert zur Lösung der Kontrolldichteproblematik heranzuziehen. Er weist vor allem auf die Gefahr der Überbewertung individueller Interessen des möglichen Beschwerdeführers bei gleichzeitiger Ausblendung anderer Rechtspositionen und Interessen hin und stellt demgegenüber die Erhaltung der bisher vor dem Hintergrund des formellen Hauptgrundrechts Art. 19 Abs. 4 GG entwickelten, im wesentlichen einheitlichen Rechtsschutzstandards als erstrebenswertes Ziel dar.[1067] Gerade in Anbetracht der inhaltlichen Parallelen zwischen Art. 19 Abs. 4 und der allgemeinen Garantie gerichtlichen Rechtsschutzes[1068] lassen sich diese kritischen Aussagen grdsl. auch auf die hier zu prüfende Verfassungsmäßigkeit eines Beurteilungsspielraums übertragen.

(b) Konsequenzen für die vorliegende Fragestellung

Das genannte Abgrenzungsproblem wird vermutlich andauern, solange das BVerfG eine klarere Unterscheidung der unterschiedlichen Garantien effektiven Rechtsschutzes, gerade bezüglich deren Inhalte, nicht leistet. Was die Problematik der Torpedierung einheitlicher Rechtsschutzstandards angeht, so ändert diese, wie *Schmidt-Aßmann* selbst einräumt, allerdings nichts daran, dass auch die materiellen Grundrechte verfassungsrechtlicher Prüfungsmaßstab für einen Beurteilungsspielraum sind.[1069]

Vermieters in neuerer Zeit Art. 103 Abs. 1 GG im Vordergrund steht, vgl. *Höfling/Rixen,* AöR 125 (2000), 624 f. m. N. zur Kammerrechtsprechung des BVerfG.

[1063] *Haag,* 101.

[1064] S. S. 114 ff.

[1065] S. S. 165.

[1066] So dessen Rspr. bilanzierend und zustimmend *Schulze-Fielitz,* JZ 1993, 775.

[1067] *Schmidt-Aßmann,* DVBl. 1997, 282 f. A. A. etwa *Sieckmann,* DVBl. 1997, 103, 106 ff.

[1068] S. hierzu S. 162.

[1069] Dies räumt auch *Schmidt-Aßmann* (DVBl. 1997, 282) ein.

Im übrigen hat die ganz allgemein in der Rechtsprechung des BVerfG zu beobachtende Tendenz einer (einzel-) grundrechtlich orientierten Herangehensweise an die Frage nach Beurteilungsermächtigung[1070] m. E. ihre Wurzel in der materiell-rechtlichen Verankerung solcher Spielräume, wie dies gerade der Tradition der normativen Ermächtigungslehre entspricht. Im Zusammenspiel mit dem Dogma, dass Art. 19 Abs. 4 S. 1 GG subjektive Rechtspositionen nicht schafft, sondern voraussetzt, ist diese - unter dem Aspekt einer einheitlichen Linie für die Begründbarkeit von Beurteilungsspielräumen sicherlich nicht unproblematische - Entwicklung immerhin dogmatisch und logisch konsequent: Lässt man die Verankerung von Beurteilungsspielräumen vorgerichtlicher Rechtsanwender im materiellen Recht zu und entzieht man die Problematik damit dem klassischen Anwendungsbereich des Justizgewährleistungsanspruches,[1071] so stellen die materiellen Grundrechte die notwendige maßgebliche Grenze der Schaffung solcher Rechtsanwendungsfreiräume dar.[1072] Der Geltungsanspruch des materiellen Grundrechts erlangt Effektivität erst durch die Möglichkeit der (gerichtlichen) Überprüfung des Grundrechtseingriffes; anderenfalls stünde das Grundrecht nur auf dem Papier und wäre dieses wohl nicht wert. Im Grundsatz ist daher von einer auch materiell-grundrechtlich verankerten Garantie effektiven Rechtsschutzes auszugehen, was insbesondere der allgemeinen Tendenz entspricht, den Justizgewährungsanspruch und dessen Teilgarantie effektiven Rechtsschutzes für bürgerlich-rechtliche Streitigkeiten zumindest auch auf die verfahrenssichernde Wirkung der Grundrechte zu gründen.[1073]

Die vorstehend beschriebenen Streitfragen brauchen für diese Untersuchung allerdings nur dann unter eingehenderer Begründung entschieden werden, soweit sich tatsächlich ein Verstoß gegen allgemeine grundrechtliche Verhältnismäßigkeitserwägungen oder etwaige aus materiellen Grundrechten unmittelbar abgeleitete Anforderungen hinsichtlich des effektiven Rechtschutzes ergeben sollte. Deshalb wird die gesetzliche Schaffung eines Beurteilungsspielraums an den allgemeinen Anforderungen für Eingriffe in das jeweilige Grundrecht, insbesondere dem Verhältnismäßigkeitsgrundsatz gemessen. Soweit sie diesen genügt, wird zusätzlich auf etwaige materiell-grundrechtliche Anforderungen an einen effektiven Rechtsschutz eingegangen. Erst wenn sich ein Verstoß gegen einen oder beide Maßstäbe ergibt, muss deren Verhältnis sowie insbesondere auch die Begründung der Ableitung von Anforderungen an den effektiven Rechtsschutz unmittelbar aus materiellen Grundrechten näher untersucht werden.

[1070] S. Nachweise zur einschlägigen Rspr. des BVerfG sowie Zustimmung und Kritik von seiten der Lit. in Fn. 1013.

[1071] S. S. 165.

[1072] S. hierzu die Nachweise zur parallelen Problematik im öffentlichen Recht für den Bereich der normativen Ermächtigungslehre in Fn. 1013; bes. deutlich *Hofmann*, NVwZ 1995, 742 ff.

[1073] Vgl. BVerfG EuGRZ 2000, 491, 492 f. m. w. N.; NJW-RR 2000, 946 f.; NJW 1999, 349; BVerfGE 91, 176, 180 f.; E 88, 118, 123 f.; E 80, 103, 107; jew. unter Abstützung auch auf Art. 2 Abs. 1 GG; zu dieser Tendenz in der Rspr. des BVerfG *Benda* (ZZP 96 (1983), 292 f.); vgl. a. *Bethge*, NJW 1991, 2393; *Detterbeck*, AcP 192 (1992), 328; *Schilken*, Gerichtsverfassungsrecht, § 7 Rn. 102 f. m. w. N. zur Rspr. des BVerfG in Fn. 1; *Scholz*, FS Grabitz, 729 f.; vgl. a. die Nachw. in Fn. 998.

cc) Materielle Grundrechte des Arbeitgebers

(1) Berufsfreiheit, Art. 12 Abs. 1 GG

(a) Schutzbereich

(aa) Allgemeine Definition

Nach h. M. gewährt Art. 12 Abs. 1 GG allen Deutschen[1074] die Berufsfreiheit insbesondere in Form der Wahl wie auch der Ausübung des Berufes als einheitliches Grundrecht,[1075] auch wenn der Wortlaut eine andere Deutung nahelegen mag.[1076] Sie sichert die Freiheit des Einzelnen, „jede Tätigkeit, für die er sich geeignet glaubt, als „Beruf“ zu ergreifen, d. h. zur Grundlage seiner Lebensführung zu machen“[1077] und ist insoweit in besonderem Maße persönlichkeitsbezogen:[1078] Die Berufsfreiheit konkretisiert das Grundrecht auf freie Entfaltung der Persönlichkeit nach Art. 2 Abs. 1 GG im Bereich der individuellen Leistung und Existenzerhaltung.[1079]

(bb) Unternehmerfreiheit als Teil des Schutzbereiches

Zur sogenannten „Unternehmerfreiheit“ im Sinne freier Gründung und Führung von Unternehmen[1080] führt das BVerfG in einem Beschluss vom 9.10.2000 folgendes aus: „Die allgemeine Vertragsfreiheit und die Freiheit zu wirtschaftlicher beziehungsweise unternehmerischer Betätigung wird zwar in erster Linie vom Schutz des Art. 2 Abs. 1 GG umfasst (vgl. BVerfGE 77, 370 [378]; 89, 48 [61]; 95, 267 [303 f.]; 97, 169 [176]). Einschränkungen der Befugnis oder rechtlichen Möglichkeit, sich rechtsgeschäftlich zu betätigen oder ein Unternehmen nach eigenen Vorstellungen zu führen, berühren darüber hinaus aber auch den Schutzbereich des Art. 12 Abs. 1 GG, wenn sie

---

[1074] S. Art. 116 Abs. 1 GG; näher zum personellen Schutzbereich *Wieland,* in: Dreier, GG, Bd. 1, Art. 12 Rn. 64 ff.

[1075] S. nur etwa BVerfGE 7, 377, 400 ff.; E 92, 140, 151; BVerfG DVBl. 2001, 979; *Tettinger,* in: Sachs, GG, Art. 12 Rn. 8; *Jarass,* in: Jarass/Pieroth, GG, Art. 12 Rn. 2; *Manssen,* in: v. Mangoldt/Klein/Starck, GG, Bd. 1, Art. 12 Rn. 2; *Scholz,* in: Maunz/Dürig, GG, Bd. 2, Art. 12 Rn. 14, 295; letztlich zust. auch *Gubelt,* in: v. Münch/Kunig, GG, Bd. 1, Art. 12 Rn. 40; so wohl trotz krit. Anmerkungen im Ergebnis auch *Wieland,* in: Dreier, GG, Bd. 1, Art. 12 Rn. 35, 56.

[1076] Vgl. zu dieser Auffassung etwa die Darstellung bei *Wieland,* in: Dreier, GG, Bd. 1, Art. 12 Rn. 56; *Manssen,* in: v.. Mangoldt/Klein/Starck, GG, Bd. 1, Art. 12 Rn. 2; *Hufen,* NJW 1994, 2917. Vertreten wird diese von *Lücke,* 8 ff.

[1077] BVerfGE 7, 377, 397; so inhaltl. auch E 50, 290, 362; E 75, 284, 292; E 82, 209, 223; BVerfG DVBl. 2001, 979.

[1078] BVerfGE 50, 290, 362; bilanzieren zur Rspr. des BVerfG *Müller,* 7 ff.; in diesem Sinne auch etwa *Scholz,* in: Maunz/Dürig, GG, Bd. 2, Art. 12 Rn. 114.

[1079] BVerfGE 75 284, 292; E 82, 209, 223; E 101, 331, 347; BVerfG DVBl. 2001, 979; *Jarass,* in: Jarass/Pieroth, GG Art. 12 Rn. 2; in diesem Sinne auch *Scholz,* in: Maunz/Dürig, GG, Bd. 2, Art. 12 Rn. 9; ähnlich *Gubelt,* in: v. Münch/Kunig, GG, Bd. 1, Art. 12 Rn. 2 (Art. 12 „dient“ der freien Entfaltung der Persönlichkeit).

[1080] So BVerfGE 50, 290, 363.

sich unmittelbar auf die Berufsausübung beziehen oder aber zumindest eine objektiv berufsregelnde Tendenz haben (vgl. BVerfGE 97, 228 [254]; st. Rspr.)".[1081] In einem früheren Beschluss wird kurz formuliert, die auch durch Art. 12 Abs. 1 GG gewährleistete Unternehmerfreiheit schütze die „Dispositionsbefugnis des Unternehmers über die ihm und seinem Unternehmen zugeordneten Güter- und Rechtspositionen".[1082]

(cc) § 9 BetrVG als Berufsausübungsregelung

Unter den bezeichneten Voraussetzungen ist also der Schutzbereich von Art. 12 Abs. 1 GG nach der Rechtsprechung des BVerfG im Teilbereich der Unternehmerfreiheit berührt.[1083] Die einzelnen Ausprägungen dieser Freiheit unternehmerischer Betätigung[1084] brauchen vorliegend nicht näher erörtert werden, denn soweit einzelne Vorschriften bzw. das BetrVG als Gesamtregelung im Rahmen der verfassungsrechtlichen Diskussion an Art. 12 Abs. 1 GG gemessen werden, stellen erstere wie letzteres nach insoweit wohl allgemeiner Auffassung für die vom Geltungsbereich von der Betriebsverfassung betroffenen Arbeitgeber Berufsausübungsregelungen dar,[1085] wie dies seitens des BVerfGE vergleichbar im allerdings von der betrieblichen Mitbestimmung grdsl. zu unterscheidenden Bereich der Unternehmensmitbestimmung für durch das MitBestG vom 4.5.1976 erfasste Unternehmen konstatiert wurde.[1086] Nichts anderes kann insoweit für § 9 BetrVG gelten: Insbesondere an §§ 87 bis 113 BetrVG, welche inhaltlich die wichtigsten Mitbestimmungsbereiche festlegen, wird der ganz erhebliche Einfluss der betrieblichen Mitbestimmung auf die Freiheit des Arbeitgebers und Un-

---

[1081] BVerfG – 1 BvR 1627/95 - = GRUR 2001, 266 f.

[1082] BVerfGE v. 3.12.1997 – 2 BvR 882/97 = E 97, 67, 83.

[1083] S. allgemein insbes. BVerfGE 50, 290, 363; näher zur Unternehmerfreiheit als Bestandteil von Art. 12 Abs. 1 GG zusammenfassend *Müller*, 22 ff., 56 ff., 61; dort auch zur Frage der Übertragbarkeit des in BVerfGE 50, 290 ff. hinsichtlich des MitbestG angelegten verfassungsrechtlichen Prüfungsmaßstabes auf das BetrVG (*ders.*, a. a. O., 56 ff.).

[1084] Zur Auffächerung der Berufsfreiheit von Unternehmern und Selbständigen in Rspr. und Lit. s. etwa *Wieland*, in: Dreier, GG, Bd. 1, Art. 12 Rn. 61 (m. w. N.); zusammenfassend auch *Müller*, 21 ff.

[1085] BVerfG DB 1986, 486 (zu § 87 Abs. 1 Nr. 2 und § 76 Abs. 5 S. 3 BetrVG); vgl. a. BVerfG, Beschl. v. 18.10.1987 – 1 BvR 1426/83 = AP § 87 BetrVG 1972 Auszahlung Nr. 7, Bl. 833/R, zum Spruch der Einigungsstelle als Konkretisierung des sozialen Bezuges des Arbeitgebergrundrechtes auf Berufsausübungsfreiheit; ganz allgemein bezüglich einer betrieblichen Mitbestimmung *Papier*, NJW 1987, 988, 991; dem BVerfG insoweit unter Hinweis auf die Entscheidung des BVerfG zum MitBestG (BVerfGE 50, 290, 364) zust. und für das BetrVG als ganzes verallgemeinernd *Scholz*, NJW 1986, 1588; wie letzterer *Richardi*, BetrVG, Einl. Rn. 49; s. a. die (dem BVerfG insoweit zustimmende) Analyse der Rspr. des BVerfG bei *Sterzel*, 88 ff. m. entspr. N., 100, 156 f., 293 f., sowie bei *Müller*, Berufsfreiheit, 41 ff., insbes. 56 ff.; *Riedel*, 132; *Dieterich*, in: ErfKArbR, Nr. 10 (GG), Art. 12 Rn. 39; *Weingart*, 132 (s. v. a. den Verweis auf die entsprechende Feststellung des BVerfG zum MitbestG 1976 in Fn. 51); *Kempen*, AuR 1986, 134; *Rumpff/Boewer*, B. Rn. 15; s. a. *Reuter/Streckel*, 98; allgemein für die Betriebsverfassung *Reichold*, 489; hiervon geht wohl auch *Loritz*, ZfA 1991, 17, aus; so wohl der Rspr. des BVerfG zust. auch *Fahrtmann/Coen*, in: Benda/Maihofer/Vogel, § 19 Rn. 174; s. a. BAGE 63, 35, 41 (zu § 37 Abs. 7 BetrVG).

[1086] S. BVerfGE 50, 290, 364; insoweit zust. *Scholz*, NJW 1986, 1588; krit., aber im Ergebnis wohl ebenso *Badura/Rittner/Rüthers*, 199.

ternehmers hinsichtlich der Modalitäten der Führung des Betriebes als Teil des Unternehmens deutlich. Ebenso liegt es z. B. auch hinsichtlich der Kosten und des Sachaufwandes des Betriebsrats, den der Arbeitgeber nach § 40 BetrVG zu tragen hat, sowie für die Freistellungen nach § 37 Abs. 2 BetrVG. § 9 BetrVG stellt bezüglich aller dieser Regelungen ein organisatorisches Steuerelement dar, welches zunächst die faktische Stärke des mitbestimmenden Betriebsrats als Gegenüber zum Arbeitgeber in eine gewisse Proportionalität zur repräsentierten Belegschaftsgröße bringt, nicht zuletzt indem dieses Mitbestimmungsorgan eine Mitgliederzahl erhält, die dem Arbeitsanfall nach der Größe des Betriebes angepasst wird. Weiter wird hierdurch der finanzielle und sächliche Aufwand des Arbeitgebers für die Betriebsratsarbeit (vgl. § 40 BetrVG) unmittelbar beeinflusst. Der Schutzbereich der Berufsfreiheit ist damit auf der Seite des Arbeitgebers berührt.

(b) Beeinträchtigung

In dem bereits erwähnten Beschluss vom 9.10.2000 stellt das BVerfG fest, dass Art. 12 Abs. 1 GG auf möglichst unreglementierte berufliche Betätigung abziele, weswegen jede Regelung einen Eingriff in dieses Grundrecht darstelle, welche bewirkt, dass eine berufliche Tätigkeit nicht in der gewünschten Weise ausgeübt werden kann.[1087] § 9 BetrVG steuert, wie zum Schutzbereich bereits angerissen, durch die Festlegung der Mitgliederzahl anhand der Belegschaftsregelzahl insbesondere die tatsächliche Verhandlungsmacht des Betriebsrats und den Aufwand des Arbeitgebers. Als grdsl. zwingende Regelung[1088] ist er ein zentrales Teilelement in der im Ganzen für letzteren belastenden Gesamtregelung des BetrVG und trägt damit auch selbst Eingriffscharakter. Diesem Befund entspricht es im Ergebnis, wenn das BetrVG als ganzes bzw. einzelne Normen als Berufsausübungsregelungen qualifiziert werden,[1089] begreift man, wie heute üblich, die Unterscheidung zwischen Berufswahl- und Berufsausübungsregelung als (die Intensität des Eingriffs indizierende) Klassifizierung unterschiedlicher Beeinträchtigungsarten.[1090]

[1087] BVerfGE GRUR 2001, 266 f. unter Verweis auf BVerfGE 75, 284, 292 und E 82, 209, 223.

[1088] S. hierzu die Nachw. in Fn. 1026.

[1089] S. hierzu die Nachw. in Fn. 1085; deutlich *Reichold* (489): „Betriebsverfassung ermöglicht auf der einen (Arbeitnehmer) und beschränkt auf der anderen (Arbeitgeber) Seite die Freiheit der Berufsausübung ... aus Art. 12 GG"; die „objektive berufsregelnde Tendenz", welche zur Eröffnung des Schutzbereichs, insbesondere zur Qualifizierung lediglich mittelbarer oder tatsächlicher Auswirkungen von Vorschriften als Eingriffe in die Berufsfreiheit insbesondere nach der Rspr. des BVerfG, aber auch nach dem wohl überwiegenden Teil der Lit. erforderlich sein soll (vgl. BVerfGE 98, 218, 258; E 97, 228, 254; E 96, 375, 397 m. w. N.; E 95, 267, 302; *Jarass,* in: Jarass/Pieroth, GG, Art. 12 Rn. 12; *Tettinger,* in: Sachs, GG, Art. 12 Rn. 73; *Wieland,* in: Dreier, GG, Bd. 1, Art. 12 Rn. 79; allgemein hierzu *Kimms,* JuS 2001, 666 f. A. A. etwa *Manssen,* in: v. Mangoldt/Klein/Starck, GG, Bd. 1, Art. 12 Abs. 1 Rn. 70 ff.; *Breuer,* in: Isensee/Kirchhof, HdbStaatsR, Bd. 6, § 148 Rn. 29 ff.), besitzt das BetrVG offenkundig, so ausdrücklich etwa *Reuter/Streckel,* 97; vor allem aber stellt das BetrVG ohnehin einen unmittelbaren, finalen Eingriff dar, dem die berufsregelnde Tendenz ohnehin immanent ist.

[1090] Vgl. nur etwa *Wieland,* in: Dreier, GG, Bd. 1, Art. 12 Rn. 68; *Manssen,* in: v. Mangoldt/Klein/Starck, GG, Bd. 1, Art. 12 Rn. 2 f.; *Jarass,* in: Jarass/Pieroth, GG, Art. 12 Rn. 20 a; *Tettinger,* in: Sachs, GG, Art. 12 Rn. 8, 55, 101; *Scholz,* in: Maunz/Dürig, GG, Bd. 2, Art. 12 Rn. 16;

(c) Rechtfertigung der Beeinträchtigung der Berufsausübungsfreiheit: Schranken und Schranken - Schranken

(aa) Gesetzesvorbehalt nach Art. 12 Abs. 1 S. 2 GG

Nach Art. 12 Abs. 1 S. 2 GG kann die „Berufsausübung durch Gesetz oder auf Grund eines Gesetzes geregelt werden". Vom Wortlaut her unterliegt also jedenfalls die hier maßgebliche Berufsausübungsfreiheit einem Gesetzesvorbehalt, wobei dies im übrigen nach ganz h. M. darüber hinaus auch für die hier allerdings nicht in Frage stehende Berufswahlfreiheit gilt.[1091] Ob man unter einer Regelung eher eine nähere Bestimmung der Grenzen dieses Grundrechts von innen her oder an eine Beschränkung zu denken hat,[1092] kann offen bleiben, da der Regelungsvorbehalt nach Art. 12 Abs. 1 S. 2 GG jedenfalls im Ergebnis wie ein Eingriffsvorbehalt behandelt wird.[1093] Als (formelles) Parlamentsgesetz stellt das BetrVG und damit auch § 9 BetrVG jedenfalls der Regelungsqualität nach eine taugliche Schranke der Berufsfreiheit im Sinne von Art. 12 Abs. 1 S. 2 Alt 1 GG dar.

(bb) Parlamentsvorbehalt und Wesentlichkeitstheorie

Fraglich ist allerdings, ob die Einräumung eines Beurteilungsspielraums zu Gunsten des Wahlvorstandes in der hier bereits als grundrechtsrelevant analysierten Weise mit dem vom BVerfG vor allem aus dem Rechtsstaats- und dem Demokratieprinzip abgeleiteten[1094] sogenannten „Parlamentsvorbehalt"[1095] und der diesen konkretisierenden[1096] sogenannten „Wesentlichkeitstheorie"[1097] vereinbar ist:

Riedel, 27 f.; *Müller,* Berufsfreiheit, 12 f., 36, 40 ff.; *Breuer,* in: Isensee/Kirchhof, Handbuch Staatsrecht, Bd. 6, § 147 Rn. 59; vgl. in diesem Sinne a. BVerfG NJW-RR 2000, 1241; BVerfGE 87, 287, 316 ff.; E 86, 28, 38 ff.; E 82, 209, 228 ff.; E 77, 308, 332 ff.

1091 S. nur etwa BVerfGE 84, 133, 148; E 54, 237, 246; E 7, 377, 401 ff.; vgl. die Darstellung der h. M. bei *Wieland,* in; Dreier, GG, Bd. 1, Art. 12 Rn. 89; s. weiter statt vieler nur *Jarass,* in: Jarass/Pieroth, GG, Art. 12 Rn. 17 m. w. N.; *Manssen,* in: v. Mangoldt/Klein/Starck, GG, Bd. 1, Art. 12 Rn. 2 f., 99 (m. w. N. in Fn. 411); *Tettinger,* in: Sachs, GG, Art. 12 Rn. 8; *Scholz,* in: Maunz/Dürig, GG, Bd. 2, Art. 12 Rn. 15; *Breuer,* in: Isensee/Kirchhof, Handbuch Staatsrecht, Bd. 6, § 147 Rn. 58 f.; *Müller,* Berufsfreiheit, 36. A. A. in neuerer Zeit *Lücke,* 26 ff.

1092 Vgl. hierzu *Tettinger,* in: Sachs, GG, Art. 12 Rn. 81; BVerfGE 7, 377, 403 f.; *Jarass,* in: Jarass/Pieroth, GG, Art. 12 Rn. 19 ff., insbes. 23.

1093 *Wieland,* in: Dreier, GG, Art. 12 Rn. 97; *Manssen,* in: v. Mangoldt/Klein/ Starck, GG, Bd. 1, Art. 12 Rn. 5, 98.

1094 Zur grundgesetzlichen Ableitung des (einheitlichen) Parlamentsvorbehaltes durch das BVerfG, vorwiegend aus dem Rechtsstaats- und dem Demokratieprinzip, s. *Seiler,* 66 (m. umfangr. N. zur Rspr. des BVerfG in Fn. 179 f.); Nachweise zum Verständnis des Parlamentsvorbehaltes als Teil des allgemeinen, in Art. 20 Abs. 3 GG verankerten Gesetzesvorbehaltes in der Rspr. des BVerfG bei *Morgenthaler,* 259 (in Fn. 95).

1095 Zum Begriff „Parlamentsvorbehalt" *Cremer,* AöR 122 (1997), 252; diese Terminologie ist üblich, s. etwa *Wieland,* in: Dreier, GG, Bd. 1, Art. 12 Rn. 92; *Jarass,* in: Jarass/Pieroth, GG, Art. 12 Rn. 18 und Art. 20 Rn. 42; *Tettinger,* in: v. Mangoldt/Klein/Starck, GG, Bd. 1, Art. 12 Rn. 85; vgl. allgemein zum Parlamentsvorbehalt und zur Wesentlichkeitstheorie *Stern,* Staatsrecht, Bd. 1, § 20 IV 4 b) δ), S. 811 f. Zu unterscheiden sind allgemeiner Gesetzesvorbehalt und Parlamentsvorbehalt: Ersterer „be-

Nach der vieldiskutierten[1098] Wesentlichkeitsrechtsprechung des BVerfG muss der (parlamentarische) Gesetzgeber alle für die Grundrechtsausübung „wesentlichen" Entscheidungen selbst treffen,[1099] und zwar unabhängig vom Eingriffskriterium.[1100] Das in diesem Sinne „Wesentliche" soll sich dabei „allgemein nach dem Grundgesetz" bestimmen.[1101] Die Notwendigkeit gesetzgeberischen Tätigwerdens bemesse sich nach den jeweils möglichen Grundrechtseinwirkungen für die Betroffenen, hänge aber auch von der Eigenart des Sachgebietes, insbesondere von dessen Zugänglichkeit für eine angemessene Normierung ab.[1102] Dem Wesentlichkeitskriterium soll eine staatliche Maßnahme insbesondere dann entsprechen, wenn sie „wesentlich für die Verwirklichung der Grundrechte" ist.[1103]

Die beschriebenen formelhaften Wendungen sind, wohl nicht ganz zu Unrecht, als unpräzise und zirkelschlüssig kritisiert worden.[1104] Besonderen Schwierigkeiten begegnet die Konkretisierung des Begriffes des „Wesentlichen".[1105] Zudem ist die dogmatische Einordnung des allgemeinen Parlamentsvorbehaltes in das Gerüst des GG umstritten, so vor allem dessen hier nicht relevantes Verhältnis zum Bestimmtheitsgebot für exekutivische Rechtsverordnungen gemäß Art. 80 Abs. 1 S. 2 GG,[1106] aber auch zum allgemeinen rechtsstaatlichen Bestimmtheitsgrundsatz[1107] sowie zu den grundrechtlichen Gesetzesvorbehalten;[1108] nicht weniger kontrovers ist der Nutzen der Wesentlichkeitstheorie allgemein[1109] wie auch ihre Anwendung speziell zur Bestimmung der gerichtli-

---

stimmt, welche (staatlichen, Erg. d. Verf.) Entscheidungen überhaupt einer gesetzlichen Grundlage bedürfen, ohne dass dies die Regelung durch Rechtsverordnung ausschlösse". Letzterer fordert in einer weiteren Stufe, dass bestimmte Entscheidungen exklusiv vom parlamentarischen Gesetzgeber getroffen werden; er stellt eine partielle Delegationssperre dar, s. *Cremer,* AöR 122 (1997), 251.

1096 Vgl. *Ossenbühl,* in: Isensee/Kirchhof, Handbuch Staatsrecht, Bd. 3, § 62 Rn. 42; *Seiler,* 101.

1097 Zur grundgesetzlichen Verankerung der Wesentlichkeitstheorie im Grundgesetz s. *Seiler,* 73 ff.; zur Rspr. des BVerfG s. *ders.,* 64 ff.

1098 *Kloepfer,* NJW 1985, 2498 (m. w. N. in Fn. 15).

1099 BVerfGE 88, 103, 116; vgl. a. E 84, 212, 226; E 76, 1, 75; E 58, 257, 268 ff.; E 57, 295, 320 f., 326; E 47, 46, 78 ff.; E 45, 400, 417 f.

1100 BVerfGE 76, 1, 75; E 49, 89, 126 f.

1101 BVerfGE 58, 257, 268 (unter Hinweis auf E 47, 46, 79 f.).

1102 BVerfGE 76, 1, 75 unter Hinweis auf E 49, 89, 126 f.

1103 BVerfGE 47, 46, 79 f. unter Hinweis auf E 41, 251, 260 f.; E 40, 237, 248 f.; E 34, 165, 192.

1104 S. nur etwa *Kloepfer,* NJW 1985, 2499; *Nierhaus,* FS Stern, 721.

1105 *Ossenbühl,* in: Isensee/Kirchhof, Handbuch Staatsrecht, Bd. 3, § 62 Rn. 44 ff.

1106 Hierzu *Cremer,* AöR 122 (1997), 248 ff.; *Nierhaus,* FS Stern, 717 ff.

1107 Hierzu *Gassner,* DÖV 1996, 18 ff.

1108 Vgl. *Kloepfer,* NJW 1985, 2501 (m. w. N.); vgl. hierzu *Seiler,* 89 f.; für eine Anwendung neben den speziellen grundrechtlichen Gesetzesvorbehalten etwa *Sommermann,* in: v. Mangoldt/Klein/Starck, GG, Art. 20 Abs. 3 Rn. 268; von einem einheitlichen Gesetzesvorbehaltsbegriff geht z. B. *Hanau* (RdA 1996, 165 f.) aus.

1109 So rechnet etwa *Isensee* (FAZ v. 6.9.1997, 32) die Wesentlichkeitstheorie dem „Esoterik-Sektor" der Jurisprudenz zu.

chen Kontrolldichte bei exekutiven Beurteilungsspielräumen.[1110] Diese Problemkreise brauchen hier jedoch nicht weiter vertieft zu werden, da, wie nun zu zeigen sein wird, die Einräumung eines Beurteilungsspielraums in der vorliegenden Konstellation kein Problem des Parlamentsvorbehaltes und damit der Wesentlichkeitstheorie darstellt. Zur Einordnung in den Gang der Prüfung soll hier genügen, dass ersterer ganz allgemein, aber vor allem auch im Zusammenhang mit Art. 12 Abs. 1 S. 2 GG als Anforderung an die gesetzliche Grundlage einer Grundrechtsbeschränkung angesehen wird;[1111] jedenfalls der Sache nach kommt dies einer Einordnung als Schranke-Schranke nahe.[1112]

Das BetrVG, insbesondere auch die Festlegung der Belegschaftsregelzahl durch § 9 BetrVG wurde bereits als Eingriffsgesetz charakterisiert. Gerade die Vergrößerung des Anwendungsbereiches des Gesetzesvorbehaltes und die Lösung desselben vom Begriff des Eingriffes[1113] sind jedoch besondere Kennzeichen der neueren Wesentlichkeitsrechtsprechung;[1114] schon unter diesem Aspekt lassen sich die Anwendbarkeit oder wenigstens die Aussagekraft der Wesentlichkeitstheorie für den Fall einer grundrechtseingreifenden Norm ganz generell bezweifeln.[1115]

Ein weiteres gewichtiges Argument gegen Wesentlichkeitsrechtsprechung als Prüfungsmaßstab liegt in deren Ursprung und Kern begründet: Die Wesentlichkeitstheorie wurde maßgeblich am Prinzip der Gesetzmäßigkeit der Verwaltung entwickelt;[1116] die Mehrzahl der einschlägigen Entscheidungen des BVerfG beschäftigen sich dementsprechend mit dem Verhältnis zwischen Legislative und Exekutive.[1117] Streitig ist weiter, ob sich aus ihr in Verbindung mit dem Parlamentsvorbehalt Konsequenzen für das

---

[1110] Hierzu *Reidt,* DÖV 1992, 920.

[1111] Vgl. nur etwa BVerfGE 76, 1, 74 f.; E 58, E 257, 268, 274 ff; E 49, 89, 126 ff.; aus der Lit. vgl. z. B. *Wieland,* in: Dreier, GG, Bd. 1, Art. 12 Rn. 92; *Scholz,* in: Maunz/Dürig, GG, Bd. 2, Art. 12 Rn. 307; *Manssen,* in: v. Mangoldt/Klein/Starck, GG, Bd. 1, Art. 12 Abs. 1 Rn. 112; *Tettinger,* in: Sachs, GG, Art. 12 Rn. 85; so wohl auch *Stern,* Handbuch Staatsrecht, Bd. 3, Teilbd. 2, § 96 IV 7 b), c), S. 1819 ff.

[1112] So verstehe ich die Darstellung etwa bei *Sieckmann,* DVBl. 1997, 104. Gegen eine Einordnung als Schranken-Schranke aber z. B. *Stern* (Handbuch Staatsrecht, Bd. 3, Teilbd. 2, § 83 I 7 e), S. 711.

[1113] S. die entsprechende Formulierung in BVerfGE 76, 1, 75; 49, 89, 126.

[1114] Vgl. hierzu speziell im Zusammenhang mit der Berufsfreiheit *Scholz,* in: Maunz/Dürig, GG, Bd. 2, Art. 12 Rn. 307.

[1115] S. zu diesem Gedanken für das öffentliche Recht *Gassner,* DÖV 1996, 22 f. (m. w. N. in Fn. 50).

[1116] Vgl. hierzu etwa *Gassner,* DÖV 1996, 19, unter Hinweis auf BVerfGE 34, 165, 192 f. und E 33, 125, 158; s. mit Bezug zum Arbeitsrecht *Söllner*, ZG 1995, 2 f.; der Zusammenhang zeigt sich deutlich in der Darstellung etwa bei *Sommermann,* in: v. Mangoldt/Klein/Starck, GG, Bd. 2, Art. 20 Abs. 3 Rn. 263 ff.

[1117] S. nur etwa BVerfGE 58, 257, 271; E 56, 1, 13; E 47, 46, 78 ff.; vgl. weiter E 34, 165, 192 f.; E 33, 125, 157 ff.; E 7, 282, 301 (zum Signalwert dieser Entscheidung für die Entwicklung wie für die dogmatische Einordnung der Wesentlichkeitstheorie *Nierhaus,* FS Stern, 720); dies räumt auch Kloepfer (NJW 1985, 2499) ein.

Funktionenverhältnis zwischen Legislative und Judikative ergeben;[1118] die letztere Problematik tritt insbesondere in der Diskussion um die möglichen Auswirkungen der Wesentlichkeitstheorie im Bereich des einfachgesetzlich weitestgehend ungeregelten, vom Richterrecht geprägten Arbeitskampfrechtes deutlich hervor: Das Arbeitskampfrecht wurde wegen seiner Grundrechtsrelevanz hinsichtlich der möglicherweise mangelnden Legitimation seiner richterrechtlichen Prägung insbesondere auch unter dem Blickwinkel der Wesentlichkeitstheorie erörtert.[1119] Nach einer Entscheidung des BVerfG vom 26. Juni 1991 stellt die Entwicklung maßgeblicher Grundsätze dieses Rechtsgebietes durch das BAG bei gleichzeitigem Fehlen eines gesetzlichen Regelungssystems keine Verletzung der Koalitionsfreiheit nach Art. 9 Abs. 3 GG dar, weil diese Theorie Aussagen nur für das Verhältnis zwischen Staat und Bürger, nicht aber für dasjenige zwischen den Bürgern untereinander als gleichgeordnete Grundrechtsträger trifft. Der Staat unterliege bei Eingriffen in die grundrechtliche Freiheitssphäre dem Vorbehalt des Gesetzes, er dürfe in weiten Bereichen nur aufgrund einer Ermächtigung durch Parlamentsgesetz tätig werden; darum gehe es jedoch im Falle der Entscheidung von Streitigkeiten zwischen Koalitionen nicht.[1120] Diese Entscheidung zeigt, dass das BVerfG von einer Beschränkung des Anwendungsbereiches der Wesentlichkeitstheorie auf das Verhältnis zwischen Legislative und Exekutive ausgeht und damit die Judikative insoweit ausklammert. Dieser Befund bestätigt sich durch die Aussage eines späteren Beschlusses vom 2. März 1993, in welchem das BVerfG feststellte, nur ein hoheitlicher staatlicher Eingriff in den Arbeitskampf, hier durch Beamteneinsatz auf bestreikten Arbeitsplätzen, bedürfe einer parlamentsgesetzlichen Grundlage.[1121]

Bereits vor Ergehen der genannten Entscheidungen des BVerfG hatte dagegen *Kloepfer* in einem 1985 erschienenen Aufsatz vertreten, dass die Wesentlichkeitstheorie für die Vergesetzlichung des (privaten) Arbeitsrechtes, insbesondere des Arbeitskampfrechtes, grdsl. anwendbar sei.[1122] Allerdings hatte schon *Kloepfer* die Verbindung der Wesentlichkeitstheorie mit der Gewaltenteilungsproblematik betont,[1123] worauf an späterer Stelle noch zurückzukommen sein wird.

[1118] Ablehnend etwa BVerfG Beschl. v. 26. Juni 1991 – 1 BvL 779/85 = EZA GG Art. 9 Arbeitskampf Nr. 97, S. 1 (Ls. 5), 12; *Herzog,* Staat und Recht, 199, 208 ff.; zust. *Söllner,* ZG 1995, 2 f. (lediglich verfassungspolitisches Postulat); im Endergebnis abl. auch *Jachmann,* JA 1994, 401 f.; *Schwarze,* JuS 1994, 659. Bejahend dagegen etwa *Kloepfer,* NJW 1985, 2499 ff.; *Wank,* FS Kissel, 1225; *Rieble,* Anm. zu BVerfG Beschl. v. 26. Juni 1991 – 1 BvL 779/85 = EZA GG Art. 9 Arbeitskampf Nr. 97, S. 18, 32 ff.

[1119] S. nur etwa *Kloepfer,* NJW 1985, 2497 ff., insbes. 2501; *Rieble,* Anm. zu BVerfG Beschl. v. 26. Juni 1991 – 1 BvL 779/85 = EZA GG Art. 9 Arbeitskampf Nr. 97, S. 17 ff., insbes. 32 ff., 33 (m. w. N. zur Lit. im Zeitraum vor der genannten Entscheidung des BVerfG); *Löwisch,* Arbeitskampf- und Schlichtungsrecht, 170.1 Rn. 132 ff.; vgl. allgemein auch *Jachmann,* JA 1994, 399 ff.

[1120] BVerfGE 84, 212, 226.

[1121] BVerfGE 88, 103, 115 ff.

[1122] *Kloepfer,* NJW 1985, 2497 ff.; aus neuerer Zeit s. etwa *Schwarze,* JuS 1994, 659.

[1123] *Kloepfer,* NJW 1985, 2500 (m. w. N. in Fn. 33); s. insbes. deutlich BVerfGE 58, 257, 271.

Es liegt auf der Hand, dass das Argument des BVerfG, die Wesentlichkeitstheorie gelte nur im Verhältnis zwischen Bürger und Staat, nicht aber in demjenigen der Bürger untereinander, gerade bei der vorliegenden Betrachtungsweise von § 9 BetrVG als Teilstück einer in die Berufsausübungsfreiheit eingreifenden Regelung nicht verfinge. Allerdings kann der vorgenannte Streit hier schon deshalb offen bleiben, weil es an einer vergleichbaren Regelungssituation im Arbeitskampfrecht und dem Betriebsverfassungsrecht fehlt und insoweit aus dieser Diskussion keine Erkenntnisse für die vorliegende Arbeit zu gewinnen sind: Das Arbeitskampfrecht besteht, im Gegensatz zum Betriebsverfassungsrecht, aufgrund der „vornehmen" gesetzgeberischen Zurückhaltung[1124] nahezu ausschließlich[1125] aus Richterrecht, weswegen die Arbeitsgerichte, allen voraus das BAG, zwangsläufig die Funktion eines Ersatzgesetzgebers[1126] übernehmen. In der Entscheidung des BVerfG vom 26. Juni 1991 ging es um die Frage, inwieweit die Judikative bei völligem Fehlen einer formell-gesetzlichen Regelung Recht setzen kann.[1127] In der hier zu untersuchenden Konstellation liegt jedoch keine dem Arbeitskampfrecht vergleichbare Situation eines Normmangels vor, der, wie *Kloepfer* es ausdrückt,[1128] die nach Art. 12 Abs. 1 GG grundrechtlich geschützte Tätigkeit behindern könnte: Mit § 9 BetrVG, welcher mit der Wendung „in der Regel" nach der Interpretation durch die h. M. u. a. den Effekt der Schaffung eines Beurteilungsspielraums haben soll, existiert vielmehr gerade ein Parlamentsgesetz.[1129]

Dennoch ist die Betrachtung auch der arbeitskampfrechtlichen Diskussion von Nutzen: Dort wie auch in der öffentlich-rechtlichen Kontroverse wird deutlich, dass eine zentrale Fragestellung von Parlamentsvorbehalt und Wesentlichkeitstheorie in der Definition der Grenzen der Delegation von Gesetzgebungs-, also (abstrakt-genereller) Rechtssetzungskompetenz[1130] vom parlamentarischen Gesetzgeber auf Exekutive oder Judikative liegt. Gerade hieran fehlt es jedoch in der hier zu untersuchenden Konstellation in zweierlei Hinsicht:

[1124] *Schwarze* (Jus 1994, 653) spricht insoweit von einem eklatanten Versagen des Gesetzgebers.

[1125] Zu den Ausnahmen auf der Ebene des Bundesrechts zählen etwa § 74 Abs. 2 BetrVG und § 21 Abs. 1 SchwbG; allerdings werden diese Regelungen als arbeitskampfneutral angesehen, näher *Schwarze,* JuS 1994, 653 f.; s. dort auch zu weiteren, mitunter landesrechtlichen Ausnahmen.

[1126] *Kloepfer,* NJW 1985, 2498 (m. N. in Fn. 13); s. hierzu insbes. *Söllner*, ZG 1995, 1, 7 ff.

[1127] Die konkrete Problematik der Entscheidungsfindung für den Richter verdeutlicht *Jachmann,* JA 1994, 401.

[1128] *Kloepfer,* NJW 1985, 2499.

[1129] S. die parallele Argumentation bei *Heintzen,* BB 1999, 1053, der mit Bezug auf § 292 a Abs. 2 Nr. 2a) HGB vom Vorhandensein „immerhin gewisser Vorgaben des deutschen Gesetzgebers" spricht.

[1130] Vgl. allgemein *Ossenbühl,* in: Isensee/Kirchhof, Handbuch Staatsrecht, Bd. 3, § 62 Rn. 42; *Morgenthaler,* 259 (insbes. in Fn. 96); für das Verhältnis zwischen Parlamentsvorbehalt und Art. 80 Abs. 1 S. 2 GG nur etwa *Cremer,* AöR 122 (1997), 251; *Nierhaus,* FS Stern, 717, 732; zur Problematik der Wesentlichkeitstheorie als Grenze richterrechtlicher Ausbildung des Arbeitskampfrechts *Söllner,* ZG 1995, 2 f.; *Kloepfer,* NJW 1985, 2497, 2499 ff.; *Rieble,* Anm. zu BVerfG Beschl. v. 26. Juni 1991 – 1 BvL 779/85 = EZA GG Art. 9 Arbeitskampf Nr. 97, S. 32 ff.; *Hanau,* RdA 1996, 166 f., 176 (Normsetzungskompetenz); zur Verfassungsmäßigkeit von § 292 a Abs. 2 Nr. 2 a) HGB *Heintzen,* BB 1999, 1053 f. (Delegation von Normsetzungsgewalt).

Erstens betrifft dies den Ausgangspunkt der Delegation, den Gesetzgeber: Bei der Schaffung eines Beurteilungsspielraums des Wahlvorstandes wird nicht etwa die Rechtssetzungskompetenz vom parlamentarischen Gesetzgeber an den Wahlvorstand abgegeben; vielmehr hat § 9 BetrVG als gesetzliche Regelung mit der Wendung „in der Regel" nach Interpretation der h. M. lediglich den Effekt einer Verschiebung der Letztentscheidungskompetenz für den Einzelfall in bestimmten Sachverhaltskonstellationen von den dafür üblicherweise zuständigen (Arbeits-) Gerichten auf den Wahlvorstand. Die Wesentlichkeitstheorie trifft eine Aussage nur über eine Kompetenzverschiebung von der Legislative auf eine andere Teilgewalt, nicht aber darüber, welche üblicherweise der Rechtsprechung zustehenden Kompetenzen der parlamentarische Gesetzgeber durch Normierung des materiellen Rechts auf einen anderen Rechtsanwender verlagern darf. Zweitens ist der Delegationsgegenstand beim Beurteilungsspielraum nicht derselbe wie der im Rahmen der Diskussion um die Wesentlichkeitsrechtsprechung behandelte. Im Zusammenhang mit der Frage nach der Delegation von (parlamentarischer) Rechtssetzungskompetenz ist vorweg der Streit darüber zu erwähnen, ob die Grundsätze der Wesentlichkeitstheorie auch die Regelungsdichte von Einzelaktsermächtigungen betreffen,[1131] womit Einzelfallentscheidungskompetenzen wie exekutivisches Ermessen[1132] und insbesondere Beurteilungsspielräume[1133] erfasst wären. So sieht etwa *Reidt* die Wesentlichkeitstheorie ihrer Zielsetzung nach als zur Bestimmung der gerichtlichen Kontrolldichte behördlicher Beurteilungsspielräume anwendbar an, obgleich er einräumt, dass deren Anwendungsbereich sachlich auf das Verhältnis zwischen Legislative und Exekutive bezogen ist.[1134] *Hofmann* weist der Wesentlichkeitslehre jedenfalls explizit Bedeutung nur für Beurteilungsermächtigungen zu, für deren Zulässigkeit das GG keine materiell-rechtlichen Vorgaben bereit hält, wo dieses also die materielle Rechtsposition und damit auch die diesbezügliche Dispositionsbefugnis nicht festlegt.[1135]

Auch die letztgenannte Diskussion kann mangels Relevanz für die Behandlung des hier zu untersuchenden Beurteilungsspielraums offenbleiben: Zunächst werden Parlamentsvorbehalt und Wesentlichkeitstheorie insbesondere als Problem der Regelungsdichte erörtert.[1136] Die Kernfrage des Beurteilungsspielraums betrifft aber nicht diese, sondern die Verteilung der Letztentscheidungskompetenz, hier Verschiebung derselben auf einen nichtstaatlichen vorgerichtlichen Rechtsanwender, also die gerichtliche Kontrolldichte und mithin eine von der Frage der Regelungsdichte zu unterscheidende Ebene. Es geht vorliegend eben nicht um die Frage der möglichen Unbestimmtheit des Rechtsbegriffes „in der Regel", da hierin kein Spezifikum des Beurteilungsspielraums

---

[1131] Bejahend etwa BVerfGE 56, 1, 12 ff.; E 48, 210, 221 f.; E 34, 165, 192 f.; *Cremer,* AöR 122 (1997), 251 (in Fn. 13); *Schwarze,* JuS 1994, 659. A. A. etwa *Gassner,* DÖV 1996, 18 ff., 22 f.

[1132] Vgl. BVerfGE 48, 210, 222; hierzu *Cremer,* AöR 122 (1997), 262.

[1133] Zur Bestimmung der gerichtlichen Kontrolldichte hinsichtlich exekutivischer Beurteilungsspielräume s. etwa *Reidt,* DÖV 1992, 919 ff.

[1134] *Reidt,* DÖV 1992, 920.

[1135] *Hofmann,* NVwZ 1995, 744 f.

[1136] S. nur etwa *Kloepfer,* NJW 1985, 2499 ("Normierungsdichte"); *Seiler,* 32 ff.

liegt.[1137] Die besondere Problematik eines Beurteilungsspielraums des Wahlvorstandes besteht vielmehr darin, dass der Gesetzgeber zwar in § 9 S. 1 BetrVG die abstrakten tatbestandlichen Voraussetzungen der Bestimmung der Belegschaftsregelstärke vorgibt, insoweit eine Entscheidung durchaus selbst trifft, jedoch deren Anwendung auf den Einzelfall für den jeweils von der Betriebsratswahl betroffenen Betrieb für den Bereich der hier zu behandelnden Grenzfälle an den Wahlvorstand delegiert, ohne gleichzeitig eine vollständige gerichtliche Überprüfbarkeit der entsprechenden Feststellung zu gewährleisten. Der Gesetzgeber trifft hiermit an sich auch bezüglich der Frage der Rechtsanwendung sehr wohl selbst eine Entscheidung, nämlich diejenige der Delegierung derselben an den Wahlvorstand; hierin liegt gerade der gedankliche Unterschied zur möglichen bloßen Unbestimmtheit der Wendung „in der Regel". Dem entspricht die Ansicht *Seilers,* nach der Beurteilungsspielräume die Gesetzesdichte unverändert lassen und den Gesetzesvorbehalt daher nicht unmittelbar berühren; er nennt diese allein deshalb im Zusammenhang mit der Ermittlung des „Wesentlichen" im Sinne der Wesentlichkeitstheorie, weil sie „die von Legislative, Exekutive und Judikative arbeitsteilig zu bewältigende Rechtsfindung betreffen".[1138] Kurz gesagt: Während der Parlamentsvorbehalt vorwiegend die Frage der Delegation von Normsetzung betrifft, ist der Beurteilungsspielraum Teil und Problem der Normanwendung. Damit wird der unterschiedliche Delegationsgegenstand deutlich. In diesem Zusammenhang ist insbesondere zu bedenken, dass der auf der Beurteilung der Belegschaftsregelstärke beruhende Erlass des Wahlausschreibens durch den Wahlvorstand keinen Regelungscharakter trägt, wie diesen der öffentlich-rechtliche Verwaltungsakt als Regelung für einen Einzelfall i. S. v. § 35 S. 1 VwVfG besitzt. Es fehlt daher für die Übertragung der Grundsätze aus dem öffentlichen Recht an der Vergleichbarkeit.[1139] Hier zeigen sich die Grenzen der strukturellen Parallele in der Behandlung von Beurteilungsspielräumen zwischen öffentlichem und privatem Recht.

Zuletzt ist zu bedenken, dass es sich bei Parlamentsvorbehalt und Wesentlichkeitstheorie vor allem auch um ein Problem der grundgesetzlichen Gewalten- und Funktionentrennung handelt,[1140] der Kompetenzverteilung zwischen der Legislative auf der einen und der Exekutive[1141] bzw. umstrittenermaßen auch der Judikative[1142] auf der

---

[1137] S. hierzu S. 124.

[1138] *Seiler,* 138 Fn. 478; hiermit ist die Verbindung der Wesentlichkeitstheorie mit dem Grundsatz der Gewaltenteilung angesprochen, worauf sogleich noch zurückzukommen sein wird.

[1139] Vgl. in diesem Sinne die Argumentation bei *Schwarze,* JuS 1994, 659.

[1140] *Wank* (FS Kissel, 1225) bezeichnet die Wesentlichkeitstheorie als „Ausprägung des für alle Teilgewalten maßgeblichen Gewaltenteilungsprinzips"; s. a. *Ossenbühl,* in: Isensee/Kirchhof, Handbuch Staatsrecht, Bd. 3, § 62 Rn. 48 ff.; diesbezüglich allgemein zum einheitlichen Parlamentsvorbehalt *Seiler,* 138 (dort auch in Fn. 478); vgl. a. *Morgenthaler,* 259; für die arbeitsrechtliche Diskussion vgl. etwa *Kloepfer,* NJW 1985, 2498 (m. w. N. in Fn. 14), 2500; in diesem Sinne verallgemeinernd auch *Jachmann,* JA 1994, 400 ff.

[1141] Vgl. etwa BVerfGE 58, 257, 271; E 49, 89, 127, 129 unter Hinweis auf E 34, 165, 192 f.; vgl. hierzu etwa *Gassner,* DÖV 1996, 19 f. („Aufgabenverteilung zwischen Legislative und Exekutive"; „kompetentielle Funktion"); *v. Mutius,* Jura 1987, 95.

anderen Seite. Die Gewaltentrennung ist jedoch, wie bereits aufgezeigt,[1143] für die Frage eines im BetrVG als Teil des Privatrechts festgelegten Beurteilungsspielraums des Wahlvorstandes nicht relevant, denn der Wahlvorstand hat keine der zweiten und dritten Gewalt vergleichbare Stellung inne. Auch deshalb kann die Wesentlichkeitstheorie nicht verfassungsrechtlicher Maßstab für die Schaffung eines Beurteilungsspielraums des Wahlvorstandes sein.[1144]

(cc) Grundsatz der Verhältnismäßigkeit[1145]

§ 9 BetrVG ist Teil einer in das Grundrecht der Berufsausübungsfreiheit des Arbeitgebers eingreifenden Gesamtregelung. Eine Grenze für Grundrechtsbeschränkungen durch den Gesetzgeber als erste Gewalt stellt das allgemein anerkannte verfassungsrechtliche Prinzip der Verhältnismäßigkeit[1146] als sogenannte Schranken-Schranke[1147] dar; hieran kann auch der privatrechtliche Charakter dieser Norm zumindest nach h. M. grdsl. nichts ändern.[1148]

[1142] So bejahend für den Bereich des Arbeitskampfrechts etwa *Rieble,* Anm. zu BVerfG Beschl. v. 26. Juni 1991 – 1 BvL 779/85 = EZA GG Art. 9 Arbeitskampf Nr. 97, S.32 ff.

[1143] S. oben S. 47 und S. 125.

[1144] Vgl. *Heintzen,* BB 1999, 1053 (in Fn. 45) zur Verfassungsmäßigkeit von § 292 a Abs. 2 Nr. 2 a) HGB.

[1145] Unter anderem auch als Übermaßverbot bezeichnet, *Schulze-Fielitz,* in: Dreier, GG, Bd. 2, Art. 20 Rechtsstaat Rn. 167 (m. w. N. in Fn. 638); s. insbes. *Lerche,* Übermaß und Verfassungsrecht, 1999; zur terminologischen Vielfalt s. *Sobota,* 243 ff.; Auswahl aus der umfangreichen Lit. bei *Lerche,* Übermaß, S. XXX f. (in Fn. 1); zur verfassungsrechtlichen Grundlage und zur Reichweite des Verhältnismäßigkeitsgrundsatzes *Schlink,* FS 50 J. BVerfG, Bd. 2, 447 ff.

[1146] S. statt vieler *Sachs,* in: Sachs, GG, Art. 20 Rn. 145 (m. w. N. in Fn. 444); *Lerche,* Übermaß, S. VII; insbesondere besteht „im wesentlichen Einigkeit über die dogmatische Strukturierung und damit den rationalitätsverbürgenden Sinn der Verhältnismäßigkeitsprüfung", *Dreier,* in: Dreier, GG, Bd. 1, Vorb. Rn. 91; *Schulze-Fielitz,* in: Dreier, GG, Bd. 2, Art. 20 Rechtsstaat Rn. 168; zur Verortung im Verfassungsrechtsgefüge s. etwa *Schulze-Fielitz,* a. a. O., Rn. 167 (m. w. N. in Fn. 642 ff.); *Stern,* Staatsrecht, Bd. 3, Teilbd. 2, § 84 I 4, 769 ff.; allgemein zum Verhältnismäßigkeitsprinzip s. nur etwa *Jarass,* in: Jarass/Pieroth, GG, Art. 20 Rn. 57 a; *v. Münch,* in: v. Münch/Kunig, GG, Bd. 1, Vorb. Art. 1 – 19 Rn. 55; *Sommermann,* in: v. Mangoldt/Klein/Starck, GG, Bd. 2, Art. 20 Abs. 3 Rn. 308; *Stern,* Staatsrecht, Bd. 3, Teilbd. 2, § 84 I 1, 764 f. (mit umfangr. Nachweise speziell zur Rspr. des BVerfG im Rahmen der verfassungsrechtlichen Überprüfung von Gesetzen in Fn. 7); aus der Rspr. des BVerfG s. nur etwa BVerfG NJW 2001, 1709, 1711 ff.; BVerfGE 96, 10, 21; E 95, 64, 84; E 94, 372, 390; E 94, 268, 284 ff.; E 90, 145, 172 f.; E 76, 1, 50 f.; E 19, 342, 348 f.

[1147] Nachweise zu dieser Terminologie bei *Dreier,* in: Dreier, GG, Bd. 1, Vorb. Rn. 91 in Fn. 358; s. a. *Stern,* HdbStR, Bd. 3, Teilbd. 2, § 84 I 1, S. 764; ein Beispiel zur verfassungsrechtlichen Überprüfung (privat-) arbeitsrechtlicher Normen (dort §§ 3 Abs. 2, 4 Abs. 1 S. 2 TVG hinsichtlich der zwingenden Wirkung sog. Betriebsnormen für Arbeitnehmer, insbesondere auch für nicht tarifgebundene Arbeitnehmer („Außenseiter")) anhand der Verhältnismäßigkeit als Schranken-Schranke zeigen die Ausführungen von *Hanau,* RdA 1996, 177 ff.; s. a. *Ipsen,* JuS 1990, 634.

[1148] S. zum Grad der Bindung des Privatrechtsgesetzgebers durch die Grundrechte S. 171; insbesondere auch der Verhältnismäßigkeitsgrundsatz gilt nach ganz h. M. auch für Normen des „Zivilrechts", so ausdrückl. *Schulze-Fielitz,* in: Dreier, GG, Bd. 2, Art. 20 (Rechtsstaat) Rn. 183 m. w. N.

Fraglich ist, ob die Einräumung eines Beurteilungsspielraums zugunsten des Wahlvorstandes durch § 9 BetrVG verhältnismäßig ist. Zu bedenken ist dabei vorweg folgendes: Ein möglicher Beurteilungsspielraum des Wahlvorstandes betrifft lediglich das Prozedere, in welchem die Frage geklärt wird, welche Anzahl an regelmäßigen Belegschaftsmitgliedern der durchzuführenden Betriebsratswahl zugrunde zu legen ist. Nicht dagegen beeinflusst er die vom Gesetzgeber in § 9 BetrVG abstrakt-generell selbst festgelegte Betriebsratsmitgliederzahl an sich. Der Beurteilungsspielraum stellt also lediglich eine Modalität dar, welche über das Eingreifen der niedrigeren bzw. der höheren Betriebsratmitgliederzahl im konkreten Fall entscheiden kann. Nicht die zahlenmäßige Stufung und die jeweilige Größe des Betriebsrats an sich, sondern die Überprüfbarkeit der Einordnung des Betriebes in die Stufung steht vorliegend zur Diskussion. Deswegen konzentriert sich die Prüfung, wie bereits beschrieben,[1149] auf die Frage, inwieweit die Verlagerung der normalerweise bei den Gerichten liegenden Letztentscheidungskompetenz auf den Wahlvorstand dem Prinzip der Verhältnismäßigkeit entspricht, insbesondere mit einer möglicherweise dem Grundrecht der Berufsfreiheit unmittelbar zu entnehmenden Garantie gerichtlichen Rechtsschutzes vereinbar ist.

Üblicherweise wird die Prüfung der sog. „Verhältnismäßigkeit i. w. S." in drei Schritte untergliedert:[1150] „Das vom Gesetzgeber eingesetzte Mittel muss geeignet und erforderlich sein, um den erstrebten Zweck zu erreichen (vgl. BVerfGE 32, 373 [379]; 54, 143 [146 f.]; 80, 137 [153]). Ferner darf der mit der Beschränkung verbundene Eingriff nicht außer Verhältnis zur Bedeutung der Sache stehen und den Betroffenen nicht übermäßig oder unzumutbar belasten (vgl. BVerfGE 30, 292 [316]; 90, 145 [173]; 92, 262 [273])."[1151] Der Grundsatz der Verhältnismäßigkeit[1152] i. w. S.[1153] lässt sich demnach in drei[1154] Teilgebote der Geeignetheit,[1155] der Erforderlichkeit[1156] und der Verhältnismäßigkeit i. e. S.[1157] untergliedern.

[1149] S. S. 173.

[1150] Die Struktur der Verhältnismäßigkeitsprüfung tritt klar hervor z. B. in BVerfGE 96, 10, 21; E 91, 207, 222 ff.; E 90, 145, 172 f.; E 81, 156, 188 ff.; s. a. die zusammenfassende Darstellung speziell mit Bezug zu Art. 12 Abs. 1 GG in BVerfGE 30, 292, 315 f.

[1151] BVerfGE 96, 10, 21; vgl. a. BVerfGE 90, 145, 172 f.

[1152] *Sachs,* in: Sachs, GG, Art. 20 Rn. 149; *Dreier,* in: Dreier, GG, Bd. 1, Vorb. Rn. 91.

[1153] *Jarass,* in: Jarass/Pieroth, GG, Art 20 Rn. 58; *Stein,* § 29 V, 238 ff.; auch als „Übermaßverbot" bezeichnet, s. *Stern,* HdbStR, Bd. 3, Teilbd. 2, § 84 II 1, S. 775.

[1154] *V. Münch* (in: v. Münch/Kunig, GG, Bd. 1, Vorb. Art. 1 – 19 Rn. 55) spricht von vier Kriterien, da er die Frage der legitimen Zwecksetzung als eigene Stufe der Verhältnismäßigkeitsprüfung ansieht; in der Tat ist wohl unbestrittenermaßen eine Prüfung der Zweck-Mittel-Relation ohne genaue Herausarbeitung des vom Gesetzgeber tatsächlich oder möglicherweise verfolgten Zweckes nicht durchführbar, vgl. nur etwa *Stein,* § 29 V, 238; *Dreier,* in: Dreier, GG, Bd. 1, Vorb. Rn. 91; *Sachs,* in: Sachs, GG, Art. 20 Rn. 149; BVerfGE 96, 10, 21 ff.; E 90, 145, 172 ff.; speziell zur Berufsausübungsfreiheit vgl. *Manssen,* in: v. Mangoldt/Klein/Starck, GG, Bd. 1, Art. 12 Abs. 1 Rn. 120 ff.; *Wieland,* in: Dreier, GG, Bd. Bd. 1, Art. 12 Rn. 111 ff.; BVerfGE 99, 202, 212 ff.; E 98, 265, 308; E 97, 228, 255 ff.; E 96, 10, 21 ff.; E 94, 372, 391 ff.; materiellrechtliche Konsequenzen aus den unterschiedlichen Einteilungen sind insoweit nicht ersichtlich, weswegen die übliche Unterteilung zugrunde gelegt wird.

Die Prüfung der Verhältnismäßigkeit i. w. S. wird im Bereich der Berufsfreiheit nach Art. 12 Abs. 1 GG durch die vom BVerfG entwickelte,[1158] in der Literatur nicht ohne kritischen Widerhall gebliebene[1159] sogenannte „Drei-Stufen-Theorie“ konkretisiert.[1160] Gesetzliche Regelungen, welche die Berufsausübungsfreiheit beschränken, „sind nach ständiger Rechtsprechung des Bundesverfassungsgerichts zulässig, wenn sie durch hinreichende Gründe des gemeinen Wohls gerechtfertigt sind, wenn das gewählte Mittel zur Erreichung des verfolgten Zwecks geeignet und auch erforderlich ist und wenn bei einer Gesamtabwägung zwischen der Schwere des Eingriffs und dem Gewicht der ihn rechtfertigenden Gründe die Grenze der Zumutbarkeit noch gewahrt

---

[1155] *Jarass,* in: Jarass/Pieroth, GG, Art 20 Rn. 58; *Dreier,* in: Dreier, GG, Bd. 1, Vorb. Rn. 91; *Sachs,* in: Sachs, GG, Art. 20 Rn. 149; *Starck,* in: v. Mangoldt/Klein/Starck, GG, Bd. 1, Art 1 Abs. 3 Rn. 243; *Stein,* § 29 V, 238 f.; auch als „Tauglichkeit“ bezeichnet, s. *Stern,* HdbStR, Bd. 3, Teilbd. 2, § 84 II 1, S. 775.

[1156] *Jarass,* in: Jarass/Pieroth, GG, Art 20 Rn. 58; *Dreier,* in: Dreier, GG, Bd. 1, Vorb. Rn. 91; *Sachs,* in: Sachs, GG, Art. 20 Rn. 149; *Starck,* in: v. Mangoldt/Klein/Starck, GG, Bd. 1, Art 1 Abs. 3 Rn. 243; *Stein,* § 29 V, 239 f.; auch als „Notwendigkeit“ bezeichnet, s. *Stern,* HdbStR, Bd. 3, Teilbd. 2, § 84 II 1, S. 775.

[1157] Vgl. insbes. BVerfGE 102, 1, 20 ff.; 100, 313, 375 ff., 391 ff.; 90, 145, 183 ff.; *Jarass,* in: Jarass/Pieroth, GG, Art 20 Rn. 58; *Dreier,* in: Dreier, GG, Bd. 1, Vorb. Rn. 91; etwa auch als „Zumutbarkeit“, „Angemessenheit“ oder „Proportionalität“ bezeichnet, s. *Stern,* HdbStR, Bd. 3, Teilbd. 2, § 84 II 1, S. 775; *Sachs,* in: Sachs, GG, Art. 20 Rn. 149; *Starck,* in: v. Mangoldt/Klein/Starck, GG, Bd. 1, Art 1 Abs. 3 Rn. 243; *Stein,* § 29 V, 240 f.

[1158] Grundlegend BVerfGE 7, 377, 397 ff.

[1159] S. nur etwa die Zusammenstellung einiger Kritikpunkte bei *Wieland,* in: Dreier, GG, Bd. 1, Art. 12 Rn. 106 ff.; krit. z. B. *Tettinger,* in: Sachs, GG, Art. 12 Rn. 123 ff.; *Ipsen,* JuS 1990, 634 ff. (zum dogmatischen Verhältnis zwischen Verhältnismäßigkeitsgrundsatz und Stufentheorie); aus dem Bereich des Arbeitsrechts s. *Hanau,* RdA 1996, 160 f., 178 (in Fn. 171). Allerdings haben die Einwände gegen die Stufenlehre deren dogmatische Bedeutung bisher nicht ernsthaft zu beeinträchtigen vermocht (*Wieland,* a. a. O., Rn. 110; in diesem Sinne auch *Breuer,* in: Isensee/Kirchhof, Handbuch Staatsrecht, Bd. 6, § 148 Rn. 6), und in der deutschen Staatsrechtslehre ist die derart gestufte Prüfung im Grundsatz akzeptiert worden, wie auch *Tettinger* bei aller Kritik konstatiert (*ders.,* a. a. O., Rn. 123; s. a. *Gubelt,* in: v. Münch/Kunig, GG, Bd. 1, Rn. 46). Vor allem aber dürfte den kritischen Stimmen durch die in der neueren Rechtsprechung des BVerfG erkennbare Tendenz zu einem „verstärkten Durchgriff auf das Übermaßverbot“ (*Tettinger,* a. a. O., Rn. 109, 114 m. N. zur Rspr. des BVerfG in Fn. 429 ff.; so auch *Stern,* HdbStR, Bd. 3, Teilbd. 2, § 84 III 5 c), S. 803; ähnliches Vorgehen auch bei *Kimms,* JuS 2001, 669; aus neuester und neuerer Zeit s. nur etwa BVerfG GRUR 2001, 266, 267 ff.; BVerfGE 99, 202, 211 ff.; E 98, 265, 298, 308; E 97, 228, 255, 258; E 94, 372, 389 ff.), mithin zu einer Abstandnahme von einer rigiden Handhabung der Stufenlehre (*Tettinger,* a. a. O., Rn. 100) mit der Zeit vor allem hinsichtlich der Vorwürfe der unzulässigen Vereinfachung sowie der Präjudizierung der Verhältnismäßigkeitsprüfung durch die Einordnung einer Regelung als die Berufsausübung, die subjektiven oder die objektiven Berufswahlvoraussetzungen betreffend der Wind aus den Segeln genommen werden (vgl. zur Kritik von *Rupp* die Ausführungen bei *Breuer,* in: Isensee/Kirchhof, Handbuch Staatsrecht, Bd. 6, § 148 Rn. 8); von einer Erörterung wird hier deswegen abgesehen.

[1160] S. hierzu *Wieland,* in: Dreier, GG, Bd. 1, Art. 12 Rn. 101 ff., insbes. 104; *Jarass,* GG, Art. 12 Rn. 20; *Breuer,* in: Isensee/Kirchhof, Handbuch Staatsrecht, Bd. 6, § 148 Rn. 6; *Stern,* HdbStR, Bd. 3, Teilbd. 2, § 84 III 5 c), S. 801 f.; s. a. die Nachweise zur Rspr. des BVerfG bei *Tettinger,* in: Sachs, GG, Art. 12 Rn. 114 in. Fn. 431, wo „die Stufenlehre mit einer umfassenden Verhältnismäßigkeitsprüfung verschränkt wird“.

ist (BVerfGE 93, 362 [369]; 85, 248 [259] m.w.N.). Je empfindlicher die Berufsausübenden in ihrer Berufsfreiheit beeinträchtigt werden, desto stärker müssen die Interessen des Gemeinwohls sein, denen die Regelung zu dienen bestimmt ist (vgl. BVerfGE 30, 292 [316 f.]; stRspr)".[1161] Das Prinzip der Verhältnismäßigkeit gilt hiernach insbesondere auch für Berufsausübungsregelungen;[1162] es wird jedoch durch das Erfordernis von hinreichenden[1163] Gründen des Gemeinwohles insbesondere im Hinblick auf den möglichen gesetzgeberischen Zweck und auf die Verhältnismäßigkeit i. e. S. präzisiert.[1164]

Zunächst muss die eingreifende Regelung durch hinreichende Gründe des gemeinen Wohles[1165] gerechtfertigt sein.[1166] Ausgangspunkt ist bei einer Berufsausübungsregelung wie grdsl. im Rahmen jeder Verhältnismäßigkeitsprüfung der gesetzgeberische Zweck.[1167]

Mit der Schaffung des BetrVG als Regelungsgesamtheit verfolgte die Legislative vor allem zwei Ziele: Den Schutz des Arbeitnehmers in Anbetracht dessen Abhängigkeit innerhalb der betrieblichen Strukturen sowie die Eröffnung von Möglichkeiten „der Mitbestimmung und Mitverantwortung, die seinem gestiegenen Selbstbewusstsein entsprechen".[1168] Letztendlich sollte insbesondere die Bemühung um ein „ausgewogene-

---

[1161] BVerfG NJW 2001, 353, 354 ff.; vgl. a. BVerfGE 99, 202, 211; E 98, 265, 298, 308; E 97, 228, 255; weitere Nachweise zur Rspr. des BVerfG bezüglich Berufsausübungsregelungen bei *Tettinger*, in: Sachs, GG, Art. 12 Rn. 101 in Fn. 389.

[1162] Vgl. weiter nur etwa BVerfG NJW 2000, 3635 f.; GRUR 2001, 266 ; BVerfGE 99, 202, 211; E 98, 265, 298, 308; E 97, 228, 255, 258; E 94, 372, 389 ff.; BVerfGE 90, 372, 390; in diesem Sinne deutlich bereits BVerfGE 46, 120, 138, 145 ff.; *Leibholz/Rinck/Hesselberger*, GG, Bd. 1, Art. 12 Rn. 306; vgl. a. *Gubelt*, in: v. Münch/Kunig, GG, Bd. 1, Rn. 45a. E.; *Stern*, HdbStR, Bd. 3, Teilbd. 2, § 84 III 5 c), S. 802; *Müller*, Berufsfreiheit, 45; dieser Befund entspricht im Ergebnis demjenigen *Tettingers* im Rahmen der Analyse der neueren Rechtsprechung des BVerfG (*ders.*, in: Sachs, GG, Art. 12 Rn. 109).

[1163] Bisweilen beschreibt das BVerfG diesen Punkt auch mit der Formulierung, dass Beschränkungen der Berufsausübungsfreiheit auf „sachgerechten und vernünftigen Erwägungen des Gemeinwohls beruhen" müssen, s. etwa BVerfG GRUR 2001, 266 ff. m. w. N. zu seine Rspr.; s. insbes. E 97, 228, 255.

[1164] Vgl. aus neuerer Zeit nur etwa BVerfG NJW 2001, 353 ff.; BVerfGE 99, 202, 211 ff.; E 98, 265, 298, 308 ff.; E 97, 228, 255 ff.; BVerfGE 94, 372, 390 ff.; vgl. weiter BVerfGE 46, 120, 138, 145 ff.; in diesem Sinne *Wieland*, in: Dreier, GG, Bd. 1, Art. 12 Rn. 101 ff., 111 ff.; *Gubelt*, in: v. Münch/Kunig, GG, Bd. 1, Rn. 41, 49; *Manssen*, in: v. Mangoldt/Klein/Starck, GG, Bd. 1, Art. 12 Rn. 120 ff.

[1165] Zur Rspr. des BVerfG bezüglich dieses Punktes *Müller*, Berufsfreiheit, 42 ff.; *Tettinger*, in: Sachs, GG, Art. 12 Rn. 102; zu den in der Sache keinen Unterschied bedeutenden variierenden Begrifflichkeiten des BVerfG M. N. zu dessen Rspr. *Kimms*, JuS 2001, 670.

[1166] BVerfG NJW 2001, 353, 354 ff.; vgl. a. BVerfGE 99, 202, 211 f.; E 98, 265, 298, 308; E 97, 228, 255; E 94, 372, 390.

[1167] S. Fn. 1154.

[1168] Bundesminister *Arendt* zum RegE sowie zum CDU/CSU Fraktionsentwurf in der Debatte des Deutschen Bundestages vom 11.2.1971 (101. Sitzg. der VI. Legislaturperiode), BT Prot./VI, Bd. 75, 5804; vgl. hierzu auch den Bericht des Ausschusses für Arbeit und Sozialordnung über den Regieres Verhältnis zwischen ... unternehmerischer Entscheidungsfreiheit und Mitbestimmung der Arbeitnehmer" dem „Ziel größerer sozialer Gerechtigkeit" dienen.[1169] Dabei wurde betont, dass das BetrVG „im Schnittpunkt der gegenläufigen Interessen des Wirtschafts- und Arbeitslebens liegt".[1170] Als hinreichende Gemeinwohlbelange kommen hierbei z. B. ganz allgemein die Stärkung der Wirtschaftsordnung in Form der Marktwirtschaft durch „Integration aller Beschäftigten"[1171] sowie der erwähnte Zweck der Schaffung größerer sozialer Gerechtigkeit in Betracht. Nun wird in dieser Arbeit von der grundsätzlichen Verfassungsmäßigkeit des BetrVG ausgegangen;[1172] letztere wird von der heute ganz h. M. auch nicht bestritten.[1173] Deswegen ist hier von der Grundrechtskonformität der gesetzgeberischen Grundzielsetzung des BetrVG, und damit insbesondere auch von dessen Legitimation durch zumindest ausreichende Gründe des Gemeinwohles auszugehen; dies erscheint insbesondere vor dem Hintergrund unproblematisch, dass das BVerfG dem Gesetzgeber aufgrund der wirtschaftspolitischen Neutralität des Grundgesetzes im Grundsatz quasi schon bei der Definition von arbeits-, sozial- und wirtschaftspolitischen Zielen, die durch ein in die Berufsausübungsfreiheit eingreifendes Gesetz verfolgt werden, große Freiheit zuerkennt[1174] und daher eine Vielfalt in dessen Rechtsprechung akzeptierter Gemeinwohlinteressen exis-

---

rungsentwurf und den CDU/CSU-Fraktionsentwurf zum Thema Betriebsverfassungsgesetz, BT DS VI/zu 2729, 4 f. (Schutzfunktion), 9 (Stärkung der Rechtsstellung des einzelnen Arbeitnehmers); zur „Integrationsfunktion" s. *Richardi,* BetrVG, § 87 Rn. 8 unter Hinweis auf den Bericht der Mitbestimmungskommission, BT DS VI/334, 59; die Ergebnisse dieses Berichtes wurden, soweit sie das Betriebsverfassungsrecht betrafen, im Rahmen der Schaffung des BetrVG berücksichtigt, s. die Begründung zum RegE, BT DS VI/1786, 31; s. a. die Einschätzung des Stellenwertes der Erkenntnisse dieser Kommission bei *Loritz,* ZfA 1991, 5 ff.; zum Schutzzweck betrieblicher Mitbestimmung vgl. a *Kempen,* AuR 1986, 138 und zur Zweckbestimmung v. a. mit Bezug zu Art. 12 I GG s. *ders.,* AuR 1988, 271 ff., 277.

[1169] Bundesminister *Arendt* zum RegE in der Debatte des Deutschen Bundestages vom 11.2.1971, BT Prot./VI, Bd. 75, 5805; zu weiteren übergeordneten Zielen s. *ders.* in der dritten Beratung des Entwurfes eines BetrVG vom 10.11.1971 (150. Sitzg. in der VI. Legislaturperiode), BT Prot./VI, Bd. 77, 8664; zu wichtigen Einzelzielen s. etwa a. *ders.*, a. a. O., 5805 f. („Demokratisierung" des Betriebslebens, Vereinfachung der Wahl und der Arbeit des Betriebsrats), 5808 (Erleichterung der Zusammenarbeit von Betriebsrat und Gewerkschaften); zum Zweck des Betriebsverfassungsrechts allgemein s. aus der Lit. vgl. etwa *Richardi,* Kollektivgewalt, 124; *Wiese,* in: GK-BetrVG, Bd. 1, Einl. Rn. 70 ff.; *Thiele,* in: GK-BetrVG, 4. Aufl., Bd. 1, Einl. Rn. 17 ff., 22; *v. Hoyningen-Huene,* Betriebsverfassungsrecht, § 1 II 2., 3., III 1., 3.; speziell zur heutigen Zweckbestimmung *Loritz,* ZfA 1991, 1 ff.

[1170] Abgeordneter *Fahrtmann* in der zweiten Beratung des Entwurfes eines BetrVG vom 10.11.1971 (150. Sitzg. in der VI. Legislaturperiode), BT Prot./VI, Bd. 77, 8596.

[1171] Dazu der Abgeordnete *Spitzmüller* in der dritten Beratung des Entwurfes eines BetrVG vom 10.11.1971 (150. Sitzg. in der VI. Legislaturperiode), BT Prot./VI, Bd. 77, 8664.

[1172] S. S. 109.

[1173] S. S. 109 f.

[1174] Zur Freiheit des Gesetzgebers aufgrund der wirtschaftspolitischen Neutralität des Grundgesetzes vgl. BVerfGE 81, 156, 189 (m. w. N. zu seiner Rspr.); E 50, 290, 336 ff., 364; so auch die Analyse bei *Müller,* Berufsfreiheit, 44 (m. N. zur Rspr. des BVerfG in Fn. 176), ; s. a. *Tettinger,* in: Sachs, GG, Art. 12 Rn. 102 (m. N. zur Rspr. des BVerfG in Fn. 390); *Manssen,* in: v. Mangoldt/Klein/Starck, GG, Bd. 1, Art. 12 Abs. 1 Rn. 121.

tiert,[1175] so z. B. etwa die Geordnetheit des Arbeitsmarktes[1176] oder die „Ergänzung der ökonomischen durch eine soziale Legitimation der Unternehmensleitung in größeren Unternehmen, der Kooperation und Integration aller im Unternehmen tätigen Kräfte, deren Kapitaleinsatz und Arbeit Voraussetzung der Existenz und der Wirksamkeit des Unternehmens ist".[1177] Insbesondere bei Berufsausübungsregelungen, welche, wie das BetrVG, nicht auf die Freiheit der Berufswahl zurückwirken, kommen in weitem Maße Zweckmäßigkeitserwägungen zur Geltung.[1178]

Im Hinblick auf die Ausrichtung des Zweckes an hinreichenden Gründen des Gemeinwohles nimmt § 9 BetrVG als bloße Organisationsnorm und damit die Schaffung eines Beurteilungsspielraums als Regelungsteilaspekt, welcher letztlich zumindest auch dem Gesamtzweck des BetrVG zu dienen bestimmt ist, an letzterem wie auch an dessen hier vorausgesetzter Legitimation durch solche Belange teil:[1179] Die bezeichnete Regelung legt die Größe des Betriebsrats fest; sie fördert damit als Teilregelung auch den durch das BetrVG insgesamt verfolgten Zweck, die Arbeitnehmer insbesondere mittels Einschaltung des Betriebsrats als Repräsentant an Entscheidungen der Unternehmens- und vor allem der sie unmittelbar betreffenden Betriebsleitung zu beteiligen. Jedenfalls im Hinblick auf die Erforderlichkeit hinreichender Belange des Gemeinwohls erscheint die Schaffung eines Beurteilungsspielraums unter der Prämisse der entsprechenden Legitimierung des Gesamtzweckes des BetrVG als unbedenklich.

Laut BVerfG ist ein Gesetz zur Zweckerreichung „geeignet, wenn mit seiner Hilfe der erstrebte Erfolg gefördert werden kann",[1180] wobei „die abstrakte Möglichkeit der Zweckerreichung" genügt.[1181] Im Bereich der Geeignetheit und der Erforderlichkeit werden hierbei Umfang und Grenzen der verfassungsgerichtlichen Überprüfung von

---

[1175] Zur Vielfalt der als Gemeinwohlbelange vom BVerfG akzeptierten Interessen als Folge eines diesbezüglich weiten Spielraumes des Gesetzgebers s. insbes. *Tettinger,* in: Sachs, GG, Art. 12 Rn. 102 (m. N. zu nach der Rspr. des BVerfG akzeptierten Gemeinwohlbelangen in Fn. 392); *Manssen,* in: v. Mangoldt/Klein/Starck, GG, Bd. 1, Art. 12 Abs. 1 Rn. 120 ff.; *Müller,* Berufsfreiheit, 43 f.

[1176] Vgl. BVerfGE 77, 84, 107 („hervorragend wichtiges Gemeinschaftsgut").

[1177] Vgl. BVerfGE 50, 290, 365 f. zum MitbestG vom 4.5.1976.

[1178] So die Analyse bei *Depenheuer,* FS 50 J. BVerfG, Bd. 2, 255, 261 unter Hinweis auf BVerfGE 77, 377, 405 f.

[1179] Nach *Canaris* (Grundrechte, 19 f., 22 f.; zust. etwa *Sandmann,* 887 f.) sind Normen des Privatrechts, welche die Berufsfreiheit einschränken, zwar am Grundsatz der Verhältnismäßigkeit zu messen; ein Abstellen auf Aspekte des Gemeinwohls im Rahmen der Stufenlehre sei jedoch verfehlt, da es auf solche für die Regelungen des Verhältnisses zwischen Privatrechtssubjekten in der Regel nicht ankomme. Als Beispiel führt *Canaris* dabei die (gesetzlichen) vertragsergänzenden Wettbewerbsverbote nach §§ 60, 112 HGB an. Da vorliegend von der Legitimation der Regelung in § 9 BetrVG durch hinreichende Gründe des Gemeinwohles ausgegangen wird, mithin ein im Sinne Canaris irregulärer Fall vorliegt (und das gilt insoweit für sämtliche Regelungen des BetrVG), bedarf es hier keiner weiteren Diskussion dieses Ansatzes.

[1180] BVerfGE 96, 10, 23; E 90, 145, 172, jew. m. w. N. zur Rspr. des BVerfG.

[1181] BVerfG NVwZ 2001, Beilage Nr. I 6, 58, 60; s. a. BVerfGE 96, 10, 23; mit Bezug speziell zur Berufsfreiheit vgl. BVerfGE 81, 156, 192 (unter Hinweis auf E 67, 157, 175).

Gesetze relevant: Das BVerfG hat gerade im Zusammenhang mit Berufsausübungsregelungen stets den weiten Beurteilungs- und Gestaltungsspielraum des Gesetzgebers betont, der insbesondere die genannten Stufen der Verhältnismäßigkeit betrifft.[1182] Letztlich wird die Eignung des Mittels nur beanstandet, wenn es „objektiv" bzw. „schlechthin" ungeeignet ist.[1183] Die gesetzliche Regelung muss demnach nicht das optimale Mittel zur Zweckerreichung sein.[1184] Das BVerfG nimmt bei der Kontrolle von Gesetzen bezüglich Geeignetheit und Erforderlichkeit gerade im Bereich der Wirtschaftsgrundrechte lediglich eine Vertretbarkeitskontrolle vor.[1185] Eine intensivierte inhaltliche Kontrolle greift vorliegend nicht Platz, da § 9 BetrVG keinen Eingriff in die Berufswahl bzw. keine einem solchen in der Wirkung gleichkommende Berufsausübungsregelung darstellt.[1186]

Für die vorliegende Untersuchung maßgeblich ist derjenige Zweck, welcher speziell der Schaffung eines Beurteilungsspielraums des Wahlvorstandes zugrunde liegt. Er wird in den Gesetzgebungsmaterialien allerdings nicht genannt; vielmehr haben sich Argumente für einen Beurteilungsspielraum des Wahlvorstandes insbesondere nicht aufgrund der historisch orientierten, sondern lediglich im Rahmen der teleologisch orientierten Auslegung von § 9 BetrVG ergeben.[1187] Es kommt daher auf die insoweit möglichen, denkbaren gesetzgeberischen Zwecksetzungen an.[1188] Der Gesetzgeber hat insoweit das Recht, in weitem Umfang Zweckmäßigkeitserwägungen zugrunde zu legen.[1189] Wie soeben dargelegt, nimmt § 9 BetrVG als Teilregelung des BetrVG an dessen allgemeiner Zwecksetzung teil. Die möglichen speziellen Zwecke der Schaffung eines Beurteilungsspielraums des Wahlvorstandes ergeben sich aus den im Rahmen der teleologisch orientierten Auslegung erwähnten, die h. M. unterstützenden und hier als zutreffend zu unterstellenden Argumenten: Zu nennen sind insbesondere erstens die Vermeidung der Ersetzung unsicherer Entscheidungen des Wahlvorstandes durch (nach h. M.) ebenso unsichere des befassten Gerichts und damit die Absicherung der

---

1182 Vgl. etwa BVerfGE 81, 156, 193; E 77, 84, 106 f.; E 53, 135, 145; *Müller,* Berufsfreiheit, 47, 64 m. w. N. in Fn. 184; zust. A. *Oetker,* AuR 1997, 41, 50.

1183 Vgl. mit Bezug speziell zur Berufsfreiheit BVerfGE 81, 156, 192 (m. w. N. zu seiner Rspr.); E 30, 250, 263; s. die Analyse bei *Müller,* Berufsfreiheit, 66 m. N. zur Rspr. des BVerfG in Fn. 242 – 246; *Manssen,* in: v. Mangoldt/Klein/Starck, GG, Bd. 1, Art. 12 Abs. 1 Rn. 128 m. w. N. in Fn. 510; *Wieland,* in: Dreier, GG, Bd. 1, Art. 12 Rn. 131.

1184 *Manssen,* in: v. Mangoldt/Klein/Starck, GG, Bd. 1, Art. 12 Abs. 1 Rn. 129.

1185 BVerfGE 50, 290, 333f., 335; speziell für den Bereich der Berufsausübungsregelungen E 98, 265, 308 f.; s. die Analyse bei *Müller,* Berufsfreiheit, 66; *Manssen,* in: v. Mangoldt/Klein/Starck, GG, Bd. 1, Art. 12 Abs. 1 Rn. 127; *Wieland,* in: Dreier, GG, Bd. 1, Art. 12 Rn. 131.

1186 Vgl. BVerfGE 11, 30, 45; zu den Voraussetzungen der intensivierten inhaltlichen Kontrolle *Müller,* Berufsfreiheit, 67; Nachweise zu den unterschiedlichen Kontrolldichtestufen bei *Tettinger,* in: Sachs, GG, Art. 12 Rn. 117 in Fn. 436 – 438.

1187 S. S. 93 ff.

1188 Vgl. zu dieser Vorgehensweise statt aller *Stein,* § 29 V, 238.

1189 BVerfGE 7, 377, 406; *Manssen,* in: v. Mangoldt/Klein/Starck, GG, Bd. 1, Art. 12 Abs. 1 Rn. 140; *Wieland,* in: Dreier, GG, Bd. 1, Art. 12 Rn. 112.

praktischen Anwendbarkeit von § 9 S. 1 BetrVG durch den Wahlvorstand auch in den Grenzfällen,[1190] sowie zweitens die Dämpfung des Kostenrisikos für den Arbeitgeber bei einer Anfechtung durch die anderen nach § 19 Abs. 2 BetrVG zur Anfechtung Berechtigten.[1191]

Ein Beurteilungsspielraum ist nicht schlechthin ungeeignet, das Kostenrisiko des Arbeitgebers bei einer Wahlanfechtung zu dämpfen, er schränkt lediglich dessen Anfechtungsmöglichkeit ein.[1192] Auch ist es grdsl. immerhin denkbar, dass in Grenzfällen die Entscheidung des Gerichts über die Frage, wie viele wahlberechtigte Arbeitnehmer einem Betrieb angehören, mit nicht weniger großer Unsicherheit behaftet wäre als die bereits getroffene Einschätzung des Wahlvorstandes.[1193] Zudem hat es der Arbeitgeber selbst in der Hand, die Mitglieder des Wahlvorstandes durch entsprechend umfassende Information vor einer Fehleinschätzung der regelmäßigen Zahl an Belegschaftsmitgliedern zu bewahren. Die hier bereits geäußerten Bedenken sprechen zwar gegen einen Beurteilungsspielraum, machen ihn als Mittel nicht objektiv untauglich im Sinne der Vertretbarkeitskontrolle. Dies entspricht letztlich auch der Respektierung der in diesem Bereich weitgehenden gesetzgeberischen Gestaltungsfreiheit.

Auf der Prüfungsstufe der „Erforderlichkeit" ist ein Gesetz nach dem BVerfG als Mittel zur Zweckerreichung „erforderlich, wenn der Gesetzgeber nicht ein anderes, gleich wirksames, aber das Grundrecht nicht oder weniger stark einschränkendes Mittel hätte wählen können".[1194] Auch bezüglich der Erforderlichkeit besteht nach dem BVerfG ein weiter Gestaltungsspielraum des Gesetzgebers.[1195]

Zur Erforschung eines möglichen milderen Mittels müssen zunächst Art und Weise sowie die Intensität des Eingriffes durch den Beurteilungsspielraum geklärt werden. Der Beurteilungsspielraum des Wahlvorstandes betrifft letztlich nur die Methode zur Einschätzung der regelmäßigen Zahl an Belegschaftsmitgliedern, mithin die rechtliche Anwendung und Umsetzung der Staffelung in § 9 BetrVG im Rahmen der Betriebsratwahl. Von Interesse ist eine Korrektur und damit eine vollständige Überprüfung der Einschätzung des Wahlvorstandes hinsichtlich der regelmäßigen Zahl an Belegschaftsmitgliedern im Rahmen einer Wahlanfechtung nach § 19 BetrVG vor allem dann, wenn möglicherweise von einer zu hohen Zahl ausgegangen und daher die höhe-

---

[1190] S. S. 103.

[1191] S. S. 102.

[1192] Vgl. S. 102.

[1193] Vgl. S. 103.

[1194] BVerfGE 90, 145, 172 f m. w. N. zur Rspr. des BVerfG; s. a. BVerfGE 96, 10, 23 f.; mit Bezug zu Art. 12 Abs. 1 GG vgl. etwa BVerfGE 97, 228, 258 f.; BVerfGE 81, 156, 192 (m. w. N. zu seiner Rspr.); E 73, 301, 319.

[1195] Vgl. mit Bezug speziell zur Berufsfreiheit BVerfGE 81, 156, 193 (m. w. N. zu seiner Rspr.); E 77, 84, 109; *Müller,* Berufsfreiheit, 64 f.; *Manssen,* in: v. Mangoldt/Klein/Starck, GG, Bd. 1, Art. 12 Abs. 1 Rn. 131; *Wieland,* in: Dreier, GG, Bd. 1, Art. 12 Rn. 114.

re Stufe (z. B. 1001 statt 1000 Mitglieder, also 15 anstelle von 13 Betriebsräten) für die Betriebsratswahl maßgeblich wurde.

Unter allgemeinen materiell-grundrechtlichen Gesichtspunkten ist zu beachten, dass ein Beurteilungsspielraum des Wahlvorstandes im Rahmen von § 9 BetrVG eben nur Grenzfällen bei Betriebsratswahlen in Großbetrieben angenommen wird. Es handelt sich daher naturgemäß um Einzelfälle, also einen im Vergleich zur Anwendung gerichtlicher Vollkontrolle im Rahmen von § 9 BetrVG sehr kleinen Eingriffsbereich. Weiter kann sich der Beurteilungsspielraum auch zugunsten des Arbeitgebers auswirken, wenn die Wahlanfechtung wegen angeblich zu niedrig eingeschätzter regelmäßiger Belegschaftsmitgliederzahl von Arbeitnehmer- oder von Gewerkschaftsseite ausgeht. Schon von daher stellt die Schaffung eines Beurteilungsspielraums des Wahlvorstandes einen Eingriff sehr geringer Intensität in dessen Berufsausübungsfreiheit dar. Die schlichte Ersetzung der Einschätzung des Wahlvorstandes im Wege der arbeitsgerichtlichen Vollkontrolle auch in Grenzfällen wäre insbesondere nicht ebenso geeignet, die Gefahr einer Wahlwiederholung verbunden mit dem Kostenrisiko zu verhindern; mangels eines ersichtlich weniger belastenden Mittels zur Zweckerreichung ist die Erforderlichkeit daher gegeben.

Zuletzt darf der in der Beschränkung liegende Eingriff – im Rahmen der sog. „Verhältnismäßigkeit i. e. S.“ [1196] - nach dem BVerfG „nicht außer Verhältnis zur Bedeutung der Sache stehen und den Betroffenen nicht übermäßig oder unzumutbar belasten“.[1197] Die Zumutbarkeit wird hierbei durch eine Abwägung zwischen der Schwere des Eingriffes und der ihn rechtfertigenden Gründe bestimmt.[1198] Insoweit kommt

---

[1196] Die Verhältnismäßigkeit i. e. S. ist nach BVerfG wie auch nach der ganz h. M. ein eigenständiger Bestandteil der Verhältnismäßigkeitsprüfung, s. insbes. BVerfGE 102, 1, 20 ff.; 100, 313, 375 ff., 391 ff.; 90, 145, 183 ff. sowie die Nachweise in Fn. 1150 und 1157. *Schlink* (FS 50 J. BVerfG, Bd. 2, 458 ff.) konstatiert jedoch in der Rspr. des BVerfG eine Tendenz, unter dem Stichwort der Verhältnismäßigkeit i. e. S. eine Erforderlichkeitsprüfung vorzunehmen (a. a. O., 462); die Überprüfung insbesondere der gesetzgeberischen Normen anhand der Verhältnismäßigkeit i. e. S. sieht *Schlink* als rechtlich und demokratisch bzw. politisch nicht legitimiert und damit unzulässig an (a. a. O., 461 f.). Es ist hier nicht der Ort, diese Diskussion angemessen zu vertiefen; daher soll nur kurz begründet werden, warum insoweit der h. M. gefolgt wird: *Schlink* ist zwar insbesondere zuzugeben, dass die Gefahr einer Verwischung zwischen Rechtsmäßigkeitskontrolle und politischer Verfassungsgerichtsbarkeit in diesem Zusammenhang sehr groß erscheint (a. a. O., 464 f.). Allerdings respektiert das BVerfG auch nach *Schlinks* Analyse immer wieder die Einschätzungsprärogative des Gesetzgebers (a. a. O., 465). Auch deshalb wird die bezeichnete Prüfungsstufe vorliegend als zwingend notwendiger Einzelvorbehalt angewendet (zu letzterem ausdrücklich *Schulze/Fielitz,* in: Dreier, GG, Bd. 2, Art. 20 (Rechtsstaat) Rn. 173 m. w. N.).

[1197] BVerfGE 96, 10, 21 m. w. N. zur Rspr. des BVerfG; vgl. insbes. BVerfGE 90, 145, 173; mit Bezug zu Art. 12 Abs. 1 GG vgl. nur etwa BVerfGE 99, 202, 212 ff.; E 98, 265, 308; E 97, 228, 259; E 94, 372, 393.

[1198] Vgl. mit Bezug speziell zur Berufsfreiheit BVerfGE 85, 248, 261; E 77, 308, 332 (m. w. N. zu seiner Rspr.).

eine generalisierende Betrachtungsweise zur Anwendung, welche auf Regelwirkungen, nicht auf die Interessenlagen Einzelner abstellt.[1199]

Bedenkt man vorweg, dass die Mitbestimmung gerade in Form einer Betriebsverfassung grundgesetzlich gar nicht vorgeschrieben[1200] bzw. allenfalls in einem Kernbereich verfassungsrechtlich garantiert ist,[1201] so scheint es schon von daher mehr als fraglich, ob die Regelungsdichte des Art. 12 Abs. 1 GG der Legislative solch feine Details wie die Schaffung eines Beurteilungsspielraums für den Wahlvorstand in Grenzfällen überhaupt erfassen kann. *Gerhardt* hat für das öffentliche Recht ganz treffend festgestellt, dass die Argumentation zur Begrenzung von Beurteilungsspielräumen anhand von Grundrechten behutsam vorzunehmen ist, denn es gibt keinen Satz, der es schlicht verböte, die gerichtliche Kontrolle vorgerichtlicher Rechtsanwender zu beschränken, wo Grundrechte betroffen sind.[1202] Jedenfalls aber führt eine Abwägung hier zur Einstufung des Beurteilungsspielraums als den verfolgten Zielen durchaus angemessene, insgesamt zumutbare Beschränkung der arbeitgeberischen Berufsausübungsfreiheit:

Auch hier ist zunächst die wegen des Grenzfallcharakters des Beurteilungsspielraums sehr geringe Eingriffsintensität zu bedenken. Ein weiterer, entscheidender Gesichtspunkt im Rahmen der Abwägung ist der „soziale Bezug" zwischen der Berufsfreiheit der Arbeitgeber und der Arbeitnehmer: Zunächst liegt nach neuerer Grundrechtsdogmatik auf der Hand, dass das BetrVG den Arbeitnehmern die Realisierung ihrer Berufsfreiheit ermöglicht, den Arbeitgeber dabei gleichzeitig in seiner Berufsausübung einschränkt.[1203] Diese Sicht ist indes eine der Realität nicht gerecht werdende Vereinfachung: Der Arbeitgeber als Grundrechtsträger kann diese verbürgte Freiheit nur mit Hilfe der Arbeitnehmer als Träger eben des gleichen Grundrechts wahrnehmen, wie das BVerfG zu Recht betont hat.[1204] Hieraus entsteht eine Verbindung zwischen den beiden Grundrechtspositionen, die über das übliche Abwägungserfordernis in Form der praktischen Konkordanz[1205] hinausgeht, eben der soziale Bezug. § 9 BetrVG nimmt nun als Teilregelung an der sozialen Ausgleichsfunktion des BetrVG insgesamt

---

[1199] So die (krit.) Analyse der Rspr. des BVerfG bei *Tettinger,* in: Sachs, GG, Art. 12 Rn. 116; vgl. BVerfGE 77, 84, 105; E 70, 1, 30 (m. w. N. zu seiner Rspr.).

[1200] S. nur etwa *Richardi,* BetrVG, Einl. Rn. 39 ff.; *Riedel,* 131 ff., 143 f. (hinsichtlich der Ableitung einer Garantie betrieblicher Mitbestimmung aus Art. 12 Abs. 1 GG; so grdsl. auch *Fahrtmann/Coen,* in: Benda/Maihofer/Vogel, HdbVerfR, § 19 Rn. 179, wenn dort auch Zulässigkeit der Abschaffung der Betriebsverfassung „mangels gleichwertiger Alternative" verneint wird; vgl. zum MitbestG BVerfGE 50, 290, 349; vgl. weiter E 52, 283, 298; E 51, 43, 58 (zur Personalvertretung).

[1201] So *Hess/Schlochauer/Glaubitz,* BetrVG vor § 1 Rn. 40; in diesem Sinne a. *Trümner,* in: Däubler/Kittner/Klebe, BetrVG, § 1 Rn. 7 m. w. N.

[1202] Gerhardt, in: Schoch/Schmidt-Aßmann/Pietzner, VwGO, Bd. 1, Einl. Rn. 187 m. w. N.

[1203] Reichold, 489.

[1204] BVerfGE 50, 290, 365; hierauf nehmen Bezug BVerfG DB 1986, 486; NZA 1988, 25 f.; zust. etwa *Reichold,* 489; *Richardi,* BetrVG, Einl. Rn. 49.

[1205] Vgl. die Kritik bei *Müller,* Berufsfreiheit, 123.

teil. Auch deshalb steht die dem Arbeitgeber durch den Beurteilungsspielraum auferlegte Einschränkung der gerichtlichen Überprüfbarkeit der Einschätzung des Wahlvorstandes nicht außer Verhältnis zum Interesse des Arbeitgebers, den Kostenaufwand bei Überschreiten der jeweiligen Stufe nach § 9 BetrVG, verbunden mit der Erhöhung der Betriebsrätezahl, sowie den Zuwachs an Organisationsmacht durch einen größeren Betriebsrat zu verhindern. Dies gilt insbesondere dann, wenn man hinzunimmt, dass der Beurteilungsspielraum im Rahmen von § 9 BetrVG dem Arbeitgeber nicht lediglich einen Nachteil, sondern auch Vorteile bringt. Denn letztlich dient die Schaffung eines Beurteilungsspielraums der Effektivität der betrieblichen Mitbestimmung, indem die Betriebsratswahl in Grenzfällen nach § 9 BetrVG mittelbar einer Anfechtung entzogen wird; dies gilt aber nicht nur für eine Anfechtung seitens des Arbeitgebers selbst, sondern auch für eine solche durch die Arbeitnehmer bzw. eine im Betrieb vertretene Gewerkschaft (§ 19 Abs. 2 S. 1 BetrVG). Damit erscheint die Beschränkung der gerichtlichen Überprüfbarkeit der Einschätzung der regelmäßigen Belegschaftsmitgliederzahl durch den Wahlvorstand im Falle der Arbeitgeberanfechtung als bloße Kehrseite des Vorteils ebendieser eingeschränkten Prüfung in der umgekehrten Anfechtungskonstellation.

Das hier gefundene Ergebnis entspricht der grundsätzlichen Zurückhaltung, die das BVerfG bei der Überprüfung des Ergebnisses von im Parlament vorgenommenen Güterabwägungen gerade im Bereich der Berufsausübungsregelungen an den Tag gelegt hat.[1206] Unabhängig von einer dogmatischen Einordnung ist zumindest die faktische Auswirkung von Umfang und Grenzen der Prüfungskompetenzen des BVerfG hinsichtlich von formellen Gesetzen insoweit nicht zu leugnen.[1207] Die gerade im Bereich der Arbeitsmarkt-, Wirtschafts- und Sozialordnung besonders weite Gestaltungsfreiheit des Gesetzgebers[1208] ist insbesondere deshalb wichtig, da zur Bewältigung komplizierter wirtschaftspolitischer Aufgaben oft sehr unterschiedliche Lösungswege in Betracht kommen.[1209]

Speziell für den Beurteilungsspielraum ergibt sich die Frage, ob er im Hinblick auf ein in Art. 12 Abs. 1 GG verankertes Gebot effektiven Rechtsschutzes dem Verhältnismäßigkeitsgrundsatz genügt. Zu prüfen ist, ob auch die in einem Beurteilungsspielraum des Wahlvorstandes liegende Einschränkung des effektiven Rechtsschutzes, wie er möglicherweise aus genanntem Artikel zugunsten des Arbeitgebers abzuleiten ist, und diesen gegenüber der im Erlass des Wahlausschreibens manifestierten Einschätzung des Wahlvorstandes schützen könnte, verhältnismäßig ist.

[1206] So die Analyse der Rspr. des BVerfG m. entspr. N. bei *Wieland,* in: Dreier, GG, Bd. 1, Art. 12 Rn. 115; ebenso *Breuer,* in: Isensee/Kirchhof, HdbStR, Bd. 6, § 148 Rn. 20.

[1207] S. hierzu *Müller*, Berufsfreiheit, 64 ff.

[1208] Vgl. insbes. BVerfG DB 2001, 1367, 1368 m. umfangr. N. zu seiner Rspr.; BVerfG NVwZ 2002, 335, 337 (weiter Einschätzungs- und Prognosespielraum; BVerfGE 77, 308, 332; so auch *Jarass,* GG, Art. 12 Rn. 31 m. w. N.; *Breuer,* in: Isensee/Kirchhof, HdbStR, Bd. 6, § 148 Rn. 20.

[1209] *Müller,* Berufsfreiheit, 65.

In der Rechtsprechung des BVerfG wird der Anspruch auf effektiven Rechtsschutz in unterschiedlicher Ausprägung unmittelbar auf die Berufsfreiheit als materielles Grundrecht gestützt. Etwa müssen Prüfungsverfahren, welche der Berufsausübungsfreiheit Grenzen setzen, so ausgestaltet sein, dass der Bedeutung des Verfahrens für den Grundrechtsschutz Rechnung getragen wird: Die verfahrensrechtliche Auswirkung von Art. 12 Abs. 1 GG zeigt sich hier z. B. in der Verpflichtung eines Fachprüfungsausschusses, dem die Fachanwaltschaft anstrebenden Rechtsanwalt mitzuteilen, warum das Vorliegen der erforderlichen Fachkenntnisse verneint wird; es gehört, so das BVerfG, zum Kern grundrechtlicher Verfahrensgarantien, dass der betroffene Bürger über den Verfahrensstand informiert wird.[1210] Zum gerichtlich nur eingeschränkt überprüfbaren prüfungsspezifischen „Bewertungsspielraum" hat das BVerfG - im Zusammenhang zwar mit einer Berufswahlregelung, als Anforderung jedoch durchaus verallgemeinerbar - klargestellt, dass die Bewertungstätigkeit nur aufgrund eigener, unmittelbarer und vollständiger Kenntnis der konkreten Prüfungsaufgabe und der darauf bezogenen Lösungen oder Antworten sachgerecht wahrgenommen werden kann; dieses Gebot sei in Art. 12 Abs. 1 GG verankert.[1211] Damit ist klar, dass das BVerfG grdsl. von einem unmittelbar in Art. 12 Abs. 1 GG verankerten effektiven Rechtsschutz ausgeht.

Was nun dessen Umfang und Intensität angeht, so sind von besonderem Interesse die Ausführungen des BVerfG zur Aufhebung eines Urteils des BAG zur Beendigung eines Arbeitsverhältnis nach Vorschriften des Einigungsvertrags, auch wenn es der Sache nach um eine Urteilsverfassungsbeschwerde und um eine Berufswahlbeschränkung, nicht um die verfassungsrechtlichen Grenzen für den Gesetzgeber im Rahmen von Berufsausübungsregelungen ging: Das BAG habe das Grundrecht des Arbeitnehmers auf Berufsfreiheit grundlegend verkannt, indem es diesem die Darlegung und den Nachweis von Umständen in vollem Umfang auferlegte, welche nicht in seiner Sphäre lägen und deren vollständige Kenntnis von ihm deshalb nicht erwartet werden könne; der gerichtlichen Durchsetzung von Grundrechtspositionen dürften keine praktisch unüberwindbaren Hindernisse entgegengesetzt werden, der durch einfach-rechtliche Normen gewährte Schutz grundrechtlicher Gewährleistung dürfe nicht leer laufen.[1212] Das BVerfG verweist dann auf seine Rechtsprechung zur Verteilung von Darlegungs- und Beweislast beim gerichtlichen Kündigungsschutz; es verneint dabei, und das ist zu hervorzuheben, ausdrücklich die Möglichkeit, letztere unmittelbar aufgrund Art. 12 Abs. 1 GG allgemein festzulegen und verweist insoweit auf das Prozessrecht als geeignete Handhabe mit einer abgestuften Darlegungs- und Beweislast.[1213]

[1210] BVerfG NZA 1998, 417 unter Hinweis auf BVerfGE 84, 34, 45; E 52, 380, 389.

[1211] BVerfG DVBl. 1995, 1349 f.

[1212] BVerfG NZA 2000, 110, 111 unter Hinweis auf *Oetker,* AuR 1997, 41, 53 und *Huster,* NJW 1995, 112, 113; vgl. zur - unmittelbar aus Art. 12 Abs. 1 GG resultierenden - grundsätzlichen Pflicht der Gerichte zur umfassenden Berücksichtigung des Sachvortrags BVerfGE 92, 140, 153 ff., 157; dies ist m. E. ebenfalls als Ergebnis einer Verankerung des effektiven Rechtsschutzes in der Berufsfreiheit zu werten.

[1213] BVerfG NZA 2000, 110, 111 unter Hinweis auf BVerfGE 97, 169, 179.

Sowohl im Bereich des öffentlichen Rechts als auch des (privaten) Arbeitsrechts ist die verfassungsgerichtliche Ableitung des Gebotes eines wirksamen gerichtlichen Individualrechtsschutzes unmittelbar aus Art. 12 Abs. 1 GG nicht ohne Kritik geblieben;[1214] die mit einer Ableitung effektiven Rechtsschutzes aus materiellen Grundrechten ganz allgemein verbundenen Probleme wurden bereits skizziert.[1215] Akzeptiert man allerdings die Verankerung von Beurteilungsspielräumen im materiellen Recht, so spricht vor allem die Gefahr der Aushöhlung des allgemeinen Justizgewährungsanspruchs für bürgerlich-rechtliche Streitigkeiten schon dem Grundsatz nach dafür, von einer zumindest auch materiell-grundrechtlich verankerten Garantie effektiven Rechtsschutzes als Ergänzung zur Justizgewährungsgarantie auszugehen.[1216] Hier könnte man allerdings schon die Übertragbarkeit der Anforderungen aus der Rechtsprechung des BVerfG auf die vorliegende Konstellation allein deshalb bezweifeln, weil es in den aufgeführten Entscheidungen – jedenfalls nach der Sicht des Gerichts – um die Anwendung von Verfahrensrecht ging, nicht um materielles Recht. Die bezeichneten Kritikpunkte und Streitfragen bedürfen jedoch keiner abschließenden Erörterung, denn ein Beurteilungsspielraum des Wahlvorstandes entspricht den Voraussetzungen, welche das BVerfG hinsichtlich des effektiven Rechtsschutzes aus Art. 12 Abs. 1 GG herauskristallisiert hat:

Dafür spricht zunächst einmal, dass, wie soeben dargestellt, ein Beurteilungsspielraum des Wahlvorstandes sich nach allgemeinen Verhältnismäßigkeitserwägungen durchaus innerhalb der Grenzen hält, welche die Berufsausübungsfreiheit des Arbeitgebers dem Gesetzgeber zieht; effektiver Rechtsschutz ist nicht Selbstzweck, sondern er dient dem Schutz und der Durchsetzung der materiellen (Grund-) Rechtsposition.[1217] Der Tendenz nach findet sich dieser Grundgedanke, aus dem Bereich des öffentlichen Rechts durchaus übertragbar, in den Ausführungen *Herzogs* zur Frage des Rechtscharakters § 70 Abs. 5 S. 2 GWB, wonach es sich fast von selbst versteht, dass der Gesetzgeber jederzeit auch an der Kontrolldichte „schrauben" kann, soweit Verfassungsrecht, insbesondere die Grundrechte nicht entgegenstehen, weil ein subjektiv-öffentliches Recht nicht grundgesetzlich vorgegeben ist.[1218] Gleiches gilt für die Aussage, Organisation- bzw. Verfahrensgarantien als objektiv-rechtliche Wirkungsebene der Grundrechte seien nur insoweit selbständig, als sie den materiellrechtlichen Schutz dort ergänzten, wo dieser nicht hinreicht.[1219] Weiter ist – unter dem Gesichtpunkt der Erforderlichkeit - ein milderes Mittel zur Erreichung der erwähnten denkbaren gesetzgeberischen Zwe-

---

[1214] Vgl. nur etwa für den Bereich des öffentlichen Rechts abl. *Krebs,* in: v. Münch /Kunig, Art.19 Rn. 48 m. w. N.; *Papier,* in: Isensee/Kirchhof, HdbStR, Bd. VI, § 154 Rn. 14 ff.; für den Bereich des privaten Arbeitsrechts abl. etwa *Boehmke/Gründel,* ZfA 2001, 245, 277 ff.

[1215] S. o. 3. Kapitel:B.II.6.l)bb)(2)(a)(bb).

[1216] S. hierzu S. 178.

[1217] Vgl. z. B. BVerfG NVwZ 1992, 657 f.; NVwZ 1995, 469 f.; NZA 2000, 110 f.; NZA 1998, 417 f.; ganz allgemein zur gegenüber dem materiellen Recht dienenden Funktion des formellen, insbesondere des (Gerichts-) Verfahrensrechts s. S. 114.

[1218] *Herzog,* NJW 1992, 2601, 2602.

[1219] *Ruffert,* 278 m. w. N. in Fn. 15 und unter Hinweis auf BVerfGE 90, 60, 96.

cke vorliegend nicht ersichtlich: Einmal wird ein Beurteilungsspielraum des Wahlvorstandes im Rahmen von § 9 BetrVG nur in Grenzfällen bei Betriebsratswahlen in Großbetrieben angenommen. Es handelt sich daher naturgemäß um Einzelfälle, also einen im Vergleich zur gerichtlichen Vollkontrolle sehr kleinen Eingriffsbereich. Weiter kann sich der Beurteilungsspielraum auch zugunsten des Arbeitgebers auswirken, wenn die Wahlanfechtung wegen angeblich zu niedrig eingeschätzter regelmäßiger Belegschaftsmitgliederzahl von Arbeitnehmer- oder von Gewerkschaftsseite ausgeht. Insgesamt ergibt sich eine sehr geringe Eingriffsintensität. Gemessen an den erwähnten denkbaren Zwecken ist auch kein den betroffenen Arbeitgeber im Durchschnitt[1220] geringer belastendes Mittel denkbar. Insbesondere würde allein eine Vergrößerung des Wahlvorstandes keine Garantie für eine größere Treffsicherheit seiner Einschätzung mit sich bringen; zudem fehlt es gerade im Hinblick auf ein effektives, schnelles und einfach durchzuführendes Wahlverfahren an einer realisierbaren Möglichkeit, die „Qualifikation" der Mitglieder des Wahlvorstandes dergestalt zur Voraussetzung deren Bestellung zu machen, dass ein Beurteilungsspielraum überflüssig würde.

Auch im Hinblick auf die Verhältnismäßigkeit i. e. S. ergibt sich keine Verletzung der Berufsausübungsfreiheit des Arbeitgebers in der Ausprägung dessen Anspruchs auf effektiven Rechtschutz gemäß der Rechtsprechung des BVerfG: Ein Beurteilungsspielraum bedeutet keinen Ausschluss der gerichtlichen Kontrolle mit der Folge eines Freibriefes für den Wahlvorstand zu willkürlichen Einschätzungen. Vielmehr bietet sich für die Überprüfung der Einhaltung der Grenzen des Spielraumes das insbesondere in der Rechtsprechung des BVerwG ausgeprägte, für den Bereich des öffentlichen Rechts entwickelte feingliedrige Schema zur Kontrollintensität an.[1221] Geht man mit der zur Überprüfung der Verfassungsmäßigkeit zugrundezulegenden h. M. davon aus, dass in Grenzfällen eine Bestimmung auf den Arbeitnehmer genau nicht möglich oder zumindest durch das Gericht nicht besser möglich ist als durch den Wahlvorstand, so liegt in der Schaffung eines Beurteilungsspielraums kein Verlust an effektivem Rechtsschutz, sondern gerade eine Ermöglichung desselben. Wie präzise und an der Effektivierung des materiellen Rechts orientiert die Gerichte, insbesondere das BAG in seiner Vorbildrolle, das Schema für eine Überprüfung der Einhaltung der Grenzen eines Beurteilungsspielraums ausarbeiten und handhaben, ist nicht Gegenstand der vorliegenden Untersuchung und zudem weniger ein gesetzgeberisches Problem als vielmehr eine Frage der justiziellen Umsetzung materiellen Rechts. Jedenfalls wird dem Arbeitgeber nicht etwa ein durch einfachrechtliche Normen gewährter Grundrechtsschutz durch den Beurteilungsspielraum als „praktisch unüberwindbares Hindernis" zunichte gemacht; ebensowenig ist ein „Leerlaufen" des effektiven Rechtschutzes zu besorgen. Vielmehr stellt der Beurteilungsspielraum hinsichtlich des Procedere der Schaffung

---

[1220] Da § 9 BetrVG eine allgemeine Regelung darstellt, kommt es auf das mögliche im Durchschnitt mildere Mittel an; hierzu *Schlink*, FS 50 J. BVerfG, 456 f. m. w. N. in Fn. 26.

[1221] Zur Rspr. des BVerwG s. S. 36; s. insbes. die Darstellung der bereichsspezifischen Besonderheiten der Kontrollintensität nach der Rspr. bei *Kopp/Schenke*, VwGO, § 114 Rn. 30 ff. und bei *Gerhardt*, in: Schoch/Schmidt-Aßmann/Pietzner, VwGO, Bd. 2, § 114 Rn. 62, 66 ff.; zu einem einheitlichen Kontrollgrundmuster für Ermessens- und Beurteilungsspielräume *Schmidt-Aßmann/Groß*, NVwZ 1993, 623 ff.; näher zur Kontrollintensität und zum Kontrollmaßstab *Sieckmann*, DVBl. 1997, 104 ff.

eines Betriebsrats, insbesondere der Bestimmung der Regelbeschäftigtenzahl, zumindest eine für den Arbeitgeber zumutbare Ausgestaltungsmöglichkeit dar, in welcher das Risiko einer Fehlbeurteilung gerecht verteilt wird, insbesondere wenn man sich den Grenzfallcharakter sowie die Tatsache vergegenwärtigt, dass die gerichtliche Kontrolle einer Weiterentwicklung in Richtung einer Fehlerlehre, wie sie im öffentlichen Recht für derartige Spielräume anerkannt ist, grdsl. zugänglich ist. Es wäre im Sinne der angesprochenen Rechtsprechung des BVerfG zu verfassungsrechtlichen Vorgaben der Berufsfreiheit für den Kündigungsschutz auch überraschend, wenn Art. 12 Abs. 1 GG Direktiven für den Gesetzgeber in hinsichtlich eines derartig feinen Details der Frage effektiven Rechtsschutzes vorgeben könnte.

(d) Ergebnis zu Art. 12 Abs. 1 GG

Die gesetzgeberische Schaffung bzw. die Annahme eines Beurteilungsspielraums des Wahlvorstandes hinsichtlich der Belegschaftsregelzahl im Zusammenhang mit der Wendung „in der Regel“ nach § 9 BetrVG als unbestimmter Rechtsbegriff verletzt weder unter allgemeinen Verhältnismäßigkeitsgesichtspunkten noch im Hinblick auf den effektiven Rechtsschutz, wie das BVerfG ihn unmittelbar aus Art. 12 Abs. 1 GG ableitet, die grundrechtliche Garantie der Berufsausübungsfreiheit des Arbeitgebers.

(2) Gewährleistung des Eigentums, Art. 14 Abs. 1 S.1 Alt. 1, S. 2, Abs. 2 GG

(a) Berührung des Schutzbereiches und verhältnismäßige Inhalts- und Schrankenbestimmung

(aa) Allgemeines zum Schutzbereich

Das Feld der vom Schutzbereich umspannten Rechtspositionen bestimmt sich nach Zweck und Funktion der Eigentumsfreiheit.[1222] Insbesondere ist dem Eigentumsberechtigten im Privaten wie auch für seine wirtschaftliche Betätigung ein gesicherter Freiraum im vermögensrechtlichen Bereich zu gewährleisten, auf dessen Fortbestand er vertrauen kann, und ihm hierdurch die Entfaltung und eigenverantwortliche Lebensgestaltung zu ermöglichen.[1223] Art. 14 GG schützt, abstrakt gefasst, als Eigentum die rechtliche Zuordnung eines vermögenswerten Gutes an einen Rechtsträger.[1224] Schutzfähig sind insbesondere jedenfalls alle vermögenswerten Rechte, die durch das bürgerliche Recht einem privaten Rechtsträger als Eigentum zugeordnet werden[1225] bzw. dem Einzelnen durch privatrechtliche Normen so „zugeordnet sind, dass er die

---

[1222] *Wendt,* in: Sachs, GG, Art. 14 Rn. 21.

[1223] Vgl. nur etwa BVerfGE 102, 1, 15; *Jarass,* in: Jarass/Pieroth, GG, Art. 14 Rn. 1 m. w. N. zur Rspr. des BVerfG; *Wendt,* in: Sachs, GG, Art. 14 Rn. 21; *Depenheuer,* in: v. Mangoldt/Klein/Starck, GG, Bd. 1, Art. 14 Rn. 12.

[1224] *Wendt,* in: Sachs, GG, Art. 14 Rn. 21 m. w. N. in Fn. 63.

[1225] BVerfGE 70, 191, 199; *Jarass,* in: Jarass/Pieroth, GG, Art. 14 Rn. 8.

damit verbundenen Befugnisse nach eigenverantwortlicher Entscheidung zu seinem privaten Nutzen ausüben darf".[1226]

Es ist nicht Aufgabe dieser Untersuchung, die generelle Verfassungsmäßigkeit von § 9 BetrVG zu prüfen. Da die Berührung des Schutzbereiches der Eigentumsfreiheit des Arbeitgebers jedoch teilweise umstritten ist, muss zumindest die Bedeutung dieser Auseinandersetzung für den Beurteilungsspielraum des Wahlvorstandes geklärt werden.

(bb) Berührung des Schutzbereiches durch den Beurteilungsspielraum und dessen Verhältnismäßigkeit als Inhalts- und Schrankenbestimmung unter besonderer Berücksichtigung des Beschlusses des Vorprüfungsausschusses des BVerfG vom 18.12.1985[1227] vor dem Hintergrund des Streits um das Konkurrenzverhältnis zwischen Berufsfreiheit (Art. 12 Abs. 1 GG) und Eigentumsfreiheit (Art. 14 Abs. 1 S. 1 Alt. 1 GG)

Im Beschluss des Vorprüfungsausschusses des BVerfG vom 18.12.1985 zum Ladenschluss- bzw. Kaufhofbeschluss des BAG[1228] wurde Art. 14 Abs. 1 S. 1 Alt. 1 GG neben Art. 12 Abs. 1 GG als Prüfungsmaßstab für die bundesarbeitsgerichtliche Auslegung von §§ 87 Abs.1 Nr. 2, 76 Abs. 5 S. 3 BetrVG ausgeklammert:[1229] Die Eigentumsfreiheit schütze nur den konkreten Bestand an vermögenswerten Gütern, also nur Rechtspositionen, welche einem Rechtssubjekt bereits zugeordnet sind, nicht aber in der Zukunft liegende (Umsatz- und Gewinn-) Chancen und Verdienstmöglichkeiten. Die Entscheidung des BAG zur Wirksamkeit eines Beschlusses der betrieblichen Einigungsstelle hinsichtlich des Endes der täglichen Arbeitszeit gemäß §§ 87 Abs. 1 Nr. 2, 76 Abs. 5 S. 3 BetrVG betreffe nicht das Eigentum am Kaufhaus oder den Waren, sondern „allein die unternehmerische Betätigung zu einer bestimmten Zeit", nämlich „die Arbeitsleistung von Arbeitnehmern zu einem bestimmten Zeitpunkt verlangen zu können". Dieses Recht sei aber „allein aus dem Arbeitsvertrag und damit nicht aus dem Eigentum" abzuleiten. Selbst wenn man entgegen BVerfGE 51, 193, 221 f. das Recht am eingerichteten und ausgeübten Gewerbebetrieb für gegeben und nicht zweifelhaft ansehe, ergebe sich insoweit nichts anderes, da auch dann nur der konkrete Bestand, nicht bloße Umsatz- und Gewinnchancen und tatsächliche Gegebenheiten dem geschützten Eigentumsbereich des einzelnen Unternehmens zugeordnet würden.[1230]

Insbesondere in der vorgenannten Konstellation sehen einige Stimmen in der Literatur den Schutzbereich der Eigentumsfreiheit dagegen als durch das BetrVG betroffen

---

[1226] BVerfGE 83, 201, 209; s. a. E 89, 1, 6; *Jarass,* in: Jarass/Pieroth, GG, Art. 14 Rn. 8; *Wendt,* in: Sachs, GG, Art. 14 Rn. 23; *Bryde,* in: v. Münch/Kunig, GG, Bd. 1, Art. 14 Rn. 12.

[1227] BVerfG DB 1986, 486 f.

[1228] BAG, Beschl. v. 31.8.1982 – 1 ABR 27/80 = AP § 87 BetrVG 1972 Arbeitszeit Nr. 8.

[1229] BVerfG DB 1986, 486 f.

[1230] BVerfG DB 1986, 486 f.; vgl. die Analyse der Argumente bei *Weingart,* 134 ff.

an,[1231] wobei Ausgangspunkt zur Begründung der Kritik das Urteil des BVerfG zum MitbestimmungsG 1976,[1232] also zur Mitbestimmung im Unternehmen - in Abgrenzung zur derjenigen im Betrieb[1233] - ist. Zwar sei richtig, dass Art. 14 Abs. 1 S. 1 Alt. 1 GG nur einem Rechtssubjekt bereits zugeordnete Rechtspositionen schütze.[1234] Jedoch erfasse die Eigentumsfreiheit sämtliche Erscheinungsformen des Eigentums, insbesondere auch das ökonomische Eigentum an den Produktionsmitteln bzw. am Unternehmen.[1235] Das Urteil des BVerfG zum MitbestimmungsG 1976 lasse am Schutz des Rechts am eingerichteten und ausgeübten Gewerbebetrieb, kurz dem Recht am Unternehmen, keinen Zweifel.[1236] Mit dem Beschluss der Einigungsstelle zum Ende der Arbeitszeit sei die unternehmerische Betätigungsfreiheit substantiell, nicht nur „chancenmäßig" tangiert, was sich aus der gesellschaftlichen Funktion des betroffenen Eigentumsrechts ergebe, die für den wirtschaftlichen Bereich vor allem in der Sicherung der eigenverantwortlichen und ökonomisch autonomen Betätigung nach den Prinzipien der Privatnützigkeit und der grdsl. Verfügungsbefugnis (auch) über das Recht am Unternehmen in seiner grdsl. freien Nutzung nach den Regeln wirtschaftlicher Rentabilität sowie persönlichen Erfolgs und Risikos bestehe.[1237] Art. 14 Abs. 1 GG setze „auch jeder Mitbestimmungsordnung dort Grenzen, wo die Privatnützigkeit bzw. ... die „Funktionsfähigkeit" des Unternehmens und seiner wirtschaftlichen Leitung durch den Eigentumsinhaber ... vereitelt wird.[1238]

Auf der anderen Seite findet die Ausklammerung von Art. 14 Abs. 1 S. 1 Alt. 1 GG insbesondere in der neueren Literatur verbreitet Zustimmung;[1239] so sieht etwa *Reichold* hierin, prägnant formuliert, eine Konsequenz der „Vertragsrechtsakzessorietät

---

[1231] S. insbes. *Scholz,* NJW 1986, 1587 ff.; *Papier,* NJW 1987, 988, 991 f.; aus neuerer Zeit etwa *Weingart,* 132 ff., insbes. 134 ff.; vgl. auch *Loritz,* BB 1993, 226 f.; *ders.,* ZfA 1991, 14; s. insbes. die Nachweise zur Kritik bei *Fahrtmann/Coen,* in: Benda/Maihofer/Vogel, HdbVerfR, § 19 Rn. 175; zur Diskussion der jüngsten Reform des BetrVG weisen diese Tendenz etwa die Ausführungen *Richardis,* NZA 2000, 165, auf, welche den Vorschlag des DGB hinsichtlich der Einführung einer mitbestimmungsrechtlichen Generalklausel anstelle der Einzelaufzählungen nach §§ 87 ff. BetrVG 1972 a. F. betreffen.

[1232] BVerfGE 50, 290 ff.

[1233] Vgl. *Riedel,* 133.

[1234] *Scholz,* NJW 1986, 1588.

[1235] *Scholz,* NJW 1986, 1588.

[1236] *Scholz,* NJW 1986, 1588 unter Hinweis auf BVerfGE 50, 290, 339 ff.

[1237] *Scholz,* NJW 1986, 1589 m. w. N. unter Hinweis insbes. auf BVerfGE 50, 290, 344.

[1238] *Scholz,* NJW 1986, 1589 m. w. N. unter Hinweis insbes. auf BVerfGE 50, 290, 352; zum Begriff der Funktionsfähigkeit näher *Weingart,* 137 m. w. N.

[1239] S. eingehend *Fahrtmann/Coen,* in: Benda/Maihofer/Vogel, HdbVerfR, § 19 Rn. 174 ff., insbes. 177 ff.; *Müller,* Berufsfreiheit, 190 f.; *Söllner,* RdA 1989, 144 ff., 150; *Kempen,* AuR 1986, 135; *Klebe,* D/K/K, BetrVG, § 87 Rn. 20 e. E.; aus neuester Zeit zur Diskussion um die jüngste Reform des BetrVG *Blanke/Rose,* AiB 2000, 496; *Fischer,* NZA 2000, 173; *Sterzel,* 159, 293.

der Betriebsverfassung".[1240] Es stellt sich so die Frage, ob die in der Kritik zum erstgenannten Vorprüfungsbeschluss des BVerfG wenigstens anklingende Sichtweise, jede Art der Mitbestimmung richte sich pauschal gegen die Garantie unternehmerisch genutzten Eigentums i. S. v. Art. 14 Abs. 1 GG, tatsächlich einen Rückhalt im zur Begründung vielzitierten Mitbestimmungsurteil des BVerfG finden kann, oder ob hierin nicht vielmehr ein dogmatisches Missverständnis liegt, welches die Befugnis zur Unternehmensleitung unzulässigerweise mit dem Recht zur Weisung gegenüber dem Arbeitnehmer zusammenfasst und beides auf das Eigentum zurückführt, obwohl letzteres zumindest primär auf dem Arbeitsvertrag beruht.[1241] Dogmatisch gesehen stellt dieser Streit eine Ausprägung der Frage nach dem Konkurrenzverhältnis von Berufs- und Eigentumsfreiheit dar. Auf der einen Seite stehen hier diejenigen Stimmen in der Literatur und diejenigen Entscheidungen des BVerfG, welche sich um eine klare Abgrenzung der Eigentums- zur Berufsfreiheit bemühen[1242] und daher eine Idealkonkurrenz eher zu vermeiden suchen. Hierher gehört insbesondere der mit der Rechtsprechung des BVerfG etablierte Versuch der Abgrenzung nach der Faustformel, die Eigentumsfreiheit schütze das Erworbene als Ergebnis der Betätigung, die Berufsfreiheit dagegen den Erwerb als die Betätigung selbst, oder anders gesagt danach, ob eher in die „Innehabung und Verwendung vorhandener Vermögensgüter" oder eher in die „Freiheit der individuellen Leistungsfähigkeit" eingegriffen wird.[1243] Ganz in dieser Tradition steht der bezeichnete Beschluss des Vorprüfungsausschusses des BVerfG. Auf der anderen Seite finden sich in der Literatur nicht wenige Stimmen, welche von einer Idealkonkurrenz von Berufs- und Eigentumsfreiheit ausgehen;[1244] diese berufen sich mitunter gerade im Hinblick auf die betriebliche Mitbestimmung u. a. auf das Urteil des

---

[1240] *Reichold,* 489; zu dieser Argumentation etwa *Fahrtmann/Coen,* in: Benda/Maihofer/Vogel, HdbVerfR, § 19 Rn. 174 a. E., 176 ff.; in diesem Sinne auch *Müller,* Berufsfreiheit, 190 f.; aus neuester Zeit zur Diskussion um die jüngste Reform des BetrVG *Link,* AuA 99, 407 ff.; vgl. die prinzipielle Tendenz zu diesem Ansatz auch bei *Richardi,* NZA 2000, 166.

[1241] In diesem Sinne etwa *Reichold,* 489 ff.; *Fahrtmann/Coen,* in: Benda/Maihofer/Vogel, HdbVerfR, § 19 Rn. 177; *Sterzel,* 159, 293.

[1242] S. insbes. *Wieland,* in: Dreier, GG, Bd. 1, Art. 12 Rn. 174, Art. 14 Rn. 152 f.; *Jarass,* in: Jarass/Pieroth, GG, Art. 12 Rn. 3, Art. 14 Rn. 5; aus der Rspr. des BVerfG vgl. etwa BVerfGE 97, 67 ff.: „Ebenso schützt die von Art. 2 Abs. 1 und Art. 12 Abs. 1 GG gewährleistete Unternehmerfreiheit (vgl. BVerfGE 50, 290 <363, 366>) nur die Dispositionsbefugnis des Unternehmers über die ihm und seinem Unternehmen zugeordneten Güter und Rechtspositionen, verfestigt aber nicht eine bestehende Gesetzeslage zu einem grundrechtlich geschützten Bestand"; vgl. weiter BVerfG E 84, 133, 157; E 30, 292, 334 f.; w. N. zur Rspr. des BVerfG bei *Leibholz/Rinck/Hesselberger,* GG, Bd. 1, Art. 12 Rn. 36.

[1243] S. nur etwa BVerfGE 30, 292, 335; E 84, 133, 157; *Jarass,* in: Jarass/Pieroth, GG, Art. 12 Rn. 3; *Wieland,* in: Dreier, GG, Bd. 1, Art. 14 Rn. 152; vgl. a. *Reichold,* 492: „Art. 14 I GG schützt die *Unternehmens*freiheit ..., während Art. 12 GG die *Unternehmer*freiheit schützt".

[1244] S. allg. nur etwa *Wendt,* in: Sachs, GG, Art. 14 Rn. 186 m. w. N. in Fn. 529; *Bryde,* in: v. Münch/Kunig, GG, Bd. 1, Art. 14 Rn. 109.

BVerfG zum MitbestimmungsG von 1976.[1245] Aus zwei Gründen bedarf der bezeichnete Streit hier jedoch keiner Entscheidung:

Erstens trifft die Kritik an der Ausklammerung der Eigentumsfreiheit nach Art. 14 Abs. 1 GG durch den Beschluss des Vorprüfungsausschusses des BVerfG die vorliegende Konstellation nicht: Insbesondere *Scholz* hebt vor allem darauf ab, dass die Frage nach der „verbleibenden Funktionsfähigkeit" des Unternehmens als vom Schutzbereich des Art. 14 Abs. 1 S. 1 Alt. 1 GG erfasster Teilaspekt der Eigentumsfreiheit im Wege „unvollständiger Rechtsanwendung" im besagten Beschluss des Vorprüfungsausschusses unerörtert bleibe. Gerade dieses Argument ist aber auf die vorliegende Frage, ob ein Beurteilungsspielraum des Wahlvorstandes im Rahmen von § 9 BetrVG eine Rechtsposition i. S. der Eigentumsfreiheit nach Art. 14 Abs. 1 GG beeinträchtigen kann, nicht übertragbar: Eine Beeinträchtigung der Funktionsfähigkeit eines Unternehmens im genannten, vom BAG entschiedenen Fall, bei dem es immerhin um Mitbestimmung betreffend das Ende der Arbeitszeit und damit die unternehmerische Möglichkeit ging, Arbeitsressourcen zu für Kunden besonders attraktiven Einkaufszeiten innerhalb der gesetzlichen Ladenöffnungszeiten mit gesteigerter Gewinnerwartung einzusetzen, war im Hinblick auf mögliche Wettbewerbsnachteile durch die Einengung der unternehmerischen Entscheidung über das Ende der täglichen Arbeitszeit, also unter eigentumsrechtlichen Konkurrenzgesichtspunkten immerhin denkbar.[1246] Dies gilt aber nicht für einen Beurteilungsspielraum des Wahlvorstandes im Rahmen von § 9 BetrVG: Wie bereits beschrieben, stellt die Frage, wie viele Betriebsräte den Betriebsrat bilden, lediglich eine Mitbestimmungsmodalität dar, sie hat jedoch keinen Einfluss auf den inhaltlichen Umfang der betrieblichen Mitbestimmung,[1247] also deren Intensität.[1248] Daher sind die angeführten Argumente von *Scholz* zur Eröffnung des Schutzbereichs von Art. 14 Abs. 1 S. 1 Alt. 1 GG hier nicht einschlägig. Das bestätigt auch ein Blick auf die Ausführungen von denjenigen Stimmen in der neueren Literatur, welche die kritischen Argumente von *Scholz* aufnehmen: Nach *Weingart* etwa geht es gerade nicht um die verfassungsrechtliche Rechtfertigung der betrieblichen Mitbestimmung in Form des BetrVG generell, sondern lediglich um die „potentiellen gravierenden Auswirkungen" derselben im einzelnen, insbesondere um den inhaltlichen Umfang der Mitbestimmung etwa nach §§ 87 Abs. 1 Nr. 2, 91 S. 2, 112 IV BetrVG.[1249] Dieser Problematik des inhaltlichen Umfangs der Mitbestimmung steht ein Beurteilungsspielraum des Wahlvorstandes aber neutral gegenüber. Im Hinblick auf die bezeichneten möglichen Negativeffekte ist insbesondere nicht ersichtlich, dass die

---

[1245] S. nur etwa *Scholz,* NJW 1986, 1588 ff.; *Weingart,* 132 ff.; *Loritz,* BB 1993, 226 f.; *Manssen,* in: v. Mangoldt/Klein/Starck, GG, Bd. 1, Art. 12 Rn. 283 (ganz allg. für „Mitbestimmung von Arbeitnehmern"); *Gubelt,* in: v. Münch/Kunig, GG, Bd. 1, Art. 12 Rn. 98 a. E.

[1246] Vgl. zu dieser Argumentation *Scholz,* NJW 1986, 1590.

[1247] S. S. 168.

[1248] S. die Nachweise zur Frage der Intensität, insbesondere zur Parität der Mitbestimmung bei *Bremeier,* 151 (in Fn. 151).

[1249] *Weingart,* 124, 183; s. insbes. 135: Der Schutzbereich von Art. 14 Abs. 1 S. 1 Alt. 1 GG ist durch die „konkreten Auswirkungen der betrieblichen Mitbestimmung betroffen".

„Funktionsfähigkeit“ des jeweiligen Unternehmens durch den sachlichen und finanziellen Mehraufwand[1250] des Arbeitgebers sowie durch den teilweisen Ausfall der Arbeitskraft der aktiven Betriebsräte unmittelbar für die Arbeit im Betrieb[1251] aufgrund eines bei Überschreiten der jeweiligen Stufe nach § 9 BetrVG größeren Betriebsrat beeinträchtigt wäre.[1252]

Zweitens ist, wollte man den Schutzbereich der Eigentumsgarantie dennoch als eröffnet ansehen, folgendes zu beachten: Das BVerfG hat im Urteil zum MitbestimmungsG von 1976 für den Fall, dass die Eigentumsfreiheit nicht ausgeklammert wird, ausgesprochen, die verfassungsrechtliche Beurteilung einer Berufsausübungsregelung, welche gleichzeitig eine Inhalts- und Schrankenbestimmung im Sinne von Art. 14 Abs. 1 S. 2 GG darstellt, habe prinzipiell gleichzulaufen.[1253] Dies begründete das Gericht zum einen damit, dass „die Grundrechte der Art. 12 Abs. 1 und Art. 14 Abs. 1 GG funktionell aufeinander bezogen“ seien.[1254] Zum anderen fehle der Berufsfreiheit der vom MitbestimmungsG 1976 erfassten Unternehmen angesichts deren Größe „weitgehend der personale Bezug, der den eigentlichen Kern dieses Grundrechts ausmacht. Die Grundrechtsträger können die verbürgte Freiheit nur mit Hilfe anderer, der Arbeitnehmer, wahrnehmen, die ebenfalls Träger des Grundrechts sind. Schon insoweit stehe ihre Berufsausübungsfreiheit in „einem sozialen Bezug und einer sozialen Funktion“.[1255] Als Konsequenz kann man von einer Identität der Schrankenregelungen der Eigentums- und der Berufsfreiheit dergestalt sprechen, „dass eine zulässige Beschränkung der Berufsausübungsfreiheit im allgemeinen auch eine rechtmäßige Inhalts- und Schrankenbestimmung des Eigentums sein wird“.[1256]

Nun könnte die Übertragbarkeit auf die vorliegende Frage des Beurteilungsspielraums im Rahmen von § 9 BetrVG ganz allgemein angezweifelt werden, weil es im Mitbestimmungsurteil des BVerfG um Unternehmensmitbestimmung, nicht um betriebliche Mitbestimmung ging.[1257] Auch sind nach § 1 Abs. 1 Nr. 2 MitbestimmungsG 1976 für

---

[1250] S. § 40 BetrVG.

[1251] S. § 37 Abs. 2, 3, 6, 7 BetrVG (Freistellung der Betriebsratsmitglieder von der beruflichen Tätigkeit).

[1252] Das BVerfG bringt als plastisches Beispiel zum MitbestG 1976 das Beispiel, dass die (erweiterte) Mitbestimmung „zur Funktionsunfähigkeit der Unternehmen führen würde oder wenn sie der Funktionsunfähigkeit nahekommende Zustände zur Folge hätte, etwa deswegen, weil die Willensbildung in den Unternehmen so kompliziert würde, dass Entscheidungen nicht oder kaum mehr getroffen werden könnten“, BVerfGE 50, 290, 352.

[1253] BVerfGE 50, 290, 365.

[1254] BVerfGE 50, 290, 361, 365; näher *Scholz,* NJW 1989, 1589; *ders.,* in: Maunz/Dürig, GG, Bd. 2, Art. 12 Rn. 122 ff.

[1255] BVerfGE 50, 290, 365.

[1256] S. nur etwa *Thum,* S. 14 m. w. N. zur Rspr. des BVerfG in Fn. 33, 36.

[1257] Darauf weist das BVerfG ausdrücklich hin, s. BVerfGE 50, 290, 295, 326, insbes. 328: „Der Einfluss der Arbeitnehmer ... bleibt unverändert. Soweit er ein paritätischer ist, beruht er auf dem Betriebsverfassungsgesetz, über das hier nicht zu entscheiden ist“.

dessen Anwendbarkeit eine Mindestanzahl an im Unternehmen beschäftigten Arbeitnehmern von „in der Regel mehr als 2000“ erforderlich, Grenzfälle im hier angesprochenen Sinne jedoch auch schon bei deutlich kleineren Betrieben denkbar.[1258] Des weiteren betraf das Urteil zum MitbestimmungsG 1976 insbesondere die Anteilseigner, bei denen der „personale Bezug“ gegenüber dem Sacheigentum geringer ist; insbesondere im Vergleich zum Unternehmereigentümer, der aber von einem Grenzfall nach § 9 BetrVG im hier zu behandelnden Sinne betroffen sein kann, vermag ersterer „mit seinem Eigentum nur mittelbar zu wirken“.[1259] Nicht zuletzt erscheint das Urteil des BVerfG zum MitbestimmungsG 1976 zumindest insoweit angreifbar, wenn es das Anteilseigentum im Ergebnis als ein schwächer geschütztes Eigentum darstellt.[1260] Dennoch haben sich insbesondere auch Kritiker des Beschlusses des Vorprüfungsausschusses die Argumentation des BVerfG im Urteil zum MitbestimmungsG 1976 zueigen gemacht und insbesondere den ergebnismäßigen Gleichlauf der verfassungsrechtlichen Prüfung anhand Eigentums- und Berufsausübungsfreiheit grdsl. befürwortet.[1261] Bisweilen wird aus diesem Grund sogar die genaue Abgrenzung der Schutzbereiche von Berufs- und Eigentumsfreiheit ganz allgemein für überflüssig gehalten.[1262] Nun ist allerdings *Weingart* der Ansicht, dass auch dann noch Konstellationen denkbar sind, in denen eine Berufsausübungsregelung etwa gegen Art. 12 Abs. 1 GG, nicht aber gegen Art. 14 Abs. 1 GG verstößt oder umgekehrt;[1263] das mag zwar logisch möglich sein, diese Aussage lässt sich aber weder auf das Mitbestimmungsurteil des BVerfG stützen, denn das BVerfG hatte diesen Gleichlauf gerade auch dazu verwandt, die fehlende Verletzung der Berufsausübungsfreiheit in Beziehung zur ebenso verneinten Verletzung der Eigentumsfreiheit zu setzen und insoweit damit auch zu begründen,[1264] noch sind für die vorliegende Frage des Beurteilungsspielraums des Wahlvorstandes Umstände erkennbar, welche eine Ausnahme zum „Prinzip“[1265] des Gleichlaufes begründen könnten.

[1258] Z. B. in der Größenordnung um 1000 in der Regel beschäftigter Arbeitnehmer, s. BAG SAE 1978, 1, 4; s. a. die Nachweise in Fn. 538.

[1259] BVerfGE 50, 290, 342, insbes. 347 f.

[1260] Zu dieser Kritik *Leisner,* in: Isensee/Kirchhof, HdbStaatsrecht, Bd. 6, § 149 Rn. 112 ff.; überwiegend ist das Mitbestimmungsurteil in der Lit. jedoch auf Zustimmung gestoßen, s. *Riedel,* 137, m. w. N. in Fn. 157.

[1261] S. insbes. *Scholz,* NJW 1589; *Papier,* NJW 1987, 988, 994 (Konkordanz der Gewährleistungsgehalte und Regelungsschranken); *Weingart,* 133; vgl. ganz allgemein *Manssen,* in: v. Mangoldt/Klein/Starck, GG, Bd. 1, Art. 12 Rn. 283 m. w. N. zu dieser Rspr. des BVerfG; *Thum* (14, m. w. N. zur Rspr. des BVerfG in Fn. 36) spricht insoweit von einer „schrankenrechtlichen Identität“ zwischen Berufs- und Eigentumsfreiheit.

[1262] So bezüglich der Unternehmerfreiheit im Zusammenhang mit der betriebsbedingten Kündigung gem. § 1 Abs. 2 S. 1 KSchG *Thum,* 14.

[1263] *Weingart,* 133 f.

[1264] Vgl. BVerfGE 50, 290, 365 f.

[1265] Vgl. BVerfGE 50, 290, 365.

Da nun die Regelungen des BetrVG, soweit der Schutzbereich der Eigentumsfreiheit als eröffnet angesehen wird, generell als Inhalts- und Schrankenbestimmungen[1266] im Sinne von Art. 14 Abs. 1 S. 2 GG eingestuft werden,[1267], und sie, wie bereits besprochen, Berufsausübungsregelungen darstellen,[1268] was dann beides auch für § 9 BetrVG gilt, greift der vom BVerfG im Urteil zum MitbestimmungsG 1976 erläuterte Gleichlauf der Prüfung anhand der Berufs- wie auch der Eigentumsfreiheit ein. Wenn man, trotz der erwähnten Bedenken, dieses Prinzip zugrundelegt, ergibt sich, dass § 9 BetrVG – und zwar auch im Hinblick auf einen Beurteilungsspielraum des Wahlvorstandes in Grenzfällen - als im Sinne von Art. 12 Abs. 1 GG gerechtfertigte[1269] Berufsausübungsregelung gleichzeitig eine den Anforderungen von Art. 14 Abs. 1 GG, insbesondere der Verhältnismäßigkeit entsprechende Inhalts- und Schrankenbestimmung darstellt,[1270] welche sich in den Grenzen der verfassungsrechtlich zulässigen Sozialbindung hält.[1271]

Unter Zugrundelegung der unterschiedlichen Positionen bleibt folgendes festzuhalten: Die grundsätzliche Vereinbarkeit von § 9 BetrVG mit Art. 14 Abs. 1 S. 1 Alt. 1 GG ergibt sich entweder aus der mangelnden Berührung des Schutzbereichs der Eigentumsgarantie oder, folgt man der auf das Urteil des BVerfG zum MitbestimmungsG 1976 gestützten Kritik, aufgrund des schrankenrechtlichen Gleichlaufes mit der Berufsausübungsfreiheit. Dies gilt indiziell auch für einen Beurteilungsspielraum des Wahlvorstandes als Frage speziell des effektiven Rechtsschutzes; auch dieser hält sich, wie nun zu zeigen sein wird, innerhalb der durch die Eigentumsgarantie gesetzten Grenzen.

(cc) Berührung des Schutzbereiches durch den Beurteilungsspielraum und dessen Verhältnismäßigkeit als Inhalts- und Schrankenbestimmung speziell im Hinblick auf den aus der Eigentumsgarantie abzuleitenden effektiven Rechtsschutz

Ein Spezifikum des Beurteilungsspielraums ist, wie bereits dargestellt, die Problematik des effektiven Rechtsschutzes.[1272] Aufgrund der materiell-rechtlichen Verortung und Verankerung des Beurteilungsspielraums in der Wendung „in der Regel“ § 9 BetrVG ergibt sich die Frage, inwieweit sich aus der Eigentumsfreiheit als materielle grund-

---

[1266] Eine Abgrenzung von Inhalt- gegenüber Schrankenbestimmungen findet häufig nicht statt, vgl. zum BetrVG nur etwa *Weingart,* 138 m. w. N. in Fn. 83; vgl. allgemein *Jarass,* in: Jarass/Pieroth, GG, Art. 14 Rn. 36; BVerfGE 37, 132, 140; zum Streit über die Unterscheidbarkeit *Wendt,* in: Sachs, GG, Art. 14 Rn. 55 m. N. aus der Lit. in Fn. 202.

[1267] S. nur etwa *Weingart,* 138; *Papier,* NJW 1987, 992; davon gehen letztlich wohl auch aus *Reuter/Streckel,* 104 ff., 107; *Richardi,* BetrVG, Einl. Rn. 48; *Scholz,* NJW 1986, 1589 (unter IV. a. E.).

[1268] S. S. 181.

[1269] S. S. 183 ff.

[1270] Vgl. die Argumentation in BVerfGE 50, 290, 365 f.

[1271] Vgl. so zum BetrVG generell *Richardi,* BetrVG, Einl. Rn. 48.

[1272] S. S .138.

rechtliche Garantie ein Anspruch des Arbeitgebers auf effektiven Rechtsschutz ableiten lässt, an welchem der Beurteilungsspielraum zu messen wäre.[1273]

Das BVerfG hat, wie bereits beschrieben,[1274] u. a. in mehreren Entscheidungen zur Zwangsvollstreckung und Zwangsversteigerung sowie zu Mieterhöhungsstreitigkeiten der Eigentumsfreiheit eine Schutzdimension effektiven Rechtsschutzes beigemessen. Insbesondere hat das Gericht im Zusammenhang mit der Begründung eines Mieterhöhungsverlangens des Vermieters gemäß dem früheren § 3 Abs. 1 S. 1 WKschG[1275] die von der Rechtsprechung der Zivilgerichte entwickelten strengen Anforderungen bezüglich der Begründungsobliegenheit des Vermieters als Verletzung des sich unmittelbar aus der Eigentumsgarantie ergebenden, verfassungskräftigen Anspruchs des vermietenden Eigentümers auf effektiven Rechtsschutz angesehen, da ihm die gerichtliche Geltendmachung seines nach materieller Rechtslage wirksam bestehenden Anspruchs auf Zustimmung zum Mieterhöhungsverlangen durch die formale, nicht an der materiellen Regelung orientierten Handhabung der „Verfahrensvorschrift des § 3 Abs. 2“ WKschG verwehrt würde.[1276]

Die Probleme einer materiell-grundrechtlichen Verankerung effektiven Rechtsschutzes, insbesondere hinsichtlich der Abgrenzung der verfassungsrechtlichen Grundlagen des effektiven Rechtsschutzes als Teilgebot des allgemeinen Justizgewährungsanspruchs, wurden bereits angedeutet.[1277] Neben diesen Kritikpunkten ist hier im besonderen darüberhinaus fraglich, ob die skizzierte Rechtsprechung des BVerfG überhaupt auf die Prüfung des Beurteilungsspielraums des Wahlvorstandes übertragbar ist: Der Sache nach geht es in den Entscheidungen des BVerfG zum effektiven Rechtsschutz aufgrund der Eigentumsfreiheit jeweils um die „verfassungskonforme Anwendung“ von „Verfahrensvorschriften“.[1278] Die Entscheidungen zur Zwangsvollstreckung betrafen dabei die Handhabung sogar eindeutig reiner Verfahrensvorschriften des ZVG.[1279] Schwieriger gestaltet sich die Einordnung in den erwähnten Beschlüssen des BVerfG zu § 3 Abs. 2 WKschG bzw. § 2 Abs. 2 und 3 MHG[1280]: Hier beruhte die Zuordnung zum „Verfahrensrecht“ im Sinne des in diesem Zusammenhang vom Gericht verwandten weiten Verfahrensbegriffes darauf, dass die materiell-rechtlichen Voraussetzungen des Anspruchs des vermietenden Eigentümers auf Zustimmung des Mieters zur Miet-

---

[1273] S. S. 166.

[1274] S. S. 175 m. entspr. N.

[1275] Gesetz über den Kündigungsschutz für Mietverhältnisse über Wohnraum vom 25. November 1971, BGBl. I/1839; zur neuen Rechtslage zur Erhöhung „bis zur ortsüblichen Vergleichsmiete“ s. §§ 558, 558 a, 558 b Abs. 2 BGB n. F.; dazu *Schildt/Möller,* JURA 2001, 722 f.

[1276] BVerfGE 37, 132, 141, 144 ff., insbes. 147 f.

[1277] S. S. 176.

[1278] So wörtlich BVerfGE 51, 150, 156; E 46, 325, 330, 333, insbes. 335; vgl. a. E 37, 132, 145, 148 f.; E 53, 352, 357 f.

[1279] S. BVerfGE 51, 150, 156 ff.; E 46, 325, 333 ff.

[1280] Fassung vom 18.12.1974, BGBl. I/3603, s. BVerfGE 53, 352, 356; vgl. nunmehr §§ 558, 558 a ff. BGB in der Fassung des MRRG vom 19.6.2001, BGBl., I/1149.

erhöhung vollumfänglich in § 3 Abs. 1 S. 1 WKschG bzw. in § 2 Abs. 1 MHG[1281] geregelt waren;[1282] somit stellte das „formelle Erfordernis"[1283] einer Begründung des Erhöhungs- und Zustimmungsbegehrens nach § 3 Abs. 2 WkschG bzw. nach § 2 Abs. 2 MHG lediglich eine Teilvoraussetzung der (gerichtlichen) Geltendmachung des Mieterhöhungsanspruches im Rahmen des „Mieterhöhungsverfahrens" dar,[1284] welches letztlich dem Ziel dient, „die Mietanpassung in einem geordneten Verfahren unter Wahrung der Interessen beider Vertragsparteien durchzuführen".[1285] Nun ist § 9 BetrVG mitsamt dem Beurteilungsspielraum des Wahlvorstandes, wie bereits ausgeführt, materiell-rechtlicher Natur:[1286] Er betrifft die Konstituierung und damit schlicht die Existenz des Betriebsrats; dagegen kann der Anspruch auf Mieterhöhung bzw. auf Zustimmung sehr wohl auch ohne die Begründung der Geltendmachung materiell entstehen. Die sachliche Parallele zwischen den bezeichneten Konstellationen liegt darin, dass sich auch die materiell-rechtliche Wendung „in der Regel" eben wenigstens indirekt verfahrensrechtlich insofern auswirken kann, als der Arbeitgeber in bestimmten Wahlanfechtungskonstellationen die sich im Wahlausschreiben manifestierende Einschätzung des Wahlvorstandes hinsichtlich der Belegschaftsregelzahl nur begrenzt gerichtlich überprüfen lassen kann.

Letztlich bedürfen diese Probleme hier jedoch keiner weiteren Diskussion: Die Berührung des Schutzbereiches der Eigentumsfreiheit kann insbesondere auch im Hinblick auf die der materiellrechtlichen Verankerung des Beurteilungsspielraums entspringende Frage, inwieweit sich aus dieser materiellen grundrechtlichen Garantie ein Anspruch des Arbeitgebers auf effektiven Rechtsschutz ableiten lässt, unterstellt werden. Denn im Ergebnis[1287] kommt eine Verletzung eines solchen Anspruches durch den Beurteilungsspielraum des Wahlvorstandes nach den vom BVerfG insbesondere in den soeben dargestellten, eine Parallele zur hier zu untersuchenden Konstellation bietenden Beschlüssen zum Mieterhöhungsverfahren entwickelten Kriterien nicht in Betracht. Hierfür spricht an sich schon der bereits dargestellte schrankenrechtliche Gleichlauf der Berufsausübungsfreiheit nach Art. 12 Abs. 1 GG mit Inhalts- und Schrankenbestimmungen im Rahmen der Eigentumsgarantie nach Art. 14 Abs. 1 S. 2 GG:[1288] Es ist nicht ersichtlich, warum dieses für die allgemeine materiell-grundrechtliche Prüfung einfachen Gesetzesrechts postulierte Prinzip nicht auch hinsichtlich des effektiven Rechtsschutzes, wie er vom BVerfG ummittelbar jeweils aus den bezeichneten Grund-

---

[1281] S. jetzt § 558 Abs. 1 BGB in der Fassung des MRRG vom 19.6.2001, BGBl., I/1149.

[1282] Vgl. BVerfGE 37, 132, 143 f., 145, 147 f.; E 53, 352, 358 f.

[1283] BVerfGE 37, 132, 139.

[1284] Vgl. (mit diesem Begriff) BVerfGE 37, 132, 141 f., 143, 145 ff.; deutlich BVerfGE 53, 352, 361.

[1285] BVerfGE 37, 132, 145.

[1286] S. S. 114 ff.

[1287] Wegen der offensichtlich fehlenden Verletzung unterbleibt hier die klassische Eingriffsprüfung; zum Aufbau insbes. für eine Inhalts- und Schrankenbestimmung s. etwa *Weingart,* 138 m. w. N.; *Pieroth/Schlink,* Rn. 920 f., 928 ff., 957; *Wieland,* in: Dreier, GG, Bd. 1, Art. 14 Rn. 66 ff., 78 ff., 117 ff.

[1288] S. hierzu S. 209 m. N.

rechten abgeleitet wird, greifen sollte. Eine Verletzung des effektiven Rechtschutzes aus Art. 12 Abs. 1 GG konnte jedoch nicht festgestellt werden.[1289] Zudem begründete das BVerfG die Verletzung der Eigentumsfreiheit des vermietenden Eigentümers vor allem darauf, dass durch eine formale Handhabung der Vorschriften zum Mieterhöhungsverfahren, welche einseitig zu Lasten des Eigentümers gehe, die gerichtliche Durchsetzung seines Mieterhöhungsanspruches in Abweichung von der materiellen Rechtslage unzumutbar erschwert bzw. verhindert werde, insbesondere weil die Schwierigkeit der Erlangung von Daten zur Feststellung der ortsüblichen Vergleichsmiete letztlich allein zu Lasten des Eigentümers gehe.[1290] Im Falle von § 9 BetrVG bedeutet die Anwendung des Begriffes „in der Regel“ unter Ausschöpfung eines Beurteilungsspielraums erst die Umsetzung der materiellen Rechtslage und keine Abweichung von derselben, da letzterer nach h. M. gerade im materiellen Recht verankert und damit vorgesehen wird. Es liegt auch keine vergleichbare einseitige Überbürdung eines Informationsbeschaffungsproblems vor: Vielmehr hat es zuvörderst der Arbeitgeber in der Hand, den Wahlvorstand durch möglichst umfängliche Information über den Belegschaftsstand bei dessen Einschätzung der Belegschaftsregelzahl zu unterstützen. Auch sonst stellt die Annahme eines Beurteilungsspielraums keine einseitige Belastung des Arbeitgebers dar; sie kann ihm generell erstens nicht nur zum Nachteil, sondern ebenso zum Vorteil gereichen und zweitens werden, wie bereits zu Art. 12 Abs. 1 GG dargestellt,[1291] die Interessen an einem effektiven Wahlverfahren und an einer möglichst geringen finanziellen Belastung sinnvoll in Ausgleich gebracht. Schließlich darf der Betriebsrat nach dem BAG ja nicht allein nach seinen subjektiven Bedürfnissen entscheiden, er hat vielmehr die betrieblichen Verhältnisse und die sich ihm stellenden Aufgaben zu berücksichtigen und die Interessen der Belegschaft an einer sachgerechten Ausübung des Betriebsratsamtes gegen die berechtigten Interessen des Arbeitgebers, insbesondere hinsichtlich der Begrenzung der Kosten, „gegeneinander abzuwägen“.[1292] Mithin ist eine recht intensive gerichtliche Kontrolle der Einhaltung der Grenzen des Beurteilungsspielraums gewährleistet; auch von daher scheidet eine Verletzung eines durch die Eigentumsgarantie garantierten effektiven Rechtschutzes aus. Selbst mit einem Beurteilungsspielraum stellt § 9 BetrVG daher eine verhältnismäßige Inhalts- und Schrankenbestimmung i. S. v. Art. 14 Abs. 1 S. 2 GG gerade im Hinblick auf die materiell-grundrechtliche Garantie effektiven Rechtsschutzes dar.

(b) Ergebnis zur Eigentumsgarantie nach Art. 14 Abs. 1 S. 1 Alt. 1 GG

§ 9 BetrVG verstößt in der Auslegungsvariante nach der h. M. unter Zugrundelegung eines Beurteilungsspielraums des Wahlvorstandes weder unter allgemein materiell-grundrechtlichen Gesichtspunkten noch im Hinblick auf einen grundrechtsimmanenten

---

[1289] S. hierzu S. 202.

[1290] Vgl. BVerfGE 37, 132, 145 ff., insbes. 146 oben,147 f.; bestätigend E 53, 352, 357 ff.

[1291] S. S. 199.

[1292] BAG ZBVR 2001, 122, 123; NZA 1999, 1292, 1293; beide unter Verweis auf BAG Beschl. v. 12.5.1999 – 7 ABR 36/97 = NZA 1999, 1290, 1292; in diesem Sinne auch BAG ZBVR 2001, 127, 128.

Anspruch auf effektiven Rechtsschutz i. S. der Rechtsprechung des BVerfG selbst dann nicht gegen die Eigentumsfreiheit des Arbeitgebers, wenn die Berührung des Schutzbereiches unterstellt wird.

(3) Allgemeine Handlungsfreiheit, Art. 2 Abs. 1 GG

Das Grundrecht der allgemeinen Handlungsfreiheit kommt zum Schutz der Unternehmerfreiheit nur in einem sehr begrenzten Bereich zur Anwendung.[1293] Es tritt auf seiten des Arbeitgebers, da das BetrVG insgesamt als Berufsausübungsregelung i. S. v. Art. 12 Abs. 1 S. 2 GG eingeordnet wird, jedenfalls hinter dessen Grundrecht der Berufsfreiheit als lex generalis im Wege der Subsidiarität zurück;[1294] ein Gesichtspunkt der betrieblichen Mitbestimmung, der in seiner Bedeutung für den Arbeitgeber nicht schon durch das hier jedenfalls einschlägige Grundrecht der Berufsfreiheit und gegebenenfalls der Eigentumsfreiheit erfasst wäre, ist nicht ersichtlich.[1295] Soweit Art. 2 Abs. 1 GG etwa im Urteil des BVerfG zum MitbestG 1976 die Bedeutung des Schutzes der „Handlungsfreiheit auf wirtschaftlichem Gebiet“ zugemessen wird,[1296] klingt dort zwar dementgegen eine schlicht parallele Anwendung der allgemeinen Handlungsfreiheit neben den spezielleren Grundrechten der Berufs- und der Eigentumsfreiheit an; dieses Vorgehen ist jedoch im Hinblick auf den Vorrang speziellerer Normen und die sich ergebenden Konkurrenzprobleme abzulehnen.[1297] Überdies scheidet auch unter Zugrundelegung dieses problematischen Schutzbereichsverständnisses eine Verletzung der allgemeinen Handlungsfreiheit des Arbeitgebers aus, da nicht ersichtlich ist, wie ein Beurteilungsspielraum des Wahlvorstandes den nach den Worten des BVerfG unantastbaren, angemessenen „Spielraum zur Entfaltung der Unternehmerini-

---

[1293] *Weingart,* 125 f., 156.

[1294] Zur Subsidiarität von Art. 2 Abs. 1 GG im allgemeinen sowie speziell ggü. Art. 12 Abs. 1 GG vgl. aus der Rspr. nur etwa BVerfGE 89, 48, 61; E 78, 179, 196 f.; E 77, 84, 118; E 70, 1, 32; E 68, 193, 216, 223 f.; E 58, 358, 363; E 45, 354, 359; E 9, 63, 73; aus der Lit. vgl. nur etwa *Pieroth/Schlink,* Grundrechte, Rn. 369; *Wieland,* in: Dreier, GG, Bd. 1, Art. 12 Rn. 169; *Starck,* in: v. Mangoldt/Klein/Starck, GG, Bd. 1, Art. 2 Abs. 1 Rn. 72 m. w. N. in Fn. 221; *Scholz,* in: Maunz/Dürig, GG, Bd. 2, Art. 12 Rn. 9, 114; *Kunig,* in: v. Münch/Kunig, GG, Bd. 1, Art. 2 Rn. 88 ff.; *Gubelt,* in: v. Münch/Kunig, GG, Bd. 1, Art. 12 Rn. 93; *Schmidt-Bleibtreu/Klein,* GG, Art. 2 Rn. 11; *Canaris,* RdA 1997, 272; im. Ergebnis auch *Jarass,* in: Jarass/Pieroth, GG, Art. 2 Rn. 4; speziell zur Mitbestimmung nach dem BetrVG *Sterzel,* 123, 159, 293; *Bremeier,* 149; eine Subsidiarität nehmen auch diejenigen Stimmen an, welche das BetrVG gleichzeitig als Inhalts- und Schrankenbestimmung i. S. v. Art. 14 Abs. 1 S. 2 GG einordnen, vgl. nur etwa *Scholz,* NJW 1986, 1588; *Weingart,* 125 f., 155 ff. m. w. N.

[1295] Vgl. zu diesem Gedanken und mit diesem Ergebnis näher *Weingart,* 156 f. m. N. in Fn. 162; deutlich insoweit auch BVerfGE 58, 358, 363; vgl. zur Vertragsfreiheit des Unternehmers, welche von seiner Berufsausübungs- und (je nach Ansicht zum Schutzbereich) Eigentumsfreiheit mit abgedeckt wird *Thum,* 14 ff. m. w. N.

[1296] BVerfGE 50, 290, 366; w. N. zu dieser Rspr. *Tettinger,* in: Sachs, GG, Art. 12 Rn. 162 (in Fn. 533 f.).

[1297] *Erichsen,* in: Isensee/Kirchhof, HdbStR, Bd. 6, § 152 Rn. 60 ff.; in diesem Sinne auch *Scholz,* in: Maunz/Dürig, GG, Bd. 2, Art. 12 Rn. 114; vgl. im übrigen die hierzu besonders deutlich im Kontrast stehenden Entscheidungen BVerfGE 77, 84, 118; E 68, 193, 216, 223 f. m. w. N. zu seiner Rspr.; E 70, 1, 32.

tiative“[1298] auch nur einschränken, geschweige denn in diesen unverhältnismäßig eingreifen[1299] sollte. Art. 2 Abs. 1 GG stellt insoweit allenfalls deutlich niedrigere, nicht etwa höhere verfassungsrechtliche Anforderungen als die Berufsfreiheit nach Art. 12 Abs. 1 und die Eigentumsgarantie nach Art. 14 Abs. 1, 2 GG, weswegen eine genaue Abgrenzung des Schutzbereiches von Art. 2 Abs. 1 GG hier nicht erforderlich ist.[1300]

(4) Ergebnis zu den Grundrechten des Arbeitgebers

Ein Beurteilungsspielraum des Wahlvorstandes hinsichtlich der Einschätzung des Belegschaftsregelstärke im Sinne von § 9 BetrVG, wie er von der h. M. in Grenzfällen angenommen wird, verletzt keine grundrechtlichen Positionen des betroffenen Arbeitgebers.

dd) Materielle Grundrechte der Arbeitnehmer

Als Prüfungsmaßstab für § 9 BetrVG in der Auslegungsvariante mit Beurteilungsspielraum kommen auf der Arbeitnehmerseite insbesondere die Grundrechte der Berufsfreiheit i. S. v. Art. 12 Abs. 1 GG und der allgemeinen Handlungsfreiheit gemäß Art. 2 Abs. 1 GG in Betracht. Eine Grundrechtsverletzung wäre etwa in der Konstellation denkbar, dass die Arbeitnehmer eine Betriebsratswahl anfechten, weil der Wahlvorstand möglicherweise von einer zu niedrigen regelmäßigen Zahl an Belegschaftsmitgliedern ausgegangen ist und das Wahlausschreiben auf dieser Grundlage erlassen hat.

Vorweg ist zu bedenken, dass das BetrVG eine rein einfach-rechtliche Kodifizierung der betrieblichen Mitbestimmung zugunsten der Arbeitnehmer darstellt. Ein Konflikt der beschränkten gerichtlichen Nachprüfung des Beurteilungsspielraums des Wahlvorstandes mit dem Justizgewährungsanspruch scheidet wegen dessen materiellrechtlichen Verankerung, wie sie der h. M. zu § 9 BetrVG entspricht, aus.[1301] Die Verletzung von Arbeitnehmergrundrechten ist nur dann denkbar, wenn eine betriebliche Mitbestimmung in Form des BetrVG verfassungs-, insbesondere grundrechtlich garantiert ist, und zwar sogar hinsichtlich des Details, wie und in welcher Größe der Betriebsrat zu bilden ist und, gegebenenfalls wiederum als spezifisches Problem des effektiven Rechtsschutzes, inwieweit dies auch auf Anlass der Arbeitnehmerseite gerichtlich zu überprüfen ist.

(1) Grundrechtliche Garantie einer betrieblichen Mitbestimmung

Das Grundgesetz enthält den Begriff der „Betriebsverfassung“ lediglich in Art. 74 Nr. 12 GG, einer bloßen Kompetenznorm zur konkurrierenden Gesetzgebungskompetenz-

---

[1298] BVerfGE 50, 290, 366.

[1299] Vgl. zum BetrVG insgesamt *Richardi*, BetrVG, Einl. Rn. 49.

[1300] Vgl. im Zusammenhang mit der Unternehmerfreiheit bezüglich der betriebsbedingten Kündigung gem. § 1 Abs. 2 S. 1 KSchG *Thum*, 16.

[1301] S. S. 165 ff.

aufteilung zwischen Bund und Ländern i. S. v. Art. 72 GG.[1302] Eine ausdrückliche materielle (grundrechtliche) Garantie, vergleichbar etwa derjenigen der Koalitionsfreiheit nach Art. 9 Abs. 3 GG, existiert dagegen nicht. Im Grundgesetz findet sich demnach weder zur Gestalt noch zum Umfang insbesondere der betrieblichen Mitbestimmung eine explizite Aussage.[1303] Es bleibt mithin nur die (synoptische) Auslegung des Grundgesetzes, insbesondere der Grundrechte. Im folgenden soll ein kurzer Überblick über einige wichtige Positionen zur verfassungs- und insbesondere grundrechtlichen Legitimationsgrundlage der betrieblichen Mitbestimmung in Form des BetrVG aus Rechtsprechung und Literatur gegeben werden. Eine vollständige Aufarbeitung[1304] ist, wie noch zu zeigen sein wird, im Ergebnis nicht erforderlich.

(a) Rechtsprechung des BVerfG zur verfassungsrechtlichen Legitimationsgrundlage der Mitbestimmung

Das BVerfG hat zur verfassungsrechtlichen Legitimationsbasis der betrieblichen Mitbestimmung in Form des BetrVG bislang noch nicht ausdrücklich Stellung bezogen.[1305] Eine Querschnittsbetrachtung ergibt, dass in der bundesverfassungsgerichtlichen Rechtsprechung kein einheitlicher Interpretationsansatz bei der Behandlung der verfassungsrechtlichen Legitimationsgrundlage hinsichtlich der Mitwirkung Beschäftigter im Rahmen der Betriebsverfassung, der Personalvertretung sowie der Unternehmensverfassung vorhanden ist.[1306]

(aa) Beschluss des BVerfG v. 18.12.1985 betreffend die Auslegung von § 87 Abs. 1 Nr. 2 und § 76 Abs. 5 S. 3 BetrVG durch das BAG

In seinem Beschluss vom 18.12.1985 betreffend die Auslegung des BAG von § 87 Abs. 1 Nr. 2 und § 76 Abs. 5 S. 3 BetrVG spricht das BVerfG lediglich aus, dass die bezeichneten Vorschriften eine Regelung der Berufsausübung der Arbeitgeberin darstelle, welche konkretisiere, dass letztere als Grundrechtsträgerin die ihr verbürgte Freiheit nur mit Hilfe anderer Träger desselben Grundrechts, der Arbeitnehmer, wahrnehmen könne. Art. 12 Abs. 1 GG gebiete weiter nicht, solche Regelungen „so zu gestalten und auszulegen, dass sie die unternehmerische Entscheidungsfreiheit unberührt lassen“.[1307] Eine Aussage zur verfassungs- , insbesondere der grundrechtlichen Legi-

---

[1302] S. statt aller *Trümner,* in: Däubler/Kittner/Klebe, BetrVG, § 1 Rn. 5; *Kempen,* ArbuR 1988, 272.

[1303] S. statt aller *Sterzel,* 148.

[1304] Eine aktuelle und übersichtliche sowie umfassende Darstellung findet sich bei *Sterzel,* insbes. 85 ff. (Rspr. des BVerfG, BAG, BVerwG zu Betriebsverfassung, Personalvertretung bzw. Unternehmensmitbestimmung), 112 ff. (Positionen in der Lit.); s. a. *Bremeier,* insbes. 79 ff., 86 ff.; vgl. a. *Kisker,* FS Geiger, 243 ff.; zur verfassungsrechtlichen Verankerung des Sinnes der betrieblichen Mitbestimmung s. *v. Hoyningen-Huene,* in: FS Stahlhacke, 11.

[1305] So (mit eingehender Analyse) *Sterzel,* 88, 100.

[1306] S. die eingehende Analyse bei *Sterzel,* 87 ff., insbes. 100, 102, 289.

[1307] BVerfG Beschl. v. 18. 12. 1985 – 1 BvR 143/83 = DB 1986, 486.

timationsgrundlage der betrieblichen Mitbestimmung im Sinne einer Mindestgarantie fehlt jedoch.[1308]

(bb) Ausschluss betrieblicher Mitbestimmung in Tendenzbetrieben, § 118 Abs. 1 S. 1 BetrVG

Das BVerfG hat hinsichtlich des Ausschlusses der betrieblichen Mitbestimmung in Tendenzbetrieben gemäß § 118 Abs. 1 S. 1 BetrVG in einer ersten von zwei Entscheidungen, deren Gegenstand die Vereinbarkeit von Entscheidungen des BAG, letztlich dessen Auslegung von § 118 Abs. 1 S. 1 BetrVG, mit der Presse- bzw. der Rundfunkfreiheit nach Art. 5 Abs. 1 S. 2 GG war,[1309] zunächst festgestellt, dass weder dem Sozialstaatsprinzip gemäß Art. 20 Abs. 1 GG noch den Grundrechten der Arbeitnehmer ein konkreter, verbindlicher Auftrag zur Einführung einer Mitbestimmung des Betriebsrats in Presseunternehmen entnommen werden könne.[1310] Unter Bezug hierauf wurde in einem späteren Beschluss ausgeführt, dass Mitbestimmungsrechte von Verfassungs wegen ausgeschlossen seien, soweit durch sie die von Art. 5 Abs. 1 Satz 2 GG geschützte Tendenzentscheidung eingeschränkt würde.[1311] Man kann hier aufgrund des speziellen Bezuges zu Tendenzbetrieben und vor allem zu Art. 5 Abs. 1 S. 2 GG bereits die Eignung dieser Entscheidungen anzweifeln, zur Herausbildung von Parallelen für die verfassungsrechtlichen Grundlagen der „normalen" betrieblichen Mitbestimmung außerhalb des Anwendungsbereiches von § 118 Abs. 1 S. 1 BetrVG dienlich zu sein; eine verfassungs-, insbesondere eine grundrechtliche Legitimation betrieblicher Mitbestimmung in Gestalt des BetrVG lässt sich ihnen jedenfalls nicht entnehmen,[1312] tendenziell ist m. E. sogar eher das Gegenteil anzunehmen.[1313]

(cc) Urteil des BVerfG zum MitbestG 1976

Zum MitbestG 1976 hat das BVerfG festgestellt, dass die Grundrechte der Arbeitnehmer „ ... – wie auch Art. 74 Nr. 12 GG - keinen verbindlichen Verfassungsauftrag zur Einführung einer Unternehmensmitbestimmung wie derjenigen des Mitbestimmungsgesetzes enthalten".[1314] Dieser Satz stellt m. E. die konsequente Fortentwicklung des Grundsatzes der wirtschaftspolitischen Neutralität des Grundgesetzes dar, wie das BVerfG diesen betont.[1315] Nun wird dort hervorgehoben, dass die genannte Entschei-

---

[1308] So die Analyse bei *Sterzel,* 90, 100, 289.

[1309] S. die Analyse bei *Sterzel,* 88 ff.

[1310] BVerfG Beschl. v. 6. 11. 1979 – 1 BvR 81/76 = BVerfGE 52, 283, 298 unter Hinweis auf BVerfGE 50, 290, 349..

[1311] BVerfG Beschl. v. 15. 12. 1999 – 1 BvR 729/92 = NZA 2000, 217, 218 f.

[1312] Vgl. *Sterzel,* 89 f.

[1313] Zurückhaltender *Sterzel,* 100, der die Rspr. des BVerfG insoweit im Ergebnis für die Betriebsverfassung wohl als offen ansieht.

[1314] BVerfGE 50, 290, 349; vgl. hierzu die Analyse bei *Sterzel,* 95 ff., 100, 289.

[1315] BVerfGE 4, 7, 17 f.; E 50, 290, 338; vgl. näher *Sterzel,* 96, der insoweit allerdings a. A. ist, s. *ders.,* a. a. O., 95 f., 199 f.

dung nicht die betriebliche Mitbestimmung nach dem BetrVG betrifft;[1316] sie kann m. E. dennoch wenigstens als indiziell dafür gewertet werden, dass nach dem BVerfG eine verfassungsrechtliche, insbesondere eine grundrechtliche Absicherung auch einer betrieblicher Mitbestimmung wohl nicht besteht.[1317]

(dd) Gesamttendenz in der Rechtsprechung des BVerfG

Insgesamt ist die bisherige Rechtsprechung des BVerfG jedenfalls nicht in dem Sinne zu deuten, dass eine verfassungs-, insbesondere eine grundrechtliche Verpflichtung des Gesetzgebers zur Schaffung oder zur Aufrechterhaltung einer betrieblichen Mitbestimmung allgemein oder sogar gerade in der Gestalt des BetrVG existiere;[1318] der Tendenz nach ist eher das Gegenteil der Fall.

(b) Rechtsprechung des BAG zur verfassungsrechtlichen Legitimationsgrundlage der betrieblichen Mitbestimmung nach dem BetrVG

Das BAG geht zwar davon aus, dass die Normen des Betriebsverfassungsgesetzes bereichsweise den in Art. 20 Abs. 1 GG verankerten Grundsatz der Sozialstaatlichkeit verwirklichen und letzterer deshalb bei ihrer Auslegung als „Auslegungsrichtlinie“ zu beachten ist;[1319] auf grundrechtliche Positionen wird insoweit allerdings nicht zurückgegriffen.[1320] Jedenfalls lässt sich auch der Rechtsprechung des BAG eine verfassungsrechtliche, insbesondere eine grundrechtliche Determinierung zugunsten der Arbeitnehmer im Sinne eines verfassungsfesten Niveaus insbesondere betrieblicher Mitbestimmung nicht entnehmen.

(c) Positionen in der Literatur

Die verfassungsrechtliche Legitimationsgrundlage der betrieblichen Mitbestimmung ist in der Literatur sowohl vom dogmatischen Ansatz her als auch in Bezug auf Inhalt und Umfang einer denkbaren Verpflichtung des Gesetzgebers zur Schaffung und zur Ausgestaltung derselben höchst umstritten.[1321]

[1316] BVerfGE 50, 290, 322, 328.

[1317] Zurückhaltender *Sterzel,* 100, der die Rspr. des BVerfG auch insoweit im Ergebnis für die Betriebsverfassung wohl als offen ansieht.

[1318] Etwas zurückhaltender *Sterzel,* 100, 289, der die Rspr. des BVerfG insoweit als „offen“ bezeichnet.

[1319] BAG Urt. v. 7. 11. 1975 – 1 AZR 282/74 = AP § 118 BetrVG 1972 Nr. 4, Ls. 2, 3, Bl. 481/R.

[1320] So die Analyse bei *Sterzel,* 86, 102, 288.

[1321] Vgl. *Sterzel,* 120.

(aa) Verneinung einer verfassungsrechtlichen Garantie betrieblicher Mitbestimmung

Einen Pol bilden hierbei diejenigen Stimmen, welche eine grundgesetzliche Verankerung der betrieblichen Mitbestimmung im Sinne einer verfassungsrechtlichen Garantie überhaupt ablehnen. Prägnant gefasst ist die Verfassung etwa nach *v. Hoyningen-Huene* und *Loritz* (äußerste) „Grenze, nicht aber Grund der Mitbestimmung".[1322] Die Mitbestimmung ist demnach nicht zwingend vorgeschrieben, es handelt sich vielmehr um eine rechtspolitische Entscheidung des Gesetzgebers;[1323] Art und Umfang der (betrieblichen) Mitbestimmung sind nicht vornherein festgelegt oder legitimiert.[1324]

Die grundgesetzliche Legitimation des Gesetzgebers im Sinne einer „Erlaubnis", eine betriebliche Mitbestimmungsordnung überhaupt zu schaffen bzw. diese auszugestalten, wird z. T. im Demokratie-[1325], vor allem aber (auch) im Sozialstaatsprinzip[1326] gesehen. Repräsentativ für die letztere Position sei *Richardi* angeführt, der zunächst - in Abgrenzung zur Teilhabe an der kollektiven Gestaltung der Arbeits- und Wirtschaftsbedingungen nach Art. 9 Abs. 3 GG - das Fehlen einer grundgesetzlichen Garantie gesetzlicher Mitbestimmung in Betrieb und Unternehmen für die Tarifautonomie konstatiert. Allerdings sei der Gesetzgeber durch das grundgesetzlich in Art. 20 Abs. 1 und Art. 28 Abs. 1 GG verankerte Sozialstaatsprinzip zur Schaffung eines Rechts der Mitbestimmung legitimiert.[1327] Es werde dem Gesetzgeber durch das Sozialstaatsprinzip jedoch wiederum nicht vorgeschrieben, wie die Mitbestimmung zu verwirklichen und zu gestalten sei; die Grundrechte seien aber zu respektieren.[1328] Eine gewisse Grundrechtsnähe dieses Ansatzes ergibt sich dabei daraus, dass *Richardi* die Grundrechte immerhin nicht nur als Schranke ansieht, sondern auch als (zusätzliche) „Legitimationsbasis" für die gesetzgeberische Einräumung von Beteiligungsrechten der Arbeitnehmer in Betrieb und Unternehmen. Für diese Aussage rekurriert *Richardi* auf die Entscheidung des BVerfG zum MitbestG 1976.[1329]

[1322] So etwa *v. Hoyningen-Huene,* in: MünchHdbArbR, Bd. 3, § 297 Rn. 3 m. w. N. in Fn. 2; *Loritz,* ZfA 1991, 14; mit dieser Formulierung für Art. 14 GG *Reichold,* 492.

[1323] So ausdrückl. *v. Hoyningen-Huene,* in: MünchHdbArbR, Bd. 3, § 297 Rn. 11; vgl. a. *Loritz,* ZfA 1991, 14.

[1324] *V. Hoyningen-Huene,* in: MünchHdbArbR, Bd. 3, § 297 Rn. 3.

[1325] S. etwa *v. Hoyningen-Huene,* in: MünchHdbArbR, Bd. 3, § 297 Rn. 3 m. w. N. in Fn. 3, vgl. a. a. O., Rn. 11 (Sozialstaatsprinzip).

[1326] S. hierzu die Analyse bei *Sterzel,* 112 f. (E. II. 2. 1.) mit umfangr. N.

[1327] *Richardi,* BetrVG, Einl. Rn. 40; zust. insoweit *Kisker,* in: FS Geiger, 257 unter Hinweis auf die Rspr. des BVerfG; vgl. a. *Schaub,* § 210 Nr. 4: Eine Einschränkung des Arbeitgebers als Unternehmer erfolgt nur, soweit dies aufgrund des Sozialstaatsgedankens (Art. 20 Abs. 1 GG) erforderlich ist.

[1328] *Richardi,* BetrVG, Einl. Rn. 41; in diesem Sinne etwa auch *Reichold,* 488 (in Fn. 449, dort m. w. N.).

[1329] *Richardi,* BetrVG, Einl. Rn. 41; vgl. die Analyse bei *Sterzel,* 113 f. (E. II. 2. 2.)., Sozialstaatsprinzip und „Reflexwirkung von Grundrechtspositionen".

Nach den hier beschriebenen Ansichten fehlt also eine verfassungsrechtliche Garantie insbesondere betrieblicher Mitbestimmung. Damit ist natürlich auch ein Grundrecht der Arbeitnehmer auf Mitbestimmung zu verneinen;[1330] insbesondere lässt sich ein solches dann auch nicht aus deren Berufsfreiheit ableiten,[1331] was jedenfalls unter dem Blickwinkel allein des status negativus, die klassische Abwehrfunktion von Art. 12 Abs. 1 GG als Freiheitsgrundrecht, auch richtig erscheint.[1332]

(bb) Wertentscheidung der Verfassung und besonderer rechtlicher, wirtschaftlicher und sozialer Charakter des Arbeitsverhältnisses als Grundlage der Mitbestimmung im Unternehmen nach der Mitbestimmungskommission

Zwar war unmittelbarer Gegenstand des der Bundesregierung 1970 vorgelegten Berichtes zur „Mitbestimmung im Unternehmen", erstellt von der Mitbestimmungskommission unter der Leitung von Kurt Biedenkopf,[1333] nicht die betriebliche Mitbestimmung in Gestalt des BetrVG. Allerdings können zu bestimmten Grundaussagen bezüglich der Unternehmensmitbestimmung Parallelen gezogen werden,[1334] denn es findet sich immerhin eine unmittelbar auf die Betriebsverfassung gemünzte Aussage, dass Einzelarbeitsvertrag, Betriebsverfassung und Tarifvertrag zusammen mit den Normen des Arbeitsrechts und des Arbeitsschutzrechts den „rechtlichen Ort des Arbeitnehmers im Betrieb und das Verhältnis zwischen Arbeitnehmern und Arbeitgeber" definieren.[1335] Die Mitbestimmung Beschäftigter im Unternehmen leite sich aus dem richtigen Verständnis der normativen Gestaltung des Arbeitsverhältnisses und der Stellung des Arbeitnehmers im Unternehmen und damit einer „Wertentscheidung" ab; letztere wiederum beruhe „auf dem grundlegenden Bekenntnis zur Würde der Person, zu den ... Menschenrechten als Grundlage jeder menschlichen Gemeinschaft und zum Recht auf freie Entfaltung der Persönlichkeit (Art. 1 und 2 GG)". Die Unterordnung des Arbeitnehmers unter fremde Leitungs- und Organisationsgewalt im Unternehmen sei u. a. mit dessen Selbstbestimmtheit nur so lange vereinbar, als sie ihre Entsprechung in Gestalt der Freiheit der Beteiligung an den Entscheidungen fänden, welche den Arbeitsprozess regeln und gestalten. Diese Wertentscheidung sei ein Bestandteil der Wertordnung, welche der rechtlichen Ordnung unseres Staates und seiner Gesellschaft zugrunde liege und die insbesondere in Art. 1 GG und in den nachfolgenden Grundrechten positivierten Niederschlag finde. Die Entscheidung zur Einräumung von Mitbestimmungsrechten zugunsten des Arbeitnehmers im Unternehmen ist nach dem Bericht ein Teil der allgemeinen Wertvorstellungen, auf denen die Gestaltung unserer Wirtschaftsordnung beruht. Sie soll danach der Harmonisierung der verschiedenen Prinzipien und Werte dienen, zu denen „die durch den sozialen Imperativ gebundene

---

[1330] So ausdrücklich *v. Hoyningen-Huene,* in: MünchHdbArbR, Bd. 3, § 297 Rn. 3.

[1331] Speziell für die betriebliche Mitbestimmung *Riedel,* 132, 145 f; allgemein für die Mitbestimmung *Scholz,* in: Maunz/Dürig, GG, Bd. 2, Art. 12 Rn. 58.

[1332] Vgl. insoweit *Kisker,* in: FS Geiger, 246 ff., 252 f.; *Bremeier,* 96.

[1333] Bt-Ds VI/334 .

[1334] So *Sterzel,* 115.

[1335] Bt-Ds VI/334, S. 59.

Freiheit unternehmerischer Initiative, die Handlungsfreiheit und das Privateigentum ebenso gehören wie das Prinzip Mitbestimmung".[1336]

Schon in Anbetracht dieser Formulierungen überrascht es allerdings wenig, dass der Mitbestimmungsbericht keine grundlegenden, konkreten Vorschläge zur Reform des Betriebsverfassungsgesetzes wie auch dessen Ausgestaltung hinsichtlich der Mitbestimmungsrechte enthält und er sich insoweit darauf beschränkt, ganz allgemein einen Änderungsbedarf zur organisationsrechtlichen Absicherung der Mitbestimmung festzustellen.[1337] Es ergibt sich aus diesem Bericht keine verfassungsrechtliche Mindestgarantie so konkreten Inhalts, dass sie für das Detail eines Beurteilungsspielraumes Aussagekraft erlangen könnte.

(cc) Verfassungsfestes Niveau aufgrund des Gedankens von Grundrechtsverwirklichung durch Verfahren in Verbindung mit der Schutzpflichtenlehre und dem Untermaßverbot

In der Literatur wird, in neuerer Zeit verstärkt, z. T. schwerpunktmäßig auf dem Gedanken von „Grundrechtsverwirklichung und –sicherung durch Organisation und Verfahren" aufbauend, eine Pflicht des Gesetzgebers zur Schaffung von Regelungen im Bereich des Betriebsverfassungsrechts abgeleitet.[1338] Der Staat sei „verpflichtet, durch konkretisierende Rechtssetzung dafür zu sorgen, dass die Grundrechte ihre Funktion erfüllen können, sofern ein bestimmtes gesellschaftliches Konfliktfeld (hier: die rechtliche Binnenorganisation der Betriebe) sich dem Normbereich eines entsprechenden Grundrechts zuordnen lässt".[1339] Wo die „Verwirklichung menschlicher Freiheit und Teilhabe vor allem von staatlicher Unterstützung bzw. der wechselseitigen Abgrenzung miteinander im Konflikt stehender Freiheitsräume abhängig ist, erweisen sich Organisation und / oder Verfahren oft als möglicherweise sogar einzige Mittel, ein grundrechtsgemäßes Ergebnis herbeizuführen und damit Grundrechte wirksam zu sichern".[1340]

[1336] Bt-Ds VI/334, S. 56 f.

[1337] S. die Analyse bei *Sterzel,* 116; vgl. aber auch Bt-Ds VI/334, S. 98, 4. 1.

[1338] *Trümner,* in: D/K/K, BetrVG, § 1 Rn. 5 m. w. N.; vgl. insbes. *Kempen,* AuR 1986, 135; *Hammer,* JbArbR 32 (1995), 21, 25 ff.; vgl. a. *Sterzel,* 182 ff., 186 ff., insbes. 193 ff, 293 f.

[1339] So *Trümner,* in: D/K/K, BetrVG, § 1 Rn. 5 m. w. N.; vgl.a. *Hammer,* JbArbR 32 (1995), 21, 25 ff.; *Sterzel,* 178 ff., insbes. 181, 182 ff., 184 f., 187 f., 193 ff., 293 f.

[1340] *Trümner,* in: D/K/K, BetrVG, § 1 Rn. 5 m. w. N.; vgl. insbes. *Kempen,* AuR 1986, 130 f.; zur Funktion des Arbeitsrechts als Instrument der Verwirklichung von Arbeitnehmergrundrechten *Plander,* in: FS Gnade, 79 ff., insbes. 80 f. (Machtgefälle zwischen Arbeitgeber und –nehmer bei Aushandeln der Vertragsbedingungen und nach Vertragsschluss), 85, 90 f., wo aber klargestellt wird, dass aus der grundrechtsverwirklichenden Funktion von Regelungen allein nicht schon auf die verfassungsrechtliche Gebotenheit derselben geschlossen werden darf und die genannte Funktion weniger ein Maßstab zur Überprüfung von Gesetzen als vielmehr eine Leitlinie zur rechtlichen Gestaltung sei., vgl. insbes. a. a. O., 91;

Nach der speziellen Ausprägung dieses Ansatzes durch *Hammer* stellt gerade das BetrVG eine Ausprägung der Arbeitnehmergrundrechte dar; der „soziale Gehalt deren Geltung ergebe sich daraus, dass „die materiellen Voraussetzungen der Grundrechtsausübung im Betrieb durch den Arbeitgeber gewährleistet werden". Die Tendenz in Rechtsprechung und Literatur gehe dahin, die Arbeitnehmergrundrechte den Arbeitgebergrundrechten nicht mehr nachzuordnen, sondern „gemäß Art. 1 Abs. 3 GG als unmittelbar geltendes Verfassungsrecht im Betrieb" zuzuordnen. Aufgrund der engen Verknüpfung von Grundrechtsausübung in Betrieben und deren Substanz und Organisation erstarkten die Grundrechte in Arbeitverhältnissen, in unterschiedlicher Ausprägung, zu sozialen Grundrechten.[1341] Die Betriebsverfassung kann nach *Hammer* daher nicht mehr einseitig als Einschränkung von Arbeitgeber- oder Arbeitnehmergrundrechten gesehen werden, vielmehr ordne sie individuelle Grundrechtspositionen auf Arbeitgeber- und Arbeitnehmerseite einander zu; hierdurch entstehe eine Grundrechtskonkurrenz, deren Ausgleich nunmehr insbesondere durch den Gesetzgeber im Wege der Bereitstellung von Organisation und Verfahren herbeizuführen sei.[1342] Die Betriebsverfassung als Verfassung des Betriebs sei damit ein wesentliches Element des Grundrechtsschutzes.[1343] Die materielle verfassungsrechtliche Begründung kollektiver Mitwirkungs- und Mitbestimmungsrechte liegt nach *Hammer* letztendlich in der durch sie gegebenen Verbürgung eines möglichst hohen Grundrechtsschutzes zugunsten der Arbeitnehmer- wie auch der Arbeitgeberseite.[1344]

Dogmatisch lassen sich derartige Ansätze als inhaltliche Konkretisierung der Lehre von den Schutzpflichten erfassen:[1345] Indem der Gesetzgeber im Bereich des Privatrechts Verfahrens- und Organisationsregeln erlässt, erfüllt er nach diesem Modell insbesondere seine „aus dem objektiv-rechtlichen Gehalt des Art. 12 Abs. 1 GG" abgeleitete „Gewährleistungspflicht, durch geeignete Regelungen und Gestaltungsmittel des Arbeitsrechts Arbeitnehmer im Rahmen eines bestehenden Arbeitsverhältnisses vor sozialer Übermacht zu schützen".[1346] Als repräsentativ genannt sei etwa *Sterzel:* Dieser destilliert als Konsequenz der vom BVerfG vertretenen Sichtweise des objektivrechtlichen Charakters der Grundrechte, in denen sich die objektive Wertordnung des Grundgesetzes verkörpert „und den sich daraus ergebenden Schutzpflichten" das an den Gesetzgeber gerichtete Gebot eines „Grundrechtsvoraussetzungsschutzes" heraus, welches letzteren verpflichte, „die Wahrnehmung des grundgesetzlich geschützten Freiheitsbereiches auch tatsächlich zu ermöglichen".[1347] Inhaltlich konkretisiert wird

[1341] *Hammer,* Jb ArbR 32 (1995), 23, 25.

[1342] *Hammer,* Jb ArbR 32 (1995), 25 ff.

[1343] *Hammer,* Jb ArbR 32 (1995), 26.

[1344] *Hammer,* Jb ArbR 32 (1995), 27.

[1345] Vgl. nur etwa *Sterzel,* 184 m. w. N. in Fn. 231; *Kempen,* AuR 1986, 134.

[1346] Deutlich *Sterzel,* 184; vgl. a. a. O., 178, 292 ff. A. A. insbes. *Bremeier,* 94 ff., insbes. 96 ff., 333 f., der die Ableitung von Schutzpflichten insoweit vor allem deshalb ablehnt, weil dabei nicht ausreichend berücksichtigt werde, dass diese Schutzpflicht nicht Bestandteil der Abwehrfunktion von Art. 12 Abs. 1 GG, sondern der Drittwirkungsproblematik sei, s. a. a. O., 98, 334.

[1347] *Sterzel,* 181 m. N. zur Rspr. des BVerfG in Fn. 209 – 212.

die Schutzpflicht des Gesetzgebers vor allem durch die verfassungs- und insbesondere grundrechtliche Abstützung des Schutzes der Arbeitnehmer auf Art. 12 Abs. 1 GG als „Verfassungsrecht der Arbeit“[1348] sowie das Sozialstaatsprinzip gemäß Art. 20 Abs. 1, 28 Abs. 1 GG auf der einen Seite und durch den Schutz der unternehmerischen Handlungsfreiheit wiederum über Art. 12 Abs. 1 GG auf der anderen Seite;[1349] die Zuordnung dieser wenigstens grdsl. widerstreitenden Positionen löst *Sterzel* durch die Konstruktion eines „grundrechtsadäquaten Kooperationsmodells“:[1350] Mit der Pflicht zur Ausgestaltung der Privatrechtsordnung stelle sich dem Gesetzgeber das Problem praktischer Konkordanz, also des Ausgleiches unterschiedlicher Interessen und gegenläufiger Ziele gleichrangiger Grundrechtsträger.[1351] Mit Hilfe der im Betriebsverfassungsgesetz festgelegten Verfahrensordnung werde „das vom Bundesverfassungsgericht geforderte Prinzip der Grundrechtskonkordanz im Bereich der Privatautonomie bei der Durchführung des laufenden Vertragsverhältnisses eingelöst“.[1352] Der Minimalstandard, der die Gestaltungsfreiheit des Gesetzgebers begrenzt, soll hierbei durch das Untermaßverbot[1353] bestimmt werden,[1354] dem das BetrVG im Ergebnis grdsl. aber auch entspreche.[1355]

Was nun den für die vorliegende Arbeit maßgeblichen konkreten Inhalt einer verfassungsrechtlichen Garantie betrieblicher Mitbestimmung in Gestalt des BetrVG angeht, so wird z. T., insbesondere unter Zugrundelegung des Charakters der Berufsfreiheit nach Art. 12 Abs. 1 GG als Arbeitnehmergrundrecht[1356] und der hierauf gestützten Verpflichtung des Gesetzgebers, im Rahmen der Kompetenzzuweisung nach Art. 74 Nr. 12 GG auf dem Gebiet der Betriebsverfassung tätig zu werden, zunächst auf die Verfassungswidrigkeit des gänzlichen Abbaus des Betriebsverfassungsrechts geschlossen.[1357] Noch weiter geht die Annahme einer Gewährleistung sowohl der Existenz betrieblicher Arbeitnehmervertretungen als auch eines bestimmten Niveaus der betriebli-

---

[1348] So wörtlich *Sterzel,* 213, 293.

[1349] S. insbes. die Zusammenfassung bei Sterzel, 212 ff.; vgl. im einzelnen a. a. O., 159 – 215.

[1350] Sterzel, 179.

[1351] *Sterzel,* 185 f. unter Zitierung von BVerfGE 89, 214, 231 f.

[1352] Sterzel, 189.

[1353] *Sterzel* legt hierbei die Unterscheidung der Schutzpflicht (als „Ob“ des Schutzes) und des Untermaßverbotes (als „Wie“ des Schutzes) zugrunde; hierzu *Canaris,* Grundrechte und Privatrecht, 86 ff.

[1354] *Sterzel,* 179, 189.

[1355] *Sterzel,* 190, dessen Bedenken sich ja lediglich gegen den Ausschluss der betrieblichen Mitbestimmung in Tendenzunternehmen gemäß § 118 Abs. 1 BetrVG, insbesondere das Tendenzmerkmal „karitative Bestimmung eines Unternehmens“ richten, s. a. a. O., 296 f.

[1356] *Trümner,* in: D/K/K, BetrVG, § 1 Rn. 7; s. insbes. *Kempen,* AuR 1986, 133 f.; *Sterzel,* 162 ff.

[1357] *Trümner,* in: D/K/K, BetrVG, § 1 Rn. 7; vgl. insbes. *Kempen,* AuR 1986, 133 ff., 135; *Sterzel,* 195 ff., 198 f.

chen Mitbestimmung in Sachfragen.[1358] Während aber etwa *Sterzel* als Konsequenz der objektiv-(grund)rechtlichen Fundierung der Schutzpflicht einen entsprechenden subjektiv-rechtlichen Anspruch des einzelnen Arbeitnehmers gegenüber dem Staat auf Einhaltung des im Bereich der betrieblichen Mitbestimmung notwendigen Schutzstandards ausdrücklich verneint,[1359] bejaht z. B. *Kempen* gerade als Folge der Verankerung eines verfassungsfesten Niveaus betrieblicher Mitbestimmung in Grundrechten, insbesondere in Art. 12 Abs. 1 GG, eine subjektive, grundgesetzlich garantierte Rechtsposition in dem Sinne, dass „der einzelne Arbeitnehmer als betroffener Grundrechtsträger einen verfassungsbeschwerdefähigen subjektiven Anspruch" darauf hat, dass der Bundesgesetzgeber den solchermaßen garantierten Mindestschutz für die arbeitnehmerische Selbstentfaltung im Betrieb durch entsprechende Anpassung und Fortentwicklung wahrt und fördert.[1360]

(dd) Rolle des Sozialstaatsprinzips

Die Rolle des Sozialstaatsprinzips wird in diesem Zusammenhang unterschiedlich beurteilt. So wird es etwa als primäre verfassungsrechtliche Legitimationsgrundlage angesehen[1361] oder ein Zusammenspannen desselben mit Grundrechten, insbesondere Art. 12 Abs. 1 GG, vertreten.[1362] Eine Variante letzteren Ansatzes ist hierbei das Verständnis des Sozialstaatsprinzips als Anweisung zur Auslegung von Grundrechten nicht nur als Abwehr-, sondern auch als Teilhaberechte. Eine andere Möglichkeit ist die Konkretisierung des Sozialstaatsprinzips anhand der Zielvorstellungen der Grundrechte, hier der Berufsfreiheit. *Kisker* tendiert wegen der Ablösung der Mitbestimmung vom einzelnen Grundrechtsträger und ihrer Hinwendung zu kollektivem Handeln zu letzterer Vorgehensweise; dies hat wegen des grundsätzlichen Mangels eines Rechtsanspruchs des Bürgers auf Vollzug des Sozialstaatsprinzips das Fehlen subjektiver (Verfassungs-, insbesondere Grund-) Rechte der durch die (betriebliche) Mitbestimmung begünstigten Arbeitnehmer auf Einführung und Ausgestaltung derselben zur Folge.[1363]

(ee) „Echtes" Grundrecht auf Mitbestimmung

Dogmatisch und unter dem Gesichtspunkt der Schaffung eines Anspruches des einzelnen Arbeitnehmers auf Einrichtung und Gestaltung von Mitbestimmung im allgemeinen gesehen am weitesten geht der Versuch *Däublers,* ein entsprechendes „veritab-

---

[1358] *Trümner,* in: D/K/K, BetrVG, § 1 Rn. 7 m. w. N.; s. insbes. die (historisch orientierte) Argumentation von *Kempen,* AuR 1986, 136 ff., insbes. 138; *ders.*, AuR 1988, 276 ff.; *Sterzel,* 140 ff., insbes. 196 ff., 198 f.

[1359] *Sterzel,* 177 f., 201.

[1360] So ausdrücklich *Kempen,* AuR 1986, 137, insbes. 138; vgl. a. *ders.*, AuR 1988, 277;

[1361] Hierzu die Analyse bei *Sterzel,* 112 f.

[1362] Hierzu eingehend *Kisker,* in: FS Geiger, 255 ff.

[1363] *Kisker,* in: FS Geiger, 256, 258.

les"[1364] Grundrecht unmittelbar aus dem Gebot der Achtung und des Schutzes der Menschenwürde nach Art. 1 Abs. 1 GG abzuleiten.[1365] Auch wenn jedoch die Verankerung eines Verbotes allzuweit gehender Fremdsteuerung der Arbeitnehmer durchaus als Teilbereich des Art. 1 Abs. 1 GG aufzufassen sein mag, so ist *Däublers* Konstruktion unter dogmatischen Gesichtspunkten insoweit problematisch, als es ganz allgemein bedeutend näher liegt, eine verfassungs-, insbesondere eine grundrechtliche Begründung betrieblicher Mitbestimmung in verfassungsrechtlichen Spezialnormen wie insbesondere der Berufsfreiheit nach Art. 12 Abs. 1 GG zu suchen.[1366] Unter anderem wohl auch aus diesem Grund ist es um diesen Ansatz still geworden,[1367] weswegen eine weitere Darstellung hier unterbleiben soll.

(ff) Konsequenzen für die Vereinbarkeit des Beurteilungsspielraums des Wahlvorstandes mit der Berufsausübungsfreiheit der Arbeitnehmer

Die Spannweite der inhaltlichen Vorgaben für die Betriebsverfassung, wie sie aus dem Grundgesetz, insbesondere in Anknüpfung an Art. 12 Abs. 1 GG abgeleitet werden, reicht also von der Definition der Verfassung als äußerste Grenze der betrieblichen Mitbestimmung über eine Minimalgarantie bis hin zu ganz konkreten inhaltlichen Anforderungen und schließlich zu einem „Bestandssicherung- und Ausbaugebot".[1368]

Für die vorliegende Arbeit allein ausschlaggebend ist jedoch, dass, soweit ersichtlich, nirgendwo ein verfassungs-, insbesondere ein grundrechtlich vorgegebenes konkretes Niveau der Größe des Betriebsrats, etwa in Form einer Minimalzahl an Betriebsratsmitgliedern oder auch nur des Verhältnisses zwischen der regelmäßigen Belegschaftsstärke, also den betriebsangehörigen Arbeitnehmern, und der Anzahl an Betriebsräten, behauptet wird. Dies kann aus zwei Gründen nicht überraschen: Erstens kann die Größe des Betriebsrats in nur äußerst geringem Maß als Garant einer effektiven betrieblichen Mitbestimmung fungieren. Allenfalls könnten äußerste Grenzen dafür bestimmt werden, wann ein Betriebsrat aufgrund einer zu geringen Mitgliederzahl erfahrungsgemäß nicht mehr in der Lage ist, die ihm gesetzlich zugewiesenen Aufgaben zu bewältigen. Zweitens ist der Gedanke, die konkrete Größe des Betriebsrats ließe sich aus der Verfassung ableiten, mit deren inhaltlicher Unbestimmtheit als rechtliche Grund- und Rahmenordnung auch vom Ergebnis her nicht zu vereinbaren. Die Verfassung hat

---

[1364] So die Bezeichnung von *Kisker,* in: FS Geiger, 245.

[1365] *Däubler,* Grundrecht, 129 ff.; *ders.,* PersRat 1988, 65 ff., unter Hinweis auf die Ausführungen der Mitbestimmungskommission und auf BVerfGE 28, 314, 323.

[1366] *Kisker,* in: FS Geiger, 245 f.; vgl. a. *Kempen,* in: FS Schaub, 363 a. E. m. w. N.: (Auch) Art. 12 Abs. 1 ist sedes materiae; *Sterzel,* 201 f., bezeichnet Art. 12 Abs. 1 GG sogar als die gegenüber Art. 1 Abs. 1 GG und Art. 2 Abs. 1 GG im Hinblick auf den Schutz der Menschenwürde, die freien Entfaltung der Persönlichkeit sowie das allgemeine Persönlichkeitsrecht (allein) "maßgebliche grundrechtliche Bezugsnorm", jedenfalls soweit nicht das auf Art. 2 Abs. 1 i. V. m. Art. 1 Abs. 1 GG gestützte Persönlichkeitsrecht (vgl. § 75 Abs. 2 BetrVG) betroffen ist.

[1367] Vgl. *Kisker,* in: FS Geiger, 245 m. w. N. zur Kritik in Fn. 8.

[1368] S. die Analyse bei *Bremeier,* 92, m. umfangr. N.

nach den Worten von *Kempen* „nicht etwa alle künftigen gesetzlichen Entscheidungen bereits normativ vorentschieden, sondern besteht aus gewissen grundlegenden Normen und Verfahrensregeln".[1369] Diese Erkenntnis fügt sich nahtlos in die ganz allgemeine Feststellung *Sterns* ein, nur ausnahmsweise gebe es Grundrechte, die einen bestimmten Gesetzesinhalt vorschreiben.[1370] Die Vorstellung, der Inhalt zu erlassender Normen wäre durch das Grundgesetz vorprogrammiert und aus diesem durch Auslegung einfach abrufbar, würde in einen sicherlich von keiner Seite gewünschten Determinismus und die Erstarrung gesetzgeberischer Tätigkeit zum bloßen Verfassungsvollzug führen.[1371]

Speziell für die Grundrechte gewendet bedeutet dies mit *Kisker,* dass bei der rechtsdogmatischen Schlussfolgerung aus in Grundrechten enthaltenen legislativen Zielweisungen äußerste Zurückhaltung geboten ist, da andernfalls eine „Verlagerung politischer Entscheidungen vom Gesetzgeber auf die damit gänzlich überforderte Justiz" droht.[1372] Im Hinblick gerade auf die Rechtsfigur der Beurteilungsermächtigungen hat *Gerhardt* , wie bereits angemerkt, im Bereich des öffentlichen Rechts treffend formuliert, dass die Argumentation zur Begrenzung von Beurteilungsspielräumen auf der Basis von Grundrechten behutsam vorzunehmen ist, denn es gibt keinen Satz, der es schlicht verböte, die gerichtliche Kontrolle vorgerichtlicher Rechtsanwender zu beschränken, wo Grundrechte betroffen sind.[1373] Für den Bereich der Betriebsverfassung in Relation gerade zu Art. 12 Abs. 1 GG erscheint die verfassungsrechtliche Determinierung detailliertester Vorgaben der hier angedeuteten Art als Widerspruch der vom BVerfG im Urteil zum MitbestG 1976 betonten wirtschaftspolitischen Neutralität des Grundgesetzes.[1374] Dem entspricht es wenigstens dem Grundsatz nach, wenn *Blanke/Rose* im Zusammenhang mit verfassungsrechtlichen Bedenken bezüglich der Erweiterung betrieblicher Mitbestimmung den weiten Gestaltungsspielraum des Gesetzgebers hervorheben.[1375] Mit *Canaris* ist auf der Basis der Rechtsprechung des BVerfG davon auszugehen, dass der Legislative im Raum zwischen dem Übermaßverbot, wel-

---

[1369] *Kempen,* AuR 1986, 129; vgl. a. *ders.,* a. a. O., 134: „Art. 12 GG enthält keinen Hinweis für ein betriebliches Organisationsmodell", wegen der Konkurrenz der Arbeitgeber- und der Arbeitnehmerberufsfreiheit lassen sich ihr keinerlei Kriterien für die verfahrensmäßige Organisation entnehmen.

[1370] *Stern,* Staatsrecht, Bd. III, Teilbd. 1, § 73 I 4, S. 1262.

[1371] Vgl. die Ausführungen von *Kempen,* AuR 1986, 129, der vor den Gefahren für die Parlamente als einzig (unmittelbar) demokratisch legitimierte Verfassungsinstitutionen durch das Gängelband von auf verfassungsdogmatische Auslegungsprobleme reduzierten politischen Auseinandersetzungen warnt; vgl. a. *Blanke/Rose,* AiB 2000, 497.

[1372] *Kisker,* in: FS Geiger, 251.

[1373] Gerhardt, in: Schoch/Schmidt-Aßmann/Pietzner, VwGO, Bd. 1, Einl. Rn. 187 m. w. N.

[1374] Vgl. BVerfGE 50, 290, 338; vgl. *Fischer,* NZA 2000, 173; *Kempen,* AuR 1988, 273. A. A. *Sterzel,* 95 f., 199 f., der insoweit auf den Grundrechtsvorbehalt hinweist, welchem die wirtschaftspolitische Gestaltung durch den Gesetzgeber unterliegen soll; m. E. bezieht *Sterzel* sich dabei allerdings zu Unrecht auf BVerfGE 50, 290, 338, da in der genannten Entscheidung nach meiner Deutung eher das Verständnis hervortritt, dass auch den Grundrechte als Teil der Verfassung keine spezielle wirtschaftspolitische Vorprägung zu entnehmen ist.

[1375] *Blanke/Rose,* AiB 2000, 496 f. unter Bezug auf die Rspr. des BVerfG insbes. in Fn. 35.

ches den Maßstab für Eingriffe darstellt, und dem Untermaßverbot, das nach der Ableitung einer Schutzpflicht z. B. aus Grundrechten („Ob“ des Schutzes) die Umsetzung der Schutzpflicht durch gesetzgeberisches Handeln beschreibt („Wie“ des Schutzes“), ein breiter Gestaltungsspielraum zusteht.[1376] Zu Recht spricht *Thum,* repräsentativ für den Stand der ganz h. L.,[1377] im Zusammenhang mit gesetzgeberischen Schutzpflichten hinsichtlich des Bestandsschutzes am Arbeitsplatz zugunsten des Arbeitnehmers von der „Inhaltsarmut der aus Art. 12 I GG folgenden Direktiven“.[1378] Zur Vermeidung einer Überforderung der Leistungskraft der Grundrechtsordnung erscheint es angezeigt, die in Bezug auf die Abwehrfunktion der Grundrechte hinsichtlich zweier Teilgebote des Verhältnismäßigkeitsgrundsatzes, Geeignetheit und Erforderlichkeit, anerkannte Evidenzmaxime spiegelbildlich auch für deren Schutzgebotsfunktion anzuwenden.[1379]

Vermutlich ist – mit *Däubler* - noch nicht einmal der dreigeteilte Weg der Mitbestimmung, wie er deutscher Tradition entspricht, in Form von Tarifverträgen, Interessenvertretung durch Betriebs- und Personalräte sowie Repräsentanz in Aufsichts- und Kontrollorganen auf Unternehmensebene verfassungsrechtlich bestimmt und somit einzig zulässig, vielmehr sind auch andere Modelle denkbar.[1380] Das Grundgesetz, insbesondere die Grundrechte und hier gerade Art. 12 Abs. 1 S. 1 GG, gibt bzw. geben - über die Abwehrfunktion der Freiheitsgrundrechte als äußerste Grenze von Mitbestimmung hinaus - Vorgaben für die Ausgestaltung der Mitbestimmung allenfalls im Sinne einer Minimalgarantie, einer Mindestausstattung, etwa zur Errichtung von Betriebs- oder Dienststellenvertretungen überhaupt.[1381] Auch in diesem Zusammenhang gilt es, der Versuchung einer quasi „verfassungsnormativen Kraft“ des einfachen Rechts zu widerstehen, vor welcher *Kisker* mit den Worten warnt, man solle „sich davor hüten, jede Regelung, welche der Gesetzgeber in Ausübung einer ihm erteilten verfassungsrechtlichen Ermächtigung trifft, als nicht mehr zur Disposition stehende

---

[1376] Hierzu ausführlich *Canaris,* Grundrechte und Privatrecht, 43 ff., insbes. 44 (m. N. aus der Rspr. des BVerfG in Fn. 121), 83 ff., 98.; vgl. a. *Classen,* AöR 122 (1997), 82 f. (m. w. N. zur Rspr. des BVerfG in Fn. 113); vgl. etwa BVerfGE 96, 56, 64 f.; E 92, 26, 46; E 89, 214, 234.

[1377] S. insbes. die Darstellung der insgesamt sehr zurückhaltenden Lit. bei *Oetker,* Bestandsschutz, 31 m. N.

[1378] *Thum,* 20 f.; s. dort auch den Hinweis auf *Papiers* berechtigter Warnung vor einem „naiven Verfassungsrausch“ m. entsprechendem N.

[1379] S. hierzu *Oetker,* Bestandskraft, 32 m. w. N.

[1380] *Däubler,* PersRat 1988, 67, der allerdings stets die Möglichkeit gleichberechtigter Einflussnahme der Betroffenen fordert; zu den (seiner Ansicht nach zumindest vor Schaffung betrieblicher Mitbestimmung in Form des BetrVG verfassungsrechtlich möglichen) Alternativen s. etwa *Sterzel,* 196 m. N.; vgl. a. *Bremeier,* 135 f., 138; den gleichen Gedanken hat für das Modell der Bindung von Kündigungen an eine soziale Rechtfertigung auch *Oetker,* AuR 1997, 41, 51, formuliert.

[1381] S. bezüglich der Grundrechte *Kisker,* in: FS Geiger, 253 f., 258; vgl. in diesem Sinne auch neuestens *Bremeier,* 134 f., der – im Gegensatz zur mittlerweile wohl h. M. allerdings auf der Basis des Allgemeinen Persönlichkeitsrechts der Arbeitnehmer nach Art. 2 Abs. 1 i. V. m. Art. 1 Abs. 1 GG (s. a. a. O., 334 f.) – von der zwingenden Gebotenheit lediglich einer Schaffung eines betrieblichen Beteiligungssystems im weitesten Sinne ausgeht.

Konkretisierung von Verfassungsrecht zu deuten".[1382] Gerade unter dem letzten Gesichtspunkt erscheint es nicht unproblematisch, wenn etwa *Sterzel* einerseits dem Gesetzgeber einen „breiten Raum politischen Ermessens" zugesteht und die betriebsverfassungsrechtliche Mitbestimmung als zunächst grundgesetzlich nicht vorgegebene, einzige Art und Weise der Gewährung des erforderlichen Maßes an Grundrechtsschutz bezeichnet,[1383] die Gesetzgebung andererseits aber insoweit eingeschränkt sieht, als es ihr im Sinne eines „Verschlechterungsverbotes" verwehrt sein soll, substantielle Eingriffe in die bestehende Mitbestimmungsordnung des BetrVG vorzunehmen, soweit damit eine Absenkung „deren grundrechtlich determinierten Schutzstandards" verbunden wäre;[1384] es klingt hier eine Unumkehrbarkeit der Entwicklung der betrieblichen Mitbestimmung in Gestalt des BetrVG an. Selbst wenn, wie *Sterzel* behauptet, insbesondere die betriebliche Mitbestimmung in Form des BetrVG für den „nach Maßgabe des Art. 12 Abs. 1 GG gebotenen Schutz der beruflichen Betätigung der abhängig Beschäftigten besonders geeignet" sein sollte, so bergen derartige Feststellungen die Gefahr einer den Gesetzgeber über die Maßen einengenden Zementierung des Regelungsniveaus in inhaltlicher Hinsicht, die dem Regelungssystem des Grundgesetzes mit seinen grdsl. eher vagen Vorgaben nicht entspricht und auf eine übermäßige Politisierung dieser bloßen Grund- oder Rahmenordnung hinausläuft. Letztlich kann der genannte Problemkreis hier jedoch ohne nähere Darstellung bleiben, denn jedenfalls hinsichtlich der hier zu behandelnden Detailfrage ergeben sich, wie bereits angesprochen, nach keiner der in der Literatur vertretenen Positionen genaue Direktiven aus dem Grundgesetz.

Diesem Ergebnis entsprechen der Tendenz nach auch die Erkenntnisse, welche sich im Rahmen der Diskussion um einen Kündigungsschutz außerhalb des KSchG ergeben haben: Das BVerfG befand als Ausgangspunkt in einer Entscheidung vom 27.1.1998 die Ausnahme von Arbeitnehmern in Betrieben mit fünf oder weniger Arbeitnehmern vom gesetzlichen Kündigungsschutz durch die Kleinbetriebsklausel in § 23 Abs. 1 S. 2 und 3 KSchG als mit Art. 12 Abs. 1 GG vereinbar.[1385] Danach hatte der Gesetzgeber die Schutzpflicht, welche ihn hinsichtlich des Verlustes des Arbeitsplatzes durch die private Disposition des Arbeitgebers trifft, mit der Schaffung der Kleinbetriebsklausel nicht verletzt, sondern eine den Grundsätzen der praktischen Konkordanz entsprechende Abwägungsentscheidung getroffen: Er hatte den Ausgleich der kollidierenden grundrechtlichen Interessen des Arbeitnehmers am Erhalt des Arbeitsplatzes auf der einen Seite und des Arbeitgebers daran, in seinem Unternehmen nur seinen Vorstellungen entsprechende Mitarbeiter zu beschäftigen und deren Zahl auf das von ihm bestimmte Maß zu beschränken, unter angemessener Berücksichtigung verfassungsge-

---

[1382] *Kisker*, in: FS Geiger, 258.

[1383] Sterzel, 196.

[1384] *Sterzel*, 198 f.

[1385] BVerfGE 97, 169, 175, 177 zu § 23 Abs. 1 S. 2 KSchG in der Fassung vom 26.4.1985, BGBl. I/710; der Grenzwert war zwischendurch auf 10 Arbeitnehmer erhöht worden, liegt allerdings nach der Fassung durch Gesetz vom 19.12.1998, BGBl. I/3843, wieder bei 5.

mäß bewerkstelligt.[1386] Das BVerfG betonte hierbei den weiten Gestaltungsspielraum des Gesetzgebers; insbesondere auch die Gewichtung der widerstreitenden Belange sowie die Bestimmung deren Schutzbedürftigkeit unterliege dessen politischer Verantwortung. Die Verletzung einer grundrechtlichen Schutzpflicht könne daher nur festgestellt werden, „wenn eine Grundrechtsposition den Interessen des anderen Vertragspartners in einer Weise untergeordnet wird, dass in Anbetracht der Bedeutung und Tragweite des betroffenen Grundrechts von einem angemessenen Ausgleich nicht mehr gesprochen werden kann (so etwa in BVerfGE 81, 242, [255]; 89, 214, [232 ff.])".[1387] Der „verfassungsrechtliche gebotene Mindestschutz" vor einem Verlust des Arbeitsplatzes sei mit der Existenz der zivilrechtlichen Generalklauseln, insbes. §§ 138, 242 BGB, gewahrt.[1388] In der Literatur fand insbesondere die Anerkennung eines weiten Gestaltungsspielraums des Gesetzgebers ganz überwiegend Zustimmung;[1389] die Achtung der gesetzgeberischen Kompetenz spiegelt sich in der auch für das Übermaßverbot anerkannten Evidenzkontrolle wider, welche spiegelbildlich für das Untermaßverbot zur Erkennung einer Schutzpflichtverletzung das gänzliche Fehlen eines einfachgesetzlichen Schutzes oder völlig unzureichende Schutzvorkehrungen erfordert.[1390] Auch insoweit hat sich die Erkenntnis durchgesetzt, dass Art. 12 Abs. 1 GG zugunsten der Arbeitnehmer insoweit allenfalls einen Mindestschutz gewähren kann.[1391] Soll eine rigorose Beschränkung des gesetzgeberischen Gestaltungsspielraums vermieden werden, können materielle Grundrechte wie die Berufsfreiheit nur eine äußerste Grenze für die Ausgestaltung des einfachen Rechts im Rahmen der grundrechtlich basierten Schutzpflicht darstellen.[1392] Insofern spricht *Oetker* ganz zu Recht von der Vagheit der grundrechtlichen Schutzpflicht im Hinblick auf die durch das einfache Recht zu regelnden Detailfragen.[1393]

Ist dem Gesetzgeber aber hinsichtlich der konkreten Betriebsratsgröße keine verfassungs-, insbesondere keine grundrechtliche Grenze gesetzt, so ist nicht ersichtlich, wie in der Bestimmung eines Beurteilungsspielraums des Wahlvorstandes bezüglich der Umsetzung der gesetzlichen Vorgaben eine Verletzung von Arbeitnehmergrundrechten liegen soll. Die Effektivität des Rechtsschutzes ist kein Selbstzweck, sie dient vielmehr der Durchsetzung möglicher materieller Rechtspositionen.[1394] Wo letztere verfassungs-, insbesondere grundrechtlich nicht als abgesichert im Raum stehen, weil der Gesetzgeber der grundgesetzlichen Konzeption nach weitgehend freie Hand hat,

---

[1386] BVerfGE 97, 169, 175 ff.

[1387] BVerfGE 97, 169, 176 f.

[1388] BVerfGE 97, 169, 178.

[1389] S. nur etwa *Urban,* 53 ff. mit umfangr. N., 79; i. Erg. a. *Oetker*, Bestandsschutz, 33, 40 f.

[1390] S. nur etwa *Urban,* 54 f. m. umfangr. N. zur Rspr. des BVerfG und der Lit. in Fn. 124 – 127; *Oetker,* AuR 1997, 41, 50 m. w. N. in Fn. 104.

[1391] S. nur etwa *Urban,* 54 f. m. w. N., 79; *Oetker,* AuR 1997, 41, 51.

[1392] So zur Frage der Verteilung von Darlegungs- und Beweislast *Huster,* NJW 1995, 112 f.

[1393] *Oetker,* AuR 1997, 41, 49 f.

[1394] Zum diesem Gedanken vgl. S. 202.

stellt die entsprechende Ableitung eines Anspruches auf effektiven Rechtsschutz aus eben den betroffenen Normen, hier insbesondere aus Art. 12 Abs. 1 GG, eine unzulässige, weil dem Grundgedanken des Dienens von Rechtsschutzansprüchen nicht entsprechende Vorgehensweise dar, mit der die fehlenden grundgesetzlichen Vorgaben für das einfache materielle Recht quasi „durch die Hintertüre“ einführt werden.

(2) Ergebnis zu den Grundrechten der Arbeitnehmer

§ 9 BetrVG verletzt auch in der Auslegungsvariante, welche einen Beurteilungsspielraum des Wahlvorstandes im Rahmen der Anwendung des Begriffes „in der Regel“ bejaht, keine Grundrechte der Arbeitnehmer.

m) Ergebnis zu Verfassungskonformität eines Beurteilungsspielraums des Wahlvorstandes bei Anwendung des Begriffes „in der Regel“ im Rahmen von § 9 BetrVG

§ 9 BetrVG verstößt auch in der Auslegungsvariante mit Beurteilungsspielraum des Wahlvorstandes bei Anwendung des Begriffes „in der Regel“ nicht gegen Verfassungsrecht. Insoweit stellt weder die Schaffung eines Beurteilungsspielraums durch den Gesetzgeber eine Überschreitung der Grenzen dar, die dieser bei der Gestaltung des einfachen Rechts zu beachten hat, noch liegt in der Auslegung dieser Norm insbesondere im Hinblick auf den unbestimmten Rechtsbegriff „in der Regel“ eine Verletzung von Verfassungsrecht etwa im Hinblick auf Grundrechte durch die Rechtsprechung.

C. Beurteilungsspielraum des Betriebsrats hinsichtlich der Erforderlichkeit von Sachmitteln gemäß § 40 Abs. 2 BetrVG

Nach § 40 Abs. 2 BetrVG hat der Arbeitgeber für die Sitzungen, die Sprechstunden und die laufende Geschäftsführung des Betriebsrats „in erforderlichem Umfang Räume, sachliche Mittel, Informations- und Kommunikationstechnik sowie Büropersonal zur Verfügung zu stellen“. Gegenstand der folgenden Überlegungen zum Beurteilungsspielraum betreffen ausschließlich Sachmittel.

I. Beurteilungsspielraum des Betriebsrats nach BAG und h. L.

Hinsichtlich der Wendung „in erforderlichem Umfang“, welche nach allgemeiner Meinung als unbestimmter Rechtsbegriff eingeordnet wird,[1395] bzw. kurz der „Erforderlichkeit“[1396] von Sachmitteln, besteht nach dem BAG wie auch dem insoweit zu-

---

[1395] So ausdrücklich BAG ZBVR 2001, 127, 128; BAG NZA 1999, 945, 946; BAG EzA § 40 BetrVG 1972 Nr. 81, S. 2; s. weiter die Nachw. in Fn. 22; vgl. weiter den (nicht Gesetz gewordenen) „Konkretisierungsvorschlag“ von *Manske,* AuR 2001, 94, 95.

[1396] Vgl. zu dieser Terminologie nur etwa BAG ZBVR 2001, 122, 123 f., 125; ZBVR 2001, 127, 128; NZA 1999, 1292, 1293; *Kort,* Anm. zum Beschl. des BAG vom 9.6.1999 – 7 ABR 66/97 = AP § 40 stimmenden und wohl überwiegenden Teil der Literatur[1397] ein Beurteilungsspielraum des Betriebsrats.

1. Entscheidungen des BAG zum Beurteilungsspielraum des Betriebsrats bei Sachmitteln im Rahmen von § 40 Abs. 2 BetrVG

Zur Nutzung einer Telefonanlage im Betrieb zwecks Kontakt des Betriebsrats zu den von ihm vertretenen Mitarbeitern und zu deren entsprechender telefontechnischer Einrichtung erkannte das BAG insbesondere in zwei Beschlüssen vom 9. Juni 1999 sowie vom 8. März 2000 in Bestätigung seiner ständigen Rechtsprechung[1398] expressis verbis einen gesetzlichen Beurteilungsspielraum des Betriebsrats hinsichtlich der Erforderlichkeit von Sachmitteln an.[1399] Erklärend heißt es, der Betriebsrat habe die Voraussetzungen der gesetzlichen Kostentragungspflicht des Arbeitgebers „nach der gesetzlichen Ausgestaltung des § 40 Abs. 2 BetrVG" zu beurteilen.[1400]

2. Inhalt des Beurteilungsspielraums und Schranken dessen gerichtlicher Überprüfung

Zur inhaltlichen Gestalt der Beurteilung wird in den beiden genannten Entscheidungen ausgeführt, der Betriebsrat müsse prüfen, ob das verlangte Sachmittel für die Erledigung von Betriebsratsaufgaben erforderlich und deshalb vom Arbeitgeber zur Verfügung zu stellen ist. Dabei dürfe er nicht allein nach seinen subjektiven Bedürfnissen entscheiden, er habe vielmehr die betrieblichen Verhältnisse und die sich ihm stellenden Aufgaben zu berücksichtigen. Im Rahmen der Entscheidung des Betriebsrats seien die Interessen der Belegschaft an einer sachgerechten Ausübung des Betriebsratsamtes einerseits und die berechtigten Interessen des Arbeitgebers andererseits, auch soweit sie auf eine Begrenzung der Kostentragungspflicht gerichtet sind, „gegeneinander abzuwägen".[1401]

BetrVG 1972 Nr. 66, Bl. 1179/R ff.; *Joost,* in: MünchHdbArbR, Bd. 3, § 309 Rn. 35; *Junker/Band/Feldmann,* BB 2000, Beil. 10, 15.

[1397] S. nur etwa *Hilber/Frik,* RdA 2002, 89, 96; *Wedde,* AiB 2002, 209, 210; *Junker/Band/Feldmann,* BB 2000, Beil. 10, 14, 16; *Fischer,* BB 1999, 1920, 1921; *Stather,* Anm. zu BAG, Beschl. v. 9. 6. 1999 – 7 ABR 66/97, AiB 1999, 703, 704; *Joost,* in: MünchHdbArbR, Bd. 3, § 309 Rn. 35; *Berg,* in: D/K/K, BetrVG, § 40 Rn. 88; *F/K/H/E/S,* BetrVG, § 40 Rn. 106; *Eisemann,* in: ErfKzA, § 40 BetrVG Rn. 16; *Gnade/Kehrmann/Schneider/Klebe/Ratayczak,* BetrVG, § 40 Rn. 22; so der Sache nach, allerdings in der Terminologie des Ermessens a. *Roos,* AiB 98, 188, 192 (für die Fachliteratur); vgl. a. die N. bei *Wiese/Weber,* in: GK-BetrVG, Bd. 1, § 40 Rn. 114.

[1398] Den Beurteilungsspielraum des Betriebsrats ausdrückl. als ständ. Rspr. bezeichnet BAG NZA 1999, 945, 946.

[1399] BAG NZA 1999, 1292, 1293; ZBVR 2001, 122, 123 f; noch deutlicher NZA 1999, 1290 (Ls. 2), 1292; NZA 1999, 945 (Ls. 2), 946; s. a. Beschl. v. 11. März 1998 - 7 ABR 59/96 = EzA § 40 BetrVG 1972 Nr. 81, S. 2 f., 6.

[1400] BAG ZBVR 2001, 122, 123; NZA 1999, 1292, 1293; vgl. a. BAG NZA 1999, 945, 946.

[1401] BAG ZBVR 2001, 122, 123; NZA 1999, 1292, 1293; beide unter Verweis auf BAG NZA 1999, 1290, 1292; in diesem Sinne auch BAG ZBVR 2001, 127, 128; NZA 1999, 945, 946; so im wesentlichen a. BAG NZA 1999, 1290, 1292.

Zum Prüfungsumfang stellt das BAG in den bezeichneten Beschlüssen zunächst klar, dass die Entscheidung des Betriebsrats über die Erforderlichkeit der arbeitsgerichtlichen Kontrolle unterliegt.[1402] Jedoch wird, was der ständigen Rechtsprechung des BAG entspricht,[1403] festgehalten, dass die gerichtliche Prüfung insoweit darauf beschränkt ist, ob das verlangte Sachmittel aufgrund der konkreten betrieblichen Situation der Erledigung einer gesetzlichen Aufgabe des Betriebsrats dient und der Betriebsrat nicht nur die Interessen der Belegschaft berücksichtigt hat.[1404] In beiden Beschlüssen wird betont, bei Einhaltung der Grenzen dessen Beurteilungsspielraums könnten „die Gerichte die Entscheidung des Betriebsrats nicht durch ihre eigene Beurteilung ersetzen".[1405] An dieser letzten Formulierung wird deutlich, dass das BAG den Betriebsrat als letztlich maßgeblichen Entscheidungsträger hinsichtlich der Erforderlichkeit ansieht, also von einer gesetzlichen Verlagerung der Letztentscheidungskompetenz auf diesen ausgeht.

3. Problem- und Kritikpunkte an der Vorgehensweise des BAG

a) Differenzierung von Beurteilungsspielraum und Ermessen

Es erscheint nun terminologisch wie der Sache nach inkonsequent, wenn das BAG in unmittelbarem Zusammenhang mit dem Beurteilungsspielraum (sic!) auf einen Ermessensspielraum des Betriebsrats anspielt; deutlich wird dies insbesondere durch die Formulierung, es unterliege der gerichtlichen Überprüfung, ob die jeweiligen Mittel der Erledigung gesetzlicher Aufgabenstellungen des Betriebsrats dienen sollen und ob dieser seine Entscheidung nach „pflichtgemäßem Ermessen" getroffen hat.[1406]

Verständlich wird diese Aussage möglicherweise vor dem Hintergrund des systematischen Regelungskontextes, in welchen das BAG § 40 Abs. 2 BetrVG eingebettet sieht: Nach dessen Auffassung ist in § 40 Abs. 1 BetrVG der Grundsatz der Kostentragungspflicht des Arbeitgebers hinsichtlich der Tätigkeit des Betriebsrats verankert. § 40 Abs. 2 BetrVG stellt im Verhältnis dazu eine (abschließende) „Sonderregelung" dar, die „letztlich unangemessene Anschaffungen des vermögenslosen Betriebsrats zu Lasten des Arbeitgebers verhindern soll".[1407] Nach dieser Konzeption steht dem Arbeitge-

---

[1402] BAG ZBVR 2001, 122, 124; NZA 1999, 1292, 1293; deutlich ebenso BAG ZBVR 2001, 127, 128.

[1403] Vgl. nur etwa BAG ZBVR 2001, 127, 128; NZA 1999, 1290, 1292; NZA 1999, 945, 946 f.

[1404] BAG ZBVR 2001, 122, 124; NZA 1999, 1292, 1293.

[1405] BAG ZBVR 2001, 122, 124; NZA 1999, 1292, 1293; vgl. a. BAG NZA 1999, 1290 (Ls. 2), 1292; NZA 1999, 945, 946.

[1406] BAG NZA 1999, 1290, 1292 unter Bezugnahme auf BAG NZA 1999, 945, 946; vgl. in diesem Sinne auch BAG ZBVR 2001, 122, 125; NZA 1999, 1292, 1294; ähnlich BAG ZBVR 2001, 127, 128.

[1407] BAG ZBVR 2001, 127, 129 unter Hinweis auf BAGE 42, 259; vgl. a. BAG ZBVR 2001, 122, 124 f.; NZA 1999, 1292, 1294; aus der Lit. s. nur etwa *Junker/Band/Feldmann,* BB 2000, Beil. 10, S. 14 m. N.; vgl. in diesem Sinne etwa *F/K/H/E/S,* BetrVG, § 40 Rn. 104 f.; *Roos,* AiB 1998, 188; *Wedde,* AiB 2002, 209 f.; *Wiese/Weber,* in: GK-BetrVG, Bd. 1, § 40 Rn. 111; hins. des Sonderregelungschaber ein Auswahlrecht bei der Beschaffung von Sachmitteln zu. Dies bedeutet jedoch nach dem BAG nicht, dass ersterem die Befugnis zukäme, über deren Erforderlichkeit zu befinden; dies sei vielmehr Sache des Betriebsrates. Letzterer hat nach dieser ständigen Rechtsprechung ein Bestimmungsrecht hinsichtlich der Art des zur Verfügung zu stellenden Sachmittels.[1408] Die Prüfung der Erforderlichkeit durch das BAG lässt sich, wie dies vor allem anhand der bereits bezeichneten Beschlüsse zu Nutzung einer Telefonanlage durch den Betriebsrat vom 9. Juni 1999 und vom 8. März 2000 deutlich wird, in zwei Stufen untergliedern:

Als erste Stufe kann sich im Vorfeld der Erforderlichkeitsprüfung für den Betriebsrat die Frage stellen, in welcher konkreten Vorgehensweise er seine gesetzlichen Aufgaben wahrnehmen will. So ist insbesondere die Art des Kontaktes für den „innerbetrieblichen Dialog“ zwischen Betriebsrat und Arbeitnehmern im BetrVG „weder institutionalisiert noch in sonstiger Weise vorgegeben“ etwa in dem Sinne, dass der Betriebsrat auf Betriebsversammlungen oder Sprechstunden beschränkt wäre. Insoweit entscheidet der Betriebsrat „nach pflichtgemäßem Ermessen“, welche „Informations- und Kommunikationswege er für zweckmäßig hält.[1409] Diese vorbereitende Entscheidung bestimmt die Erforderlichkeit des Sachmittels als Bezugspunkt aber nur indirekt und betrifft die hier zu untersuchende Problematik des Beurteilungsspielraums nicht unmittelbar; ob insoweit daher im Sinne der herkömmlichen Dogmatik ein Ermessen überhaupt in Betracht kommt, kann daher offen bleiben. Als zweite Stufe schließt sich gedanklich die Prüfung der Erforderlichkeit des Sachmittels als solche an, auf die sich der Beurteilungsspielraum des Betriebsrates bezieht. Gerade auch auf dieser Ebene aber spricht das BAG in den genannten Beschlüssen vom 9.6.1999 und vom 8.3.2000 aus, dass die Prüfung der Erforderlichkeit „Sache des Betriebsrats“ sei, der seine Entscheidung nach „pflichtgemäßem Ermessen“ zu treffen habe.[1410] Man könnte den Ansatz des BAG nun wie folgt erklären: Ergeben sich im Rahmen der Prüfung durch den Betriebsrat mehrere, gleichermaßen dem Merkmal der Erforderlichkeit entsprechende Sachmittel, so kann es Sinn machen, diesem im Hinblick auf den Grundsatz der vertrauensvollen Zusammenarbeit nach § 2 Abs. 1 BetrVG sowie auf das Hinderungsverbot nach § 78 S. 1 BetrVG einen Ermessensspielraum einzuräumen.

Letztlich kann die Frage jedoch offen bleiben: Zunächst kann der Betriebsrat nach dem hier vertretenen dogmatischen Verständnis hinsichtlich der tatbestandlichen Voraus-

---

rakters grdsl. zust. a. *Richardi,* Anm. zu BAG, Beschl. v. 11. 3. 1998 – 7 ABR 59/96 = EzA § 40 BetrVG 1972 Nr. 81, S. 7, 8.

[1408] So als ständige Rspr. für Kommentarliteratur, Fachzeitschriften, Gesetzestexte sowie Personalcomputer herausstellend und grdsl. für alle Sachmittel verallgemeinernd BAG ZBVR 2001, 122, 125; NZA 1999, 1292, 1294; s. in diesem Sinne insbes. BAG NZA 1999, 945 f.

[1409] BAG ZBVR 2001, 122, 124; NZA 1999, 1292, 1294, jew. unter Hinweis auf BAG Beschl. v. 21. 11. 1978 – 6 ABR 85/76 = AP § 40 BetrVG 1972 Nr. 15; zust. insbes. *Kort,* Anm. u. a. zu BAG, Beschl. v. 9. 6. 1999 – 7 ABR 66/97, AP § 40 BetrVG 1972 Nr. 66, Bl. 1179/R, 502/R, 503 m. w. N., der ansonsten einen Beurteilungsspielraum des Betriebsrats hinsichtlich der Erforderlichkeit ablehnt.

[1410] BAG ZBVR 2001, 122, 125; NZA 1999, 1292, 1294; vgl. a. BAG NZA 1999, 1290, 1292; NZA 1999, 945, 946.

setzung des „erforderlichen Umfangs", der Erforderlichkeit, allenfalls einen Beurteilungs-, keinen Ermessensspielraum haben;[1411] daher wird hier – wie schon oben zu § 9 BetrVG -[1412] unterstellt, dass das BAG in seiner unklaren Terminologie der Sache nach tatsächlich einen Beurteilungsspielraum meint.

b) Kritik aus der Literatur, insbesondere: Überflüssigkeit des Beurteilungsspielraums aufgrund mangelnder Auswirkung desselben in der Rechtsprechung des BAG

Z. T. wird dem Beurteilungsspielraum nahezu jegliche Relevanz in der Rechtsprechung des BAG zu § 40 Abs. 2 BetrVG mangels einer ausreichend konkreten Auswirkung auf die Erforderlichkeitsprüfung abgesprochen:

Lapidar behauptet etwa *Kort,* allerdings ohne entsprechende Exemplifizierung, die vom BAG geforderte, gerichtlich nachprüfbare Abwägung der sich insbesondere auch aus der Kostentragungspflicht des Arbeitgebers ergebenden Interessen mit denen der Arbeitnehmer führe im allgemeinen zu ähnlichen Ergebnissen wie die – seiner Ansicht nach allein richtige – konsequente Verneinung eines Beurteilungsspielraums, weswegen die Notwendigkeit dieses Spielraums fraglich sei.[1413] Ohne inhaltliche Prüfung ist hierzu lediglich festzustellen, dass damit selbst bei Unterstellung der Richtigkeit dieser Behauptung nichts über die Brauchbarkeit der rechtlichen Konstruktion des BAG ausgesagt wäre.
Allerdings hat *Vogg* eine in diese Richtung weisende Kritik im Zusammenhang mit dem früheren Streit[1414] um den mittlerweile allgemein wohl anerkannten Beurteilungsspielraum[1415] des Betriebsrates hinsichtlich der kostenauslösenden Umstände i. S. v. § 40 Abs. 1 BetrVG vorgebracht: Das BAG ziehe im Beschluss vom 21.6.1989 zur Pflicht des Arbeitgebers, die durch Einschaltung eines Rechtsanwalts seitens des Betriebsrats entstandenen Kosten zu tragen,[1416] aus der Einräumung des Beurteilungs-

---

[1411] Vgl. insbes. auch *Vogg,* Anm. zu BAG, Beschl. v. 21.6.1989 – 7 ABR 78/87 = EzA § 40 BetrVG 1972 Nr. 61, S. 17 ff. m. N.; *Dütz,* SAE 1978, 7; allg. hierzu S. 40 ff.

[1412] S. S. 84, 92.

[1413] *Kort,* Anm. u. a. zu BAG, Beschl. v. 9. 6. 1999 – 7 ABR 66/97, AP § 40 BetrVG 1972 Nr. 66, Bl. 499 V/R.

[1414] S. hierzu insbes. im Zusammenhang mit der Verpflichtung des Arbeitgebers zur Erstattung von Kosten für die Teilnahme an Schulungs- und Bildungsveranstaltungen nach §§ 37 Abs. 6, 40 Abs. 1 BetrVG *Esser,* RdA 1976, 229 ff. m. w. N.

[1415] S. nur etwa BAG Beschl. v. 15.11.2000 – 7 ABR 24/00 = EzA § 40 BetrVG 1972 Nr. 92, S. 4 f.; NZA 1995, 1216 f.; BAGE 68, 232, 236 f., 238; E 62, 139, 147, 149 f.; aus der Lit. s. nur etwa *Wiese/Weber,* in: GK-BetrVG, Bd. 1, § 40 Rn. 11 m. N. zur Rspr. insbes. des BAG; *F/K/H/E/S,* BetrVG, § 40 Rn. 9; *Joost,* in: MünchHdbArbR, Bd. 3, § 309 Rn. 4; so („pflichtgemäße Beurteilung") wohl auch *Löwisch,* BetrVG, § 40 Rn. 3 und *Richardi/Thüsing,* in: Richardi, BetrVG, § 40 Rn. 8, 14; so wohl auch *Berg,* in: D/K/K, BetrVG, § 40 Rn. 5 i. V. m. Wedde, ebenda, § 37 Rn. 31. Unklar *Glaubitz,* H/S/G, BetrVG, § 40 Rn. 8.

[1416] BAG, Beschl. v. 21.6.1989 – 7 ABR 78/87 = EzA § 40 BetrVG 1972 Nr. 61, insbes. S. 8 ff.

spielraumes nicht die Konsequenz einer eingeschränkten gerichtlichen Nachprüfbarkeit oder mache dies jedenfalls nicht deutlich.[1417]

Vogg ist insoweit zuzustimmen, als das BAG in der von ihm besprochenen Entscheidung die typischen Prüfungspunkte, wie ein Beurteilungsspielraum etwa im öffentlichen Recht geprüft wird, nicht ausdrücklich erwähnt;[1418] es lassen sich jedoch zwei Hauptpunkte herauskristallisieren, in deren Rahmen sich der Beurteilungsspielraum nach dem eben genannten Beschluss auswirken soll: Erstens ist der Arbeitgeber nach dem BAG dann zur Kostentragung verpflichtet, wenn der Betriebsrat bei pflichtgemäßer, verständiger Würdigung aller Umstände die Hinzuziehung des Rechtsanwalts „für erforderlich erachten konnte". Zweitens sei das Merkmal der Erforderlichkeit „nicht rückblickend nach einem rein objektiven Maßstab, sondern vom Zeitpunkt der Entscheidung des Betriebsrats her zu beurteilen".[1419] Hervorzuheben ist die Aussage, der Betriebsrat sei „berechtigt, im Rahmen pflichtgemäßer Beurteilung darüber zu entscheiden, ob angesichts der jeweiligen Regelungsmaterie die Besetzung der Einigungsstellen mit juristisch vorgebildeten Personen ... erforderlich scheint".[1420] So wird deutlich, dass zumindest in gewissem Maß auf die subjektive Einschätzung des Betriebsrates als maßgeblicher Entscheidungsträger und Erstanwender des Begriffes der Erforderlichkeit zum Zeitpunkt der Entscheidung abgestellt wird. Hierin liegt zwar keine so deutliche Beschränkung gerichtlicher Kontrolldichte, wie diese etwa im öffentlichen Recht üblich ist; immerhin aber darf ganz offensichtlich das erstinstanzlich befasste Arbeitsgericht im Beschlussverfahren nicht einfach seine Entscheidung bzw. Einschätzung an die Stelle derjenigen des Betriebsrates setzen. Hierin aber liegt gerade eine Einschränkung der gerichtlichen Prüfungskompetenz, denn an sich ist jeder unbestimmte Rechtsbegriff in seiner Anwendung durch vorgerichtliche Rechtsanwender voll überprüfbar; das Arbeitsgericht würde daher im Falle vollumfänglicher Prüfung gerade die Einschätzung der Erforderlichkeit seitens des Betriebsrats durch seine eigene zu ersetzen haben.

Genau hieran knüpfen die beiden bereits zitierten Beschlüssen des BAG vom 9.6.1999 und vom 8.3.2000 an, wenn dort ausdrücklich darauf hingewiesen wird, dass bei Einhaltung der Grenzen des Beurteilungsspielraums durch den Betriebsrat „die Gerichte die Entscheidung des Betriebsrats nicht durch ihre eigene Beurteilung ersetzen" dürften.[1421] Dies war in der von *Vogg* besprochenen Entscheidung so noch nicht erfolgt.[1422]

[1417] *Vogg*, Anm. zu BAG, Beschl. v. 21.6.1989 – 7 ABR 78/87 = EzA § 40 BetrVG 1972 Nr. 61, S. 19 ff

[1418] Vgl. BAG, Beschl. v. 21.6.1989 – 7 ABR 78/87 = EzA § 40 BetrVG 1972 Nr. 61, S. 8 ff.; zur gerichtlichen Kontrolldichte hinsichtlich eines behördlichen Beurteilungsspielraums s. S. 36.

[1419] BAG, Beschl. v. 21.6.1989 – 7 ABR 78/87 = EzA § 40 BetrVG 1972 Nr. 61, insbes. S. 8.

[1420] BAG, Beschl. v. 21.6.1989 – 7 ABR 78/87 = EzA § 40 BetrVG 1972 Nr. 61, S. 10.

[1421] BAG ZBVR 2001, 122, 124; BAG NZA 1999, 1292, 1293; beide unter Hinweis auf die in NZA 1999, 1290 (s. dort Ls. 2 und S. 1292) und BAG NZA 1999, 945 (s. dort 946) abgedruckten Beschlüsse des BAG.

Zudem betonen diese neueren Entscheidungen ausdrücklich, dass die gerichtliche Prüfung darauf beschränkt sei, ob das verlangte Sachmittel aufgrund der konkreten betrieblichen Situation der Erledigung einer gesetzlichen Aufgabe des Betriebsrats dient und der Betriebsrat nicht nur die Interessen der Belegschaft berücksichtigt hat.[1423] Der Betriebsrat trifft insoweit im Hinblick auf die Interessen der Belegschaft an einer sachgerechten Ausübung des Betriebsratsamtes einerseits und die berechtigten Interessen des Arbeitgebers, auch soweit sie auf eine Begrenzung der Kostentragungspflicht gerichtet sind, andererseits eine (eigenständige) Abwägung.[1424]

Nachdem sich jedenfalls in der neueren Rechtsprechung des BAG eine tatsächliche Einschränkung der gerichtlichen Überprüfung der Anwendung des Tatbestandsmerkmales „in erforderlichem Umfang" immer deutlicher abzeichnet, kann nicht von einer Überflüssigkeit der Konstruktion eines Beurteilungsspielraums in dem Sinne gesprochen werden, dass letzterer mangels Auswirkung auch unerwähnt bleiben könnte. Allerdings verbleibt es dabei, dass auch in den untersuchten neueren Entscheidungen eine ausdrückliche Übernahme der vor allem im Öffentlichen Recht herausgebildeten gerichtlichen Prüfungskriterien bezüglich eines Beurteilungsspielraumes nicht erkennbar ist. Allerdings reicht dies nicht zur Verneinung eines Beurteilungsspielraums hin, da ein ganz bestimmtes Kontrollmuster weder einfach- noch verfassungsrechtlich vorgegeben ist und daher unterschiedliche Ausgestaltungen durchaus möglich sind.[1425]

II. Gesetzliche Verankerung des Beurteilungsspielraums des Betriebsrats

1. Der Normtext des § 40 Abs. 2 BetrVG als Auslegungskriterium (grammatisch orientierte Auslegung)

a) Unbestimmter Rechtsbegriff als Anknüpfungspunkt

Die Wendung „in erforderlichem Umfang" ist, wie gesagt, ein unbestimmter Rechtsbegriff.[1426] Sie ist damit der Anknüpfungspunkt im Wortlaut von § 40 Abs. 2 BetrVG für die Einräumung eines Beurteilungsspielraums.[1427] Wie bereits ausgeführt, ist aber nicht jeder unbestimmte Rechtsbegriff mit einem Beurteilungsspielraum der vorgerichtlichen Normadressaten, hier also des Betriebsrats oder auch des Arbeitgebers,

---

[1422] Vgl. *Vogg,* Anm. zu BAG, Beschl. v. 21.6.1989 – 7 ABR 78/87 = EzA § 40 BetrVG 1972 Nr. 61, S. 20.

[1423] BAG ZBVR 2001, 122, 124; NZA 1999, 1292, 1293.

[1424] Vgl. BAG ZBVR 2001, 122, 123 f.; NZA 1999, 1292, 1293; vgl. a. BAG NZA 1999, 1290, 1292; NZA 1999, 945, 946; in diesem Sinne auch BAG ZBVR 2001, 127, 128.

[1425] Vgl. nur die Diversität von Prüfungskriterien bei *Kopp/Schenke,* VwGO, § 114 Rn. 31 b, für die das Verfassungsrecht allenfalls grobe Vorgaben bieten kann.

[1426] Allg. A., s. die N. in Fn. 1395.

[1427] Sehr deutlich insoweit BAG NZA 1999, 945, 946; vgl. a. BAG ZBVR 2001, 122,123 f.; NZA 1999, 1292, 1293; NZA 1999, 1290, 1291 ff.; aus der Lit. deutlich etwa *Joost,* in: MünchHdbArbR, Bd. 3, § 309 Rn. 35; *F/K/H/E/S,* BetrVG, § 40 Rn. 106; vgl. a. *Berg,* in: D/K/K, BetrVG, § 40 Rn. 88; *Junker/Band/Feldmann,* BB 2000, Beil. 10, S. 15 f.

verbunden; vielmehr muss sich ein solcher anhand weiterer Kriterien begründen lassen.[1428]

b) Erforderlichkeit als Verhältnisbezeichnung mit prognostischen und wertenden Elementen

Esser hat den unbestimmten Rechtsbegriff „erforderlich" im Rahmen einer Untersuchung der Kostentragungspflicht des Arbeitgebers bezüglich der Teilnahme von Betriebsratsmitgliedern an Schulungs- und Bildungsmaßnahmen nach § 37 Abs. 6 S. 1 i. V. m. § 40 Abs. 1 BetrVG untersucht , und ihn als Verhältnisbezeichnung eingeordnet, welche konkretisierungsbedürftig sei; er enthalte ein Urteil, welches zum einen feststellenden, vor allem aber wertenden Charakter besitze. Die nachträgliche, streng objektive Erhärtung der „Behauptung" der Erforderlichkeit ist nach *Esser* „in der Vorausschau nur ausnahmsweise gewiss und ebenso ausnahmsweise zufällig; dazwischen liegt ein weites Feld der Ungewissheit". Der Gesetzgeber müsse den Begriff der Erforderlichkeit in solchen Fällen verwenden, in denen sich der konkret zu beurteilende Sachzusammenhang wegen der Vielfalt tatsächlicher Möglichkeiten auf andere Weise nicht abstrakt-generell regeln lasse. Dem Richter werde so die Aufgabe übertragen, die Gesetzgebungsarbeit für den ihm vorgetragenen Einzelfall fortzusetzen.[1429]

Diese Ausführungen lassen sich dem Grundsatz nach wegen der offenkundigen nahezu wörtlichen Gleichheit ohne weiteres auf die Wendung „in erforderlichem Umfang" übertragen; auch im Rahmen von § 40 Abs. 2 BetrVG ist die Erforderlichkeit der Schlüsselbegriff.[1430] In *Essers* Ausführungen („ ... in der Vorausschau ...") klingt deutlich auch der prognostische Charakter der Beurteilung als „erforderlich" an.

c) Die Wendung „in erforderlichem Umfang" als Bezug zum zweiten Teilgrundsatz des verfassungsrechtlichen Verhältnismäßigkeitsprinzips (i. w. S.)

Im Zusammenhang mit der gerichtlichen Überprüfung der sozialen Rechtfertigung einer betriebsbedingten Kündigung gemäß § 1 Abs. 1, Abs. 2 S. 1 dritter Fall KSchG[1431] wird die Gerichtskontrollfreiheit der unternehmerischen Entscheidung, welche der Kündigungsentscheidung als solcher vorhergeht, etwa von *Müller* als „aus-

---

[1428] S. nur etwa *Kort,* Anm. u. a. zu BAG, Beschl. v. 9. 6. 1999 – 7 ABR 66/97, AP § 40 BetrVG 1972 Nr. 66, Bl. 499 V; *Vogg,* Anm. zu BAG, Beschl. v. 21.6.1989 – 7 ABR 78/87 = EzA § 40 BetrVG 1972 Nr. 61, S. 19 m. w. N.; *Nipperdey,* DB 1977, 1093, 1095; *ders.,* DB 1980, 1645 f.; vgl. a. *Dütz,* SAE 1978, 4, 7; noch kritischer *ders.,* Gerichtsschutz, 227 f.; davon gehen wohl auch *Esser,* RdA 1976, 229, 232 und *Richardi,* Anm. zu BAG, Beschl. v. 11.3.1998 – 7 ABR 59/96 = EzA § 40 BetrVG 1972 Nr. 81, S. 8 f., 12 f. aus; näher zur parallelen Diskussion insbes. im öffentlichen Recht S. 19 ff.

[1429] *Esser,* RdA 1976, 229, 231.

[1430] Vgl. die N. in Fn. 1427.

[1431] § 4 Abs. 2 S. 1 KSchG lautet im maßgeblichen Bereich: „Sozial ungerechtfertigt ist die Kündigung, wenn sie nicht ... durch dringende betriebliche Erfordernisse, die einer Weiterbeschäftigung des Arbeitnehmers in diesem Betrieb entgegenstehen, bedingt ist".

schließlich in der Normstruktur des § 1 Abs. 2 S. 1 KSchG" begründet gesehen.[1432] Das Kriterium des „Erfordernisses" enthalte schon begrifflich einen Bezug auf den zweiten Teilgrundsatz des verfassungsrechtlichen Grundsatzes der Verhältnismäßigkeit (i. w. S.). Der Gesetzgeber habe mit dieser Formulierung zum Ausdruck gebracht, dass es für die Rechtswirksamkeit einer betriebsbedingten Kündigung nicht auf eine umfassende Abwägung zwischen dem Interesse des Arbeitgebers an der Durchführung der unternehmerischen Maßnahme und dem Interesse des Arbeitnehmers am Erhalt seines Arbeitsplatzes ankommen soll, vielmehr habe er mit dem Erlass dieser Vorschrift bereits selbst die Abwägung vorgenommen. Der Arbeitsrichter habe die Pflicht, (nur) zu prüfen, ob die ausgesprochene Kündigung zur Erreichung des unternehmerischen Zwecks erforderlich war oder ob nicht vielmehr ein für den Arbeitnehmer milderes, zur Verfolgung des unternehmerischen Ziels ebensogut geeignetes Mittel als die Lösung des Arbeitsverhältnisses zur Verfügung gestanden hätte.[1433]

d) Konsequenz für einen Beurteilungsspielraum nach § 40 Abs. 2 BetrVG

Wie bereits dargestellt, ist der mögliche wertende bzw. prognostische Charakter eines unbestimmten Rechtsbegriffs jedoch allenfalls Anknüpfungspunkt, nicht aber hinreichende Begründung für Beurteilungsspielräume der Normadressaten vorgerichtlicher Rechtsanwender;[1434] die Frage nach der Letztentscheidungskompetenz ist hiermit nicht entschieden: Sie steht, da die (vorgerichtliche) Anwendung jedes unbestimmten Rechtsbegriffs im Regelfall gerichtlich voll überprüfbar ist, im Zweifel dem befassten (erstinstanzlichen) Gericht, hier dem Arbeitsgericht im Beschlussverfahren, zu. Auch *Esser* erkennt die mögliche Begründung eines Beurteilungsspielraums des Betriebsrates hinsichtlich der Erforderlichkeit der Teilnahme an Schulungs- und Bildungsmaßnahmen, soweit er diesen der Gesetzeslage nach zunächst bejaht, ja nicht im wertenden und prognostischen Charakters der Erforderlichkeitsbeurteilung allein, sondern letztlich darin, dass bei Anlegung eines streng objektiven Maßstabes „das Risiko einer Fehlbeurteilung ganz einseitig dem Betriebsrat auferlegt würde;[1435] letzteres wird im Rahmen der systematischen bzw. der teleologischen Auslegung eine Rolle spielen. Die Argumentation von *Müller* kann zudem nicht auf die vorliegende Konstellation übertragen werden: Zwar hat der Gesetzgeber mit der Wendung „in erforderlichem Umfang" eine abstrakt-generelle Abwägungsentscheidung getroffen, hieraus ergibt sich aber gerade nicht, dass im konkreten betrieblichen Einzelfall keine Abwägung mehr stattzufinden hat oder wer die Einschätzung der Erforderlichkeit letztverbindlich vorzunehmen, also zu beurteilen hat.

[1432] *Müller,* Berufsfreiheit, 143 ff., 148 ff. m. w. N.

[1433] *Müller,* Berufsfreiheit, 148 f. m. N.

[1434] S. hierzu S. 19 ff.; deutlich etwa *Vogg,* Anm. zu BAG, Beschl. v. 21.6.1989 – 7 ABR 78/87 = EzA § 40 BetrVG 1972 Nr. 61, S. 19 m. w. N.; *Nipperdey,* DB 1977, 1093, 1094 f.; *ders.,* DB 1980, 1645 f.; vgl. a. *Dütz,* SAE 1978, 4, 7; *ders.,* Gerichtsschutz, 219 ff., insbes. 227 f.; davon geht wohl auch *Richardi* in seiner Anm. zu BAG, Beschl. v. 11.3.1998 – 7 ABR 59/96 = EzA § 40 BetrVG 1972 Nr. 81, S. 8 f., 12 f. aus.

[1435] *Esser,* RdA 1976, 229, 232.

Es bleibt festzuhalten, dass der Wortlaut von § 40 Abs. 2 BetrVG mit der Wendung „in erforderlichem Umfang“ einen normtechnischen Anhaltspunkt, aber keine hineichende Begründung für einen Beurteilungsspielraum des Betriebsrates hinsichtlich der Erforderlichkeit bietet.

2. Regelungs- und Bedeutungszusammenhang (Kontext) des § 40 Abs. 2 BetrVG als Auslegungskriterien (systematisch-logisch orientierte Auslegung)

a) § 40 Abs. 2 BetrVG als Sonderregelung zu § 40 Abs. 1 BetrVG

Wie bereits beschrieben, sieht das BAG – unter grundsätzlicher Zustimmung der Literatur[1436] - in § 40 Abs. 2 BetrVG eine abschließende Sonderregelung zur allgemeinen Kostentragungspflicht des Arbeitgebers hinsichtlich der Tätigkeit des Betriebsrats nach § 40 Abs. 1 BetrVG; erstere Vorschrift soll „letztlich unangemessene Anschaffungen des vermögenslosen Betriebsrats zu Lasten des Arbeitgebers verhindern“.[1437]

Es bietet sich nun an, hinsichtlich des Beurteilungsspielraums einen Vergleich zu § 40 Abs. 1 BetrVG zu ziehen: Anders als bei § 40 Abs. 2 BetrVG kann der Betriebsrat die gesetzliche Kostentragungspflicht des Arbeitgebers schon allein durch seine Tätigkeit im Rahmen seiner gesetzlichen Aufgaben auslösen.[1438] Allgemein anerkannt ist zudem, dass, auch wenn dies im Wortlaut von § 40 Abs. 1 BetrVG im Gegensatz zu §§ 36 Abs. Abs. 2, Abs. 6 S. 1, 40 Abs. 2 BetrVG nicht zum Ausdruck kommt, die allgemeine Kostentragungspflicht des Arbeitgebers (u. a.) durch das Korrektiv der Erforderlichkeit beschränkt ist.[1439] Nach h. M. steht dem Betriebsrat bei der Einschätzung

---

[1436] Aus der Lit. s. nur etwa *Junker/Band/Feldmann,* BB 2000, Beil. 10, S. 14 m. N.; vgl. weiter *Roos,* AiB 1998, 188; *F/K/H/E/S,* BetrVG, § 40 Rn. 104 f.; *Wedde,* AiB 2002, 209 f.; *Wiese/Weber,* in: GK-BetrVG, Bd. 1, § 40 Rn. 111, 112; *Joost,* in: MünchHdbArbR, Bd. 3, § 309 Rn. 2, 35; hins. des Sonderregelungscharakters grdsl. zust. a. *Richardi,* Anm. zu BAG, Beschl. v. 11. 3. 1998 – 7 ABR 59/96 = EzA § 40 BetrVG 1972 Nr. 81, S. 7, 8; s. a. *ders.,* BetrVG, § 40 Rn. 59.

[1437] BAG ZBVR 2001, 127, 129 unter Hinweis auf BAGE 42, 259; vgl. a. BAG ZBVR 2001, 122, 124 f.; NZA 1999, 1292, 1294.

[1438] Vgl. nur etwa BAG ZBVR 2001, 127, 129 hins. der Übernahme von Kosten durch den Arbeitgeber, welche durch die Inanspruchnahme der Faxeinrichtungen Dritter seitens des Betriebsrats entstehen; aus der Lit. deutlich etwa *Richardi,* Anm. zu BAG, Beschl. v. 11.3.1998 – 7 ABR 59/96 = EzA § 40 BetrVG 1972 Nr. 81, S. 8; vgl. weiter etwa *ders.,* BetrVG, Rn. 3 f.; *Joost,* in: MünchHdbArbR, Bd. 3, § 309 Rn. 1 ff., 34; *Wiese/Weber,* in: GK-BetrVG, Bd. 1, § 40 Rn. 6 f.; *Glaubitz,* in: H/S/G, BetrVG, § 40 Rn. 1, 10; *F/K/H/E/S,* BetrVG, § 40 Rn. 104 f.; *Junker/Band/Feldmann,* BB 2000, Beil. 10, S. 14.

[1439] Allg. Meinung, s. nur etwa BAG, Beschl. v. 15.11.2000 – 7 ABR 24/00 = EzA § 40 BetrVG 1972 Nr. 92, S. 3 f.; Beschl. v. 28.6.1995 – 7 ABR 55/94 = AP BetrVG 1972 § 40 Nr. 48, Bl. 130/R; Beschl. v. 30.3.1994 – 7 ABR 45/93 = AP BetrVG 1972 § 40 Nr. 42, Bl. 747/V, Ls. 1; BAGE 68, 232, 236; E 62, 139, 147; *Wiese/Weber,* in: GK-BetrVG, Bd. 1, § 40 Rn. 10 m. umfangr. N.; *F/K/H/E/S,* BetrVG, § 40 Rn. 9; *Roos,* AiB 1998, 188; *Vogg,* Anm. zu BAG, Beschl. v. 21.6.1989 – 7 ABR 78/87 = EzA § 40 BetrVG 1972 Nr. 61, S. 17; *v. Hoyningen-Huene,* Anm. zu BAG, Beschl. v. 19.4.1989 – 7 ABR 6/88 = AP BetrVG 1972 § 40 Nr. 29, Bl. 474/V.

der Erforderlichkeit, genauer „bei der Subsumtion der die Kosten auslösenden Umstände“[1440] im Rahmen der allgemeinen Kostentragungspflicht nach § 40 Abs. 1 BetrVG ein Beurteilungsspielraum zu.[1441]

Hierfür spricht im Rahmen der allgemeinen Kostentragungspflicht vor allem folgendes: Die Initiative bei § 40 Abs. 1 BetrVG liegt grdsl. beim Betriebsrat, da er die gesetzliche Kostentragungspflicht des Arbeitgebers schon allein durch seine Tätigkeit im Rahmen seiner gesetzlichen Aufgaben auslösen kann. Der Arbeitgeber ist daher zumindest dem Grundsatz nach nicht in den entsprechenden Entscheidungsvorgang des Betriebsrats einbezogen; letzterer benötigt insbesondere grdsl. nicht die Zustimmung des Arbeitgebers.[1442] Die Einschätzung eines kostenauslösenden Umstandes als erforderlich ist daher allein Sache des Betriebsrats.[1443] Damit hat der Betriebsrat die beherrschende Stellung im Bereich der allgemeinen Kostentragungspflicht. Es stellt sich dann aber die Frage nach dem Träger des Risikos einer Fehlbeurteilung. Legte man einen rein objektiven Maßstab an und stellte man gleichzeitig nicht auf den Zeitpunkt des Tätigwerdens des Betriebsrats, sondern auf einen späteren, etwa denjenigen der letzten mündlichen Verhandlung im arbeitsgerichtlichen Beschlussverfahren ab, so träfe dieses Risiko einseitig den Betriebsrat. Damit würde dessen Tätigkeit durch die gegebenenfalls drohende Verweigerung der Kostenübernahme seitens des Arbeitgebers unter Umständen erheblich behindert bzw. sogar gelähmt.[1444]

Hieraus ergeben sich nun möglicherweise Argumente gegen einen Beurteilungsspielraum im Rahmen von § 40 Abs. 2 BetrVG, da die formale, verfahrenstechnische Situation zumindest dem Grundsatz nach gerade umgekehrt ist, wie nachfolgend darzulegen ist.

[1440] So *Wiese/Weber*, in: GK-BetrVG, Bd. 1, § 40 Rn. 11 m. N. zur Rspr. insbes. des BAG; *F/K/H/E/S*, § 40 Rn. 9.

[1441] S. die N. in Fn. 1415.

[1442] Vgl. nur etwa BAG, Beschl. v. 8.3.2000 – 7 ABR 11/98 = AP BetrVG 1972 § 40 Nr. 68, Bl. 1181/V; Beschl. v. 16.10.1986 – 6 ABR 2/85 = AP BetrVG 1972 § 40 Nr. 31, Bl. 941/V; vgl. a. BAG, Beschl. v. 20.10.1999 – 7 ABR 25/98 = AP BetrVG 1972 § 40 Nr. 67, Bl. 506 V/R, wo auf den Beschluss vom 9.6.1999 – 7 ABR 66/97 = NZA 1999, 1292 f. verwiesen wird; aus der Lit. vgl. nur etwa *Joost*, in: MünchHdbArbR, Bd. 3, § 309 Rn. 4; *Wiese/Weber*, in: GK-BetrVG, Bd. 1, § 40 Rn. 13 ff.; *F/K/H/E/S*, BetrVG, § 40 Rn. 11; *Berg*, in: D/K/K, BetrVG, § 40 Rn. 6 f.; grdsl. a. *Richardi/Thüsing*, in: Richardi, BetrVG, § 40 Rn. 9; *Glaubitz*, in: H/S/G, BetrVG, § 40 Rn. 8, 9; *Eisemann*, in: ErfKArbR, BetrVG § 40 Rn. 1.

[1443] Sehr deutlich insoweit BAG, Beschl. v. 8.3.2000 – 7 ABR 11/98 = AP BetrVG 1972 § 40 Nr. 68, Bl. 1181/V: „Nach § 40 Abs. 1, § 37 Abs. 6 BetrVG hat der Betriebsrat das Alleinbeurteilungsrecht über die Erforderlichkeit der Teilnahme eines seiner Mitglieder an einer bestimmten Schulungsveranstaltung“.

[1444] Vgl. *Esser*, RdA 1976, 229, 232, der deshalb einen Beurteilungsspielraum oder zumindest eine Einschätzungsprärogative „aus gesetzlichen Gründen“ für vorhanden hält; grdsl. a. *Vogg*, Anm. zu BAG, Beschl. v. 21.6.1989 – 7 ABR 78/87 = EzA § 40 BetrVG 1972 Nr. 61, S. 19 f.; *Nipperdey*, DB 1977, 1095; vgl. a. *Wiese/Weber*, in: GK-BetrVG, Bd. 1, § 40 Rn. 11.

b) Arbeitgeber als Herr des Verfahrens nach § 40 Abs. 2 BetrVG

aa) Die Position des BAG zu Stellung des Arbeitgebers im „Verfahren“ nach § 40 Abs. 2 BetrVG

Nach dem BAG hat die Erforderlichkeit von Sachmitteln im Rahmen von § 40 Abs. 2 BetrVG „zunächst der Betriebsrat“ zu beurteilen.[1445] Nach § 40 Abs. 2 BetrVG werde dem Arbeitgeber im Rahmen der Erfüllung des Anspruchs des Betriebsrats auf Naturalleistung zur Verhinderung von Eigenanschaffungen gesetzlich zwar ein Auswahlrecht bei der Beschaffung u. a. von Sachmitteln zugebilligt; damit sei jedoch nicht die Befugnis des Arbeitgebers verbunden, über die Erforderlichkeit des Sachmittels zu befinden; dies sei vielmehr Sache des Betriebsrats. Das Gericht gehe in ständiger Rechtsprechung von einem Bestimmungsrecht des Betriebsrats hinsichtlich der zu Verfügung zu stellenden Kommentarliteratur, bei Fachzeitschriften, Gesetzestexten sowie bei Anschaffung von Personalcomputern aus; es bestehe auch für sonstige Sachmittel keine Veranlassung, die Rechte des Betriebsrats zu beschränken und es dem Arbeitgeber zu überlassen, die Art des Sachmittels für die Geschäftsführung des Betriebsrats zu bestimmen.[1446]

bb) Ablehnung eines Beurteilungsspielraums nach *Richardi*

Richardi argumentiert in seiner Anmerkung zu einem Beschluss des BAG vom 11.3.1998 vor allem unter einem systematischen Gesichtspunkt gegen den von BAG und wohl h. L. angenommenen Beurteilungsspielraum des Betriebsrats:[1447] Der allgemeinen Kostentragungspflicht nach § 40 Abs. 1 BetrVG liege danach das Prinzip zugrunde, dass der Betriebsrat die Kosten durch eigenes Handeln unmittelbar verursacht und ihm als Konsequenz ein Anspruch gegen den Arbeitgeber grdsl. nur auf Kostenerstattung zusteht. *Richardi* sieht nun den wesentlichen Unterschied zu § 40 Abs. 2 BetrVG darin, dass hier dem Betriebsrat ein Anspruch lediglich auf Überlassung der Sachmittel etc. in Natur begründet, welcher bei Nichterfüllung im Beschlussverfahren durchgesetzt werden muss. Damit sei der Arbeitgeber, anders als im Rahmen des § 40 Abs. 1 BetrVG, durchgängig „Herr des Verfahrens“; dies schlage sich auch insoweit nieder, dass ihm bei mehreren gleich geeigneten Alternativen das alleinige Entscheidungsrecht über die dem Betriebsrat zur Verfügung zu stellenden Mittel etc. zustehe. Ausdruck der „verfahrensbeherrschenden Stellung“ des Arbeitgebers sei weiterhin, dass dieser von sich aus tätig werden müsse, um seiner Verpflichtung ge-

---

[1445] BAG ZBVR 2001, 127, 128; deutlich a. BAG NZA 1999, 945 (Ls. 2), 946; vgl. a. BAG ZBVR 2001, 122, 123 f., 125; NZA 1999, 1292, 1293; so etwa ausdrückl. a. *Joost,* in: MünchHdbArbR, Bd. 3, § 309 Rn. 35; *Kraft,* SAE 1999, 70.

[1446] BAG ZBVR 2001, 122, 125; NZA 1999, 1292, 1294 m. w. N. zu seiner Rspr.; i. d. S. a., wenn auch etwas zurückhaltender hinsichtlich des Bestimmungsrechts des Betriebsrats BAG NZA 1999, 945, 946.

[1447] *Richardi*, Anm. zu BAG, Beschl. v. 11.3.1998 – 7 ABR 59/96 = EzA § 40 BetrVG 1972 Nr. 81, insbes. S. 8 f, 12 f.; so auch *Wiese/Weber,* in: GK-BetrVG, § 40 Rn. 115.

mäß § 40 Abs. 2 BetrVG zu genügen, es bedürfe keiner besonderen Anforderung durch den Betriebsrat.[1448]

Hieraus folgert Richardi nun, dass der Betriebsrat in den Entscheidungsprozess des Arbeitgebers grdsl. nicht einzubeziehen sei, so dass die Frage der Erforderlichkeit nur anhand des objektivierten Maßstabs der Sichtweise eines „vernünftigen Dritten", der die Interessen sowohl des Arbeitgebers als auch der Arbeitnehmerschaft angemessen berücksichtige, entschieden werden könne. Aus diesem Grunde sei es unzutreffend, wenn das BAG in dem besprochenen Beschluss vom 11.3.1998 und einem weiteren Beschluss vom 12.5.1999[1449] den Betriebsrat für den maßgeblichen Entscheidungsträger halte und die Frage, ob ein sachliches Mittel für ihn erforderlich und deshalb vom Arbeitgeber zur Verfügung zu stellen ist, in erster Linie ihm zur Beantwortung überlasse.[1450] Damit werde § 40 Abs. 2 BetrVG strukturell in sein Gegenteil verkehrt und an §§ 37 Abs. 2, 40 Abs. 1 BetrVG angeglichen, wo die Frage der Erforderlichkeit tatsächlich zunächst der Beurteilung des Betriebsrats unterliege. Dagegen sei die Meinung des Betriebsrats im Rahmen von § 40 Abs. 2 BetrVG nur in jenen Ausnahmefällen relevant, in denen bereits die Eignung nur unter Heranziehung subjektiver Kriterien beantwortet werden kann, was namentlich bei Fachliteratur sowie mit Blick auf das in eine Vertrauensposition zum Betriebsrat einrückende Büropersonal anzunehmen sei. Nur insoweit sei der Betriebsrat in die Entscheidung des Arbeitgebers über die Erforderlichkeit nach § 40 Abs. 2 BetrVG von Gesetzes wegen entsprechend dem Grundsatz der vertrauensvollen Zusammenarbeit einzubeziehen, wobei ihm „innerhalb eines gewissen Ermessensspielraums sogar eine Auswahlprärogative unter mehreren an sich geeigneten Alternativen" zukomme.[1451] Aus dem gleichen Grund lehnt es *Richardi* ab, die Verpflichtung des Arbeitgebers nach § 40 Abs. 2 BetrVG nach den Verhältnissen zum Zeitpunkt der Beschlussfassung des Betriebsrats zu beurteilen, vielmehr sei nach allgemeinen verfahrensrechtlichen Regeln für die Begründetheit des Überlassungsanspruchs allein auf den Zeitpunkt des Schlusses der letzten mündlichen Verhandlung abzustellen.[1452]

[1448] *Richardi*, Anm. zu BAG, Beschl. v. 11.3.1998 – 7 ABR 59/96 = EzA § 40 BetrVG 1972 Nr. 81, S. 8.

[1449] BAG, Beschl. v. 12.5.1999 – 7 ABR 36/97 = NZA 1999, 1290 ff.

[1450] *Richardi*, Anm. zu BAG, Beschl. v. 11.3.1998 – 7 ABR 59/96 = EzA § 40 BetrVG 1972 Nr. 81, S. 8 f.; s. das BAG ebenda, S. 2; BAG NZA 1999, 1290, 1291 f.

[1451] *Richardi*, Anm. zu BAG, Beschl. v. 11.3.1998 – 7 ABR 59/96 = EzA § 40 BetrVG 1972 Nr. 81, S. 9; im Ergebnis wohl ebenso *Wiese/Weber*, in: GK-BetrVG, Bd. 1, § 40 Rn. 115.

[1452] *Richardi*, Anm. zu BAG, Beschl. v. 11.3.1998 – 7 ABR 59/96 = EzA § 40 BetrVG 1972 Nr. 81, S. 12 f.; hinsichtlich des maßgeblichen Zeitpunktes für die gerichtliche Beurteilung der Erforderlichkeit zust. a. *Kort*, Anm. u. a. zu BAG, Beschl. v. 9. 6. 1999 – 7 ABR 66/97, AP § 40 BetrVG 1972 Nr. 66, Bl. 499 R: „erwägenswert"; im Ergebnis, wenn auch mit anderer Begründung ebenso *Kraft*, SAE 1999, 70, 71; so auch *Wiese/Weber*, in: GK-BetrVG, Bd. 1, § 40 Rn. 115.

cc) Stellungnahme

Richardi ist zunächst jedenfalls insoweit zuzustimmen, als nach der gesetzlichen Konzeption von § 40 Abs. 2 BetrVG, im Gegensatz zu § 40 Abs. 1 BetrVG, der Arbeitgeber, nicht der Betriebsrat, „Herr des Verfahrens" ist. Dies ist Ausfluss des Zwecks von § 40 Abs. 2 BetrVG, den Arbeitgeber insoweit vor Eigenanschaffungen des Betriebsrats zu schützen. Fraglich ist nur, welche Konsequenz daraus zu ziehen ist:

M. E. misst *Richardi* dem systematischen Regelungskontext hier einen zu hohen Stellenwert bei. Tatsächlich hat der Arbeitgeber nach der gesetzlichen Konzeption insbesondere grdsl. von sich aus tätig zu werden,[1453] er hat damit die Initiative inne. Allerdings steht dem Betriebsrat nach allgemeiner Ansicht ein Anspruch auf Überlassung der erforderlichen Sachmittel zu, er kann also den Arbeitgeber entsprechend zum Tätigwerden auffordern; es zeigt sich, dass die verfahrensbeherrschende Stellung des Arbeitgebers insoweit eher geringfügig ins Gewicht fällt, denn es kann grdsl. keine Rolle spielen, wer zuerst tätig wird. Vor allen Dingen aber kann aus dieser allein nicht geschlossen werden, wer die Erforderlichkeit zu beurteilen hat; dieser Schritt ist ebensowenig gerechtfertigt wie der direkte Schluss von der Stellung als Normadressat auf die Verteilung der Letztentscheidungskompetenz.[1454] Maß der Dinge sind vor allem der Sinn und Zweck von § 40 Abs. 2 BetrVG, dem Arbeitgeber die Kontrolle über die Anschaffung und Bereitstellung von Sachmitteln etc. zu erhalten, indem Eigenanschaffungen durch den Betriebsrat verhindert werden. Ein Beurteilungsspielraum des Betriebsrats hinsichtlich der Erforderlichkeit ändert aber nichts am Verbot von Eigenanschaffungen; mithin konfligiert ein Beurteilungsspielraum grdsl. nicht mit dem – so verstandenen - Zweck von § 40 Abs. 2 BetrVG. Vor diesem Hintergrund wird auch die zustimmungswürdige Aussage des BAG verständlich, mit dem Auswahlrecht des Arbeitgebers hinsichtlich der Beschaffung von Sachmitteln sei nicht dessen Befugnis zur Beurteilung der Erforderlichkeit verbunden.[1455]

Bezeichnenderweise will auch *Richardi* nicht gänzlich auf einen Spielraum des Betriebsrats verzichten, er erkennt vielmehr in den oben angeführten Ausnahmefällen, in welchen „bereits die Eignung nur unter Heranziehung subjektiver Kriterien beantwortet werden kann", ein Ermessen mit Auswahlprärogative desselben an.[1456] Nun kommt nach der hier vertretenen Position wegen der tatbestandlichen Verankerung des Merkmals der Erforderlichkeit dogmatisch ein Ermessen nicht in Betracht. An den Gedan-

---

[1453] H. M., s. nur etwa *Richardi*, Anm. zu BAG, Beschl. v. 11.3.1998 – 7 ABR 59/96 = EzA § 40 BetrVG 1972 Nr. 81, S. 8; *Wiese/Weber*, in: GK-BetrVG, Bd. 1, § 40 Rn. 110; *Berg*, in: D/K/K, BetrVG, § 40 Rn. 88 m. N. A. A. *Löwisch*, BetrVG, § 40 Rn. 6: „ ... auf Anforderung ... ".

[1454] S. hierzu S. 97.

[1455] BAG NZA 1999, 1292, 1294 m. w. N. zu seiner Rspr.; i. d. S. a., wenn auch etwas zurückhaltender hinsichtlich des Bestimmungsrechts des Betriebsrats BAG NZA 1999, 945 f.

[1456] *Richardi*, Anm. zu BAG, Beschl. v. 11.3.1998 – 7 ABR 59/96 = EzA § 40 BetrVG 1972 Nr. 81, S. 9; vgl. zum „Ermessen" des Betriebsrats bei der Auswahl von ihm zur alleinigen Benutzung zu überlassender Literatur auch *Wiese*, in: GK-BetrVG, Bd. 1, § 40 Rn. 130 m. w. N.

ken der nur subjektiv beurteilbaren Eignung anknüpfend ist zudem zu berücksichtigen, dass es der Betriebsrat, nicht der Arbeitgeber ist, der mit den Sachmitteln arbeiten und seine gesetzlichen Aufgaben erfüllen muss. Damit ist der Betriebsrat der Frage der Erforderlichkeit deutlich näher als letzterer. Letztendlich schließt *Richardis* systematische Argumentation einen Beurteilungsspielraum des Betriebsrats daher nicht zwingend aus.

3. Regelungsabsicht, Zwecke und Normvorstellungen des historischen Gesetzgebers als Auslegungskriterien (historisch orientierte Auslegung)

§ 40 BetrVG entsprach in der Fassung vor dem BetrVerf-ReformG vom 27.7.2001[1457] im wesentlichen § 39 BetrVG 1952.[1458] Aus den Gesetzesmaterialien ergeben sich, was wenig überrascht, keine Anhaltspunkte für Argumente zugunsten oder zulasten eines Beurteilungsspielraums des Betriebsrats.[1459] Gleiches gilt hinsichtlich § 40 Abs. 2 in der Neufassung durch das BetrVerf-ReformG; der Gesetzeswortlaut wurde lediglich insoweit ergänzt, als dass nun auch Informations- und Kommunikationstechnik – wie etwa ein Computer - ausdrücklich in den Bereich der erforderlichen Sachmittel einbezogen sind, um die „Attraktivität und Effizienz" der Betriebsratstätigkeit durch die Verbesserung der Arbeitsmittel zu steigern, was insbesondere im Regierungsentwurf als Klarstellung bezeichnet wurde.[1460] Die historisch orientierte Auslegung bringt daher keine weiteren Erkenntnisse.

4. Sinn und Zweck („telos") der gesetzlichen Regelung als Auslegungskriterien (objektiv-teleologisch orientierte Auslegung)

Der Sinn von § 40 Abs. 2 BetrVG besteht, wie bereits ausgeführt, vor allem darin, Eigenanschaffungen des Betriebsrats zu verhindern und dem Arbeitgeber so die Kostenkontrolle zu erleichtern, insbesondere ihn vor übermäßigen Kosten zu schützen. Fraglich ist, inwieweit teleologische Erwägungen die Annahme eines Beurteilungsspielraums des Betriebsrats rechtfertigen. Dabei wird, soweit ersichtlich, überwiegend davon ausgegangen, dass Beurteilungsspielräume des Betriebsrats – in Parallele zur Dis-

---

[1457] Betriebsverfassungs-Reformgesetz (BetrVerf-ReformG) vom 27.7.2001 (BGBl. I/1852); im wesentlichen gemäß dessen Art. 14 Abs. 2 am 28.7.2001 in Kraft getreten; neu bekanntgemacht am 25.9.2001 (BGBl. I/2518).

[1458] *Richardi/Thüsing*, in: Richardi, BetrVG, § 40 Rn. 1 f.; s. a. RegE BetrVG, BT-Ds. VI/1786, S. 10, 41; zur redaktionellen Klarstellung hinsichtlich des Büropersonals s. Bericht des Ausschusses für Arbeit und Sozialordnung, BT-Ds. VI/2729, S. 19 und a. a. O., zu VI/2729, 24.

[1459] Vgl. zum BetrVG 1952 etwa CDU/CSU Entwurf, BT-Ds. I/970, S. 6, 21; zur Genese des BetrVG 1952 *Reichold,* 370 ff.; RegE, BT-Ds. I/ 1546, S. 13, 47; Bericht des Ausschusses für Arbeit, BT-Ds. I/3585, S. 7, 26; zum BetrVG 1972 vgl. etwa RegE, BT-Ds. VI/1786, S. 10, 41; Bericht des Ausschusses für Arbeit und Sozialordnung, BT-Ds. 2729, S. 19, 24.

[1460] Vgl. RegE BetrVerf-ReformG, BT-Ds. 14/5741, S. 11, 28, 41; zur IuK-Technik allg. *Wedde,* AiB 2002, 209, 211; zum Computer vgl. a. *Hilber/Frik*, RdA 2002, 89, 95.

kussion im öffentlichen Recht – einer besonderen Rechtfertigung bedürfen.[1461] Es ist also zunächst zu untersuchen, ob eine Sondersituation vorliegt, wie sie entsprechend den im öffentlichen Recht anerkannten Anforderungen als Voraussetzung zur Begründung eines Beurteilungsspielraums als notwendig erachtet wird.

a) Fehlen der besonderen Rechtfertigung nach *Kort*

Kort kritisiert an den Beschlüssen des BAG vom 12.5. und vom 9.6.1999[1462] die Einräumung eines Beurteilungsspielraums zugunsten des Betriebsrats, weil damit „immer einer gewissen Subjektivität, wenn auch nicht Willkür, Tür und Tor" geöffnet werde. Auch *Kort* geht zu Recht vom besonderen Begründungsbedürfnis entsprechend den in der öffentlich-rechtlich geführten Diskussion um den Beurteilungsspielraum aus. Es fehle aber an einer Situation, in der nach öffentlich-rechtlichen Grundsätzen ein Beurteilungsspielraum eingeräumt wird, was allgemein nur dann der Fall sei, wenn es sich „um die Bewertung eines nicht ohne weiteres rekonstruierbaren Vorgangs oder Eindrucks handelt, etwa Prüfungsentscheidungen ... oder aber um Prognoseentscheidungen". Beurteilungsspielräume setzten im öffentlichen Recht also eine „Unwägbarkeit der Entscheidung oder ihrer Folgen voraus". Eine vergleichbare Situation bestehe bei der Frage der Erforderlichkeit eines Sachmittels im BetrVG aber nicht, ein solches sei „entweder (objektiv) „erforderlich" oder nicht". Daher sei dem Betriebsrat entgegen der Rechtsprechung des 7. Senats des BAG ein Beurteilungsspielraum allenfalls hinsichtlich des „Wie", nicht aber des „Ob" der Erforderlichkeit eines Sachmittels einzuräumen. So könne sich dieser bei objektiver Erforderlichkeit eines BetrVG-Kommentars mittleren Umfangs zwar aussuchen, ob er einen „Fitting" oder einen „Däubler" haben wolle, nicht aber einen Großkommentar wie den „GK" verlangen.[1463]

b) Betriebsrat als alleiniger Träger des Risikos der Fehlbeurteilung: *Essers* Argumentation zu § 37 Abs. 6 BetrVG i. V. m. § 40 Abs. 1 BetrVG

Esser stellt zunächst die Existenz eines gesetzlichen Beurteilungsspielraums des Betriebsrats bei der Einschätzung der Erforderlichkeit der Kenntnisse nach § 37 Abs. 6 S. 1 BetrVG im Zusammenhang u. a. mit der allgemeinen Kostentragungspflicht nach § 40 Abs. 1 BetrVG fest; es geht hierbei um die Teilnahme von Betriebsratsmitgliedern an Schulungs- und Bildungsveranstaltungen. *Esser* sieht den Grund für diesen Spielraum vor allem darin, dass die Anwendung eines streng objektiven Maßstabes bei der Prüfung der Erforderlichkeit das „Risiko einer Fehlbeurteilung ganz einseitig dem Betriebsrat aufgebürdet würde". Letzteres stellte einen Gesetzesverstoß dar, weil in der

---

[1461] S. insbes. zu § 40 Abs. 2 BetrVG *Kort,* Anm. u. a. zu BAG, Beschl. v. 9. 6. 1999 – 7 ABR 66/97, AP § 40 BetrVG 1972 Nr. 66, Bl. 499 V; vgl. in diesem Sinne auch *Richardi*, Anm. zu BAG, Beschl. v. 11.3.1998 – 7 ABR 59/96 = EzA § 40 BetrVG 1972 Nr. 81, S. 8 f., 12 f.; s. weiter die N. in Fn. 1428.

[1462] BAG, Beschl. v. 12.5.1999 – 7 ABR 36/97 = NZA 1999, 1290, 1291 f.; Beschl. v. 9.6.1999 – 7 ABR 66/97 = NZA 1999, 1292, 1293 f.

[1463] *Kort,* Anm. u. a. zu BAG, Beschl. v. 9. 6. 1999 – 7 ABR 66/97, AP § 40 BetrVG 1972 Nr. 66, Bl. 499/V.

Berücksichtigung ausschließlich der Arbeitgeberinteressen eine Behinderung der Amtstätigkeit des Betriebsrats im Sinne von § 78 S. 1 BetrVG liege und überdies der Arbeitgeber aufgrund des Gebots der vertrauensvollen Zusammenarbeit gemäß § 2 Abs. 1 BetrVG „zu einer gewissen Toleranz gegenüber der Fehlerhaftigkeit von Entscheidungen, ja sogar zu einem gewissen Vertrauen auf die sachgerechte Interessenabwägung des Betriebsrats verpflichtet" sei.[1464]

Im Widerspruch hierzu führt Esser unmittelbar im Anschluss hieran aus, dass mit der Feststellung eines die gerichtliche Überprüfung einschränkenden Beurteilungsspielraums des Betriebsrats die Einsicht in dessen Pflichtenstellung verdeckt werde; dessen Erwähnung solle daher im Interesse sachlicher Klarheit unterbleiben. *Esser* begründet dies mit der geschützten Rechtsstellung des Arbeitgebers, dem beiderseits verpflichtenden Gebot vertrauensvoller Zusammenarbeit und der Pflichtbindung zum Wohl des Betriebes nach § 2 Abs. 1 BetrVG: Hieraus folge, dass der Spielraum einer rechtsverbindlichen Begrenzung bedürfe, deren Einhaltung gerichtlich in vollem Umfang überprüfbar sein müsse. Das Risiko der Fehlbeurteilung will *Esser* dadurch abfangen, dass die gerichtliche Überprüfung der vom Betriebsrat vorzunehmenden Abwägung des Betriebsinteresses mit seinen eigenen Ansprüchen „gemäßigt objektiv" vorzunehmen sei; die Einschränkung gegenüber einer rein objektiven Überprüfung soll dahingehend bewerkstelligt werden, dass die Interessenabwägung eines vernünftigen Dritten als Maßstab ausschlaggebend dafür sei, ob der Betriebsrat die Folgen einer Fehlbeurteilung zu tragen habe oder nicht.[1465]

c) Stellungnahme

Kort ist zuzugeben, dass der Entscheidung über die Erforderlichkeit ein prognostisches Element grdsl. nicht innewohnt; ebensowenig geht es um die Bewertung eines nicht ohne weiteres nachvollziehbaren Vorgangs oder Eindrucks, vergleichbar etwa mit der Situation bei Prüfungsentscheidungen. Auf dieser gedanklichen Linie liegt es auch, wenn *Essers* Gedanke der Verteilung des Risikos einer Fehlbeurteilung bei § 40 Abs. 2 BetrVG gerade nicht greift: Sicherlich trifft den Betriebsrat im Falle des § 40 Abs. 2 BetrVG kein Fehlentscheidungsrisiko, wie es bei der Verursachung von Kosten nach § 40 Abs. 1 BetrVG auftreten kann, wenn Kosten wegen fehlender Erforderlichkeit gerichtlich als nicht erstattungsfähig festgestellt werden. Beides spricht also zunächst gegen einen Beurteilungsspielraum des Betriebsrats.

Es ist aber nicht ersichtlich, warum ausschließlich unter den im Rahmen der öffentlich-rechtlichen Diskussion erörterten Voraussetzungen ein Beurteilungsspielraum zu begründen sein soll: Die dort entwickelten Kriterien sind nicht abschließend, sie stellen vielmehr lediglich Auslegungsmaterial dar.[1466] Die Grenze für den Gesetzgeber stellt das Verfassungsrecht dar; hier erst zeigt sich, ob die Gründe für einen Beurtei-

---

[1464] *Esser,* RdA 1976, 229, 232.

[1465] *Esser,* RdA 1976, 229, 232.

[1466] S. S. 50.

lungsspielraum auch vor dem Grundgesetz Bestand haben. Nun steht § 40 Abs. 2 BetrVG nicht zusammenhanglos im Raum, sondern stellt eben eine Sonderregelung zur allgemeinen Kostentragungspflicht von § 40 Abs. 1 BetrVG dar. Es ergibt, auch wenn insoweit eine direkte Entsprechung zu den im öffentlichen Recht diskutierten Erfordernissen nicht besteht, durchaus Sinn, auch im Rahmen dieser Sonderregelung die Entscheidung – vordergründig entgegen der verfahrenstechnischen Herrschaftsstellung des Arbeitgebers im Rahmen von § 40 Abs. 2 BetrVG – die letztverbindliche Einschätzung der Erforderlichkeit als gesetzlich dem Betriebsrat obliegend zu sehen und ihm einen Beurteilungsspielraum zuzugestehen: Es ist der Betriebsrat, der mit den Sachmitteln arbeiten und seine gesetzlichen Aufgaben erfüllen muss, nicht der Arbeitgeber. Die Betriebsräte können die anfallenden Aufgaben sowie den damit verbundenen zeitlichen, geistigen und eben auch sachlichen Aufwand wohl in aller Regel deutlich besser einschätzen. Damit ist der Betriebsrat der Frage der Erforderlichkeit schlicht deutlich näher als der Arbeitgeber. Unter diesem Aspekt erscheint es wenig sinnvoll, auf die Einschätzung der Erforderlichkeit durch den Arbeitgeber abzustellen oder deren Beurteilung seitens des Betriebsrats durch diejenige des Gerichts zu ersetzen; eine gerichtliche Vollkontrolle besitzt zwar Regelcharakter, ist aber nicht Selbstzweck, denn sie soll letztlich nur der Geltung materiellen Rechts dienen.[1467] Als verdeutlichendes Beispiel möge die Auswahl zwischen zwei Kommentaren zum BetrVG mittleren Umfangs dienen: Liegen beide grdsl. im Bereich des Erforderlichen, kostet aber der arbeitnehmerfreundlichere fünf € mehr, stellt sich die Frage nach der Kompetenz zur letztverbindlichen Entscheidung. Worin soll nun der Vorteil liegen, den Betriebsrat der Entscheidung darüber zu entheben, ob er, etwa um das Risiko gerichtlicher Niederlagen schon hier zu minimieren oder zur Antezipierung der entsprechenden Argumente, den etwas günstigeren, arbeitgeberfreundlicheren Kommentar wählen will, oder das arbeitnehmerfreundlichere, geringfügig teurere Werk beschaffen lassen möchte? Ein Beurteilungsspielraum, der die gerichtliche Überprüfung ja auch nicht im Sinne der Ermöglichung von Willkür, sondern nur in durch die Rechtsprechung zu konkretisierenden, grdsl. eng zu fassenden Grenzen ausschließt, verhindert hier eine eher konfliktfördernde Einmischung in arbeitsstilbezogene Grundentscheidungen, welche demjenigen, der die Aufgaben zu meistern hat, also dem Betriebsrat überlassen bleiben sollten. Will man in solchen Fällen dem Arbeitgeber oder dem Gericht die vorrangige Entscheidungskompetenz zusprechen, so läuft das auf eine Bevormundung des Betriebsrats hinaus; dem Arbeitgeber wird eine Gängelung des Betriebsrats ermöglicht, welche mit dem Verbot der Behinderung der Betriebsratstätigkeit nach § 78 S. 1 BetrVG als eine Art äußerste Grenze des Arbeitgeberverhaltens, zumindest aber mit dem Gebot vertrauensvoller Zusammenarbeit nach § 2 Abs. 1 BetrVG[1468] als eine generalklauselartige, mit der Stellung von § 242 BGB und dabei gleichzeitig inhaltlich darüber hinausgehende Konkretisierung von Verhaltenspflichten des Arbeitgebers wie des Betriebsrats nicht zu vereinbaren wäre. Die Förderung der Eigenständigkeit des Betriebsrats gerade im Hinblick auf die Bestimmung seines Arbeitsstils zur Steigerung

---

[1467] Zur dienenden Funktion des (effektiven gerichtlichen) Rechtsschutzes s. S. 202.

[1468] Das Gebot vertrauensvoller Zusammenarbeit ist nach h. M. eine unmittelbar rechtlich verpflichtende Norm, s. statt aller *Kraft*, in: GK-BetrVG, Bd. 1, § 2 Rn. 7 m. w. N.

der Effektivität betrieblicher Mitbestimmung stellt vielmehr geradezu ein Interesse des betrieblichen Wohls dar.

Nun wird gerade für die Auswahl von Fachzeitschriften vielfach eine Lösung zumindest der Terminologie nach über einen Ermessensspielraum des Betriebsrats gesucht.[1469] Vielfach stellt dies wohl lediglich eine Folge vor allem der terminologischen Inkonsequenz in der Rechtsprechung des BAG dar.[1470] Ausdrücklich aber wird ein Ermessen des Betriebsrats in Abgrenzung zum Beurteilungsspielraum etwa von *Richardi* postuliert, und zwar als einer derjenigen angeblichen Ausnahmefälle, „in denen bereits die Eignung (des Sachmittels, Anm. d. Verf.) nur unter Heranziehung subjektiver Kriterien beantwortet werden kann".[1471] Schon sprachlich drängt sich allerdings eher eine „Beurteilung" als eine „Beantwortung" der Eignung auf. Zudem kommt, da die Erforderlichkeit auch bei § 40 Abs. 2 BetrVG tatbestandsbezogen ist, nach der hier vertretenen Position ein Ermessen dogmatisch nicht in Betracht.[1472]

Schließlich dient die Annahme eines Beurteilungsspielraumes des Betriebsrats grdsl. hinsichtlich aller Sachmittel, wie dies der Tendenz in der Rechtsprechung des BAG entspricht,[1473] auch der Bildung einer dogmatisch einheitlichen Konzeption für die Verpflichtung des Arbeitgebers, die Kosten der Betriebsratstätigkeit zu tragen wie auch die sachlichen Mittel zur Verfügung zu stellen: Stets obliegt die letztverbindliche Beurteilung der Erforderlichkeit dem Betriebsrat, natürlich nur innerhalb der ihm durch die gerichtliche Kontrolle der Abwägung gezogenen Grenzen, welche nach den Umständen des Einzelfalls sehr eng gesteckt sein können. Fälle, in welchen die subjektive Einschätzung des Betriebsrats tatsächlich keine Rolle spielt, lasen sich, in Annäherung an die Ermessensfehlerlehre, z. B. über die Figur der Reduzierung des Beurteilungsspielraums auf Null[1474] lösen.

[1469] S. nur etwa *Wiese/Weber*, in: GK-BetrVG, Bd. 1, § 40 Rn. 130 m. w. N.

[1470] S. die Erwähnung jeweils des Beurteilungsspielraums einerseits und gleichzeitig des Ermessens andererseits in BAG ZBVR 2001, 122, 123 f., 125; NZA 1999, 1292, 1293 und 1294; NZA 1999, 945, 946 f.

[1471] *Richardi*, Anm. zu BAG, Beschl. v. 11.3.1998 – 7 ABR 59/96 = EzA § 40 BetrVG 1972 Nr. 81, S. 9.

[1472] Vgl. insbes. auch *Vogg*, Anm. zu BAG, Beschl. v. 21.6.1989 – 7 ABR 78/87 = EzA § 40 BetrVG 1972 Nr. 61, S. 17 ff. m. N.; *Dütz*, SAE 1978, 7; allg. hierzu S. 40 ff.

[1473] S. v. a. BAG ZBVR 2001, 122, 125 und NZA 1999, 1292, 1294: „Auch für sonstige Sachmittel besteht keine Veranlassung, die Rechte des Betriebsrats zu beschränken und es dem Arbeitgeber zu überlassen, die Art des Sachmittels für die Geschäftsführung des Betriebsrats zu bestimmen"; i. d. S. a. BAG NZA 1999, 945, 946; NZA 1999, 1290, 1292.

[1474] S. nur etwa *Detterbeck*, Verwaltungsrecht, § 8 Rn. 109; *Herdegen*, JZ 1991, 747, 750 f.; *Kopp/Schenke*, VwGO, § 114 Rn. 31 b.

5. Zwischenergebnis zur grammatisch, systematisch-logisch, historisch und objektiv-teleologisch orientierten Auslegung

Einige systematische Gesichtspunkte sprechen gegen, vor allem teleologische Gründe sprechen jedoch dafür, dem Gesetz einen Beurteilungsspielraum hinsichtlich der Erforderlichkeit von Sachmitteln zu entnehmen. Ein völlig eindeutiges Ergebnis erbringt die Auslegung – wie bei § 9 BetrVG[1475] - auch hier nicht. Damit ist auch hier der Weg zur verfassungskonformen Auslegung eröffnet.[1476] Fraglich ist wiederum, ob die Auslegungsvariante von § 40 Abs. 2 BetrVG mit Beurteilungsspielraum mit Verfassungsrecht konfligiert und daher im Wege der verfassungskonformen Auslegung abzulehnen ist.

6. Verfassungsorientierte Interpretation in Form der „verfassungskonformen Auslegung“[1477]

Es bleibt zu prüfen, ob die Annahme eines Beurteilungsspielraums unter Zugrundelegung seiner Verankerung im materiellen Recht, wie dies auch hier der h. M. entspricht, mit dem Verfassungsrecht vereinbar ist, oder, anders ausgedrückt, ob § 40 Abs. 2 BetrVG in der Auslegungsvariante, in der die h. M. einen Beurteilungsspielraum des Wahlvorstandes bejaht, verfassungsgemäß ist.[1478]

a) Grundsätzliche Verfassungsmäßigkeit von § 40 Abs. 2 BetrVG

Entsprechend der thematischen Ausrichtung dieser Arbeit ist wiederum von der grundsätzlichen Verfassungsmäßigkeit des BetrVG wie auch von § 40 Abs. 2 BetrVG auszugehen.[1479] Insbesondere hat das BVerfG § 40 BetrVG in einem Beschluss vom 10.12.1985 ausdrücklich als „verfassungsrechtlich unbedenkliche Vorschrift“ bezeichnet.[1480] Gründe für eine Verfassungswidrigkeit aufgrund der ausdrücklichen Einbeziehung der Informations- und Kommunikationstechnik im Rahmen der vom Arbeitgeber zur Verfügung zu stellenden Mittel nach § 40 Abs. 2 BetrVG in der Neufassung durch das BetrVerf-ReformG, welche immerhin „finanzielle Mehrbelastungen der Wirtschaft“,[1481] sprich der Betriebe und Unternehmen, zur Folge haben können, sind hier nicht zu erörtern und im übrigen auch nicht ersichtlich.

[1475] S. hierzu S. 104 f.

[1476] S. hierzu S. 107.

[1477] S. hierzu allgemein S. 106 ff.

[1478] S. insbes. zum Prüfungsmaßstab S. 122.

[1479] S. hierzu und insbesondere zur generellen Verfassungsmäßigkeit des BetrVG als Gesamtregelung S. 109 f.

[1480] BVerfG DB 1986, 647; von der Verfassungsmäßigkeit des § 40 Abs. 1 BetrVG in der Fassung vor dem BetrVerf-ReformG geht z. B. BVerfGE 47, 191, 197 aus.

[1481] RegE BetrVerf-ReformG, BT-Ds. XIV/5741, S. 1; vgl. weiter a. a. O., S. 11, 28, 41.

b) Präzisierung der verfassungsrechtlichen Fragestellung

aa) Verankerung des Beurteilungsspielraums im materiellen Recht als Ausgangspunkt der verfassungsrechtlichen Prüfung

Wie bei § 9 BetrVG[1482] wird auch bei § 40 Abs. 2 BetrVG der Beurteilungsspielraum eindeutig im materiellen Recht verankert, hier nun im unbestimmten Rechtsbegriff „in erforderlichem Umfang“.[1483] Dies ist auch hier als Ausgangspunkt zu beachten.[1484]

bb) Verfassungsrechtliche Überprüfung von § 40 Abs. 2 BetrVG in der Auslegungsvariante mit Beurteilungsspielraum des Betriebsrats

Das Augenmerk gilt, wie bei § 9 BetrVG,[1485] der Frage, inwieweit die Einräumung eines Beurteilungsspielraumes zugunsten des Betriebsrats, also die Zuteilung der Letztentscheidungskompetenz an diesen, durch § 40 Abs. 2 BetrVG in der Auslegungsvariante der h. M. verfassungsrechtlichen Grenzen unterliegt. Dabei wird auch hier anhand der (vollen) verfassungs-, insbesondere grundrechtlichen Kontrolldichte geprüft, wie das BVerfG sie bei der Überprüfung einfacher Gesetze als Legislativakte in Abgrenzung zur reduzierten Kontrolldichte bei der Prüfung von Gerichtsentscheidungen anwendet.[1486]

c) Mangels Verletzung auszuscheidende verfassungsrechtliche Rechtssätze

Entsprechend den Ausführungen zur verfassungsmäßigen Prüfung der Einräumung eines Beurteilungsspielraums zugunsten des Wahlvorstandes im Rahmen von § 9 BetrVG scheidet eine Verletzung von Verfassungsrecht im Hinblick auf das Bestimmtheitsgebot,[1487] das Gewaltenteilungsprinzip,[1488] das Rechtsprechungsmonopol der Richter,[1489] die richterliche Unabhängigkeit,[1490] die Garantie des gesetzlichen Richters,[1491] den Anspruch auf rechtliches Gehör[1492] sowie auf die Rechtsschutzgarantien[1493] aus. Insbesondere kommt eine Verletzung des allgemeinen Justizgewährleis-

---

[1482] S. hierzu und insbesondere zur Unterscheidung von materiellem und formellem Recht S. 114 ff.

[1483] S. S. 231.

[1484] Zu den Gründen und möglichen Auswirkungen s. S. 114.

[1485] Vgl. zu § 9 BetrVG 3. Kapitel:B.II.6.c)bb)(2).

[1486] Hierzu 3. Kapitel:B.II.6.c)bb)(2).

[1487] 3. Kapitel:B.II.6.d).

[1488] 3. Kapitel:B.II.6.e).

[1489] 3. Kapitel:B.II.6.f).

[1490] 3. Kapitel:B.II.6.g).

[1491] 3. Kapitel:B.II.6.h).

[1492] 3. Kapitel:B.II.6.i).

[1493] Zu Art. 19 Abs. 4 S. 1 GG 3. Kapitel:B.II.6.j); zum allgemeinen Justizgewährleistungsanspruch s. 3. Kapitel:B.II.6.k).

tungsanspruchs auch hier aufgrund der Verankerung des Beurteilungsspielraums des Betriebsrats im materiellen Recht nicht in Betracht.[1494] Ebensowenig ist ersichtlich, wie ein Beurteilungsspielraum des Betriebsrats Grundrechte der Arbeitnehmer,[1495] insbesondere Art. 12 Abs. 1 GG, verletzen könnte, da die Arbeitsgrundlage des Betriebsrats allenfalls verbessert werden kann; auch diese bleiben daher außer Betracht.

Für die damit verbleibenden Grundrechte des Arbeitgebers, der Berufsfreiheit gemäß Art. 12 Abs. 1 GG sowie der Gewährleistung des Eigentums nach Art. 14 Abs. 1 S. 1 Alt. 1, S. 2, Abs. 2 GG, kann vorweg festgestellt werden, dass, entsprechend den Ausführungen zu § 9 BetrVG, der Parlamentsvorbehalt in der Ausprägung durch die Wesentlichkeitstheorie als Schranken-Schranke von einem Beurteilungsspielraum des Betriebsrats nicht betroffen wird.[1496]

d) Materielle Grundrechte des Arbeitgebers

aa) Präzisierung der spezifischen Problematik des Beurteilungsspielraums im Hinblick auf materielle Grundrechte

Wie bereits zu § 9 BetrVG festgestellt wurde, liegt ein Spezifikum des Beurteilungsspielraums in der Problematik des effektiven Rechtsschutzes; die materielle Verankerung dieser Reduktion gerichtlicher Kontrolldichte führt insoweit lediglich zur Verlagerung der verfassungsrechtlichen Prüfung in den Bereich der materiellen Grundrechte und daher zu der Frage, inwieweit letztere jeweils solchen Rechtsschutz garantieren.[1497] Grundrechte des Arbeitgebers könnten aber auch schlicht durch eine ungerechtfertigte Einschränkung seiner Dispositionsfreiheit verletzt sein, indem mittels des Beurteilungsspielraums dem Betriebsrat eine übermäßige Einflussnahme auf die unternehmerische Entscheidung eingeräumt wird, welche Sachmittel ihm zur Verfügung zu stellen sind.

bb) Berufsfreiheit, Art. 12 Abs. 1 GG

Vorweg ist klarstellend nochmals darauf hinzuweisen, dass von der grundsätzlichen Verfassungsmäßigkeit von § 40 Abs. 2 BetrVG ausgegangen wird.[1498]

(1) Beeinträchtigung des Schutzbereichs

Die Normen des BetrVG werden allgemein als Berufsausübungsregelungen angesehen.[1499] Für § 40 Abs. 2 BetrVG und damit auch für die Schaffung eines Beurteilungs-

---

[1494] 3. Kapitel:B.II.6.k)bb).

[1495] S. zu diesen im Zusammenhang mit dem Beurteilungsspielraum des Wahlvorstandes nach der h. M. im Rahmen von § 9 BetrVG 3. Kapitel:B.II.6.l)dd).

[1496] Vgl. hierzu 3. Kapitel:B.II.6.l)cc)(1)(c)(bb).

[1497] Hierzu 3. Kapitel:B.II.6.l)bb)(1)(a).

[1498] S. 3. Kapitel:C.II.6.a).

spielraums des Betriebsrats gilt nichts anderes, da der Arbeitgeber aufgrund dieser Norm u. a. den sächlichen Aufwand der Tätigkeit des Betriebsrats zu tragen hat, was letztlich eine der wichtigsten rechtlichen wie tatsächlichen Voraussetzungen betrieblicher Mitbestimmung nach dem Konzept des BetrVG darstellt, denn das Amt des Betriebsrats ist nach § 37 Abs. 1 BetrVG ein Ehrenamt, und die Idee der Unentgeltlichkeit der Betriebsratsarbeit wird vom Verbot der Kostenumlage nach § 41 BetrVG flankiert. Der Arbeitgeber sieht sich durch § 40 Abs. 2 BetrVG gezwungen, die Betriebsratstätigkeit insbesondere durch Rückgriff auf betriebliche sächliche Mittel überhaupt zu ermöglichen; hierin liegt ein Eingriff in die Berufsausübungsfreiheit, da Art. 12 Abs. 1 GG nach dem BVerfG auf möglichst unreglementierte berufliche Betätigung abzielt und der Arbeitgeber seine unternehmerische berufliche Tätigkeit nicht in der gewünschten Weise ausüben kann.[1500]

Auch unter dem Aspekt der Notwendigkeit einer objektiv berufsregelnden Tendenz ergibt sich nichts anderes: Letztere soll nach derzeit noch h. M. zur Qualifizierung lediglich mittelbarer bzw. faktischer „Beeinträchtigungen", also Eingriffe in die Berufsfreiheit, erforderlich sein.[1501] Das BetrVG stellt aber offenkundig einen finalen Eingriff in die Berufsausübungsfreiheit zwecks der Realisierung der betrieblichen Mitbestimmung dar. § 40 Abs. 2 BetrVG zeitigt, auch wenn man diese Vorschrift lediglich als Annex bzw. als Ersatz der allgemeinen Kostentragungspflicht nach § 40 Abs. 1 BetrVG und letztere wiederum als reine Geldleistungspflicht ansehen wollte, schon deshalb keine lediglich mittelbare oder faktische Auswirkung auf die Berufsfreiheit des Arbeitgebers, weil die Verpflichtung des Arbeitgebers, dem Betriebsrat die erforderlichen Sachmittel zur Verfügung zu stellen, unmittelbar der Ermöglichung betrieblicher Mitbestimmung dient und damit in unmittelbarem und untrennbarem Zusammenhang mit der Schaffung betrieblicher Mitbestimmung überhaupt steht; anderenfalls würde § 40 Abs. 2 BetrVG unzulässig vom regelungssystematischen Kontext isoliert. § 40 Abs. 2 beeinträchtigt damit unmittelbar die Berufsfreiheit und damit die insoweit durch Art. 12 Abs. 1 GG geschützte Unternehmerfreiheit, insbesondere die Dispositionsbefugnis des Arbeitgebers als Unternehmer hinsichtlich der ihm bzw. seinem Unternehmen zugeordneten Güter- und Rechtspositionen.[1502] Im Gegensatz etwa zu den zivilrechtlichen Normen des Vertrags- und Deliktsrechts, nach denen ein Arzt wegen Behandlungs- und Beratungsfehlern zu Schadensersatz verurteilt werden kann,[1503] wohnt § 40 Abs. 2 BetrVG eine objektiv berufsregelnde Tendenz inne.

[1499] S. 3. Kapitel:B.II.6.l)cc)(1)(a)(cc) m. N. in Fn. 1085.

[1500] Vgl. schon zu § 9 BetrVG 3. Kapitel:B.II.6.l)cc)(1)(b); vgl. weiter BVerfGE GRUR 2001, 266 f. unter Verweis auf BVerfGE 75, 284, 292 und E 82, 209, 223.

[1501] S. die N. in Fn. 1089; s. insbes. BVerfGE 96, 375, 397 m. w. N. zu seiner Rspr.

[1502] Vgl. mit N. zur Rspr. des BVerfG zur Unternehmerfreiheit schon bezügl. § 9 BetrVG 3. Kapitel:B.II.6.l)cc)(1)(a)(bb).

[1503] Das BVerfG hat die berufsregelnde Tendenz hier abgelehnt, BVerfGE 96, 375, 397 unter Hinweis auf BVerfGE 95, 267, 302.

Dem entspricht es der Richtung nach, wenn das BVerfG einen Eingriff in den Schutzbereich ohne Problematisierung der objektiven berufsregelnden Tendenz im Rahmen der Überprüfung sowohl des hessischen Sonderurlaubsgesetzes, welches dem Arbeitgeber die Pflicht zur Gewährung von Sonderurlaub zugunsten von in der Jugendarbeit tätigen Arbeitnehmern bei voller Entgeltfortzahlung auferlegte,[1504] als auch der Erstattungspflicht des Arbeitgebers hinsichtlich sozialer Folgekosten wie z. B. gezahltes Arbeitslosengeld nach § 128 AFG a. F.[1505] sowie der Schaffung einer Pflichtplatzquote im Rahmen der Verpflichtung u. a. der privaten Arbeitgeber zur Beschäftigung von Schwerbehinderten bzw. zur Zahlung einer Ausgleichsabgabe nach §§ 4 Abs. 1, 8 Abs. 1 SchwbG a. F.[1506] bejahte. Insbesondere hat das BVerfG - unter Bezug auf die Entscheidung zum MitbestimmungsG 1976[1507] - ausgesprochen, dass ein Spruch der Einigungsstelle sowie die diesen bestätigende Entscheidung des BAG, wonach der Arbeitgeber im Rahmen von § 87 Abs. 1 Nr. 4 BetrVG (Art und Weise der Entgeltauszahlung) die Kontoführungsgebühren zu tragen habe, die Berufsausübungsfreiheit des Arbeitgebers gemäß Art. 12 Abs. 1 GG nicht verletzten, wenn „sowohl Belange des Betriebes als der Arbeitnehmer ausreichend berücksichtigt wurden". Dies sei hier der Fall, da der Einigungsstellenspruch einen „angemessenen Spielraum zur Entfaltung der unternehmerischen Initiativen des Arbeitgebers bestehen" lasse und nur den „sozialen Bezug" seines Grundrechts auf Berufsausübungsfreiheit konkretisiere.[1508] In dieser Entscheidung wird erkennbar von einem Eingriff in die Berufsausübungsfreiheit des Arbeitgebers durch die Auferlegung der pauschalen Kontoführungsgebühren im Rahmen von §§ 87 Abs. 1 Nr. 4, 76 Abs. 3 S. 3, Abs. 5 S. 3 BetrVG ausgegangen; dort wie auch bei § 40 BetrVG insgesamt und § 40 Abs. 2 BetrVG insbesondere wird der Arbeitgeber in Form der Auferlegung von Kosten bzw. von Sachaufwand in der Ausübung seiner Berufsfreiheit eingeschränkt.

(2) Rechtfertigung der Beeinträchtigung der Berufs (ausübungs-)freiheit des Arbeitgebers

(a) Gesetzesvorbehalt nach Art. 12 Abs. 1 S. 2 GG und Parlamentsvorbehalt in Form der Wesentlichkeitstheorie

§ 40 Abs. 2 BetrVG entspricht als formelles Parlamentsgesetz dem Gesetzesvorbehalt nach Art. 12 Abs. 1 S. 2 GG und konfligiert auch nicht mit den Anforderungen, wel-

---

1504 Vgl. BVerfGE 85, 226, 233.

1505 BVerfGE 81, 156, 188; jetzt § 147 a Abs. 1 SGB III; vgl. aber andererseits BVerfGE 99, 202 ff. zur Verfassungswidrigkeit von § 128 a AFG a. F. bzw. § 148 SGB III a. F.

1506 Vgl. BVerfGE 57, 139, 158; Beschäftigungspflicht und Ausgleichsabgabe sind jetzt in §§ 71 Abs. 1, 77 Abs. 1 SGB IX verankert.

1507 BVerfGE 50, 290 ff., insbes. 364.

1508 BVerfG Beschl. v. 18.10.1986 – 1 BvR 1426/83 = NZA 1988, 25 f.

che der Parlamentsvorbehalt seiner Ausprägung durch die Wesentlichkeitstheorie aufstellt; es wird insoweit auf die Ausführungen zu § 9 BetrVG verwiesen.[1509]

(b) Grundsatz der Verhältnismäßigkeit

Die Einräumung eines Beurteilungsspielraums muss den Anforderungen nach dem Verhältnismäßigkeitsgrundsatz in seiner Ausprägung durch die Stufentheorie[1510] genügen.

(aa) Legitimation durch hinreichende Gründe des Gemeinwohls

Der Zweck des BetrVG, größere soziale Gerechtigkeit durch die Herstellung eines ausgewogeneren Verhältnisses zwischen unternehmerischer Entscheidungsfreiheit und Mitbestimmung der Arbeitnehmer zu erreichen, ist an hinreichenden Gründen des Gemeinwohls ausgerichtet.[1511] § 40 Abs. 2 BetrVG nimmt, wie auch § 9 BetrVG,[1512] als Einzelbaustein des Konzepts betrieblicher Mitbestimmung an dieser Legitimation teil. Ein Beurteilungsspielraum des Betriebsrats ist von dieser Legitimation gedeckt, da er letztlich nur eine Modalität der Schaffung der Voraussetzungen betrieblicher Mitbestimmung beschreibt, mithin dem Gesamtzweck des BetrVG untergeordnet ist und dient.

(bb) Geeignetheit des Mittels zur Zweckerreichung

Ein Gesetz ist nach dem BVerfG geeignet im Sinne der Verhältnismäßigkeit, wenn mit seiner Hilfe der erstrebte Erfolg gefördert werden kann, wobei die abstrakte Möglichkeit der Zweckerreichung genügt. Der Umfang der verfassungsgerichtlichen Überprüfung wird durch den insbesondere bei Berufsausübungsregelungen weiten Beurteilungs- und Gestaltungsspielraum des Gesetzgebers bestimmt. Das Mittel darf lediglich nicht objektiv bzw. schlechthin ungeeignet sein; die gesetzliche Regelung muss nicht das optimale Mittel zur Zweckerreichung darstellen. Gerade im Bereich der Wirtschaftsgrundrechte findet lediglich eine Vertretbarkeitskontrolle statt.[1513]

Der hier maßgebliche denkbare gesetzgeberische Zweck, bezüglich dessen Festlegung dem Gesetzgeber ebenso ein recht großer Spielraum zusteht, ergibt sich bezüglich der Schaffung eines Beurteilungsspielraums des Betriebsrats aus den bereits ausgeführten teleologischen Erwägungen:[1514] § 40 Abs. 2 BetrVG nimmt zunächst als Teilregelung des BetrVG an dessen allgemeiner Zwecksetzung teil. Der Beurteilungsspielraum

---

1509 Zum Gesetzesvorbehalt s. 3. Kapitel:B.II.6.l)cc)(1)(c)(aa); zu Parlamentsvorbehalt und Wesentlichkeitstheorie 3. Kapitel:B.II.6.l)cc)(1)(c)(bb).

1510 Zur Konkretisierung des Verhältnismäßigkeitsgrundsatzes durch die Stufentheorie s. S. 192.

1511 S. hierzu S. 193.

1512 Vgl. die entsprechende Argumentation zu § 9 BetrVG auf S. 195.

1513 Zu den Anforderungen der Geeignetheit nach dem BVerfG s. m. N. S. 195.

1514 S. zu dieser Vorgehensweise im Zusammenhang mit § 9 BetrVG m. entsprechenden N. S. 196.

selbst dient dazu, der naturgemäß größeren Sachnähe des Betriebsrats hinsichtlich der Frage der Erforderlichkeit von Sachmitteln für seine eigene Tätigkeit zur Geltung zu verhelfen und ihn dadurch vor einer Gängelung seitens des Arbeitgebers zu schützen und so seine Eigenständigkeit im Dienste höherer Effektivität betrieblicher Mitbestimmung zu steigern.[1515] Diesen Zweck zu erreichen erscheint ein Beurteilungsspielraum des Betriebsrats jedenfalls nicht als schlechthin ungeeignet.

(cc) Erforderlichkeit des Mittels zur Zweckerreichung

Nach dem BVerfG ist ein Gesetz „erforderlich, wenn der Gesetzgeber nicht ein anderes, gleich wirksames, aber das Grundrecht nicht oder weniger stark einschränkendes Mittel hätte wählen können"; auch insoweit hat der Gesetzgeber einen weiten Gestaltungsspielraum.[1516]

Auswirkungen des Beurteilungsspielraums des Betriebsrats sind hier im Wesentlichen in zwei Richtungen denkbar: Zum einen können sich finanzielle Mehrbelastungen ergeben. Diese dürften sich jedoch schon aufgrund der in der Rechtsprechung des BAG betonten Pflicht des Betriebsrats zur Berücksichtigung der betrieblichen Interessen gerade in Form der Kostendämpfung[1517] in engen Grenzen halten. Beansprucht der Betriebsrat eines kleinen Betriebes etwa eine Schreibsoftware der Marke X, so wird er deren Anschaffung grdsl. etwa dann nicht für erforderlich halten dürfen, wenn der Arbeitgeber eine gleichwertige Software der Marke Y benutzt und die Anschaffung einer zusätzlichen Lizenz für den Betriebsratsarbeitsplatz deutlich günstiger wäre. In der Annahme eines Beurteilungsspielraums liegt also nicht etwa eine generelle Erweiterung des Begriffes des „erforderlichen Umfangs", welche im Regelfall mit einer erheblichen finanziellen Mehrbelastung für diesen verbunden wäre. Zum anderen kann natürlich die unternehmerische Entscheidungsfreiheit des Arbeitgebers in gewissem Maße durch den Beurteilungsspielraum eingeschränkt werden: Sofern etwa Sachmittel wie Kommentare neu angeschafft werden müssen, kann der Arbeitgeber diese nicht allein nach seiner eigenen Entscheidung zur Verfügung stellen, vielmehr ist die Einschätzung des Betriebsrats hinsichtlich der Erforderlichkeit der Arbeitmittel maßgeblich. Allerdings ist diese Einschränkung eben die Kehrseite der Stärkung der Stellung des Betriebsrats. Was die Eingriffsintensität angeht, so ist der Beurteilungsspielraum ja einer inhaltlichen Gestaltung durch die Rechtsprechung derart zugänglich, dass die Zumutbarkeit auch nach den jeweiligen betrieblichen Gegebenheiten entsprechend gewahrt werden kann, und zwar insbesondere im Rahmen der gerichtlichen Überprüfung der Abwägung des Betriebsrats. Der Rechtsprechung fällt damit die Aufgabe zu, z. B. Kriterien zu entwickeln, bei deren Vorliegen von einer Reduktion des Beurteilungsspielraums auf Null auszugehen ist. Insgesamt stellt der Beurteilungsspielraum des Betriebsrats jedenfalls für den Regelfall einen Eingriff geringer Intensität in die Berufsausübungsfreiheit des Arbeitgebers dar. Im Grunde wird dem Betriebsrat ledig-

---

[1515] S. hierzu 3. Kapitel:C.II.4.c).

[1516] S. die N. in Fn. 1194 und 1195.

[1517] S. hierzu S. 232 m. N. zur Rspr. des BAG.

lich die Möglichkeit einer Mitsprache eingeräumt, in welcher Art und Weise der Arbeitgeber seiner Verpflichtung zur Überlassung der Mittel erfüllen muss; mithin ist hier nur eine Modalität der Pflichterfüllung, nicht die Weite des Pflichtenkreises selbst substanziell betroffen. Zudem betrifft § 40 Abs. 2 BetrVG generell nicht den Umfang etwa der Mitbestimmungsrechte des Betriebsrats, sondern lediglich die Voraussetzungen der Ausübung der Betriebsratstätigkeit. Ein milderes Mittel, wie insbesondere ein Abstellen auf einen rein objektiven Maßstab bei einer ex-post-Betrachtung, welches die Eigenständigkeit des Betriebsrats ebensogut zu fördern und eine Gängelung durch den Arbeitgeber gleichermaßen zu verhindern geeignet ist, ist nicht ersichtlich.

(dd) Verhältnismäßigkeit i. e. S. unter allgemeinen materiell-grundrechtlichen Gesichtspunkten

Der in der Beschränkung liegende Eingriff darf nach dem BVerfG „nicht außer Verhältnis zur Bedeutung der Sache stehen und den Betroffenen nicht übermäßig oder unzumutbar belasten“, wobei die Zumutbarkeit hierbei durch eine Abwägung zwischen der Schwere des Eingriffes und der ihn rechtfertigenden Gründe bestimmt wird. Im Rahmen einer generalisierenden Betrachtungsweise ist auf die Regelwirkungen, nicht auf die Interessenlagen Einzelner abzustellen.[1518]

Aus folgendem Grund kann hier auf die Rechtsprechung des BVerfG zur Erforderlichkeit einer Verantwortungsbeziehung des Arbeitgebers zum Gesetzeszweck bei der gesetzlichen Auferlegung von Geldleistungspflichten als Orientierungshilfe Bezug genommen werden: § 40 Abs. 2 BetrVG stellt zwar eine Sonderregelung zur allgemeinen Kostentragungspflicht nach § 40 Abs. 1 BetrVG dar, ist aber letztlich doch nichts anderes als ein Annex zur allgemeinen Kostentragungspflicht, der lediglich den Zweck hat, Ressourcen des Betriebs zu schonen und eigenmächtige Anschaffungen des Betriebsrats zu verhindern.[1519] Das BVerfG also hat verschiedenste Geldleistungspflichten des Arbeitgebers an der Berufsausübungsfreiheit des Arbeitgebers gemessen. Insbesondere erkannte das Gericht die Erhebung einer Ausgleichsabgabe gemäß § 8 SchwbG für den Fall, dass ein Arbeitgeber seiner Verpflichtung zur Einstellung Behinderter nach § 4 SchwbG nicht nachkommt, als mit der Berufsausübungsfreiheit des Arbeitgebers vereinbar an.[1520] Dagegen verletzte die den Arbeitgebern ohne Ausgleichspflicht auferlegte Entgeltfortzahlungspflicht für den Zusatzurlaub, den pädagogische Mitarbeiter bei Bildungsveranstaltungen nach dem hessischen Gesetz über den Anspruch auf Bildungsurlaub beanspruchen konnten, die Berufsausübungsfreiheit des Arbeitgebers, da die Zumutbarkeit, also die Verhältnismäßigkeit des Eingriffs i. e. S., wegen des fehlenden Zusammenhangs dessen Verantwortungsbeziehung zum Zweck

---

[1518] S. mit entspr. N. S. 198.

[1519] Vgl. hierzu S. 240 m. entspr. N.

[1520] BVerfGE 57, 139, 153 ff., 158 ff. zu §§ 4 Abs. 1, 8 Abs. 1 S. 1, Abs. 2 S. 1 SchwbG in der Fassung vom 29.4.1974, BGBl. I/1005.

der gesetzlichen Regelung nicht gewahrt worden war.[1521] Eine betriebseinheitliche Regelung zur Art und Weise der Entgeltauszahlung durch den Spruch der Einigungsstelle gem. §§ 87 Abs. 1 Nr. 4, 76 Abs. 5 S. 3 BetrVG, welche den Arbeitgeber mit einer pauschalen Kontoführungsgebühr belastet, sah das BVerfG mit einer wenig aussagekräftigen Formulierung als dann mit dessen Berufsausübungsfreiheit vereinbar an, wenn „sowohl Belange des Betriebes als der Arbeitnehmer ausreichend berücksichtigt wurden"; dies soll der Fall sein, wenn dem Arbeitgeber ein angemessener Spielraum zur Entfaltung der unternehmerischen Initiativen gelassen wird.[1522]

Weder die möglichen finanziellen Mehrbelastungen des Arbeitgebers noch die Einschränkung seiner unternehmerischen Entscheidungsfreiheit stehen unter allgemeinen materiell-berufsfreiheitlichen Erwägungen außer Verhältnis zum Zweck der Schaffung eines Beurteilungsspielraums, den Betriebsrat in seiner Stellung im Betrieb und bei der Wahrnehmung seiner Aufgaben zu stärken. Die Entscheidung des Betriebsrats über die Erforderlichkeit ist wesentlicher Bestandteil und sogar eine Voraussetzung seiner Eigenverantwortlichkeit in der Repräsentation der Arbeitnehmer im Betrieb; letztere wiederum ist unerlässlich für eine effektive Umsetzung der betrieblichen Mitbestimmung nach dem BetrVG. Die Einbindung des Betriebsrats in die Entscheidung über die Erforderlichkeit von Sachmitteln fördert das notwendige Bewusstsein seiner Mitglieder, eigenständig zu handeln und betont den Aspekt der prinzipiellen Unabhängigkeit vom Arbeitgeber. Zudem nimmt es die Betriebsratsmitglieder auch ganz konkret in die Pflicht, im Rahmen der Abwägungsentscheidung gerade auch betriebliche Interessen mit zu berücksichtigen und schafft damit auch größere Sensibilität für die finanzielle Belastbarkeit und unternehmerischen Ziele des Arbeitgebers. Ein Beurteilungsspielraum des Betriebsrats stellt daher nicht nur eine Belastung für jenen als Unternehmer dar, vielmehr liegt in ihm auch eine Gewährleistung dafür, dass der Betriebsrat sich nicht einfach nur passiv „versorgen" lässt, sondern im Rahmen seiner Tätigkeit verantwortungsvoll insbesondere mit finanziellen Ressourcen umgeht. Die oben angesprochene Verantwortungsbeziehung des Arbeitgebers nach der Rechtsprechung des BVerfG ergibt sich schon daraus, dass der Arbeitgeber nach der in § 40 BetrVG zum Ausdruck kommenden Konzeption ganz generell die sachlichen, finanziellen und personellen Voraussetzungen für die Tätigkeit des Betriebsrats zu schaffen hat, sowie auch aus dem sozialen Kontext bzw. dem „sozialen Bezug"[1523] der Ausübung seiner Berufsfreiheit im Zusammenwirken mit den Arbeitnehmern als Träger

---

[1521] BVerfGE 77, 308 Ls. 3, 336 f.; vgl. a. BVerfGE 81, 156 Ls. 2. b), 188, 197 ff. zur Auferlegung sozialer Folgekosten durch eine Erstattungspflicht des Arbeitgebers hinsichtlich staatlich gezahlten Arbeitslosengeldes bzw. gezahlter Arbeitslosenhilfe nach § 128 AFG in der Fassung v. 22.12.1981 bzw. vom 13.4.1984; vgl. weiter BVerfGE 85, 226 Ls. 2., 233, 235, 236 (unten) f. zur Verpflichtung des Arbeitgebers, den Arbeitnehmern nach dem hessischen Sonderurlaubsgesetz Sonderurlaub bei voller Bezahlung ohne Ausgleichsmöglichkeit zu gewähren.

[1522] BVerfG Beschl. v. 18.10.1986 – 1 BvR 1426/83 = NJW 1988, 1135, wobei es sich allerdings um eine Verfassungsbeschwerde gegen die entsprechenden (gerichtlichen) Beschlüsse und damit gegen die Anwendung und Auslegung der entsprechenden Normen des BetrVG handelte; dennoch könne die dort angeführten Kriterien als Orientierungshilfe dienen.

[1523] Vgl. BVerfG DB 1986, 486 unter Hinweis auf BVerfGE 50, 290, 364 f.

des gleichen Grundrechts; letzteres findet seinen Niederschlag etwa in der Verpflichtung zur vertrauensvollen Zusammenarbeit mit dem Betriebsrat „zum Wohl der Arbeitnehmer und des Betriebs“ nach § 2 Abs. 1 BetrVG. Auch sind insbesondere die betrieblichen Interessen ausreichend berücksichtigt; eine übermäßige Einschränkung der unternehmerischen Initiative des Arbeitgebers ist nicht ersichtlich.

(ee) Verhältnismäßigkeit eines Beurteilungsspielraums des Betriebsrats speziell im Hinblick auf ein in Art. 12 Abs. 1 GG verankertes Gebot effektiven Rechtsschutzes

Wie bereits dargestellt, geht das BVerfG zumindest dem Grundsatz nach von der Verankerung eines effektiven Rechtsschutzes (auch) in materiellen Grundrechten, insbesondere in Art. 12 Abs. 1 GG aus; ob dem - insbesondere wegen der Verankerung von Beurteilungsspielräumen im materiellen Recht und die daraus resultierende Verlagerung der Rechtsschutzproblematik auf die materiellen Grundrechte – zuzustimmen ist, kann auch hier offenbleiben, wenn der Beurteilungsspielraum des Betriebsrats wiederum den vom BVerfG herauskristallisierten Anforderungen genügt.[1524]

Wie schon zu § 9 BetrVG ausgeführt, spricht die Vereinbarkeit des Beurteilungsspielraums des Betriebsrats mit der Berufsausübungsfreiheit des Arbeitgebers unter allgemeinen materiell-grundrechtlichen Gesichtspunkten bereits dafür, dass dieser auch mit einem gegebenenfalls aus Art. 12 Abs. 1 GG abzuleitenden Gebot des effektiven Rechtsschutzes vereinbar ist, denn letzterer ist nicht Selbstzweck, sondern dient lediglich der Durchsetzung der möglichen (Grund-) Rechtsposition.[1525]

Zudem ist nicht ersichtlich, dass ein Beurteilungsspielraum des Betriebsrats ein Leerlaufen des durch einfach-rechtliche Vorschriften zu gewährenden (Grund-) Rechtsschutzes[1526] zur Folge hätte: Auch *Kort* als Kritiker eines solchen Spielraumes räumt ein, dass dieser zwar eine „gewissen Subjektivität“ der Einschätzung der Erforderlichkeit eröffnet, jedoch nicht etwa der Willkür Tür und Tor öffnet.[1527] Der ohnehin begrenzte Bereich der Subjektivität ist aber gewolltes Instrument zur Stärkung der Stellung des Betriebsrats und wird inhaltlich durch die ohnehin recht hohen Anforderungen der Rechtsprechung an die Interessenabwägung des Betriebsrats konkretisiert.[1528] Ein Beurteilungsspielraum bedeutet auch hier nicht den völligen Ausschluss der gerichtlichen Kontrolle, vielmehr ist ein Prüfungsmaßstab vom BAG bereits entwickelt

---

[1524] S. zur Verankerung des effektiven Rechtsschutzes in Art. 12 Abs. 1 GG nach dem BVerfG, zur entsprechenden Kritik in der Lit. und zu dieser Vorgehensweise S. 200.

[1525] S. zu diesem Gedanken S. 202.

[1526] Zu dieser (auch) aus Art. 12 Abs. 1 GG abzuleitenden Grenze der Ausgestaltung des effektiven Rechtsschutzes BVerfG NZA 2000, 110, 111 unter Hinweis auf BVerfGE 97, 169, 179 sowie auf *Oetker,* AuR 1997, 41, 53; *Huster*, NJW 1995, 112, 113.

[1527] *Kort,* Anm. u. a. zu BAG, Beschl. v. 9. 6. 1999 – 7 ABR 66/97, AP § 40 BetrVG 1972 Nr. 66, Bl. 499/V.

[1528] S. hierzu S. 232 m. entspr. N. zur Rspr. des BAG.

worden. Es ist, in Parallele zur Rechtsprechung des BVerfG zur Darlegungs- und Beweislast im Bereich des Kündigungsrechts,[1529] nicht möglich, Vorgaben bis in feinste Details hinsichtlich des effektiven Rechtsschutzes wie etwa für die Verteilung der Letztentscheidungskompetenz bezüglich der Erforderlichkeit von Sachmitteln unmittelbar aus der Berufsfreiheit abzuleiten; dies gilt letztlich sowohl für das Verfahrensrecht wie auch für das materielle Recht. Die Annahme solcher Vorgaben würde eine Überinterpretation und unmäßige Aufladung von Art. 12 Abs. 1 GG mit einer nicht vorhandener Direktivkraft gegenüber dem Gesetzgeber und damit eine Einschnürung seiner legislativer Gestaltungsfreiheit bedeuten.

(3) Ergebnis zur Berufsausübungsfreiheit des Arbeitgebers

Die gesetzgeberische Schaffung bzw. die Annahme eines Beurteilungsspielraums des Betriebsrats hinsichtlich der Einschätzung der Erforderlichkeit von Sachmitteln im Zusammenhang mit der Wendung „in erforderlichem Umfang" gemäß § 40 Abs. 2 BetrVG als unbestimmter Rechtsbegriff verletzt weder unter allgemeinen Verhältnismäßigkeitsgesichtspunkten noch im Hinblick auf den effektiven Rechtsschutz, wie das BVerfG ihn unmittelbar aus Art. 12 Abs. 1 GG ableitet, die grundrechtliche Garantie der Berufsausübungsfreiheit des Arbeitgebers.

cc) Gewährleistung des Eigentums, Art. 14 Abs. 1 S.1 Alt. 1, S. 2, Abs. 2 GG

(1) Beeinträchtigung des Schutzbereichs

(a) Die ständige Rechtsprechung des BVerfG zu Geldleistungspflichten und Eigentumsgarantie

Die Eigentumsgarantie gemäß Art. 14 Abs. 1 S. 1 Alt. 1, S. 2, Abs. 2 GG umfasst mit ihrem Schutzbereich nach h. M. grdsl. nur konkrete Rechtspositionen, nicht das Vermögen als solches,[1530] was Bedeutung vor allem für die Auferlegung öffentlich-rechtlicher Geldleistungspflichten, insbesondere von Steuern, erlangt.[1531] Es entspricht der ständigen Rechtsprechung des BVerfG, dass die Eigentumsgarantie nicht gegen die Auferlegung solcher Pflichten schützt,[1532] also bereits der Schutzbereich nicht berührt ist.[1533] Greift dann kein anderes, spezielleres Grundrecht, wie etwa Art. 12 Abs. 1

[1529] Vgl. BVerfG NZA 2000, 110, 111 unter Hinweis auf BVerfGE 97, 169, 179.

[1530] S. nur etwa BVerfGE 95, 267, 300; E 81, 108, 122; E 78, 232, 243; *Wieland,* in: Dreier, GG, Bd. 1, Art 14 Rn. 45 ff., insbes. Rn. 48; *Bryde,* in: v. Münch/Kunig, GG, Bd. 1, Art. 14 Rn. 23 m. w. N. zur h. M.; eingehend *Depenheuer,* in: v. Mangoldt/Klein/Starck, GG, Bd. 1, Art. 14 Rn. 164 ff.; a. A., im Ergebnis hinsichtlich der Geldleistungspflichten letztlich jedoch ebenso *Wendt,* in: Sachs, GG, Art. 14 Rn. 38. Zur a. A. s. die Nachweise bei *Wieland,* in: Dreier, GG, Bd. 1, Art. 14 Rn. 47.

[1531] Vgl. nur *Depenheuer,* in: v. Mangoldt/Klein/Starck, GG, Bd. 1, Art. 14 Rn. 165.

[1532] S. nur etwa BVerfG NJW-RR 1999, 134 unter Hinweis auf BVerfGE 91, 207, 220; BVerfGE 85, 226, 237; BVerfGE 77, 308, 339 f. m. w. N. zur Rspr. des Gerichts

[1533] St. Rspr., so BVerfGE 96, 375, 397 unter Verweis auf BVerfGE 95, 267, 300.

GG mangels einer objektiv gegebenen berufsregelnden Tendenz, bleibt grdsl. nur die allgemeine Handlungsfreiheit nach Art. 2 Abs. 1 GG als Prüfungsmaßstab.[1534]

(b) Beschluss des BVerfG zu Kontoführungsgebühren des Arbeitgebers aufgrund eines Spruches der Einigungsstelle nach §§ 87 Abs. 1 Nr. 4, 76 Abs. 5 S. 3 BetrVG

Unklar ist die Frage der Beeinträchtigung des Schutzbereichs in einem Beschluss des BVerfG vom 18.10.1986.[1535] Das Gericht formuliert hier wie folgt: „Die zusätzlich vom Arbeitgeber zu tragenden Kontoführungsgebühren der Arbeitnehmer vereiteln weder die Funktionsfähigkeit noch die wirtschaftliche Leitung des Unternehmens der Beschwerdeführerin (vgl. BVerfGE 50, 290, [352]). Die Umsetzung betriebsverfassungsrechtlicher Mitbestimmungs- und Beteiligungsrechte ist nicht kostenlos (vgl. § 40 BetrVG 1972), was sich schon aus der paritätischen Anlage der echten Mitbestimmungsrechte des Betriebsrates aus dem Betriebsverfassungsgesetz ergibt (vgl. BVerfGE 50, 290, [326 ff]. Die im Rahmen des Betriebsverfassungsrechts zulässige Auferlegung von Geldleistungspflichten lässt deshalb die Eigentumsgarantie unberührt; die Geldleistungspflichten belasten die Beschwerdeführerin nicht übermäßig und beeinträchtigen ihre Vermögensverhältnisse nicht grundlegend (Erdrosselungswirkung; BVerfGE 63, 312, [327]; 68, 287, [319] m. w. N; st. Rspr.).“ Als maßgeblich sah das BVerfG hier u. a. an, dass der Kostenrahmen für die Arbeitgeberin durch die Auferlegung der Kontoführungsgebühren nicht gesprengt worden sei.[1536]

Zwar klingt hier an, dass das Gericht den Schutzbereich als nicht beeinträchtigt ansieht; andererseits wird eine – wenn auch stark verkürzte – Verhältnismäßigkeitsprüfung durchgeführt. Es scheint, als sähe das Gericht in dieser Entscheidung die Nichteinhaltung des Verhältnismäßigkeitsgrundsatzes geradezu als Voraussetzung einer Beeinträchtigung des Schutzbereichs der Eigentumsgarantie an.

(c) Konsequenzen für die Prüfung eines Beurteilungsspielraums des Betriebsrats im Rahmen von § 40 Abs. 2 BetrVG

Fraglich bleibt nun, inwieweit die Rechtsprechung des BVerfG zu Geldleistungspflichten auf die grundrechtliche Prüfung der Belastung des Arbeitgebers mit der Verpflichtung, für die Tätigkeit des Betriebsrats Sachmittel zur Verfügung zu stellen, übertragbar ist.

Zunächst einmal kann der Arbeitgeber im Rahmen von § 40 Abs. 2 BetrVG, anders als bei einer reinen Geldleistungspflicht, natürlich grdsl. auch in der unternehmerischen Dispositionsfreiheit hinsichtlich der Nutzung seines Eigentums beschränkt werden,

---

[1534] So als Beispiel hinsichtlich der Berufsfreiheit sowie des Eigentumsgrundrechts im Verhältnis zur allgemeinen Handlungsfreiheit BVerfGE 96, 375, 397 f.; ebenso BVerfGE 95, 267, 300 ff.

[1535] Beschl. v. 18.10.1986 – 1 BvR 1426/83 = NJW 1988, 1135 f.

[1536] BVerfG NZA 1988, 25 f.

indem er Sachmittel wie etwa einen bereits erworbenen, in seinem Eigentum stehenden Bürostuhl dem Betriebsrat zur Verfügung stellen muss. Sieht man auch die konkrete Benutzungsmöglichkeit als von der Eigentumsgarantie umfasst an,[1537] so liegt es nahe, eine Beeinträchtigung der Eigentumsgarantie auch als Regelwirkung insoweit zu bejahen.[1538] Allerdings ist, wie bereits angesprochen, § 40 Abs. 2 BetrVG zwar eine Sonderregelung zu § 40 Abs. 1 BetrVG, dient als Abweichung vom Prinzip des Ersatzes bereits verursachter Kosten jedoch letztlich vorwiegend dem Zweck der Ressourcenschonung und der Verhinderung von Eigenanschaffungen durch den Betriebsrat; insoweit ist die Verpflichtung des Arbeitgebers, die Sachmittel in erforderlichem Umfang zur Verfügung zu stellen, lediglich ein Annex zu seiner allgemeinen Kostentragungspflicht.[1539] Mit diesem Gedanken kann man bereits den Schutzbereich der Eigentumsgarantie als nicht eröffnet ansehen. Dies gilt umso mehr, als die zur Verfügung gestellten Sachmittel, jedenfalls soweit sie nicht wie etwa Papier verbrauchbar sind, grdsl. im Eigentum des Arbeitgebers verbleiben.[1540] Ausdrücklich nicht erfasst wird von diesem Gedanken natürlich die Überlassung von Geschäftrăumen, soweit diese im Eigentum stehen; diese sind allerdings auch nicht Gegenstand der Prüfung, da es vorliegend nur um den Beurteilungsspielraum des Betriebsrats hinsichtlich der Erforderlichkeit von Sachmitteln geht. Vor dem Hintergrund des Streits um das Konkurrenzverhältnis von Berufsfreiheit und Eigentumsgarantie spricht gegen die Annahme einer Beeinträchtigung des Schutzbereichs der Eigentumsgarantie auch hier wiederum die grundsätzliche Vertragsakzessorietät des Betriebsverfassungsrechts.[1541] Letztlich kann die Frage des Schutzbereichs offenbleiben, wenn der Beurteilungsspielraum des Betriebsrats, wie im folgenden zu prüfen sein wird, ohnehin mit den Anforderungen der Eigentumsgarantie vereinbar ist. Im folgenden wird die Beeinträchtigung des Schutzbereichs der Eigentumsfreiheit des Arbeitgebers durch § 40 Abs. 2 BetrVG in der Auslegungsvariante mit Beurteilungsspielraum also unterstellt.

[1537] Vgl. nur etwa *Jarass,* in: Jarass/Pieroth, GG, Art 14 Rn. 19 m. w. N.; *Wendt,* in: Sachs, GG, Art. 14 Rn. 41 m. N. insbes. Zur Rspr. des BVerfG in Fn. 142; *Papier,* in: Maunz/Dürig, GG, Bd. 2, Art. 14 Rn. 8 m. w. N.

[1538] S. zum Streit um die Beeinträchtigung des Schutzbereichs der Eigentumsgarantie des Arbeitgebers schon S. 205 f. m. entspr. N.; insbesondere in der neueren Lit. wird dies oftmals verneint, s. die Nachweise a. a. O. und statt vieler pauschal für sämtliche Vorschriften des BetrVG *Sterzel,* 159.

[1539] S. bereits S. 257.

[1540] S. nur etwa *Richardi/Thüsing,* in: Richardi, BetrVG, § 40 Rn. 74 m. w. N.; *Joost,* in: MünchHdbArbR, Bd. 3, § 309 Rn. 50; *F/KH/E/S,* BetrVG, § 40 Rn. 75; *Berg,* in: D/K/K, BetrVG, § 40 Rn. 88.

[1541] Zu dieser Problematik s. bereits 3. Kapitel:B.II.6.l)cc)(2)(a)(bb), insbes. S. 206 m. N.

(2) Verhältnismäßigkeit von § 40 Abs. 2 BetrVG in Verbindung mit einem Beurteilungsspielraum des Betriebsrats als Inhalts- und Schrankenbestimmung unter allgemeinen materiell-grundrechtlichen Gesichtspunkten

(a) Anforderungen der Eigentumsgarantie speziell an Geldleistungspflichten nach dem BVerfG

In der Schaffung eines Beurteilungsspielraums liegt weder ein „übermäßige Belastung", noch eine „grundlegende Beeinträchtigung der Vermögensverhältnisse" des Arbeitgebers im Sinne einer „Erdrosselungswirkung", wie sie das BVerfG insbesondere auch im erwähnten Beschluss vom 18.10.1986 anprüft;[1542] dies gilt jedenfalls, solange man von der grundsätzlichen Vereinbarkeit des BetrVG und insbesondere des § 40 BetrVG mit dem Grundgesetz ausgeht.[1543] Letzterer wirkt sich, angesichts der hohen inhaltlichen Anforderungen, welche in der Rechtsprechung des BAG an die Abwägung des Betriebsrats gerade im Hinblick auf die Berücksichtigung der betrieblichen Interessen gestellt werden,[1544] in einem Grenzbereich aus, der die Dispositionsfreiheit des Arbeitgebers allenfalls im Randbereich trifft und diesen in seinem unternehmerisch genutzten Eigentum weder finanziell im Sinne einer Erdrosselung noch vergleichbar substanziell hinsichtlich seiner Entscheidungsfreiheit einschränkt. Zu bedenken bleibt auch die verstärkte Sozialbindung des Eigentums des Arbeitgebers i. S. v. § 14 Abs. 2 Hs. 1 GG, welche gerade für das Betriebsverfassungsrecht ein maßgeblicher Gesichtspunkt bei Einschränkungen der Eigentumsfreiheit ist.[1545] Im Ergebnis kann insoweit offenbleiben, ob die Anforderungen an Geldleistungspflichten auch auf die Verpflichtung des Arbeitgebers nach § 40 Abs. 2 BetrVG anwendbar sind, wofür allerdings der bereits zum Schutzbereich angesprochene Annexcharakter der Vorschrift spricht.

(b) Allgemeine Anforderungen der Eigentumsgarantie

Ebensowenig ist erkennbar, dass sich gerade in der Auslegungsvariante mit Beurteilungsspielraum „potentiell gravierende Auswirkungen" auf die Funktionsweise des Betriebs[1546] ergeben: Beansprucht etwa der Betriebsrat in einem kleineren Betrieb, dass der Arbeitgeber in den Betriebsteilen, deren Arbeitnehmer durch ersteren betreut werden, jeweils eine Computeranlage e-mail-fähig einzurichten habe, um dem Betriebsrat die Kommunikation mit dem Betriebsteil zu ermöglichen, und ist gleichzeitig eine Telefonanlage vorhanden, so hat zwar der Betriebsrat die Erforderlichkeit zu be-

---

[1542] BVerfG NZA 1988, 25; s. a. BVerfGE 77, 308, 340 m. w. N.

[1543] S. hierzu 3. Kapitel:C.II.6.a) m. N.

[1544] Hierzu S. 232 m. N.

[1545] Vgl. *Weingart*, S. 139 m. N. zur Rspr. des BVerfG in Fn. 88; vgl. insbes. BVerfGE 50, 290, 326 ff., 352, 364 f.; vgl. a. BVerfG NZA 1988, 25 im Zusammenhang mit BVerfGE 50, 290, 326 ff., 352.

[1546] So die Formulierung bei *Weingart*, 124, 183; s. insbes. 135: Der Schutzbereich von Art. 14 Abs. 1 S. 1 Alt. 1 GG ist durch die „konkreten Auswirkungen der betrieblichen Mitbestimmung betroffen".

urteilen; er darf nach dem BAG jedoch nicht allein nach seinen subjektiven Bedürfnissen entscheiden, sondern hat vielmehr auch die betrieblichen Verhältnisse zu berücksichtigen, also die Interessen der Belegschaft an einer sachgerechten Ausübung des Betriebsratsamtes einerseits und die berechtigten Interessen des Arbeitgebers, auch soweit sie auf eine Begrenzung der Kostentragungspflicht gerichtet sind, andererseits „gegeneinander abzuwägen".[1547] Im genannten Fall kann, je nach Einzelheiten des Falls, dann unter Umständen der Kostenfaktor den Ausschlag dafür geben, den Betriebsrat auf die Nutzung der Telefonanlage zu verweisen. Eine „Vereitelung der Funktionsfähigkeit des Betriebs oder der wirtschaftlichen Leitung des Unternehmens"[1548] kann sich auch hier schon aufgrund der hohen inhaltlichen Anforderungen, welchen der Betriebsrat nach der Rechtsprechung des BAG bei der Abwägung unterliegt,[1549] im Hinblick auf die Pflicht zur Berücksichtigung der betrieblichen Interessen wohl nicht einmal in Extremfällen ergeben; selbst dem könnte aber gegebenenfalls noch im Wege der Verdichtung der gerichtlichen Kontrolle des Beurteilungsspielraums, etwa durch dessen Reduktion auf Null, abgeholfen werden. Zudem betrifft § 40 Abs. 2 BetrVG, wie gesagt, nicht den Umfang der Mitbestimmung, sondern lediglich deren sächlich-praktischen Voraussetzungen.

(3) Verhältnismäßigkeit von § 40 Abs. 2 BetrVG in Verbindung mit einem Beurteilungsspielraum des Betriebsrats im Hinblick speziell auf den effektiven Rechtsschutz aufgrund der Eigentumsgarantie nach dem BVerfG

Fraglich bleibt schließlich als ein Spezifikum der Reduktion gerichtlicher Kontrolldichte durch einen Beurteilungsspielraum des Betriebsrats,[1550] inwieweit dieser den Grundsatz auf effektiven Rechtsschutz, wie das BVerfG diesen unmittelbar der Eigentumsgarantie entnimmt, verletzten könnte.

Die Probleme der Ableitung einer Garantie effektiven Rechtsschutzes unmittelbar aus materiellen Grundrechten wurden bereits beschrieben.[1551] Sie können, ebenso wie die Frage nach der Übertragbarkeit der vom BVerfG vorwiegend zur Anwendung von Verfahrensvorschriften entwickelten Kriterien auf die materielle Verankerung eines Beurteilungsspielraums,[1552] ohne weitere Erörterung bleiben, soweit eine Verletzung derselben nicht in Betracht kommt.

[1547] BAG ZBVR 2001, 122, 123 f.; NZA 1999, 1292, 1293; beide unter Verweis auf BAG Beschl. v. 12.5.1999 – 7 ABR 36/97 = NZA 1999, 1290, 1292; in diesem Sinne auch BAG ZBVR 2001, 127, 128.

[1548] Vgl. BVerfG NZA 1988, 25 und *Scholz,* NJW 1986, 1589 m. w. N., jew. unter Hinweis auf BVerfGE 50, 290, 352; zum Begriff der Funktionsfähigkeit näher *Weingart,* 137 m. w. N.

[1549] S. hierzu S. 232 m. N.

[1550] S. zum Beurteilungsspielraum als spezifisches Problem des effektiven Rechtschutzes S .138.

[1551] S. S. 176.

[1552] S. S. 212.

Für letzteres spricht – wie schon bei der Prüfung des Beurteilungsspielraums zu § 9 BetrVG - der bereits dargestellte schrankenrechtliche Gleichlauf der Berufsausübungsfreiheit nach Art. 12 Abs. 1 GG mit Inhalts- und Schrankenbestimmungen im Rahmen der Eigentumsgarantie nach Art. 14 Abs. 1 S. 2 GG;[1553] dieses für den Bereich der allgemeinen materiell-grundrechtlichen Prüfung einfachen Gesetzesrechts postulierte Prinzip muss konsequentermaßen auch bezüglich des effektiven Rechtsschutzes gelten, wie er nach dem BVerfG unmittelbar jeweils aus Grundrechten der Berufsfreiheit und der Eigentumsgarantie abzuleiten ist. Eine Verletzung des effektiven Rechtschutzes aus Art. 12 Abs. 1 GG durch den Beurteilungsspielraum des Betriebsrats konnte aber auch hier nicht festgestellt werden.[1554] Auch erscheint es mit Rücksicht auf die unter allgemeinen materiell-grundrechtlichen Gesichtspunkten herausgearbeitete Vereinbarkeit des Beurteilungsspielraums des Betriebsrats mit der Eigentumsgarantie des Arbeitgebers nur konsequent, hierin auch keine Verletzung des gegebenenfalls unmittelbar aus diesem Grundrecht abzuleitenden Gebotes eines effektiven Rechtsschutzes zu sehen, denn letzterer ist, wie gesagt, nicht Selbstzweck, sondern dient lediglich der Durchsetzung der möglichen (Grund-) Rechtsposition.[1555] Schließlich aber entspricht der Beurteilungsspielraum des Betriebsrats hinsichtlich der Erforderlichkeit der Sachmittel ohnehin dem hier allenfalls einschlägigen Kriterium zur Wahrung des effektiven Rechtsschutzes, welches das BVerfG in seinen Entscheidungen zum Mieterhöhungsverfahren entwickelt hat: Eine vergleichbare Verhinderung der gerichtlichen Geltendmachung in Abweichung vom (einfachen) materiellen Recht[1556] kann der Beurteilungsspielraum schon deshalb nicht bewirken, da er im materiellen Recht verankert ist und damit seine Ausübung die Umsetzung der materiellen Rechtslage selbst darstellt. Außerdem wird findet auch keine vergleichbare einseitige Überbürdung der Informationsbeschaffung, hier auf den Arbeitgeber, statt; es liegt vielmehr in dessen Hand, dem Betriebsrat durch umfassende Information hinsichtlich gerade der betrieblichen Interessen eine insbesondere den betrieblichen Finanzressourcen angepasste Abwägungsentscheidung zu ermöglichen. Auch darf der Betriebsrat, wie gesagt, nach dem BAG nicht allein nach seinen subjektiven Bedürfnissen entscheiden, sondern er hat vielmehr die betrieblichen Verhältnisse und die sich ihm stellenden Aufgaben zu berücksichtigen. Im Rahmen seiner Entscheidung sind die Interessen der Belegschaft an einer sachgerechten Ausübung des Betriebsratsamtes einerseits und die berechtigten Interessen des Arbeitgebers, auch soweit sie auf eine Begrenzung der Kostentragungspflicht gerichtet sind, andererseits „gegeneinander abzuwägen".[1557] Mithin ist die gerichtliche Kontrolle der Einhaltung der Grenzen des Beurteilungsspielraums sehr intensiv, ja nahezu objektiviert; auch von daher scheidet eine Verletzung eines durch die Eigentumsgarantie garantierten effektiven Rechtschutzes aus.

[1553] S. hierzu S. 209 m. N.

[1554] S. hierzu 3. Kapitel:C.II.6.d)bb)(2)(b).

[1555] S. zu diesem Gedanken S. 202.

[1556] S. hierzu BVerfGE 37, 132, 145 ff., insbes. 146 oben, 147 f.; bestätigend E 53, 352, 357 ff.; näher hier S. 212.

[1557] S. die N. in Fn. 1547.

(4) Ergebnis zur Eigentumsgarantie

Die gesetzgeberische Schaffung eines Beurteilungsspielraums des Betriebsrats hinsichtlich der Einschätzung der Erforderlichkeit von Sachmitteln im Zusammenhang mit der Wendung „in erforderlichem Umfang" gemäß § 40 Abs. 2 BetrVG als unbestimmter Rechtsbegriff bzw. dessen Gewinnung durch Auslegung verletzen weder unter allgemeinen Verhältnismäßigkeitsgesichtspunkten noch im Hinblick auf den effektiven Rechtsschutz, wie das BVerfG ihn unmittelbar aus Art. 14 Abs. 1 und 2 GG ableitet, die grundrechtliche Garantie des Eigentums des Arbeitgebers.

dd) Allgemeine (wirtschaftliche) Handlungsfreiheit gem. Art. 2 Abs. 1 GG

Die allgemeine wirtschaftliche Handlungsfreiheit als lex generalis wird von der Berufs(ausübungs-)freiheit sowie (bei unterstellter Eröffnung des Schutzbereichs auch) durch die Eigentumsfreiheit des Arbeitgebers als leges speciales verdrängt.[1558] Insbesondere auch für Geldleistungspflichten ist das BVerfG diesem Grundsatz gefolgt.[1559] Will man dies anders sehen, so stellt § 40 Abs. 2 BetrVG, auch in der Auslegungsvariante mit Beurteilungsspielraum, jedenfalls einen Teil der die wirtschaftliche Handlungsfreiheit einschränkenden „verfassungsmäßigen Ordnung" gemäß Art. 2 Abs. 1 Hs. 2 GG dar und betrifft nicht den Kern unternehmerischer Entfaltungsfreiheit.[1560] Ein anderes Ergebnis hieße letztlich, die durch die spezielleren Grundrechte nach Art. 12 Abs. 1 und Art. 14 Abs. 1 und 2 GG gesetzten Grenzen zu überspielen.

e) Ergebnis zu Verfassungskonformität eines Beurteilungsspielraums des Betriebsrats bei Anwendung des Begriffes „in erforderlichem Umfang" im Rahmen von § 40 Abs. 2 BetrVG

§ 40 Abs. 2 BetrVG verstößt auch in der Auslegungsvariante mit Beurteilungsspielraum des Betriebsrats bei Anwendung des Begriffes „in erforderlichem Umfang" nicht gegen Verfassungsrecht. Auch hier stellt weder die Schaffung eines Beurteilungsspielraums durch den Gesetzgeber eine Überschreitung der Grenzen dar, die dieser bei der Gestaltung des einfachen Rechts zu beachten hat, noch liegt in der Auslegung dieser Norm insbesondere im Hinblick auf den unbestimmten Rechtsbegriff „in der Regel" eine Verletzung von Verfassungsrecht, insbesondere von Grundrechten, durch die jeweiligen Entscheidungen der Rechtsprechung.

[1558] S. hierzu bereits S. 215 m. N.

[1559] S. nur etwa BVerfGE 77, 308, 340 m. w. N. zu Art. 12 Abs. 1 GG als lex specialis; vgl. a. BVerfG 96, 375, 397, wo tatsächlich allein Art. 2 Abs. 1 GG als Grundrecht den Maßstab stellte, da der Schutzbereich weder der Berufsfreiheit noch der Eigentumsgarantie eröffnet waren; ebenso BVerfGE 95, 267, 300 ff.

[1560] Vgl. nur etwa BVerfG NZA 1988, 25, 26; DB 1986, 646, 647 a. E. speziell zu § 40 Abs. 2 BetrVG.

4. Kapitel: Ausblick und thesenartige Zusammenfassung der wichtigsten Ergebnisse

A. Ausblick

Die Reduktion der (arbeits-) gerichtlichen Kontrolldichte durch Beurteilungsspielräume der betrieblichen, vorgerichtlichen Rechtsanwender wurde hier anhand dreier Beispiele dargestellt. Diese sind jedoch keine Einzelfälle; auf weitere partielle Verlagerungen der Letztentscheidungskompetenz kann allerdings nur hingewiesen werden. Genannt seien nur etwa die z. T. postulierten Beurteilungsspielräume des Betriebsrats hinsichtlich der Erforderlichkeit der Erhöhung der Mitgliederzahl des Wahlvorstandes zur ordnungsgemäßen Durchführung der Betriebsratswahlen gemäß § 16 Abs. 1 S. 2 BetrVG,[1561] des einzelnen Betriebsratsmitglieds bezüglich der Erforderlichkeit der Arbeitsbefreiung zur ordnungsgemäßen Durchführung seiner Aufgaben nach § 37 Abs. 2 BetrVG,[1562] der Einigungsstelle hinsichtlich der sachlichen Vertretbarkeit einer Freistellung im Hinblick auf die personelle Auswahl des freizustellenden Betriebsratsmitgliedes i. S. v. § 38 Abs. 2 S. 4, 5 BetrVG[1563] sowie des Arbeitgebers hinsichtlich der Einschätzung der noch möglichen bzw. noch zumutbaren Produktion im Falle eines Arbeitskampfes als vorgelagertes Problem bei der Prüfung der Voraussetzungen der Existenz eines Mitbestimmungsrechts des Betriebsrats nach § 87 Abs. 1 Nr. 3 BetrVG bei der Anordnung insbesondere von Kurzarbeit in mittelbar vom Arbeitskampf betroffenen Betrieben.[1564] Auch diese Beurteilungsspielräume böten sich für eine eingehende Überprüfung auf ihre Rechtfertigung hin an.

[1561] Bejahend etwa *Thüsing,* in: Richardi, BetrVG, § 16 Rn. 10; zust. *Eisemann,* in: ErfKzA, § 16 BetrVG Rn. 4; *Schlochauer,* in: H/S/G, BetrVG, § 16 Rn. 11; unklar *F/K/H/E/S,* BetrVG, § 16 Rn. 28 f.; für ein „pflichtgemäßes Ermessen" *Joost,* in: MünchHdbArbR, Bd. 3, § 304 Rn.152; *Schneider,* § 16 Rn. 14. Einen Beurteilungsspielraum lehnen ausdrücklich ab *Kreutz,* in: GK-BetrVG, Bd. 1, § 16 Rn. 33.

[1562] Ausdrücklich bejahend etwa *Richardi/Thüsing,* in: Richardi, BetrVG, § 37 Rn. 25; *Joost,* in: MünchHdbArbR, Bd. 3, § 304 Rn. 15 m. w. N.; *Eisemann,* in: ErfKzA, § 37 Rn. 4; *F/K/H/E/S,* BetrVG, § 37 Rn. 38 m. w. N.; *Wedde,* in: D/K/K, BetrVG, § 37 Rn. 26, 31 m. w. N. („Beurteilungs- und Ermessensspielraum"); im Ergebnis wohl auch *Glaubitz,* in: H/S/G, BetrVG, § 37 Rn.26; unklar *Wiese/Weber,* in: GK-BetrVG, Bd. 1, § 37 Rn. 33 f.

[1563] Bejahend ausdrücklich *F/K/H/E/S,* BetrVG, § 38 Rn. 60 ff., 107 m. w. N.; (mit Einschränkungen) *Wiese,* in: GK-BetrVG, Bd. 1, § 38 Rn. 56 ff., 60, 62, 65,104 i. V. m. *Kreutz,* ebenda, Bd. 2, § 76 Rn. 128, 143, 150 f. m. w. N.; vgl. a. *Berg,* in: D/K/K, BetrVG, § 38 Rn. 84 (gerichtliche Prüfung des Spruches der Einigungsstelle auf „Ermessensfehler"); A. A. wohl etwa *Joost,* in: MünchHdbArbR, Bd. 3, § 308 Rn. 73 ff., 91 und § 320 Rn. 73, 75, 81 ff.; *Glaubitz,* in: H/S/G, BetrVG, § 38 Rn. 69; *Richardi/Thüsing,* in: Richardi, BetrVG, § 38 Rn. 37, 39, 67; vgl. allgemein zur Möglichkeit von Beurteilungsspielräumen der Einigungsstelle *Hanaus/Kania,* in: ErfKzA, § 76 BetrVG Rn. 30; *Richardi,* BetrVG, § 76 Rn. 122 ff.

[1564] Ausdrücklich bejahend etwa *Wiese,* in: GK-BetrVG, Bd. 1, § 87 Rn. 406 ff., insbes. 407, 410 ff., 412; ähnl. *F/K/H/E/S,* BetrVG, § 87 Rn. 176, die hierin allerdings eine vom Gericht zu prüfende Regelungs-, keine Rechtsfrage sehen.

Die praktische Relevanz dieser Arbeit hängt dabei nicht zuletzt auch von der Zukunft der Rechtsfigur des Beurteilungsspielraums ab. Was nun die feine Differenzierung zwischen Ermessen und Beurteilungsspielraum angeht, so wird diese möglicherweise insbesondere hinsichtlich der zumindest nominell höheren Anforderungen den geringeren Standards europäischer Nachbarstaaten und auch des Unionsrechts[1565] auf lange Sicht nachgeben;[1566] ob dies tatsächlich angesichts der angeblichen „Hypertrophie der Justizstaatlichkeit" zu begrüßen ist, darf bezweifelt werden, denn weder die methodische Problematik noch die verfassungsrechtlichen Bedenken hinsichtlich Rechtsschutzgarantie (Art. 19 Abs. 4 GG) und Gewaltenteilungsgrundsatz (Art. 20 Abs. 2 S. 2 GG) lassen sich etwa durch die Einführung einer einfachgesetzlichen Vorschrift wie den bisher nicht Gesetz gewordenen Entwurf eines § 114 a VwGO[1567] wegdefinieren.[1568] Unter europäisch-rechtsvergleichendem Blickwinkel mag ein Zurückfinden zu einem einheitlichen Ermessensbegriff, wie ihn etwa *Schmidt-Aßmann* formuliert, durchaus wünschenswert sein;[1569] jedenfalls aber hat der Beurteilungsspielraum durchaus eine Zukunft in Rechtslehre und Rechtspraxis.[1570] Insbesondere für den Bereich der gestaltenden Risikovorsorge wird diese Rechtsfigur für ein „geeignetes Gehäuse für die ausgleichende Zusammenführung von Gesetzmäßigkeitsanforderungen, Rechtsschutzgarantie und Funktionserfordernissen der Risikoverwaltung" gehalten.[1571] Für die Ebene des Rechts der Europäischen Union sei nur auf die Rechtsprechung des EuGH zum Beurteilungsspielraum der Kommission verwiesen.[1572] *Gerhardt* hat es – für das öffentliche Recht – prägnant formuliert: „Die Baisse der Beurteilungsermächtigungen wird nicht ... anhalten".[1573]

[1565] Zur Möglichkeit befreiender Impulse durch das Gemeinschaftsrecht und die Spruchpraxis des EuGH *Gerhardt,* in: Schoch/Schmidt-Aßmann/Pietzner, VwGO, Bd. 2, vor § 113 Rn. 34.

[1566] Vgl. hierzu *Huber,* in: v. Mangoldt/Klein/Starck, GG, Bd. 1, Art. 19 Rn. 549; *Schmidt-Aßmann,* DVBl. 1997, 285; *Tonne,* 72.

[1567] S. hierzu den Nachweis bei *Huber,* in: v. Mangoldt/Klein/Starck, GG, Bd. 1, Art. 19 Rn. 549 in Fn. 491; zum Vorschlag des Sachverständigenrates „Schlanker Staat" *Grupp,* 139 ff.

[1568] Krit. hinsichtlich der generellen Eignung einer solchen „pauschalen Klausel" für die Zuteilung von Letztentscheidungskompetenzen etwa *Schmidt-Aßmann,* Ordnungsidee, 192 m. w. N.; *Schmidt-Aßmann/Groß,* NVwZ 1993, 622 (m. w. N. zu krit. Stimmen aus der Lit. in Fn. 54); *Gerhardt,* in: Schoch/Schmidt-Aßmann/Pietzner, VwGO, Bd. 2, vor § 113 Rn. 28, macht Bedenken insbesondere hinsichtlich der tatbestandlichen Bestimmtheit geltend; ebenso mit verfassungsrechtlichen Bedenken insbes. hins. Art. 19 Abs. 4 GG *Grupp,* 142 f., 154; vgl. a. *Rupp,* 218, Fn. 375; *Schuppert,* DVBl. 1988, 1198, der eine Generalklausel als der Verschiedenheit der unterschiedlichen Sachbereiche, in denen die Frage nach einem Beurteilungsspielraum auftauchen kann, nicht genügend ablehnt.

[1569] *Schmidt-Aßmann,* Ordnungsidee, 181 f., 192.

[1570] *Gerhardt,* in: Schoch/Schmidt-Aßmann/Pietzner, VwGO, Bd. 2, Vorb. § 113 Rn. 30.

[1571] *Di Fabio,* 462; s. a. ebenda, 289, 464.

[1572] EuGH NVwZ 1992, 358, 359; hierzu *Di Fabio,* 289 f.; *Gerhardt,* in: Schoch/Schmidt-Aßmann/Pietzner, VwGO, Bd. 2, Vorb. § 113 Rn. 34.

[1573] *Gerhardt,* in: Schoch/Schmidt-Aßmann/Pietzner, VwGO, Bd. 2, Vorb. § 113 Rn. 30.

Aber auch für das Betriebsverfassungsrecht als Teil des privaten Arbeitsrechts bieten sich Beurteilungsspielräume der betrieblichen Rechtsanwender als Lösung für Rechtsanwendungsschritte an, bei denen situationsbedingt eine Ersetzung deren Einschätzung durch eine solche der (Arbeits-) Gerichte keine Gewähr für eine juristisch „richtigere" Entscheidung gewährleistet oder wo die Stellung des betrieblichen Normadressaten im Dienste der Effektivität der betrieblichen Mitbestimmung gestärkt werden soll. Letzterem entspricht etwa die sich in der Rechtsprechung des BAG zum Beurteilungsspielraum des Betriebsrats hinsichtlich der Erforderlichkeit von Sachmitteln nach § 40 Abs. 2 BetrVG abzeichnende Tendenz zur Ausdehnung des Anwendungsbereiches dieser Rechtsfigur.[1574] Eine übertriebene Skepsis erscheint insoweit nicht angebracht: Die Verlagerung der Letztentscheidungskompetenz auf einen vorgerichtlichen Rechtsanwender bedeutet auch eine Zuteilung besonderer Verantwortung und damit eine stärkere Einbindung in den entsprechenden Entscheidungsprozess; hiermit kann, soweit etwa die größere Sachnähe des Kompetenzträgers ausschlaggebend ist, z. B. auch eine größere Gewähr der Richtigkeit der Entscheidung erreicht werden. Insbesondere sollte, wie *Di Fabio* zu Recht betont, der Beurteilungsspielraum nicht länger als „Signal partieller Rechtsschutzverweigerung" angesehen werden, sondern vielmehr als eine „geeignete und notwendige Hülse, um einen den Anforderungen komplexer Verwaltungsentscheidungen gewachsenen Rechtsschutz zu gewährleisten".[1575] Diese Idee hat dem Grundsatz nach auch für die vorgerichtliche Rechtsanwendung und die entsprechende gerichtliche Kontrolldichte im Privatrecht ihre Gültigkeit, soweit der Begründung sowie der Maßstabsbildung hinsichtlich der gerichtliche Kontrolle die notwendige Aufmerksamkeit geschenkt wird.

Ziel dieser Untersuchung war es schlicht, an einigen Beispielen den Sinn für die Problematik der Reduktion der gerichtlichen Kontrolldichte hinsichtlich der Rechtsanwendung durch betriebliche Beteiligte zu schärfen. Der Problembereich der unbestimmten Rechtsbegriffe und des Beurteilungsspielraums ist dabei ein Musterbeispiel für das Bedürfnis von Rechtslehre und Rechtspraxis, eine einheitliche klare Terminologie und Dogmatik zu entwickeln. Folgende Veränderungen wären für diesen Bereich allgemein, aber auch für das BetrVG im besonderen sehr wünschenswert: Erstens sollte der Gesetzgeber bewusst und klar die Kennzeichnung gewollter Beurteilungsspielräume im Gesetzestext vornehmen; dies dürfte allerdings in Zeiten, da Gesetze leider immer häufiger mit heißer Nadel gestrickt werden und die juristisch-technische Qualität der Normen nicht unbedingt im Anwachsen begriffen ist, ein Wunschtraum bleiben. Zweitens sollte sich die Rechtsprechung, welche nicht zuletzt aufgrund dieser Entwicklung zur Herausbildung der feineren dogmatischen Strukturen aufgerufen ist, zum einen um eine einheitliche, klare Terminologie und zum anderen um eine einheitliche inhaltliche

---

[1574] S. z. B. im Zusammenhang mit der Erforderlichkeit von Sachmitteln die ausdehnende Tendenz bezüglich des Beurteilungsspielraums des Betriebsrats in BAG ZBVR 2001, 122, 121, 125 und NZA 1999, 1292, 1294: „Auch für sonstige Sachmittel besteht keine Veranlassung, die Rechte des Betriebsrats zu beschränken und es dem Arbeitgeber zu überlassen, die Art des Sachmittels für die Geschäftsführung des Betriebsrats zu bestimmen"; s. a. BAG NZA 1999, 945, 946; verallgemeinernd auch BAG NZA 1999, 1290, 1292.

[1575] Di Fabio, 289; ähnl. *v. Olshausen,* JuS 217, 222 m. w. N.

Struktur der Rechtsfigur des Beurteilungsspielraums bemühen. Insbesondere wäre die Schaffung einer einheitlichen Fehlerlehre für die gerichtliche Kontrolle der Einhaltung des Beurteilungsspielraums etwa unter dem Gesichtspunkt der Kalkulierbarkeit des Rechts auch für den Juristen sehr hilfreich. Die Lehre kann dabei eine wichtige Orientierungshilfe darstellen. Insgesamt erscheint eine gewisse Vereinheitlichung der Rechtsfigur des Beurteilungsspielraums über die Grenzen des Privat- und des Strafrechts sowie des öffentlichen Rechts erstrebenswert, sofern die jeweils strukturell bedingten Unterschiede der Rechtsgebiete beachtet werden und keine Nivellierung der rechtstheoretischen Entwicklung als Nebenfolge einer (vergeblichen) Suche nach der juristischen Zauberformel Platz greift. Wichtig erscheint jedenfalls, dass insbesondere die Gerichte sagen, was sie tun und dass sie tun, was sie sagen, denn die Akzeptanz und somit auch die Autorität von Gerichtsentscheidungen lebt nicht zuletzt von ihrer Nachvollziehbarkeit. Besonders das BAG sollte daher in denjenigen Fällen, in denen es den Terminus „Beurteilungsspielraum" verwendet, damit eine Reduktion der Kontrolldichte jedoch gar nicht verbindet, von dieser Bezeichnung Abstand nehmen.

B. Thesenartige Zusammenfassung der wichtigsten Ergebnisse

I. Geltung des Grundsatzes uneingeschränkter gerichtlicher Kontrolle vorgerichtlicher Rechtsanwendung auch im Betriebsverfassungsrecht als Teil des Privat- bzw. privaten Arbeitsrechts; Beurteilungsspielräume als Ausnahme

Dem Grundsatz nach steht den Arbeitsgerichten die uneingeschränkte originäre Rechtsanwendungskompetenz zu.[1576] Soweit eine vorgerichtliche Rechtsanwendung durch betriebliche Normadressaten gesetzlich vorgesehen ist, haben sie diese, auch soweit unbestimmte Rechtsbegriffe betroffen sind, als konsequente Fortführung dieses Prinzips regelmäßig vollständig zu kontrollieren. Bei entsprechender Rechtfertigung kann die gerichtliche Kontrolldichte als Ausnahmefall mittels der Schaffung eines Beurteilungsspielraums reduziert werden.[1577]

II. Eingrenzungsfunktion des unbestimmten Rechtsbegriffs bei der Begründung von Beurteilungsspielräumen

Die Existenz eines unbestimmten Rechtsbegriffs allein stellt eine notwendige, aber keine hinreichende Bedingung für die Annahme eines Beurteilungsspielraums eines vorgerichtlichen (betrieblichen) Rechtsanwenders dar. Dem unbestimmten Rechtbegriff kommt insoweit eine Eingrenzungsfunktion zu.[1578]

[1576] S. hierzu 2. Kapitel:C.II.2.

[1577] S. hierzu 2. Kapitel:B.I.2.d)aa) sowie 2. Kapitel:C.II.2.

[1578] S. hierzu S. 30 f.

III. Übertragbarkeit der im öffentlichen Recht entwickelten Kriterien insbesondere hinsichtlich der Begründung von Beurteilungsspielräumen auf den Bereich des BetrVG als Teil der Privatrechtsordnung

Es besteht gerade auch im Hinblick auf die Problematik der Letztentscheidungskompetenz eine strukturelle Parallele bezüglich der gerichtlichen Kontrolldichte vorgerichtlicher Rechtsanwendung zwischen öffentlichem Recht und Privatrecht, welche die Heranziehung der im Rahmen der öffentlich-rechtlichen Diskussion zur Begründung von Beurteilungsspielräumen entwickelten und anerkannten Kriterien als Auslegungsmaterial rechtfertigt.[1579] Diese sind jedoch nicht abschließend in dem Sinne, dass nicht auch andere Gesichtspunkte einen Beurteilungsspielraum rechtfertigen könnten.[1580]

IV. Problem des effektiven Rechtsschutzes als ein Spezifikum von Beurteilungsspielräumen

Ein spezifisches Problem der Schaffung von Beurteilungsspielräumen liegt in der möglichen Verletzung verfassungsrechtlicher Garantien effektiven Rechtsschutzes.[1581]

V. Verlagerung der Problematik des effektiven Rechtsschutzes auf die Ebene der materiellen Grundrechte durch Verankerung des Beurteilungsspielraums im materiellen Recht

Durch die Verankerung von Beurteilungsspielräumen im materiellen Recht wird eine Kollision mit dem allgemeinen Justizgewährungsanspruch, welcher die materielle, zu schützende Rechtsposition voraussetzt, nicht aber selbst schafft, vermieden.[1582] Dies hat allerdings die Verlagerung der Problematik des effektiven Rechtsschutzes bei einer Reduktion gerichtlicher Kontrolldichte hinsichtlich vorgerichtlicher Rechtsanwendung vom Justizgewährungsanspruch auf die materiellen Grundrechte zur Folge.[1583] Bei der Auslegung von Normen auf einen Beurteilungsspielraum ist Zurückhaltung geboten, weil die Gefahr besteht, ungerechtfertigtermaßen Beurteilungsspielräume in das materielle Recht hineinzulesen und dadurch den effektiven Rechtsschutz auszuhöhlen.[1584]

[1579] S. hierzu 2. Kapitel:C.

[1580] S. hierzu 2. Kapitel:B.I.2.c), 2. Kapitel:C.III.

[1581] S. hierzu 3. Kapitel:B.II.6.f)bb)(5)(a).

[1582] S. 165.

[1583] S. hierzu S. 166.

[1584] S. hierzu 3. Kapitel:B.II.6.k)bb)(1).

VI. Eingeschränkte Steuerungskraft des Verfassungsrechts hinsichtlich der Schaffung von Beurteilungsspielräumen im BetrVG

Das Verfassungsrecht, insbesondere in Form der Grundrechte, entfaltet nur in begrenztem Maß Steuerungskraft hinsichtlich der Schaffung von Beurteilungsspielräumen.[1585]

VII. Schaffung der normtechnischen Voraussetzungen für einen Beurteilungsspielraum durch den Gesetzgeber und normkonkretisierende Funktion der Rechtsprechung

Die Schaffung der normtechnischen Voraussetzungen eines Beurteilungsspielraums für betriebliche Rechtsanwender wie den Wahlvorstand und den Betriebsrat stellt aus der Sicht des Gesetzgebers grdsl. eine sinnvolle Möglichkeit dar, deren Stellung und Funktion im Betrieb durch die Verteilung der Letztentscheidungskompetenz zu steuern. Aufgabe der Rechtsprechung im Rahmen ihrer normkonkretisierenden Funktion ist dann die inhaltliche Konkretisierung dieses Spielraums sowie die Bestimmung dessen Grenzen, also die nähere Ausgestaltung der Kontrolldichte.[1586]

VIII. Ergebnis der Auslegung des BetrVG auf die Existenz der geprüften Beurteilungsspielräume hin; Vereinbarkeit mit dem Verfassungsrecht

Die betrieblichen Zuordnungsstellen haben, wie dies auch der ganz h. M. entspricht, bezüglich des Vorliegens von Zweifeln i. S. v. § 5 Abs. 4 Eingangss. BetrVG bei der Einordnung eines Beschäftigten als leitender Angestellter schon nach dem einfachen Recht keinen Beurteilungsspielraum.[1587] Eine Prüfung auf die Vereinbarkeit mit dem Grundgesetz erübrigt sich daher.

Dagegen stellt ein Beurteilungsspielraum des Wahlvorstandes bei Feststellung der dem Betrieb „in der Regel" angehörenden Arbeitnehmer nach § 9 S. 1 BetrVG, wie dies der h. M. entspricht, ein jedenfalls plausibles, wenn auch nicht allein mögliches Auslegungsergebnis dar; die Verankerung desselben im materiellen Recht verstößt nicht gegen das Verfassungsrecht, wie es der Gesetzgeber bei der Schaffung einfachen Rechts zu beachten hat. Auch überschreitet die Auslegung von § 9 BetrVG, insbesondere hinsichtlich der Wendung „in der Regel" als unbestimmter Rechtsbegriff, verbunden mit einem Beurteilungsspielraum des Wahlvorstandes, nicht die verfassungsrechtlichen Grenzen der Auslegung und Anwendung einfachen Rechts, wie sie die Rechtsprechung treffen.[1588] Gleiches gilt für den Beurteilungsspielraum des Betriebs-

---

[1585] S. zu Berufsausübungsfreiheit des Arbeitgebers in der Abwehrfunktion S. 199 und zu ebendiesem Grundrecht der Arbeitnehmer in der Schutzpflichtfunktion sowie der Verfassung allgemein 3. Kapitel:B.II.6.l)dd)(1)(c)(ff).

[1586] S. als Beispiel die Ausführungen zu § 40 Abs. 2 BetrVG in 3. Kapitel:C.II.4.c). und S. 256.

[1587] S. hierzu insbes. 3. Kapitel:A.III.3.b).

[1588] S. hierzu insbes. 3. Kapitel:B.II.6.

rats bei der Einschätzung, welche Sachmittel dem erforderlichen Umfang i. S. v. § 40 Abs. 2 BetrVG entsprechen.[1589]

[1589] S. hierzu insbes. 3. Kapitel:C.II.6.

Literaturverzeichnis

Achterberg, Norbert	Leistungsbescheid und Funktionentrennung – Zugleich ein Beitrag zum Begriff der Rechtsprechung und zur Lehre vom streitentscheidenden Verwaltungsakt, JZ 1969, 354 ff.
Achterberg, Norbert	Allgemeines Verwaltungsrecht, 2. Aufl., Heidelberg 1986
Adam, Roman	Die Prüfung unbestimmter Rechtsbegriffe durch das Bundesarbeitsgericht, ZTR 2001, 349 ff.
Arndt, Adolf	Rechtsprechende Gewalt und Strafkompetenz, in: Festgabe für Carlo Schmid, Tübingen 1962
Arndt, Adolf	Die Gesetzlichkeit des Richters als Strukturprinzip der rechtsprechenden Gewalt, JZ 1956, 633, Urteilsanm. zu BVerfG JZ 1956, 407 ff.
Ascheid, Reiner/Bader, Peter/Dörner, Hans-Jürgen/Leinemann, Wolfgang/Wenzel, Leonhard	Gemeinschaftskommentar zum Arbeitsgerichtsgesetz, Neuwied (zit.: *Bearb.,* in: GK-ArbGG)
Ascheid, Reiner/Preis, Ulrich/Schmidt, Ingrid	Großkommentar zum Kündigungsrecht, München 2000 (zit.: *Bearb.,* in: GK-KSchG)
Aschmann, Tjark Erich	Der Richtervorbehalt im deutschen Polizeirecht, Würzburg 1999
Aussem, Uwe	Die Ausstrahlungswirkung der Grundrechte auf das Arbeitsrecht, Köln 1994
Bachof, Otto	Justiz und Verwaltungsgerichtsbarkeit, ZZP 65 (1952), 1 ff.
Bachof, Otto	Beurteilungsspielraum, Ermessen und unbestimmter Rechtsbegriff im Verwaltungsrecht, JZ 1955, 97 ff.
Bachof, Otto/Heigl, Ludwig/Redeker, Konrad	Verwaltungsrecht zwischen Freiheit, Teilhabe und Bindung, Festgabe aus Anlass des 25-jährigen Bestehens des Bundesverwaltungsgerichts, München 1978 (zit.: *Autor,* FG BVerwG (1978))

Backmeister, Thomas/Trittin, Wolfgang	Kündigungsschutzgesetz mit Nebengesetzen, München 2000 (zit.: *Bearb.,* in: Backmeister/Trittin, KSchG)
Bader, Adalbert	Verwaltungsverfahren und materielles Recht in der Praxis, Konstanz 1990
Badura, Peter	Staatsrecht, 2. Aufl., München 1996
Badura, Peter/Dreier, Horst	Festschrift 50 Jahre Bundesverfassungsgericht, Band 2, Klärung und Fortbildung des Verfassungsrechts, Tübingen 2001
Badura, Peter/Rittner, Fritz/Rüthers, Bernd	Mitbestimmungsgesetz 1976 und Grundgesetz, München 1977
Bauer, Horst	Gerichtsschutz als Verfassungsgarantie, Berlin 1973
Baumbach, Adolf/Lauterbach, Wolfgang/Albers, Jan/Hartmann, Peter	Zivilprozeßordnung, 59. Aufl., München 2001
Becker, Thomas	Die Auslegung des § 9 Abs. 2 AGB-Gesetz, Heidelberg 1986
Benda, Ernst/Klein, Eckart	Verfassungsprozessrecht, 2. Aufl., Heidelberg 2001
Benda, Ernst/Klein, Eckart	Verfassungsprozessrecht, Heidelberg 2001
Benda, Ernst/Maihofer, Werner/Vogel, Hans-Jochen	Handbuch des Verfassungsrechts der Bundesrepublik Deutschland, 2. Aufl., Berlin 1994 (zit.: *Bearb.,* in: Benda/Maihofer/Vogel, Handbuch Verfassungsrecht)
Benda, Ernst/Weber, Albrecht	Der Einfluss der Verfassung im Prozessrecht, ZZP 96 (1983), 285 ff.
Bernhard, Ralf	Rechtspfleger-, Richter- und Rechtsprechungsbegriff, DRiZ 1981, 361 ff.
Berti, Stephen	Zum Verhältnis zwischen materiellem Recht und Prozessrecht, in. Beiträge zu Grenzfragen des Prozessrechts, Zürich 1991
Bethge, Herbert	Die verfassungsrechtliche Problematik einer Zulassungsberufung im Zivilprozeß, NJW 1991, 2391 ff.
Bettermann, Karl August	Verwaltungsakt und Richterspruch, in: Gedächtnisschrift für Walter Jellinek, München 1955

Bettermann, Karl August	Der gesetzliche Richter in der Rechtsprechung des Bundesverfassungsgerichtes, AöR 94 (1969), 263 ff.
Bettermann, Karl August	Die Rechtsweggarantie des Art. 19 IV GG in der Rechtsprechung des BVerfG, AöR, Bd. 96 (1971), 529 ff.
Bettermann, Karl August/Nipperdey, Hans Carl/Scheuner, Ulrich	Die Grundrechte, Band 3, Halbband 2 (zit.: *Bearb.,* in: Bettermann/Nipperdey/Scheuner, Grundrechte)
Blanke, Thomas/Rose, Edgar	Veränderungen in der Arbeitsorganisation: Anforderungen an die Mitbestimmung betrieblicher Planungsprozesse, AiB 2000, 491 ff.
Blanke, Tomas/Rose, Edgar	Betriebsverfassung 2001, Flexible Mitbestimmung in modernen Zeiten, RdA 2001, 92 ff.
Bleckmann, Albert	Völkerrecht, Münster 2000
Bleckmann, Albert	Staatsrecht, 4. Aufl., Köln 1997
Blomeyer, Arwed	Der Rechtsschutzanspruch im Zivilprozeß, in: Festschrift für Eduard Bötticher, Berlin 1969
Böckenförde, Ernst-Wolfgang	Verfassungsfragen der Richterwahl, 2. Aufl., Berlin 1998
Boehmke, Burkhard/Gründel, Mirko	Grundrechte im Arbeitsverhältnis, ZfA 2001, 245 ff.
Boewer, Dietrich	Der Wiedereinstellungsanspruch, NZA 1999, 1121 ff.
Borgwardt, Jürgen/Fischer, Ansgar/Janert, Wolf-Rüdiger	Sprecherausschußgesetz für leitende Angestellte, 2 Aufl., Wiesbaden 1990
Bremeier, Karl-Friedrich	Die personelle Reichweite der Betriebsverfassung im Lichte des Gleichheitssatzes (Art. 3 Abs. 1 GG), Berlin 2001
Brohm, Winfried	Ermessen und Beurteilungsspielraum im Grundrechtsbereich, JZ 1995, 369 ff.
Buchner, Herbert	Das Gesetz zur Änderung des Betriebsverfassungsgesetzes, über Sprecherausschüsse der leitenden Angestellten und zur Sicherung der Montan-Mitbestimmung, NZA 1989, Beilage 1, 2 ff.

Bydlinski, Franz	Juristische Methodenlehre und Rechtsbegriff, 2. Aufl., Wien 1991
Calliess, Rolf-Peter/Müller-Dietz, Heinz	Strafvollzugsgesetz, 8. Aufl., München 2000 (zit.: *Calliess/Müller-Dietz,* StVollzG)
Canaris, Claus-Wilhelm	Das Fehlen einer Kleinbetriebsregelung für die Entgeltfortzahlung an kranke Angestellte als Verfassungsverstoß, RdA 1997, 267 ff.
Canaris, Claus-Wilhelm	Grundrechte und Privatrecht, Berlin 1999
Classen, Claus Dieter	Die Drittwirkung der Grundrechte in der Rechtsprechung des Bundesverfassungsgerichts, AöR 122 (1997), 65 ff.
Coen, Martin	Grundrechtsverwirklichung durch Verfahren vor den Arbeitsgerichten, DB 1984, 2459 ff.
Coester, Michael/Coester-Waltjen, Dagmar/Schlosser, Peter	J. v. Staudingers Kommentar zum Bürgerlichen Gesetzbuch, Gesetz zur Regelung des Rechts der Allgemeinen Geschäftsbedingungen (AGBG), 13. Bearbeitung, Berlin 1998 (zit.: *Bearb.,* in: Staudinger, BGB/AGBG)
Costede, Jürgen	Studien zum Gerichtsschutz, Bern 1977
Creifels, Carl/Kauffmann, Hans	Rechtswörterbuch, 13. Aufl., München 1996 (zit.: *Bearb.,* in: Creifels)
Cremer, Wolfram	Art. 80 Abs. 1 S. 2 GG und Parlamentsvorbehalt – Dogmatische Unstimmigkeiten in der Rechtsprechung des Bundesverfassungsgerichts
Czermak, Fritz	Verwaltungsgerichtsbarkeit und Gewaltenteilung, DÖV 1967, 673 f.
Dänzer-Vanotti, Christoph	Leitende Angestellte nach § 5 III, IV BetrVG n. F., NZA 1989, Beil. 1, 30 ff.
Darnstädt, Thomas	Gefahrenabwehr und Gefahrenvorsorge, Franfurt a. M. 1983
Däubler, Wolfgang	Grundrecht auf Mitbestimmung?, PersR 1988, 65 ff.
Däubler, Wolfgang	Das Grundrecht auf Mitbestimmung und seine Realisierung durch tarifliche Begründung von Beteiligungsrechten, Frankfurt a. M. 1973

Däubler, Wolfgang/Kittner, Michael/Klebe, Thomas	Betriebsverfassungsgesetz mit Wahlordnung, Kommentar für die Praxis, 8. Aufl. Frankfurt a.M. 2002 (zit.: *Bearb.,* in: D/K/K, BetrVG)
Depenheuer, Otto	Freiheit des Berufs und Grundfreiheiten der Arbeit, in: Klärung und Fortbildung des Verfassungsrechts, FS 50 Jahre BVerfG, Tübingen 2001, 255 ff.
Detterbeck, Steffen	Allgemeines Verwaltungsrecht, München 2002
Detterbeck, Steffen	Streitgegenstand, Justizgewährungsanspruch und Rechtsschutzanspruch, AcP 192 (1992), 325 ff.
Di Fabio, Udo	Risikoentscheidungen im Rechtsstaat, Tübingen 1994
Diederichsen, Uwe	Das Bundesverfassungsgericht als oberstes Zivilgericht – ein Lehrstück der juristischen Methodenlehre, AcP 198 (1998), 171 ff.
Dieterich, Thomas/Hanau, Peter/Schaub, Günter	Erfurter Kommentar zum Arbeitsrecht, 2. Aufl., München 2002 (zit.: *Bearb.,* in: ErfKzA)
Distler, Wolfram	Private Schiedsgerichtsbarkeit und Verfassung, Frankfurt a. M. 2000
Doehring, Karl	Völkerrecht, Heidelberg 1999
Dolzer, Rudolf/Vogel, Klaus	Bonner Kommentar zum Grundgesetz, Heidelberg (zit.: *Bearb.,* in. BK/GG)
Dörrwächter, Jan Christoph	Tendenzschutz im Tarifrecht, Berlin 1998
Dreier, Horst	Grundgesetz, Band I, Tübingen 1996 (zit.: *Bearb.,* in: Dreier, GG)
Dütz, Wilhelm	Arbeitsrecht, 7. Aufl., München 2002 (zit.: *Dütz,* ArbR)
Dütz, Wilhelm	Rechtsstaatlicher Gerichtsschutz im Privatrecht, Berlin 1970 (zit.: *Dütz*, Gerichtsschutz im Privatrecht)
Dütz, Wilhelm	Verfassungsmäßige Gewährleistung eines vorbeugenden Gerichtsschutzes im Betriebsverfassungsrecht, Rechtsgutachten, erstattet für die Hans–Böckler–Stiftung, Graue Reihe 1984 (zit.: *Dütz*, Vorbeugender Gerichtsschutz)

Dütz, Wilhelm	Zwangsschlichtung im Betrieb – Kompetenz und Funktion der Einigungsstelle nach dem BetrVG 1972, DB 1972, 383 ff.
Engels, Gerd/Natter, Eberhard	Die geänderte Betriebsverfassung, Minderheitenschutz, Mitwirkung der Arbeitnehmer bei neuen Techniken, leitende Angestellte und ihre Sprecherausschüsse, BB 1989, Beilage 8, 1 ff.
Engisch, Karl	Einführung in das juristische Denken, 9. Aufl., Berlin 1997 (zit.: *Engisch*, Einführung)
Engisch, Karl	Logische Studie zur Gesetzesanwendung, Heidelberg 1963 (zit.: *Engisch*, Logische Studien)
Enneccerus-Nipperdey	Allgemeiner Teil des bürgerlichen Rechts, Erster Halbbd., Tübingen 1959
Erichsen, Hans-Uwe	Die Drittwirkung der Grundrechte, JURA 1996, 527 ff.
Erichsen, Hans-Uwe	Allgemeines Verwaltungsrecht, 11. Aufl., 1998 (zit.: *Bearb.,* in: Erichsen)
Esser, Hubert	Erforderlichkeit mit Beurteilungsspielraum?, RdA 1976, 229 ff.
Eyermann, Erich	Verwaltungsgerichtsordnung, Kommentar, 10 Aufl., München 1998 (zit.: *Bearb.,* in: Eyermann, VwGO)
Fabricius, Fritz/Kraft, Alfons/Thiele, Wolfgang/Wiese, Günther/Kreutz, Peter	Betriebsverfassungsgesetz, Gemeinschaftskommentar, Bd. 1, 4. Auf., Neuwied 1987
Fabricius/Kraft/Wiese/Kreutz/Oetker/Raab/Weber	Gemeinschaftskommentar zum Betriebsverfassungsgesetz,7. Aufl., 2002 (zit.: *Bearb.* in: GK-BetrVG)
Fikentscher, Wolfgang	Methoden des Rechts, Band IV, Tübingen 1977
Fischer, Ulrich	Sachausstattung des Betriebsrats und Behinderungsverbot nach § 78 BetrVG, BB 1999, 1920 ff.
Fischer, Ulrich	Die Vorschläge von DGB und DAG zur Reform des Betriebsverfassungsgesetzes, NZA 2000, 167 ff.

Fitting, Karl/Kaiser, Heinrich/Heither, Friedrich/Engels, Gerd/Schmidt, Ingrid	Betriebsverfassungsgesetz, Handkommentar, 21. Aufl., München 2002 (zit.: *F/K/H/E/S,* BetrVG)
Forsthoff, Ernst	Lehrbuch des Verwaltungsrechts, Erster Band, Allgemeiner Teil, 10. Aufl., München 1973
Franzen, Martin	Reformbedarf beim Betriebs- und Arbeitnehmerbegriff des Betriebsverfassungsgesetzes?, ZfA 2000, 285 ff.
Friesenhahn, Ernst	Über Begriff und Arten der Rechtsprechung, in: Festschrift für Richard Thoma, Tübingen 1950
Frowein, Jochen/Peukert, Wolfgang	Europäische Menschenrechtskonvention, EMRK-Kommentar, 2. Aufl., Kehl 1996 (zit.: *Bearb.,* in: Frowein/Peukert, EMRK)
Galperin, Hans/Löwisch, Manfred	Kommentar zum Betriebsverfassungsgesetz, Bd. 1, 6. Aufl., Heidelberg 1982 (zit.: *Bearb.,* in: Galperin/Löwisch, BetrVG)
Gamillscheg, Franz	Die Grundrechte im Arbeitsrecht, Berlin 1989
Geis, Max-Emanuel	Die Anerkennung des „besonderen pädagogischen Interesses“ nach Art. 7 Abs. 5 GG, DÖV 1993, 22 ff.
Geis, Max-Emanuel	Mehr Handlungsfreiheit durch Rücknahme der verwaltungsgerichtlichen Kontrolldichte?, in: Ziekow (Hrsg.), Handlungsspielräume der Verwaltung, Berlin 1999
Germelmann, Claas-Hinrich/Matthes, Hans-Christoph/Prütting, Hanns	Arbeitsgerichtsgesetz, 4. Aufl., München 2002
Glassen, Helmut/v. Hahn, Helmuth/Kersten, Hans-Christian/Rieger, Harald	Frankfurter Kommentar zum Kartellrecht, Band 4; Köln 1982/2000
Gnade, Albert/Kehrmann, Karl/Schneider, Wolfgang/Klebe,Thomas/ Ratayczak, Jürgen	Betriebsverfassungsgesetz, Basiskommentar, 10 Aufl., Frankfurt a. M. 2002 (zit.: *Gnade/Kehrmann/Schneider/Klebe/Ratayczak,* BetrVG)
Göldner, Detlev	Verfassung, Rechtsfortbildung und Lücke, FS für Karl Larenz, München 1983, 199 ff.

Goldschmidt, James	Der Prozeß als Rechtslage – Eine Kritik des prozessualen Denken, Berlin 1925
Golsong, Heribert/Karl, Wolfram/Miehsler, Herbert/Petzold, Herbert/Rogge, Kersten/Vogler, Theo/Wildhaber, Luzius	Internationaler Kommentar zur Europäischen Menschenrechtskommission, 4. Lieferung – Mai 2000, München (zit.: *Bearb.*, in: Golsong/Karl/Miehsler u. a., IntKommEMRK)
Gossrau, Eberhard	Ist die Strafgewalt und die Bußgeldkompetenz von Verwaltungsbehörden mit Art. 92 GG vereinbar?, NJW 1958, 929 ff.
Grunsky, Wolfgang	Arbeitsgerichtsgesetz, 7. Aufl., München 1995
Grupp, Klaus	Behördliche Beurteilungsspielräume im „schlanken Staat", in: Planung – Recht- Rechtsschutz, FS für Willi Blümel, Berlin 1999
Gusy, Christoph	Die Verfassungsbeschwerde, Heidelberg 1988
Gusy, Christoph	Polizeirecht, 4. Aufl., Tübingen 2000
Haag, Theodor August	Effektiver Rechtsschutz, Konstanz 1986
Habscheid	Das Recht auf Beweis, ZZP 96 (1983), 306 ff.
Habscheid, Walther	Das Recht auf Beweis, ZZP 96 (1983), 306 ff.
Hager, Johannes	Grundrechte im Privatrecht, JZ 1994, 373 ff.
Hammer, Ulrich	Begriff und Grenzen sozialer Grundrechte und Staatszielbestimmungen unter besonderer Berücksichtigung des Arbeitsrechts, JbArbR 1995 (Bd. 32), 21 ff.
Hanau, Hans	Zur Verfassungsmäßigkeit von tarifvertraglichen Betriebsnormen am Beispiel der qualitativen Besetzungsregeln, RdA 1996, 159 ff.
Häsemeyer, Ludwig	Prozessrechtliche Rahmenbedingungen für die Entwicklung des materiellen Privatrechts – Zur Unvertauschbarkeit materieller und formeller Rechtssätze, AcP 188 (1988), 140 ff.
Haverkate, Görg	Rechtsfragen des Leistungsstaates, Tübingen 1983
Heck, Philipp	Begriffsbildung und Interessenjurisprudenz, Tübingen 1932

Heck, Philipp	Gesetzesauslegung und Interessenjurisprudenz, Tübingen 1914 (zit.: *Heck,* Gesetzesauslegung)
Heintzen, Markus	Zur Verfassungsmäßigkeit von § 292 a Abs. 2 Nr. 2 a) HGB, BB 1999, 1050 ff.
Henckel, Wolfram	Prozessrecht und materielles Recht, Göttingen 1970
Herdegen, Mathias	Beurteilungsspielraum und Ermessen im strukturellen Vergleich, JZ 1991, 747 ff.
Hertel, Melanie	Aktivierung der Athletenrechte im Verhältnis zur Verbandautonomie unter besonderer Berücksichtigung der Berufsfreiheit, Frankfurt a. M. 2001
Herzog, Roman	Verfassung und Verwaltungsgerichte- Zurück zu mehr Kontrolldichte?, NJW 1992, 2601 ff.
Herzog, Roman	Staat und Recht im Wandel, Goldbach 1993
Hess, Harald/Schlochauer, Ursula/ Glaubitz, Werner	Kommentar zum Betriebsverfassungsgesetz, 5. Aufl., Neuwied 1997 (zit.: *Bearb.* in: H/S/G, BetrVG)
Hilber, Marc/Frik, Roman	Rechtliche Aspekte der Nutzung von Netzwerken durch Arbeitnehmer und den Betriebsrat, RdA 2002, 89 ff.
Hillgruber, Christian	Grundrechtsschutz im Vertragsrecht – zugleich Anmerkung zu BVerfG NJW 1990, 1469, AcP 191 (1991), 69 ff.
Hoffmann-Riem, Wolfgang	Anscheingefahr und Anscheinverursachung im Polizeirecht, in: FS für Gerhard Wacke, Köln 1972
Höfling, Wolfram/Rixen, Stephan	Stattgebende Kammerentscheidungen des Bundesverfassungsgerichts (2.Teil), AöR 125 (2000), 613 ff.
Hofmann	Der Beitrag der neueren Rechtsprechung des BVerfG zur Dogmatik des Beurteilungsspielraumes, NVwZ 1995, 740
Honstetter, Johannes A.	Die Prognoseentscheidung des Arbeitgebers im Kündigungsrecht, Frankfurt am Main, 1994

Hoppe, Werner	Gerichtliche Kontrolldichte bei komplexen Verwaltungsentscheidungen, in: Verwaltungsrecht zwischen Freiheit, Teilhabe und Bindung, FG BVerwG, München 1978
Hoyningen-Huene, Gerrick v.	Grundfragen der Betriebsverfassung: Mitbestimmung – Betriebsrat- Betrieb, in: Arbeitsgesetzgebung und Arbeitsrechtsprechung, FS Eugen Stahlhacke, Neuwied 1995
Hoyningen-Huene, Gerrick v.	Betriebsverfassungsrecht, 5. Aufl., München 2002
Hoyningen-Huene, Gerrick v.	Grundfragen der Betriebsverfassung: Mitbestimmung – Betriebsrat – Betrieb – Betriebszugehörigkeit, in: Arbeitsgesetzgebung und Arbeitsrechtsprechung, Festschrift zum 70. Geburtstag von Eugen Stahlhacke, Neuwied 1995, 173 ff.
Hoyningen-Huene, Gerrick v.	Die Billigkeit im Arbeitsrecht, München 1978
Hoyningen-Huene, Gerrick v.	Die Inhaltskontrolle nach § 9 AGB-Gesetz, Heidelberg 1991
Hromadka, Wolfgang	Der Begriff des leitenden Angestellten, BB 1990, 5 ff.
Hromadka, Wolfgang/Maschmann, Frank	Arbeitsrecht Band 1, Individualarbeitsrecht, Berlin 1998 (zit.: *Hromadka/Maschmann,* ArbR, Bd. 1)
Hufen, Friedhelm	Berufsfreiheit – Erinnerung an ein Grundrecht, NJW 1994, 2913 ff.
Hufen, Friedhelm	Verwaltungsprozeßrecht, 2. Aufl., München 1996
Hummer, Rüdiger	Justizgewährung und Justizverweigerung in verfassungsrechtlicher Sicht, Marburg 1972
Huster, Stefan	Beweislastverteilung und Verfassungsrecht, NJW 1995, 112 f.
Ipsen, Jörn	„Stufentheorie“ und Übermaßverbot – Zur Dogmatik des Art. 12 GG, JuS 1990, 634 ff.
Ipsen, Jörn	Staatsrecht II (Grundrechte), 3. Aufl., Neuwied 2000

Isensee, Josef/Kirchhof, Paul — Handbuch des Staatsrechts der Bundesrepublik Deutschland, Band I, 1987; Band III, 1988; Band V, 1992; Band VII, 1992, jew. Heidelberg (zit.: *Bearb.,* in: Isensee/Kirchhof, Handbuch Staatsrecht)

Jachmann, Monika — Zur Reichweite der Wesentlichkeitstheorie des Bundesverfassungsgerichts und ihrer Bedeutung für die richterliche Entscheidung, JA 1994, 399 ff.

Jarass, Hans D. — Die Grundrechte: Abwehrrechte und objektive Grundsatznormen, in: Festschrift 50 Jahre Bundesverfassungsgericht, Bd. 2, Klärung und Fortbildung des Verfassungsrechts, Tübingen 2001

Jarass, Hans D./Pieroth, Bodo — Grundgesetz für die Bundesrepublik Deutschland, 6. Aufl., München 2002 (zit.: *Bearb.,* in: Jarass/Pieroth, GG)

Jellinek, Walter — Gesetz, Gesetzesanwendung und Zweckmäßigkeitserwägung, Tübingen 1913

Jesch, Dietrich — Unbestimmter Rechtsbegriff und Ermessen in rechtstheoretischer und verfassungsrechtlicher Sicht, AÖR 82 (1957), 163 ff.

Junker, Abbo — Grundkurs Arbeitsrecht, München 2001

Junker, Abbo/Band, Maren/Feldmann, Marko — Neue Kommunikationsmittel und Rechte des Betriebsrats, BB 2000, Beil. 10, 14 ff.

Kant, Immanuel — Vorlesungen über Logik, 1800, herausgeg. von Artur Buchenau, in: Immanuel Kants Werke, Band VIII, Hildesheim 1973

Kempen, Otto Ernst — Die Organisation der Betriebsverfassung durch Tarifvertrag (insbesondere nach § 3 BetrVG), in: Tarifautonomie für ein neues Jahrhundert, FS Günter Schaub, München 1998

Kempen, Otto Ernst — Das grundrechtliche Fundament der Betriebsverfassung, AuR 1986, 129 ff.

Kempen, Otto Ernst — Grundgesetz, technischer Wandel und betriebliche Mitbestimmung, AuR 1988, 271 ff.

Kimms, Frank — Das Grundrecht der Berufsfreiheit in der Fallbearbeitung, JuS 2001, 664 ff.

Kisker, Gunter	Ein Grundrecht auf Teilhabe an Herrschaft?, FS Willi Geiger, Tübingen 1989
Kissel, Otto Rudolf	Gerichtsverfassungsgesetz, 3. Aufl., München 2001
Kittner, Michael/Däubler, Wolfgang/Zwanziger, Bertram	KSchR, Kündigungsschutzrecht, 4. Aufl., Köln 1999
Klein, Franz/Schmidt-Bleibtreu, Bruno	Kommentar zum Grundgesetz, 9. Aufl., Neuried 1999
Kloepfer, Michael	Arbeitsgesetzgebung und Wesentlichkeitstheorie, NJW 1985, 2497 ff.
Knack, Hans Joachim	Verwaltungsverfahrensgesetz, Kommentar, 5. Aufl., München 1996 (zit.: *Bearb.,* in: Knack, VwVfG)
Köbler, Gerhard	Juristisches Wörterbuch, 6. Aufl., München 1994
Koch, Hans-Joachim/ Rüßmann, Helmut	Juristische Begründungslehre, München 1982
Koenig, Christian	Zur gerichtlichen Kontrolle sogenannter Beurteilungsspielräume im Prüfungsrecht, VerwArch 83 (1992), 351 ff.
Konzen, Horst	Der Regierungsentwurf des Betriebsverfassungsreformgesetzes, RdA 2001, 76 ff.
Konzen, Horst	Privatrechtssystem und Betriebsverfassung, ZfA 1985, 469 ff.
Konzen, Horst/Rupp, Hans Heinrich	Effektiver Gerichtsschutz und negatorischer Rechtsschutz im BetrVG, DB 1984, 2695 ff.
Kopp, Ferdinand	Verfassungsrecht und Verwaltungsverfahrensrecht, München 1970
Kopp, Ferdinand/Ramsauer, Ulrich	Verwaltungsverfahrensgesetz, 7. Aufl., München 2000 (zit.: *Kopp/Ramsauer,* VwVfG)
Kopp, Ferdinand/Schenke, Wolf-Rüdiger	Verwaltungsgerichtsordnung, 12. Aufl., München 2000 (zit.: *Kopp/Schenke,* VwGO)
Kramer, Ernst A.	Juristische Methodenlehre, München 1998

Krüger, Herbert — Der Regierungsentwurf eines Betriebsverfassungsgesetzes vom 29. Januar 1971 und das Grundgesetz, Hamburger Öffentlich-rechtliche Nebenstunden, Hamburg 1971
(zit.: *Krüger,* Regierungsentwurf)

Larenz, Karl — Methodenlehre der Rechtswissenschaft, 6. Aufl., Berlin 1991

Larenz/Canaris — Methodenlehre der Rechtswissenschaft, 3. Aufl., Berlin 1995

Larenz/Wolf — Allgemeiner Teil des Deutschen Bürgerlichen Rechts, 8. Aufl., München 1997

Lechner, Hans/Zuck, Rüdiger — Bundesverfassungsgerichtsgesetz, 4. Aufl., München 1996

Leibholz/Rinck/Hesselberger — Grundgesetz für die Bundesrepublik Deutschland
(zit.: *Leibholz/Rinck/Hesselberger*, GG)

Lerche, Peter — Übermaß und Verfassungsrecht, Goldbach 1999

Lisken, Hans/Denninger, Erhard — Handbuch des Polizeirechts, 2. Aufl., München 1996
(zit.: Bearb., in: Lisken/Denninger)

Lorenz, Dieter — Der Rechtsschutz des Bürgers und die Rechtsweggarantie, München 1973

Loritz, Karl-Georg — Der praktische Wert der verfassungsrechtlichen Eigentumsgarantie für die unternehmerische Betätigung, BB 1993, 225 ff.

Loritz, Karl-Georg — Sinn und Aufgabe der Mitbestimmung heute, ZfA 1991, 1 ff.

Loritz, Karl-Georg — Die Änderung betrieblicher Versorgungszusagen und die verfassungsrechtlichen Fragen zum Schutz der sog. erdienten Dynamik, ZfA 1989, 1 ff.

Loritz, Karl-Georg — Sinn und Aufgabe der Mitbestimmung heute, ZfA 1991 1 ff.

Löwisch, Manfred — Monopolisierung durch Mehrheitswahl?, BB 2001, 726 ff.

Löwisch, Manfred — Änderungen der Betriebsverfassung durch das Betriebsverfassungs-Reformgesetz, BB 2001, 1734 ff., 1790 ff.

Löwisch, Manfred	Arbeitskampf- und Schlichtungsrecht, Heidelberg 1997
Lücke, Jörg	Die Berufsfreiheit, Heidelberg 1994
Mangoldt, Hermann v. / Klein, Friedrich/Starck, Christian	Das Bonner Grundgesetz, Kommentar, Bd. 1, 4. Aufl., München 1999; Bd. 2, 4. Aufl., München 2000; Bd. 3, 4. Aufl., München 2001 (zit.: *Bearb.* in: v. Mangoldt/Klein/Starck, GG)
Manske, Wolfgang	Bessere Arbeitsbedingungen für Betriebsräte?, AuR 2001, 94 f.
Martens, Klaus-Peter	Die leitenden Angestellten im Spannungsfeld von unternehmerischer Organisationsautonomie und Arbeitnehmerschutz, RdA 1988, 202 ff.
Martens, Klaus-Peter	Die Neuabgrenzung der leitenden Angestellten und die begrenzte Leistungsfähigkeit moderner Gesetzgebung, RdA 1989, 73 ff.
Maunz, Theodor/Zippelius, Reinhold	Deutsches Staatsrecht, 30. Aufl., München 1998
Maunz, Theodor/Zippelius, Reinhold	Deutsches Staatsrecht, 30. Aufl., München 1998
Maunz/Dürig	Grundgesetz (zit.: *Bearb.,* in: Maunz/Dürig, GG)
Maurer, Hartmut	Rechtsstaatliches Prozessrecht, in: Festschrift 50 Jahre Bundesverfassungsgericht, Bd. 2, Klärung und Fortbildung des Verfassungsrechts, Tübingen 2001
Maurer, Hartmut	Allgemeines Verwaltungsrecht, 12. Auflage, 1999
Menger, Christian-Friedrich/Erichsen, Hans Uwe	Höchstrichterliche Rechtsprechung zum Verwaltungsrecht, VerwArch 58 (1967), 70 ff. und 59 (1968), 67 ff.
Messerer, Richard	Zum Begriff „Rechtsprechung“ und „Richter“, DRiZ 1954, 209 ff.
Morgenthaler, Gerd	Freiheit durch Gesetz, Tübingen 1999
Müller, Christoph Johannes	Die Berufsfreiheit des Arbeitgebers: Einwirkungen des Art. 12 Abs. 1 GG auf das Individual- und Kollektivarbeitsrecht, Köln 1994
Müller, Friedrich	Juristische Methodik, 7. Aufl., Berlin 1997

Müller, Gerhard	Kritische Bemerkungen zur neuen Bestimmung des leitenden Angestellten, DB 1989, 824 ff.
Müller, Hans-Peter	Zur Präzisierung der Abgrenzung der leitenden Angestellten, DB 1988, 1697 ff.
Münch, Ingo v. / Kunig, Philip	Grundgesetz-Kommentar, München, Bd. 1, 5. Aufl., 2000; Bd. 3, 1996
Musielak, Hans-Joachim	Grundkurs ZPO, 5. Aufl., München 2000
Musielak, Hans-Joachim	Kommentar zur Zivilprozeßordnung, München 1999
Mutius, Albert v.	Unbestimmter Rechtsbegriff und Ermessen im Verwaltungsrecht, Jura 1987, 92 ff.
Nell, Ernst-Ludwig	Wahrscheinlichkeitsurteile in juristischen Entscheidungen, Berlin 1983
Neuner, Jörg	Die Rechtsfindung contra legem, München 1992
Nierhaus, Michael	Bestimmtheitsgebot und Delegationsverbot des Art. 80 Abs. 1 S. 2 GG und der Gesetzesvorbehalt der Wesentlichkeitstheorie, in: Verfassungsstaatlichkeit, FS für Klaus Stern, München 1997
Nierhaus, Michael	Zur gerichtlichen Kontrolle von Prognoseentscheidungen der Verwaltung, DVBl. 1977, 19 ff.
Nipperdey, Peter	Beurteilungsspielraum – Differenzen in der Rechtsprechung des Bundesarbeitsgerichts, DB 1980, 1645 f.
Nipperdey, Peter	Grundfragen des Beurteilungsspielraumes bei unbestimmten Rechtsbegriffen im Betriebsverfassungsrecht, DB 1977, 1093 ff.
Obermayer, Klaus	Kommentar zum Verwaltungsverfahrensgesetz, 3. Aufl., Neuwied 1999 (zit.: *Bearb.,* in: Obermayer, VwVfG)
Obermayer, Klaus	Verfassungsrechtliche Bedenken gegen den Regeierungsentwurf eines Betriebsverfassungsgesetzes, DB 1971, 1715 ff.
Oehmann, Werner/Dieterich, Thomas	Arbeitsrecht-Blattei, Systematische Darstellung, Loseblattsammlung, (Stand: März 200) Heidelberg (zit.: *Bearb.,* in: AR-Blattei SD)

Oeter, Stefan	„Drittwirkung“ der Grundrechte und die Autonomie des Privatrechts, AöR 119 (1994), 529 ff.
Oetker, Hartmut	Der arbeitsrechtliche Bestandsschutz unter dem Firmament der Grundrechtsordnung, Stuttgart, 1996
Oetker, Hartmut	Gibt es einen Kündigungsschutz außerhalb des Kündigungsschutzgesetzes?, AuR 1997, 41 ff.
Oppermann, Thomas	Europarecht, München 1991
Ossenbühl, Fritz	Die richterliche Kontrolle von Prognoseentscheidungen, in: Festschrift für Christian-Friedrich Menger, München 1985 (zit.: *Ossenbühl,* FS Menger)
Ossenbühl, Fritz	Gedanken zur Kontrolldichte in der verwaltungsgerichtlichen Rechtsprechung, in: Rechtsstaat zwischen Sozialgestaltung und Rechtsschutz, FS für Konrad Redeker, München 1993
Ossenbühl, Fritz	Vom unbestimmten Rechtsbegriff zur letztverbindlichen Verwaltungsentscheidung, DVBl. 1974, 309 ff.
Palandt, Otto	Bürgerliches Gesetzbuch, 61. Aufl., München 2002 (zit.: *Bearb.,* in: Palandt, BGB)
Palandt, Otto	Gesetz zur Modernisierung des Schuldrechts, Ergänzungsband zu Palandt, Bürgerliches Gesetzbuch, 61. Aufl., München 2002 (zit.: *Bearb.,* in: Ergänzungsbd. zu Palandt, BGB, 61. Aufl.)
Papier, Hans-Jürgen	Einführung neuer Techniken, NJW 1987, 988 ff.
Papier, Hans-Jürgen	Verwaltungsverantwortung und gerichtliche Kontrolle, in: Verwaltung im Rechtsstaat, FS für Carl Hermann Ule, Köln 1987, S. 235 ff.
Papier, Hans-Jürgen	Zur verwaltungsgerichtlichen Kontrolldichte, DÖV 1986, 621 ff.
Pawlowski, Hans-Martin	Methodenlehre für Juristen, 3. Aufl., Heidelberg 1999
Pieroth, Bodo/Schlink, Bernhard	Staatsrecht, 2. Grundrechte, 17. Aufl., Heidelberg 2001

Plander, Harro	Arbeitsrecht: Instrument zur Verwirklichung von Grundrechten der Arbeitnehmer, in: Arbeit und Recht, FS Albert Gnade, Köln 1992
Popp, Gerfried	Die Betriebsverfassung – öffentlich oder privat?, BB 1996, 1111 f.
Poscher, Ralf	Gefahrenabwehr, Berlin 1999
Preis, Ulrich	Arbeitsrecht, Köln 1999 (zit.: *Preis,* ArbR)
Preis, Ulrich	Prinzipien des Kündigungsrechts bei Arbeitsverhältnissen, München 1987 (zit.: *Preis,* Prinzipien)
Radbruch, Gustav	Rechtsphilosophie, 8. Aufl., Stuttgart 1973
Ratayczak, Jürgen/Schneider, Wolfgang	Neue Grundlagen für die Betriebsratswahlen, AiB 2002, 10 ff.
Rebmann, Kurt/Säcker, Franz	Münchener Kommentar zum Bürgerlichen Gesetzbuch, Band 1, Allgemeiner Teil, 3. Aufl., München 1993 (zit.: *Bearb.,* in: MüKo, BGB)
Redeker, Konrad	Verfassungsrechtliche Vorgaben zur Kontrolldichte verwaltungsgerichtlicher Entscheidungen, NVwZ 1992, 305 ff.
Redeker, Konrad	Justizgewährungspflicht des Staates versus richterliche Unabhängigkeit?, NJW 2000, 2796 ff.
Redeker, Konrad	Fragen der Kontrolldichte verwaltungsgerichtlicher Rechtsprechung, DÖV 1971, 757 ff.
Redeker, Konrad/v. Oertzen, Hans-Joachim	Verwaltungsgerichtsordnung, Kommentar, 12. Aufl., Berlin 1997 (zit.: *Redeker/v. Oertzen,* VwGO)
Reichold, Hermann	Betriebsverfassung als Sozialprivatrecht, München 1995
Reidt, Olaf	Behördlicher Beurteilungsspielraum und Grundrechtsschutz, DÖV 1992, 916 ff.
Reifferscheid	Ergänzbares Lexikon des Rechts, Neuwied (zit.: *Bearb.,* in: Lexikon des Rechts)
Reuter, Dieter/Streckel, Siegmar	Grundfragen der betriebsverfassungsrechtlichen Mitbestimmung, Frankfurt a. M. 1973

Richardi, Reinhard	Reform des Betriebsverfassungsgesetzes?, NZA 2000, 161 ff.
Richardi, Reinhard	Kollektivgewalt und Individualwille bei der Gestaltung des Arbeitsverhältnisses, München 1968
Richardi, Reinhard	Betriebsverfassungsgesetz mit Wahlordnung, Kommentar, 8. Aufl., München 2002 (zit.: *Richardi*, BetrVG)
Richardi, Reinhard	Die Neuabgrenzung der leitenden Angestellten nach § 5 III und IV BetrVG, NZA 1990, Beil. 1, 2 ff.
Richardi, Reinhard/Wlotzke, Otfried	Münchener Handbuch zum Arbeitsrecht, Bd. 1: Individualarbeitsrecht I, Bd. 2: Individualarbeitsrecht II, Bd. 3: Kollektives Arbeitsrecht, 2. Aufl., München 2000 (zit.: *Bearb.* in: MünchHdbArbR)
Rieble, Volker	Die Betriebsverfassungsgesetz-Novelle in ordnungspolitischer Sicht, ZIP 2001, 133 ff.
Röder, Gerhard	Die Neuregelung der Betriebsverfassung, NZA 1989, Beilage 4, 2 ff.
Roos, Bernd	Kosten der Betriebsratstätigkeit, AiB 1998, 188 ff.
Rosenberg/Schwab/Gottwald	Zivilprozeßrecht, 15. Aufl., München 1993 (zit.: *Bearb.,* in: Rosenberg/Schwab/Gottwald, ZPO)
Ruffert, Matthias	Vorrang der Verfassung und Eigenständigkeit des Privatrechts, Tübingen 2001
Rumler, Marie-Theres	Der Kündigungsschutz leitender Angestellter, Diss., Baden-Baden 1990 (zit.: Rumler, Kündigungsschutz)
Rüping, Hinrich	Verfassungs- und Verfahrensrecht im Grundsatz des rechtlichen Gehörs, NVwZ 1985, 304 ff.
Rupp, Hans Heinrich	Grundfragen der heutigen Verwaltungsrechtslehre, 2. Aufl., Tübingen 1991
Sachs, Michael	Grundgesetz, 2. Aufl., München 1999 (zit.: *Bearb.,* in: Sachs, GG)
Sandmann, Bernd	Die Haftung von Arbeitnehmern, Geschäftsführern und leitenden Angestellten, Tübingen 2001
Schapp, Jan	Methodenlehre des Zivilrechts, Tübingen 1998

Schaub, Günter — Arbeitsrechts-Handbuch, 10. Auflage, München 2002

Schenke, Wolf-Rüdiger — Die Bedeutung der verfassungsrechtlichen Rechtsschutzgarantie des Art. 19 Abs. 4 GG, JZ 1988, 317 ff.

Schenke, Wolf-Rüdiger — Rechtsschutz bei normativem Unrecht, Berlin 1979

Schildt, Bernd/Möller, Kristina — Das neue Mietrecht: Ein Überblick, JURA 2001, 721 ff.

Schlaich, Klaus/Korioth, Stefan — Das Bundesverfassungsgericht, 5. Aufl., München 2001

Schlink, Bernhard — Der Grundsatz der Verhältnismäßigkeit, in: Festschrift 50 Jahre Bundesverfassungsgericht, Band 2, Klärung und Fortbildung des Verfassungsrechts, Tübingen 2001

Schlink, Bernhard — Das Objektive und das Subjektive beim polizeirechtlichen Gefahrbegriff, Jura 1999, 169 ff.

Schlünder, Berthold — AGB-Gesetz in Leitsätzen, München 1992

Schmalz, Dieter — Methodenlehre für das juristische Studium, 3. Aufl., Baden-Baden 1992

Schmidt-Aßmann — Die Kontrolldichte der Verwaltungsgerichte: Verfassungsgerichtliche Vorgaben und Perspektiven, DVBl. 1997, 281 ff.

Schmidt-Aßmann, Eberhard — Besonderes Verwaltungsrecht, 10. Aufl., Berlin 1995
(zit.: *Bearb.,* in: Schmidt-Aßmann)

Schmidt-Aßmann, Eberhard — Das allgemeine Verwaltungsrecht als Ordnungsidee, Berlin 1998
(zit.: *Schmidt-Aßmann,* Ordnungsidee)

Schmidt-Aßmann, Eberhard — Die gerichtliche Kontrolle administrativer Entscheidungen im deutschen Bau-, Wirtschafts- und Umweltverwaltungsrecht, in: Schwarze, Jürgen/Schmidt-Aßmann, Eberhard, Das Ausmaß der gerichtlichen Kontrolle im Wirtschaftsverwaltungs- und Umweltrecht, Baden-Baden 1992
(zit.: *Schmidt-Aßmann,* in: Kontrolle)

Schmidt-Aßmann, Eberhard/Groß, Thomas	Zur verwaltungsgerichtlichen Kontrolldichte nach der Privatgrundschul-Entscheidung des BVerfG, NVwZ 1993, 617 ff.
Schmidt-Bleibtreu, Bruno/Klein, Franz	Kommentar zum Grundgesetz, 9. Aufl., Neuwied 1999 (zit.: *Bearb.,* in: Schmidt-Bleibtreu/Klein, GG)
Schmidt-Salzer	Der Beurteilungsspielraum der Verwaltungsbehörden, Berlin 1968
Schoch, Friedrich/Schmidt-Aßmann, Eberhard/ Pietzner, Rainer	Verwaltungsgerichtsordnung, Bd. 1 und 2, Loseblattsammlung, München, Stand: Januar 2002 (zit.: *Bearb.,* in Schoch/Schmidt-Aßmann/Pietzner, VwGO)
Scholz, Rupert	Verdeckt Verfassungsneues zur Mitbestimmung?, NJW 1986, 1587 ff.
Scholz, Rupert	Justizgewährleistung und wirtschaftliche Leistungsfähigkeit, Gedächtnisschrift für Eberhard Grabitz, 1995, 725 ff.
Scholze-Stubenrecht, Werner	Duden, Das große Wörterbuch der deutschen Sprache in zehn Bänden, 3. Aufl., Mannheim 1999.
Schulze-Fielitz	Neue Kriterien für die verwaltungsgerichtliche Kontrolldichte bei der Anwendung unbestimmter Rechtsbegriffe, JZ 1993, 772 ff.
Schumann, Ekkehard	Verfassungs- und Menschenrechtsbeschwerde gegen richterliche Entscheidungen, Berlin 1963
Schumann, Ekkehard	Bundesverfassungsgericht, Grundgesetz und Zivilprozeß, München 1983
Schuppert, Gunnar Folke	Self-restraints der Rechtsprechung, DVBl. 1988, 1198
Schwab, Karl Heinz/Gottwald, Peter	Verfassung und Zivilprozeß, Bielefeld 1984
Schwarze, Roland	Die verfassungsrechtliche Garantie des Arbeitskampfes – BVerfGE 84, 212, JuS 1994, 653 ff.
Schweitzer, Michael	Staatsrecht III, 7. Aufl., Heidelberg 2000
Seiler, Christian	Der einheitliche Parlamentsvorbehalt, Berlin 2000
Sieckmann, Jan-R.	Beurteilungsspielraum und richterliche Kontrollkompetenz, DVBl. 1997, 101 ff.

Soergel	Bürgerliches Gesetzbuch, Kohlhammer-Kommentar, Bd. 2, 12. Aufl., Berlin 1990 (zit.: *Bearb.,* in: Soergel, BGB)
Soergel, Theodor(Begr.)	Bürgerliches Gesetzbuch, Bd. 1, Allgemeiner Teil, 12 Aufl., Berlin 1987 (zit.: *Bearb.,* in: Soergel, BGB)
Söllner, Alfred	Mitbestimmung als Mitbeurteilung, in: Festschrift 25 Jahre Bundesarbeitsgericht, München, 1979, 605 ff.
Söllner, Alfred	Der verfassungsrechtliche Rahmen für Privatautonomie im Arbeitsrecht, RdA 1989, 144 ff.
Söllner, Alfred	Der Richter als Ersatzgesetzgeber, ZG 1995, 1 ff.
Somló, Felix	Juristische Grundlehre, 2. Aufl., Leipzig 1927
Stahlhacke	Entscheidungssammlung zum Arbeitsrecht (zit.: EzA)
Stege, Dieter/Weinspach, Friedrich K.	Betriebsverfassungsgesetz, 8. Aufl., Köln 1999 (zit.: *Stege/Weinspach*, BetrVG)
Stein, /Jonas	Kommentar zur Zivilprozeßordnung, 21. Aufl., Tübingen 1994 (zit.: *Bearb.,* in: Stein/Jonas, ZPO)
Stein, Ekkehart	Staatsrecht, 16. Aufl., Tübingen 1998
Stein/Jonas	Kommentar zur Zivilprozeßordnung, Erster Band, 20. Aufl., Tübingen 1984 (zit.: *Bearb.,* in: Stein-Jonas)
Steindorff, Ernst	Nochmals: Neubestimmung der leitenden Angestellten, ArbuR 1988, 266 ff.
Stelkens, Paul/Bonk, Heinz Joachim/Sachs, Michael	Verwaltungsverfahrensgesetz, 5. Aufl., München 1998 (zit.: *Bearb.,* in: Stelkens/Bonk/Sachs, VwVfG)
Stern, Klaus	Staatsrecht der Bundesrepublik Deutschland, Band 2, München 1980
Stern, Klaus	Das Staatsrecht der Bundesrepublik Deutschland, München, Bd. 1, 2. Aufl., 1984; Bd. 2, 1980; Bd. 3, Teilbd. 1, 1988
Sterzel, Dieter	Tendenzschutz und Grundgesetz, Baden-Baden 2001

Stürner, Rolf	Die Aufklärungspflicht der Parteien des Zivilprozesses, Tübingen 1976 (zit.: *Stürner*, Aufklärungspflicht)
Stürner, Rolf	Die richterliche Aufklärung im Zivilprozeß, Tübingen 1982 (zit.: *Stürner,* Richterliche Aufklärung)
Stürner, Rolf	Die Kontrolle zivilprozessualer Verfahrensfehler durch das Bundesverfassungsgericht, JZ 1986, 526 ff.
Tettinger, Peter	Überlegungen zu einem administrativen „Prognosespielraum", DVBl. 1982, 422 ff.
Thierfelder, Hans	Einige Grundprobleme der Verwaltungsgerichtsbarkeit, DÖV 1967, 300 ff.
Thoma, Richard	Die Funktionen der Staatsgewalt, - Grundbegriffe und Grundsätze, in: Anschütz, Gerhard/Thoma, Richard, Handbuch des deutschen Staatsrechts, Tübingen 1932, 108 ff.
Thum, Reiner	Betriebsbedingte Kündigung und unternehmerische Entscheidungsfreiheit, Frankfurt 2002
Tilch, Horst	Deutsches Rechtslexikon, Bd. 3, 2. Aufl., München 1992 (zit.: *Bearb.,* in: Rechtslexikon)
Tonne, Michael	Effektiver Rechtsschutz durch staatliche Gerichte als Forderung des Europäischen Gemeinschaftsrechts, Köln 1997
Tschöpe, Ulrich	Die Bestimmung der „in der Regel" beschäftigten Arbeitnehmer, BB 1983, 1416 ff.
Ule, Carl Herrmann	Zur Anwendung unbestimmter Rechtsbegriffe im Verwaltungsrecht, Gedächtnisschrift für Walter Jellinek, Bachof (Hrsg.), München 1955
Ule, Carl Herrmann / Laubinger, Hans-Werner	Verwaltungsverfahrensrecht, 4. Aufl., München 1995
Ulmer, Peter/Brandner, Hans Erich/Hensen, Horst-Diether	AGB-Gesetz, 7. Aufl., Köln 1993
Urban, Sandra	Der Kündigungsschutz außerhalb des Kündigungsschutzgesetzes, Berlin 2001

Vollkommer, Max	Verfassungsmäßigkeit des Vollstreckungszugriffs, Rpfleger 1982, 1 ff.
Vollkommer, Max	Der Anspruch der Parteien auf ein faires Verfahren im Zivilprozeß, in: Gedächtnisschrift für Rudolf Bruns, München 1980
Voßkuhle, Andreas	Erosionserscheinungen des zivilprozessualen Rechtsmittelsystems, NJW 1995, 1377 ff.
Voßkuhle, Andreas	Rechtsschutz gegen den Richter, München 1993 (zit.: *Voßkuhle,* Rechtsschutz)
Voßkuhle, Andreas	Theorie und Praxis der verfassungskonformen Auslegung von Gesetzen durch Fachgerichte, AöR 125 (2000), 177 ff.
Wahl, Rainer	Risikobewertung der Exekutive und richterliche Kontrolldichte – Auswirkungen auf das Verwaltungs- und das gerichtliche Verfahren, DVBl. 1991, 409 ff.
Wassermann, Rudolf	Kommentar zum Grundgesetz für die Bundesrepublik Deutschland, Band 2, 2. Aufl., Neuwied 1989 (zit.: *Bearb.* in: Wassermann, GG)
Wedde, Peter	Räume, Sachmittel und Personal, AiB 2002, 209 ff.
Weigel, Hanns-Jürgen	Beurteilungsspielraum oder Delegationsbegriff?, Frankfurt a. M., 1971
Weingart, Hans-Joachim	Betriebliche Mitbestimmung und unternehmerische Entscheidungsfreiheit, Frankfurt a. M. 1992
Weth, Stephan	Das arbeitsgerichtliche Beschlußverfahren, Habil., München 1995 (zit.: *Weth*, Beschlußverfahren)
Wieser, Eberhard	Arbeitsgerichtsverfahren, Tübingen 1994
Wilke, Dieter	Die Kontrollfunktion der Verwaltungsgerichte, in: Gewaltentrennung im Rechtsstaat, herausgeg. v. Detlev Merten, 2. Aufl., Berlin 1997
Willms, Günther	Zur Verfassungsgarantie richterlicher Wahrheitsfindung, in: Festschrift für Eduard Dreher zum 70. Geburtstag, Berlin 1977, 137 ff.
Wlotzke, Otfried	Betriebsverfassungsgesetz, 2. Aufl., München 1992 (zit.: *Wlotzke,* BetrVG)

Wlotzke, Ottfried	Die Änderungen des Betriebsverfassungsgesetzes und das Gesetz über Sprecherausschüsse der leitenden Angestellten (I), DB 1989, 111 ff.
Wolf, Manfred	Gerichtsverfassungsrecht aller Verfahrenszweige, 6. Aufl., München 1987
Wolf, Manfred	Richter und Rechtspfleger im Zivilverfahren, ZZP 99 (1986), 366 ff.
Wolff, Hans J./Bachof, Otto/Stober, Rolf	Verwaltungsrecht Band I, 11. Aufl., München 1999
Wolff, Wilfried	Allgemeines Verwaltungsrecht, 3. Aufl., Baden-Baden 1999
Zippelius, Reinhold	Juristische Methodenlehre, 7. Aufl., München 1999
Zöller, Richard	Zivilprozeßordnung, 22. Aufl., Köln 2001 (zit.: *Bearb.,* in: Zöller, ZPO)
Zöllner, Wolfgang	Materielles Recht und Prozessrecht, AcP 190 (1990), 471 ff.
Zöllner, Wolfgang/Loritz, Karl-Georg	Arbeitsrecht, 5. Aufl., München 1998
Zopfs, Jan	Der Grundsatz „in dubio pro reo“, Baden-Baden 1999

FSC
www.fsc.org
MIX
Papier | Fördert gute Waldnutzung
FSC® C083411

Kolibri 360 GmbH
Ferdinand-Jühlke-Straße 7
99095 Erfurt, Deutschland
produktsicherheit@kolibri360.de

Druck:
CPI Druckdienstleistungen GmbH
im Auftrag der
Kolibri 360 GmbH
Ferdinand-Jühlke-Str. 7
99095 Erfurt